Chinese Classics *and* Dynasty

国学与王朝

罗／振／玉／大／传

by Chen Hongxiang

陈鸿祥 —— 著

江苏凤凰文艺出版社

JIANGSU PHOENIX LITERATURE AND
ART PUBLISHING

图书在版编目（CIP）数据

国学与王朝：罗振玉大传 / 陈鸿祥著. —南京：
江苏凤凰文艺出版社，2020.7（2021.2 重印）
ISBN 978 - 7 - 5594 - 3418 - 0

Ⅰ.①国…　Ⅱ.①陈…　Ⅲ.①罗振玉（1866—1940）
—传记　Ⅳ.①K825.4

中国版本图书馆 CIP 数据核字（2019）第 043791 号

国学与王朝：罗振玉大传

陈鸿祥　著

出 版 人　张在健
策　　划　汪修荣
责任编辑　查品才
装帧设计　@叶叶叶春
责任印制　刘　巍
出版发行　江苏凤凰文艺出版社
　　　　　南京市中央路 165 号，邮编：210009
网　　址　http://www.jswenyi.com
印　　刷　苏州越洋印刷有限公司
开　　本　787 毫米×1092 毫米　1/16
印　　张　45.75
字　　数　747 千字
版　　次　2020 年 7 月第 1 版　2021 年 2 月第 2 次印刷
书　　号　ISBN 978 - 7 - 5594 - 3418 - 0
定　　价　158.00 元

卷首献词

卜辞通读第一人

甲骨卜辞，
谁与通读？
唯我雪堂，
导夫先路。

谨以此书敬献甲骨文字发现与研究 120 周年，并缀数语于卷首，以为全书学术之基。

2019 年 11 月，岁在己亥孟冬

目录

故乡与乡音

罗振玉出生于江苏淮安。他是从历史悠久、名人辈出的淮安古城走出来的一位大学者，是享有世界声誉的近现代中国文化名人。

所以，欲知罗氏何许人，先须略述淮安城。[①]

罗振玉晚年自述身世，曾说他生于淮安南门更楼东寓居。[②] 这是一个很重要的历史记忆。淮安位于纵贯南北的京杭大运河与滚滚东流的淮河交汇之处，自古就有"淮水东南第一州"（白居易《赠楚州郭使君》）之称。据记载，雄峙于淮水之侧的淮安城，周长十一里，城高三十尺，东西南北各有门，且门各有楼，所谓"新旧城楼绕夹城"（潘德舆《淮阴竹枝词》），可以想见当年包括南门更楼在内的城门构筑之坚固宏伟。只是世变沧桑，原有的城垣早已毁坏，而现存的更楼，就是在旧城改造中被重点保护修缮的镇淮楼，既标志着旧貌新颜的城市变迁，更见证了新中国建立以后根治淮水为患的壮举。

罗振玉生于斯，长于斯，真可以说是推窗面城墙，举首见更楼；直至三十

---

① 2001 年 2 月，江苏省淮阴市改名淮安市，所属淮安市因重名改设为楚州区。为叙述方便，这里仍沿用淮安城原名，特予说明。

② 罗振玉：《集蓼编》，《罗振玉学术论著集》第十一集，上海古籍出版社 2010 年版。以下所引《集蓼编》，均出于此，不复一一注明。

而立之年，他在淮安城里度过了一生中五分之二的岁月，并且将他早年在淮安所编的文集命名为《面城精舍杂文》。① 显然，"面壁而坐，终日默然"的初祖达摩之"旷劫精勤"的修炼精神，② 在某种程度上恰好表述了他早年在淮城更楼东寓居里面壁破壁、外物不移的苦学况味。

但是，罗振玉生前所刊著述，咸署"上虞罗振玉"，并且寻根追宗，自撰家谱，称："吾宗自南宋时有曰元（善）者始由慈溪迁居上虞三都之永丰乡，是为迁上虞之始。"③

他自号"永丰乡人"，而以淮安为"侨寓"或"寄居"之地。1980 年，他的长孙罗继祖所撰罗氏年谱在江苏出版，书名就叫《永丰乡人行年录（罗振玉年谱）》。④ 这是对此前二三十年间罗氏姓名在出版物中"寥若晨星，乃至销声匿迹"，⑤ 成为学术禁区的一个真正突破，也是罗氏去世四十年之后，回归他的事实上的故乡——江苏淮安的起始；自此之后，在新编的淮安史志中有了对罗氏生平著述的正面介绍。

那么，罗振玉既自称迁淮安四世，他的祖辈何时由浙江上虞迁至江苏淮安，又缘何而迁淮的呢？按照他在家谱中的记述，迁淮始自上虞罗氏第十九世，嘉庆、道光年间幕游江淮的曾祖罗敦贤（字希斋）。所谓幕游，也就是做"绍兴师爷"（上虞属绍兴府）。那时，作为京杭大运河最高管理机构总督漕运部院所在地的淮安城，是漕运指挥、河道治理、漕粮运转及淮北食盐集散的中心，确是冠盖喧闹，俨然省会。而这位"历佐盐河"的希斋公，则是颇带传奇色彩的人物。看来，正是借助了在盐运、河督衙门做师爷所积累的人脉资源，及淮安特有的商贸经济环境，他在告老以后经商致富，发了大财，以巨万资财在淮安府所属清河（淮阴县）购房置业，世代务农的上虞罗氏家族由此振兴了起来。嗣后，祖父罗鹤翔（字翼云）做了数任县官，甚有政声，不幸于咸丰三年（1853 年）以四十三岁壮年，在江苏高邮州知州任上病故，家道随之发生了变故，加以遭逢淮北捻军攻占清河的战乱，就由祖母方氏抚孤养亲，带着一家

---

① 《面城精舍杂文》甲编，成于光绪辛卯（1891 年），乙编成于乙未（1895 年）。
② 参见《五灯会元》卷一《东土祖师·初祖菩提达摩大师》。
③ 罗振玉：《上虞罗氏枝分谱》，《罗振玉学术论著集》第十一集，上海古籍出版社 2010 年版。按，以下引此书各集，不另注页次。
④ 罗继祖《永丰乡人行年录（罗振玉年谱）》，署"甘孺辑述"，江苏人民出版社 1980 年版。
⑤ 王同策：《罗振玉学术论著集·后记》。

老小迁徙到了山阳，[①] 并以翼云公留下的官俸购置田产，最后在淮安城置宅定居下来。

　　所以，不能孤立地看罗振玉及其家族的变迁。回观历史，我们还可以看到，在淮安名人故居中，除了相传于"射阳籍"书斋里创作《西游记》的吴承恩的故居之外，给了古老的淮安城以无上荣光的，就要数坐落于驸马巷的一代伟人周恩来的故居。周恩来祖籍绍兴，他在这里出生并度过了长达十二年的少年时代。[②] 还有以《老残游记》《铁云藏龟》著称的刘鹗的故居。他是罗振玉的挚友和亲家，原籍江苏丹徒，在时称"发乱"的太平天国革命中举家逃难北迁，选了"南北交通要冲的淮安落户"，光绪三年（1877年）"老残父亲补褂朝珠回家"购了那座悬有"太史第"横匾的故居，其时刘鹗已二十一岁了。[③]

罗振玉淮安故居

　　相比之下，罗振玉虽然始终未入淮安籍，却在淮安城内历经三十寒暑，度过了最宝贵的青少年时代，打下了一生学问的始基。溥仪《我的前半生》说他出身于"旧式书商家庭"，属不知罗氏家世的向壁之谈；[④] 又称他"一口绍兴官

---

　　① 淮安旧称山阳，为淮安府首县，府治即设于山阳县淮安城；1911年辛亥革命以后，废淮安府，改山阳县为淮安县。

　　② 金冲及主编：《周恩来传》（一），第2页，中央文献出版社1998年版。

　　③ 参见刘蕙苏《铁云先生年谱长编》，第11页，齐鲁书社1982年版。按，刘父子恕，为李鸿章同年进士，以四品道员致仕，补授布政使衔。

　　④ 罗继祖：《永丰乡人行年录（罗振玉年谱）》，第1页，江苏人民出版社1980年版。

话"，则纯系凭着罗氏原籍上虞而衍生的想当然耳。事实上，青年迁居淮安的刘鹗在《老残游记》里尚且有着颇具淮安方言特色的辞例；① 少小饮淮河水、于淮安语境中成长的罗振玉，纵然鬓毛改白，而乡音不改，素操"淮安官话"乃在情理之中。②

原籍上虞，自称永丰乡人；出生淮城，一口淮安乡音。这就是罗振玉。

现属淮安市淮安区更楼东街罗家巷的罗振玉故居，购于清同治二年（1863年），距2003年淮安市予以确认，整140年。其原宅老屋早被改建，但在故地立牌志记，这应该是对这位创建了巨大学术业绩的前辈乡贤之极大敬重与深切纪念，应足以告慰罗氏及养育了他的先人了。

羸弱的虎崽

早在古老的《诗经》里，已经有了"六月莎鸡振羽"的记载。③ 其实，那是夏秋之夜纺织娘在最为原生态的绿色家园里振翅奏起的欢乐颂，也是强劲的生命之歌。

迁入淮城南门更楼东故居的第三年，就在这样的莎鸡振羽、遍野欢唱的六月之夜，一个小生命在罗家诞生了。

按照罗振玉自记，他的生辰为同治五年丙寅六月二十八日子时，亦即1866年8月8日夜晚。丙寅为虎年，子时则在半夜，是新的一天的起始。可以设想，他这头小於菟在这样一个大顺大发的日子、周而复始的时辰呱呱落地，该给全家带来多少惊喜！

还有他的取名也很有意思。

---

① 参见《淮安市志》，第879—880页，江苏人民出版社1998年版。
② 参见陈邦直《罗振玉传》附《年谱·校后志感》，《罗振玉传记汇编》，香港大东图书公司1978年版。按，笔者于20世纪80年代，曾与寓居南京的罗氏侄女罗守巽时相往还。盖老人年届八旬（在淮安时尚不足十岁），犹一口淮安话，亦可佐证。
③ 《诗经·豳风·七月》。

罗振玉初名玉麟，应该是他的祖母方氏为喜添一孙而借了"麒麟送子玉如意"的古谣，以示罗氏门庭祥瑞之兆。稍长，父亲给他取名宝钰；十六岁赴绍兴原籍应童子试，乃改名振钰，字式如；而他那"金声玉振"行于世的振玉之名、叔蕴之字，则是在入县学（考中秀才）后改定的。可以说，他的名虽有更易而始终不离一个"玉"字，且内蕴了祥瑞之初意。至于日后以"雪堂"之号名满中外学界的叔蕴先生，在不同时地、不同境遇，或因治不同之学而曾用之所谓室名别号，在近世学人中恐怕没有比他更多的了。[①]

淮乡好客。小玉麟诞后第三天，恰以生子三日为"三朝"[②]，罗宅里特设了酒筵招待亲友，称"汤饼宴"。罗振玉颇为乐道的是，他父亲的盟兄弟劳乃宣，此时恰在淮安，亲赴了这个"汤饼之会"[③]。后来在京畿数县做官的劳乃宣于庚子（1900 年）"拳乱"中辞官南归，曾有"三十五年真一梦，观河惟见雪盈头"的感叹。当他从京杭大运河乘船途经淮安时，有诗咏道：

> 古堰衰柳不成林，落日孤帆雁影沉。
> 又过淮阴城下路，西风何处吊婴砧。[④]

他在诗后自注："先伯姊昔居淮安。"确证了他当年来淮安探亲访友，赴宴恭贺罗家生子添丁；而被识于"三朝"襁褓中的罗振玉，则正是在三十五岁、事业有成的庚子（1900 年）之年，首次面见了这位南归来到上海且已满头白发的长者。人生当然不是虚幻之梦。但时势变更，这两位年龄相差二十多岁的隔代人，后来却成了"同官学部"的上下级，又在改朝换代中殊途同归，一道做了"胜朝遗老"！

还须补述的是，当罗振玉出生的时候，他的父亲罗树勋（字尧钦）守业在家，他的叔父，后来做了江西遂昌教谕的罗树棠（字仲全），正居家攻举子业

---

① 参见萧文立《罗雪堂自称集释稿》，《罗雪堂合集》卷首函，西泠印社出版社 2005 年版。
② 罗振玉：《俗说·三朝》，《贞松老人遗稿》甲集（1941 年）。
③ "汤饼之会"典山《新唐书》卷七十六。
④ 劳乃宣：《归舟初咏》之八，《归来吟》卷上（1915 年自刊本）。按，劳乃宣（1843—1921），字正初，号矩斋、韧叟，浙江桐乡人，清同治进士，庚子（1900 年）年间曾撰《"义和拳"源流考》，"力主禁惩"，但不能"见信朝野"，乃辞官南归（《归来吟自序》）。戊申（1908 年）"应召出山"，曾任京师大学堂总监、学部副大臣、代理大臣等职。

（次年中举）。罗振玉的祖母方氏带着两兄弟从清河迁出之初，原居于距淮安城十数里的山阳河下。那里至今仍被称为别具古风远韵的"河下风景区"，当时则为漕运重要关卡和食盐集散中心，商旅云集，繁华异常，在咸丰十年（1860年）捻军攻占清江浦（淮阴县治）的战乱中遭受重创，河下罗宅亦在战火中被焚毁，"乃至郡城别购更楼东赵姓宅"。[①] 罗振玉一直忆念位于淮城更楼东的这座宅院，并取名"面城精舍"，也在一定意义上喻示罗家迁到这里以后，才有了一个宜尔室家、相对安宁的居住环境。

罗振玉兄弟以"振"字排行，他居第三，在他上面，有长兄振錾、次兄振镛。[②] 他生肖属虎，却生而羸弱，母亲范氏特为他雇了位奶妈哺乳，直至三岁。[③] 有意思的是，因为体弱，他儿时顺着诸姊妹的"宝"字取名宝钰。看来，他被男当女养，像小女孩般受着长辈的宠爱。

但是，由孩提之童而长大成人，人是在变易不易中过来的。虎不是被誉为山中之王吗？同样有意思的是，罗振玉日后曾有咏虎诗赠给与他同属虎的挚友蒋黼，称"山君威望久惊人""白云深处稳藏身"。[④] 虎虎生威的"山君"，原是由羸弱的小於菟长成的。再往后，胡适谈到他于20世纪20年代所见寓居天津的罗振玉，"身材高大"，漂亮有活力，说话有风采，与溥仪《我的前半生》所述"脑后垂着一条白色的辫子"，"说话行路慢条斯理，节奏很慢"，可谓判若两人。按照胡适的论学标准，罗振玉毫无疑问是属于"绝顶聪明而肯作笨工夫"并"有大成功的人"。[⑤]

当然，所谓"高大"是相对而言。我们如果取其"写真"，例如，看他与体魄颇为壮硕的刘鹗合影，就略显清瘦，而身高相埒；与王国维合影，则体态相当，而个子高出了半个头。大致说来，应该在一米七上下，中等偏高吧。

这也就是自称生而羸弱，壮岁以后"体质不健而精力绝人"（罗继祖语）

---

① 见罗树勋遗稿《居俟居自订年谱》，转引自罗继祖《庭闻忆略：回忆祖父罗振玉的一生》，第147页，吉林文史出版社1987年版。

② 罗母范氏生有五子六女。罗振玉之后，有四弟振常（初名振铭）、五弟振鋈（三岁殇）；姊妹则以"宝"字排行，如长姊宝□、长妹宝书、次妹宝珊等。又，近人将罗氏所称"伯兄"之"伯"误为"叔伯"，乃将本为胞兄弟之振錾、振常误为堂兄弟。特一并说明。

③ 罗振玉《集蓼编》谓"五岁勉乳，是年入塾"，这里按罗继祖《永丰乡人行年录（罗振玉年谱）》所记。

④ 罗氏赠诗详情，参见本书第五章蒋黼节。

⑤ 胡颂平：《胡适之先生晚年谈话录》，第103页，新星出版社2006年版。

的雪堂先生之本来面目吧。

"先祖匪人"与"鸟之雌雄"

且再回叙罗振玉童年往事。

小宝钰刚离奶妈怀抱，差不多还在蹒跚学步，就由长姊教他认字。四岁当年，识字千余。次年五岁，正式入塾读书，开始念"关关雎鸠"的《诗经》，且看其学业进程：

六岁，读"四子书"，即被称为四书的《大学》《中庸》《论语》《孟子》；

七岁，读《尚书》；

八岁，读《易经》……

罗振玉曾说："赤子之时，受教育之始。"故主张"早教谕"。[①] 虽不能说体弱者皆早慧，但绝顶聪明者每多体弱早慧；他回顾入塾之初的读书生活，说："一岁之中，病恒过半，故读书之时少。"[②] 怎么办？祖母方氏既赏识他自幼聪颖过人，"器异之过诸孙"，又不因其体弱废学，而是督课至严，除非卧病在床，仍要求入塾读书。塾师则赞其早慧而虑其不寿，乃对他父亲尧钦公说："此子若得永年，异日成就必远大。"所以，私塾就办在自家宅院里，给了体弱多病的小宝钰以"便宜行事"的上课方法：

一曰"默坐暗诵"。旧时读书，诵读是一项基本功。在诸兄的琅琅读书声中，他跟着暗诵。记熟了，再向塾师背诵。

二曰"摊书静听"。那时上私塾，诵读之外，就是听讲。塾师因为他体弱，授而不讲，在向诸兄讲课时，让他摊开书本，在旁边静听，以领悟课文，晓其文义。

罗振玉的这位塾师叫李岷江（韦导源），山阳拔贡生，教了一辈子书，李

---

① 罗振玉：《〈周官〉教育制度·胎教第三》，《教育世界》甲辰第八期，1904年6月。

② 罗振玉：《集蓼编》，本节引语出此编者，不另注。

师曾为罗振玉父亲及叔父授业，而今又教他们兄弟读书，所以要算罗氏两代人的老师了。李老先生的可贵之处，恰如他的"导源"大名所示，在于能引导和鼓励学生思考课文，勇于发问，师生切磋，疑义相析。用罗振玉的话来讲，就是有所疑，辄就质于师；师赏其用心，必为明白指导。后来，他追忆李师往事，特举了听课中的两个例证。[①]

［之一］质疑"先祖匪人"

一天，李老先生为罗振玉长兄讲授"先祖匪人，胡宁忍予"，逐字释义，循文讲毕，说，古人质朴，故有此言，若今直斥先祖为非人，则不可矣。

罗振玉摊书听讲，觉得意有未安，乃提出质疑。于是，师生间有了如下对答：

李："文固未安，但意实如此。若按你的理解，当作何解？"

罗："此二句之意，恐与'母也天只，不谅人只'同。言先祖亦人耳，非与人异也；人情莫慈于祖父，何忍见子孙所遇如此，而不恤之乎？"

李闻之大惊，坦然承认自己原先未解，说："诗意固如此。不意予尚昧，而汝已明也。"他大为激赏，特召罗父尧钦公告之，说："此子异日，必以学术名当世！"

应当注意：这时，罗七岁，李则已年届七旬。所谓"诗意"，殆指"先祖"两句出自《诗经·小雅·四月》。为了知其意，解其义，笔者兹将原诗移录如下：

> 四月维夏，六月徂暑。
> 先祖匪人，胡宁忍予？

一般认为，这是"遭乱自伤之诗"。[②] 全诗八章，此为首章。"先祖匪人"云云，实乃现代修辞中之"反诘句"，今以白话解读，释为："我先祖岂非人

---

① 罗振玉：《敬枕录·李岷江师》，《罗雪堂合集》第十函，西泠印社出版社 2005 年版。
② 朱熹：《诗集传》卷十二《四月》注。

乎，为何忍心使我受苦？"① 这与罗氏当年所解，大致相当。

罗振玉在质疑中所举"母也天只"两句，则出自于《诗经·廓风·柏舟》，为便于解读，亦转录于后：

> 汎彼柏舟，在彼中河。
> 髧彼两髦，实维我仪。
> 之死矢靡它。
> 母也天只，不谅人只！
> （《柏舟》凡两章，皆以"母也天只"两句作结；此为第一章。）

《柏舟》是《诗经》中，也是中国文学史上的名篇之一。无论旧注新释，公认写了女子誓死不嫁他人的心意：母亲对我的养育之恩，比天还大，何以如此不体谅我心？② 尚属七龄之童的小宝钰当然不可能有诗中女子那样深层次的感受，但他却能由"母也天只"的亲情举一反三，领悟为母为祖，"不谅人只"与"胡宁忍予"实有相通之处。李老先生又怎能不为之激赏呢？

［之二］提问"乌之雌雄"

再一天，李老先生为罗振玉长兄讲"具曰予圣，谁知乌之雌雄"，说："人皆自谓圣，然孰哲孰否，亦如乌之雌雄不辨也。"这本来辞达意明，讲得甚为顺畅，但罗振玉却在静听中别有所思，就"乌之雌雄"当堂提问，且引发了另一次饶富情趣的师生对答：

罗："师言是也。但何以独以乌为譬，而不以他禽兽乎？"

李："按照你的意思，为何要'以乌为譬'？"

罗："鸟兽雌雄，往往于其毛色知之，若鸡凫之类皆是。惟乌则雌雄毛色不异，无从遽别，犹人之圣否，无从一见而判也。"

这真让李老先生既意想不到，又欣喜万分。罗振玉追忆这段往事，曾深情

---

① 高亨：《诗经今注》，第314页，上海古籍出版社1980年版。
② 参见朱注"母也天只"两句："母之于我，覆育之恩，如天罔极，而何其不谅我之心乎？"《诗集传》卷三《柏舟》注。

地写道：

> 师欢甚，抚予曰："此足以启予。汝虽幼稚，异日必成大儒。勉之矣！惜我老，不能待汝长也。"①

那么，李老先生何故手抚小宝钰，如此赞勉有加？原来，"具曰予圣"两句，乃《诗经·小雅·正月》极寓讽喻之意的关键句，原诗如下：

> 谓山盖卑，为冈为陵。
> 民之讹言，宁莫之惩。
> 召彼故老，讯之占梦。
> 具曰予圣，谁知乌之雌雄！
> （《正月》系《诗经》中篇幅最长的篇什之一，凡十三章，此为第五章。）

我们吟味诗意，就会明白：起首"谓山盖卑"两句，是说发生了山崩陵塌的灾祸；民间谣言四起，严禁也行不通。官府请人出来澄清，于是有了"具曰予圣"的结语。而"具曰"，即都称自己"圣明"的，又是谁呢？一是"故老"，就是资深老臣；二是"占梦"，古代专掌占卜吉凶灾祸的官员。然而，"天下乌鸦一般黑"。这些自称"圣明"的人，可有谁识得乌鸦的雌雄？用今天的话来讲，这是嘲笑他们的无知，鞭笞朝政的腐败、官吏的昏聩。

不过，诗无达诂。李老先生却从贤哲与否的层面上，取了"乌之雌雄"这个比喻，对"具曰予圣"做出了颇有哲理性的析解，指出：人皆自谓圣，然孰哲孰否，亦如乌之雌雄不辨也。他并未直斥"故老""占梦"无知，但对贤不肖的褒贬之意，则是很明晰的。而年幼又绝顶聪明的罗振玉，更驰骋其孩提之童的想象，进而提出了为何"独以乌为譬"的问题，并且由鸟及人，专从鸟兽的毛色异同，对"具曰予圣"两句做了被先生赞为"此足以启予"的另类解

---

① 《雪堂类稿》甲《笔记汇刊》（辽宁教育出版社 2003 年版）亦录载《欹枕录·李岷江师》，文字、标点间或有讹，如"具曰予圣"两句，标作"具曰：予圣谁知，乌之雌雄"；又，"孰哲孰否"，"孰"误作"熟"。特一并注明。

读。这就是，一般的鸟兽，如鸡凫之类，可由毛色知雌雄，而乌鸦之所以难辨雌雄，就在于毛色不异；这恰如人之是否为圣贤，并不能看表面，故"无从一见而判也"。

其实，这正表现了学问家由不疑处有疑的禀赋。李老先生以"汝虽幼稚"而期之"异日必成大儒"，应该说是有眼光的。后来，罗振玉论述中国传统的教育制度时，曾剖析旧式教育之弊，说：

> 盖由于幼稚之年，不通文理，昧然口诵；及既成长，又溺于制科，学而不思；而一二考据家，又仅知辨析训诂之毫分，较量家学之同异。[①]

光有"昧然口诵"，怎能开启学生的智力？所以，罗振玉竭力倡导"教授之术，在诱起人之自制自动力"；老师教人，"在导诱学者之疑问，令反复辩难，以穷其理"。[②] 这些不正包含了他早年在塾读书的甘苦吗？

罗振玉还回顾说，他五岁受《毛诗》（即《诗经》），至九岁读毕"四子书"及《书》（《尚书》）、《易》（《易经》）。就在九岁这一年（1874年），塾师李岷江负病返家休养，一年后病卒，终年七十余岁。李老先生卧病期间，仍关心着体弱多病的小宝钰，经常从十多里外的河下老家，托人进城来罗家询问其身体及学业。人的一生，能有多少知己？罗振玉则以"导诱"了自己学业的李岷江先生为知己，直至晚年犹感慨万端地说："平生受知最深者，必以师为之首。"

这样的师生情深，是值得传于后学的。

---

①　罗振玉：《论语讲义一》，《教育世界》辛丑第六期，1901年8月。
②　罗振玉：《〈周官〉教育制度·教育家第二十一》，《教育世界》甲辰第七十八期，1904年7月。

祖母与对对子

前述童年受教育，那时叫作"束发受书"。这是人生重要的起步。所以，九岁前的"受书"经历，包括塾师的导诱、勉励，就成了罗振玉早年最为珍贵的记忆之一。

继之，十五志学，三十而立。罗振玉也确是循着他尊之为"亚洲第一教育大家"，提出了"论教育第一纲领"①的孔子所示轨辙，成其学，竟其志；而学业之外，对他的性格、操行，乃至立身处世影响至深且巨的，则是他感念终生的两代太夫人：祖母方氏、母亲范氏。

应当指出，罗振玉作为中国家族制度培养出来的孝子顺孙，不仅以他自幼及壮的亲身感受，将方、范二氏引为楷模，而且为着报"两世苦节艰辛"的太夫人"劬劳之恩"，还曾打算在淮安"建家庙以奉祀"，②亦即把现被标为罗振玉故居的罗氏城南老宅，改建为纪念两代太夫人的祠堂。可见两位老人在他心目中的位置。

先说上一代太夫人，祖母方氏。在罗振玉童年的记忆里，那真是至德铭心坎，懿行暖情怀。他曾以古朴的文字写道：

> 先王姒治家严肃，予幼时生长春风化雨中，故性至驯顺，不为嬉戏。③

这里，最关紧要的是一个"化"字。所谓"赞天地之化育，则可以与天地参"，④ 参天大树，由何而起？不是揠苗助长，而是浇灌培育。罗振玉说，他儿

---

① 罗振玉以《论语》"学而时习之"一段话为《论教育第一纲领》，参见《论语讲义一》。
② 罗振玉：《贞松老人外集》卷三《甲子岁谕儿辈》，《罗振玉学术论著集》第十集（下）。
③ 罗振玉：《集蓼编》。按，所谓"驯顺"，不同于世俗的"听话顺从"，而应指尊老孝顺，合乎道德规范。
④ 《中庸》第二十二章。

时"驯顺"的品性和不为嬉戏、好学深思的习惯等，皆由祖母化育而成。据罗继祖查考，方太夫人"籍安徽桐城"。[①] 桐城方家，曾出了"明末四公子"之一的方以智、清中叶桐城派古文大家方苞等，在明清两代，声誉四播。方老太太以七十寿终（1890年），一生经历了嘉（庆）、道（光）、咸（丰）、同（治），直至光绪五朝。方氏于道光二十二年（1842年）嫁入罗家，是翼云公的续配夫人。翼云公前妻生有一女，二子即罗振玉父亲树勋、叔父树棠，均方氏所生。当翼云公病逝的时候，方氏才三十一二岁，青年孀居，自立门户，艰难备尝。而尤为罗氏赞叹不已的，则是"方氏太淑人让产事"。原来，翼云公兄弟九人，他排行第三，故在罗氏族谱上称"老三房"。作为迁淮安第一世的罗氏曾祖父希斋公，由做绍兴师爷告老经商，"遂致产数十万金"，留下了丰厚的遗产。除了外出做官的老三外，其他诸子都算得上是"富二代"了，无非吃喝玩乐，游手好闲，任意挥霍，不惟"啃老"，更在希斋公过世后争夺遗产，而将孤儿寡母的三房排斥在外。方氏不与之争，慨然让产，还向清河县报官立了案。后来，争产的几房都败家破产，唯有方老太太以亡夫生前官俸购宅置产，又为当时才十一岁的长子、九岁的次子延帅教读，重振了罗氏家门。罗振玉乃以方氏祖母当年让产为范例，训谕晚辈说：

> 一、我平生"以让为得"……倘有人心者，当能自知推让；
> 二、我平生极恶分家析产，故"分家"二字，我耳不忍闻，目不忍见。[②]

但是，我们也须看到，"性至驯顺"的罗振玉是旧式家族制度的绝对维护者。罗继祖曾由巴金的《家》联想到罗氏大家族，但罗振玉毕竟不是觉新，他自己成了迁淮安市四世的"新三房"（相对于他祖父"老三房"而言），虽治理家业，提出族规，但变故迭起，悬念甚多，我们还将在后面叙及。

这里，首先值得注意的是，罗振玉祖母方氏让产背后的隐痛。富家子不学好，"富不过三代"的"潜规律"：儿孙恃财败家。当罗振玉五岁入塾读书时

---

① 罗继祖：《庭闻忆略：回忆祖父罗振玉的一生》，第2页，吉林文史出版社1987年版。按，书中扼要记述方氏身世简历，可参阅。

② 罗振玉：《贞松老人外集》卷三《处理淮安家务谕福成》，《罗振玉学术论著集》第十集（下）。

（1870 年），方氏已及五十知天命之年，且度过了战乱家难而达"门户鼎盛"，孙儿孙女近二十人，本该含饴弄孙，端坐高堂，但她老人家仍亲持家政。所谓"治家严肃"，从大处说，那时淮安城既为南北交通枢纽，商旅繁盛，"市不以夜息"，故严格要求子孙不涉足、不沾染不良习气；从细处说，就是以上一辈希斋公诸子不学好败家为鉴，严明家法。罗振玉记述说，当此之时，"一门之内，肃若朝廷。礼防至严，以一老仆司阍，得入内白事，他仆无故不许擅入，女仆无故不许出内门"；并立有禁蓄婢、禁赌博、禁杀生、禁妇女读小说等家规，她训诲孙辈说："愿汝长大，永守我家法，度不必问外人事也。"① 所以，罗继祖回忆祖父罗振玉说，他一直过着朴素严肃的生活，后来虽曾在十里洋场的上海多年，但从未沾染吃喝嫖赌等恶习；一生除了著书做学问，其他什么嗜好也没有：不讲吃喝，不去嫖赌，不吸洋烟（鸦片），更不纳妾，不蓄婢。② 凡此，不正是传承了祖母方氏的家规吗？

按照祖母方氏的家规，孙儿五岁入塾读书，"暮始归寝"；她老人家亲自督责诸孙学业，不得任意旷课，不许外出游冶，不为非礼之事，不出非礼之言。不过，罗振玉也不讳言，家规严格，封闭式教育，一旦出门步入闹市，难免"少见多怪"了。例如，就在他七八岁之时，端午节放假，塾师李老先生领着他，让他与长兄一道，随同父亲、叔父来到城里。路过一家铁铺，见工人将烧得通红的铁块夹到铁砧上，举锤锻打，这引起了他极大的好奇，惊问：这是干啥？李先生告诉他，这叫打铁。他随口吟出了"铁打铁"。叔父闻声笑他"呆"，并出题命对，对此罗振玉记述道：

> 叔父忽谓予曰："汝能作偶语乎？"时，师尚未授予四声，然闻师授先兄，故亦知之，乃对曰："稍知之。"
>
> 师亟曰："我未授彼也。"
>
> 叔父曰："彼既自谓能矣。"乃以"铁打铁"三字命对。
>
> 少选，予应曰："柯伐柯。"
>
> 叔父曰："此非汝所能，必汝兄为之。能再对乎？"

---

① 罗振玉：《上虞罗氏枝分谱》，《罗振玉学术论著集》第十一集。
② 罗继祖：《涉世琐记》，《海角濡樽集》，《长春文史资料》1993 年第一辑。

了复对以"人治人"。

师益惊喜，曰："吾往者但期其为学者，今观其吐属不凡，异日必能成大事业。"顾先府君曰："此子善视之，必亢汝宗。"①

这是罗振玉晚年的追记。让我们再提示一下：此时，他可是老祖母方氏所宠的小女孩般的小宝钰！塾师何故闻他的"人治人"之对而赞叹"异日必能成大事业"？因为，这不是当着打铁的随口戏说，而是严遵《中庸》，道出了儒家"人之为道"的精义，原文如下：

> 子曰："道不远人。人之为道而远人，不可以为道。《诗》云：'伐柯伐柯，其则不远。'执柯以伐柯，睨而视之，犹以为远。故君子以人治人，改而止。"

对于这席话，朱熹除注明"执柯以伐柯"出自《诗经·豳风·伐柯》之篇，还特就"君子之治人"做了诠释：

> 若以人治人，则所以为人之道，各在当人之身，初无彼此之别。故君子之治人也，即以其人之道，还治其人之身。其人能改，即止不治。②

当然，罗振玉并非要以上述儿时之对自矜。他也不是生而知之，所以能作对，完全是由于在私塾听李老先生给长兄讲授平仄四声、默诵暗记的结果。在当时，他也不可能说出朱熹所谓"即止不治"、儒家"忠恕"之类的大道理。但是，由"铁打铁"而至"人治人"的三字之对中，确乎表现了他语出非凡、悟性超常。而当年因此三字之对，特嘱罗父尧钦公善视此子、加意培养的塾师李老先生更不会想到，差不多一个甲子之后（1932年），曾与王国维同为清华国学研究院导师的陈寅恪，竟然出了个"孙行者"的对子，作为清华大学的国

---

①　罗振玉：《敧枕录·李岷江师》，《罗雪堂合集》第十函，西泠印社出版社2005年版。
②　朱熹：《中庸章句》第十三章，《四书章句集注》，第23页，中华书局1983年版。

文试题！[①] 这个迥异常规颇为另类的对对子考题，久被称为陈氏学术生涯中的佳话，至今仍是广为传颂的学林珍闻。

看来，三字对里有真学问。始作俑者，其殆罗氏欤！[②]

外祖与母亲

事实上，自罗振玉祖父在高邮州知州任上去世以后，数十年间，罗氏家族由"夫人执政"，支撑门庭；而接替上一代太夫人方氏主持家政的，就是罗振玉母亲，以"性严毅"著称的范氏。

如果从教育的理念上来看，性格严毅的范氏，颇可与当年《教育世界》杂志推举的贤母——"实有刚毅之性质"的曾国藩之母江氏相比。曾国藩有言："我兄弟皆禀母气。"这就是古语"非此母不生此子"。[③] 不过，就罗氏兄弟而言，禀性各有所不同。20 世纪 80 年代初，罗守巽老人嘱笔者将其父罗振常遗稿《洹洛访古游记》校注出版，故聊起了家常往事，笑谈罗氏兄弟俩一母所生，感情极好，但经历不同，性格大异，说："伯父雪堂公是做官的，脾气大，性子急，长幼规矩很严，我们晚辈都有点怕他；父亲邈园公就完全是另一个人，性子慢，从来不发脾气，为人平和，所以好相处。"看来，兄"禀母气"，弟则与父相似。

这仅是性格方面。罗继祖在讲到罗氏为人时，又道："律己严而待人宽，和他共事或在他手下的人都知道他性急，作风雷厉风行，办事从不拖拉，说话

---

① 1932 年，陈寅恪为清华大学文科招生所拟国文试题"孙行者"，标准答案"祖冲之"，盖以祖、孙为对。后来成为语言音韵学家的周祖谟，在考卷上对以"胡适之"，而大为出题者陈氏赞赏。参见胡文辉《现代学林点将录》，第 198 页，广东人民出版社 2010 年版。

② 罗氏"铁打铁"之对，嗣后取市井流行语为对者甚多，如"苦中苦"对以"人上人"，"狗咬狗"对"黑吃黑"，"天外天"对"楼外楼"等。

③ 王国维：《书叔本华遗传说后》，《静庵文集》，《王国维遗书》第五册。"非此母不生此子"典出《汉书·张汤传》。

算数，有时不如意不免斥骂几句，但事后从不给人穿小鞋，说过便了。"① 这可以说是对罗振玉所禀"性严毅，有时偏急"的"母气"之现代诠释了。

罗振玉追怀母亲，特别提及他父亲"聘山阳范光禄公长女"，罗、范成亲，是祖母方氏亲自择定的。他十分崇敬外祖父，说：

> 外王父以熙，字咏春，副榜举人，候选光禄寺署正。富藏书，著《淮壖小记》《淮流一勺》，以补正方志；他著作甚多，皆未刊行。交游遍海内，学行冠一时。②

罗振玉的母亲范氏，就出身于山阳（淮安旧称）的这个名宿之家，且"幼淑慎如成人"，故深为范公钟爱；而范公尽管才学出众，以精于文史考证著称，其遗著《淮壖小记》，至今尤为"不可多得的地方志资料"，备受学者推重。③ 罗振玉是在范公谢世六七年之后出生的，虽未见其人却曾识其留下的数十册遗稿，并认真研读做札记。所以，若谓家学渊源，罗氏先世并无人从事文史考据之学，而是传承于其外祖父，受了范公遗稿熏染。这是符合实情的。

但是，对罗振玉而言，母亲范氏之言传身教，更在立身行事方面。这尤其体现在范氏主持家政之后，他说道：

> 先妣性质慈祥，见人有急难，虽典质俱穷，亦必思所以拯之。邻曲以困苦急难，无不勉应。有以窘迫及他事故，服毒自杀者，命予储药待之，虽深夜必令亲往，岁辄活数人。④

由这些记述来看，范氏以博济为怀，同情弱者，济困助贫。左邻右舍谁家有急难求助的，就算自己典卖了东西，也一定要设法帮助；特别是家中预备了

---

① 罗继祖：《涉世琐记》，《海角濡樽集》，第 205 页，《长春文史资料》1993 年第一辑。

② 罗振玉：《上虞罗氏枝分谱》，《罗振玉学术论著集》第十一集。

③ 范以熙（1817—1860），字咏春，号退民、息影居士，山阳（淮安城）人。所著《淮壖小记》（"淮壖"即淮安旧称）凡四卷，援引历代有关记载，补充、校正淮安志之缺，有极高史料价值；此外，尚有《淮流一勺》《龙兴寺塔缘起》《唐楚州职官题名石柱考》等遗著。参见《淮安市志》，第 899 页，江苏人民出版社 1998 年版。

④ 罗振玉：《上虞罗氏枝分谱》，《罗振玉学术论著集》第十一集。

救命药品，凡有服毒自杀的，虽深夜闻报，也一定命年少的罗振玉前去解救。

问题是，由常情来说，"服毒自杀"乃偶发性事件，罗氏母子缘何要"储药"以待？与之相关者，就是"岁辄活数人"的被救者，所服究为何"毒"？由于罗氏记述至为简略，故有必要对历史作一番了解。

对此，罗继祖在有关范氏"性善祥"的记述中，曾有所补充，说："邻人有因穷或别的缘故而吞鸦片自杀的，常常叫祖父用药去解救，因而救活了不少人命。"① 这应该是罗氏生前口述，在当时见怪不怪，却于无意中给我们透露了一个关键信息——吞鸦片！

那是一个耻辱的年代，"中国之国民"独为"鸦片的国民"；②

那是一段血泪的历史，鸦片泛滥，荼毒苍生，多少吸毒者家破人亡……

罗振玉后来赴沪创办《农学报》，曾对地方官员推广种植罂粟，"冀夺洋药之利"，撰文痛加抨击（详后）。包括鸦片在内的"黄赌毒"之泛滥成灾，与官贪吏污、政治腐败、社会糜烂适成正比。那时，罗振玉企盼官府当道"以救世为心，改弦更张"，虽用心良苦，实乃对牛弹琴。他来自民间，知晓鸦片蠹民，而受害最为深重的，又无过于他在淮安奉母命救治过的那些"困苦急难"之民了。

当然，罗振玉所曾遭际的那个年代，天灾人祸，非止一端；而吞鸦片自尽者，当此之时，大致又有数种情况：第一，本人吸毒，穷困潦倒、走投无路，服毒（鸦片）一死了之；第二，至亲（如丈夫、子女）吸毒，败家毁业、劝阻无效，吞毒"死谏"；第三，本人及亲属并不吸毒，却在窘困中无奈购吞鸦片。

是故，罗振玉毕生痛恨"黄赌毒"，杜绝赌具（包括麻将）于家门之外，尤深恶吸食洋烟（鸦片），更严禁家人沾染。而当年"储药"救人，"以救世为心"的范老太太病逝之日，"邻右莫不痛哭失声"，③ 则是对其慈行善举的报谢了。

---

① 罗继祖：《庭闻忆略：回忆祖父罗振玉的一生》，第 2 页，吉林文史出版社 1987 年版。
② 王国维：《去毒篇》，《静庵文集续编》，《王国维遗书》第五册。
③ 罗继祖：《永丰乡人行年录（罗振玉年谱）》附《永丰乡人逸事》，江苏人民出版社 1980 年版。

毕生忧患之始

十六岁，少年跌宕，罗振玉却是"毕生忧患自此始矣"。[1] 他常以母亲范氏慨然济世，百计救助乡亲为荣，自道境遇却又悲苦如此。

这一年，1881年。烟花三月，父亲尧钦公亲自带着长次二子振銮、振镛，从淮安码头登船，送兄弟俩赴原籍绍兴考秀才（童子试）；罗振玉也被"命偕往"，其实是捎带着他去考场见个世面罢了。因为，他在十岁之后生病辍读之日更多了，当年才开始"习制举文"，学做八股。

船行京杭大运河，扬帆江中，击楫中流。父子四人意兴昂然，饱览两岸春光，谈笑中过扬州，穿金焦，赏姑苏城外寒山寺，他们的客船指向是昔日皇城杭州。孰料，半途中罗振玉的"病喉肿"发作了。抵杭城，肿得"水浆不能下咽"。尧钦公一面急着为他聘请医生，一面准备让仆人送他的长次两兄去绍兴参加考试，自己则伴着他留杭医疗。

恰值此时，"孝贞皇后上宾，国恤停考"。[2] 原定三月间举行的童子试推延至五月初。这使罗振玉能够病愈应试。出乎预料的是，他的长兄振銮，虽也考了上虞县学，名次居二十七；而罗振玉试前"八股文甫作半篇"，就连他自己亦觉勉强应试，"疑必不入格"，结果却交出了一份令浙省学使惊叹"历试诸郡，未见才秀如子者"的试卷。按卷本可拔为第一，但鉴于其"年尚幼"，为着激励"归家，多读书以期远到，不必急科名"，最后给了他第七名。[3]

春去夏来，罗氏父子于五月仲夏返回淮安。数月之后，尧钦公"得藩司檄，委署江宁县丞"。清制，县丞正八品，为县令辅佐，掌文案、仓狱，故由考核地方官员的布政使发文委任。这本是桩喜事，但罗振玉从尧钦公手里接来

---

[1] 罗振玉：《集蓼编》。

[2] 东太后慈安（1837—1881），谥孝贞显皇后，病亡于1881年4月8日，即光绪七年辛巳三月初十。以此推算，罗氏父子抵杭城当在三月初旬，清廷颁旨以慈安之死为国丧，科举停考。

[3] 罗振玉：《集蓼编》。

的却是笔墨以外的另一份试卷，是"子曰""诗云"的经书里找不到现成答案的另一道难题：需要用银两，乃至田产去偿还的债单！

债单由何而来？当然不是骤然之间从天外飞来。且看罗振玉记述：

> 先府君以咸丰八年（1858 年）纳粟得县丞，指省江苏。时，发逆之乱未平，且年甫十七，仍家居读书养亲。嗣以生齿繁，乃以光绪初元，与同乡于清河醵资设质库，顾司其事者不得人。再逾岁，亏耗二万金。先叔父遂安公适选遂昌教谕，乃析产赴任，家事乃日棘。[①]

以上记述，透示了罗父尧钦公由于纳粟捐官、开典当行亏本、兄弟"分家析产"，独背了累累亏耗，家事"日棘"的经过。于是，罗振玉就把他父亲赴任江宁县丞，直称为"避债出门"。回顾这段往事，他以不无沉痛的口吻说：

> 先大夫年四十避债外出，二十余年未得一日安居里巷。先太淑人遭罹艰苦，尽瘁以兴衰宗，六十之年食仅蔬粝，冬夏不具裘葛。[②]

这时，祖母方老太太已在年前随同他叔父去了浙江遂昌；而父亲则在外出后另立了新家，所谓"二十余年未得一日安居里巷"，说白了就是再也未回过淮安这个旧家；"兴衰宗"，则是自状他偕同母亲范氏，支撑起了这个濒临破落的罗氏门庭！

---

① 罗振玉：《上虞罗氏枝分谱》，《罗振玉学术论著集》第十一集。
② 罗振玉：《贞松老人外集》卷三《五十生日谕儿辈》，《罗振玉学术论著集》第十集（下）。

一字不遗的读书功夫

当年季冬，罗振玉的长次两兄，因女方派媒人上门催婚，乃于窘困中急应完婚。

但是，即使豪富之家，亦难以在同一时段接连举办两场婚礼。况且，父亲尧钦公已赴任江宁县丞，为躲债不能归家；而随侍尧钦公外出的次兄振镛，则系"出嗣"（亦称"出继"），故由母亲范氏主持的乃是长兄振鋆的婚事。实则这也是罗振玉奉父命佐理家政操办的第一桩大事。

当时，罗家虽家道中落，但号称"高邮公"的祖父属州县"正堂"，所娶王氏女又是清河（淮阴）富家，故成婚之日少不了官宦之家的气派，高脚牌、红灯笼，"肃静""回避"仪仗迎亲，吹吹打打，好不风光！然而，寒冬腊月，花轿抬进了罗氏老宅，家中境况如何？按罗振玉记述，"典质将事，杼柚已空"。[①] 除夕早晨，母亲范氏悄然来到罗振玉书房，说："家中已空无所有，年终祭祖都拿不出分文，这可怎么办？"母子俩一筹莫展，不由相对而泣。

罗振玉急忙外出奔走借贷。傍晚归家，总算贷得钱四千。应该说，他自叹早年"备尝艰苦，非人所堪"，正是由此次借贷度岁开始的。

---

① 罗振玉：《集蓼编》。按，"杼柚"句，出自《诗经·小雅·大东》："小东大东，杼柚其空。"

然而，新年刚过，已逾二十岁的长姊，定于三月间出嫁。罗振玉又协助母亲，"黾勉将事"，[①] 尽力支撑家门，办完了婚事。而自冬徂春，一年四季，最难打发的则是"日聒于前"的债家。有的偕着一家老幼，上门索债，甚至坐索累月，非见钱不走。欠债还钱，古今同理。罗振玉见母亲为之心力尽瘁，只能帮助应对。于是，他每天忙于接见债家，奔走衣食；晚餐以后，方能静下心来读书。

罗振玉难以忘怀的是，这一年，光绪壬午（1882 年），正逢乡试大比。他自感力不足以应试，但尧钦公听信算命的，说他命中注定要科举及第，进京做官，所以写信勉励并敦促他赴试。父命难违。秋八月，罗振玉偕同长兄赴省城杭州。那时，考试叫"入闱"，兄弟俩皆未考中，铩羽而归。但毕竟青春年少，归途中游兴甚高。他们取道京杭大运河，过姑苏，游览观光。后来，他在苏州就任江苏师范学堂监督（校长）时，曾有诗记之：

> 二十年来首重回，沧桑小劫不胜哀。
> 池台依旧春无赖，秾李夭桃次第开。
> 自注：壬午秋，初游此园。中间数数，二十二年矣。
>
> ——《题苏州盛园林》四首之一

旋即转道南京，来到父亲尧钦公江宁县丞任所省亲，并游览了白下书铺，看到一部粤刻《皇清经解》，苦于无钱购买。入夜回寓，罗振玉向父亲禀告了购书的愿望，尧钦公乃亲往书铺，以三十千之价购买，送交他带回家中攻读。这实在也是罗振玉此次随兄赴试的最大收获，他说：

> 予自入邑庠为弟子员，自惭经书尚未毕，乃以家事暇补习。至是得此书，如获异宝。闻先辈言，读书当一字不遗。乃以一岁之力，读之三周，率日尽三册。虽《观象授时》《畴人传》诸书读之不能解，亦强读之。予今日得稍知读书门径，盖植基于是时也。[②]

---

① 罗振玉：《集蓼编》。按，"黾勉"句，出自《诗经·邶风·谷风》："黾勉同心，不宜有怒。"
② 罗振玉：《集蓼编》。

这是罗振玉自述读书做学问的门径，极为重要。为此，须先解三问：

一问：罗氏何故"自惭经书尚未毕"？这是因为他体弱多病，虽于九岁前就读完了《诗》《书》《易》三经，但十岁以后数年间却"病月有加，辍读之日多"，故十四五岁始读"五经"中之后两经（《礼记》《春秋》），到上年十六岁考中秀才（入邑庠为弟子员）时尚未读毕。

二问：罗氏何故"得此书，如获异宝"？这是因为，这部粤刻《皇清经解》亦名《学海堂经解》，是阮元任两广总督，[①] 创设学海堂时纂辑的训释儒家经典之汇编性著作。全书收录清初至乾（隆）嘉（庆）经学著作七十四家、一百八十余种，总计一千四百卷，基本上集中了所谓"乾嘉盛世"及之前的清代学者考订训释经史的成果，既由是而可考见清代经学演变之轨迹，亦为研究中国古代历史及语言文字诸学之重要典籍。

三问：罗氏何故由读此书而"稍知读书门径？"这是因为在他看来"经解"乃"植基"之书。而读"植基"之书的关键，又在于"一字不遗"。他所称"先辈言"，例如朱熹，要求读书"须要读得字字响亮，不可误一字，不可少一字，不可多一字，不可倒一字"；曾国藩则提出了读经"耐"字诀："一句不通，不看下句；今日不通，明日再读"，"一部未读完，不可换他部"，等等。而罗振玉读《皇清经解》，强调"一字不遗"，就是不漏一句、不落一字，坚持每天读三册。就这样，他在一年时间内，将这部一千四百卷的解经之书，逐字逐句读了三遍！

今人谈"国学"，能"一字不遗"读古书者几希？

其实，称誉近世学林的罗、王之学，就是从最初的"一字不遗"读出来的。王国维曾说，他是在十八岁考中秀才的那年，用幼时所积的"岁朝钱万"，在杭州购买了前四史（《史记》《汉书》《后汉书》及《三国志》），并以此为平生"读书之始"；[②] 通过攻读前四史，积下了"三代两汉之史烂熟于胸"的学问功底。而十七岁的罗振玉则在考中秀才的次年，通过攻读应乡试归途中在南京购买的《皇清经解》，把握了读书的门径，实际也敲开了训经释古的为学之门。

---

① 阮元（1764—1849），字伯元，号芸台，江苏仪征人，清乾隆进士，选翰林院庶吉士、编修，官至湖广、两广、云贵总督，以长于考证、精通经学著称，编有《皇清经解》《经籍纂诂》《十三经校注》诸书，著有《揅经室集》《畴人传》等。

② 王国维：《三十自序一》，《静庵文集续编》，《王国维遗书》第五册。

深深鹣鲽情

罗振玉从事经史考订之学，正是从十七岁这一年开始的。

罗振玉自幼嗜古。他得《皇清经解》如获异宝，更珍爱古器古物如性命。例如，罗继祖曾述其早年搜访古器物之始：

十五岁（1880 年）以百钱从持竿售旧物者购得汉印佩衣带间，为有印癖之始；

十六岁（1881 年），在杭州谒郡庠，观宋高宗手书石经，又于堂壁见阮元所摹天一阁本石鼓文，并手拓之，为肄习篆籀之始；

同期，游杭州西湖，摩挲诸山铭刻，流连不肯去，并求墨本于书坊（未得），为癖金石铭刻之始；

十七岁（1882 年），乡试归途经扬州，从书铺购得仪征张氏榕园藏石拓本十余纸，为收藏墓志拓本之始；

十八岁（1883 年），从淮安钦工镇耕者发古冢所出器物中，辗转购得古镜一面，为搜集文物之始……①

尚须注意的是，罗振玉少年即喜交结耆宿，善于向老辈学者讨教。例如，他十六岁考中秀才，盘桓杭州之际，曾结识了八十余岁高龄、以藏砖丰富著称的桐城宿学吴廷康（康甫），称吴"长髯修干，精神强健，向索所著书，时无印本，赠予古琴拓本四纸"。② 还拜谒了时年七十岁的会稽教谕，博学、能诗，尤精畴人术的浙西名宿汪曰桢（谢城）。③ 汪甚赏罗年少好学，并以其所辑《荔墙丛刻》为赠。而罗则在前辈学人中最推重汪氏。光绪末年（1908 年），学部

---

① 参见罗继祖《永丰乡人行年录（罗振玉年谱）》，江苏人民出版社 1980 年版。

② 罗振玉《俑庐日札》"吴康甫少府（廷康）藏砖甚富"一则，记"光绪辛巳（1881 年）见之杭州旅舍"甚详。参见《雪堂类稿》甲《笔记汇刊》，第 387 页，辽宁教育出版社 2003 年版。

③ 汪曰桢，浙江乌程人，所著《二十四史日月考》等十种，生前均未刊行。参见王国维《观堂别集》卷三《汪曰桢〈长术辑要〉跋》，《王国维遗书》第四册。

议奖宿学，他首先提名汪氏，唯因其已亡故而未入选。这些虽是后话，但可窥知罗振玉是如此不忘前辈。

然而，"年才志学，已不克专虑读书"。[①] 罗振玉曾将他在辛巳、癸巳之间（1881—1893 年）的居家生活，一分为三：

第一，朝温经。每天早起，攻读《皇清经解》，重温《诗》《书》《易》《礼记》《春秋》及"十三经"中的其他相关经籍。

第二，日厘家事。协助母亲范氏处理家政，主要是两件大事：收田租与还欠债。前者须与罗氏田产经纪人打交道，后者则是直接应对每天上门索债的债户。处理这两件事，既不容欺人，但亦不可被欺，殊非容易，而罗氏之头脑精明，行事干练，作风务实，盖由此而历练出来。

第三，暮治金石文字。所谓奔走衣食，田租、债务忙碌了整天，唯有到了晚间，他才得以与长兄振鋆各自坐在自己的书斋里挑灯夜读。这是兄弟俩在此期间最大的赏心乐事。如他所记：

> 当辛（巳）癸（巳）之间……伯兄与玉共塾读。伯兄居东头屋，玉居西头屋。每阳曜西匿，灯火荧然，比舍遥映，漏下数刻，犹伸纸急读。煤染于手，十指尽墨；短檠欲烬，摩挲倦眼，则面目亦黢然而黑。两人相顾绝倒，以为此乐非他人所能喻，而平日之愁虑抑郁，不觉其若失也。[②]

那么，何谓"共塾读"？罗振玉说，他会同长兄参加壬午年（1882 年）乡试失败，但尧钦公却属望殷切，仍聘请山阳杜秉寅（宾谷）先生来家教兄弟俩做"制举文"。长兄对此甚为热衷，认为要重兴罗氏门庭，非致身科举不可；而要科举及第，又非在"制举文"上下苦功不可。加之，他未被委理家，故习做时文八股，极为专心用功。罗振玉则有所不同，他自习训诂考订之学，兴趣全在金石铭刻，当然不会兼骛制举文。父亲外出之后，他忙于家事，也就不可能专心于八股举业，但在塾师杜先生指授下，他曾习做"三艺"。其一为"肫

---

① 罗振玉：《〈眼学偶得〉叙》，《面城精舍杂文》甲编，《罗振玉学术论著集》第九集。
② 罗振玉：《赁碑图记》，《面城精舍杂文》甲编，《罗振玉学术论著集》第九集。

肫其仁”三句。[①] 他详审书旨，认真作文，先生极赞“文字之佳”，但不方合八股作法。他不由“嗒然若丧，益知所谓中式之难”。[②] 尤其是眼见长兄那样专注于制举之文，却屡试不中，就直言自己对科举考试的认识是“科名得失操之于人，惟学问则操之于己”。

不过，罗振玉的这位长兄十分注重识字是做学问的“植基”功夫。他认为，读书必先识字，识字以辨别正字、别字为要；辨别正字、别字，以熟读《说文》及多见唐以前碑版为要。于是，兄弟俩在各自的书斋里，“伸纸急读”起来。所“伸”何“纸”？就是碑版拓本。为何要如此“急读”？则是由于究心金石文字，家贫无藏碑，故只能出钱租读。看来，究心学术之最大的苦恼，莫过于学术资源为他人所占有；而要自主地从事研究，则必须自行掌控相关的文化学术资源（包括书籍与器物）。这也正是驱使罗氏后来从事收藏的最初始的动因。而在当时，罗氏兄弟俩就以“一碑钱二十”的租金，向碑贾赁碑，并在限定的借期内读之；超期当然得加租金，不“急读”也不行啊！又因为租读碑版拓本，所谓“煤染于手”，殆指拓本墨色（一种烟煤），逐纸逐字辨读指认其字，把十指都染上了墨色！

就这样，按罗振玉所记，“伯兄每得一碑，辄疏其别字；玉则必检孙氏星衍《寰宇访碑录》、王氏昶《金石萃编》比较异同，二书有误，据碑正之，其有关考订者，则录之别纸”。[③] 罗氏并且于乙酉年（1885 年）初，协助其兄将数年前“采辑碑版别构诸字之不载字书者”编为一书，仿前辈学者吴玉搢《别雅》体例，名之曰《碑别字》，凡五卷，又作序称其书为“小学之支流，校勘家之秘笈”；[④] 另将他当时录之别纸的考订成果辑为《寰宇访碑录校义》《金石萃编校字记》各一卷。

但是，家道中落，与罗振玉“实同患难”、居家攻读的长兄振鋆（字佩南），却是位悲剧人物。

如果仍以巴金的《家》作比，我们甚至可以这样说，这位罗大哥虽具类似

① 此三句，出自《四书·中庸》第三十二章：“肫肫其仁，渊渊其渊，浩浩其天。”

② 罗振玉：《集蓼编》。

③ 罗振玉：《赁碑图记》，《面城精舍杂文》甲编，《罗振玉学术论著集》第九集。

④ 罗振玉：《碑别字叙》，《面城精舍杂文》甲编。按，《碑别字》五卷，由丹徒刘氏出资刊于甲午（1894 年），时，佩南先生已谢世八年；又七年（1901 年），乃由罗氏补其遗佚，写定为《碑别字补》五卷，于武昌付梓。参见《〈增订碑别字〉序》，《丁戊稿》，《罗振玉学术论著集》第十集（上）。

于觉新的懦弱顺从之性格，却无其被妻室所爱的艳福；所娶富家女王氏，既乏男欢女爱之情，亦无"举案齐眉"的孟光之德。当"辛癸之间"开始读碑，适当他刚完婚之时。这在他人为"新婚宴尔"，而他却"戚戚无欢悰"，故又只能在挑灯夜读中找乐趣。所谓"漏下数刻，短檠欲尽"，他这才与弟弟振玉从各自的书斋里探出身来，并以染黑了的十指搓揉疲乏的双眼。结果，兄弟俩都把自己抹成了"黝然而黑""相顾绝倒"的大花脸！

此情此景，令罗振玉怅然不能忘怀。

当然，作为长兄，佩南先生始终不忘重振家门之责，并以士处贫贱，当自奋发为勉；读碑不能影响了仕途，所以他仍致力于科举之学。但是，第二次返原籍赴试——乙酉（1885年）秋乡试，仍报罢而归；翌年（1886年）八月，终于在郁郁不得志中病亡，年仅二十五岁。[1]

长兄英年早逝，罗振玉抚尸恸哭。佩南先生殁后五年（1891年），他特请友人绘制《赁碑图》，并追写往事，"以记我鹡原之痛，且以志寒士为学之非易也"。[2]《诗经·常棣》："脊令在原，兄弟急难。每有良朋，况也永叹。"[3] 友人有了急难，当像亲兄弟一样相助，这是就友情而言。兄弟之情，切肤之痛，更非一般友情可比了。所以，罗振玉直到癸巳（1893年）春夏间，送胞弟振常赴绍兴应童子试（考秀才），回想当年偕同长兄振鋆前来应试，不由悲从中来，乃于归途中以《西陵》为题写了首七绝：

> 鹡原宿草已芊芊，胜地重来意黯然。
> 记得西陵同唤渡，光阴弹指十三年。[4]

西陵（亦名西兴）是萧山县西的著名渡口，相传越国范蠡曾筑城于此。十三年前（1881年），罗氏兄弟俩曾在此唤渡，应该就是归程中父亲尧钦公挚友、萧山单棣华"附舟至姑苏"的那段温馨往事了。

---

① 罗振鋆，生于清同治元年壬戌（1862年），卒于光绪十二年丙戌（1886年）。罗继祖《永丰乡人行年录》谓丙戌"长兄佩南病殁，年廿四"，微误。

② 罗振玉：《赁碑图记》，《面城精舍杂文》甲编，《罗振玉学术论著集》第九集。

③ 《诗经·小雅·常棣》。按，"脊令"，《尔雅》作"鹡鸰"，一种成群而飞的水鸟，借喻为兄弟。

④ 罗振玉：《西陵》，据原刊《贞松老人外集》卷四。

家有贤妻

其实，当长兄病逝之际，罗振玉已经结婚生子，并遵母命将时方两岁的长子福成过继为长兄嗣子。

讲到早年的婚事，罗振玉还有这么个小插曲。

如前所述，他从十七岁开始，白天要帮助母亲处理家务，到了晚上才得以静心读书，包括"伸纸急读"碑版拓本。但是，读书不同于"夜生活"。欧阳修曾以"不点油灯""燃烛达旦"，与"油灯一炷，荧燃欲灭"，作为做官奢俭不同之标志，[①] 罗振玉乃"寒士为学"，当然点了油灯夜读。他说："每夕贮膏盈盏，复贮膏他器以益之；及盏与器中膏尽，则晨鸡已唱矣，始匆匆就寝一小时而兴。"[②]

如果说中国传统的文化学术是"国学"，那么，对士子读书而言，油灯就该是"国灯"了。"膏"就是灯油。直至晚清学校兴办之初，给学生发津贴犹称"膏火"，意即灯油费；而以罗、王二家之学殿其后的近代三百年学术（即"清学"），不就是在秦汉以来代代相传的古之"国灯"照映下产生的吗？

诗云："夙兴夜寐，靡有朝矣。"[③] 罗振玉则是贮膏夜读，达旦不眠。不过，也不可忽略了罗氏挑灯夜读中的两个细节。其一，"贮膏盈盏，复贮膏他器"。盏是油灯的主件，其状如碗，用以盛灯油、燃灯草，故亦俗称"油盏灯"。此时他因为"佐家政"，开始"掌财权"，所以在"漏下数刻"的半夜里，长兄佩南先生因"盏中膏尽"，先他而去睡了；他却有了那么点"贮膏他器"的"特权"，便独自留在书斋里再点亮了油灯悄然研读。其二，"他器"中的灯油亦点尽，已是晨鸡四起，天蒙蒙亮了。他匆匆返房，睡下仅一小时，又起床去忙白

---

① 参见欧阳修《归田录》卷一"邓州花蜡烛"条。略谓：寇准（莱公）"少年富贵，不点油灯"，"虽寝室，亦燃烛达旦"；杜衍（祁公）"为人清俭，在官未尝燃官烛。油灯一炷，荧然欲灭"。

② 罗振玉：《集蓼编》。

③ 《诗经·卫风·氓》。按，"夙兴"谓早起。

天的家事了。如此日复一日，延续了年把时间，至癸未（1883 年）夏，终于得了"不寐疾"（失眠症）；只要闭上眼睛，白天的语言、动作不断在头脑里翻腾，就连仅有的个把钟点也不能入睡了。

这可怎么办？

失眠如此严重，又无钱就医诊断，也就任其自然，至翌年春，始有所好转，但原本羸弱的身体愈见消瘦了。母亲范氏及长兄都甚是着急。于是，商议赶快给他办亲事。时值甲申（1884 年）初夏，罗振玉十九岁。妻范氏长他一岁，时年二十，原籍广东连平。其祖父曾为江苏知县，后流寓淮安；父范玉麟，候选光禄寺署正，很早就去世了，所以娘家就靠在淮城北门开了爿"果盒店"（即点心店）维持生计，成了"小商人阶级"[1]，故范氏愈知谋生不易、日子艰辛。加之正值罗家中落之时过门，举凡井臼、浣濯、刀匕（炊事）、哺乳之事，她无不自任亲为而无怨色，尤倾力支助年少的丈夫读书成就学业。于是，罗振玉更加奋发夜读，攻研金石文字，疲倦了，取过案头他爱颂的南宋诗人陆游之《剑南诗稿》，忘情地吟了起来，其中有一首七律《独学》：

> 师友凋零身白首，杜门独学就谁评。
> 秋风弃扇知安命，小炷留灯悟养身。
> 踵息无声酣午枕，舌根忘味美晨烹。
> 少年妄起功名念，岂信身闲心太平。[2]

这时，他失眠症始愈，本着陆游"小炷留灯悟养身"的诗意，辟了个仅有丈余见方的小室，"别置小榻独宿"，且"以为常"。他每夕读书，榻上置书卷，妻范氏则整理了案上物件，以供他展阅碑版，自己就侧坐案边缝纫衣物。

罗振玉说，他每天丙夜（三更）入睡，妻子必定要替他整书卷、理衾枕，然后返房伴儿眠，往往整月不通一语，唯恐妨碍了他研读！东汉梁鸿有贤妻孟光伴随而作《五噫歌》，罗氏亦不由赞叹：

---

① 参见罗继祖《涉世琐记》，《海角濡樽集》，《长春文史资料》1993 年第一辑。以下引述罗妻范氏及罗嫂王氏有关轶事，均出于此，不复加注。

② 《剑南诗稿》卷一《独学》。

噫，今日更安得见此贤明妇人耶！

甲申（1884 年）季秋，罗氏婚后数月，就以夜读所得，撰成《读碑小笺》，这是他平生著书之始；连同嗣后所撰《存拙斋札疏》，皆由妻范氏脱下发簪、耳环，典钱刻印成书。

牛衣之泣

但是，由于长兄病逝，家难又起。当时，家中空无所有，窘困到了不能为亡兄置办衣衾入殓的地步。举家无可为计，妻范氏慨然脱下金链换得六万钱，这才得以入殓，办完了丧事。罗振玉乃更加叹服妻子贤淑明大义，家人亦莫不称赞。但长嫂王氏却反过来说，这是为了"市恩沽誉"。他明知贤妻受了委屈，但又不便在自己敬重的母亲面前辩白。自此之后，家失和谐，景况益穷。他愈感"一门之内气象愁惨，终岁如处冰天寒窖中"。

这时，罗振玉已二十二岁。自幼器重他的祖母方氏，是在他完婚后的当年，从叔父的遂安任所返回淮安的。方老太太早年历经艰难，眼见家道衰颓至此，深以罗氏母子困守为非计，乃私下里招他做了一番长谈，既寄以兴家厚望，又授之治家方略，殷殷告诫他说："异日重兴家门，就指望你了！你母亲因田产由我辛苦手置，誓死不忍割弃一稜，志固可嘉，然愚亦甚矣！"老人提议："应出售田产之半还急债，你才能从债务中脱身，走出家门，振兴有望！若母子相守，即使拼命，又有何益？你外出了，家有贤妻，必能佐你母亲，可无内顾忧。"

三年后（1890 年），方老太太谢世，所以这也是老人对她辛苦所置田产的一个身后交代。

罗振玉谨遵祖母的训诫。但那时"谷贱伤农"，米价一石才二千钱，谷价仅及其半，谁愿意拿了白花花的银两去购田产？田地不易出售。母亲范氏听从方老太太劝告，允许罗振玉外出谋生。妻子范氏又拿出陪嫁的衣物，交他典了千钱做旅费。就这样，他兴冲冲地从淮安登舟前往金陵，父亲尧钦公听他禀明来意，不无惊讶地说："而今谋食者多于牛毛，你贸然来此，想旦夕间谋个差使，哪有这么容易？"罗振玉这才明白："天壤之大，竟无一负米之处！"他遵父命，第三天就乘归舟返淮。满怀希望出门，却以绝望而归，致使他"方寸如割，气急病目"，俗谓"急火攻心"。他的左目因此而瞖。

打击接踵而至。戊子（1888年）秋，罗振玉再赴绍兴，二应乡试仍报罢，归而大病一场，从此彻底绝了科举之念。值得注意的是，当年淮地淫雨弥月，秋稼收成大减，罗家田租亦随之折收，而索债者上门催逼愈紧。

然而，罗振玉的超常之处，即在于其家境穷困，而究心学术之志不移。他日则奔忙生计，夜则著书立说，妻子范氏操劳了一天的家务以后，就在夜阑更深的油灯下，默默地伴着他做针线，如他的一首追怀亡妻的七绝所写：

> 冉冉流光七月余，九泉消息近何如？
> 去年今日维摩室，手缀鹑衣伴著书。

此诗作于壬辰（1892年）初冬，题《十月朔》，他贤淑的夫人范氏已去世七月余。"去年今日维摩室"，盖以"维摩室"喻其书斋，实指辛卯（1891年）秋冬间删定历年所作文字，编为《面城精舍杂文》甲编；继又撰《眼学偶得》（一卷）、《干禄字书笺征》（一卷）、《梁陈北齐后周隋五史校议》（五卷）诸书，而范氏则缝补着已经破旧的冬衣，伴着他著书。他手抚书稿，亡妻面影如映眼前，情不自禁地问询"九泉消息近何如"，哪怕回应一句也好啊！

看来，罗振玉绝非只知古书古器，没有七情六欲的古板学者，他与范氏伉俪情深。范氏生二子二女（次子夭亡），生产次女后以蓐劳过度，不及医治而卒，时为壬辰（1892年）三月二十六日，年仅二十八岁。罗振玉在悲痛中作了六首悼亡诗，述德抒怀，感人至深，如第四首云：

> 填膺幽憃向谁申？往事寻思总怆神。
> 从此邃庐风雨夜，牛衣对泣更何人！①

---

① 此六首《悼亡》，及前引《十月朔》，原刊《贞松老人外集》卷四。

罗振玉曾将他与范氏婚后生活，概之曰"十载牛衣"（实为九载）。何谓"牛衣"？顾名思义，为牛御寒之物，草帘、麻席之类。事出汉元帝时以刚直守节、"敢直言"闻名的谏议大夫王章（字仲卿）：

> 初，章为诸生，学长安，独与妻居。章疾病，无被，卧牛衣中，与妻决，涕泣。其妻呵怒之曰："仲卿！京师尊贵在朝廷，人谁逾仲卿者？今疾病困厄，不自激卬，乃反涕泣，何鄙也！"[①]

是的，"牛衣对泣更何人"。罗振玉显然是把"学长安"时的王章引为知己，并追记当年与妻"对泣"之状：

> 淑人（妻范氏）明达有先识，尝语予曰：吾家虽中落，以夫子学行，必再兴门户。但妾赋命薄，恐不能终事君子耳。老母半生苦节，未答劬劳，诸弟必不克负荷，念之兹戚，异日将以是累夫子矣。予惊其言不祥，曰：是何言？人生祸福，安可逆知，使他日果如卿言者，必不负所托。君闻而慰谢，弥留时更言之。[②]

以此对照《悼亡》第三首"上有慈亲下有儿，一朝挥手忍长辞"，"慈亲"殆指范氏"半生苦节"的老母颜太夫人；而罗振玉则不负亡妻所托，"事君姒颜安人先后垂三十年"，承担起了给岳母养老送终之责，并且信守他自己在妻子临终前所许"男由吾母抚之，女以托君母"的承诺，将孝则、孝纯姐妹俩送到了外婆家……

是年冬，大雪，严寒，檐下冰条三尺。妻亡不足一岁，长嫂王氏亦病卒。岁末，"双榇并举"，在凄厉的寒风中，两口薄皮棺木葬在了淮城南郊之五里松成子庄。

葬后三日，对着亡妻新坟顶上垒起的封土，罗振玉口占一绝，以为祭奠：

---

① 《汉书》卷七十六《王章传》。
② 罗振玉：《集蓼编》。

蘦忱记否愁无地，马鬣俄看七尺封。

不用玄堂嗟索处，他年泉穴与君同。①

文人雅集之好

罗振玉二十七岁丧妻，正值壮盛之年，且在淮安城内，已经"薄有文誉"。但他为生计而教私塾，则在戊子（1888 年）应试失败，决意弃绝科考之后。谨将他先后任教的学馆（家塾），依次列举如下：

庚寅（1890 年）至癸巳（1893 年）春夏，经邱崧生（于蕃）介绍，任教于山阳刘氏学馆，岁脩二万钱；

癸巳（1893 年）秋至甲午（1894 年）秋，任教于山阳邱氏（干蕃）学馆，脩金加半。

甲午（1894 年）冬至乙未（1895 年），移馆丹徒刘氏，授刘梦熊（渭清）、刘鹗（铁云）诸子读，岁脩增至八万钱。

这样，罗振玉先后做了近六年的塾师，教过不少学生，故有"罗三先生"之称。他回顾说，频年以馆谷资家用，所入虽微，然当时物价廉，于饔飧不无小补。② 应做说明的是，授读前三年，即发妻在世时，他"晨出夕归"；丧妻后三年，就住在所教的学馆中，且与主家相处融洽，结为好友，尤其是与刘氏结了儿女亲家，长婿刘大绅（季英），就是他所教学生——刘鹗的第四子。

但是，罗振玉虽为塾师，却截然不同于寻常的冬烘先生。从这个时期留下的诗作中，可以看到他为人低调、虚衷接物，以英年奋发的清寒学者之身，交结了一批有学之士，尤其是那些有声望的前辈。

---

① 罗振玉：《内子既殡之三日往省奠之以诗》，原刊《贞松老人外集》卷四。

② 当时，以千钱为一贯，习惯上一贯合白银一两，二万钱为二十贯，合银二十两。此时米价一石（一百五十斤）二千钱（银二两），则岁脩二万钱（二十贯），可购大米十石；年薪增至八万钱，可购大米八十石，就相当可观了。

鲰生学业本芜荒，惭愧词场与酒场。

坐上耆英联雅集，箧中名帖富储藏。①

儋斛负米殷忧切，釁砚研朱点勘忙。②

安得饥寒守文字，执经长此侍鳣堂。

此诗作于壬辰（1892 年）冬，题曰《快雪时晴，顾持白丈招同徐丈宾华、路丈山夫、段丈笏林、邱君于蕃饮于味蔬草堂，以诗代柬，谨次原韵奉和》③。诗由"鲰生"起兴，以"鳣堂"为结，罗氏完全以执教讲堂的晚辈后生，跻身老辈的诗酒雅集；而诗称"耆英联雅集"，盖古以六十岁为耆年，"耆英"则取意于宋文颜博留守西京，邀集居洛阳之年老士大夫十数人诗酒欢会，称"洛阳耆英会"，④ 以此表示罗氏对与会诸人的敬重。邀请此次雅集的"味蔬草堂"主人顾持白（1829—1899），名云臣，字子青，号持白，时年六十三岁，是诸"丈"中官位最高，又是最年长者。罗振玉曾屡次赋诗，记他与老人的交谊。盖老人出生于淮安城内一个贫寒的儒生之家，清同治四年（1865 年）进士，授翰林院编修；同治十二年（1873 年）奉派为湖南学政，主持了当年（癸酉）的乡试；但他仅在任三年，因官场腐败、仕途险恶而辞官归里，并于光绪四年（1878 年）创办勺湖书院，自为山长，成为淮安声望较高的四大书院之一。⑤ 故由诗中之"折柬"见召，表明持白老人曾欲延聘青年罗振玉任教勺湖书院；"下质"甄陶，当然是指咨询教育事宜，以及商谈如何通过办学造就人才教化一方。参与唱和的"顾竹侯文学"，即在勺湖书院掌教（古称教官为"文学"）的顾氏之子顾震福；罗氏诗中乃以"小子实愚鲁，守拙坚且牢""颇以著书情，遣此岁月滔"自励，这位"竹侯文学"则将其父遗作辑为《抱拙斋集》，并秉承父业，在嗣后书院改学堂之际，开办了勺湖蒙塾（相当于初级中学）。

---

① ［原注一］先生（按，招饮者顾持白）以善拓《书谱序》见示。

② ［原注二］玉（按，罗氏自称）时作《诸史斠议》（按，即梁、陈、北齐、后周、隋《五史校议》，五卷）。

③ 此诗及以下所引诸诗，均见《贞松老人外集》卷四。

④ 洛阳耆英会，亦作"耆年会"，在宋元丰五年（1082 年）；参加者十三人（一作十一人），唯司马光六十四岁，其他十二人年皆七十以上。参见沈括《梦溪笔谈》卷九。

⑤ 淮安四大书院为丽正书院、奎文书院、射阳书院、勺湖书院，除勺湖为顾氏私资创办，丽正、奎文、射阳，皆官办。

当然，除了顾氏父子，也不可忽略了罗氏唱和中的其他耆英，诸如："两世交情钦德望，百年身世杂悲欢"（《徐丈宾华用苇丈雪后招饮诗韵见惠，依韵奉和》）的徐嘉（宾华），[①] 他是举人，曾为昆山教谕，且与罗家有世交；"屡接丰采已厚幸，投诗何意褒盲聋"（《笏林丈闻予将返浙，用坡公送王颐赴建州钱监诗韵赋诗赠行，次韵奉和即以留别》）的段朝端（笏林），[②] 段君少年考上秀才，且很早即从教，所历与罗氏甚相似，故彼此颇有惺惺相惜之慨；但是，与罗氏相识最早、交谊最深者，则莫过于雅集中"群英萃一堂，长幼何秩秩"的"欧舫"主人，"苇丈"路山夫了。

草堂常客

那么，这位路老夫子究竟有何来历，他何故而被尊为"苇丈"的呢？

路君（1839—1902）本名岯，字山夫，原籍陕西周至，出身于翰苑之家。从年龄上说，他此时五十四岁，恰比罗振玉年长了一倍。由于个性耿直，不肯逢迎上司，从安徽建德县知县任上被劾罢官之时，他年未及不惑，虽先后做了十来年县官，但为官清廉，身无积蓄，以至回乡缺乏盘缠，不得已前来依附他在淮安府做同知的兄长，并典物凑钱，在淮安城东北隅筑室隐居，直至终老，不问世事垂二十六载。因其居处在人称"边高士"的"苇间书屋"之西侧，[③] 故名之曰"苇西草堂"，其"苇丈"之称，殆自此而来。在罗振玉所撰路君墓志铭中，曾如是记述两人交往之始：

---

① 徐嘉（1834—1913），字宾华，号遁庵，别号东溪渔隐，淮安人，清同治九年（1870 年）乡试中举，被选为昆山教谕；解职归里后从事著述，以《顾亭林诗笺注》最为学界推重。

② 段朝端（1843—1925），字笏林，号蔗叟、蔗湖退叟，别署水香村人，出生于淮城书香之家。其早年经历与罗氏几出一辙：五岁入私塾，十四岁入县学（秀才），十七岁著《南游杂记》，二十一岁开始教书生涯；后捐试用训导，历任仪征、兴化教谕，甘泉（今江都）训导，海州学正等职。晚年归里，以诗文自娱，组织谜社，从事地方史志及乡土人物的研究与编纂，著述甚丰。

③ 边高士，即边维祺（1684—1752），字颐公，号寿民、苇间居士等，淮安人，为扬州画派名家之一，与金冬心、郑板桥等并称"扬州八怪"，唯传世画作甚罕；著有《苇间老人题画集》《苇间书屋题画诗》等。

　　振玉以光绪癸未（1883 年）冬初识君，纵谈金石考订之学。君不鄙其年少，折节定忘年交，遂晨夕过从，无间寒暑。时，丹徒刘君梦熊、铁云兄弟，山阳邱君崧生，吴县蒋君黼，并草堂常客也。每就君园林，各出金石书画相娱乐，或剧谈痛饮，抽毫赋诗，君辄从容挥麈，酬酢尽欢。

　　这就是说，罗氏于"草堂"初识"苇丈"时，乃为十七八岁少年，而彼已届四十岁中年；之所以成忘年交，则以有金石考订之同嗜。嗣后（1908 年），罗氏撰《俑庐日札》，近世学者赞其"笔洁味永"，实与此浓厚的学术兴味相关。据札中所记，"传世铜鼓多无文字"，"惟仪征阮氏所藏晋铜鼓，予曾于亡友路君山夫（岯）斋中见其拓本"，并录其铭文称："字迹劲健，在隶楷之间，阴文，环刻鼓面。"这应该是雅集中路君所出示"金石书画相娱乐"的藏品之一。罗氏更记其"乐天知命"的品性及才艺学问：

　　君平生负奇气，好纵横术。既罢官，则萧然断世虑，风味如齐梁人；雅善法书，受笔法于道州何先生，而私淑安吴包先生，故所作楷隶，具有二家之长。诗近韦、陆，顾不多作；研究经史而不著书，亦征君之无名心也。①

　　而在"草堂常客"中，另一位颇负奇气，且很早就与罗振玉有密切交往的友人，是邱崧生（1858—1905，字于蕃，号啬庵）。罗氏亦曾为之撰墓志铭，追述两人交往：

　　予以光绪戊子（1888 年）初与君订交，时君方壮盛，先世有遗产，足自赡。莳花种竹于所居，左右列图史，日与朋俦以词章、金石、书画相娱乐。城北有路氏园林，春秋佳日更招携为文酒之会。②

---

　　① 罗振玉：《前安徽建德县知县直隶州用路府君墓志铭（并序）》，《永丰乡人稿》，并见《云窗漫稿》，《罗振玉学术论著集》第九集。
　　② 罗振玉：《直隶候补直隶州知州邱君墓志铭（并序）》，《永丰乡人稿》。

在罗氏所作"耆英联雅集"的诗作中，我们曾录举了嘉平十九日"寿坡公（苏轼）生日于欧舫"的诗。其诗首称："去岁方溽暑，欧舫祀六一（欧阳修号六一居士）。同志两三人，谈艺频促膝。"这个"欧舫"，盖即"路氏园林"（莘西草堂）内会集友人之斋名；"去岁方溽暑"，则指辛卯（1891年）六月二十一日，路、邱、罗三人联句纪念欧阳修诞辰，[①] 显示了他们是多么意气相投的"同志"！而在诗文志趣方面，三人各有所好：路有"筑室颜欧舫"之句，表明他因为仰慕欧阳修，而将莘西草堂内自己的书斋名为"欧舫"；邱则有"苏陆虔同祀"之句，罗氏特为之加注，自道本人"宗陆放翁"，所居名"陆庵"，而邱君（于蕃）所宗为苏轼。还可注意的是，从联句中可知此时诸人的学术意向，尤其是罗句"金石文难续"，注云："拟续《金石萃编》。""丹铅事未遑"，注云："同人有校史之约。"实则，不惟有"约"，罗氏且于此时撰有《五史斠议》等书，又在嗣后所撰《俑庐日札》中，除补记邱崧生（于蕃）生前藏砖，多被其载入《再续访碑录》之外，并以此时"拟续《金石萃编》"为由头，追忆其不幸遭际：

> 邱君尝与予及蒋君伯斧相约续《金石萃编》，积稿数寸，乃以薄宦潦倒，中寿委化。其藏砖今又不可知矣。

所称"中寿委化"，是指邱君死时才四十八岁；对于其"薄宦潦倒"之状，罗氏作为见证者在墓志铭中做了极为沉痛的记述：

> 今年（1905年）夏，君以益贫目病，将归淮安，邂逅于沪渎，则衰颓已成老翁，乍见几不相识；惨然相对，为道身世之戚。玉强为好语相慰藉，而阴虑其不久，乃不数月而遽死矣（邱君死于当年九月初九日）。呜呼！先后不二十年，即君之身以验之死生荣瘁，若是其难知也。[②]

---

①　罗振玉：《六月二十一日与邱君崧庵同拜欧阳文忠公生日于路山夫丈（岯）欧舫联句纪事》，原刊《贞松老人外集》卷四。按，欧阳修生于宋真宗景德四年（1007年）六月二十日，至罗氏"联句纪事"之辛卯（1891年）六月二十一日，为八百八十四周年。

②　罗振玉：《直隶候补直隶州知州邱君墓志铭（并序）》，《云窗漫稿》，《罗振玉学术论著集》第九集。

这里所称"先后不二十年"，则是指罗、邱初交于清光绪戊子（1888年），当此之际，一为二十二岁英年，纵横金石书卷；一为三十而立壮年，亦雅好词章金石书画。曾几何时，竟至见面不能相认！如果将罗、邱两位在20世纪之初上海滩某处弄堂口邂逅的情景摄成电影镜头，那"益贫且病"，"颓然已成老翁"的邱君，不正是活脱脱一个男性"祥林嫂"吗？但祥林嫂只是个贫困无知的村妇，而家有遗产"足自赡"，且颇以"宗苏"，即以苏轼般豁达豪放的士大夫自命的邱君，何故落拓潦倒如此？叩向历史，看来唯问让他捐了"直隶候补直隶州知州"官衔的腐败的清政府了。

皇帝的诽谤与雅士之死

然而，令邱君意想不到的是，在他去世翌年（1906年）出生的"末代皇帝"溥仪，会对他的生前身后事垂青起来。罗振玉则不仅偕同有着"欧舫联句"之谊的邱君进入了《我的前半生》，并且随"皇上"溥仪的"华丽转身"而变身"书商"；还说他在江西南昌一个邱姓巨绅家任"家庭教师"，"东翁突然去世"，他利用女东家的无知，拒收这一年的束脩而选取东家的几件旧书和字画作为纪念，内有百余卷唐人写经、五百多件唐宋元明的字画，云云。①

罗继祖为其祖父作年谱，开卷追述罗氏家世，就明确指出，先世"以佐幕积俸，从事懋迁，而未尝以书商为业"，以上"讹言不实，流为丹青"的传闻，胥出溥仪《我的前半生》。② 所谓江西邱姓巨绅，则既误山阳（淮安）为江西，更不知邱氏以诗礼传家，儒行名世；而"唐人写经"藏于敦煌千佛洞，至光绪三十三年（1907年）首遭英人斯坦因盗窃，次年复被盗于法人伯希和，殁于光绪三十一年（1905年）之邱于蕃如何能超前藏有百数十卷唐人写经？此类讹传

① 《罗振玉在天津"玩古董"十年》，《近代天津名人故居》，第285—286页，天津人民出版社2009年版。

② 罗继祖：《永丰乡人行年录（罗振玉年谱）》，第14页，江苏人民出版社1980年版。

不实之词，同溥仪小朝廷内的"排挤倾轧"相关。[①] 姑且按下不表。

这里首先要指出的是，欲辩溥仪之谤，莫过于明罗氏之行。例如，所谓拒收"一年的束脩"。罗振玉说得很清楚，他曾欲外出谋生不成，归家以后不得已"乃谋为童子师"，何能教书而不要束脩？为着"资家用"，他还曾于庚寅（1890年）孟夏订定"陆庵仿秦汉篆刻润例"，诸如石章每字洋半元，边款每五十字洋一元，等等，[②] 欲以篆刻技艺"创收"哩！

那么，罗振玉早年有无劳而不取，拒收束脩之事？有，且一年有余，但不是为教书，更与邱家无涉；而是为清河（淮阴）崇实书院一位叫刘庠（兹民）的山长代阅书院试卷。按照罗氏自述，"当是时，予薄有文誉，尝为人捉刀作书院课卷"，亦即受其姊夫何福谦（益三）嘱托，代作"孝廉堂经古卷"，因而得以与"校阅者"刘老先生交结。刘还专诚登门拜谒，决意辞去原先代为阅卷的那位"并《诗传》亦不知"的某孝廉（举人），而请罗振玉代之：

> （刘曰）此后试卷，即请代阅，当割岁俸以供菽水，可乎？予惶恐逊谢：先生不可。曰：契友中无通人可托，故以托某孝廉，致诒笑柄。幸君为老朽代庖，俾不致再诒诮，则为幸多矣。予不得已允之……为阅卷年余，而却其馈，因先生岁入固不丰也。[③]

崇实书院的这位山长，原籍江西南丰，故罗氏尊之为"南丰刘兹民先生"，亦即其人乃唐宋八大家中的曾巩之同乡晚辈，确系"江西名宿"。[④] 当时，罗氏虽家境窘困，但体恤对方"年老多病"且"岁入固不丰"，故辞谢其"割岁俸"以为酬劳，阅卷年余而分文未取。刘庠老先生过意不去，便通过门生关系，介绍他去海州修州志。而罗父尧钦公此时已调任海州州判，父子见面，打听得知

---

① 主要指溥仪在北京小朝廷及天津"行在"的那批遗老，尤其是被溥仪称为"和罗振玉这一对冤家"的郑孝胥。参见溥仪《我的前半生》（全本），第146页，群众出版社2007年版。按，在这个"全本"中，已删去上述明显"讹言不实"之内容。

② 参见罗继祖《庭闻忆略：回忆祖父罗振玉的一生》，吉林文史出版社1987年版。

③ 罗振玉：《集蓼编》。

④ 罗继祖：《庭闻忆略：回忆祖父罗振玉的一生》，及其去世后出版之《我的祖父罗振玉》（百花文艺出版社2007年版，王庆祥代编），均称"刘先生也是西江的一位名宿"。按，南丰在江西省，当以其原籍江西称之。

修州志乃本地士绅的一项专利，岂容外来者插手？于是，无果而归，就此作罢。

幸好，罗振玉已有了山阳刘氏学馆的教职，故去海州权当探亲，返回淮安仍做刘家的塾师。他自述早年的教书生涯，曾说："予自授徒后，课余辄以著书自遣。"亦即一边教书，一边从事研究和写作。而他的阅读和研究则早在教私塾之前，从十七八岁就开始了，他的原话是：

> 予家无藏书，淮安亦无书肆。每学使案试，则江南书坊多列肆试院前。予力不能购，时时就肆中阅之。平日则就人借书，阅后还之，日必挟册出入。当日所从借书者，为姊夫何益三孝廉、丹徒刘渭清观察（梦熊）、周至路山夫大令、清河王寿萱比部（锡祺）、山阳邱于蕃大令（崧生）、吴县蒋伯斧学部（黼）。①

这里，罗振玉也说得很清楚：他家无藏书，淮安也无书铺。由此更澄清了他本人没有也不可能从事经营"刻《三字经》《百家姓》的书铺"。所谓"每学使案试，则江南书坊多列肆试院前"，是说每逢科举考试，那些从事书籍刻印的书商，就趁机在试院前开设书铺，罗振玉去原籍绍兴府参加考试，虽能就着书摊翻阅，却无钱购书。于是，在返回淮安以后，向亲友借阅相关之书，以至"日必挟册出入"，就是每天将看完的书归还主人，然后再借。罗氏开列的书籍出借者名录，虽也包括了上述"欧舫联句"的路（山夫）、邱（于蕃）二位挚友，但主要的借主为：何福谦（益三），他是位举人（孝廉），与罗家三代为亲；②刘梦熊（渭清），他是刘鹗长兄，罗氏"移馆丹徒刘氏"学馆的主人；蒋黼（伯斧），他在后来成了与罗氏"同官学部"的事业上之伙伴；另一位借书者，则是捐资为刑部员外郎，被罗氏尊为"比部"的王锡祺（寿萱），③他在给予借书的同时，还慨然将罗氏所著《淮阴金石仅存录》（一卷）辑入其《小方

---

① 罗振玉：《集蓼编》。

② 何福谦，字益三，号耐庵，罗振玉姑表兄、姊夫，并亲上加亲做了其长子罗福成岳丈（罗继祖外祖父）；后随罗氏去东北，任伪满"库籍整理处副处长"。

③ 王锡祺（1855—1913），字寿萱，号瘦髯，清河（淮阴）人，世居淮安城内。以诸生（秀才）捐刑部员外郎，嗜书画，擅长古文诗词。是晚清以自费东渡日本考察地理及明治后之政治人文的学者之一，并自行购置印刷机及铅字，编辑刊行《小方壶斋舆地丛钞》《小方壶斋丛书》等。

壶斋丛书》刊行（1891 年），并写了篇热情洋溢的跋文：

> 罗君叔韫，上虞人也。旅居淮阴，嗜金石成癖，藏碑版千百通。
> 念淮阴金石之散佚荡缺，口谝手胝，摹拓考证，正往史之失，补志乘
> 之遗。必云抗衡阮仪征、翁大兴、王青浦、孙阳湖，所不敢知；然于
> 金石可继张力臣、吴山夫。[①]

跋中所述张力臣、吴山夫，[②] 是享誉清康熙年间、出生山阳（淮安）的两位金石考据学家。这实际上是举张、吴以力挺罗氏在金石考古方面取得的独步于学林的成就，且以阮元（仪征）、翁方纲（大兴）、王昶（青浦）、孙星衍（阳湖）诸大师，期待罗氏未来之学业成就！

但是，恰如罗振玉在一首唱和诗中所说，"为道借书前例在，一瓻深盼到斋堂"。"薄有文誉"的罗振玉，在淮安既已有了相当的学术声誉，其交游范围亦随之扩大，除了商借书籍之外，彼此沟通学术信息，交流学术成果也更多了。

例如，癸巳（1893 年）仲冬，他借得顾云臣（持白）家藏《龙龛手鉴》，"呵冻作跋"，考辨书中所存"六朝鄙别字"，[③] 此跋与其辛酉（1921 年）仲冬所撰以金甲文字考证《说文》古籀之《说文古籀补跋》，[④] 相隔近二十载，而文长

---

① 转引自罗继祖《永丰乡人行年录（罗振玉年谱）》，辽宁教育出版社 2003 年版。按，1980 年江苏人民出版社版《永丰乡人行年录（罗振玉年谱）》，及 1986 年台北版《罗谱》，均未录入此跋，故将原文转录之。

② 张弨（1625—?），字力臣，号亟斋，淮安人，精金石考据之学，曾为顾炎武校写《音学五书》，著有《济州学碑考》《汉隶字原》等，吴玉搢（1698—1773），字藉五，号山夫，淮安人，嗜金石碑铭，先后撰有《金石存》《说文引经考》《六书引经考》《山阳志遗》等。其考证金石、古文字的《别雅》一书，被收入《四库全书》。

③ 《龙龛手鉴》四卷，辽僧行均撰。罗跋称："其书为读教中经典而作，故多载佛藏中文字，俗作伪体，甄录甚详。"又谓："唐宋以后，传世梵夹疑多就石刻传写，故多存六朝鄙别字，《玉篇》《广韵》所未收者甚夥。行均撰集成书，有功于文字甚大。然讹误多有，不胜指摘，为举其厓略于此。"《龙龛手鉴跋》，《面城精舍杂文乙编》，《罗振玉学术论著集》第九集。

④ 《说文古籀补》十四卷，清吴大澂（愙斋）撰。罗跋云："稍长，得吴愙斋中丞《说文古籀补》，窃喜足补段君之阙遗，意谓许书传此二家，为之羽翼，殆尽美且善矣。及壮游四方，颇搜集吉金文字墨本，学力亦稍进，始知中丞之书，尚不免千虑之一失。"并举金甲文字，考吴氏书中五失，又云："在光宣之间，曾与亡友吴县蒋伯斧学部（黼）约，分任校理，并补以后出诸器，乃事未逾半，伯斧遽归道山，予亦携家浮海，旧稿弃置，不可复理。"《〈说文古籀补〉跋》，《松翁近稿》，《罗振玉学术论著集》第十集（下）。

皆近二千言，所考之字虽有雅俗之别，书亦有古近之异，却具见精深的古文字造诣，堪称短什中之宏论，跋文中之杰品。

不惟如此，罗振玉认为："儒者之道，备乎六经；明经之要，存乎文字。舍穷经而言明道，舍识字而言穷经，此必无之理也。"本着"穷经"必先"识字"的学术理念，他还欣然为顾氏之子顾震福（竹侯）所著《小学钩沉续编》作叙，称道其书有功于学术，并以顾君"究心许（慎）、郑（玄）之学"、补辑前哲之书而引为同调，说："士生今日，文教昌炽，以云著作，良不易易，率尔操觚，鲜不诒雷同之诮，何如校雠古籍之效捷而用宏乎？"[①] 由以上诸端，可窥罗振玉三十岁以前在淮安交结友人，教书谋生，读书、研究、写作之真实景况，而他在邱崧生（于蕃）家任塾师，前后仅一年（1893 年），只能算是从"年薪"仅有二万（钱）的"山阳刘氏"，移馆"年薪"增为八万（钱）的"丹徒刘氏"（刘渭清、刘鹗兄弟）的一个过渡。由此，再回头对溥仪书中诋言做正面的回应，首先是对于这位"先世有遗产"的邱君家世，罗振玉在墓志铭中曾有扼要记述，说：

> （邱君）江苏山阳人，祖煜、父永培，均以儒行著于乡里。自国
> 初以来，邱氏代有闻人，以政事、文学名当世者，先后相望。

如果循着罗氏的笔触，查考相关史志，就可以知道邱家自明代以来，世居淮安城内，从未移籍外地他乡，是本色的山阳（淮安）人。而所称国初以来，代有闻人，当首推清顺治至康熙年间，有"淮南二邱"美誉之邱象升、邱象随兄弟，那确是"政事、文学"，堪称一时翘楚；[②] 并且一直延续到邱君之祖之父，均以儒行著称淮安。《我的前半生》中将邱家说成江西南昌的"巨绅"，显系荒诞不经之谈。

---

① 《小学钩沉》，清任大椿（心田）撰。罗叙称："我朝任子田先生……刺取往籍所引古字书，排比成帙……顾其最拾，不无遗漏。尝恨无尔疋之士，为之补辑。光绪壬辰（1892 年）夏，山阳顾竹侯文学，以所著书见示，启帙读之……为之惊喜欲狂。顾君幼奉其尊人持白先生庭训，凤究心许、郑之学，兹之所辑，未足觇其学之全，其有功于前哲，沾溉于来学者，已不浅矣。"《〈小学钩沉续编〉叙》，《面城精舍杂文乙编》，《罗振玉学术论著集》第九集。

② 邱象升（1630—1690），清顺治进士，授翰林院庶吉士、编修，官至大理寺左寺副；邱象随（？—1701），康熙十八年（1679 年）以博学鸿词授翰林院检讨，参加修纂《明史》。

其次，关于邱崧生（于蕃）其人，罗振玉在墓志铭中说他"早受庭闻，少有令誉，弱冠为古文辞，已惊其老宿"，并记述诗酒雅集中所表露的邱君情怀，说：

> 然是时天下实已多故，酒酣相与感慨时事，君尤扼腕，谓救时首在饬吏治。亲民之官纵欲败度，于今极矣。思欲一为县令，好作政教，为天下式。君平日自期许者，盖如此。

当然，邱君的这种"自期许"，无异于做着古代骑士梦的唐·吉诃德，但他也绝非《我的前半生》中所写在罗振玉任"家庭教师"时"突然去世"的"东翁"。按照罗振玉所述，戊戌（1898 年），邱君曾"一至上海，主东文学社"，不数月而归。之后，他"益牢落"。罗氏曾数次从上海致信，规劝他切勿与淮安城内那些富家纨绔子弟吃喝为伍，他虽不以为忤，却又不能改过自振，终以子女婚嫁，又不善治家，以致负债累累。尤其是到了庚子（1900 年）之夏，他不顾时局之变，竟然还想"入资为令"，"求官于近畿"，以"得逐平生之志"——做个"为天下式"的好官、好县令。借用祥林嫂的话，"我真傻"，邱君真正是太傻了！最后落得个"中寿委化"，像祥林嫂般四十上下"穷死"的结局，岂不悲夫！

最后，邱家既世代以诗礼传家，故邱君亦风雅好古之士，他在与罗振玉交往中颇足以引为佳话者，则有两事：一是两人订交之当年（1888 年），罗氏觅得清乾隆年间淮安名士阮葵生遗稿《风雅蒙求》，[①] 即由路岯、邱崧生分作序跋，集资刊行；二是数年之后（1891 年），扬州疏浚漕渠，得李氏藏五代杨吴李涛妻志石，文字漫灭而题署年月俱存，乃移石至邱家，罗氏偕同蒋黼亲施毡墨。除此之外，邱君既非著名藏书家，说他藏有多少古籍文物供罗氏研阅，天方夜谭耳。

---

① 阮葵生（1727－1789），字宝诚，号吾山、安甫，淮安人。清乾隆十七年（1752 年）举人，二十六年（1761 年）入选"明通榜"，授内阁中书兼三馆（史馆、昭文馆、集贤院）纂修，入军机；乾隆五十年（1785 年）擢升刑部右侍郎。诗文著述甚丰，以《茶余客话》最著名。

《读碑小笺》见真章

事实上，有关罗振玉早年以至于晚岁的那些传闻，多与他的学业紧密相关，所以廓清讹言的最有力和有效的史征，应该是他的著述；而这，又恰是他当年所以能"论才君自轻侪辈"的强项，当然也是检测他学识水准之最基本的依归。

在近代学人的著述生涯中，可能很少有罗氏这样辛勤不懈的了。从十八岁（1884 年）与发妻范氏结婚的那年撰《读碑小笺》，到二十九岁（1895 年）续娶丁氏的这一年编集《面城精舍杂文乙编》，[①] 罗振玉在前后十年有奇的岁月里，经历了丧妻、家变等种种生活的磨难，但他始终坚守学术园地，差不多每年都要撰辑一两种新著，先后成书二十种，另有诗集《陆庵余事》一卷。[②] 古称"弱冠弄柔翰，卓荦观群书"。其中最引人注目的当然是居首的《读碑小笺》。这是罗氏弱冠之年所写的第一部书，虽属"少作"，却是其一生学业之发端。卷首有一篇序，兹录其初刊原文：

> 予夙嗜金石之学，每循览碑版，遇一名一义有裨考证者，辄随笔疏记。岁月既积，弋获颇多。今夏逭暑余闲，删薙旧稿，缮存百则。虽謷说肤闻，见哑（嗤）都雅，而考文订误，或资壤流。其有纰缪，

---

① 罗继祖谓罗氏"丁未夏初续娶于丁"，微误，应为"季春"。罗振玉曾于本年三月十一日（1895 年 4 月 5 日）致书尧钦公，禀告"儿于月之六日（3 月 31 日）入赘于丁府，三日而回。喜资异常节省，然已用去百二十千，皆系假货当卖从事"云云，可见其时家境之困顿。按，续配丁氏，讳大年，字仲延（参见《罗振玉王国维往来书信》"附录"之"继祖按"），山阳（淮安）大河卫籍，其先蒙古人，父丁荀（字嗣龙），廪贡生。丁氏殁于 1958 年，享年八十六岁。

② 集后有罗振常补跋，云："右辛壬癸甲乙五年古近体卅余首，叔兄年廿六至卅之作也。忆《感事步邱崧庵韵二首》，予亦同和。兄于诗喜陆剑南，然自谓所作不工，弃其稿，予拾而藏之卅余年。顷搜集遗稿，出之箧中，重读一过，曷禁泫然。时庚辰（1940 年）六月十六日，弟常谨志。"

来哲匡旃。时甲申季秋，上虞罗振钰叔宝甫识。[①]

嗣后重刊此书，作者已年近不惑，所谓"阅世日深，乃益敛才就范"，原刊百则之外，增补了诸多新的条目，故原序"缮存百则"，改为"缮存什一"；而"原生态"的《读碑小笺》，尤能显罗氏当年学术风貌。

天津图书馆藏光绪十年（1884年）初版《读碑小笺》

当然，毕竟时隔一百三十多年了。今天重温这部"旧稿"，回想罗氏当年重新破解《论语》"温故而新知"，训"温即蕴字"，借以阐发"已得之学，蓄积不忘，又能日有新得"之学理（《存拙斋札疏》），依然可以感受到一股清新逼人的锐气。这也恰如日后成了"甲骨四堂"为首者的雪堂回顾观堂早年才学所说："公少负才气，有不可一世之概。"遗憾的是，王氏十八岁撰义"条驳"俞樾《群经平议》，仅见诸其父乃誉公日记，稿本无存；[②]而罗氏则将其"循览碑版"所遇"有裨考征"之"一名一义"，以"小笺"的形式"缮存"了下来，并且刻印成书，其宗旨乃在"考文订误"，开卷第一则即举秦刻峄山碑，以证

---

①　据查考，《读碑小笺》先后三版，罗氏唐风楼（1906年）所刊为第三版，凡一百六十四则；补入刊前之原刊本及再版本各则，共一百九十五则，此即今传增订本。参见萧文立《雪堂类稿·前言》，辽宁教育出版社2003年版。

②　陈鸿祥：《王国维全传》，第18页，人民出版社2007年版。

45

"精鉴如段金坛"注《说文》，① 犹有失考之误。其所弋获，则尤在着力于以所见碑版，考订前人金石书中之讹误；而前此著录金石之书，莫不以碑刻为主，故实可谓之"皆石学也"，而"荟录众说，颇似类书"的《金石萃编》即为其代表作。② 据查核，《读碑小笺》一百则，其考订《金石萃编》者二十九则，纠谬正误或辨其失考达三十一处，不妨撮举罗氏所考、今仍通行之两则称谓。

其一，"舍弟"之称：

临高寺碑，常允之撰，允之弟□□篆额，其署款称"舍弟承奉郎某"。《金石萃编》云："兄称弟曰'舍弟'，创见。"予按：《魏略》载文帝《与钟繇书》："是以命舍弟子建因荀仲茂转言鄙旨。"是此称曹魏已然，不始是碑。

其二，"公馆"之名：

殷君夫人碑："卒于口尉之公馆。"《金石萃编》云："'公馆'二字，创见。"予按，《礼记·杂记》："为君'使而死，公馆复，私馆不复。'"公馆之称，始此。魏邈墓志："卒于宣州宣城县之公馆。"韦应物诗："公馆夜云寂。"是二字唐人习用之，非创见。

仅此二例，亦可见罗振玉卓荦观群书而又探赜甄微，既不盲从"创见"，亦不膜拜权威，除前述段注《说文》之误，举凡顾炎武之所考未审，翁方纲之考释舛误，皆在考订之列；其正误之书，尚有《金石录》《集古录》《关中金石记》《中州金石记》《金石图》《授堂金石跋》《史通》《晁氏读书志》《先贤行状》《字汇》《正字通》《宝刻类编》《曲阜志》《清河书画舫》《虚舟题跋》《滇黔纪游》《蛾术编》《避暑录话》《松窗杂记》《弇州山人稿》等二十种之多。他在书中考开成石经，既录下了"开成石经未记诸经字数"，又与"今经文字数"

---

① 段金坛，即段玉裁（1735—1815），字若膺，号茂堂，江苏金坛人，清文字、考据学家，所撰《说文解字注》三十卷，被誉为"自有《说文》以来，未有善于此书者"，成为"人人共读"之书。

② 王昶《金石萃编》，凡一百六十卷，著录石刻为主，自秦至宋、辽、金历代碑刻达一千五百余种（旁及铜器铭文数例），按年代编次，摹录原文，附诸家考释、题跋、按语等。

相比较，不惮其烦，"详数十二经"及《孟子》字数。[①] 不能不说，若无罗氏这等读书考证的硬功夫，又焉能撰此"考文订误"之"小笺"？

俞樾笔记中的"国朝罗振玉"

当然，《读碑小笺》还只是罗振玉从事金石考古之"少作"，也是他传承自顾炎武以来，清代学者必备"札记册子"，"每读书有心得则记焉"的治学方法之初步成果。

继《读碑小笺》之后，他复将"其余可录者尚数十则"，"理而存之"为《存拙斋札疏》，亦即"以札记体存之"的又一部读书笔记，故按罗氏自己所说，此二书乃是"困学既久，间有小获，必疏之札"的"姐妹篇"。其区别为前者重在"读碑"，即借碑志以考文史；而后者则仿东汉应劭（仲远）《风俗通义》，"雅言俚语，兼收并采"（《存拙斋札疏·自跋》），故"存拙"内容兼具史乘载记及传闻杂见，而罗氏直至晚年，忆及这部"杂记小小考订"的《存拙斋札疏》，犹不无自得之色，特别讲到俞樾曾青睐其书：

> 德清俞曲园太史（樾）采予《札疏》中语，入所著《茶香室笔记》中。于是，海内多疑予为老宿，不知其时甫弱冠耳。[②]

一般认为，罗振玉一生学业，发端于《读碑小笺》，始显于《存拙斋札疏》

---

① 开成石经十二经为《易》《书》《诗》《周礼》《仪礼》《礼记》《春秋左传》《公羊》《谷梁》《孝经》《论语》《尔雅》。罗氏《存拙斋札疏》尚有"《孟子》字数"条，略谓赵氏歧《孟子题辞》云："七篇三万四千六百八十五字。"陈氏士元《孟子杂记》云："《孟子》三万五千四百一十字。"梁氏玉绳《瞥记》云："今《孟子》计三万五千三百七十一字，与古不合。"予按，今《孟子》实二万五千三百七十七字，梁氏误耳。

② 罗振玉：《集蓼篇》。按，俞樾（1821—1907），字荫甫，号曲园，浙江德清人，清道光进士，翰林院编修，清末经学大师，主要著作有《群经平议》《诸子平议》《古书疑义举例》等；其《茶香室丛钞》二十三卷、《续钞》二十五卷、《三钞》二十九卷、《四钞》二十九卷，共一百零六卷，参见中华书局"学术笔记丛刊本"《茶香室丛钞》，1995年版。

罗振玉书俞樾"清风清圣和风和圣，今月今人古月古人"对联

之被俞樾摘入其读书笔记。不过，也应当指出，罗氏追述往事，多凭记忆，故虽有其事，却并不尽实。后来的学者，出于对雪堂之学的钦仰，亦以其所记俞氏采其"《札疏》中语"，引为罗氏早年学识超拔之标志性事件，包括罗氏后人，皆据其回忆，或语带揶揄，谓俞樾将"年甫弱冠"的罗氏"误认为本朝名宿"，从其《存拙斋札疏》中摘引了好几条于他的《茶香室笔记》；或赞叹清代经学大师俞氏，将其《存拙斋札疏》中的"一些考证摘入《茶香室笔记》"，等等。究其实，殆缘于未经查核俞氏原著之故。

那么，实情究竟如何？据查考，俞樾的这部笔记，总名《茶香室丛钞》，分《丛钞》《续钞》《三钞》《四钞》，皇皇四大册，计一百三四十万言。俞氏撰此笔记，起于其夫人亡故之光绪五年（1879年），是时罗氏尚为十四五岁少年；其首册《丛钞》成书于光绪癸未（1883年），而罗氏《读碑小笺》《存拙斋札疏》相继撰于光绪甲申（1884年）、乙酉（1885年），初刊于光绪丁亥、戊子年间（1887—1888年），当然不可能被俞氏"摘入"其书。

经笔者逐册逐卷查对，罗氏之"现身"于俞氏书中，首见《茶香室四钞》第三卷，题为《宁武子名或作渝》：

　　国朝罗振玉《面城精舍文》甲云：隋宁赟碑书宁武子名作渝，不
知系别字，抑别有本。

　　引录者按，此则摘自《宁赟碑跋》，出"《面城精舍文》甲"，即罗氏自编
之第一部文集《面城精舍杂文》甲编；宁赟碑除刊入文集外，曾被罗氏屡次引
述，故成为俞氏采入笔记之第一则，殆非偶然。

　　同卷，又有《泼韩五》：

　　国朝罗振玉《存拙斋札疏》云：宋人小说，载韩世忠少贫无行，
人呼泼韩五。按，惜未言出何书。

　　引录者按，此则宋人小说前尚有"《北梦琐言》载王建微时，好行小窃，
时号贼王八"，"泼韩五"下有"贼王八、泼韩五，天然佳对"。前文说到，罗
氏七八岁时见街边铁铺打铁，乃即兴以"柯伐柯"对"饮打铁"；而在《读碑
小笺》吴神达造像记题名"有邑子张也"下，特加注曰："'张也'以对'夷
之'，极工。"罗氏借对子逞其学术才智，可见一斑。俞氏摘入"泼韩五"，删
去罗氏所称"天然佳对"，并加按语惜其"未言出何书"；再参以《三教》题
下，俞氏既录《读碑小笺》，又采《存拙斋札疏》，并加按语："此亦罗氏说，
乃自正《小笺》之误也。"凡此，可见俞氏作为前辈大师，其为学之细密严谨，
引导后学之一丝不苟。早岁曾"条驳"俞氏的王国维，在其谢世时撰文表彰俞
氏"为学之敏与著书之勤，至耄不衰，固今日学者之好模范也"（《教育小言十
则》之五）。这是很允当的。

　　卷五，则有《唐代妇女多三字名》：

　　国朝罗振玉《读碑小笺》云：唐代妇人名字多用三字。杨君夫人
韦氏碑，夫人讳檀特，字毘邪梨。比丘尼法愿墓志，法愿字无所得。
卢公夫人崔氏墓志，夫人名积，号尊德性。优婆夷未曾有塔铭，优婆
夷讳未曾有。范氏夫人墓志，姓范，讳如莲花。此外尚多，聊著数
则，以广异闻。

引录者按，这是摘入俞氏笔记的最为精彩的异闻之一。被俞氏所采"《札疏》中语"之异闻，如"耶输即耶苏"，颇可以与王国维后来撰《东山杂记》所记译西洋共和国之执政者曰"总统"相比美；"读易辟魅"，则堪为后世所称"不怕鬼的故事"之先导。但是，我们也应看到罗氏喜采异闻，晚年犹然；而当年采入《存拙斋札疏》者，虽在汪士铎跋中称道"若四乳、木冰、石文成字、二十四月产子诸条，并资多闻"，实则除"石文成字"被俞氏易题《方正学钩舌石》摘入笔记外，其他如"长孕"（二十四月产生）属难以置信的传闻之词，"木冰"纯系不经之谈；此外又有"九头鸟"，只可谓民间传说，岂可信实耶！

为便于读者了解，谨将俞氏《茶香室四钞》所摘"国朝罗振玉"诸条目，列表如下：

《茶香室四钞》中所录"国朝罗振玉"诸条

编次	卷数	题名	原书
1	三	宁武子名或作渝	《面城精舍杂文》甲编①
2	三	泼韩五	《存拙斋札疏》
3	四	方正学钩舌石	《存拙斋札疏》
4	五	唐妇女多三字名	《读碑小笺》
5	六	慈兄	《存拙斋札疏》
6	八	公牍用仰字	《读碑小笺》
7	十	三教	《读碑小笺》
8	十	三教又	《存拙斋札疏》
9	十	两事相类有传有不传	《存拙斋札疏》
10	十	两事相类有传有不传（之二）	《存拙斋札疏》
11	十一	古人注书不嫌重复	《存拙斋札疏》
12	十四	同字异体	《读碑小笺》
13	十四	贳字	《存拙斋札疏》
14	十四	卡字	《存拙斋札疏》

① 《面城精舍杂文》甲编，俞氏摘入其笔记《茶香室四钞》，均简称"《面城精舍文》甲"。参见《茶香室丛钞》第四册，中华书局1995年版。

续表

编次	卷数	题名	原书
15	十四	卡字又	《面城精舍杂文》甲编
16	十四	弜字	《读碑小笺》
17	十四	误字旁点	《面城精舍杂文》甲编
18	十九	元僧有姓	《读碑小笺》
19	十九	耶输即耶苏	《存拙斋札疏》
20	十九	刹即塔字	《面城精舍杂文》甲编
21	二十一	读易辟魅	《存拙斋札疏》
22	二十九	甹	《读碑小笺》

上表所列，凡二十二则，分属《存拙斋札疏》十一则，《读碑小笺》七则，《面城精舍杂文》甲编四则。由此可知，所谓"摘入"《茶香室笔记》，落到实处应为《茶香室四钞》，确以《存拙斋札疏》为多（占五成），但并不像罗氏所述，仅限于"采予《札疏》中语"。足证回顾历史，光凭记忆靠不住，这是应予注意的第一点。而《茶香室四钞》乃俞氏这部卷帙浩瀚、内容广博的笔记之最后一册，其写作的起讫时间虽不尽可断，唯撷采罗氏之说入其《四钞》，必在罗氏《面城精舍杂文》甲编辑刊（1891 年）之后；参以《存拙斋札疏》初刊本（1887 年），汪士铎跋呕赞罗氏"年裁逾冠，斐然有成，后来之彦，非君莫属"；而落款"壬辰（1892 年）仲夏"之罗氏自跋，当为再刊此书所作，并举被汪跋彰扬之"《老子》'佳兵'乃'唯兵'，与王怀祖（王念孙）先生说同；校《素问》'伏冲脉'即'太冲'，与俞荫甫（俞樾）先生说同"。① 足证当俞氏撰《四钞》时，既见了罗氏"面城精舍文"，亦读到了其再刊札疏之自跋，当然也赏读了汪跋对"年裁逾冠"的罗君之赞语，故断不会将罗"误认为本朝名宿"。而所谓"后来之彦"，用今天的话来说，就是学术新秀，唯其为新秀，故更须奖掖。这是应予注意的第二点。

---

① "俞荫甫先生说"，参见俞樾《读书余录》之《内经·素问》四十八条"太冲脉盛"，新校正云："全元起注及《太素甲乙经》俱作'伏冲，下太冲同'。"樾谨按："汉人书'太'字或作'伏'。汉太尉公墓中画像有'伏尉公'字。《隶续》云：'字书有伏字，与大同音。'此碑所云'伏尉公'，盖是用'伏'为'犬'，即'大尉公'也。然则全本及《太素甲乙经》当作'大冲'，即'太冲'也。后人不识'伏'字，加点作'伏'，遂成异字，恐学者疑惑，故具论之。"俞樾：《九九消夏录》，第 276 页，中华书局 1995 年版。

与此关联的第三点是，《读碑》《存拙》《面城》诸书文字之古朴，征引之赅博，确令人"惊其老宿"，而俞氏学术风范之所以值得我们敬仰，又恰在于"不鄙其年少"。在俞氏笔下，"国朝罗振玉"与"国朝顾炎武"，以及清代其他名家大师如黄宗羲、王夫之、钱大昕、全祖望、赵翼、王鸣盛、王渔洋、俞正燮等，无分尊卑长幼，均置于平等的学术对话之中；而罗氏当年所推尊的淮安前辈学者，唯阮葵生的名著《茶余客话》，曾屡被俞氏摘入书中；① 罗氏所敬仰的饱学"老宿"汪曰桢，亦仅录入其《南浔镇志》《湖雅》各一则。②

除此以外，还有必要略述上面提及的汪士铎，这位"时年八十余岁，眼睛几乎失明"，"誉满大江南北的著名学者"，何以会给"刚入学不久的青年学者"罗振玉《存拙斋札疏》作跋？按照罗氏后人所说："祖父平生，很不愿意受人表襮，这篇跋是别人代求的。"③ 对此，笔者觉得也应实事求是，还原真相实情，故有必要辨明如下几点：其一，如前所述，俞氏既在赏读汪跋后才将《札疏》中语摘入其《茶香室四钞》，故若谓两者先后（亦即因果关系），应为汪跋在先（因），俞"摘"在后（果），而绝非"后来有人把这本书送给了江宁汪梅村（士铎）看"，汪氏才作跋称赏其书"考证极多精覈"，以至"古人复生，亦无以易其说"。实情应为俞氏将其《札疏》中语摘入《四钞》时，汪氏已谢世成了"古人"。

其二，罗振玉少年即喜交结前辈学人，但在罗氏行年录中，却没有交结汪士铎的记载。既然如此，他怎会将自称"心血所萃，不忍捐掷"（《存拙斋札疏·序》）的书稿，随意送交素昧平生的汪氏？且看汪跋落笔第一句："丁亥仲春，罗君坚白以所著《存拙斋札疏》属予雠正，且丐为之序。"表明他确受罗君嘱托，纵然"别人代求"，也应为罗氏至亲。那么，这位"别人"究竟是谁？如果也来为之解"谜"，也只能是罗氏之父，曾在江宁县丞任上六七年之久的罗树勋（尧钦）。这样说决非妄揣臆断，而是本乎相关的人事依据。原来，出生于江宁的汪士铎，④ 其所以为时人推崇，很重要的一端，就是太平军攻占

---

① 参见《茶香室续钞》卷七、九、十、十一诸卷。

② 参见《茶香室续钞》卷四《陆晋》、《三钞》卷二十一《吴兴笔工》。

③ 参见罗继祖《庭闻忆略：回忆我的祖父罗振玉的一生》，吉林文史出版社 1987 年版。

④ 汪士铎（1802—1889），原名鏊，字振庵，别号梅村，号悔翁，江苏江宁（今南京）人，清道光举人，于光绪十一年（1885 年）被授国子监助教衔。著述甚丰，有《南北史补志》《水经注图》《汉志志疑》《统纂江宁府志》，及其他诗词笔记等，其《乙丙日记》以述及太平天国史事而为学界所重。

南京时（1853年），他逃到了后为新文学名家的胡适老家绩溪，隐居山间，耕读不辍凡五年，后被胡林翼遣使迎入湖北，在其幕中讲学论政多中时局，直至湘军攻克南京（1864年），他才返回原籍江宁，专心著述。当他以耄耋之年为"年裁逾冠"的罗君之书作跋之际，正值他被授予国子监助教衔，学术声誉益隆；而罗父尧钦公，则适于斯时奉命受理江宁清节堂事务。所谓"清节之士，于是为贵"，不正是要表彰汪氏这样在"发乱"中坚守名节的有学之士吗？尧钦公因为受理清节堂事务而拜谒这位名宿，并带上此时尚非名家的儿子书稿，请其审正作跋，实属人情之常，且系对老人的一种敬重。再看汪跋落款"光绪十三年（1887年）四月"，而弁于卷首、自署"罗振玉坚白甫志"的序，落款"光绪丁亥雩月"（1887年夏四月），亦即书稿经汪氏作跋，当月就交回了罗氏之手。如此快速转递，亦唯有此时尚在江宁公干的尧钦公方能办到。

其三，罗氏自少壮至晚岁，一生字号甚多，而自署"坚白"，厥唯丐汪作跋之《存拙斋札疏》。这使我们联想到辛亥（1911年）东渡，罗振玉激赏王国维《壬子三诗》，其中《送狩野博士游欧洲》有"我亦半生苦泛滥，异同坚白随所攻"之句。盖"坚白"出公孙龙，坚白、异同乃先秦哲学中著名论题，王氏早岁攻哲学，曾撰《周秦诸子之名学》探讨之；而罗氏未尝染指哲学，何故取"坚白"自号？追溯其早年学业，所谓坚白"于石一也"，[①] 既寓罗氏此时全力攻究的金石考据之学，实即"石学"，亦在显示其不为外物所移，专于学问的学术操守，而这也正是负有"清节"的汪士铎老人所赏识的。

《上元江宁乡土志》所载"狷士汪士铎"

---

① 公孙龙《坚白》："于石一也，坚白，而在于石？"转引自张岱年《中国哲学大纲》，第150页，中国社会科学出版社1982年版。

好古带来的因缘

罗振玉居淮期间交结的友人，若论在文化学术方面，声名之卓著，影响之悠远且深广，就不能不数后来做了他儿女亲家的刘鹗。所以，很有必要对刘鹗的身世、品格、学行，与夫罗、刘两人当年如何相识、相知、相交之始末，略予回顾。

历史人物，年代愈去愈远。"零距离"感知，事实上无此可能，唯借助其子嗣后人，尽可能"近距离"，所以我想由罗氏长婿刘季英之子刘蕙孙，在20世纪80年代初，给我《铁云先生年谱长编》说起。刘先生是福建师范大学教授，1981年秋冬间来宁参加学术研讨会。我初识于他，彼此谈了些什么，已无从记忆，唯面赠新版《铁云诗存》（齐鲁书社，1980年12月）签名本，今犹在案头。当时，刘先生已年逾古稀，但体健神爽，谈吐豁达俊朗，有乃祖风。他是在刘鹗流放新疆、病逝戍所的那年（1909年）出生的，当然不及见祖父面，其父就遵"老祖宗"生前遗命，"再生一孙，即名蕙孙，以取兰蕙齐芳"之意，

给他取了这个终生未易的大名。^① 上述
"快晤"之后，刘先生还陆续给我寄赠其
父刘季英记述铁云师承太谷学派的未刊
遗著《学易私说》《儒宗心法》，以及经
他编辑整理的"贞观先生大绅（季英）
及蕙孙兄弟诗词佚存残稿"《余沤集》等
著述（均为油印本）。

刘季英像

　　当然，给我以莫大阅读兴味的，是
刘蕙孙为乃祖刘鹗所撰《铁云先生年谱
长编》，多据铁老日记及其他原汤原汁的家传第一手史料；尤为可贵的是，录
载了刘先生亲闻之刘季英、罗振玉等"亲历历史"的口述。例如，罗、刘是怎
样相识的，谱中记有这样一席罗振玉的口述：

　　　　甲午那一年，我正从事于金石碑版之学，补《碑别字考》未久。
　　时常到淮城鲜鱼市口一家碑帖店里去。有一天散学而（"而"当为
　　"以"，疑为手民之误）后，又信步到那家店里。看见一个赤红脸的胖
　　子，穿一件短衣服，拿着一张拓片在指手划脚地讲，旁边围着好几个
　　人耸耳静听，怪之，向旁人打听是谁，答说："地藏寺巷刘二少爷。"
　　因向前通姓名，道仰慕，相与执手大笑。过了两天，又在路山夫
　　（岅）先生处相遇，遂相往来。^②

　　这　年，就是爆发了中日甲午之战的 1894 年，国家遭难，民族蒙耻！只是
当罗、刘相见之时，战火尚未烧进国门。"一个赤红脸的胖子"，鲜活地呈现了
刘鹗的风貌，并且不由令人联想起弁于《老残游记》及其他刘鹗研究史料卷
首，以"好古如好色"自嘲的"铁公"照片，竟与法国作家巴尔扎克之传记所

　　① 刘蕙孙（1909—1997），谱名厚滋，而以蕙孙行世，刘鹗第四孙，刘季英第三子（长、次二子均早
夭，故实为长子）。生前为福建师范大学教授，著名历史学家。早年曾留学日本，旋于 1931 年考取北京大学
研究所国学门研究生，历任中国大学、辅仁大学、燕京大学教授。承传家学，博通中西，著述甚丰，晚年撰
文追忆观堂生平学术，论述罗、王交谊与罗、王两家之学，为学界所推重。
　　② 刘蕙孙：《铁云先生年谱长编》，第 32 页，齐鲁书社 1982 年版。

载颇为肥硕而又不无好色之嫌的"巴老"图像，何其相似乃尔！

"穿一件短衣服"。据家眷回忆说，刘鹗由济南回淮，在甲午年（1894 年）春。穿短衣则表明此时已入夏，亦显示了曾在治黄工地上"短衣徒步，杂徒役间"的刘鹗之平民化本色。这与后世以迄于今穿长衫、演古礼、充斯文以欺世的"国学先生"做派，相去何啻霄壤！

当然，我们更不可忽略了罗、刘之同嗜共好：古器、古物、古籍。刘鹗说他居家"终日摩挲上古铜"，"校碑昼永蜡灯红"，乃以"老蛀虫"自况；[1] 而自称"夙嗜金石之学"的罗振玉，说他"散学而（以）后"，又信步来到了他常去的那家碑帖店。因为，罗氏此时在教私塾，又正从事于金石碑版的搜集、校读。于是，为了补撰《碑别字考》而来碑帖店觅宝的一介书生罗振玉，在这不寻常的甲午之年（1894 年），无意中遇到了仰慕已久的刘鹗。他们彼此敞开心扉，"相与执手大笑"，不是颇有传奇色彩么？

当时，人称刘鹗为"地藏寺巷刘二少爷"，而罗氏于学馆授徒之外，勤于著述，每年均有新著刊行，故虽年未及而立（彼时实龄二十七岁），却在淮安城内被尊为罗三先生。他与刘鹗在淮城碑帖店"执手大笑"，堪称罗三先生与刘二少爷之第一次握手！

那么，因生母朱老太太仙逝而丁忧回家的刘鹗，此时将届不惑（实龄三十八岁），且以治河劳绩而被授了知府官衔（详后），却仍被称为"地藏寺巷刘二少爷"。这是何故？

所谓"地藏寺巷"，盖指刘氏居处。按照刘蕙孙记述，"父子恕公解组归里，卜居淮安地藏寺"。[2] 这位子恕公，即刘鹗之父刘成忠，是与李鸿章同榜的咸丰壬子（1852 年）进士。但怎么奔前程，就看各自的气运了：李鸿章叱咤晚清政坛，成了继曾国藩之后权倾朝野的"大清相国"；而子恕公则在"授职编修"之后，出宰河南，[3] 虽一生"以官为业"，且负"廉能"之名，却直到退休才加了个布政使官衔，算是副省部级离休待遇吧。还有，子恕公年未及六旬而

---

[1] 刘鹗：《遣兴》，《铁云诗存》，齐鲁书社 1980 年版。

[2] 刘蕙孙：《铁云先生年谱长编》，第 10 页，齐鲁书社 1982 年版。

[3] 刘成忠（1818—1884），字子恕，咸丰壬子进士，殿试授御史，历任河南祥符县知县、汝宁府知府、开封府知府，以治河、剿捻有功，升任南汝光道，开归陈许道。《续丹徒县志》有《刘成忠传》，所著《河防刍议》之外，另有《因斋诗存》，载《丹徒县志》及《续志》。

因病告退，所任皆实缺"正印官"，故称其退休为"解组（印绶）"，盖谓于任所交出印把子耳，时在 1877 年。唯其所归之"里"，并非原籍丹徒，而是预选了淮安作为寄籍之地，在此购地、置业。刘蕙孙在给我的书信中曾说到淮安成立刘鹗纪念堂及召开刘鹗诞生一百三十周年纪念学术讨论会，即指 1987 年 11 月在淮安召开纪念刘鹗诞生一百三十周年学术研讨会之时，正式对外开放的刘鹗纪念堂。这实在也是对生前被诬"汉奸"，蒙冤殁于迪化戍所的刘鹗事功学业之最好告慰。

甲午论战中的狂人

那么，刘鹗究为何等人物？

刘鹗（1857—1909），字铁云，相传母亲朱氏"梦大鹏而生"，故幼名梦鹏，谱名震远，后自行改名"鹗"。

刘鹗，从士大夫诗礼之家蜕出，毫无疑义是叛逆，是异类。他就像他笔底那位姓铁，号补残，"曾读过几句诗书"，却是八股文章做不通，秀才功名也未得的"老残"。所以，如果我们进而请刘鹗来自报身世，甚为贴己的回答应该是："我就是老残！"

仍由近及远地说吧。前述刘蕙孙尊称"罗守巽姨母"的守巽老人，儿时曾见过刘鹗，说到刘鹗其人其事，特赏其《老残游记》文章，并且带了几分谐谑的神态，向我讲伯父雪堂公的这位亲家，不称姓、不道名，而是直唤之以"老残"，说："老残风流！"

我们不必为尊者讳。这"风流"里固然隐有不知今夕为何世的新流风，"妻妾成群"，当然也少不了花酒叫局，早被太史公记及的"男女同席，履舄交错，杯盘狼藉，堂上烛灭"[①] 之类。然而，刘鹗偶或诗吟《狭邪》之外，更有前引的名篇《遣兴》，不妨将全诗移录如下：

---

① 《史记》卷一百二十六《淳于髡传》。

终日摩挲上古铜，有时闲坐味无穷。

窗前树影偷遮月，屋里花香不借风。

读画夜深鱼钥冷，校碑昼永蜡灯红。

它年若享期颐寿，应有人呼老蛀虫。

炼银作镜象菱花，菅邑铜钟说卫家。

稷下周镛新出土，咸阳汉瓦旧翻沙。

九圜遍列刀泉币，十布初收次壮差。

寄语丁沽方药雨，莫将宋铁漫相夸。

然而，纵然"读画""校碑"，犹难躲被缉捕的厄运临门。

刘鹗"获罪起解"，流放而死，子孙辈尊称他"老人家"。实在呢，那时他年方五十出头！身后传闻异词，未可尽信，有位自称"快七十岁"的草野老者，述其曾见刘鹗的印象，说：

> 他是一个圆脸，眉毛浓得不得了，两只眼睛很有力。就是耳朵太小。他自己懂得看相，说他耳朵太小，晚年一定要遭祸的。①

这倒与罗氏所述"赤红脸的胖子"形貌大致相合。刘鹗能看相，算卦亦甚灵验。他流放之时，适逢宣统改元大赦。遣戍于新疆诸人，都眼巴巴等着"大赦恩诏"，刘鹗亦怀"赐环有望"之心，于己酉（1909年）正月初一，给自己起卦卜吉凶，是《易》经卦："归妹，永终知敝。"在旁的一位高姓戍友以不无调侃的口吻说，这是"天禄永终，四海困穷"。刘鹗却心绪黯然，说："哪里，是永远监禁终止！"果然，其他遣戍人员皆获赦释回，唯他一人距朝廷颁诏大赦只差几天，不幸于戍所中风而亡，终于未获生还！

所以，欲知刘鹗之人，还得转而去看罗振玉以挚友和亲家身份所撰《刘鹗传》。这是学界公认的第一篇刘鹗传记。罗氏纵笔撝怀，对其不幸遭际，寄予

---

① 刘大杰：《刘铁云轶事》，原刊上海《宇宙风》，1936年第二期；转自《刘鹗传记资料》第一册，台北天一出版社1982年版。

了无尽的哀怆：

> 予之知有殷虚文字，实因丹徒刘君铁云。铁云，振奇人也。后流新疆以死。[1]

这实可视为《刘鹗传》的"序曲"。何谓"振奇人"？该书问世近百年，后起的学者每仿此称刘鹗为"畸人"（或"奇人"），但尚非罗氏欲达之真意。罗氏自谓，为刘氏立传，既缘于"铁云交予久，其平生事实不忍没之"。而以"振奇人"概述刘鹗"平生事实"，则绝非仅限于"奇其人"的杜撰，而是深思熟虑、定位切要、语有出典。所谓扬雄、张衡，[2] 古之振奇人也，[3] 其思苦，其言艰，今则唯铁云先生足以当之；或者说，铁云文学、哲学、理工，一身而兼备扬、张两家之才与学。可不是吗？且看：扬雄仿《周易》演《太玄》，形似卜筮之书，却有着辩证思想；而刘鹗则倾心于取义《周易》的太谷之学，坚其"教天下为己任""养天下为己任"的心志。再看：以创制浑天仪著称的张衡，乃是一位提出"宇宙形成论"的天文学家；而通水文地理、精天算之学的刘鹗，则是一位治河专家和算学家。[4] 这就无怪罗氏要在传末握笔长叹"以天生才之难"了！

不过，话得说回来。罗振玉赞叹刘氏"振奇人"，当然也包括了彼此交往中非同时流、超越常人的言行举动。

举例来说，就在他俩在碑帖店"执手大笑"之后，一道来到了同样好古的路山夫（岯）那幽静的苇西草堂。但此时此际，在座友人共同关注的话题，已非赏鉴书画碑帖、金石古玩，而是日趋严峻的中日战事。按罗氏记述，"岁甲午，中东之役起"，他与刘鹗"预测兵事"，成了此次聚会的焦点。当时，清廷调集诸军，重兵扼守山海关以拱卫京师。寻常百姓，谁能识得此中玄机？罗、

---

① 罗振玉：《五十日梦痕录·刘鹗传》，《罗振玉学术论著集》第十一集。

② 扬雄（前53—18年），西汉末年文学家、哲学家，著《太玄》《法言》。参见冯友兰《中国哲学史新编》（中）扬雄节。张衡（？—139年），东汉初叶科学家、文学家。参见冯友兰《中国哲学史新编》（中）张衡节。

③ 参见《文中子中说·天地篇》，《百子全书》（二），浙江人民出版社1984年版。

④ 仅理工方面的造诣，时人谓刘鹗办理河工，熟谙机器、船械、水学、力学、电学、算学、测量学诸艺，著有《勾股天玄草》《弧角三术》《历代黄河变迁图考》等（参见《丹徒县志摭余·刘鹗》）。

刘却侃侃而谈，亟言我部署之失当：

> 予谓：东人知我国事至熟，恐阳趋关而阴捣旅大，以覆我海军，则我全局败矣！侪辈闻之，皆相非难。君之兄且引法越之役（指 1884 年中法之战）法将语，谓"旅大难拔"，以为之证。独君意与予合，忧旅大且旦夕陷也。乃未久竟验，于是同侪皆举予与君齿，谓二人者，智相等，狂亦相埒也。①

这是罗振玉的"夫子自道"，那么，"独君意与予合"的"君意"，亦即刘氏又是咋说的呢？刘季英追忆其父"纵览百家，学既恣放，言论自不同人。于时事观察犀利，识见亦远到，以是又有狂人之目"，并加注佐证，云：

> 甲午中日之役，先君及罗先生均忧日军从金、复、海、盖进兵，旅大将沦，海军且覆。人尽嗤其言，即先胞伯味青公与世交路山夫、邱于蕃两先生亦不然此说。先君反复辩解，路先生狂之，转述为笑。不虞后事果然，而狂名亦因大著。②

甲午论战，狂名大著。痛深创巨的历史一再警示，罗振玉谓之"知我国至熟"的"东人"亡我之心，蓄谋久矣。而罗、刘能于彼时识其"阳趋关"（山海关）、"阴捣旅大"，声东击西、避实就虚，以覆我北洋海军之图谋，见识远到，确为侪辈难及。刘鹗更犀利地忧虑日寇从金、复、海、盖长驱直入，旅大危在旦夕！这又恰合他的一位同乡（丹徒）知交姚锡光，作为曾佐戎幕、实临战阵的亲历者，记述甲午之役，日寇陷海城、踞盖平、夺金州、占复州，旅大既沦于敌，"门户洞开"，"畿甸震惊"，"而复（州）、盖（平）以南遂遍罗锋镝已"。③ 两年后，张之洞邀刘鹗赴鄂会商铁路事宜，就曾先咨询姚君。这都是后话了。

---

① 罗振玉：《五十日梦痕录·刘鹗传》，《罗振玉学术论著集》第十一集。

② 刘季英：《关于〈老残游记〉》六注三，转引自刘蕙孙《铁云先生年谱长编》，第 32 页，齐鲁书社 1982 年版。按，《铁云先生年谱长编》引文，当据原刊。今传《刘鹗及老残游记资料》（1985 年版）所录此文"六注三"一条注文已夺。

③ 姚锡光：《东方兵事纪略》，第 55 页，中华书局 2010 年版。

黄河水灾

但是，刘鹗少时"天资绝异，于书无所不读，性尤豪放"，[1] 故尔在淮安乡里中，与罗氏"同时被人目为'二狂'"。

不过，于今视之，那也只在一定程度上表明了罗、刘二位，确有惺惺相惜之处。若谓彼此的个性、作风、为人处世诸方面，那简直可以说南辕北辙，各不相侔。

对此，罗振玉毫不隐讳。他言今追往，曾以"放旷不守绳墨而不废读书"概述刘鹗当年学行，亟赞其"生而敏异"，年未逾冠已能传承其父子恕（成忠）之学，精通天文历算等畴人之术，"尤长于治河"。所有这些，也正是罗氏称其为"振奇人"之所由来；而罗、刘交谊，亦因之颇历曲折。且看罗氏如是追述：

> 予与君同寓淮安，君长予数岁。予少时固已识君，然每于衢路闻君足音，辄逡巡去，不欲与君接也。是时，君所交皆井里少年。君亦薄世所谓规行矩步者，不与近。已，乃大悔，闭户敛迹者岁余。[2]

罗氏谓"君亦薄世所谓规行矩步者"，实为刘鹗一生性行的点睛之笔。嗣后，罗继祖又据以称述他祖父罗振玉与刘鹗，"一个高掌远蹠，一个规行矩步，两人性格不同"。又说，刘氏与一般读书人不一样，"他很看不起规行矩步的人，而是放诞不羁，不拘小节"；罗氏则"早受儒书"，"身体力行"，"思想和性格与刘先生完全不同"，[3] 说得都很中肯。

应当注意的是，即使在同一篇传里，罗氏申述与刘鹗交往，既称甲午年

---

① 刘季英：《关于〈老残游记〉》，《刘鹗及老残游记资料》，第396页，四川人民出版社1985年版。

② 罗振玉：《五十日梦痕录·刘鹗传》，《罗振玉学术论著集》第十一集。

③ 罗继祖：《鲁诗堂谈往录》，第2、37页，上海书店出版社2001年出版。

"始与君相见"，又说自己"少时固已识君"，岂非自相矛盾？实则，刘鹗长罗氏十一岁。父亲刘成忠长年在外做官，他则"随侍任所"。1877 年当他随"解组"退休的父亲迁居淮安时，适当弱冠之年（二十岁），而罗氏尚为足不出家塾的九岁童子，哪能"识君"？是故，欲知罗氏所谓"少时识君"，还得回述他在淮城与路岯（山夫）交往的那段岁月：

> 振玉以光绪癸未（1883 年）冬初识君，纵谈金石考订之学……时，丹徒刘君梦熊、铁云兄弟，山阴邱君崧生，吴县蒋君黼，并草堂客也。①

光绪癸未即 1883 年，罗氏年未及冠（虚十八岁）。"时"者，盖指罗、路结忘年交，及嗣后若干年间。而被他首举出入路氏草堂（即莘西草堂）之"常客"，适为刘氏兄弟。有所不同者，罗氏对于"草堂客"中的兄长刘梦熊（渭清）甚为敬重，而且成为他当年"所从借书"的知交之一；而对于"所交皆井里少年"的刘鹗，"固已识"却不相交，以至"闻足音"而"逡巡去"，避之唯恐不及，又哪里能"相接"？

那么，刘鹗是不学无术的纨绔？非也。按照刘季英记述，刘鹗随父归里（淮安），"益肆力于学，家传者如治河、天算、乐律、词章、天文、医学、兵学，先君俱诣臻精绝"。② 后世学者凡言及刘鹗其人，殆莫不为其绝世才学叹服！尤其是子恕公谢世，长兄为父，刘鹗在他敬畏的梦熊（即刘渭卿）长兄督促下，颇思有所作为。而早年"不欲与君相接"的罗氏，终于与"君"（刘鹗）"相接"了起来，则是缘于刘鹗笔下的"大

刘鹗（左一）与其兄刘渭卿合影

---

① 罗振玉：《前安徽建德县知县直隶州用路府君墓志铭（并序）》，《云窗漫稿》，《罗振玉学术论著集》第九集。

② 刘季英：《关于〈老残游记〉》，《刘鹗及老残游记资料》，第 401 页，四川人民出版社 1985 年版。

县若蛙半浮水面"的滔天黄水。[①] 治河救民，舍我其谁？除了"尤长于河工"的刘鹗，再一位就是颇能"处困而志不稍替"，居"面城精舍"却"耻以经生自牖"的罗振玉。罗氏自谓：当此之时，年少气盛，视天下事无不可为；曾读河防书，何惧治河患？问题只在，可有听我操琴之知音？他以简约的笔墨，原汁原味地记下了河患当年的事态：

> 自河决郑州后，直鲁豫三省河患频仍。及张勤果公（曜）抚山东，锐意治河，而幕中有妄人某，假贾让"不与河争地"为说，谓须放宽河身。上海筹振（赈）绅士施少卿等至，欲以振（赈）余收买河旁民地以益河身。予闻而骇然，谓今日河身已宽，再益之则异日漫溢之害且无穷，乃为文万余言驳之。丹徒刘君渭清见予文，以寄其介弟铁云（鹗）。时，铁云方在山东佐河事，予与之不相识也。铁云见予文，乃大惊叹，以所撰《治河七说》寄予，则与予说十合八九，遂订交焉。且为予言丁勤果。勤果邀予入幕，以家事不能远游谢之。然当日放宽河身之说竟以予文及铁云说而中辍。此亦予少年时事之可记者也。[②]

这是罗振玉晚年自述生平事迹的重要一节。所述"河决郑州"，事发清光绪十三年（1887年）秋八月。据载，（河决）口门宽五百四十七丈，中牟、祥符、尉氏、扶沟、淮阳十数处皆被淹浸。大溜由贾鲁河、颍河入淮，正河断流。[③] 自大禹治水以来数千年，降伏河患、消弭洪灾，始终是牵动千万生灵、解民于倒悬的大事。被罗氏称道"锐意治河"的山东巡抚张曜，也确实在此前后，修堤筑堰，颇尽所能。但是，水患愈治愈甚。直到三年之后的夏秋，上海《申报》以头版头条，刊出紧急赈灾的文告，移录如下：

> 顺直山东，民生涂炭。报章所载，惨目惊心。本馆筹办赈捐以来，尚蒙海内仁人源源慨助，近而江浙，远如八闽，千万哀鸿，咸饫

---

① 参见《老残游记》第十四回。
② 罗振玉：《集蓼编》。
③ 郑肇经：《中国水利史》，第94—95页，商务印书馆1939年版，上海书店1984年复印本。

仁浆义粟，衔环结草图报。今兹北望灾区，何忍稍分畛域，因复集银三千两，汇同文报局解往灾区，计顺天、直隶、山东各一千两。惟是数十里内一片汪洋，百万灾黎实难遍及。所望囊金共解，随分并输，庶几大地众生，得同杨枝甘露乎！①

民生涂炭，惨目惊心，海内仁人，慨然捐助，果然使"千万哀鸿"都来享受"仁浆义粟"。然而，反过来不能不问：可怜的灾民"衔环结草图报"，奢言"民生"的当局，难道就这么心安理得，大肆张扬灾情，愈重而愈能赚取"源源慨助"，让平头百姓出手捐助，当官的干啥去了？刘鹗在小说中写道："俺这黄河不是三年两头的倒口子吗？庄抚台为这个事焦的了不得似的。"② 时值己丑（1889年）、庚寅（1890年）之际，"焦的了不得"的庄抚台召集各方人士共商治河之策，采纳的却是贾让《治河策》中"不当与水争地"之策，并指名道姓，"说是史钧甫史观察创的议"。盖"庄抚台"者，就是曾被京中御史劾为"目不识丁"之山东巡抚张曜；而"史钧甫"者，亦实有其人，殆即因赈灾有功而被清廷授予"以道员选用"（旧称道员为"观察"）的施少卿。③ 不仅如此，这位以筹赈出名的施大善士，在当年的上海滩，可是赫然似明星的公众人物。彼时《申报》，还为他开设专栏，每七八天或以其大名施善昌刊《助赈撮要》；④ 或以施少钦之号发布"上海北市丝业会馆筹赈公所施少钦经收之账捐清单"，⑤ 以为其筹赈造势。

所以，回观历史，应该说罗振玉对于"老残"小说"魔"化"史观察"，非全认可；他是正面看待在沪从事募捐赈灾活动的施少卿，并给予这位上海

---

① 《汇解顺直山东水灾急振（赈）》，《申报》光绪十六年六月二十六日（1890年8月11日）。

② 以下所写治河之义，参见《老残游记》第十三回《娓娓青灯女儿酸语 滔滔黄水观察嘉谟》、第十四回《大县若蛙半浮水面 小船如蚁分送馒头》。

③ 胡适凭其聪明，"大胆假说""施善昌大概即是《游记》第十四回的史观察"，参见《〈老残游记〉序》，《胡适学术文集·中国文学史（下）》，第1067页，中华书局1998年版；刘季英则指出，"史钧甫为施少卿"。参见《关于〈老残游记〉》，《刘鹗及老残游记资料》，第395页，四川人民出版社1985年版。施少卿（1828—1896），名善昌（又名邦庆），字少卿（亦作少钦），国学生。原籍江苏震泽（今属吴江），在沪经营丝业，创仁济善堂，设筹赈公所，自光绪元年（1875年）以迄"河决郑州"以后之十六年内，先后助赈十三省，募款至银二百余万两，得传旨嘉奖七次，并获赏"心存济物"匾额。参见《上海通志》（十）卷四十四《人物》，第6520页，上海人民出版社2005年版。

④⑤ 分见《申报》光绪十六年七月初九日（1890年8月23日）、八月二十七日（10月10日）。

"筹赈绅士"以相当的礼敬。这是不可不辨明的第一点。

第二，罗"文"刘"说"，究竟为谁而著？用罗振玉的话来说，二者"十合八九"，可称无分彼此，皆针对张曜幕中"妄人"。对此，罗氏为刘鹗撰传，有更周详的阐述：

> 勤果（张曜）故好客，幕中多文士，实无一能知河事者。群议方主贾让"不与河争地"之说，欲尽购滨河地以益河身。上海善士施少卿（善昌）和之，将移海内赈灾之款助官力购民地。君至则力争其不可，而主"东水刷沙"之说，草《治河七说》上之。[①]

所谓"君至则力争其不可"，是说刘鹗来到张曜幕中，立即劝导并制止了施善士欲以赈灾款"助官力购地"之蠢举！"草《治河七说》上之"，是指刘鹗先作《治河五说》，又作《续说》二篇，旨在纠谬明理，献其治河妙策良法。然而，群起非难，孤掌难鸣，阻力重重，如罗氏所述：

> （张曜）幕中文士，力谋所以阻之，苦无以难其说。时，予方家居，与君不相闻也。忧当世之所以策治河者如是，乃著论五千余言，以明其利害，欲投诸施君，揭之报纸，以警当世。

这即是说，罗氏著论"欲投诸施君，揭之报纸"，表明他全然以"忧当世"的民间人士身份，撰文警示各界，晓以利害，尤其是为着给上海筹赈十绅施君解敝去惑，告诫其切勿轻信抚台府中"妄人"之无知妄说，若将辛苦筹集之赈灾款去"助官力购民地"，无异于给河患推波助澜！

还须注意，在前引自述中，罗氏说："铁云方在山东佐河事，予与之不相识也。"这里，则强调彼时罗氏"家居，与君不相闻也"。二"也"字面有异，文意则一，皆为显示彼此虽不相谋而所见略同。刘鹗且在"见予文则大喜"之后，将其所著《治河七说》邮寄长兄刘渭卿转赠罗氏，并附书曰：

---

① 罗振玉：《五十日梦痕录·刘鹗传》，《罗振玉学术论著集》第十一集。

君之说与予合者十八九。群盲方竞，不意当世尚有明目如公者也。但尊论文章渊雅，非肉食者所能解，吾文直率如老妪与小儿语，中用王景名，幕僚且不知为何代人，乌能读扬马之文哉！[①]

罗振玉录载了这封今已佚散的刘鹗书信，并于"扬马之文哉"后补了一笔："时，君之玩世不恭尚如此。"然而，细品文意，罗称刘"振奇人"，不是蕴含扬雄、张衡吗？刘鹗则赞罗"文章渊雅"，乃直称"扬马"。盖扬者，扬雄；马即马融。[②] 要说"智相等，狂亦相埒"，由是可窥一斑。

《治河五说》书影

尚须辨明者，当年罗氏渊雅之文，其长若何？

罗氏自述生平，曰"乃为文万余言驳之"；罗氏为刘立传，谓"著论五千余言"；其孙罗继祖撰年谱，称"乃著论千余言驳之"。

揆情度理，窃以为当以年谱所称近是。因为，罗氏撰文初衷在规劝施君、揭之报纸，而此时施君借助之舆论阵地《申报》所载言论多千字上下，绝无"五千余言"，以至"万余言"者，这是一；罗继祖熟谙其祖父雪堂文稿，或曾睹其"治河论"，故年谱特将"万余言"更易为"千余言"，必有所据，这是二；还有三，曾有学者说，罗氏"著文驳贾让不与河争地说，刊布远近，与刘鹗论合"。[③] 说其与刘论"合"，属实；"刊布远近"，则非。彼时罗氏热心慈善，关注赈灾，撰文议治河之策，无非敦促筹赈诸公，还当"善款善用"。实则，治河之外，罗氏"刊布远近"者，乃议赈之文，详情有待在以下章节中披露。

[①] 以上引文，具出罗振玉《五十日梦痕录·刘鹗传》，《罗振玉学术论著集》第十一集。

[②] 马融（76—166），东汉经学家、文学家。史称才高而博学，任校书郎，于东观典校皇家秘籍，遍注《诗》《书》《易》《三礼》，使古文经学臻于成熟，著名经学家郑玄即出其门。

[③] 蒋逸雪：《刘铁云年谱》，见魏绍昌编《老残游记资料》，中华书局1962年版。

秦晋之好

　　罗振玉虽未受邀去山东参与治河，但因治河而与刘鹗交往日深，是显而易见的。刘鹗则仿佛在命运交响曲之时高时低的旋律中前行。相传张曜莅任首重河工，"有言河务者虽布衣末僚，皆延致咨询"。所不幸者，这位"一岁奔走河工几三百日"的抚台大人，竟在督理河工中疽发不治身亡。① 而颇有事功的刘鹗并无意为"政客"，② 却在福润接任山东巡抚的两三年间，以其治河成效卓著，续被"契重"，于光绪十八年（1892年），经东抚福润奏荐，"咨送总理衙门考试"，无奈"不合例，未试而归"，这使兴冲冲赴京的刘鹗"落魄魂消""人如败叶"。③

　　越两载，光绪二十年（1894年），福润于即将卸任山东巡抚时，再次奏荐刘鹗，"送总理衙门，以知府任用"。准奏，刘鹗于是年秋冬间赴总署报到，并决意留京，"慨然欲有所树立"。④

　　这里，有一个细节每被研究者忽略，就是"尚书衔山东巡抚福片"，亦称"保荐奇才异能"的"福润专片"，原是为着向军机处暨总理衙门呈报被荐者所著之书，借用今天的话，叫作报送"学术成果"而"附片具陈"。附片如是奏荐刘鹗才能：

　　　　该员向习算学河工，并谙机器、船械、水学、力学、电学等事，

---

　　① 张曜，字朗斋，祖籍浙江上虞。史称：曜魁梧倜傥，自少从戎，不废书史，尝镌"目不识丁"四字印佩以自厉。光绪十七年（1891年）病卒于山东巡抚任上，赠太子太保，谥勤果。他"官垂四十年，不言治产事"，揣其卒年，当在七旬上下。参见《清史稿》卷四百五十四《张曜列传》。

　　② 胡适谓刘鹗是"倜傥不羁的才士""勇于事功的政客"。参见《〈老残游记〉序》，《胡适学术文集·中国文学史（下）》，第1071页，中华书局1998年版。

　　③ 刘鹗：《铁云诗存》卷三《壬辰咨送总理衙门考试，不合例，未试而归，腊月宿齐河城外》，齐鲁书社1980年版。按，总理衙门，全称总理各国通商事务衙门，后改为外务部。

　　④ 罗振玉：《五十日梦痕录·刘鹗传》，《罗振玉学术论著集》第十一集。

著有《勾股天元草》《弧三角术》《历代黄河图考》等书。①

准此，罗振玉为刘鹗立传，说："勤果（张曜）卒官，代之者福公（润）以奇才荐。"此即福润奏片所称"该员学术渊源，通晓洋务"，"洵属有用之才"。而对于"福片"称道之"有益于用"的"所著各书"，罗氏于传中虽亦道及"测绘三省黄河图"，但那是"职务作品"；着力阐扬的乃是《治河七说》，因为，这才是刘鹗非寻常所谓"精品力作"可比的经典之作，是足以传世的治河文献，也是他"学术渊源"的升华！

所以，完全有理由说，真知铁云"奇才异能"者，② 雪堂也。

罗振玉不唯教刘氏子弟读书，且与"留都门者二年"的刘鹗时有书翰往返，互道款曲，并记述通晓洋务的刘鹗之实业兴国的宏图远志：

> （刘鹗）谓：扶衰振敝，当从兴造铁路始。路成则实业可兴，实业兴而国富，然后庶政可得而理也，上书请筑津镇铁路，当道颇为所动，事垂成，适张文襄公请修京鄂线，乃罢京镇之议，而君之志不少衰。③

张之洞"请修京鄂线"，即筹建卢（卢沟桥）汉（汉口）铁路，在清光绪二十二年（1896 年）夏秋间。当年春，刘鹗曾以《京郊即目》为题，作诗感怀：

> 可怜春色满皇州，季子当年三国游。
> 青鸟不传丹凤诏，黄金空敝黑貂裘。
> 垂杨蜿地闻嘶马，芳草连天独上楼。
> 寂寞江山何处是，停云流水两悠悠。④

---

① 刘蕙孙：《铁云先生年谱长编》，第 33 页，齐鲁书社 1981 年版。
② "奇才异能"一语，出刘鹗描写庄宫保劝留老残治河："但凡闻有奇才异能之士，都想请来。"参见《老残游记》第三回。
③ 罗振玉：《五十日梦痕录·刘鹗传》，《罗振玉学术论著集》第十一集。
④ 刘鹗：《春郊即目》二首之二，《铁云诗存》卷一，齐鲁书社 1980 年版。

他把诗稿带到上海，在沪友人见而唱和者有汪康年、梁启超、宋伯鲁、毛庆蕃、黄葆年、罗振玉等。[①]

刘鹗之感怀，为何能引动包括汪、梁等维新志士的共鸣呢？刘氏后人为之作注，引《战国策·苏秦始将连横》"以季子位尊而多金也"，认为刘鹗诗中"季子"即苏秦，[②] 很对。唯唱和各家，感悟不一。且看梁启超和诗：

> 自古文明第一州，卧狮常在睡乡游。
> 狂澜不抵中流柱，举国将成破碎裘。
> 燕雀同居危块垒，蜿蜒空画旧墙楼。
> 漏卮真似西风岸，百孔千疮无底愁。[③]

刘诗"黄金空敝黑貂裘"，化用苏秦说秦不遇，"黑貂之裘敝，黄金百斤尽"；而梁诗则直以"破碎裘"点睛：甲午战败，清廷割地赔款，百孔千疮，国几不国矣！

再看罗振玉和诗：

> 半生萍梗寄他州，何日从君作壮游。
> 每听朔风悲马枥，未应大泽老羊裘。
> 忧时谁蓄三年艾，吊古同登百尺楼。
> 淮浦秋波洞庭月，离怀行斾两悠悠。

读来如话家常。罗氏既以淮安为客居寄籍之地，故有半生"寄他州"之叹；又因未能应聘赴鲁，与刘鹗一道投效河工，故有"何日从君"之憾；与刘诗"黑貂裘"相对应，罗诗特以颔联"老羊裘"为"眼"，盖典出《史记》汉五年（前202年），刘敬戍陇西，过洛阳，"脱輓辂，衣其羊裘"，入见汉高祖刘邦史事。太史公赞曰："輓辂一说，建万世之安，智岂可专耶！"[④] 罗氏"忧时"

---

① 刘鹗：《春郊即目》二首之二，《铁云诗存》卷一，齐鲁书社1980年版。
② 刘蕙孙：《铁云先生年谱长编》，第36页，齐鲁书社1981年版。
③ 转引自蒋逸雪《刘铁云年谱》，《老残游记资料》，中华书局1962年版。
④ 《史记》卷九十九《刘敬叔孙通列传》。

"吊古"，不正是欲借"古"刘敬以策励"今"刘鹗吗？①

罗振玉这首和诗，题为《和云抟亲家京邸书怀韵，君时有鄂渚之行，即以赠别》。由此，我们可以进而将罗氏与刘鹗原诗连贯解之。首先，刘鹗以"季子当年上国游"自况，倒绝非欲以"自比季子游说秦国时的潦倒"，实乃借以摅其在京踌躇满志之襟怀。当时，刘鹗除了在总理衙门广结人脉之外，主要是倚靠了与刘成忠有年谊的清廷权要李鸿章及其子经方、经迈，王文韶等人，上走肃王善耆、庆王奕劻的门路；下与时称清流的官员，包括后来成为清廷大员的端方等人建立了关系；同时，借助"福公司"沟通了与英人、意人及日人之关系，并掌控了天津《日日新闻》报，与《上海时报》《南方日报》亦有相当关系，可以说据有了一定的舆论优势。②

罗振玉则不同，他在淮城虽亦负狂名，私底里却不事张扬；虽亦"欲有所树立"，但更注意于沉潜心志。故罗氏和诗以"老羊裘"对"黑貂裘"，实颇不以纵横家之苏秦为然，而以"建万世之安"的汉初谋臣刘敬，作为"士生今日"的至尚范式。

那么，罗振玉为何要以此和诗，来为亲家刘鹗的"鄂渚之行"送别呢？诗云："淮浦秋波洞庭月，离怀行斾两悠悠。"前句"秋波"点出了时令，后句"行斾"道明了事由。就是说，刘鹗赴鄂，不是游山玩水，而是扛了"公家旗号"。他虽非"奉旨办差"，来头却也很大：应鄂督（湖广总督）张之洞电召，为磋商筹建卢汉铁路而奔忙辛劳。唯其赴鄂时间，或谓"夏五六月间"，③ 或谓"盛夏六月"，④ 罗氏和诗却说"淮浦秋波"。究以何者为是？这就同罗、刘结为亲家相关：

（六月）廿六日，长女许配丹徒刘氏，铁云第四子大绅。大绅字季缨，从乡人受业者也。⑤

① 刘诗咏季子，实意有双关：一指《战国策》中以佩六国相印自许之苏秦，二指《史记·吴太伯世家》中贤明博学、多次推让王位之延陵季子（季札）。刘鹗不是曾以道员官衔让于其兄吗？故罗氏推出刘敬，实乃以贤对贤耳。

② 刘蕙孙：《〈铁云先生年谱长编〉引言》，《铁云先生年谱长编》卷首第11页，齐鲁书社1981年版。

③ 刘蕙孙：《铁云先生年谱长编》，第37页，齐鲁书社1981年版。

④ 蒋逸雪：《刘鹗年谱》，《老残游记资料》，中华书局1962年版。

⑤ 罗继祖：《永丰乡人行年录（罗振玉年谱）》，江苏人民出版社1980年版。

所谓"受业"，就是罗振玉在刘氏家塾教读的学生。嗣后，罗氏先后在上海、苏州办学，亦必带着自己的这位宝贝女婿就读。以此，刘鹗与刘季英谈及罗氏，每谓"汝师"；而刘季英对罗氏，则终生不以"岳父"而以师礼尊之。

所谓"许配丹徒刘氏"，就是罗振玉为长女孝则举办订婚仪式，时在六月二十六日（1896 年 8 月 5 日）。是时，季英九岁，孝则七岁，故虽"谈婚"而未遑"论嫁"。[①] 唯罗氏称刘鹗"亲家"，殆始见于这首和诗，则他"即以赠别"，当在女儿与季英订婚之后。

富国大志之悲

如上所述，刘鹗"鄂渚之行"，自当紧接着罗氏为亲家送行而作和诗之后。具体在哪一天？近年刊布的刘鹗同乡暨友人姚锡光日记，[②] 为我们披露了真正"第一时间"的第一手记载。

原来，罗、刘定亲联姻前后，刘鹗曾为筹建卢汉铁路，两次赴鄂。姚君日记 7 月 9 日"刘云抟太守来，将询制府定夺铁路意旨"，当为刘鹗首次抵鄂时间；至 7 月 21 日刘鹗宴请钱、姚诸人后，"附轮往镇江"，先后在鄂盘桓十二天。值得关注的是，刘鹗所遗诗篇《鄂中四咏》，其一《登黄鹤楼》："此去荆州应不远，倩谁借取一枝栖！"语云："良禽择木而栖。"刘鹗首次抵鄂，确是以刘表比张之洞，而殷望着王粲"之荆州，依刘表"之愿景得以实现。于是，第二首《登洪山寺》："莫问古来争战事，眼前盛世且高歌！"写出了他来到彼时正趋繁华的"东方芝加哥"（武汉），"经营铁路事"虽"暂时不能有协议"，

① 罗孝则与刘季英结婚，在 1905 年上海寓所（详后）。

② 《姚锡光江鄂日记（外二种）》，中华书局 2010 年版。按，姚锡光（1854—1930），字石泉（亦作石荃），江苏丹徒人，先后入李鸿章、李秉衡、张之洞幕，曾任湖北武备学堂监督。辛亥革命前，官至陆军部右侍郎（1909 年）；入民国，任参政院参政（1915 年）；其在鄂襄助张之洞练兵办学，参见拙文《张之洞创建湖北新军之遗事轶闻》，《炎黄文化》2011 年第四期。

但其雄心勃发，跃然纸上。

第二次赴鄂，则在罗、刘已结亲家之后了。就像摸彩开奖，谁得手"经营铁路"？兹再摘姚君日记：

> （六月）二十八日，制府（张之洞）传见，询吾乡刘云抟太守家世及伊人品若何，又询余以云抟请办铁路，究竟是洋股是华股。又询余以云抟何以能取信洋人，得借有千百万洋债？（以下姚君对以上三"询"之答词，从略。）末乃传制府谕：令余电召云抟从速来鄂。余乃立即电往淮安，召云抟。

> 二十九日，太守（钱恂）又云："芦汉铁路一事，未知云抟能承任否？万一云抟不能承任，则此事仍必属盛杏荪。"（下述盛"要挟"制府等情，从略。）

> （七月）十一日午后，刘铁云太守来，盖甫下轮船，即冒雨来省。余告以制府属余电招之意。钱念劬太守亦至。铁云云，制府所询诸端，伊俱能应允照办。因属念劬先为告制府，再往禀见。

> 二十四日，钱念劬太守来，言："芦汉铁路制府已决计归盛杏荪督办。"现在正办折移，不日将出奏矣。（以下记刘鹗等"不得分段认办"而由盛"垄断把持"，制府"甘受挟制"等，从略。）

> 二十七日，刘铁云太守来辞别。铁云以办铁路来鄂，不得志，将往沪，即午后启行。

由以上日程，可证罗氏诗中"秋波"。刘鹗应该是在为季英订婚后三四天（8月8—9日）接姚君发来的张之洞召见专电的。他购船票、候船，加之上水行船，抵鄂（8月19日）已延搁近十天矣。"甫下轮船，即冒雨来省"，好不着急啊！为了争办卢汉铁路，这位一向玩世不恭的赤红脸胖子，此时此际，我们仿佛可以听到他的急迫气喘、怦然心跳。

然而，急有何用？这是明摆着的权势之较量、利益之争夺。盛宣怀来头更大。刘鹗二次赴鄂，盘桓半月（8月19日至9月4日），徒然奔忙，无果而返，不得志而赋诗《登伯牙台》，长叹一声：

此地知音寻不着，乘风海上访成连！①

　　然而，恰如罗振玉所说，"君之志不少衰"。赴鄂商办铁路不成，固然使一路高歌、妄赞盛世的刘鹗，感知了"嵩日时艰，当世之事百无一可为"，但是，他转而"欲以开晋铁谋于晋抚"，热诚游说山西巡抚，提议开办铁矿，并致书亲家罗振玉，阐发其"晋铁开则民得养，而国可富也"之情怀，及其"国无素蓄，不如任欧人开之"的谋划，说："我严定其制，令三十年而全矿、路归我。如是则彼之利在一时，而我之利在百世矣。"

　　然而，刘鹗的这套"任欧人开之"，亦即引外资办路、矿的超前之举，又怎能取信于国人？罗振玉在前述"即以赠别"的和诗中，所以有"忧时谁蓄三年艾"之问，②就是要提醒热衷于请进"欧人"的亲家：既然"国无素蓄"，民不聊生，什么"定制三十年"、什么"利在百世"，岂非对牛弹琴？

　　热心过甚就成了虚火，还是降温、慎行吧！

　　由此，我们有理由认为，罗氏前此论说治河、筹赈，与刘鹗"十合八九"；而今论说筑路、开矿，罗则于其"是"中更见其"非"，故答书诫之曰：

　　　　君请开晋铁所以谋国者则是矣，而自谋则疏。万一幸成而萋菲日集，利在国，害在君也。

　　然而刘鹗哪里听得进罗氏亲家的告诫，他"不之审于是，事成而君汉奸之名大噪于世"！③罗氏熟读《诗经》，真是信手拈来，每成警世之言。他所说"萋菲日集"之"萋菲（斐）"，语出《诗经·小雅·巷伯》：

　　　　萋兮斐兮，成是贝锦。彼谮人者，亦已太甚！

　　《巷伯》凡七章，此其首章。盖"萋斐"者，谗言耳。"萋菲日集"，诬陷、

---

① 刘鹗：《铁云诗存》卷一《鄂中四咏》，齐鲁书社1980年版。
② 《春秋谷梁传·庄公二十八年》："一年不艾，而百姓饥。"按，艾者，刈也，借以喻收成、积粮。
③ 罗振玉：《五十日梦痕录·刘鹗传》，《罗振玉学术论著集》第十一集。

诽谤，一股脑儿袭来，陷人于灭顶之灾！语云："好贤如《缁衣》，恶恶如《巷伯》。"① 能"谋国"却疏于"自谋"的刘鹗，终于未能挣脱"彼谮人"之谤。这恰是他的悲剧之所在。

　　唯此之故，我们还要说，真知铁云先生当年怀富国大志，办路矿以兴实业之苦衷者，雪堂也！

---

　　① 朱熹：《诗集传》，《小雅·巷伯》六章注引。按，《缁衣》，《诗经·郑风》篇名。"好贤如《缁衣》"，出自《礼记·缁衣》。

男儿岂可无用世之志

罗振玉自少就"抱用世之志"。所以，他虽"夙嗜金石之学"，却又直言不讳，"耻以经生自牖"。这个"耻"字非常关键。耻，是心气，是勇决，是与命运搏击，当然也是对未来的自信。

然而，年少气盛，视天下事无不可为，智者如罗氏，亦所不免。所以，抱负如何得以实现？重要的更在于脚踏实地。直到 1896 年夏六月，罗振玉在向他父亲尧钦公禀告，刘云抟（鹗）托蒋觐宸（黼）作伐，"为其少郎（刘氏三子季英）聘阿团（罗氏长女孝则）"，并定于"（六月）二十六日过茶叶"（旧时订婚聘礼之代称）的家书中，犹以不无自贬的口吻道及近况，说："儿授徒之余，仍钻故纸。"[①]

罗振玉（1896 年三十岁时）

看来，维新潮流滚滚而来，现成了亲家的刘鹗更为建铁路、开矿山而南北

---

① 罗振玉：《永丰乡人家书·禀尧钦公》，《罗雪堂合集》第七函，西泠印社出版社 2005 年版。

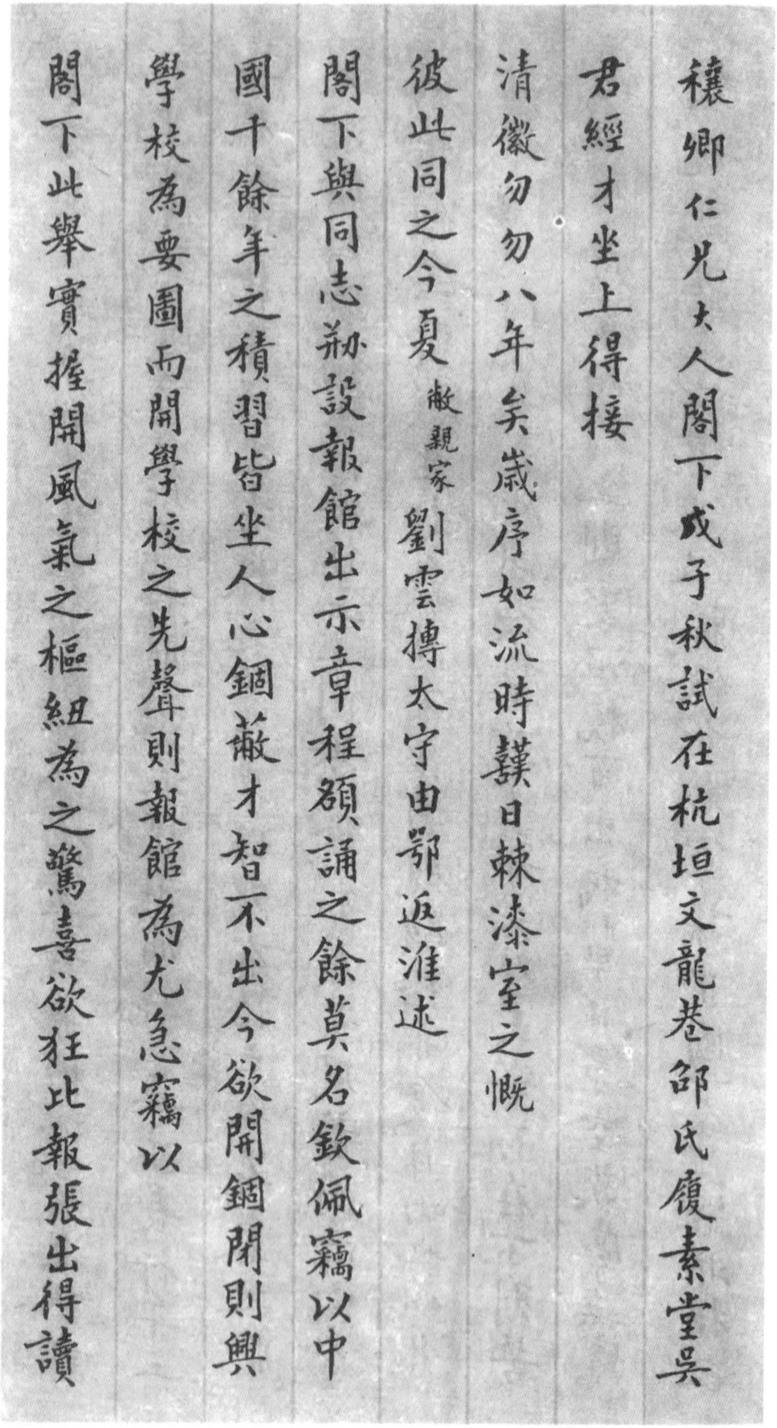

襄卿仁兄大人閣下或于秋試在杭垣文龍巷邱氏廎素堂晤

君經才坐上得接

清徽勿勿八年矣歲序如流時艱日棘漆室之慨

彼此同之今夏 敬親家 劉雲摶太守由鄂返淮述

閣下與同志新設報館出示章程頌誦之餘莫名欽佩竊以中

國十餘年之積習皆坐人心錮蔽才智不出今欲開錮開則興

學校為要圖而開學校之先聲則報館為尤急竊以

閣下此舉實握開風氣之樞紐為之驚喜欲狂此報張出得讀

1896 年 11 月 5 日罗振玉致汪康年书札

76

奔走，罗振玉又怎能甘为刘府西席（塾师），沉迷于"著书自遣""钻故纸"，"岁必成书数种"呢？谨将罗氏当年"憬然有悟"，慨然向"实握开风气之枢纽"的《时务报》报馆经理汪康年（穰卿）通款曲、求帮助的书札移录如下：[1]

　　穰卿仁兄大人阁下：

　　　　戊子（1888 年）秋试，在杭垣文龙巷邵氏履素堂吴君经才坐上得接清徽，匆匆八年矣。岁序如流，时艰日棘，漆室之慨，彼此同之。今夏敝亲家刘云抟太守由鄂返淮，述阁下与同志创设报馆，出示章程，雒诵之余，莫名钦佩。窃以中国千余年之积习，皆坐人心锢蔽，才智不出，今欲开锢闭，则兴学校为要图，而开学校之先声，则报馆为尤急。窃以阁下此举实握开风气之枢纽，为之惊喜欲狂。此报张出，得读伟论，暨梁卓如先生诸议，辞理并优，三长兼擅，沉痛深挚，语语中肯，奇才奇才，能毋拜服。弟流庸淮浦，碌碌无寸长，行年三十，精力半耗于经史考据之中，比来憬然有悟，已有迟暮之慨。又淮阴僻壤，独学寡俦，一二同心，落落如晨星。风萧雨晦，索居勘懔，顿念时艰，坐起叹息，不但旁视骇怪，亦复自哂也。兹有恳者，弟与同人每叹中国欲举一事，难若登天，穷而在下，则苦心力不齐；达尔在上，则更沮挠百出。我辈日事空谈，毫无实效，愧欯甚焉。昨与敝友蒋伯斧参军议中国百事皆非措大力所能为，惟振兴农学事，则中人之产，便可试行。蒋君忻然，急欲试办，而购买机器，聘请农师，及仿行日本铁棒打井等法，非托诸东人、西人不可。兹专诚投前，拟先与尊馆翻译古城君议之，若西方学者，阁下交游中定不乏人，尚乞一言为介，俾得有成。至此事举办细章，仍乞示以指南，无任祷企。蒋君，当今志士，与弟凤好，每次尊报出，辄读之击节，赞叹不已，倾倒有素，敢为作缘，专此奉申，一切详细，由蒋君缕陈。天寒，诸希为道珍摄。肃请筹安。卓如先生前并乞代达钦慕之慨。乡

---

　　① 汪康年（1860—1911），字穰卿，号恢伯，浙江钱塘（今杭州）人，系著名藏书家振绮堂汪氏后裔，1896 年以"新进士不应朝殿试"，在沪任《时务报》经理；毕生矢志新闻事业，先后创办《中外日报》《京报》《刍言报》等，有《汪穰卿遗著》《汪穰卿笔记》等传世。

愚弟罗振玉拜启。十月朔。①

此信落款"十月朔"，殆即清光绪二十二年丙申十月初一日，1896 年 11 月 5 日。这是迄今所见罗振玉自述决意赴沪"振兴农学"的"原典"。就罗氏一生的事业而言，如果以他自称"行年三十"的 1896 年作为一个转折点，那么由此信肇始的"联汪兴农"，则是实施此转折的发端。而为"联汪"牵线搭桥，使八年前之罗、汪旧交焕发新机者，则不能不归诸刘鹗。

此话怎讲？罗氏信中所谓"今夏敝亲家刘云抟太守由鄂返淮"，就是前章所述刘鹗为争办卢汉铁路而首次赴鄂，时在 1896 年夏五六月间。无巧不成书，恰值此时，汪康年亦在鄂活动。刘、汪是否一道从上海启程，联袂赴鄂？虽非可遽断，但两人同时离鄂，则可见诸前述姚锡光光绪二十二年丙申（1896 年）六月日记，谨转录如下：

> （六月）初八日，早起，入学堂。随往拜刘云抟太守、汪穰卿进士，皆送行。云抟复约翌日渡江至汉口燕集。穰卿，浙江人，通达世事，现在上海经营译报馆，承赠伊刊《振绮堂丛书》一部。②

这里，须加说明的是，汪氏于 1890 年入湖广总督张之洞幕府，先延聘为张府西席（家庭教师）；两年后任汉口自强书院编辑、两湖书院史学斋分教；1896 年乃自沪返鄂，"亟向张尚书告辞，欲自至商埠集资设报社。尚书力尼其行，先生坚不从"。③然其向张之洞告辞的具体时间，有关的传记、年谱皆语焉不详。今以《时务报》创刊之丙申七月初一日（1896 年 8 月 9 日），参比张锡光所记为刘鹗、汪康年送行之六月初八日（7 月 18 日），其时间差仅二十余天。罗振玉是在刘鹗"由鄂返淮"的第一时间里，得知了汪君创设《时务报》，并读到了报馆的章程。

还不可不注意的是，附于此信后的"又启"。照录原文如下：

---

① 罗振玉：《致汪康年》，《汪康年师友书札》（三），上海图书馆编，上海古籍出版社 1986 年版。按，此札手迹，见《罗雪堂合集》第七函《永丰乡人手简》，西泠印社出版社 2005 年版。

② 《姚锡光江鄂日记（外二部）》，第 135 页，中华书局 2010 年版。

③ 汪诒年纂辑：《汪穰卿先生传记》，第 51 页，中华书局 2007 年版。

再者，前次阁下致云抟亲家函，已悉。渠现不在淮寓，因铁路事行踪颇无定所。淮地报张，除以前之报仍寄刘宅外，兹再奉上三十元，乞添报十份，迳寄淮安南门更楼东敝寓，此报即由弟分送。缘云翁既旅食在外，渠家中无人照料也。徐州之报，可由敝处转寄，所费有限，下次并交至敝寓可也。弟玉又启。

汪康年

由此可以窥知，此时此际，汪、刘、罗三人，刘向汪荐罗，罗则尽其所能，不惟在淮安代刘收转《时务报》，并于"添报十份"之外，兼发"徐州之报"。为此，他还致信尧钦公，[1] 推介《时务报》及其馆主汪康年，略谓：

穰卿与儿旧交，此刻辞张香帅幕府，在上海设报馆，所著《时务报》切中时弊，为中国最佳之报，每年报价四元，计报三十六册，为留心时事者必不可不读之书。此刻托儿代售。[2]

这封求父代售《时务报》的家书，写于 1896 年 12 月 14 日。盛赞《时务报》"为中国最佳之报"的罗振玉，此刻亦已到了上海，正与"辞张香帅幕府"的汪康年会合。"联汪兴农"，业已正式启动。罗振玉自此告别了他在淮安"索居靫懂""独学寡俦"的书斋生活，而他要在"十里夷场"的上海滩以兴农为契机，拓展新视野，开创新事业。

---

① 罗树勋于 1896 年起"署徐府经历"，参见罗继祖《永丰乡人行年录（罗振玉年谱）》，第 14 页，江苏人民出版社 1980 年版。

② 罗振玉：《永丰乡人家书·禀尧钦公》，《罗雪堂合集》第七函，西泠印社出版社 2005 年版。

创设务农会

接着，《时务报》刊载了以罗振玉领衔的《务农会公启》。全文如下：

中国地处温带，气候和平，风雨时节，西人每叹为全球沃壤。秦汉以后，教稼明农，久置不讲，土宜不辨，嘉种不求，丰穰之岁，仅足事蓄，一遇水旱，螽贼束手坐叹，农民日贫，生计日蹙。近年西学大兴，有志之士锐意工商诸政，而于农学绝不讲求，未免导流塞源，治标忘本。蒙等不揣固陋，思招集同志，创设务农会以开风气，以濬利源。然事繁任重，图始惟艰。兹拟就简要章程十条，如有未尽妥善之处，海内君子教之诲之，幸甚！

——本会筹集款项，在江浙两省地方购田试办，惟需款浩繁，尚冀四方同志解囊慨助，以成此举。所购之田，即作为会中公产。

——同志捐助之款，统由《时务报》馆代收，按旬登报，以征信实。

——拟聘请化学师一人，辨别土宜，并酌购外洋机器、农具，为中国所不可少者，以佐人力之不逮（泰西工极贵，故事事须用机器。中国工价甚廉，可不借机器之力，然人力不胜之处，亦非机器不可）。

——农之为义，兼耕牧言。本会除树艺、五谷外，博采中外各种植物，一一试种，兼及饲养牲鱼等事，以广利源。

——每年收款，除开支薪水等项外，陆续添置田亩，翻译农书，并创刻农学报章，专译各国农务诸报及本会开办后一切情形。将来试办有效，即开设制造糖酒等厂，禀请设立农务学堂。

——每年出入款项，汇录登入本报，以杜浮销。报章未行以前，则登《时务报》。

——此举虽用西法，然耕植饲养仍用本处农人，并不夺其固有之利。

——海内同志愿入会者，请将台衔住址开寄《时务报》馆，以便遇事公同商酌。

——试办之时，如有聪颖子弟情愿从学者，可至本会学习，不收束脩，自备饭食，将来学成，即可派充各处分教习等职（西国农部各员，无不由农学学堂出身者）。

——此系初拟简要章程，俟开办有期，再订细章。

上虞罗振玉

会稽徐树兰

如皋朱祖荣 　公启

吴县蒋黼

《务农会公启》刊出于罗氏写信向尧钦公禀告代售《时务报》之前十天，即 1896 年 12 月 5 日。[①]

应当指出，所谓"创设务农会以开风气"，《务农会公启》之刊布，对于开启中国近代新农学，具有极为重要的标志性意义。

但是，万事开头难。在"后世以农为贱业，于是有农事无农学"[②] 的中国，农会之创建，尤其如此。所以，时为《时务报》总理的汪康年，于《务农会公启》刊出时所加按语中，有"特将《公启》附印报末"一语。这就意味着，务农会创设之初，挂靠于《时务报》；而罗振玉当年赴沪兴农，绝非突发幽思，更非单打独斗。晚年，罗氏回顾这段往事，说："农为邦本，古人不仕则农，于是有学稼之志。"并且列举了他当年"服习"《齐民要术》《农政全书》《授时通考》等书，又读"欧人农书译本"，得知"新法可增收获，恨其言不详"，于是与同时寄寓于淮安的友人蒋黼协商，"于上海创农学社，购欧美日本农书移译以资考究"。[③] 数年后，张謇赴日考察，曾不无感慨地说："方其农学初兴，购用《农政全书》甚多。特今日言农学者喜张欧美耳。国势弱则前古人与后来人并受其

---

① 《务农会公启》，《时务报》第十三册，清光绪二十二年（1896年）十一月初一日。

② 《务农会略章》，《农学报》第一期（册），清光绪二十三年（1897年）四月上。

③ 罗振玉：《集蓼编》。

累，亦至言也。"① 是故，我们不应忘记历史，不可割断中国固有的农学之史。务农会既初创于"西学大兴"的当年，竞购"欧美日本农书移译"，乃是为着"开风气"啊！

还不可忘记，1895 年，"南海康君上万言书"（罗振玉语）筹变法自强之策，曾提出两大口号：富国、养民。② 1896 年刘鹗谋划造铁路、兴实业而"国可富"，乃是践行了康氏的包括铁路、开矿为主项的富国之法；而罗氏则紧随刘鹗，于当年筹创农学社，实乃很好地体现了他要力倡以务农为首要的养民之法。

当然，我们更不应忘记，在康氏上书倡言富国、养民之前，罗振玉的一位同龄人，提出"耕者有其田"的伟大革命先行者孙中山，已经注意到了中国农桑不振，为害已甚，强调亟宜谋求改良之策，"道在鼓励农民，如泰西兴农之会，为之先导"。③ 回望当年，这不正是赴沪创办务农会的罗氏倾心为之努力的吗？

"四君子"之星聚

如前所述，务农会为兴农立会之先导，清农工商部也奏准颁行了《农会简明章程》（1907 年）；到辛亥前夕，统名为"农会"的各省农务总会、全国农务联合会等，"报成立者已有数十处"。④《务农会公启》署名的罗振玉、徐树兰、朱祖荣、蒋黼，堪称最初的农会"四君子"。然而，徐、朱与罗、蒋，素昧平生，怎会骤然跑到上海呢？

这就要归功于机缘相遇，当年总理《时务报》的汪康年招集同志，征求合

---

① 张謇：《张謇全集》卷六，《癸卯东游日记》，第 510 页，江苏古籍出版社 1994 年版。
② 康有为提出"富国之法"有六：曰钞法，曰铁路，曰机器轮舟，曰开矿，曰铸银，曰邮政；"养民之法"：一曰务农，二曰劝工，三曰惠商，四曰恤穷。参见《上清帝第二书》（1895 年 5 月 2 日），《康有为政论集》（上册），第 123、126 页，中华书局 1981 年版。
③ 孙中山：《孙中山全集》卷一，《致郑藻如书》，第 2 页，中华书局 1981 年版。
④《中国政治通览·实业篇》，转引自朱英《辛亥革命前的农会》，《历史研究》1991 年第五期。

作兴农的推助了。

先看朱祖荣。他本于维新之念，怀着"拟撰《中西学通考》一书以解天下之惑"的宏愿，致书"卓识闳才，殊令人钦佩"的汪康年以求指教，并由赞汪而赏罗，说：

> 蒋、罗二君附书，阅竟不禁雀跃三百，喜予志之不孤也。辱承不弃，自当敬殿公启之后。[①]

由此可知，汪康年曾将罗、蒋初拟的《务农会公启》转寄朱祖荣阅看，征求其参与创办务农会，并于其上署名。

朱祖荣，字阆樨，江苏如皋人，廪贡生。他应该是当地积极从事兴农活动的乡绅之一，稍后还参与入股张謇创办之通海垦牧公司。[②] 当时，朱氏既参与罗振玉发创的务农会，乃于农会创立后颇能身体力行，先后撰有《蚕桑答问》《通属种棉述略》《劝种洋棉说》等。特别是从《农学报》创刊号起连载了七期（册）的《蚕桑问答》，以其"种桑、育蚕、缫丝各法""抉择精微，允称赅备"，曾被"界接苏湖"的广德知州"翻刻成帙，分散乡民"，旋又单行出版，[③] 影响甚大。

朱祖荣还在其所居的如皋县热心践行务农会"购田试办"、农桑"试种"而受到关注和赞扬。例如，农会甫成立，知县龙璋（研仙）即报名入会，并"捐廉购置如皋涨地千三百亩，备会中开垦试种之用"；[④] 而"会员朱君阆樨等，在如皋结农桑公社"，并向《农学报》报道了"今年（1897 年）饲蚕收麦成绩"，其中以新法育蚕获"大丰稔"，称："成茧洁白精密，每八百两得丝百两，而乡民所饲则成茧薄劣，茧百两得丝五六两耳。"[⑤] 在朱君带动下，如皋贡、举、

---

① 朱祖荣：《致汪康年》，《汪康年师友书札》（一），第 222 页，上海古籍出版社 1986 年版。

② 朱祖荣生卒年不详，《南通市志》及《如皋县志》均无其传。张謇所创通海垦牧公司第一次正式股东会（1911 年 3 月）及第四次股东大会（1918 年 9 月），均有朱阆樨列名"到会者"。笔者曾多方查访，未见其他记载。

③ 《蚕桑答问》二卷、续编一卷，原刊《农学报》1897 年 5—9 月第一、二、三、五、七、八、九期（册）；单行本署朱祖荣辑、蒋伯斧编，清光绪二十九年（1903 年）陈谔刻本，北洋书局铅印一册。

④⑤ 参见《农学报》第四期（册）《如皋捐地》（1897 年 6 月）、第三十七期（册）《蚕麦成迹（绩）》（1898 年 8 月）。

生员参加农会者有十数人。在《农学报》公布之"各处代收捐款诸君住所"与"各埠售报处所"中，均有其居处"如皋范湖州朱宅"，收款、售报兼之。

再看徐树兰，务农会创办时，他已届花甲，应为农会发起"四君子"中最年长者。[①] 罗振玉早年（1896年）打算筹创绍兴中西学堂，曾"致书越中友人徐以愻孝廉、蔡鹤卿太史等，劝其请于当道，设法开创"，徐、蔡二位还将他的信转呈绍兴知府。[②] 这使他这个迁离"绍郡"已是第三代的淮安人，颇增添了几分同乡知己之感。不过，话得说回来。蔡元培（鹤卿）考中进士点翰林（1892年）之前，曾被邀至"藏书甚富"的徐氏"古越藏书楼"，为其校订所刻图书；而徐以愻本名维则，徐树兰乃其伯父，[③] 徐氏参与创建务农会、署名《公启》，则由汪康年居中荐介。徐氏还恳请汪在沪继续"力为提倡"，特别是希望汪能说动"广雅尚书"（张之洞）"扶掖"，说："若得此公登高而呼，则更妙矣。"[④] 未几，张之洞欣然入会、捐款，应该说也与徐氏之力促分不开。

当然，更重要的是，徐氏参与创建务农会，不以年长而挂空名、说空话。后来的事实证明，无论为务农会捐款，还是介绍亲友入会，徐氏莫不身体力行，从我做起。例如，他曾为亲家许在衡（云笈）、好友章廷黻入会，亲自录写履历寄汪康年，请汪转嘱罗、蒋"刻入本报"（即《农学报》）。[⑤] 在浙江籍农会会员中，尤以山阴（今绍兴）人为多。他还亲为农事试验。据绍兴方志记载，农会创建之后（1898年），他与胞弟徐友兰于黄浦滨置地万亩，开辟种植试验场，引进各国良种试种。[⑥] 若欲追溯近代中国"实验农学"，那么徐氏所做早期尝试是应该记上一笔的。

---

① 徐树兰（1837—1902），字仲凡，号检庵，浙江山阴人，清光绪二年（1876年）举人，授兵部郎中改知府，旋以母病归里，不复出仕，诗书自娱，尤以印书藏书著称，兼事地方公益事业。参见《绍兴市志》第五册，第3111页，浙江人民出版社1996年版。

② 罗振玉：《永丰乡人家书·禀尧钦公》，《罗雪堂合集》第七函，西泠印社出版社2005年版。

③ 蔡元培编校徐氏藏书事，参见高叔平编著《蔡元培年谱》，第3—4页，中华书局1980年版；徐维则（以愻）事略，附载于《汪康年师友书札》（四）后之人物小传。按，近人著文，谓徐维则乃徐友兰之子，并纠正了长期以来误以为蔡元培在徐友兰长兄徐树兰古越藏书楼校书之说，仅录以备考。

④⑤ 参见《汪康年师友书札》（二），第1522、1526页，上海古籍出版社1986年版。

⑥ 《绍兴市志》第五册，第3111页，浙江人民出版社1996年版。

维新志士梁启超、谭嗣同与务农会

按照罗振玉自述，"以丙申春至上海设农报馆，聘译人译农书及杂志，由伯斧总庶务，予任笔削"，[①] 丙申即 1896 年。

现行罗氏年谱（即《永丰乡人行年录》）、传记，皆无例外地遵其所述，谓是年春，罗、蒋"共同筹资"，到上海创办了"学农社"。[②]

唯汪康年年谱，光绪二十三年丁酉（1897 年），记曰："四月与同人设立务农会，发行农会报。"[③]

何者为是？

先正名。务农会，简称农会（当时并无"学农社"之名）。《农学报》，简称《农报》，因为是务农会的会刊，故别称《农会报》。

再核年代。务农会之创立，公认为是《公启》刊出之 1896 年 12 月。而《农学报》创刊，则在光绪二十三年四月上旬，即 1897 年 5 月。据此，发行《农报》的起始时间，当以汪谱为是。值得注意的是，在此之前，《时务报》曾刊出了《农会报馆略例》，云：

> 蒙等招集同志，创设务农会。本拟开会以后，再行设立报馆。惟现在经费未集，同志未多，旷日持久，殊非善策。兹拟先设农会报章，以通消息，以广见闻。一俟同志日多，款项稍裕，然后详订会中章程，定期开办。

以上，为《农会报馆略例》弁言，下分"刊报凡例""办事规条""筹款章程"三大项，每项又分列若干条款，在尔后的办报实践中，将予以具体介绍。

[①]　罗振玉：《集蓼编》。

[②]　罗琨等：《罗振玉评传》，第 21 页，百花洲文艺出版社 1996 年版。

[③]　汪诒年纂辑：《汪穰卿先生传记》，第 63 页，中华书局 2007 年版。

上述《农会报馆略例》，在《时务报》刊出时间为光绪二十三年三月初一日，即1897年4月2日；并附刊了《时务报》总理汪康年的《代启》，转录如下：

> 农会为中国目前至要之事，创办诸君以筹款不易，因先设报馆，以资研究。已延请上等翻译，准四月出报。惟经费未充，不能多印，且不能概送远近同志。如欲阅此报者，本埠请迳至新马路梅福里农会报馆挂号；外省请在各寄售本报处挂号，或函知农会报馆均可。①

由此，我们可以明白无误地确知，作为务农会实体的农会报馆，正式成立于1897年春，而罗氏所谓"丙申春至上海"，"丙申"（1896年）应为丁酉（1897年），盖出于晚年记忆之讹。所以，无论为罗编谱还是立传，皆应实事求是，予以更正。这是后人之责。

值得注意的是，紧接于《农会报馆略例》之后，《时务报》刊发了梁启超为将要创办的《农学报》所作的序。他纵论古今，义贯中西，首引西国地力学家之论，认为今以中国之地，养中国之人，"乌在其为人满也"；复引西人推算，中国今日之地，苟以西国农学新法经营之，就算人口增数倍，"岂忧饥寒哉"！

需要指出的是，在为《农学报》作序之前，梁启超曾撰《西书提要农学总序》，感叹西人言农学之书，"汗牛充栋，中国悉无译本"；② 而今务农会"起点海上，求友四方"，意在"开广风气，维新耳目，译书印报，实为权舆"，并以他甚富鼓动力的宣传家笔触，为《农学报》"广而告之"，说：

> 区其门目，约有数端：曰农理，曰动植物学，曰树艺（麦果桑茶等品皆归此类），曰畜牧（牛羊麂驼蚕蜂等物皆归此类），曰木材，曰渔务，曰制造（如酒糖酪屬之类），曰化料，曰农器，曰博议。月渖一编，布诸四海。近师日本，以考其通变之所由；远撮欧墨，以得其

---

① 《农会报馆略例》及汪康年《代启》，《时务报》第二十二期（册）。
② 《西书提要农学总序》《农会报序》，并见《饮冰室文集》第一册，《饮冰室合集》，中华书局1989年版。

立法之所自。

值得一提的是，梁启超乃《务农会公启》发布后的首批农会会员。这篇题为《农会报序》，于《农学报》创刊前一月先行在《时务报》发表，[①] 故备受留心时事的人士关注。其时在山阴家中急盼《农学报》出刊的徐树兰，在致汪康年信中特别提到了"《农会报》得卓公文以序之，可为欣庆"。[②] 可见梁序对促成《农学报》问世及扩大其社会影响，是有多么重要。

尚须补书一笔，在罗振玉"联汪兴农"之际，谭嗣同也热诚投入。他虽不在上海，却十分关切农会，也是其首批会员之一，并曾为农会及农报有关事宜，多次致信汪康年，如其中有一信写道：

> 《农学报》出时，务乞允寄。《时务报》亦希寄。农学会章程若何？考究各处土产须有简要之法，此次寄上嗣同所为《土产表》叙，自视亦殊不菲薄也。[③]

谭嗣同所说"考究各处土产"，这原是务农会罗、蒋、徐、朱"四君子"及其他热心之士创兴农学以开利源的重要内容之一，也是谭嗣同至为关切的兴农要事。这里，谨先述信中所询"农学会章程"，盖即由谭嗣同拟写之《农学会会友办事章程》。[④] 如果说梁启超代表了刚创立的务农会，为将要创办的"本报"作序，那么谭嗣同就是代表了入会者，为农学会会友拟章。该章程凡十八条，可以说每条皆在与会友掏心窝，讲知心话，诸如："与总会或分会同在一处之会友，遇事即可面谈"（第四条）；"各会友于农学一有新得之理，请随时告知总会或分会"（第五条）；"各会友有所质问，总会、分会务必详告"（第六条）；而总会"遇有应访查考究之事""需聘用某等人才""需购有关农学之物件"，可随时嘱托各会友或分会代为查访考究，或代聘、代购（第七、九、十

---

① 《农会报序》，原刊于《时务报》第二十三期（册），光绪二十二年（1897年）三月十一日出版。

② 《汪康年师友书札》（二），第1525页，上海古籍出版社1986年版。

③ 《汪康年师友书札》（四），第3239页，上海古籍出版社1986年版。

④ 《农学会会友办事章程》，见蔡尚思、方行编《谭嗣同全集》（增订本，上册），中华书局1981年版。按，此章程据谭氏手稿录入。

条）；章程还包括了各会友之农学试验，翻译东西各国农书或农报等条款。谭嗣同如此费心拟写章程，可见他是多么倾力支持农学会，在致汪康年的另一信中，他还自道"对农会事反复思之"，认为"推广之法，大要非官为助力不可也"。这时，传闻张謇（季直）"欲拉新宁（两江总督刘坤一）入会"，他欣喜无量，说："若能成，则妙矣。"①

谭嗣同通过汪康年转交《农学报》的《浏阳土产表叙》，以及践行他在章程中所提查访当地物产等"考究土产"之作，容后专节记述。

与状元张謇

1897 年暮春三月，正在操劳着编刊《农学报》的罗振玉与蒋黼一道，在上海会见了张謇。

张謇，② 人称张季直，于甲午之年（1894年）金榜题名、高中状元，而以办实业、兴教育著称于世。20 世纪 50 年代中，笔者学农于南通狼山脚下，苍鹰盘旋于山巅，溪水环流于山涧，虽无王国维当年"猲来桑下还三宿，便拟山中构一庐"（《重游狼山寺》）那样的逸想，但到了节假日，同学结伴，各带干粮，前往啬公墓游观，瞻仰墓门横石上的"南通张季直先生之墓阙"，吟味啬公生前自拟"即此粗完一生，会须身伴五山灵"之墓门联语，对传说中其师翁同龢识拔力

张謇在翁同龢墓留影

---

① 《汪康年师友书札》（四），第 3254 页，上海古籍出版社 1986 年版。

② 张謇（1853—1926），字季直，号啬庵，江苏海门常乐镇人。清光绪二十年（1894 年）状元，授翰林院修撰；旋返南通办纱厂、兴学校、创垦牧公司，曾被清廷授三品衔、商部头等顾问官、中央教育会长；入民国，历任南京临时政府实业总长兼两淮盐政总理、北洋政府农商部总长兼水利局总裁。著有《张季子九录》《张謇日记》《啬翁自订年谱》等。今有《张謇全集》行世。

荐，光绪帝欣然钦点，慈禧老太后亦甚赏其仪表的张状元，真个是既甚觉神秘，又倍增敬仰……

当然，那时尚不知这位状元公造福桑梓、奔走创业所交结的友人中，还有一位"不仕则农"的罗振玉。那么，他们又是如何相识相交的呢？且看罗、蒋初会张謇之后，紧接着以十分谦恭的口吻写信请教求助：

> 季直仁兄大人阁下：
>
> 　　前在沪上得睹光仪，并聆雅教，忻忭无似。敬维道履安和，定如肥祝。农会经营方始，头绪纷如，刻下草拟章程，寄呈诲正。
>
> 　　昨穰公述如皋龙研仙大令愿捐如皋沙地如干亩入农会，刻尚未悉田亩数目及地之所在，已函询龙君，俟得复函，拟先从此处开垦，相厥土宜，再定试种物品。惟弟等于垦荒一事未经阅历，且报馆事方草创，未得分身，除函托朱闻翁就近照料外，似仍须有当行切实之人，斟酌督率之。前述之叶君，刻在何处？如能得渠经理，实所翘企，尚求便中代询为叩。
>
> 　　承允于常熟尚书前致意，请其提倡，兹奉章程一册，可否加函寄去。又章程数册，乞代寄都中，及外间诸同志，拜恳拜恳。
>
> 　　杭省创设蚕政局，仿行西法，拟请教习（以下转达"杭守林公迪臣"托请先生代为寻访教习事，从略）。
>
> 　　昨与穰公酌拟农报之首刊列同人名字，拟借重大名，想不见却。琐琐费神，甚感甚感。续有要事，容再函商。
>
> 　　虔请道安不儩。

张謇长罗、蒋十三岁。这封落款三月，蒋、罗"同拜启"的联名信，乃罗振玉亲笔，从容得体、恳切老到。说"睹光仪"，倒亦非虚言妄语。相传张謇于光绪二十年（1894年）四月二十四日在乾清宫门外听宣，以一甲一名状元及第引见，翁同龢对光绪帝的引语是："张謇为江南名士，且孝子。"张謇高中状元已年逾不惑。他出身清寒农家，同罗振玉一样，也是十六岁考上秀才，且在此后断断续续、长达二十六载的科考途中，更是历尽曲折，曾五经会试，前四次均名落孙山。罗振玉"悟中式之难"，应该说张謇是"悟"之更深的，故他甚感第五次会试中式之幸运，而在殿试登上榜首之后，虽锣声镗镗报喜府上，他却在日记中心情沉重地写道：

> 栖门海鸟，本无钟鼓之心；伏枥辕驹，久倦风尘之想。一旦予以非分，事类无端也。[①]

不惟如此，他任翰林院修撰的次年（1895 年），以父丧守制为由，自北京返回了家乡。后自述在通州兴农办学的心态：

> 在乡治生，颇致蚕丝之利。士大夫所以丧名败检，皆由一进之后，欲退不能，故不能退则不进。[②]

所以，我们说罗振玉于"农会经营方始，头绪纷如"之际致信张謇，恳切请教求助。反过来说，这也恰合尚在创业起步之时的张謇求知音、觅同道的意向。《务农会公启》刊出的 1896 年，张謇曾撰文论述兴农办会，开头就说：

> 农会办处宜分，议处宜合，合处惟上海宜。[③]

这与罗、蒋跑到上海兴农创会，何其不谋而合！

所以，毫不奇怪，张謇在收到罗、蒋三月来信之后，做出了积极、热诚的回应，谨录光绪二十三年丁酉（1897 年）三至五月的张謇日记：

> 三月二十八日，复蒋伯斧、罗叔韫讯……
> 四月八日，答蒋伯斧、罗叔韫讯，论农会。
> 五月六日，答农会报馆讯。
> 五月十二日，作农会奏。

---

① 转引自张绪武《师生情义感苍天——张謇与翁同龢》，《张謇的交往世界》，第 16 页，中国文史出版社 2011 年版。
② 叶昌炽：《缘督庐日记钞》卷七。
③ 张謇：《张謇全集》卷三《论农会议》，第 10 页，江苏古籍出版社 1994 年版。

五月十七日，托陈伯雅寄农报通州。

自三月底至五月中，一个半月内，张謇就农会及《农学报》复罗、蒋书信二通，[①] 著论一篇，撰奏折一件。尤应注意的是，蒋、罗联名信所称"借重大名"，绝非仅限于将张謇"刊列同人名字"（即农会会员）之内。试看信中既向张謇寄呈"刻下草拟章程"以求"诲正"，更托请其"于常熟尚书前致意，请其提倡"，并请转奉章程。这位"常熟尚书"即大名鼎鼎的军机大臣、光绪帝师傅翁同龢。张謇不负承诺，速"作农会奏"，强调"立国之本不在兵也，立国之本不在商也，在乎工与农，而农为尤要"。他在奏中所陈"英国从前设立务农会，由其君主特颁诏旨许为保护，许以自由之权"，"美国农会大旨与此相同，收效尤盛"，意在借鉴欧美，振兴农业，而以创设务农会为首要、为急务，他说：

> 中国有志农学者，颇不乏人。近日上海设立农学会，专译西洋农报农书，未始非中国农政大兴之兆。臣拟请皇上各省专派一人，主持其事……仍请明降谕旨，凡此等农会创办及新生之物……一概免捐税十年，以为乡民示劝。会中应办相宜有理之事，饬令督抚护持，地方官协同料理，以为乡民增志而长气。[②]

张謇如此倾力为务农会上奏"天听"，以求"圣鉴施行"，这对经营方始的农会农报，该是多么有力的"增志而长气"的鼓舞！

罗振玉草拟，并托请张謇转呈翁同龢的章程，就是半年后出台的《务农会试办章程拟稿》。[③]

---

① 自此至其后八九年间（迄于1906年春），罗、张往返的诸多书信，皆不可见，成为无可弥补的学术缺憾。

② 张謇：《张謇全集》卷三《请兴农会奏》，第14页，江苏古籍出版社1994年版。

③ 《务农会试办章程拟稿》，原刊《农学报》第十五期（册）（1897年11月），以下简称《务农会章程》。

与好友汪康年

现在，我们要追述罗振玉"联汪兴农"，而罗氏自述他与"亡友钱塘汪君穰卿（康年）"的交往，却无一语言及其协同创设农报馆，则是一种历史的遮蔽了。其后汪诒年为其兄撰《汪穰卿先生年谱》，称汪氏"与同人设立务农会，发行农会报"，虽言之凿凿，却又不免令人质疑。这究竟是怎么回事？

当然，若欲揭去遮蔽，还原本然的历史真实，首先要说，汪氏虽力主兴农，却未能像梁启超那样撰文作序，亦无有张謇般为务农会之创立而著论上奏；仅在《时务报》附印的《务农会公启》后写了一则按语，补录如下：

> 按，农蚕种畜，为我国自有之利，与商务之须求诸之者不同；又但须取材于地，与商务之与人争衡者亦不同。今有朱君阆樨、徐君仲凡、蒋君伯斧、罗君叔韫，欲在上海创设务农会，斯实今日切要之举。特将《公启》附印报末，以俟同志。康年谨志。

于是，汪诒年为乃兄作《事业汇志》，乃列"设立务农会，发行农会报"专项，并据上述按语之列名次第，称务农会为朱、徐、蒋、罗"诸君所创，而先生力为之助"；复引录按语所述农蚕种畜与商务两不同的"先生之意"，而于诸君创设此会，"视为切要之举，尽力提掣"；又摘引务农会简章（实即《务农会公启》）条款以及汪氏为写《代启》之《农会报馆略例》弁言所称"惟现在经费未集，同志未多，旷日持久，殊非善策"等语，以明"先办农会报"之缘由。[①] 凡此，足证罗氏"联汪兴农"确实不诬。刘鹗在致汪康年的信中，曾有这样的赞语："舍亲罗式如（罗振玉别字式如）兄创农务会，蒙穰卿先生实左

---

① 汪诒年纂辑：《汪穰卿先生传记》，第203—204页，中华书局2007年版。

右之功，真不在禹下，四百兆人之大幸也。"① 这里所说"实左右之功"，乃是对罗氏借汪力创农会、办农报的确切表述，而非不虞之誉。

再看汪康年本人，曾于1897年上书直督王文韶、鄂督张之洞，申言"国势之强由于富，富之本源在工商，工商之本源则又在农田种畜"，② 并称"康年去冬与海上同志创设务农会"，③ 这就自认了他本人乃务农会创办人之一。而署名《务农会公启》的"四君子"，更力促其出任农会总理，如徐树兰书札所云：

> 月前伯爷、叔韫二兄来翰，谓农会总理，前已面请执事，不意辞逊甚坚，仅允经理银钱云云。窃维农会为中国创举，非执事总其大纲，何以克济。万望俯从众请，勿复终辞，至祷至祷。④

此信落款"三月望"，殆即1897年4月16日。徐氏在接读"执事"汪康年"（三月）廿二月（4月23日）环谕"后又致一信，说："农会不总于执事，未免美犹有憾，何谦抑若是耶！"⑤

但是，汪康年虽不出头兼为农会总理，或许正是为着更能"力为之助"。从务农会到《农会报》，莫不有着他尽力提挈的诚意。我们曾引录了《农会报略例》弁言及首项《刊报凡例》，兹再补录其殿后之《筹款章程》：

> 一、报馆为农会最要之一端。会中诸事，合先从报馆办起。惟每年馆中经费约须四千元，兹会中捐款约得二千元，不敷尚多，尚冀海内同志惠款伙助，襄成盛举。
>
> 二、本会银钱出入，统由汪君穰卿主政。凡诸君助款，请径寄本馆，由本馆填给本会收录，并送请汪君签字，以昭凭信。
>
> 三、凡捐资百元以上者，按期送报，不再取资。
>
> 四、本报每册零售价洋一角三分，定阅全年者每年二元六角。先收报费，当给收条为凭。

---

① 《汪康年师友书札》（二），第2889页，上海古籍出版社1986年版。
②③ 汪康年：《上直督王爕石制军鄂督张孝达制军书》，转引自廖梅《汪康年：从民权论到文化保守主义》，第145、173页，上海古籍出版社2001年版。
④⑤ 《汪康年师友书札》（二），第1524页，上海古籍出版社1986年版。

请注意"主政"二字，这应该是为弥补汪氏未为农会总理，"美犹有憾"，乃由农会及《农学报》各项章程起草者罗振玉精心谋划的最要之笔！

事实上，汪康年既为"主政"，就不是单纯的经理银钱、收受捐款，而是掌控着创刊伊始的《农学报》之命脉。谨录时任刑部主事、总理衙门章京的张元济致汪康年书信：

> 农报已收到，同人极为称赞。盖非我公主持其事，焉能臻此？

张元济所谓"我公主持"者，盖即《农会报略例》所称"统由汪君穰卿主政"耳。

张元济受汪氏托请在京代为销售《农学报》，并致书汪氏，云：

> 农学会得公主持，尤能切实办事。鄙意总须亟开学堂，能有人奏闻，又得天语以奖激之，必能大有作为，公盍图之？①

当然，我们应当本着于人公道、于史实话实说的原则来知人论世。当此之时，汪康年可谓大忙人，他如何应对各方事务？且看：

> 近来沪上凡设学会、设学堂、设报馆，非阁下为之倡，则不能鼓动人心，互相乐助，是各事之成败系于阁下也。阁下之声名遐播，舆论洽然者，则在于洁己从公，款不虚糜，及贵报（《时务报》）之剀切动人，实事求是也。②

这番话不谀不阿，出于与汪氏年岁相近而称之为"贤阮"的一位族叔汪有龄，意在告诫"场面既大，应酬自广"，煞住"五日一请客，十日一请客"的"所费不赞"的浮奢之风。是故，农学会之能切实办事，《农学报》之"能臻

---

① 以上所摘书信，分别为张元济致汪书信之一二、二一，《汪康年师友书札》（一），第 1694、1710—1711 页，上海古籍出版社 1986 年版。

② 汪有龄致汪康年书信，《汪康年师友书札》（一），第 1057 页，上海古籍出版社 1986 年版。

此"，应该是由于"三驾马车"各尽其力：汪"主政"，蒋"庶务"，罗"笔削"！而张元济致汪氏书信中以"亟开学堂"为由，建议"能有人奏闻"，以期得"天语"奖激，恰与张謇请兴农会奏章内容相吻合。

当然，农会农报除奏闻朝廷之外，尚须求得封疆大员支持、提倡。我们还记得，提出农会之推广"非官为助力不可"的谭嗣同，他在致汪康年信中，曾建议由张謇"拉新宁入会"。"拉"者，劝说两江总督刘坤一（新宁）入会耳。务农会"四君子"之一的徐树兰曾致信汪康年，说：

> 沪上地广人稠，有执事力为提倡，必易于集事。但不识广雅尚书亦肯扶掖不？若得此公登高而呼，则更妙矣。①

"广雅尚书"即时任湖广总督的张之洞。果然，汪康年不负所托，写信说项，打动了他的这位老上司，不仅复信申请入会，且慨然解囊捐款。原信如下：

> 穰卿仁兄、卓如贤弟大人阁下：
> 　　戒缠足会叙，呈教。农学会请附贱名。谨捐助银圆五百元，已交汇号。甚盼卓老中秋前后来鄂一游，有要事奉商，欲得盘桓月余。此不多及。手书。敬请两君著安不尽。之洞顿首，七月廿日。②

落款"七月廿日"，即 1897 年 8 月 17 日。遵其"农学会请附贱名"之嘱，在随后出版的《农学报》所刊《农会续题名》中，记为首者云：

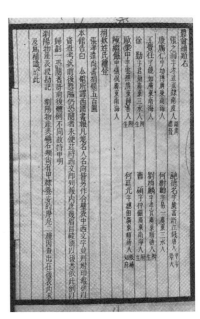

《农学报》所刊张之洞入会
及捐款五百元情况

①《汪康年师友书札》（二），第 1522 页，上海古籍出版社 1986 年版。
②《汪康年师友书札》（二），第 1673 页，上海古籍出版社 1986 年版。

张之洞，字孝达，直隶南皮人，湖广总督。

然而，可能令今天的读者意想不到的是，同时刊名入报，且与这位总督大人"一字并肩"刊列大名的，乃是康有为之弟、仅隔一年之后血洒京城菜市口的"戊戌六君子"之一的康广仁（字幼博）。①

张之洞入会，所发挥的登高一呼之提倡作用，自不待言；而且他自带钱款当会员，出手即捐助银圆五百元。当时名尚未显的罗振玉，嗣后甚受张之洞青睐、重用，若追溯其始，不能不说与张氏此时题名农会密切相关。

---

① 《农学报》第八期（册）所刊《农会续题名》，光绪二十三年丁酉（1897 年）七月下旬。

办《农学报》

可以这样说，《农学报》随务农会（即农学会）创
刊，乃务农会之实体。若无《农学报》，务农会纵然挂
牌宣传，也只能是个空名。

中国自古就有"三农"之说，① 那么，当罗振玉与
蒋黼联袂来到上海兴农之时，他们与那个年代的维新
志士心目中的"三农"是什么呢？

由罗振玉吸纳了谭嗣同谓之"农学会会友"的多
方面意见拟稿的《务农会试小章程》，在确定"是会称
务农总会""总会暂设于上海"（第一、二条）之后，
对该会宗旨、任务、事项，做了如下规定：

《农学报》创刊

是会专为整顿农务而设。（第三条）

---

① 《周礼·大宰》："九职任万民，一曰三农，生九谷。"郑司农注云："三农，平地、山、泽也。九谷，
黍、稷、秫、稻、麻、大小豆、大小麦。"郑玄则谓："三农，原、隰及平地。九谷无秫、大麦，而有粱、
芯。"参见孙诒让《周礼政要》卷下《教农》，《大戴礼记斠补（外四种）》，第 430 页，中华书局 2010 年版。
今按，古称"三农"，平地种植之外，实即俗语"靠山吃山，靠水吃水"，是已。

本会应办之事，曰立农报、译农书，曰延农师、开学堂，曰储售嘉种，曰试种，曰制肥料及防虫除虫药、制农具，曰赛会，曰垦荒。（第六条）

本会愿与各省同志研究农学。（第七条）

但是，"应办"不等于"能办"，拟稿者罗振玉不仅很务实，而且颇能察国情。再说他赴沪兴农的本意，原就是为着"移译农学书报"；而在当时能办且切实有效的兴农之事，也只有"立农报，译农书"。这样，我们可以将罗拟务农会章程所规定的事业，概而为三：一曰整顿农务，二曰研究农学，三曰立报译书。约言之，即农务、农学、农报。这实际上就是此时此际，罗振玉与他的兴农同道们的"三农"。

《农学报》遵汪康年在《时务报》所刊《代启》"延请上等翻译，准四月出版"的许诺，于清光绪二十三年（1897年）四月上旬在上海正式创刊，卷首重载了梁启超序、罗振玉所拟《务农会略章》，并将原刊《时务报》之《农会报馆略例》改题为《农学报略例》，载入创刊号。原刊略例中之《刊报凡例》四款为：

一、本报之设，以明农为主，兼及蚕桑、畜牧，不及他事。

二、本报用第三号字模，每月刊报两次，装订成册，每次约三十页。

三、本报专译东西农学各报及各种农书，将来开会以后详载本会办事情形，如报章日多，再添人专译农书，不附报后，以期出书迅速。

四、本报并无论说，如海内同志以撰述见报者（必有关农学者），当择优录登，以备众览。

参比创刊号所载略例，第二款"本报用第三号字模"，改为"本报用白纸石印"；第三款悉加删改，重定为"本报详载各省农政，附本会办事情形，并译东西农书农报，以备讲求"；第四款，则将"择优录登"改为"录入《农会博议》"。

创刊号并刊《本馆告白》，称：

> 本报专译东西各国农报，刻下东报尚未购到，因同志之购报者纷
> 集，故赶紧出报，此刻东报暂阙，一俟购到，即行译登。

所称"东报"，即日本农学报刊。经查，《农学报》第一、二、三册，"缺
此内容"，倒也非如后人猜测，"可能最初暂时未能联系到译者之故"，[①] 其所以
"暂阙"实乃因"东报尚未购到"耳，故唯有《西报选译》；第四册开始才揭载
《东报选译》。

创刊号《本馆告白》还对《农学报》排印、定价做了说明：

> 此报原拟用活字板排印（即第三号字模），兹改用石印，成本较
> 重，前定价每册一角三分，全年二元六角，兹酌改每册一角五分，全
> 年二元；本埠可售零册，外埠只售全年。

笔者曾长期从事期刊编辑工作，甚感有必要对近代报刊略做常识性的说
明。杂志，现在统称为期刊，与报纸之不同，[②] 端在定期出版、连续编号、装
订成册。而在当时，报刊尚无明确区分，包括《时务报》在内的杂志，均名为
"报"，所谓报馆实即后来的杂志社；虽定期出版，但无期号而名之曰"册"，
且皆为线装，故又被认为"有新内容"但"都是旧装"。[③]

这新刊旧装，恰合后来穿起了补褂官服的罗振玉之嗜古情趣。且彼时的纪
年，是按照传统的旧历。《农学报》初为半月刊，月出两册，创刊头年共出版
十八册；翌年戊戌（1898年），改为旬刊，每月上、中、下旬出版，迄于光绪
三十一年十二月下旬（1906年1月）终刊号，先后跨越十个年头，共出版三百
一十五册。

---

① 吕顺长：《清末浙江与日本》，第188页，上海古籍出版社2001年版。按，其说见该书第六章"罗振
玉与中日文化交流"。实情是，当时已聘《时务报》日文专职翻译古城贞吉兼《农学报》日文翻译。

② 中国古代有邸报。杂志乃近代自西方传入，初译为"马卡仙"（magazine）；而习惯上所称"报刊"，
则指期刊（periodical）、报纸（newspaper）。

③ 参见〔日〕实藤惠秀著，谭汝谦等译：《中国人留学日本史》，第178页，三联书店1983年版。

不可信的传言

《农学报》是在维新自强的大潮中，由国人创办的中国有史以来的第一个农学专门杂志。

《农学报》作为"由罗振玉、蒋斧等人创设的农学会所主办的机关报"，①遵循《务农会章程》所提"本会以农艺为主，兼及蚕桑、畜牧、农产物制造诸事"之要求，将"以明农为主"作为基本的办刊宗旨，并且明确规定刊物于农学之外，"不及他事"；强调凡论说，"必有关农学者"。这个基本宗旨与这两项规定，在尔后《农学报》的编译中贯彻始终，毋稍懈怠，也确实体现了罗振玉面对"维新变法"而"黯然兀立""不与众志士相争逐"的品格。据记载，与《农学报》同年（1897 年）在上海创办的期刊，就有八家之多，②其中如《集成报》（1897 年 5 月，旬刊），乃国内第一个"文摘"杂志；《译书公会报》（1897 年 10 月，周刊），由章太炎总主笔；还有陈季同、陈寿彭兄弟创办，陈衍（石遗）主编之《求是报》（1897 年 9 月，旬刊）等，在当时均有相当的知名度与影响，但无一能像《农学报》，在政局变幻不定的遭际中历时十载，稳定出版。

《农学报》按照创刊号所载略例规定之"详载各省农政，附本会办事情形，并译东西农书农报"的凡例，前三年（1897—1899 年）所设栏目为：一、谕旨恭录（起自戊戌正月）、奏折（或条陈、禀牍、章程）录要；二、西报选译；三、东报选译；四、各省农事（简称"农事"）；五、本会办事情形（简称"会事"）。

以上为专栏。未设栏目、径标篇名者，为：一、本国农产（或土产）考究（即"物产表"）及调查；二、欧美农学论著；三、日本农学论著（包括章程、教材）；四、近人（或时人）农学著述；五、中国农学古籍轶佚、选载；六、农会博议。

---

①② 倪波等主编：《江苏报刊编辑史》，第 44、44—46 页，江苏人民出版社 1993 年版。

自庚子年（1900 年）正月起，《农学报》栏目简化，迄于终刊，每期归综为《文篇》《译篇》，以上专栏内容也就消纳其中了。

应当提及的还有《中西文合璧表》。有的研究者亦曾将此列为专栏，实则仅载七期而止，并刊《本馆告白》称："本馆所译西国书报，凡地名人名向皆另作合璧表，中西文字并列，附印报后，以资查考。然前后悬隔，仍恐阅者未便，兹将西文即列报内，庶几眉目较清，以后悉依此例，以归划一。"[①] 亦即从第八册（期）起，取消了合璧表。

当然，《农学报》毕竟不像《时务报》具有广泛的社会性，且立报与译书混一，故虽十年内未变基本宗旨，但在出版、流传中不免带来了某些疑误，举其荦荦大端者，则有三大误传，不可不辨。

误传之一，刊名。前述务农会"正名"中已提到，《农学报》以其隶属于务农会，故曾被称《农会报》；又以其出版机构称农报馆，故又简称《农报》；但《农学报》乃其正式刊名，自始至终，无有更改。有的书中说，农报馆设于上海新马路梅福里，出版《农学》刊物，该刊自第十五期改名《农学报》云云。[②] 所谓"改名"，绝无此事。试举三证：

证一，刊名题署。《农学报》出刊头三年，卷首刊名皆请人题写。第一年丁酉（1897 年）四月创刊，卷首《农学报》，陶濬宣署；第二年戊戌（1898年），郑孝胥书；第三年己亥（1899 年），刘渭卿题。以上三位，皆以书名。白纸黑字，昭然无疑。

证二，官方派购《农学报》文牍。据笔者所见，由府、州、县名义札饬购阅《农学报》，当始自《杭州府林太守饬各属购阅〈农学报〉并分给各书院札》，以及《江宁府刘太守饬各属购阅时务农学报并分给各书院札》。林太守（林启，字迪臣）札称：

　　兹《时务报》外，又新出《农学报》，讨论农田水利、树艺牧畜，兼取古今中外良法，最为切实有用……兹发去第一册报。

---

① 《本馆告白》，《农学报》第八册，光绪二十三年（1897 年）七月下旬。
② 廖梅：《汪康年：从民权论到文化保守主义》，第 146 页，上海古籍出版社 2001 年版。

刘太守（刘名誉）札称：

> 上海《时务报》……外，尚有《农学报》，其中讲究农田水利，
> 甚属精微，有关于地利者非浅，亦即按月购置书院。

以上二札，具刊于《农学报》第五册，[①] 林札指明"《时务报》外，又新出《农学报》"，并且随札"发去第一册报"（即创刊号）；刘札将"时务""农学"并列，若据以断言《时务报》原名《时务》，《农学报》原名《农学》，岂非成大笑话？

证三，时人书札。例如，前引张元济致汪康年书札，"《农学报》京中尚能销售"；[②] 引荐王国维入《时务报》充"书记"的许家惺，于《农学报》创刊伊始致信汪康年，亟赞"尊馆兼创《农学报》……功不在禹下也"，并询入会章程以求汪氏介绍加入农会。[③] 凡此，皆足证《农学报》刊名前后一贯，绝未改名。

误传之二，内容。有的研究者称，"查到了几乎所有原本"的《农学报》，概观该报"每期数量，第1—33期5—12页不等，第34期开始基本固定为5页，每页约1000字"；[④] 并列其主要栏目为"农事奏折或章程""各地农事消息""欧美农学报刊选译""日本农学报刊选译"四项，还选录了出刊头两年（1897—1898年）"第4—57期中译自日本农学报刊"的栏目，"综观所有315期中译自农学报刊杂志（此系语病，盖"刊"即杂志）的文章，大约占《农学报》总载文量的一半以上"云云。[⑤]

这里，首先需要说明，《农学报》"选译日本农学报刊"虽起始于第四期（册），而译载日本农书殆肇始于创刊号，此即日人古城贞吉所译《农学入门》（日本农学士稻垣乙丙著）。这也是《农学报》连载的第一部农学基本理论书。是故，作者仅以译自日本农学报刊的文章来判定《农学报》总载文量，其前提

① 《农学报》第五册，光绪二十三年（1897年）六月上旬。
②③ 《汪康年师友书札》（二）、（4），第1705、3697页，上海古籍出版社1986年版。
④ 吕顺长：《清末浙江与日本》，第187页，上海古籍出版社2001年版。按，该书为"中日文化交流文库"书系之一，其第六章"罗振玉与中日文化交流"，对《农学报》做了介绍。
⑤ 吕顺长：《清末浙江与日本》，第187页，上海古籍出版社2001年版。

即有误。而作者所列四项"主要栏目，仅是《农学报》部分内容，而绝非其全部；所谓每期（册）"5—12 页不等"，后又"基本固定为 5 页"，则皆据以上四项专栏所占篇幅。实情是，《农学报》创刊，"每月刊报两次，装订成册，每次约三十叶内外"，[①] 唯有"内"无"外"，每期（册）二十七八叶。次年（1898年）改为旬刊，即每月刊报三次，其改刊《告白》云：

> 本报今年（1897 年）系半月报，全年价洋三元。明年（1898 年）自正月起，改为旬报，每年三十六册，加洋一元五角，又加闰月报三册，加洋三角七分五厘，合洋四元八角七分五厘。[②]

定价是随页码而来的。改为旬刊的《农学报》仍保持着原有的每期（册）页数、售价。除了上举奏章、农事、西报、东报四项专栏内容之外，半数以上的篇幅所刊者，乃是我们在前面所述"未设栏目，径标篇名"的欧美日本农学论著，以及近人（或时人）的农学著述与农学古籍。其中最为时人关注的，除了译载"西报""东报"所刊反映欧美、日本农业动态及有关农学新见新法之报道、文章，还有对译载"东西各国农书"的热切期待。例如，刚题名入会的会友王景沂在致汪康年信中，曾如是投诉：

> 又《农报》中所译《米麦篇》《牧羊书》《稿者传》三种，一再见后，遂如星凤，亦望早日译就，补成足本，俾餍观者之望。[③]

《农学报》所刊《米麦篇》《牧羊书》，都只载了个开头。[④] 唯《稿者传》，《农学报》开始连载后，还刊了《告白》，云：

---

① 参见《农学报略例》二，《农学报》1897 年第一册。按，叶，现通行作"页"。当时书刊石印线装，单面印刷，折叠装订，每叶正反两面，每面约五百字，合为一千字上下。如果按每期（册）"5—10 页不等"，其容量仅五六千字至万余字，石印每册定价一角五分（折合今人民币约当三十元），岂非成了天价！

② 《本馆告白》，原刊《农学报》第十八册，光绪二十三年十二月下旬（1898 年 1 月）。

③ 《汪康年师友书礼》（一），第 92 页，上海古籍出版社 1986 年版。按，据《农会续题名》，王景沂，字义门，江苏江都人，内阁中书，其题名刊《农学报》第十五册（1897 年 11 月），写信投诉在丁酉（1897年）十二月。

④ 《米麦篇》，〔日〕楠原正三著，古城贞吉译；《牧羊书》，〔英〕乔车阿美脱车著，江绍基译。以上两书，分载于《农学报》第四册、第五册。

本报所登《稑者传》，系本会会友朱君友芝译赠，并不收受束脩。书此以志好义。[1]

这部"不受束脩"（即不收译书稿酬）的《稑者传》连登五期，中间停了四五个月，至第二十一期（册）标明"续第九册""接载"，已是次年（1898年）正月。这应该是接受了上述王君的投诉吧。

《稑者传》，署"法国麦尔香著，上海朱树人译，叶水孚参校"。卷首有著者《麦尔香自叙》，转录如下：

> 天下至劳苦之事莫如农，然唯农可无求于人，而得人世所不能得之乐。吾国伯尔氏以力田起家，其经营规画之迹，有足称者。余故睹其始末，撰为此册，以谂方来。世之读我书者，苟有一二人能淡其奔逐嚣尘之见，而从事田园即业农者，观此而于祖宗留遗之土地，盖加护惜而培养焉，则是书虽不足为农学之专书，而于世岂得无裨哉！

这么说，《稑者传》不同于文学史意义上的小说，其传主叫伯尔图赖，应该是实有其人的农场主。该书实系农场主传记，凡十卷，每卷字数（以每叶两面、每面五百一十字计）少则四五千（卷五、七），多则七八千（卷一、二、四），一般约六千字。其书是《农学丛书》中唯一被称为小说的"西书"，如果换用新式标点，分章（节）分段，当可包装成十万至十五万字规模的单行本。还值得一提者，《稑者传》自丁酉（1897年）六月上旬第五册起载，迄于癸卯（1903年）三月中旬第二百一十二册续完，断断续续，连载时间长达五年又三个月之久。[2] 这在中国近代报刊史上，可谓空前绝后的创纪录之举了。

我们较为详尽地介绍了《稑者传》译刊个案，不是颇可佐证《农学报》内容及其编译概况吗？如果说前述对《农学报》刊名的误传，是由于未睹该刊，

① 《稑者传》起载于《农学报》第五册，据同期《农会续题名》，朱树人，字友芝，江苏上海人，附生，上海南洋公学创始人之一，所编《蒙学课本》被誉为中国近代第一本自编教科书。又，《告白》刊第七册。
② 《稑者传》终载于《农学报》第二百一十二册，其前载于五至九、二十一至二十二、三十四、三十八、四十、一百零四、一百一十三、一百二十四、一百四十二至一百四十三、二百一十至二百一十一册。

那么对其内容的传介之误，推源其故，则缘于所谓"查到了几乎所有原本"。

是"原本"吗？错了。据笔者查对，上举"四项主要栏目""5—12 页不等"的所谓"原本"，实乃经罗振玉重编，将"册"更为"卷"之"合刊本"，凡三百一十五卷。其中丁酉年（1897 年）十八册，与戊戌年（1898 年）三十九册，合为五十七卷，曾以上海农学报馆名义，刊行于光绪二十五（1899 年）；而以江南总农会名义将《农学报》合刊为三百一十五卷，则在其终刊的 1906年 1 月（光绪三十一年十二月下旬）之后。也就是说，录入近代期刊篇目的《农学报》，如编者所说，"本书全部收录"了第一至三百一十五册（期）的目录，应该是基本保持了初刊面目的真正"原本"。[①] 例如，原刊《农学报》第一册（即创刊号）要目有：序（新会梁启超）、务农会略章、奏折录要、各省农事、西报选译、中西文合璧表、英伦奉旨设立务农会章程、农学入门、农会博议；[②] 而合刊本《农学报》卷一要目，仅有务农会略章、奏折、农事、西报（选译）。这就清楚地表明，罗氏重编为三百一十五卷的合刊本，非为"原本"，而是将《农学报》一分为二为"丛书"，并删去了告白、博议等文字之后的"选本"。这是必须辨明的。

误传之三，归属。20 世纪 50 年代问世的近代出版史料，将《农学报》列入《清季重要报刊目录》，并述其创办始末，云：

> 《农学报》（1897 年）在上海出版。罗振玉、蒋伯斧主办。初创为半月刊，石印本，每期约二十五页。内容分古籍调查、译述、专著等。第二年改为旬刊。后让与日人香月梅外，出至三百十五期止。[③]

据此，有的学会史料称，"上海（务农）总会创刊《农学报》"，"第二年改为旬刊，后来竟将版权让于日本人香月梅外"。[④] 有的书中则说，"从 1898 年

① 上海图书馆编：《中国近代期刊篇目汇编》卷一，上海人民出版社 1965 年版。
② 据笔者查核，创刊号目录内，脱漏《农学报略例》，特予补注。
③ 张静庐辑注：《中国近代出版史料初编》，第 79 页，中华书局 1957 年版。
④ 张孟晋：《晚清各种学会概况·务农会》，《文史资料选辑》第十五辑，中国文史出版社 1961 年版。

起，这部杂志转由香月梅外经营"，① 或者说，《农学报》于"1898 年挂上日商招牌"云云。②

然则，自始至终掌控着《农学报》笔削大权的罗振玉，果真拱手出让版权，交与日商经营？我们可以断然回答，这纯属不知《农学报》出版实情之误传。

先说版权。当时尚无统一的出版法规，当然也谈不上"版权法"。但是，罗振玉从撰第一部《读碑小笺》开始，就自行刻售其书，故有着较为强烈的版权意识。例如，《农学报》创刊，曾刊有如下《本会告白》：

> 本会所译书籍，或分印报内，或单印行世，均于大宪处存案。一切书坊，不得翻印射利，如违查究。若各处学会及同志君子欲重刻会中所译书籍者，必豫先函知商榷，开示书名，待会中议可，乃得印行。缘译费甚多，不得不取偿于报价，若翻刻印行，恐于销报有碍也。区区苦衷，当蒙鉴宥。③

从这个告白可以知道，《农学报》及其译载之欧美日本农书，均报请上级官府（即"大宪"）备案，一切书坊，不得翻印，当年编印之《农学丛刻》卷首"书经存案，翻刻必究"，盖自此而来。告白还强调，如需重刻，必须"开示书名，待会中议可"。遵此，非经"会中议可"，罗振玉何能将《农学报》的版权任意让与他人？

再说经营。人所共知，报刊不同于生活用品，而是一种文化产品，所谓经营，主要体现于销售，时称"派报"，殆即发行。继版权告白之后，戊戌年（1898 年）年终前，又对刊物的发行经营，刊出《本馆告白》：

> 《农报》开创于今两年，因各埠派报处报费不齐，难资周转，致

---

① 〔日〕实藤惠秀著，谭汝谦等译：《中国人留学日本史》，第 174 页，三联书店 1983 年版。按，实藤此书初版于 1960 年，增订再版于 1970 年，所述"香月梅外经营"《农学报》，亦当据张氏《中国近代出版史料初编》。

② 廖梅：《汪康年：从民权论到文化保守主义》，第 146 页，上海古籍出版社 2001 年版。按，廖梅书中所述"挂上日商招牌"，自注引自《中国近代报刊题名录》。

③ 《本会告白》，原刊于《农学报》第二十八册，光绪二十四年（1898 年）闰三月上旬。

种种棘手，且多折阅。前承两江督宪刘大臣（两江总督刘坤一）奏明将会报改归官办，并拨款资助，理宜重订售报章程，以矫往者收费不易之弊。兹将所订新章条列如下：

一、刻因百物昂贵，故明年报价不得不稍加。凡订阅全年三十六册，价洋五元，不加邮费。

二、无论本埠外埠，概不零售。

三、外埠代派处，仍前八折，但须先寄报费之半，然后发报，即当填给半价票据一纸，以昭凭信。若空函来定报者，概不发寄。俟本报寄至九期以后，再将未付半价寄来，当填给收全价票一纸。若发报已至九期而未付之半价不寄来者，则十期以后之报即行停发，亦不发还已付之报金。

四、代派处先付清全年报资者，照码七折，当填给全价票（此条至四月以后截止）。

五、自明年正月起，即照此新章办理。从前旧章，截至本年十二月底止，以后作为无用。

六、本馆因去今两年各代派处寄款太不整齐划一，故重订此项新章，实属万不得已之举。想代派诸君，必能原谅。既订此章，之后虽至好之友，亦应照章办理，不能丝毫通融。①

两江总督刘坤一

这个《农报馆派报（发行）新章》，毫无疑问是罗振玉的大手笔，堪称近代报刊发行史上的重要文献之一。其中如"代派处先付清全年报资者，照码七折"而"填给全价票"这一款，可以说在报刊自办发行（乃至图书发行）中，依然沿用至今。

还须指出，罗振玉是在经历了极不寻常的

---

① 《本馆告白》，原刊于《农学报》第五十二册，光绪二十四年（1898年）十一月上旬。

戊戌政变之后推出以上新章的。他曾如是回忆当时情状：

> 方是时，朝旨禁学会、封报馆，海上志士一时雨散，《农报》未经查封，予与伯斧商所以处之。伯斧主自行闭馆散会。然是时馆中欠印书资，不可闭。乃具牍呈江督，请将报馆移交农工商局，改由官办。……刘忠诚公曰：《农报》不干政治，有益民生，不在封闭之列。

这里，有必要补述一笔：两江总督刘坤一（忠诚），虽并未像张之洞那样题名农会和捐款，却在"历史节点"上仗义执言。然而，"意在保全，奈财力不继"，怎么办？于是，刘公乃在罗振玉所呈牍尾亲批"令上海道拨款维持"。罗振玉接着回忆说：

> 沪道发二千元。时，予赴淮安省亲，岁暮归沪，伯斧已将此款还印费，不存一钱。感于时危，归淮安奉母。予以忠诚盛意不可负，乃举私债继续之。于是农馆遂为予私人之责矣。①

这就是告白所称"奏明将会报改归官办"的由来。这也就明明白白地告诉我们，《农学报》不但没有在1898年让出版权，转交他人经营，恰恰相反，罗振玉乃抓住戊戌政变以后的历史机遇，迎难而上，将《农学报》完全掌控于自己手中。自光绪二十五年己亥（1899年）起，原上海农学会（即务农会）正式升格为"江南总农会"；而以"私人之责"续办《农学报》的罗振玉，乃于庚子年（1900年）自题《农学报》刊名，并亲书"遵旨刊行"。一个"挂上日商招牌"的杂志，能如此招摇吗？

当然，我们也不必讳言，罗振玉与日人交往，确始于在沪办《农学报》。但是，绝不可以罗氏后来与日本的关系，而将他当年独资经营的《农学报》版权"让与"了日商。因为，即使当事人罗振玉，以及亲历这段岁月的汪康年兄弟与王国维、樊炳清、罗振常等人的书信、回忆中，均未有只字提及日商经营

---

① 罗振玉：《集蓼编》。

《农学报》之事。①

总理蒋黼

以上辨析了有关《农学报》的三大误传，力求还原其创刊之初的本来面目；同时，为了解这本"会报"之艰辛创办历程，按照罗振玉所述创立务农会，"译农书及杂志，由伯斧总庶务，予任笔削"，谨将蒋黼偕同罗氏总理《农学报》的佳话遗闻，略举数端。

蒋黼（1866—1911），字伯斧，原籍江苏吴县，他的祖父蒋锡宝是清道光甲辰（1844 年）进士，淮安府学教授；父清翊，浙江武义县知县。蒋黼自幼随侍官舍，跟着父亲学诗礼兼习史事，"游乡学"考上了秀才，又随同以老疾去官的父亲卜宅淮安，定居了下来。他的故居"蒋公馆"在淮安城东门大街与水巷口交界处，规模宏大，很有名。据传，抗日战争胜利后，曾有以此为中共领导机关办公场所的准备。②

罗、蒋均好金石考古文字之学，同龄，属虎。蒋君多才多艺，于丙申（1896 年）而立之年，以精美的玉石刻印赠罗振玉；而罗则借印赋诗：

> 山君威望久惊人，特借贞珉为写真。
>
> 何事年年同豹隐，白云深处稳藏身。

诗题为《蒋君伯斧与予同岁，皆属虎。丙申八月，伯斧作印见惠，爱不忍释，刻诗其上，诗旨所云，盖指伯斧，非敢自况也》。③

---

① 以罗振玉与日本关系之深，如确有香月梅外其人，缘何避而不谈？而前引诸书所述香月梅外或日商经营《农学报》，多相互转引，无一注明史料原始出处，故只能存疑。

② 《蒋黼古宅：蒋公馆》，《文史淮安》2016 年第一期。

③ 《贞松老人外集》卷四，《罗振玉学术论著集》第十集（下）。

1903 年蒋黼东渡日本，撰《东游日记》，罗振玉在该书上题诗："先后浮槎两少年，远追徐市海东边。携归丹诀无人信，矮纸亲钞意惘然。"

这首自题作于"丙申（1896 年）八月"的七绝，紧次于同年六月所作"和云抟亲家"并为其赴鄂送行的赠别诗之后；虽非罗氏"自况"，但确实蕴含了前人"我留安豹隐，君去学鹏抟"的诗意（骆宾王《秋日别侯四》），两诗不啻为姐妹篇。我们还记得，丙申十月（1896 年 12 月），蒋黼为"振兴农学事"赴沪首次面谒汪康年，所持罗氏介绍信中，不是写有"蒋君当今志士"的荐语吗？这是激虎出山。蒋黼为创办《农学报》而操心、而奔忙，并为聘请古城贞吉译日文书报等事致信汪康年，提出"开办愈速愈妙"。① 那么，农报馆实际开设于何时？由蒋致汪信"除夕三鼓始抵淮寓"，可以确知：罗、蒋于腊月二十日前后在沪与汪康年商洽办报事宜，并确定馆址，缴纳房租，当始于 1897 年 1 月，所谓"下半月房金"，盖指当年 2 月租金。② 而罗、蒋返淮过年后再赴沪，据蒋黼丁酉（1897 年）二月十一日书告汪氏："弟于正月廿八日由淮登舟，今日舟次吴阊，大约望前可抵沪上……叔蕴闻在初八九日成行，屈计日内亦可到申矣。"③亦即两人相约，大致于 3 月 20 日左右抵沪，正式入驻农报馆。

创会办报，牵涉官方民间，方方面面。蒋黼作为农报馆的总理，为联谊社会各界，包括交结名流、争取权要支持等，做了大量工作。例如，对于如何取得张之洞登高而呼，入会扶掖，蒋黼接读刊载《务农会公启》的当期《时务报》后，即致信汪康年说："鄙意欲乞阁下函请张孝帅提创此举，庶几天下

---

① 参见《汪康年师友书札》（三），第 2928 页，上海古籍出版社 1986 年版。按，古城贞吉，字坦堂，日本汉学家，《时务报》专任日文翻译。《农学报》第四至十期（册）《东报选译》，均为其所译（第十一期起改由藤田丰八译）。

②③ 《汪康年师友书札》（三），第 2929、2927 页，上海古籍出版社 1986 年版。

豪俊闻风兴起。"① 而作为张氏督府"总文案"的郑孝胥，即为蒋黼总理《农学报》所交名流之一。

且看《农学报》创刊当年六月初九日郑氏日记：

> 蒋伯斧来，即开农学会者，苏州人，年二十余耳。貌尚笃实，坐久之乃去。②

越三日，六月十一日又记：

> 晨，至农会报馆访蒋伯斧，不遇。过梁卓如，未起。③

当时，郑孝胥被张之洞委以洋务、商务的"提调"之职而往返于沪、鄂之间，活跃于官、学、商各界。郑于频繁的交往应酬中，主动前往农学报馆回访，说明蒋留给了他笃实君子的良好印象，并题写了戊戌年（1898年）《农学报》刊名。

蒋黼是孝子，他赴沪办农报前，在家侍奉老母，"色养蒸蒸"。④ 在危急的戊戌（1898年）"八月政变"中，罗氏返淮安省亲，唯蒋黼在农报馆独自支撑局面；罗氏遵刘坤一批示，来沪重振行将闭馆的《农学报》，蒋依然协同周旋。试看郑孝胥戊戌（1898年）十月朔日记：

> 过罗叔韫、蒋伯斧。诣穰卿，不遇。⑤

语云：疾风劲草。被认为是"胆小怕事"的蒋黼，为《农学报》站了"最后一班岗"，故能使之不因政变而间断，保持如期出刊，这是很不容易的。罗振玉说他"不逾年，以恋母归"。② 政变风暴过去，他又返淮安养母尽孝了。

---

① 《汪康年师友书札》（三），第2929、2929、2927页，上海古籍出版社1986年版。
②③ 《郑孝胥日记》（二），第604、605页，中华书局1993年版。
④ 参见罗振玉《学部候补郎中二等咨议官蒋君墓志铭（并序）》。按，"色养"，意为和颜悦色，养母尽孝。语出《论语·为政·子夏问孝》朱注，《四书章句集注》，第56页，中华书局1983年版。
⑤ 《郑孝胥日记》，第694页，中华书局1993年版。

这样，蒋黼与罗氏一道创会办报，"结学社于海上"，就绝非"逾年"，而是跨越了丙申（1896 年）、丁酉（1897 年）、戊戌（1898 年）三个年头，历时两年整。被罗振玉"称君学行"的蒋黼，无愧为罗氏创办《农学报》"总理庶事"的好伙伴。

广告与忧世之心

坐落于新马路梅福里的农学报馆，处于上海租界最繁华的"跑马厅"泥城桥西，乃宣传变法维新之舆论重镇《时务报》所在地。回观斯时，一时才杰，如梁启超、马相伯，皆居于此；马建忠、严复，曾分别携其所著《马氏文通》《天演论》书稿来此请梁氏过目；还有徐建寅、陈季同等名流，亦常来此聚谈。[①] 以上诸公，也先后成了题名入会的农学会会友。

按照《务农会试办章程》，《农学报》体制略同于《时务报》，设报馆主笔。而罗振玉则独以笔削自命。所谓"笔则笔，削则削"，从编辑的角度上说，"削"即编改，"笔"就是自撰了。《农学报》头两年自撰虽不多，而像梁启超自述编《时务报》，于润色"东西文各报"，对"全本报章"删改、编排、校阅"字字经目经心"之外，尤不可不注意的，一是《本馆（或本会）告白》，二是《本馆附识（或附记）》，虽皆未具名，实皆出罗氏之手，且颇显笔削者匠心。一般认为告白即后来的广告，前已引举数则，多关本馆（报）出版事宜，确有"广而告之"之意。唯在当时，诚意撰写告白，以推出本馆（或本会）之兴农举措；而那些本馆识语（或附记），就是代表《农学报》（或农会）告诫"有位"，实即向当局建言献策，以至提出批评，且留下了颇可称道的佳闻。

---

① 陈鸿祥：《王国维全传》，第 42 页，人民出版社 2007 年版。

［之一］ 本处之人，著本土之书

兴农离不开相应的农学资源，事关"开利源"，故罗、蒋、汪及农学会诸会友竞相倡导。例如，闻知《农学报》创刊，时在江宁（南京）的谭嗣同即致信汪康年，给《农学报》寄来了他所撰《浏阳土产表叙》，以及《浏阳土产表》原作。[①] 罗振玉欣然予以编发，并特写《本馆告白》：

> 农学以事艺为起点，以制造为结穴。欲考制造，须先将各处土产编辑成书，以便讲求工作，推广利源。但此事必须本处之人，著本土之书，方能详实。兹拟求四方同志，各将本土物产著为一书，其体例略仿《浏阳物产表》，随到随刊，获益无量，不胜企祷。[②]

与此同时，又就土产制造加发告白：

> 中国制造土货，皆系口相传授，无编著成书者，如造纸、制糖、熬樟脑、作染料、制烟叶之类甚多。本会拟请同志君子，各就本土所有物产，向工人访询，绘图系说，编成一书，邮寄本会，当为刊刻印成，酬以新书如干部，以答高谊。[③]

作为对上举二告白的回应，谭嗣同旋即亲撰了《浏阳麻利述》，[④] 他说，中国之麻，以他的家乡湖南浏阳最有名；浏阳家家种麻，但他未能亲与其事，便向"同客金陵"的两位同乡邱惟毅（菊圃）、周泰韵（同溪）问询，由他执笔记述。全篇二十三节，包括种麻、刈麻、制麻，以至纺线、结绳、织布等各个环节、各道工序，简明扼要，图文兼备，如此兴味益然，娓娓道来，谁能想到

---

① 《浏阳土产表》，原著者为浏阳黎宗銮（少谷），连载于《农学报》第三、四、五册（1897 年 6、7 月）。

② 原刊《农学报》第七册（1897 年 8 月）。

③ 原刊《农学报》第七册（1897 年 8 月）。

④ 前作《浏阳土产表叙》与此撰《浏阳麻利述》，分刊于《农学报》第三册（1897 年 6 月）与第十二、十三册（1897 年 10、11 月）；后编入《谭嗣同全集》下册，中华书局 1981 年版。

这位江苏候补知府衔的"麻利"记述者，斯时正在其金陵客居处荧然一灯，撰其"有蒙西洋学说之影响，而改造古代之学说"的《仁学》呢！[①]

十分可喜的是地方官员制"土产表"，撰"本土之书"。例如，署名"泰州韩国钧辑"的《永城土产表》，就是据其任永城知县察访民情物产，于光绪二十五年己亥（1899 年）所撰。他在卷首序中，介绍了曾为"古泽国"的永城概况，不无感慨地说：

> （永城）比年多种罂粟，借以勾利，如漏脯救饥。嗟乎！果地利已穷，抑人力之未尽乎！国钧权县事，诹间里疾苦，遂及物产，思有以整饬之。旋以入觐，匆匆受代去。爰取周咨所得列为表，以谂后之念民瘼者。

韩氏感念民瘼，晚年居江苏泰州家乡，甚孚人望。彼时，他关注兴农，亦农学会会友；继之，乃复为署有"太谷杜韶音（韵甫）辑"的《武陟土产表》作叙，略谓：除永城县，他原想将前此在豫东历任知县所在，"若镇平，若祥符，若武陟，并表而著之，苦不悉记"，故赞杜君撰表"有心"，并作叙以示倡导。[②]

《农学报》先后揭载的，尚有京师、吴江、南通、盐城、宁波、瑞安、善化、绍兴、新昌、青田、南高平等南北各地的物产表（或记）。而笔削者罗振玉则为发掘"本土物产"及"制造土货"，相继撰了《郡县查考农业土产条说》《与江西友人论制樟脑办法书》等专论；又为"土产"投入市场、走出国门，特撰《编中国重要输出商品表说》，[③] 并为陈寿彭辑译《戊戌年中国农产物贸易表》作跋，[④] 等等，都值得称道。

---

① 参见《论近年之学术界》，《静庵文集》，《王国维遗书》第五册。按，谭嗣同《仁学》，初刊于梁启超在日本创办之《清议报》，其写作时间，当在 1896—1897 年间。

② 《永城土产表》《武陟土产表》并叙，分别载于《农学报》第一百零三册（1900 年 5 月）、第一百二十册（1900 年 10 月）。韩国钧（1857—1942），字紫石，江苏泰州人，光绪初年举人。历任镇平、祥符、武陟、永城、浚县知县。1922 年任江苏省省长。晚年居乡不出，1942 年拒受伪职，甚为时人推崇。著有《永忆录》。

③ 以上诸文，均载于《农学报》（第一百零八册、一百一十四册、一百零九册），后由罗氏编入《农事私议》。

④ 此跋署己亥（1899 年）十月，后辑入罗氏《贞松老人外集》卷三。

这里，还应提及的是署有"南汇奚世骎辑"的《松产稻种类表》。[①]"松"即苏南稻米之乡松江（今属上海）。20世纪50年代以选育晚粳良种"老来青"而有"唱戏要学梅兰芳，种田要做陈永康"之誉的"农民育种家"（亦称"农民科学家"）陈永康，即为松产稻农。犹忆斯时盛倡"科学种田"，余末学小子，有幸得随数位农科专家，偕陈氏考察农业，并观其表演秧田"落谷稀"撒种绝技，田头掌声雷动，叹为观止，历历如在目前。而《农学报》所载《松产稻种类表》，不唯显松产稻种之繁富，对其后各地普查农作物（尤其是稻麦）品种、编纂农作物品种志，尤有开创之功。

［之二］ 征集农务之书，传承农史要籍

如果说编制物产表旨在开发各地农产资源，以开利源、惠民生，那么征集古近农学书籍，则事关传承农业文化与发掘农学出版资源，故为罗振玉笔削《农学报》的重要议题，并为之刊载《本馆告白》：

> 海内藏书之家，如有言农务之书，无论已刻未刻，请赐借录副以广流传。所借之书，录毕奉完，断不污损。如能径自录副见赠，感佩益深。[②]

应当说明，在此之前，《农学报》已多次刊载告白，公布赠书。1897—1898年先后赠书者有二十四人，其中知名之士如马湘伯、谭嗣同（复生），驻外使领馆人员如王仁乾（惕斋，驻日），外籍人士如"西儒"英国人秀耀春（《农务化学问答》口译者）等，均竞相赠书，捐赠古近中外农学之书四十余种，有的属珍稀之本。例如，《樗茧谱》，曾录入张之洞《书目答问》子部农家类，郑珍纂，道光十七年（1837年）刻本；而吴小村所赠此本，署"遵义郑珍纂，莫友芝注"，乃据乾隆七年（1742年）原本详为注释。有的则属佚著而使之"今用"者，如杨风轩赠《豳风广义》。我还注意到，20世纪50年代末问世

---

① 《松产稻种类表》，原刊《农学报》第七十一册，光绪二十五年（1899年）五月中。
② 原刊《农学报》第二十五册，光绪二十四年（1898年）三月上。

的《中国农学史》所依据的农学书籍，除了罗振玉早年怀"学稼之志"而"服习"之《齐民要术》《农政全书》等典籍之外，还有《农学报》所揭载的元人王祯《农书》《农桑衣食撮要》；尤其是列为"古农书辑佚"的《氾胜之书》，被尊为"汉时农书有数家，氾胜为上"之要典。而在《农学报》公布的赠书名单中，标有慈溪沈氏授经楼赠"张杨园《补农书》"，周莱仙赠《农桑辑要》，湘中黄皖赠《致富纪实》等，皆为农学史编写所取材的"古农书或有农事专门记载的古籍"。^① 而被誉为"总结明末清初农业经济与农业技术的伟大作品之一"的《补农书》乃是重要的农史遗典。^② 当然，也有的农事之书，编入了罗氏珍藏书目，而不为外界所知，诸如《捕蝗要说》（一卷，清刊本）、《荒政便览》（二卷，清光绪癸未刊本）、《蚕桑易知录》（一卷，清光绪归安姚氏刻本）等。^③

［之三］ 振兴农学，以译书为最亟

不过，对于"译多著少"的《农学报》，罗振玉为之投入最多的乃是书刊翻译，并以农学会名义刊布告白：

> 振兴农学，以译书为最亟。本会译印泰西日本农学书籍，逾年以来成数十种，皆陆续附报印行，或单印行世。惟应译之书太多，每月印行不及百纸，未免太缓。兹将日本精要农书购得数十百种，募款翻译（虽数元亦可），如海内同志有愿赞成此举者，无论农艺、肥料、山林、畜牧、制造各书任译，所需译者函示会中，本会即相助资之多寡从事翻译，于每卷后刊刻助资人姓名，以彰好义。此为推广译书，广开风气起见，他山之助，所望于海内君子。^④

---

① 《中国农学史序》，《中国农学史（初稿）》上册，科学出版社 1959 年版。按，《序》中举例之《古农书》内，有元代《农桑撮要》，当为（元）鲁明善之《农桑衣食撮要》，载于《农学报》第二百八十八至二百八十九册（1905 年 4—5 月）。

② 参见陈恒力编著《补农书研究》，中华书局 1958 年版。

③ 罗继祖：《贞松堂秘本书提要》，《雪堂类稿》戊《长物簿录》（三），辽宁教育出版社 2003 年版。

④ 《本会告白》，原载《农学报》第三十四册，光绪二十四年（1898 年）五月上。

　　这里应予说明的，一是所谓"附报印行"，即《农学报》译载欧美日本农书，在创刊一年多时间内，已有数十种，唯"每月印行不及百纸"，故不能满足"应译之书太多"的需要。①

　　二是《农学报》出版头两年，确以译刊"泰西日本农学书籍"并重，且"西报""西书"的译才，实乃超过日译者。如前述《稿者传》"义务"译者朱树人，创刊头五期"西报选译"者王丰镐，②"西报"接译者陈寿彭诸人，③均为农学会会友，留学欧美的"海归"者，且以著译驰誉学界。陈寿彭早年辑译之书，具载于《农学报》，并被罗氏编入农学各书。《农学报》曾刊告白称："本会会友陈逸如大令，每月赠西报译稿，不受束脩，书此志谢。"④这表明，自该报第八册（1897年8月），以迄于第九十一册（1900年1月），所有署名"侯官陈寿彭"之"西报选译"，皆"不受束脩"，报馆唯对其译书致酬；而陈君于致汪康年信中商议译酬，特举《农学报》为例，说："若照《农报》所发每万字二十四元之价，恐彼亦不能出此重价也。"⑤请注意《农学报》创刊之初规定，报馆主笔总理，刀薪二十元；一般员工如司账、写字，月薪四元；而其译酬达到千字二元四角，可谓不惜重金征求译稿，确非其他报刊能及！

　　三是所谓"日本精要农书"数十百种。自刊发此告白的戊戌年（1898年）之后，《农学报》译载农学书报，愈趋于向日本倾斜。迨至庚子（1900年）以迄于终刊（1906年1月），所见于《农学报》"译篇"内揭载之欧美农书，仅有五种。⑥可以这样说，《农学报》前后九年，以庚子（1900年）为分界，前三年（1897—1899年）栏目多样，所译西（欧美）东（日本）并重，可称之为前期《农学报》；后六年（1900—1905年）改为"文篇""译篇"，栏目简约，"译篇"

---

　　① 所谓每月"不及百纸"，盖谓《农学报》"十日一册"，月出三册，每册二十多叶，合之仅七八十叶，故不能满足译书之需。

　　② 王丰镐（1858—1933），字省山（三），曾以翻译及随员身份出使欧洲，撰《九国考察记》，后捐地参与筹办上海光华大学。

　　③ 陈寿彭，字绎如，亦作逸如，福建侯官人，为近代著名外交家、翻译家陈季同之弟，生于清咸丰五年（1855年），曾留学英国，习海军制造。辑译《蚕外纪》《木棉考》《加非考》《宁波物产表》《淡芭菰栽制法》《戊戌年中国农产物贸易表》等。

　　④ 《本馆告白》，刊《农学报》第四十六册，光绪二十四年（1898年）九月上。

　　⑤ 《汪康年师友书札》（二），第2028页，上海古籍出版社1986年版。

　　⑥ 此五种译书，依次为：《农务化学问答》《淡芭菰栽制法》《喝茫蚕书》《斐礼迭礼玺大王农政要略》《农政学》。

内几乎全为日本农学书报，而"西书""西报"渐次淡出，以至完全消失，此
为后期《农学报》。与之相联者，原先的欧美"海归"译者，亦全体退出。故
上述告白所称"募款翻译（虽数元亦可）"，实即募译"数十百种"日本农书。
兹查检《农学报》刊布之《捐款姓氏》，作为对《告白》"募译"之回应，可见
"张汉仙中丞助译费银一千元，蒋子范拔萃捐译费银四元"；[1] 又告白所称"于
每卷后刊刻助资人姓名"者，仅见《山羊全书》《牧羊指引》两种，于卷末右
下角装订线外印有"本会会员会稽徐维则字以惩出资译此卷"。[2]

［之四］ 留心民瘼，告诫有位

当然，我们说《农学报》有前后期之分，这与笔削者罗振玉的旨趣亦密切
相关。扼要地说，前三年，《农学报》声誉鹊起，罗氏则广结人脉，由社会名
流而渐及督抚权要，而《农学报》诸多留心民瘼，笔指有位（在职官员）的识
语，包括"本馆附记""本馆附识"，殆缘此而写。例如，创刊号《奏折录要》
所刊《魏抚军请疏浚陕省水利疏》，即时任陕西巡抚魏光焘"为堪明陕省水利，
拨款择要疏浚"的奏折；编者于"奉朱批，该部知道。钦此"下，写了《本馆
附记》：

> 关中土地肥渥。顾兵燹以后，水利失修，良田就湮者在在皆是。
> 兹得魏中丞留心民瘼，为之疏浚，可胜钦佩。若水利既修，推广开
> 垦，使全陕地利尽辟，则仁人之泽弥长矣。不胜为陕民跂望之至。[3]

置身于"凄迷香麝，华灯素面光交射"（王国维《踏莎行·元夕》）的上
海繁华租界之农报馆，而撰记为灰头土脸、啼饥号寒的"陕民跂望"，这是否
有卖乖作秀之嫌？非也。转入庚子（1900 年）后期《农学报》，罗氏既渐孚声

---

① 载《农学报》第四十三册（1898 年 9 月）。

② 《山羊全书》卷首序署"明治二十又五年（1892 年）五月，内藤菊造"；《牧羊指引》日本后藤达山
编，卷首序署"明治十三年（1880 年）四月下，总种畜场识"。以上二书，皆无译者，辑入《农学丛书》第
十四册。

③ 原刊《农学报》第一册（1897 年 5 月）。

望，并取得了与当局对话的发言权，故在所提"兴农策"中特就"水利"专条设问：

> 曷言乎兴水利也？水利为农田首务。水利既兴，则农事整理过半，地方官宜考求四乡之沟渠几何，农田几何，若者已兴水利，若者未兴水利，其未兴水利者，宜责民鸠资为之；农力不及者，官贷金焉。[1]

这与近世提倡"水利是农业的命脉"多么切合。罗氏借《农学报》创刊，以水利为"留心民瘼"之首，是很对的。

罗振玉更关注《农学报》所刊各省农事动态，长者上千言。如《桂抚告谕》，乃当时广西巡抚马丕瑶劝谕各府、州、县绅富商民人等，"自愿备款"开荒种植、牧养，并给予奖励的布告，其种植类计开：桐、茶、樟、橡、竹、蜡、漆、龙眼荔枝、桃、李、杏、橘柚橙、枇杷、梨、枣、栗、松、杉、柏、梓、楮、棉、烟、蔗、高粱秫秫、加非，并对各类物产之性状、用途、土宜、培植（或炼制），择要介绍。以笔者曾习农之浅识，官府文告能如此专业有要，足以列诸近百年农学文选而无愧色。对此，《本馆附识》云：

> 农桑畜牧，其利至溥，而急于谋富者辄以迂远无近功忽之。绳之中丞抚桂以来，百废俱举，八桂士民同声感颂，首劝兴农，尤为握要。此示条例精密，告戒周详，其借贷、给奖两端，尤征劝导体恤之至，令人钦佩无极，亟登报章，以劝有位。[2]

顺便提一下，马氏抚桂兴农，时人颇称道其"于桂省兴办农桑，未及两年"，审土性宜育养之成绩；[3] 而罗氏特撰附识"以劝有位"，就是敦请握有地方实权之正印官，应为官一任，造福一方。同时借附识告诫担有实职的地方官不可见利妄为，例如，《招商植烟》报道浙江温、台、宁、绍等处沿海沙地种

---

① 罗振玉：《农事私议·郡县兴农策》，原刊《农学报》第一百零七册（1900年6月）。
② 《桂抚告谕》并《本馆附记》，刊《农学报》第三册（1897年6月）。
③ 《兴种植宜审土性讲培壅说》，见何良栋辑《清朝经世文》卯编卷二十二《户政》，台北文海出版社。

植罂粟，并由省府委道台（观察）李友梅（辅燿）"驻台设局"，专抽烟（鸦片）税，更"札委"某知县"招商推广种植，冀夺洋药之利"。《本馆附识》对此做了颇切时弊的评述，略谓：

> 近来谷价日昂，人心惶惑。推源其故，实由稻田日少，烟田日多；盖蠹民妨谷，鸦片为甚也。李观察招商种烟，以敌外产，苦心孤诣，令人心折。惟种植之利，若棉，若麻，若桑，均与沙地相宜，若舍鸦片而植此三者，有益无损，较之植烟，功德尤大。或谓：舍烟而植桑棉，有妨国课。不知鸦片重税，盖以示戒惩，势难遽绝，则以重税惩之，本非利其税也。贤有司以救世为心，改弦更张，易如反掌耳。不胜企盼之至。[①]

这篇附识，当作于戊戌（1898 年）五月上旬，乃为"近日谷价日昂，人心惶惑"而撰。参以张謇日记，同年四月二十五日，"闻江宁以米闹事，时有监司囤米居奇者也"；二十九日，"江南米已贵至每石洋八枚（元）"。[②] 其针砭时弊，字字有据。

尤可注意者，此时沪报先后刊载《弭民乱须先筹民食论》《论平粜贵得其法》《忧米市论》等文，评述"自孟春以来，东南各行省百物昂贵，而米谷愈甚"；痛斥"今之士大夫不知养生者之责"，"忘本逐末，则有以种莺粟为分利之计者"。[③] 鉴于上述种种，《农学报》刊无名氏撰《黔蜀种烟法》一卷，罗振玉亲为删润，并撰长跋说："印度为鸦片起点之处，彼已翻然改图；而我仍瞑然不知变计，而日竭脂膏于一呼一吸之间，脑筋何太顿耶！"吁请官绅协力，植桑毁烟。[④] 其痛心疾首，苦心孤诣，能打动官府当局吗？须知，彼时颇有不

---

① 《招商植烟》并《本馆附记》，刊《农学报》第三十五册（1898 年 7 月）。

② 《张謇全集》卷六《日记》，光绪二十四年戊戌（1898 年）五月九日，江苏古籍出版社 1994 年版。

③ 《忧米市论》《弭民》《平粜》三文，皆无署名而刊于《皇朝经济文编》卷四十三《户政·荒政》所录罗振玉《变通私赈说帖》后。笔者据此三文内容，推断其作者，盖当为罗氏论说赈灾遗文。按，《皇朝经济文编》，署"求自强斋主人编"，光绪二十七年（1901 年）出版。或谓"求自强斋主人"为梁启超化名，待考。

④ 《黔蜀种鸦片法》并罗振玉跋，原刊《农学报》第十五册（1897 年 11 月），辑入《农学丛刻》第二册。

少所谓的"贤有司"，正"日竭脂膏于一呼一吸"啊！

这样看来，"实出罗氏之手"而未署名的这些附记、附识，兼有着后来的新闻写作中的"编后记""编者的话""编者按""本报短评"之功能。罗振玉笔削《农学报》，从总体来说，实乃将报、刊、书熔于一炉：既吸纳了报纸的新闻元素（包括奏牍、农事动态），又保持着期刊定期连贯的信息资源（东西农学杂志选译）；而所谓"附印译书"，则尤增加了《农学报》内容之厚重可读，而且成为系统翻译和出版欧美日本农学书籍的最初载体。这些编辑实践虽早已成了历史，但在当时是有开创性的。

率先解囊捐款

罗振玉在沪以《农学报》为实体的创业史里，当然绝不可忽略了捐款活动。

创业维艰，首在筹款。罗氏为创建农学会拟写的第一个文本《务农会公启》（1896 年 12 月）第一条即集款：

> 本会筹集款项，在江浙两省地方购田试办。惟需款浩繁，尚冀四方同志解囊慨助，以成此举。所购之田，即作为会中公产。

然而，"购田试办"，尤其在江浙两地，只能是画饼，是愿望，恐怕连罗振玉自己也不会相信其具备可操性。所以，时过四个月之后的第二个文本《农报馆略例》（1897 年 4 月），坦陈"现在经费未集，同志未多"，故"拟先设农会报章"，并列《筹款章程》四条，其第一条云：

> 惟每年馆中经费，约须四千元。兹会中捐款约得二千元，不敷尚

多。尚冀海内同志惠款伙助，襄成盛举。①

之后，第三个文本《务农会略章》重申"捐集款项，创立报章"（第五条）；第四个文本《务农会章程》，则开列《筹款章程》六条，其中规定对捐助者当以务农会编印之书刊为酬，云：

> 捐款五十元以上者，奉送《农报》；百元以上者，送报外，并送会中印出之书籍（第四十条）。

这较之《农报馆略例》初定"捐五十元者，送报一年"，对捐百元者并无另送书籍之规定，显然"政策放宽"了。

然而，"秀才人情一张纸"。就算送报赠书，谁愿"解囊慨助"，拿白花花的银两去换几册书报呢？

捐款难呐，尤其是开头。就像《农学报》出刊前夕，徐树兰致汪康年信中所说，"农会吾乡竟少同志"，"解囊资助者尤不可得"。②

给农会捐款，谁来开头？《时务报》揭载《务农会公启》，首刊捐款人：

> 上虞罗振玉、吴县蒋黼，捐银千元。

是的，此即罗、蒋在梅福里农报馆创业之"第一桶金"。不过，不是"掘得"，不是捞取，而是"解囊"，是捐出。这或许就是往昔君子"喻于义"，后世小人"喻于利"的区别之所在吧！

接着，在《时务报》所载《农会报馆略例》后，再刊捐款人：

> 山阳邱于蕃，捐银一百元。
> 会稽徐仲凡，捐规平银三百两。
> 丹徒刘味清（刘鹗之兄刘渭卿），捐银一百元。

---

① 《农学报》第一期（册）重刊《农学报略例》，"馆中经费"改为"馆中用度及印报之费"；"约需四千元"，改为"至省须四五千元"，而删去"会中捐款约得二千元"之实数。
② 《汪康年师友书札》（二），第1522页，上海古籍出版社1986年版。

仪征鹿砦居士，捐银三百元。[①]

按照《务农会试办章程》捐款需"由总董签字查收，登报为凭"之规定，《农学报》创刊号正式公布了包括曾刊于《时务报》的《捐款姓氏》（依先后为次）十六人，其前三名为：

蒋伯斧秀才，捐银五百元。
罗叔蕴秀才，捐银五百元。
徐仲凡孝廉（后更正为"即选知府"），捐银三百两。[②]

罗、蒋自报家门，迳称"秀才"，似仅此一见。这或许正是要借捐款表其"上以酬朝廷饥渴之意，下以尽草野芹暴之忧"的襟怀吧！

颇有意味的是，《农学报》第二期《捐款姓氏续登》仅一名，为"孙实甫平民，捐银一百元"。这位"平民"究为何方人士？《农学报》第三期所刊《农会续题名》内，有"孙淦，字实甫，江苏上海人"。原来，此人为"日本大阪商馆"之"华民"。之后，《农学报》接连着报道了这位"拳拳乡国"的会友寄赠德国制"六百倍显微镜"，[③] 以及日本创制的"除虫药"等"义举"。[④] 于是，他虽无品秩却被"浙抚廖寿丰举为留日学生监督"，[⑤] 时在1898年前后。换言之，由于罗振玉的力挺，在1899年张之洞正式委派赴日兼理南洋和湖北留学生事务的知府衔官员钱恂之前，孙淦成为首位浙江留日学生监督。

我们撮举孙淦这一个案，也许可以窥知罗振玉如何通过不同途径，包括借助捐款联谊各界、广结人脉。试看《农学报》相继刊布的《捐款姓氏》所标"品秩"，即有尚书、阁学、中丞、方伯、舍人、中翰、观察、太守、大令、部郎、刺史、司马、员外等。当然，官衔之外，也有敬称其"学"者，如殿撰、进士、太史、孝廉、太学、广文之类，不一而足。

---

① 以上四位捐款人，刊入了《农学报》创刊号《捐款姓氏》，但在其后公布的"已收捐款"名单中，无邱士蕃、鹿砦居士，特此注明。
② 详见第一次公布之"已收捐款"名单，以免重复列名。
③ 《农学报》第五册（1897年7月）。
④ 《农学报》第九册（1897年9月）。
⑤ 参见《汪康年师友书札》（四），第4126页，上海古籍出版社1986年版。

捐款数额，如前所刊布，自报"秀才"的罗、蒋二位，各捐五百元（合为一千元），此数唯嗣后题名入会的尚书大人张之洞及之。然而，不可不提的是署名《务农会公启》的"四君子"中之最年长者徐树兰（仲凡），可谓年高德昭、偏不服输，认捐银三百两，按当时市价，约当银圆六百六十元。① 不过，对于各方人士，无论是否会友，所捐多者数百元，少者数元。看来，"重在参与，不计钱数"，应为罗氏此时此际造势募捐筹款的"公关策略"。

必须如实承认，《农学报》创办第一年，经费的首要来源，端赖于捐款，并据《农学报》各期（册）所刊捐款姓氏，先后两次公布了所收捐款。第一次截止于光绪二十三年（1897 年）八月十五日，捐款者二十三人，其中有赵尔巽（次珊）、张謇（季直）、陈宝琛（伯潜）、狄葆贤（楚青）等大员、名士，共收银三百两、三千三百一十元。②

第二次是农会年终清账，公布了丁酉（1897 年）八月望后至十二月捐款数，捐款者二十人，其中有徐世昌（菊人）、严修（范孙）、刘世珩（聚卿）等大员、名士，共收银四十两、三千五百元。③

当然，我们还得补记一下《农学报》创办第二年戊戌（1898 年）续登之《捐款姓氏》，其中有黄遵宪（公度）、黄绍箕（仲弢）等名士。

---

① 按当时市面通行的银两结算（非实银而是记账数），一元折银七点二钱，一两折合银圆二点二元，徐氏所捐三百两，约合银圆六百六十元。

② 原刊《农学报》第十一期（册），光绪二十三年（1897 年）九月上旬。

③ 原刊《农学报》第十八期（册），光绪二十三年（1897 年）十二月下旬。

《农学报》之宣发业绩

如上所述，罗振玉亲力亲为、经目经心笔削《农学报》，使这本反映国内农事动态，译介欧美日农学书报以倡导新法兴农的农会学报，备受朝野关注，出现了头品顶戴的督抚为之通令造势、各级官府为之发文派购、有识之士为之传递发售的局面。

[之一]《农学报》官府派购概况

兹将《农学报》先后揭载官府派购概况，列表如下：

《农学报》揭载官府派购情况一览表

签发者	官衔	派购公文	摘要	刊期
林启（迪臣）	杭州知府	杭州府林太守饬各属购阅《农学报》并分发各书院札	发送第一册，要求各县一份，备银三元解府，统一购发各书院	第五册（1897年7月）

续表

签发者	官衔	派购公文	摘要	刊期
刘名誉	江宁知府	江宁府刘太守饬各属购阅《时务报》《农学报》并分给各书院札	按月购置，分发书院	第五册（1897年7月）
胡燏棻	顺天府尹	顺天府尹胡饬各属购阅《农学报》并饬考求农事札	札发该报第一册。要求所属州县酌定若干份呈报	第七册（1897年8月）
廖寿丰	浙江巡抚	浙抚廖中丞饬各属购阅《农报》札	各州县按期购阅，遵办呈报	第八册（1897年8月）
张之洞	湖广总督	两湖督院张咨会鄂抚通饬各属购阅《湘学报》《农学报》公牍	各道府州衙门自行购阅。要求大中州县购十份，小县三份	第十二册（1897年10月）
刘坤一	两江总督	两江督部刘札饬江苏安西各属购阅《农学报》《时务报》公牍	饬令各属购取，分颁书院士子	第十三册（1897年11月）
邓华熙	安徽巡抚	安徽抚部邓札饬安徽全省购阅《农学报》公牍	按月购取分颁，大州县四份，小州县二份；自第一册起补购	第十三册（1897年11月）
恽祖翼	浙江布政使	浙藩恽方伯通饬各属购阅《译书公报》《农学会报》札	各府分饬各州县购发书院（本年8月，恽致信汪康年称：《农学报》费"已由牙厘总局勉筹五百元"，"由银号汇交"，由省统购一百份）	第二十一册（1898年2月）
卢靖	丰润县知县	丰润县大令卢兴办农学禀	购定二十四份	第二十三册（1898年2月）
孙家本 劳乃宣	保定知府 清苑知县	保定沈太守（家本）、清苑劳大令（乃宣）代分直隶全省府州县《农学报》公启	奉督宪札饬各州县一体购阅《农学报》，署中及书院二份	第二十四册（1898年3月）
徐为	补用道江苏即补府正堂	通饬通州花布局董劝阅《农学报》《蒙学报》谕	随时取购	第五十八册（1899年2月）

续表

签发者	官衔	派购公文	摘要	刊期
陈庆绥（朗侪）	江西进贤县知县	进贤县陈朗侪大令给进邑生童阅看《农学报》章程	购十份，奖励生童	第七十册（1899年6月）
陈鼎元	布政使	署理苏州藩司札饬《农报》公牍	二十三年（1897年）起，每月购备八十份分发各厅、州、县；二十五年（1899年）起，大县每月三十六份，中县二十四份，小县十二份	第八十九册（1899年12月）

［之二］督抚"通饬购阅"，诸生"与农民讲解"

为何要由官府派购《农学报》？张之洞在通饬各属购阅的公牍中，尤关注其"新法"与"实用"，略谓：

上海《农学报》，大率皆教人务农养民之法，于土性、物宜、种植、畜牧，培养宜忌，各种新法，以及行销衰旺情形，考核精详，确有实用；其一有裨士林，其一有关民生，均为方今切要学术治术，自宜广为传播。除省城两湖书院发给五本、经心书院发给二本，本部堂衙门暨抚、学、院、司、道，荆州将军衙门各一本。由善后局付给报资，及通饬各道府直隶州遵照转行所属各州县一体购阅。

刘坤一则鉴于号称"沃壤"的两江之荒芜情状，而称道该报"有裨于民生国计"，略谓：

大利归农，非仅稼穑为然。凡树艺、畜牧可以致富者，皆农家事。两江夙称沃壤，物产丰富，户口殷繁，勤于耕织，宜其野无旷土，人有余饶矣。乃自兵燹以后（按，指清军与太平军交战），地方迄未复元，荒芜之区，所在皆是；即其所种田亩，亦复灾歉频仍，久雨则淹，久晴则旱，鸡豚不足于食，林木不足于薪，是名为农，而于

127

农事固未讲求也。上海新设农学会，采取各国新法章程，以及嘉种器具，绘图立说，印报出售，如果仿行，必能见效，其有裨于民生国计，良非浅鲜……应饬令各属购取，以广见闻而资参考。

说到各级官府派购《农学报》，除杭州知府林启（迪臣）、江宁知府刘名誉率先札饬所属州县购阅之外，不可不提的是顺天府尹胡燏棻，特以天津港进出口之巨大差额为例，切责所属州县购阅《农学报》之必要。这位强调"州县为亲民之官"，合当购阅《农学报》以"悉心考究"农事的府尹，乃是中日甲午战争爆发后，奉命在天津小站主持新式练兵之第一人！继之，孙家本、劳乃宣于翌年初联名发出"奉督宪札饬"，"代分直省府州县《农学报》公启"，重申"夏间尹宪胡饬顺属二十四州县一体阅看，实力奉行"。

还可注意的是，自督抚以至府州县饬购《农学报》札中，均有城乡书院购阅，或购发书院诸生等要求。作为农会会友的江西进贤县知县陈庆绶（朗侪），还曾于戊戌（1898 年）八月拟订该县生童《阅看〈农学报〉章程》，要求"务宜详阅考究，仿照试办"，"随处将报中一切切要之语，与农民讲解，俾可周知，有益地方"。

[之三]《农学报》各埠发售概况

《农学报》毕竟是"会报"而非"官报"，故官府发文"派报"之外，还须由报馆自行设点，以折扣（八折以至七折、六折）为推销手段。通过民间渠道发售，这就是今天仍通行的自办发行。

兹将《农学报》所载"各埠售报处"列表如下：

《农学报》所载售报处一览表

地名		售报处所
本埠		上海新闻新马路梅福里农报馆、时务报馆、格致书室、文瑞楼、著易堂
京城		宣武门外南半截胡同蔡寓、绳匠胡同杨寓、电报局、中西大药房
江苏	南翔	双桥育才馆
	太仓	复豫钱庄

地名		售报处所
江苏	苏州	娄门内丁香巷吴宅、胥门内侍其巷张公馆、观前文瑞楼
	无锡	北门内太平桥王宅
	常州	龙城书院
	常熟	醉尉街张宅、景占阁书坊、平瑞泰广号
	江阴	浙盐总局、永恒义庄
	镇江	大闸口盐店巷吴寓
	扬州	电报局
	通州	西门外江西会馆俞木行
	海门	长乐镇张中宪第
	如皋	范湖洲朱宅、城内草巷头沙太史第
	清江	草市口大生药号
	淮安	南门更楼罗寓
	泰兴	城内老鹤巢周宅
	南京	文正、钟山两书院，承恩寺大街西首词源阁书坊
	海州	沈公馆
浙江	杭州	文龙巷邵宅、佑圣观巷汪宅
	温州	利济医院、府前街算学报馆
	宁波	日升街奎元堂书坊、诸衙巷余岱盐局
	绍兴	水澄桥墨润堂书坊
	瑞安	学计馆、小东门内部珠月庐
	台州	黄岩县前柯泰丰号
	余姚	虞官街蒋万盛书坊
江西	南昌	福康轮船公司、北营坊李公馆、状元桥张公馆
	九江	福康轮船公司
	赣州	忠节堂林公馆

地名		售报处所
湖北	汉口	江左汉记
	沙市	江左汉记
	武昌	府前街鸿宝斋内经理《时务报》处翟声谷
	宜昌	怡和渝行
安徽	安庆	藩经厅署内吴伟斋、电报局
	寿州	北门大街文德堂
湖南	长沙	长沙矿务总局
直隶	保定	西河沿傅公馆
福建	福州	南街天泉钱庄、南台闽海关科房
广东	广州	双门底圣教书楼、知新中西书局
	潮州	下水门中街陈再兴纸行、城内东堤广聚栈
	汕头	双和布广福斋
四川	成都	新街四益蔚号《时务报》分馆、定兴书院
广西	省城	西华门广仁善堂
	梧州	红盐官牌梁铁君
河南	省城	覈学门陈公馆
山西	省城	四义楼恽公馆
香港		文武庙直街文裕堂、中环威灵顿街聚珍楼
澳门		知新报馆

说明：本表据《农学报》一至十二册（1897 年 5—10 月）所载《各埠售报处》《外埠售报处续登》编制。

[之四] 蔡元培传发《农学报》："自强之基，肇是矣"

上表所载"各埠售报处"，所列京城第一处是"宣武门外南半截胡同蔡寓"。

那么"蔡寓"的这位主人为谁？他就是五年前（1892 年）应殿试取为进士、点了翰林院庶吉士的"现职翰林"蔡元培。

何以为证？盖其首证，即蔡氏 1897 年正月日记：

　　辛卯朔，晴。晨发四十里至都。寓
南半截胡同沈乙斋同年公寓之北院。[1]

　　"都"即北京。"半截胡同"之为蔡氏寓
处，是可以落实矣。

　　《农学报》是本年（1897 年）四月上旬
创刊的。且看同年五月四日蔡氏日记：

蔡元培

　　　　得罗叔蕴书，《农学报》二十册。

　　所记"罗叔蕴书"，当为罗振玉致信正
供职于翰林院的蔡氏，请代为发售《农学
报》。

　　再看五月三十日蔡氏日记：

　　　　《农学报》第三期到。《农学报》中，姚志梁《请开北方利源总公
　　　　司禀》，广西中丞谕、谭嗣同《浏阳土产表叙》，皆佳。风气大开，名
　　　　论迭出，自强之基，肇是矣。谭叙文笔尤古雅。

　　由是，可推知上记"《农学报》二十册"，当为第一、二期，各十册。而
《农学报》第三期（册）所刊《桂抚告谕》、谭嗣同《浏阳土产表叙》，我们在
前均曾有介绍，蔡氏日记尤赏谭叙文笔。孰料，一年之后，这位真正的"中国
之英才"，为了开"变法"之风、奠"自强之基"而慨然献身！

　　当然，蔡元培非仅赏读《农学报》，他受罗氏所托，权以自己的居处做了
农报"发售处"。六月二日，"得蒋伯斧书，寄来《农学报》八十份，凡百四十
册"；同月七日，"致《农学报》馆书"（并记有农报馆址），盖蔡乃笃厚君子，

---

　　① 《蔡元培日记》（上），北京大学出版社 2010 年版。按，以下所引蔡氏日记，均出本书，不复另注
版次。

"受人之托，忠人之事"，当为复书告罗、蒋，《农学报》在京发售情形。八月，"十有二日，《农学报》第七期已到"。九月，"十有二日，得叔蕴书，寄《农学报》第十期。又增第一册至第二十册二十通"。这里的"册"乃指期，"二十通"，即增寄第一至十期《农学报》二十份（册）。九月二十五日，《农学报》第十二期到。十月，"十有四日，《农学报》十三册（期）到"。十一月三十日，《农学报》第十六期到……

进入戊戌年（1898 年），《农学报》由半月刊改为月出三册之旬刊。正月，"十有四日，得农学会片（邮政局明信片），并第十九期八十七册"。第十九期，即《农学报》戊戌年正月上旬之第一期。

三月，"十有七日，以散余《农学报》四百三十九册致总报局"。六月六日，"《农学报》第十九、二十、二十一三册（期）传到，十一日传出"。由"致总报局"及"传到""传出"诸语，可知蔡氏乃在京代农报馆中转传发《农学报》。六月二十日"得翁泽之书，索《农学报》"，还有友人来信"索"阅呢！

而在六月二十五日蔡氏日记中，则可以看到：

> 闻人言：西人不食豕肉，谓发疫，惟筋骨□肉可食。今日阅《农学报》第二十三期译日本《农会报》（指《养豚之必要》），谓豕肉极富滋养……人言似不尽然。

道来津津有味。可惜好景不长，戊戌（1898 年）"八月政变"爆发。蔡元培乃于九月间"携眷出都"，返回了绍兴家中。[1] 但是，他同罗、蒋及农报馆的友情依然。直至 1899 年，仍可从时任绍兴中西学堂监督的蔡氏日记中看到：

> （正月）十有一日，致叔蕴、伯斧书，附致英、法文教习蓝、戴二君书。
>
> （二月）十有七日，农报馆寄农学、清议报至，即复……

---

① 高平叔编著：《蔡元培年谱》，第 11 页，中华书局 1980 年版。

此数年间，罗、蔡往返的书信，应该是不少的，彼此均未保留下来，至为可惜。罗氏晚年"拥衾话旧"，有道：章太炎早年连个秀才都没考上，因而胸中燃起"排满"之火，提倡革命。蔡元培则不同，他中进士，点翰林，不怕不能飞黄腾达，却要坚持革命立场，弃官不做。这叫"真革命"。① 我想，罗氏贬章，固然有着其私见；而褒蔡应该是他感念当年蔡翰林竭诚助其传发《农学报》的那段"峥嵘岁月"吧！

［之五］真情告白：《农学报》之发售量

那么，《农学报》之发售量，究有多少？创办头年，曾两次刊出《本馆告白》，公布销售数。其一，丁酉（1897 年）八月上旬：

> 本报创行以来，蒙各处派报诸君子力为推广，售出二千余份。②

其二，丁酉年终：

> 本馆开创以来，承同志协助，派出之报将三千份。③

为了较为真切地了解《农学报》创办实绩，不妨再转录"开呈公鉴"的两次收支账目中之"印报"支出。其一，丁酉年（1897 年）二月至八月十五日付印报两万四千本，银一千元零八角。谨按，此期间《农学报》共出版九期（册），每期印数约二千六百六十六本；

丁酉（1897 年）八月十五日以后，迄于十二月底，付印报两万二千五百本，银一千九百一十元八角。谨按，此期间《农学报》共出版九期，每期印数约四千七百二十二本。

由此，可知上述《本馆告白》公布之"二千余份""将三千份"，乃"各处派报同志"，亦即各地售报处之销售量；而收支账目中所记二千六百六十余份、

---

① 罗继祖：《庭闻忆略：回忆祖父罗振玉的一生》，第 102 页，吉林文史出版社 1987 年版。

② 《本馆告白》，原刊《农学报》第九册。

③ 《本馆告白》，原刊《农学报》第十八册。

四千二百五十份之"印报量"，则是包括各地各级官府派购在内的发行总量。

这样看来，《农学报》白手起家，艰苦创办，出刊头年就突破了四千份大关。这在当时，尤其是作为专业刊物，殊为不易。而在发行方面，除了罗、蒋惨淡经营、官民一体出资购阅之外，还有会友须纳"会金"购报的责任意识。此即会章规定："会员每年纳金会中，谓之会金。其数由银三圆至六圆，量力之厚薄纳之。皆先期交付，酬会报。逾期不送会金者，停赠报。"① 继之，刊发《本会告白》催纳会金，转录如下：

> 去岁本会订定会章，申明三个月作为定章，现已逾限，一切办事情形即照章办理。本年（1898 年）会友应出会金每人六圆，请即交会中，以供正用。会金收后，即照送会报不误。（去岁定章会金至少三元。今年会报改为十日一册，报价既长，会金三元太少，故应一律改为六元。）②

于是，农会会友，理当购阅农报。纳"会金"者获"赠报"，成为提升《农学报》发行量的又一途径。

中国近代第一次农学大讨论

《农会博议》，原是《农学报》创刊号推出的一个专栏，弁有短序，略谓：

> 丙申（1896 年）冬，吴县蒋黼、上虞罗振玉，既倡农会之议，乃挟其说走海上，就质于钱唐汪君穰卿。汪君俞之，为登《公启》于《时务报》，以谂同志。不逾月，四方君子谬相许可，或代拟章程，或

---

① 参见《务农会试办章程拟稿》第二十三条。
② 原刊《农学报》第二十五册（1898 年 3 月）。

诒书商榷，崇论闳议，厘然盈篋。丁酉春，命胥最其尤要者如干篇，刊示海内，以志受益，命之曰《农会博议》。继是有诒我话言者，将续刊焉。

这篇短序，显系首倡"农会之议"而自居于蒋君之后的罗氏亲撰。由是，将《农学报略例·刊报凡例》第四款"海内同志，以撰述见教者（必有关农学者），当择优录入《农会博议》"，付诸报端。兹将《农学报》前三年，亦即自创刊以至己亥十二月（1900 年 1 月），先后刊示之"博议"列表如下：

《农学报》截至 1900 年 1 月"刊示""博议"信息表

作　者	篇　　名	期　号	刊出时间
徐树兰	徐仲凡论农会书	第一册	1897 年 5 月
张　謇	张季直论农会书	同上	同上
马　良	马湘伯务农会条议	第一、二册	1897 年 5 月
汤寿潜	汤蛰仙书马君条议后	第二册	1897 年 5 月
吴剑华	吴剑华论马君条议书	同上	同上
徐树兰	徐仲凡论马君条议书	同上	同上
朱祖荣	朱阆樨论马君条议书	同上	同上
叶　瀚	叶浩吾农学会条议	第二、三册	1897 年 5 月、6 月
马　良	马湘伯论叶君条议书	第三册	1897 年 6 月
陈　虬	陈志三拟务农会章程	第三、九册	1897 年 6 月、9 月
陈　炽	陈次亮论农会书	第九册	1897 年 9 月
孙　淦	孙实甫论日本农务书	同上	同上
傅增湘	傅润沅论北方农事书	第九、十六册	1897 年 9 月、12 月
松永伍作	日本松永伍作氏中国蚕桑事答问	第十六册	1897 年 12 月
刘世珩	刘聚卿论农学书	第十六、二十三册	1897 年 12 月、1898 年 3 月
汪大钧	汪仲虞论农会书	第二十三册	1898 年 3 月
孔昭鋆	孔季脩论农会办法	同上	同上
马建忠	马眉尊推广农会条议	第九十三册	1900 年 1 月

总计博议文凡十八篇，约一万四千言，曾辑为《农会博议》一卷，编入总

题为《农学》的丛书中刊行。① 其作者十六人，除日本人松永伍作之外，所有撰文参议者，皆农会会友。应当说明的是，嗣后罗振玉编印《农学丛书》（七集）与合刊《农学报》（三百一十五卷），均未收录《农会博议》。这就未免有遗珠之憾了。

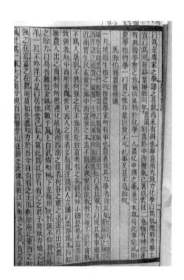

《农会博议》

《农会博议》的领头篇是徐树兰写的，其议仅百余字：

> 农会实为中国必不可少之举。顾事繁费钜，恐一时未易观成。鄙意拟先就本乡，劝令宅旁有地之家，试行区田之法，而树兰亦自试种，果然有效，则一切树艺畜牧等事，即可随宜劝办，而信行者自众。所恨平素不知化学，所有辨土宜、别籽种、施粪壅之法，俱无从参用西法。倘蒙同志诸公，搜译泰西农家言，惠而教我，则幸甚也。

如前所述，徐氏乃签署《务农会公启》的"四君子"中之年长者，故由他领衔借"博议"这个论坛以阐扬"农会实为中国必不可少之举"，至为得当。不过，他曾信从并试行的还是西汉《氾胜之书》中以"区田法"（亦名"区种

---

① 《农学》，清末石印本（编者及编刊具体时间不详），现存二十七册，一百一十六种，一百六十卷。笔者所见《农会博议》一卷，为其中之第十三种。

法”）著称的耕作方法；而他心向往之的则是“参用西法”，故亟待农会诸公
“搜译泰西农家言”，成了他最大的心愿。

次为张謇《论农会书》，亦短至不足三百字，谨照录原文：

> 农学久不讲。近数十年，包安吴一究及之，要是士大夫之农学，
> 非田夫野老之农学。謇常欲合是三者，兼通中西，以期有用。奔走海
> 内二十余年，仅得桐城叶玉昆、仁和夏瑞卿二人，谈之有合。今足下
> 以为要务，又得罗、蒋诸君同志，有道不孤，欢喜不可言。惟此事之
> 难，不难在地，而难在西书之少。昔曾再四为使西洋者言之，属求农
> 书，以为是专家之学，译之甚难，而未有得也。鄙意须先致力化学以
> 为根，随时考察土宜以为用。慈谿叶缦卿同年（意深）刻意于中西医
> 药，已著成表目二卷，极有条理，遂有兴医学会之意。窃欲延精于化
> 学一人，尽化中国之药，重次本草。苟此事能成，则农学植物学一以
> 贯之。惟非集巨资不可，此事又甚不易，如何！

张謇乃罗振玉所要“借重大名”的农学会会友之一。他在丁酉（1897年）
四月八日日记中记有“答蒋伯斧、罗叔韫讯，《论农会》”，[①] 盖即刊入《农学
报》创刊号之博议文。与现行张謇集中所收农会奏议相比，此篇既感慨“农学
久不讲”，又从学理上揭出往昔究及者，“是士大夫之农学，非田夫野老之农
学”，提出“欲合是二者，兼通中西，以期有用”的“专家之（农）学”；并且
声称曾为之奔走二十余年，终于纠合同志，在他的家乡创办通海垦牧公司。这
应该是合士大夫之农学与田夫野老之农学于一体的盛举了。

《农会博议》中篇幅最长的“崇论闳议”，应是马湘伯的《务农会条议》。[②]
我们在前面曾提到过刘鹗与许家惺致汪康年的书信，两位素不相识却又不约而
同都用了“功不在禹下”的赞语，称道上海农学会（务农会）之创立，究其由
来，殆出于马氏条议，此议开宗明义曰：

---

① 参见《张謇全集》卷六《日记》光绪二十三年丁酉（1897年），江苏古籍出版社1994年版。
② 马良（1840—1939），字相伯（亦作湘伯），以字行世，江苏丹徒人，曾先后创办震旦学院（1903
年）、复旦公学（1905年）。20世纪30年代初，参与宋庆龄、鲁迅等发起之中国民权保障同盟。

凡地面生植之物，皆农学家所有事也。农者致其力，学者致其知。知以善其事，力以成其事。事虽浅近，而实生民衣食之源，中西富强之本……知强之在富，富之在农，则莫如先尽知力于吾今日尚有之土田……上使天地无遗憾，下使黄种有遗育，其功当不在禹下。小之则令东南数省素习农桑者而益精之，精之则同一土田，而所获或倍蓰焉，或十百焉，就欧西已著之成效而参用之，可操券焉。是在讲学家有以辨其土性，配其物宜，酌盈剂虚，自粪溉、耕种、收刈、酿造，莫不有至精之法、至当之理在。有其法有其理，斯有其学。所愿与海内同人，肆业及之。非敢以本会力任其钜，独为之倡也。

马氏所议凡十五条，约四千言，几近"博议"全部文字三分之一。第一条则可以说是总纲，以上所录，仅其片断。以下为：二、农之为言，畜牧亦其一端；三、农圃大旨；四、牧养大旨；五、本会之设，则仿诸外洋；六、劝农之法，莫善于赛会（即举办农产品交易会）；七、农学者实事，拟择南北二区之地试之；八、开荒；九、农具；十、设置农学堂；十一、外国农政书院及其功课、门类；十二、本会集资捐助及招股；十三、由上海总农会填发股票；十四、公举掌会、议董等；十五、掌会及会友应守之规。

应当指出，在首批题名入会的农会会友中，马氏系年岁仅次于徐树兰的又一位长者。他曾任大清驻日使馆参赞（1881年）、驻神户领事，亲炙日本风情，对彼邦物产、土宜等亦有直接感触，故其第五条"报中所译书，先就日本"，以及所举日本农学书目，几为罗氏全盘采纳。马氏条议，感召力很强，反响甚大，接着就有四篇论说其条议之文，既赞其"大知识，大愿力"（汤寿潜），"游心稷禹之前，着眼商卜以上"（吴剑华），又对其所议某些条目提出商榷意见，尤其是第十二条"招徕股分，恐局外误会"，因为务农学会非"务农公司"，与"商贾开张厂肆者不同"（徐仲凡），故"宜再酌"（朱祖荣）。继之而发"博议"的陈虬，[①] 是矢志于致富致强的近代思想家，亦首批题名入会的农

---

① 陈虬（1851—1903），字志三，浙江乐清人，参与康有为、梁启超等发起之保国会，力主"欲图自强，自在变法"，撰有《治平通议》《报国录》等，今有《陈虬集》行世。

会会友。陈炽，① 曾编辑《续富国策》，其《陈次亮论农会书》，以书信形式所论八事，包括农学"当以中学为主，西学为辅""择地试办，兴一大利"等，不啻挚友净言。还有汪大钧，以"使美参赞"而著论赞赏《农报》"切近详实"，又提议译书之外还须聘农师、设学堂、建农场并举。还应注意的是，作为《农会博议》的殿后之作《马眉尊推广农会条议》，其发表时间（1900 年 1月）距《农会博议》卷首序所述"丙申冬"（1896 年 12 月），罗、蒋"挟"农会之议"走海上"，已三年有余，故其所议乃由创立农会转而为推广农会；重申"欲振农务，宜兴农学"，进而强调郡邑办农学堂，遴选农家子弟"就堂肄业"；县、乡设农会，研究农学，"月领农报"演说四乡以求普及，并"方赛会例"，比较优劣，选优授奖；所议"方湘南种桑公社，淮阳植树公司"，"方"者，仿也，效法也。这可能是近代最早对以"公社""公司"名义谋林桑利源的推介。原文未署"实名"，实即列于首批《农会题名》的马良（湘伯）之弟、字眉叔的马建忠。②

这样，由罗振玉一手谋划推出的《农会博议》，历时三载，并由具有"欧西"（尤其是法国）思想资源的马氏兄弟以"条议"开风气，③ 复以"条议"推而广之。上述张、汤、二陈、二马、叶、傅、刘等堪称重量级学人参撰的这部《农会博议》，实为近代中国第一次农学大讨论，也是近代"新农学"之最早催生者。

中国近代第一部新编农书

《农学丛刻》，罗振玉自题书名，署"农学会刊行"，卷首印有"书经存案，

---

① 陈炽（？—1899），字次亮，江西瑞金人，光绪举人，曾任户部郎中、军机处章京，著《庸书》内外百篇。1895 年与康有为在京组织强学会，"戊戌变法"失败，乃"高歌痛哭"，忧愤而死。

② 马建忠（1844—1900），字眉叔，江苏丹徒人，曾留学法国获博士学位，通英、法文及希腊文、拉丁文，所著《马氏文通》为中国第一部语法专著。

③ 马湘伯早年就读于法人所办上海徐家汇公学（时称"依纳爵公学"），后修神学获博士学位。他在"条议"中专条撮举"外国农政学院功课"，即指"欧西"，并"拟加英语、法语"。

翻印必究"，表明了这是上海农学会（务农会）拥有版权，正式出版的农学书籍，并得到官方许可和保护。

《农学丛刻》目录后附有短跋，云：

> 右丁酉年（1897 年）印成农书，都二十三种。其译本之卷帙稍长，至戊戌年（1898 年）告成者不在列。

《农学丛刻》是罗振玉以其笔削的《农学报》"译本"为主体，辑录而成，堪称近代第一部移译欧美日本农学，兼及中国本土农桑的新编农书。需加说明者，其所辑诸书，初刊于丁酉（1897 年），而印成则在戊戌（1898 年），并为出版事宜，曾于《农学报》四次刊载《本馆告白》，第一次在戊戌（1898 年）五月上旬，至十月上旬所刊第四次告白宣布出书，并载明发售办法：

> 《农学丛刻》现已出书。每部价洋七角，不折不扣。外埠来购者，信力自给（即邮寄或托运）。买五部以上者，照码九扣；十部以上者，照码八扣。外埠代售处亦先寄书价，然后照价寄书。
>
> 因馆中经费支绌，收款为难。区区苦衷，尚希曲宥。

由上述四次告白的时间轨迹，清晰地告诉我们，《农学丛刻》问世，适遇戊戌（1898 年）风云，时局变幻。其所以至戊戌（1898 年）七月"久未印成"，九月而"再三展期"，就不能归因于"手民"，而是恰如罗氏所述，"八月而政变之事果作"，"经费支绌，收款为难"。罗氏的这番"苦衷"，博得了"沪道发二千元"，悉数"还印费"。看来，《农学丛刻》及其主人（编辑者）一道，由此而化吉呈祥了。

《农学丛刻》二十三种二十五卷（其中《蚕桑答问》上下二卷、《续编》一卷，合为一种三卷），编为元、亨、利、贞四集，二百三十叶，约二十万言。分集篇目，列表如下：

《农学丛刻》分集篇目表

篇　　名	著译者	《农学报》刊期
（1）		
农学论	香山张寿语	第四至十五册
浏阳土产表	浏阳黎宗銮撰　谭嗣同叙	第三至五册
东国凿井法	建德胡璋述　蒋黼补跋	第六、十册
蚕桑答问及续编	《答问》如皋朱祖荣编辑	第一至五、七、八册
	《续编》如皋朱祖荣原本 吴县蒋伯斧重编	第九册
以上第一集（元），一至四种		
（2）		
樗茧谱	遵义郑珍纂　独山莫友芝注	第十至十五册
山东试种洋棉简法	英国仲均安译　罗振玉重编	第二册
劝种洋棉说	如皋朱祖荣撰	第十八册
通属种棉述略	如皋朱祖荣述	第十七、十八册
木棉考	晋安陈寿彭译辑	第四至八册
浏阳麻利述	邱惟毅、周泰韵述　谭嗣同属草	第十二、十三册
种拉美草法	日本古城贞吉译	第十四册
艺菊法	上海慕陶居士述	第十六册
种烟叶法	会稽徐树兰述	第十四册
黔蜀种鸦片法	原著佚名　罗振玉删润并跋	第十五册
阿芙蓉考	英国夏特猛著　侯官陈寿彭译辑	第九至十一册
以上第二集（亨），五至十五种		
（3）		
加非考	侯官陈寿彭译辑	第十一至十四册
荷兰牧牛篇	荷兰佛里寺省牧牛公司编 鸳湖渔隐译	第十六至十八册
牧猪法	广州陈梅坡译	第十六至十八册
烘鸡鸭法	佚名	第十七册
英伦奉旨设立农会章程	金山吴治俭译	第一至四册

篇　　名	著译者	《农学报》刊期
以上第三集（利），十六至二十种		
（4）		
大日本农会章程	〔日〕东京古城贞吉译	第二至四册
日本农科大学章程	〔日〕东京古城贞吉译	第十三、十五册
蚕务条陈	三品衔前浙海关税务司康发达	第二至十五册
以上第四集（贞），二十一至二十三种		

首先要说的是，《农学丛刻》以《易经》元、亨、利、贞为次，这在罗振玉一生校刊的众多书籍中是仅有的；也是迄今为止，近代编刊书目之一大创举。从编辑的整体看，《农学丛刻》二十三种，原刊于《农学报》丁酉（1897年）四月上旬至十二月下旬第一至十八册（期），且一册（期）不漏，每册（期）均有入选篇目。唯以创刊第一期起载之《农学入门》（日本稻垣乙丙著，古城贞吉译），第三期起载之《农学初阶》（英国黑球华来思著，金山吴治俭译），这两部农学通论（学理），以及《蚕桑实验说》《虫害要说》《农具图说》等数种译著，或许由于跨年度（戊戌年）连载之故，未录入丛书。这表明，罗振玉既采纳了马氏《务农会条议》"以译书为报"的编报方略，复将"报中所译书"由单篇另册，编而成"丛"，成为尔后编刊系列成套的农学丛书之先导。

当然，仅就《农学丛刻》而言，颇可注意的是，第一集均为著（述）；第二集亦以著（编）为多；第三集转为"译多著少"，而"译"中又以"欧西"（英、法）多于日本；至第四集，则出现了颇引人瞩目的《大日本农会章程》与《日本农科大学章程》，显示了《农学报》译书"先就日本"，渐向日本倾斜的趋向。当时，王国维父亲乃誉公在海宁家中读《农学报》，曾手录其书，称赏"诚种植之要书"。[①] 当然，在农学"新理"的取法方面，笔削者罗振玉要更为务实，论说也更精到。例如，他曾亲自为将英国传教士仲均安译《山东试种洋棉简法》，重编"删润"，兹录其跋如下：

> 右《山东试种洋棉简法》一卷，仲教士在山东益都传教时所著，

---

① 《王乃誉日记》第二册，第1038页，中华书局2014年影印本。

中国土棉之质粗而丝短，不如西棉之质软丝长，且收获亦不如西人之丰，盖种植之法未善也。此编所述，乃西人种棉常法，其大旨不出早栽、稀种、劝锄、厚壅四端。核之中国故书前记，一一吻合。其称西棉每亩可得二百七十斤，今中国得数未能如此，确系种种失宜所致。

《农政全书》述齐鲁人种棉亩收二百、三百斤以为常，是果精其法，中西收获固无殊也。此书种法简便，惟译笔猥鄙，次序紊乱，兹重为编次删润之，以为我农夫俾取法焉。光绪丁酉首夏，上虞罗振玉记。

与此跋相对应，罗氏还借《农学报》发告白，云：

> 农学首贵试种，方可征信于人。然如洋棉、拉美草之类，须于外国购种试之，人咸苦未便，兹本会已购种试种……[1]

不过，诚如傅氏"博议"所说，"报中所译山东种洋棉法极佳"，然犹嫌其未详。并说，他往年在天津"觅得美国棉种寄蜀试种，结桃大而紧，惟不知弹法，以致废弃；次岁再种，则变与常棉同，今仲教士言数年始变，当是土宜之异也"。[2] 也就是说，"购种试种"，结桃收获了，还须知其"弹法"（即棉花加工）、保持棉种不变等。若要真正为我农夫"取法"，绝非一蹴而就。

应当看到，"农学首贵试种"，必须"试之"而后方可"征信于人"，这是倡导兴农，参与"博议"农会诸人的共识，也是推行农学"新法"的原则。

上谕决定命运

继《农学丛刻》之后，罗振玉又以上海农学会名义，将"久经售罄，补印

---

[1] 《本馆告白》，原刊《农学报》第七册（1897年8月）。
[2] 《傅润沅论农事书》，原载《农学报》第九、十六册《农会博议》。

不易"的《农学报》丁酉年（1897 年）十八册、戊戌年（1898 年）三十九册，改"册"（期）为"卷"，重编为五十七卷，这就是分册（共五册）成套的《农学报》首次合刊本。其编刊时间，当在《农学丛刻》问世之次年（1899 年）。尔后，以江南总农会刊行之《农学报》全套三百一十五卷（共三十册），殆承此而来。所以，我们要特别说明"合刊本"乃是将《农学报》"一分为二"为"丛书"（丛刻）之后的"选本"；① 试观诸卷目录，仅有"奏牍"（章程、报告、告示等）、事状（各地农事）、会状（或会事）、西报（选译）、东报（选译）等四个基本栏目。

但是，由于不了解彼时罗氏编刊农书农报的真情实状，致近人不惟将以"卷"易"册"（期）之《农学报》合刊本误以为原本；尤甚者，更出现了"1897 年《农学报》也载光绪皇帝的上谕"论断，并加注称：

> 光绪廿三年五月十六日上谕。载《农学报》第一年卷首。②

这几近"假传圣旨"了。究其缘由，盖在于将载于《农学报》首次合刊本卷首之"上谕"，误成了原刊本"第一年卷首"。原来，罗氏首次重编《农学报》合刊本，并为区别于原刊本，乃郑重其事地于第一册卷首"恭录"了两道谕旨。其一，即五月十六日上谕，移录如下：

> 上谕：总理各国事务衙门奏议复御史曾宗彦奏请振兴农学一折。农务为国家根本，亟宜振兴。各省可耕之土未尽地力者尚多，着各督抚饬各该地方官劝谕绅民，兼采中西各法，切实兴办，不得空言搪塞。须知讲求农务，相地之宜，是在地方官随时维持保护，实力奉行。如果办有成效，准该督抚奏请奖叙。上海近日创设农学会，颇开风气。着刘坤一查明该会章程咨送总理衙门查核颁行。其外洋农学诸书，并着各省学堂广为编译，以资肄习。钦此。

---

① 参见本书第五章"对《农学报》之三大误传"。
② 《中国传统农学与实验农学的重要交汇——就清末〈农学丛书〉谈起》，《农业考古》1984 年第一期。

这道上谕发布的时间为光绪二十四年，即戊戌（1898 年）五月十六日。这时，恰当同年四月二十三日光绪帝颁诏"明定国是"，启动"变法"之际；距"《农学报》第一年"，即光绪二十三年丁酉（1897 年）四月上旬创刊，已有了一年又一个月，并且由《农报》译载"外洋农学诸书"而显示了农学会"颇开风气"的实绩。

其二，为十月二十五日军机大臣奉上谕，移录如下：

> 奉上谕：刘坤一奏农学商学请准其设会设报等语。前禁报馆会名，原以处士横议，其风断不可开。至于农商人等联络群情、考求物产，本系在所不禁。着即由该督出示晓谕，俾众咸知，仍不准其横议时政，以杜流弊。将此谕令知之。钦此。

以上两道谕旨，前后相隔五个多月，中经"嫦娥底事太无情"（王国维己亥《八月十五夜月》）的西太后痛下杀手之"八月政变"，真是忽喜忽忧，同样令罗振玉终生难以忘怀。

我们盘点《农学报》前三年栏目，已经注意到该报"谕旨恭录"，始自光绪二十四年（1898 年）七月上旬第四十册（期）所载"六月十五日奉上谕"。接着，《农学报》相继录载了七月初五日奉上谕：总理各国事务衙门代奏工部主事康有为等"陈请兴农殖民，以富国本"一折，"着即于京师设立农工商总局"，"派直隶坝昌道端方"等以三品卿衔总办督理，并饬令"各省府州县设立农务学堂，广开农会，刊农报、购农器"；七月二十八日奉上谕：都察院代奏福建举人张如翰"呈请开农学科"，"着礼部会同孙家鼐、端方等议奏"。[1] 如此，有的研究者因而惊叹，"戊戌变法"期间，"还没有看到哪一个领域如同农业一样，得到光绪帝的如此注重，下发如此之多的谕旨"。[2]《农学报》还全文录载了端方督办的《农工商总局奏试办农务情形折》，其中一项为"开农学官报"，云：

---

① 以上谕旨，分载于《农学报》第四十二册（1898 年 9 月）、四十五册（1898 年 10 月）。
② 茅海建：《戊戌变法史事考初集》，第 324 页，三联书店 2012 年版。按，张如翰《请设农学科疏》，载何良栋辑《皇朝经世文卯编》卷二十二，文海出版社 1966 年版。

农报一事，聚农会之精英，为农学之进境。上海前已设有农报，创开风气，独具匠心。兹开农学官报，意在与上海农报馆相辅而行，该馆独力经营，备极艰苦，并当力加保护，且可借镜得失，互相观摩。至报馆章程，取资英伦，但明农学，不及时政，必就已验之法、可行之事，始行登录。其阅报章程，援照时务官报办法，无论官民，一律出资，以要经久。[①]

请注意：这是在《农学报》创办的第二年，又是"戊戌变法"如火如荼之时，端方即以"聚农会之精英，为农学之进境"来总括"农报一事"，并以"独力经营"的《农学报》之"备极艰苦"，应"力加保护"，来上达"天听"。我们说罗振玉笔削《农学报》，"颇具匠心"，岂过誉哉！

作为身临其境的当事者，罗振玉焉得无动于衷？其感奋心情，可见于禀尧钦公家书。他说：

现抽空回淮一看，于今日抵家，下月初仍返申，因沪馆甚忙也。农会于上月奉到南洋传谕，索取会章，欲颁行各省。中国农事转机，将在于是。不仅草野小臣，和衷欣慰也。

又说：

昨又与经莲山太守拟办上虞农工学堂，粗有规模，虽平日襟抱可以略抒，然劳苦甚矣。[②]

所说"奉到南洋传谕"，殆指五月十六日上谕"着刘坤一查明该会章程咨送总理衙门查核颁行"，刘以两江总督兼南洋大臣，上海务农会奉到刘督"传谕"的时间，应不迟于六月上中旬。然则，罗氏既称"上月奉到"，此信当写于七月，自沪返淮安省亲时。所称"经莲山太守"，据《农学报》所刊《农会

---

① 此折刊于《农学报》第四十五册《奏折录要》（1898 年 10 月）。

② 《永丰乡人家书》（二）之十八，《罗雪堂合集》第七函，西泠印社出版社 2005 年版。

续题名》："经元善，字莲山，浙江上虞人，候选知府。"这表明，罗振玉欲借刘坤一"索取农会章程"颁行各省的东风，与乡友经君联手在原籍上虞展其兴办学堂之抱负。

然而，借用梁启超的话来说，"数日之内，世界突变"。罗振玉原打算"下月初仍返申"的"下月初"，即八月六日，"勤劳宵旰，日综万机"的光绪帝，向内阁发出上谕，"吁恳慈恩训政"，并蒙西太后叶赫那拉氏"俯如所请"，宣布"坐便殿办事"。史称"戊戌百日维新"，就这样落幕了。"草野小臣"罗振玉的办学计划，只能作罢。他此时恰在淮安家中，乃由"胆小"的蒋黼在沪打理一切，坚持着《农学报》按期出版事宜，并揭载了《两江总督刘大臣请准设农商学会报片》：

> 再，前奉谕旨，严禁报馆会名，臣愚以为：朝廷之意，特指士大夫言，诚不宜动辄设报设会，以逞臆说而植党援。至于农学会农学报、商学会商学报，实所以联络群情，考求物产，于农务商务，不无裨益，似不在禁止之例，可否仰恳特旨，准其设报设会，或即由臣出示晓谕，以免农商有所疑畏。仍不准其妄议时政，以杜流弊，理合附片具陈，伏乞圣鉴训示。谨奏。[1]

这表明，由刘坤一"奏农学商学准其设会设报"所发十月二十五日上谕，亦为罗氏重编《农学报》首次合刊本补录。

这样，催生了近代中国新农学的农会农报，既有农工商总局督办端方上奏"力加保护"在前，又有传旨索取农会章程的两江总督刘坤一上奏"保全"于后；而其会其报之兴废存亡，则取决于《农学报》首次合刊本卷首所载的上述两道谕旨。罗振玉因而自己动手，书写《农学报》报名，并题写了"农学会遵旨刊行"。这或许就是中国特色的权力机制吧。

罗振玉亲书之《农学报》

---

① 此折原刊戊戌（1898 年）十月中旬出版之《农学报》第五十册《奏折录要》。

"农会题名录"之历史内蕴

［之一］无可取代的原生态史料

迄今刊布的有关罗振玉生平、著述的史料和论著，如果有所缺失或遗漏的话，我以为很重要的一种，就是一本刊有《农会题名》《农会续题名》的小册子，线装，石印，未标书名，附于上述《农学报》首次合刊本之后，故亦可称之为罗编《农学报》五十七卷"合刊本"之附册，凡三十八叶，编次为：

> 《农学报》略例
> 新会梁启超序（即《农会报序》）
> 农会题名
> 农会续题名

为便于称述，权且合名之曰"农会题名录"。①

当然，按照农会章程规定"凡允入会之友，以刊名入报为凭"，《农会题名》首刊于《农学报》丁酉（1897 年）四月上旬创刊号（第一期）；《农会续题名》则自第二册（期）起载，迄于戊戌年（1898 年）十二月终止。章程并有承诺，"每年终必将各处会友人名，汇印一单，分寄各友"。因此，将《农学报》丁酉（1897 年）至戊戌（1898 年）两年所刊"会友人名"汇成一册（而非一单），正是信守了章程。②

---

① 题名，《辞源》释义为"题记姓名"。在科举时代，以同榜者姓名、年龄、籍贯汇刻成册，称"题名录"；元明以降直至清末，就有了"进士题名录"之专称。罗编《农学报》之际，科举尚未废除，故但有"题名"而无"录"，此亦时代使然耳。

② 以上规定及承诺，参见《务农会试办章程》第二十一、二十二条。

还有一点也很重要，就是《农学报》创办头两年所载《本会（或本馆）告白》、"捐款姓氏""捐款姓氏续登""各埠售报处所"及"各处代收捐款诸君名氏住所"，丁酉（1897 年）农会收支账目，以及戊戌年（1897 年）所刊东文学社捐款姓氏与东文学社告白，还有外来报馆、厂商等告白，均附刊于《农会题名》或《农会续题名》之后。①

所以完全有理由说，有了本册"农会题名录"所附刊之种种，一定程度上恢复了被"合刊本"改易为"卷"的丁酉（1897 年）至戊戌（1898 年）两年《农学报》的原刊面貌，也为我们了解罗氏当年如何笔削《农学报》，提供了无可替代的第一手的原生态史料。

［之二］李鸿章第一，张之洞第二

无论是《农会题名》还是《农会续题名》，如果循名质实，就是"务农会会员录"。

这里，有必要说明，所谓农会"题名"，绝非任尔题写，签名了事。谁要想题名入会，先得提出申请，然后由会友（即介绍人）交会中"聚议时议定允否"。②例如，《农学报》第九册（丁酉八月上旬，1897 年 9 月）所刊《农会续题名》仅有"江苏阳湖（即武进，今属常州市）人"而为"山西候补知县"之恽宝善一人。经笔者查核，知其刊名入报前，曾致信汪康年，称："《农学报》十分（份）收到，已分送各大宪……本会（即农学会）弟亦拟列名，未知可否？"③当时，所谓"会中聚议"，殆即由"主在会研究一切"的罗、蒋与汪康年（类似于"暂设总董"）"议定"，故能在信到后迅即允其列名。

不惟如此。按照农会章程，"如有愿研求农务者，可随时托会中之人，将姓名、居籍、仕履"填写交至"会中"，④然后办理入会。例如，徐树兰曾致信汪康年，介绍其亲家、进士许在衡（字笏云）入会：

---

① 本书前此及以下相关章节引录之《本馆（或本会）告白》及其他诸项史料，均出诸"农会题名录"，并据以推定《农学报》原刊（或当刊）期（册）数，特一并予以说明。或有讹差，尚祈能有条件阅知《农学报》原刊本之有关人士，不吝赐教指正。

② 参见《务农会试办章程》第十七、十八条。

③④ 《汪康年师友书札》（三）第 2194 页、（二）第 1526 页，上海古籍出版社 1986 年版。

舍亲许进士在衡，均有志于明农，愿入学会。许进士捐银二百元，已汇交沪上福康钱庄……其履历另录呈上，请属刻入本报。①

老辈之于入农会，如此循规蹈矩、照章办事，要算一个佳例了。那么，《农学报》又是怎样将"题名"者"刻（刊）入本报"的呢？

我在这里先要不惮烦琐，做入会人数统计：

《农学报》创刊所载《农会题名》，凡45名；

自第二册至第十八册，《农学报》丁酉每期（册）均刊有《农会续题名》，凡164名；

戊戌年（1898年）《农学报》以旬刊、闰三月，共出版39期（册），刊《农会续题名》15批次，凡129名；

以上题名、续题名，合计338名，如按年度，丁酉年（1897年）题名入会者，计209名，占61.83%。

首刊《农会题名》下，加注云：

《农会题名》首批会员

以先后为次。以后入会诸君，依次续登。

---

① 参见《务农会试办章程》第十七、十八条。

　　所谓《农会续题名》，盖自此而来。而"以先后为次"，即俗谓"先来后到"，纯然按其入会顺序，先入会者先列名。循此原则，在最初的《农会题名》中固然颇多名流，而在后刊的《农会续题名》中亦不乏俊杰；尤其前述"农学会请附贱名"的张之洞，《农会续题名》云：

　　　　张之洞，字孝达，直隶南皮人，湖广总督。

　　然而，在这位"贤督"之前，另一位名声更大的大学士李鸿章，业已赫然刊入了名录中：

　　　　李鸿章，字少荃，安徽合肥人，文华殿大学士。

　　作为在"三千年未有之大变局"中叱咤风云数十年的李鸿章，曾在两年前（1895 年）强学会成立之时，被维新派拒绝其捐款入会。[①] 此番，他欣然题名入农会，"推手"是谁呢？其人就是同列名于《农会续题名》的罗振玉亲家刘鹗。盖刘父成忠（子恕）乃李鸿章同年进士；而刘鹗 1895 年开始在京倡洋务、办实业，包括筑铁路，"主要倚靠李鸿章和王文韶与子恕先生的年谊"。[②] 因此，李氏题名农会，当为刘鹗周旋的结果。

　　于是，嗣后所编的"另册名录"——《农会题名·农会续题名》，[③] "排名榜"上出现了李鸿章第一、张之洞第二，李、张之前的题名，均"退居"其后了。

［之三］刘坤一："既为学会，来者自不能拒"

　　如前所述，血腥的 1898 年"八月政变"，凡属鼓吹变法的学会被禁、报馆

---

　　① 李鸿章（1823—1901），道光进士，以编练淮军起家，洋务派首领，继曾国藩为直隶总督兼北洋大臣，擢武英殿大学士，转文华殿大学士。1894 年中日甲午之战，避战求和，北洋海军全军覆灭。1895 年签订丧权辱国之《马关条约》，维新志士愤而创强学会，李欲捐银两千两入会，被严拒。

　　② 刘蕙孙：《铁云先生年谱》，"引言"第 11 页，齐鲁书社 1982 年版。

　　③ 《农会题名·农会续题名》，与王国维译日本《农事会要》合为一册，编入单题为《农学》的套书内。按，《农会续题名》中李鸿章、张之洞，分别刊于《农学报》第五册、第八册。

被封，所谓"海上志士一时雨散"，逃之夭夭了。正在淮安省亲的罗振玉，岂能消停得了？罗继祖说，这时祖父人在淮安，因此淮寓闹得风鹤不安。曾祖母为此责怪祖父，怕事的人更煽风点火，使老人家沉不住气，叫家里人下乡暂避，事平才回城，并引录了二姑母，即罗振常次女仲安（静）所撰其父《邈园公年谱》（草稿）里的一段记述：

> 康有为变法，三伯父（罗振玉在兄弟五人中居第三）参与其事，祖母骇甚，乃令两亲挈予姊妹匿居乡间多时始回。[1]

我在20世纪80年代中曾谒见罗仲安老人，老人言谈爽朗，于往事能直言不讳。是故"文如其人"，虽年谱亦然。不过，罗继祖先生以为，说"三伯父参与其事"太笼统。实情应该是，罗振玉没有也不可能参与变法之事，但如若拿了"农会题名录""指认"一下，办他个与"康党"有牵连，不够他喝一壶嘛！

所以，不妨说此时此际"风鹤"中匿避乡间多时的罗振玉，虽在闻知"农报未经查封"后返沪与蒋黼会商何以处之，实际上仍如惊弓之鸟。蒋力主"闭馆散会"，罗说，还拖欠着那么多印刷费，奈何！

罗振玉晚年追忆，于无奈中申请将《农学报》"移交"官办的报告，是托请一位叫李智俦的友人面呈江督刘坤一的。据《农会题名》，李智俦，字鹿侪，江苏仪征人，前湖南龙山县知县。看来，刘坤一官高权重，尚能体察下情，倾听了往昔曾在他的湖南老家做过父母官的李君陈述之后，乃以不失担当的大家气度，在"农会绅士"罗振玉具名的呈请将《农学报》移交农工商局改由官办的报告上挥笔批曰：

> 农报不干政治，有益民生，不在封闭之列。至农社（即农学会）虽有乱党名，然既为学会，来者自不能拒，亦不必解散。至归并农工商局，未免掠美，有所不可。[2]

---

① 罗继祖：《庭闻忆略：回忆祖父罗振玉的一生》，第150页，吉林文史出版社1987年版。
② 罗振玉：《集蓼编》。

是的，《农学报》原以"明农"为主旨，故"不干政治，有益民生"的八字定性十分精准到位。西太后慈禧以光绪帝名义发出缉拿"康党"，"即行处斩"的"戊戌六君子"中，题名入会的农会会员有二：康广仁、谭嗣同，且是居首者。清廷传旨刘坤一抓捕据称自京潜沪的"康党二把手"梁启超，则是农学会最热心、最有力的倡导者之一。不惟如此，西太后还下令密电刘坤一，将病假在沪的黄遵宪秘密看管；将文廷式"密饬访拿，押解来京"。如此，对照《农会续题名》，黄、文大名亦均在录……

不过，刘坤一虽曾奉旨向农会"索取会章"，却不赶潮流，超然题名之外。他说，农会"既为学会，来者自不能拒"。这个定位，脱开政争，实事求是，明确指出了作为民间社团的农会，姓"民"不姓"官"，是学会而非衙门。李鸿章、张之洞大名尚且"题"入了会中，何况他人?！

相比而言，倒是自为"藏拙地"的罗振玉，一方面在禀尧钦公的信中自剖心迹，说友人中以布衣入政府者不少，自惭疏放，未敢造次，且骤进非福，故虽有达者荐举他应经济特科，但他"力辞"了。[①] 这显示了他的识见，确非时流可比。另一方面，也许是为着撇清他与"康党"之牵连吧！他要将包括谭嗣同、康广仁在内的"著名于农社"的"农会题名录"摈弃不录于《农学丛书》，并以此来彰显他本人"在沪十年，黯然独立，不敢与诸志士相征逐也"，[②] 就不免有功成名就、拈花而笑的味道了。

［之四］章太炎与王国维：双星并辉"题名录"

无可否认，历史的笑容总是朝着成功者绽放。从"变法"到"政变"，一字之差，地覆天翻，而罗振玉及其农会农报，非惟有惊无险，且被当局打了"满分"，得了完胜……

当然，罗氏所称"著名于农社以去"的"志士"良莠不一，这也无足为怪。况且，农会章程对"新入会之友"的"品学名望"早有要求，"以杜借入会为名，在外影射招摇之弊"。[③]

① 《永丰乡人家书》（二）之十八，《罗雪堂合集》第七函，西泠印社出版社2005年版。
② 罗振玉：《集蓼编》。
③ 参见《务农会试办章程》第二十条。

实则，分期依次揭载于《农学报》的题名者，人无分尊卑，从位极人臣的尚书、大学士到布衣寒士；出身则贡、举、生、监，进士、翰林，一应俱全，"甲午状元"张謇之外，亦有"文童"，而在罗氏所称"著名于农社"即题名在册的农会名录中，窃以为颇可注意者，是"兄弟会员"，诸如汪氏兄弟（康年、诒年）、马氏兄弟（相伯、建忠）、陈氏兄弟（季同、寿彭）、高氏兄弟（凤歧、凤谦）、傅氏兄弟（增湘、增濬），以及徐树兰之侄、蔡元培早年曾事的徐氏藏书楼主徐氏兄弟（维则、维梅），张之洞侄女婿（一说女婿），以翰林院侍讲学士就任学部编译图书局首任"局长"（监督）的黄绍箕及其弟绍第，还有黄遵宪及其弟遵楷，文廷式及其弟廷楷，等等，皆近世闻人，有的且为后来的民国要员。

还有彼时亦曾题名于农会的学界耆宿，如写出了中国，也是世界第一部考释殷墟甲骨文字专著的孙诒让；以创建江南图书馆而被尊为中国图书馆之父的缪荃孙；报界闻人汪康年、叶瀚之外，还有以创办《无锡白话报》著称之裘廷梁，《农会续题名》谓：字可桴，江苏金匮县（无锡县旧称）人，乙酉（1885年）举人。《农学报》且为之刊告白，云：

> 本会会员裘可桴孝廉，现创《无锡白话报》以教妇孺，将新学格致要书译成浅说，每月出报六册（五日一出）……现已出第一册样本，欲阅者请至本馆账房取阅可也。①

还可一提者，是福开森其人，《农会续题名》谓：字茂生，美国人，江宁汇文书院掌教。这要算是农学会践行其"寓中国之外国人，皆可入会"之章程的佳例了。②

---

① 《寄售无锡白话报告白》，刊于《农学报》第二十六册，戊戌年（1898年）三月中旬。按，《无锡白话报》，创刊于清光绪二十四年（1898年）闰三月二十一日，此云"第一册样本"，尚非正式"创刊号"。笔者据前此及其后所登告白，推断此为第二十六期（册）《农学报》，实乃中国近代第一家白话刊物之"出版预告"。

② 参见《务农会试办章程》第十七条。按，福开森（John Calvin Ferguson，1866—1945），1886年自美来华，创办南京汇文书院、购控上海《新闻报》，参与"东南互保"，充任刘坤一、张之洞及北洋政府顾问等。先后留居中国近六十年，以传教士、教育家、新闻出版家、文物考古学家及慈善家身份活动于南京、上海、北京等地。

当然《农学报》既"聚农会之精英，为农学之进境"，反过来说"农会题名录"在一定程度上乃是《农学报》精英团队之体现，应该并不为过。事实上，受到朝廷"奖叙"的《农学报》两大主要业绩："外洋农学诸书"中"西报""西书"之编译者，及"考求物产"的著录者，几乎全为本会会员；至于会员中以"名位兼尊，或有学术"而"博议"农事之外，还有"体制内"的"在职会员"，诸如《农学报》创刊之初，曾为刊载《穑者传》等致书汪康年的王景沂，《农会续题名》谓：字义门，江苏江都人，内阁中书。以端方为督办的农工商总局于戊戌（1898 年）七月初五日成立，而王景沂即本着"农务为中国大利根本"的谕旨，通过内阁数次条陈农务，其中七月二十日的条陈，就京师设立农学会、拨官地进行农学试验，以及对试办农工商业给予拨官款、减厘税，予以扶植等提出具体建议，于当日交工农商总局，奉旨"着端方等妥速议奏"，并送慈禧太后。①

凡此，又可证形形色色的农会题名者中，不乏热心于兴农的志士，并留下了"有功于农事"的历史记录，当然也为催生近代中国新农学做出了贡献。

还不可不提的是章太炎与王国维，两位巨子，双星并辉，且不约而同地出现在戊戌（1898 年）三月间出版的同期（册）《农学报》所刊《农会续题名》：②

　　章炳麟，字枚叔，浙江余杭人。
　　王国维，字静庵，浙江海宁人，生员。

趁此，我觉得还有必要回叙一段往事。1927 年 6 月 2 日王国维在北京投湖自沉，梁启超言及其自杀原因，说："最近的刺激，则由两湖学者叶德辉、王葆心之被枪毙。"③ 这里所说"两湖学者"，首指湖南的

青年王国维

①　王景沂条陈，戊戌（1898 年）七月二十日内阁代奏。转引自茅海建《戊戌变法史事考初集》，第 322 页，三联书店 2012 年版。

②　本次《农会续题名》与《寄售无锡白话报告白》，同刊于戊戌（1898 年）三月中旬出版之第二十六册《农学报》。

③　梁启超与梁令娴等书，转引自《梁启超年谱长编》，第 1145 页，上海人民出版社 1983 年版。

叶德辉。此公在 1927 年初的农工运动中被杀，确系事实。[1] 但说到湖北的王葆心"被枪毙"，则应属彼时时局混乱中的讹传了。恰巧，其人并仕履亦载于 1898 年的《农会续题名》：

> 王葆心，字香湖，湖北罗田人，优贡生。[2]

更加无巧不成书的是，王葆心的大名，与王国维同时出现在 1908 年学部编译图书局"职员表"之"履历表"上，[3] 谨录如下：

姓名	籍贯	字	官阶	到局时间	任职（编译书名）
王国维	浙江海宁	静安	附生	丁未二月	译《辨学》
王葆心	湖北	季香	举人	丁未十月	《经学史》

由是观之，梁公笔底"在乡里德望甚重"的季香"老先生"，原是观堂昔日在学部之同僚。旧闻重提，澄清讹传，亦史家之责耳。

[备考] "农会题名录"所载 338 位会员名单[4]

《农会题名》，丁酉年（1897 年）四月上旬 45 名（以先后为次）：蒋黼、罗振玉、汪康年、梁启超、徐树兰、朱祖荣、邱宪、马良、马建忠、陈虬、叶瀚、张謇、张美翊、李智俦、叶意深、连文冲、陈庆年、陶在宽、沈学、沈瑜庆、凌赓飏、魏丙尧、王镜莹、邵章、邵孝义、龙泽厚、龙焕纶、汪鸾翔、况仕任、王濬中、龙朝辅、刘梦熊、谭嗣同、柳齐、周学熙、高崧、沙元炳、吴廷赓、马燮光、邓嘉缉、胡光煜、桂嵩庆、李钧鼎、李盛铎、龙璋

《农会续题名》，丁酉年（1898 年）四月下旬至年终 164 名 [以刊期先后为

---

① 陈鸿祥《王国维全传》，第 602—603 页，人民出版社 2007 年版。

② 原刊《农学报》第三十四册（期），戊戌（1898 年）五月上旬。按，王葆心（1867—1944），字季芗（一作季香、香湖），号晦堂，湖北罗田人。于题名农会后的光绪二十九年（1903 年）乡试中举。先后为武昌大学（1926 年）、武汉大学（1928 年）教授，平生著述达一百七十余种。

③ 《学部官报》第六十九期，光绪三十四年（1908 年）九月二十一日。

④ 原刊诸人名后均有字、居籍、仕履，兹为简约篇幅，概从略。

次，各期（册）之间以○为号，下同]：徐维则、汤寿潜、汪诒年、李鼎星、陈季同、陈寿彭、陈明远○麦孟华、伍湛忠、狄葆贤、金钺、张藩、刘锡祥、刘光蕡、杨蕙、陈涛、孙淦○谢钟英、周士杰、缪荃孙、郭凤诰、蒋锡坤、池虬、刘锦藻、孙福保、刘世珩、蒋汝圻、潘承璐、福开森、韩澍滋、沈云沛○李鸿章、朱树人、刘鹗、程恩培、夏寅官、吴佑曾、于振声、徐景云、徐石麟、赵元益、张通典、文廷楷○洪述祖、袁淦、黄遵宪、黄遵楷、陈锦涛、刘秉彝、祝寿慈、郭锡恩、周宪方、胡念修、褚德义、周光文、周光祖、戴德龄、杨崇干、顾锡爵、顾锡祥、董金鑑、陈德诒、徐维梅、查燮、傅增湘○周星诒、冒广生、沈克诚、桂蔚章、吕维翰、傅增濬、张寿波、章献猷、许金镛、洪锦麟、林调梅、王恩植、杨世环、周拱藻、鲍锦江○张之洞、鲍德名、康广仁、何树龄、王觉任、刘桢麟、徐勤、曹硕、欧榘甲、何廷光、陈继俨○恽宝善○陈宝琛、马锦繁、邬珍、吴保初、胡潏康、朱邦献、奚在旒○孙多澳、许家惺、周泰韵、邱惟毅、黄荣良、童念康、许在衡、章廷黻○瞿昂来、张鸿、朱克柔、潘飞声、刘树堂、朱葆琛、李兴邺、江立元、土登铨、陈德藻、王丰镐、查宗瀚、赵文衡○严国栋、汪钟霖、陈其嘉○陈璧、孙葆缙、力钧、黄宝瑛、高凤谦、薛裕昆、杨毓辉、李宝森、裴廷梁、康有仪、董祖寿○梁鼎芬、徐世昌、汪大钧、黄绍第、王景沂、曾仰东、顾丙斗、黎宗鋆、唐才常、李大受、嵇侃、王仁乾○王锡祺、吴燕绍、杜炜孙、陶喆甡、陆树藩、金鹤年○刘敦焕、文廷式、陈骧、张廷楫、何彦昇、金启商○钟天纬、范熙庸、王孝绳、张汝金、赵景彬、汪振声

《农会续题名》，戊戌年（1898年）129名：王维亮、岳钧、王纳善、恩溥、吴廷璋、徐烝乂、黄士芬、恽积勋、岳樑、相国治○屈燨、熊元铼、伍恭寅、张士瀛、魏士骊、赵源澥、杨廷骥、林志恂、高凤岐、陈汉第、吴廷夒、蔡世佐、唐桂、曹中裕、高凌霨、许树芬、凌万铭、蒋葆瑚、常堉璋、孔昭鋆、储桂山、储桂芬、吴肇基、吴肇璜、张恩祺、冒金传、张希杰、吴毓才、林则泽、李培桢○黄守恒○姚大荣、陈奋、童学琦、章炳麟、钱承铦、沈世钤、周自齐、任光春、朱宝瑨、工国维、应绍先、沈寅烈、朱仁煦、居士夒○黄绍箕、刘崧英、陈试○钱维骥、陈庆林○廖世经、陈汉章、谢彦华、赵鼎奎、刘鸿熙、刘鸿焘○何琪、梁建章、谷钟秀、王振垚、马鑑滢、尚秉和、吴鼎昌、李致桢、宓清翰、张兆燕○孙多鋆、孙多鑫、孙多森、甘鹏云、王葆心、王楚

乔、王文树、帅培寅○梁廷栋、经元善、聂其昌、祝鼎、钱绥樂、潘任、董宝康、胡颖之○陶濬宣、娄国华、蔡元庆、朱镜荣、蒋善庆、邱震、王季烈、徐庆沅、朱焕彰、张汝霖、杨德成、黄受谦○徐元绥、徐兆璋、三多、赵若勤、李庆龙、张森林、沈国钧、张谦、林崛、刘永昌○陈庆绥、夏先鼎、邓在陛、马其昶○归宗郙

重大工程

编印《农学丛书》，毫无疑问是一项重大的编辑出版工程。汇集古今东西农学论著，可谓史无前例。然而，今天去看《农学丛书》，既无总序、导言之类的例行文字，亦无编纂缘起这样的说明。所以，欲知此书的来龙去脉，还得从头说起。

首先是，为何要编印《农学丛书》？作为发创者，当事人罗振玉说，是为了将"历年所译农书，编印丛书百部充农馆经费"。就这么简单。

然而，实际操作，可就很不简单。所谓"编印丛书百部充农馆经费"，就是实行丛书民办，独力编印，不假官助，通过自编、自印、自发、自售的"四自"办法，达到"以书养书"之目的。

应该说，这实在也是罗氏将家庭作坊式的印书模式，亦即传统的书坊操作引入近代编辑出版的成功实践，并且贯彻于他一生的书刊编纂——所谓"雪堂校刊群书"的活动之中。

罗振玉所说"历年所译农书"，起自光绪二十三年丁酉（1897 年）。如果查对《农学丛书》，即可发现，初集第二册学理之四的《农学入门》，原刊丁酉（1897 年）四月上旬出版之《农学报》创刊号（第一册），这是迄今所知，罗振玉丙申（1896年）春赴沪创设农学会聘请译员所译印的第一部日本农学书籍。[①]

《农学丛书》凡七集，列于第七集二十三种之二十二的《种岩桂法》，原刊光绪三十一年乙巳十二月下旬（1906年1月）出版之《农学报》终刊号（第三百一十五册）。[②] 这亦可视为罗氏于移译欧美日本农书之外，搜访中国民间农艺的成果之一。

据笔者点检，《农学丛书》七集皆石印，总计二百三十六种，三百三十七卷，线装八十二册。

分集如下：

初集，二十册，九十二种，书名杨守敬署，上海农学会译。

第二集，十册，四十八种，篆体书名，当系罗氏自题（以下书名未另署名者，疑皆罗题），光绪庚子（1900年），江南总农会印。

第三集，十册，十一种，光绪辛丑（1901年），江南总农会译印。

第四集，十二册，二十五种，光绪二十九年（1903年），江南总农会印。

第五集，十册，十二种，书名成饴署，上海农学会译。

第六集，十册，二十五种，江南总农会译印。

第七集，十册，二十三种，江南总农会译印。

《农学丛书》卷帙宏大、内容浩博，整套丛书之字数，殊难以确计，唯核计石印每叶（相当于活体双面印刷之两页）九百六十字，若以每册四十五叶框算，约得四点三万字，八十二册累计字数当在三百五十万字上下；如以新式标点排印，当不下五百万字。

《农学丛书》乃罗氏一手编定，体例较为划一。大致来看，各集开卷（首

《农学丛书》原版书影，罗振玉题署

① 《农学入门》，〔日〕稻垣乙丙著，卷一、二〔日〕古城贞吉译，卷三〔日〕山本正义译。起载于《农学报》第一册，载迄于该报第五十六册（光绪二十五年正月上旬，1899年2月），历时三年。

② 梁廷栋：《种岩桂法》，原刊《农学报》第三百一十五册，终刊最后一篇。

册）均以学理居首。谨以初集九十二种为例，其一、二、三册八种，为"学理及业务"，篇名：农书、农学初阶、农学初级、农学入门、土壤学、耕作篇、气候论、农业保险论。

四、五、六、七、八、九册，三十八种，为"种植类"，篇名：植学启原、植稻改良法、陆稻栽培法、种印度粟法、甜菜培养法、甘薯试验成绩、茶树试验报告一、日本制茶书、家菌长养法、农产物分析表、葡萄酒谱、制芦粟糖法、验糖简易方、美国种芦粟栽制试验表、美国植棉书、植美棉简法（据罗氏识语，此篇"与《美国种棉述要》并刻焉"）、种棉实验说、麻栽制法、蒲葵栽制法、种蓝略法、吴苑栽桑记、葡萄栽培制造法、人参考、樟树论、炼樟图说、植漆法、植三桠法、植雁皮法、植楮法、果树栽培总论、种植书、林业篇、森林保护学、种植学、草木移植心得、植物近利志、檇李屠氏艺菊法、月季花谱。

十、十一册，五种，为"肥料"，篇名：肥料篇、厩肥篇、肥料保护篇、农学肥料初编、农学肥料续编。

十二、十三册，五种，为"农具"，篇名：农具图说、奇埃叠哀安摩太风车图说（简作"风车图说"）、泰西农具及兽医治疗器械、代耕架图说、福田自动织机图说。

十三册，另二种，为"制造"，篇名：制纸略法、罐藏制造法。

十四、十五册，九种，为"畜牧、水产"，篇名：畜疫治法、山羊全书、牧羊指引、人工孵卵法、马粪孵卵法、家禽饲养法、家禽疾病篇、水产学、金鱼饲育法。

十六、十七册，十种，为"蚕桑"，篇名：奥国饲蚕法、蚕体解剖讲义、脓蚕、蚕桑实验说、饲育野蚕识略、蚕书、湖蚕述、养蚕成法、粤东饲八蚕法、制絮说。

十八册，二种，为"害虫"，篇名：害虫要说、驱除害虫全书。

十九册，七种，为"物产"，篇名：京师土产表略、江震物产表、南通州物产表、宁波物产表、武陵土产表、善化土产表、瑞安土产表。

二十册，六种，为"章程、文牍、条陈"，篇名：札幌农学设施一斑、杭州蚕学馆章程、蚕业学校案指引、瑞安务农支会试办章程、整饬皖茶文牍、广种柏树兴利除害条陈。

可以说，初集二十册之体例，实为丛书编印之标杆。在编排方面，二、四、五集篇目亦做了分类，而三、六、七集则未分类。限于当时农学知识水平，即使分类，亦仅为大致归纳，诸如初集中之艺菊法、月季花谱，乃属花卉、园艺类；又如第三集卷首有"日本农业大家伊达邦成小像、罗振玉篆"，所载《日本农学家伊达邦成传》乃是农学家传记，[①] 如做分类，则应与丛书中的相关篇目归为传记类。所以对整套丛书之篇目如何归类，尚须探讨。

野人深心与十年始终

无论从辑录的篇目，还是从编印的时间来看，《农学丛书》是紧接着《农学丛刻》，七集连贯、陆续（而非一次）问世的。

为此，有必要厘清《农学丛书》与《农学报》之相互关联，但又非可混同的关系。例如，有的日本学者介绍罗振玉早年译编农学书刊，仅据若干篇目加以揣测，将《农学丛书》指为"《农学报》合订本"，[②] 这当然是谬误。但是，也有国内的学者，综述《农学报》并"概观"《农学丛书》，以为"与《农学报》一样，《农学丛书》也诞生在新旧交替的时代"，[③] 亦即将二者分割开来，当成了各不相谋的两件事情。显然，这也是讹误。究其所以致误，皆在于未加查对丛书与《农学报》原刊篇目之故。

那么，《农学丛书》与《农学报》应该是一种什么样的关系呢？所谓"相互关联"，亦即丛书派生于学报，借用农学术语，亦可名之曰"分蘖"：学报犹母本，丛书乃于学报分出（故非"合刊"，但又非各不相关）。对此，罗振玉本人其实说得非常清楚。他说，丛书编印的是"历年所译农书"，并曾"附报刊行"（也有的"单印行世"）。不妨先将初集二十册略加盘点，就可以看到，其

---

① 〔日〕柳井录太郎著，沈纮译：《日本农学家伊达邦成传》，原刊《农学报》第一百四十册，光绪二十七年（1901 年）三月中旬。

② 〔日〕实藤惠秀著，谭汝谦等译：《中国人留学日本史》，第 174 页，三联书店 1983 年版。

③ 吕顺长：《清末浙江与日本》，第 205 页，上海古籍出版社 2001 年版。

中包纳丁酉（1897 年）、戊戌（1898 年）、己亥（1899 年）三年之译本。仅以罗氏所撰识语为例。如撰于丁酉（1897 年）十一月下旬之《植漆法》编者识，云：

> 右《植漆法》一卷，乃王君惕斋曩在日本东京时，属《朝日新闻》报记者某君所译。丁酉（1897 年）冬，王君返国，道出海上，致之会中（即上海农学会）。十有一月下旬，上虞罗振玉为之润色及排类既讫，识岁月于卷末。时，舟过秦邮，霜风凄紧，客绪黯然。①

那时，从上海返淮安，江轮至镇江，然后转乘内河小火轮；舟过浩渺的高邮湖，寒风呼啸。直至 20 世纪 50 年代中，笔者以农务下乡，还曾身历其境。遥想罗氏当年，时入隆冬犹于舟中披览农书译本，其惨淡经营之状，虽曰"黯然"却透着亮色，堪为近代编辑出版史留下至为难得的一笔！

当然读其识语，亦可感受罗氏于译编中获取新知新见之愉悦。例如，己亥（1899 年）春为《金鱼饲育法》所撰识语，云：

> 右《金鱼饲育法》一卷，载《竹叶亭杂记》中，原文随笔记述，了无伦脊。命弟振常略编，第为六章，以便观览。考饲养金鱼仅供玩好，无裨日用，然若励精从事，亦一利源也。昔日本人于文禄、元和之间，移植我国金鱼于大和州，至今产出甚富，每岁售价至数万金。说见其邦人竹中邦香所著《水产学》中。记之以劝我民之事殖养者，尚勉旃哉！己亥（1899 年）春，上虞罗振玉记。②

莳花种竹、饲养金鱼之类，皆世俗玩赏；而作为农艺（包括水产），亦可成"利源"，创造巨大的经济效益。这或许亦为罗氏译编农学书报之所以受时人瞩目的看点之一端吧！

---

① 原刊《农学报》第二十三册，光绪二十四年戊戌（1898 年）二月中旬。
② 《金鱼饲育法》，宝奎记，姚元之录，罗振常编，原刊《农学报》第七十七、七十八册，光绪二十五年己亥（1899 年）七月中下旬。按，此篇辑入《农学丛书》，"宝奎记"改署为"宝冠军使奎述"，并加注云："字五峰，号文垣，记养鱼之法，颇有足采者，录之。"

恰如前述，《农学丛书》七集，唯二、三、四集分别标明编印年份，为庚子（1900年）、辛丑（1901年）、光绪二十九年（1903年）。至于其他各集编印时间，比较纠结难辨的首先是其初集。有的研讨中仅见罗氏己亥（1899年）所写某篇识语，就"大胆"推定第一集印行于1899年。实则此乃时间上的戊、己、庚、辛之逻辑推断耳。

实情究竟如何？罗振玉事必躬亲，尤其是编印农学书报。从他庚子（1900年）九月赴鄂面谒张之洞的谈话中，可以确认他已将光绪二十三年丁酉（1897年）《农学报》创刊以来，先后四年间"附报印行"之农书汇编成册，并正在"措资"付印，此即丛书之初、二集，而二集中之罗氏识语乃继初集丁、戊、己之后，多作于己亥（1899年）秋冬间。再稽核《农学报》原刊时间，二集十册，四十八种，多揭载于庚子（1900年），其中最早者为首册《农业三事》（学理类），刊于是年正月上旬；[1] 最晚者为第三册《森林学》，载毕于十一月下旬。[2] 尚有《牛乳新书》《农产制造学》二种，原刊七、八月份而标为"湖北农务局译本"，显系罗氏至鄂就任农务局总理后补加；还不可不注意的是罗氏行踪，据张謇庚子（1900年）日记：

> 十一月初八日抵沪。初九日，与晓山、子封、蛰仙、叔韫同
> 照相。[3]

是可确证，罗振玉曾于庚子（1900年）十一月初旬自鄂返沪，办理"沪局"即上海《农学报》社事宜，其中农学书报之编印，应是其要务之一，而《农学丛书》二集，当于十一月间付印，正式印成出版，则在庚辛之交。

由是推断，《农学丛书》初集，应于庚子（1900年）十一月间，与二集同时付梓。这里，尚有一个细节，即初集首册卷首所弁杨守敬题署之书名。盖罗、杨结识于庚子（1900年）九月，因此，杨题《农学丛书》书名墨迹，当为

---

① 〔日〕津田仙述，沈纮译：《农业三事》，东文学社所译书之十五，原刊《农学报》第九十四册，光绪二十六年庚子（1900年）正月上旬。

② 〔日〕奥田贞卫著，樊炳清译：《森林学》，原刊《农学报》第一百二十五至一百二十九册，光绪二十六年（1900年）十月中旬至十一月下旬。

③ 《张謇全集》卷六《张謇日记》，第445页，江苏古籍出版社1994年版。

罗氏十一月初返沪时置行箧中携回，补入书中。

《农学丛书》初集之册数几近丛书 7 集 82 册之 25％，篇数（种），则占丛书 236 种之 25.6％强。实为罗氏题识最多、用力最勤、耗费心血最大者，所谓"购欧美日本农书移译以资考究"之成果，殆可于初集窥其大略。

让我们再来关注一下罗氏行踪。他在辛丑（1901 年）入夏以后禀尧钦公家书中有道：

> 儿于月初返沪，因馆中事冗，加以在鄂不服水土，患脚气，故在沪调治，拟下月半后返淮。

在接着的一封家书中，我们得知他直至七月十七日返淮。[①] 其所说在沪"馆中事冗"，即指农学书报之编印出版。而《农学丛书》初、二集编印当同步进行，以初集规模约当二集之两倍，参以罗氏自鄂返沪时间，故有理由推断其实际印成时间，当在辛丑（1901 年）夏秋间。

循此，我们还可依次推定丛书以下各集编印出版时间：

三集，十册，十一种，悉刊于辛丑年（1901 年）《农学报》，其中《日本农业书》为正月（1901 年 2 月），而首册《农雅》则载毕于十二月下旬（1902 年 2 月），故其实际印成出版，当在壬寅（1902 年）之春。

四集，十二册，二十五种，核其各篇（种），揭载于《农学报》壬寅（1902 年）初至癸卯（1903 年）春夏，其中如《麦作全书》为壬寅（1902 年）正月，[②] 而《日本特许农具图说》则载毕于癸卯（1903 年）四月，[③] 故其实际出版时间当在光绪二十九年癸卯（1903 年）夏秋间。

五集，十册，十二种，多刊于《农学报》癸卯（1903 年）夏秋。据端方甲辰（1904 年）十一月以《农学丛书》一至五集奏呈，则五集编印出版，当不迟

---

① 《永丰乡人家书》之三十五、三十六，《罗雪堂合集》第七函，西泠印社出版社 2005 年版。按，此二函次第相接，一署"二十八日"，当为辛丑（1901 年）六月二十八日；一署"初四日"，当为辛丑（1901 年）八月初四日。

② 〔日〕杉田文三著，罗振常译：《麦作全书》，原刊《农学报》第一百六十九至一百七十一册，壬寅（1902 年）正月上下旬。

③ 未署著者，沈纮译：《日本特许农具图说》，原刊《农学报》第一百九十三至二百一十四册，壬寅（1902 年）九月上旬至癸卯（1903 年）四月上旬。

于甲辰（1904 年）夏秋。

六集，十册，二十种，核其各篇揭载于《农学报》时间，为甲辰（1904年）正月至十二月，故其编印出版，当在光绪三十一年乙巳（1905年）春夏。

七集，十册，二十三种，核其篇目，以《农学报》甲辰（1904 年）、乙巳（1905 年）所刊为多；其编印出版时间，当在《农学报》乙巳十二月下旬（1906 年 1 月）终刊之后，约为丙午（1906 年）春夏。集中亦有刊诸癸卯（1903 年）者，如《保护鸟图谱》，[①] 故此集实为前此未录入丛书的《农学报》遗篇之补辑。于此，我们还应说，丛书各集所辑录农书，皆可与《农学报》查对其篇目；而《农学报》曾刊农书，或有未辑入丛书者。如王祯《农书》连载《农学报》乙巳（1905 年）秋冬近半年之久，[②] 却未见辑入《农学丛书》。据查考，自明代以迄于清末流传之该书多种版本中，即有"清光绪二十四年（1898年）刊农学会报本王祯《农书》上下两册"。[③] 盖其书前此已由上海农学会"单印行世"矣。

经笔者查考，兹将当年罗氏辑录之《农学丛书》，列简表如下：

罗振玉辑录之《农学丛书》各集出版时间表

集次	原标编印年份	原刊《农学报》时间	实际出版时间
初集	未标	丁酉四月至己亥七月	辛丑夏秋（1901 年 8—9 月）
二集	光绪庚子	庚子正月至十一月下旬	庚（子）辛（丑）之交（1901 年 1—2 月）
三集	光绪辛丑	辛丑正月至十二月下旬	壬寅春（1902 年 2—3 月）
四集	光绪二十九年	壬寅正月至癸卯四月	癸卯夏秋（1903 年 7—8 月）
五集	未标	癸卯夏秋	甲辰夏秋（1904 年 7—8 月）之前
六集	未标	甲辰正月至十二月	乙巳春夏（1905 年 5—6 月）
七集	未标	癸卯十月，甲辰至乙巳十二月	丙午春夏（1906 年 4—5 月）

由此，我们还可以为之作赞曰：罗振玉读《齐民要术》《农政全书》，属意学稼，奋励兴农；自命"野人"，且以躬耕陇亩之"农夫"自况；历时十载，

---

① 〔日〕日本农务局纂：《保护鸟图谱》（附录《关涉保护鸟兽诸章程》），原刊《农学报》第二百三十六册，光绪二十九年癸卯（1903 年）十月中旬。

② 王祯《农书》，连载于《农学报》第三百零一至三百一十五册，光绪三十一年乙巳（1905 年）八月上旬至十二月下旬。

③ 郭文韬、严火青：《贾思勰王祯评传》，第 267 页，南京大学出版社 2001 年版。

惨淡经营，编成丛书，厥功至巨。

端方的奏呈

在《农学丛书》的编印进程中，张之洞曾以印费五千元"易事耳"一语，为罗振玉排忧，虽出于好意，却难免有轻忽之嫌；而端方则既赞赏罗振玉从学报到丛书皆独力为之的敬业精神，更将其已编印之各集丛书汇总上奏朝廷。罗氏纵然一再"藏拙"，于此又岂能不"诚惶诚恐"也者哉！

但是，也须指出，无论罗氏长孙罗继祖，还是其他研究者，对于端方的奏呈虽有述及或引录，却无一注意罗振玉曾在其主笔的《农学报》上以《前署江督奏呈〈农学丛书〉折》为题，予以全文揭载。谨将该奏文连同光绪御批，一并移录如下：

> 奏为京员讲求农学，辑有成书，进呈御览，恭折仰祈圣鉴事：
>
> 窃据候选光禄寺署正罗振玉呈称：于光绪二十三年（1897年）春间邀集同志，于上海创立农学会，考究农学新理新法，译印报章，兼译农学新书。二十四年（1898年）经已故督臣刘坤一奏明，改为江南总农会。数年以来，新译农学新书日以增多，兹特汇齐装订，都为五集，恳请进呈御览。前来伏查该员罗振玉，力学深纯，心术正大。曾赴日本游历，于学堂教育之法，夙有探讨。近年在江浙广东等省办理学务，皆相倚重。该员创设农学会业已有年，家本寒酸，虽经改为江南总农会，公家并未助给经费，而所译农书，斐然成帙，皆系该员独力支持，未尝中辍，且以实业提倡天下，较之妄出报章，有害人心，希图渔利者，其用心相去不啻霄壤！方今朝廷振兴实学，不遗余力，农学最为民生切要之图，而以刱办维艰，言者寥寥无几。该员独能悉心考究，辑为成书，观其考覈之勤，采取之博，自应将原书恭呈御览。倘蒙几余翻阅，则其所辑各书自不难风行海内，俾有志之士得以

相率考求，逐渐推广，则于齐民生计必能大有裨益。所有京员汇译农书进呈御览，各缘由理合恭折具陈。伏祈皇太后、皇上圣鉴训示。谨奏。十一月初六日。

奉朱批：知道了。书留览。钦此。①

为确切解读这篇奏呈，我想应做几点说明。

其一，关于端方之职衔。

端方（1861—1911），字午桥，号匋斋，托忒克氏，满洲正白旗人，生于直隶涿阳（今河北唐山丰润区），出身于满洲贵族家庭，曾于1882年中举，故属于"科举正途"。他于光绪三十年甲辰（1904年）四月十一日受命署理江苏巡抚，同年九月署两江总督。奏折落款为本年十一月初六日，而其调湖南巡抚在十二月初一日，故罗氏于翌年五月《农学报》刊载时称之为"前署江督"。端方被任为出洋考察宪政五大臣之一，即在罗氏刊发其奏呈后之次月（1905年7月16日）。

江苏巡抚端方

其二，关于罗振玉之仕履。

奏文称罗振玉"近年在江浙广东等省办理学务，皆相倚重"。殆指罗氏相继任两粤教育顾问、江苏教育顾问，前者在癸卯（1903年）十月，应两广总督岑春煊（云阶）之聘；后者在甲辰（1904年）六月，即端方受任署理江苏巡抚之时。罗氏既以浙江为其原籍，在沪创办农学会报与浙省关系亦至为密切，但除了应张之洞之邀赴鄂办理农政，从未于该省"办理学务"，故"江浙"当系"江鄂"之讹。

不过，若谓朋友情分，端方于戊戌（1898年）七月就任农工商总局督办，即上奏朝廷亟赞上海设有《农学报》"创开风气，独具匠心"，特别指出"该馆独力经营，备极艰苦，并当力加保护"。以"精英"赞誉罗振玉领衔的《农学

---

① 原刊《农学报》第二百九十三册《文篇》，光绪三十一年乙巳（1905年）五月中旬。

报》同仁，应该是首发于端方，唯此时他尚未与罗氏见面。[①] 1901年5月，端方调任湖北巡抚，适为罗振玉"赴日本游历"（即考察教育）回国，不久，经张之洞引见，端、罗首次相见。1902年10月，端方兼署湖广总督，罗振玉则已于是年3月辞去张氏所委襄理江楚编译局之职，返沪就任上海南洋公学东文科（即虹口分校）监督，但他与端方的交情仍在，当年秋初出版的《农学报》上，刊载了以《湖北巡抚端中丞饬地方整顿农务札》领衔的《湖北兴农文献》。[②] 端方自湖北调署江苏巡抚，到任即过沪访晤罗氏，并委以教育顾问之职。当年十一月奏呈《农学丛书》，正是罗氏奉命创立江苏师范学堂之时，故奏文誉扬罗氏"力学深纯，心术正大"，着力称道其"于学堂教育之法，夙有探讨"，乃在情理之中了。

其三，关于《农学丛书》之进呈。

对于罗振玉而言，先后担任两江总督的刘坤一、张之洞、端方，可以说是他自三十而立之年（1896年）抵沪创农会办农报以来所际遇的三位贵人，他们对他均有无可讳言的知遇之恩；而张、端二位，又都曾为罗氏在鄂期间的督抚，尤其是召罗振玉至鄂，并委以农务、教育重任的张之洞，对罗氏之入仕为官，可谓恩莫大焉。但是，我们回头来读一读上述进呈农书的奏折，能如此无所保留、倾情实意向"今上"荐举其人其学，端方堪称罗氏的真正知交。

当然，此时此际，端方作为头品顶戴的封疆大员，将并无权势的罗振玉所编农学之书"恭呈御览"，尚有其不可忽视的体察下情的良苦用心：祈求光绪帝"倘蒙几余翻阅，则其所辑各书自不难风行海内"。

但是，就罗振玉而言，无论办农报还是译农书，"公家并未助给经费"，"皆系该员独力支持"，确为实情。他深知《农学丛书》毕竟是有一定专业范围的图书，故绝不可与他所称道的"以译小仲马小说，海内乃尊为小说家"[③] 的"畏庐老人"（林纾）当年所译小说等类齐观；反过来说，作为文化消遣的"林译小说"，无论怎样风靡社会，也不可能去进呈御览。而要使《农学丛书》这样适应着特定时期"最为民生切要之图"的书籍"风行海内"，唯行之以"皇权机制"（而绝非"市场机制"）方能办到，这正是中国特色之又一体现。

---

① 《农工商总局奏试办农务情形折》，《农学报》第四十五册，戊戌（1898年）八月下旬。

② 《农学丛书》第四集第十二册，原刊《农学报》第一百八十八册，壬寅年（1902年）七月中旬。

③ 罗振玉：《贞松老人外集》卷三《林畏庐雪山轴跋》，《罗振玉学术论著集》第十集（下）。

那么，《农学丛书》果真"风行海内"了么？或者说，其实际发行情况究竟如何？近人评述此书，有的说是"原打算印百部，后获湖广总督张之洞'丛书可印二百部，札饬各州县去买'的许诺，故'增至二百部'"；有的则径称《农学丛书》七集，陆续刊行，"各印二百部"。然而，这些"印数"都不过是将罗振玉"上谒文襄"的谈话当成了事实。须知，即使是张之洞有此承诺，亦非结果啊！

欲知其真实的刊印之状，且看罗氏本人之文，他说：

> 予自丙申（1896 年）至辛丑（1901 年）凡六年，初仅岁寄银币二百奉堂上，菽水及庚辛二年积薪资得二千余元。既辞鄂归，所印农书亦未请文襄札发，而销行甚畅。所得利益，除偿本金及维持农馆、东文学社外，尚赢数千元，乃悉以偿债，不敢私一钱，于是凤逋一清，但质蒋君处之越河田尚未赎耳。①

由是可知，除了"销行甚畅"一语之外，罗振玉并无一字述及《农学丛书》实际销售（发行）数，但对"所得利益"，却道来津津有味。这"所得利益"，就是经济效益。所以，端方的进呈，使《农学丛书》"风行海内"，蜚声朝野、扩大影响，这就是我们所说的社会效益。社会效益与经济效益原是相得益彰的互动关系，实即要使之遍及各省、府、州、县，都来购阅这套以"农学"命名的丛书，并将书中"新理新法"采纳应用，推而广之。如此，则其销量就非千部可限。

这就叫双效齐飞。

---

① 罗振玉：《集蓼编》。

《农学丛书》之版本

事实上，端方奏呈《农学丛书》七集。乃罗氏手定的"正本"。在此之前，傍靠京畿要地的直隶当局，就已由北洋官报局的名义，对如何"征引""编辑"农学书报等事宜，颁发了公文，[①] 出版的由上海农学会编译、北洋官报局石印本《农学丛书》，[②] 则为其衍生本；除此之外，尚有《农学》，现存一百一十六种（篇），[③] 经笔者逐一查核，有一百一十种（篇），见于《农学丛书》初、二、三、四、五集，其未辑入《农学丛书》者六种，即《农会博议》《农学会公启》《舆地学会拟章》《瑞安务农友会试办章程》《农会题名续题名》《各省农事述》。所以，将这套别称《农学》的石印本丛书，列为罗氏手定《农学丛书》之又一衍生本，应该是恰当的。

由于《农学丛书》"销行甚畅"，故翻刻甚多。[④] 不可不录举的，是上海蟫隐庐书店印行之《农学丛书》。据蟫隐庐书目《新学之部》称："分类汇订，得

---

① 《北洋官报局遵饬核议开办〈农学报〉公文》，《农学报》第二百五十九册，光绪三十年（1904 年）甲辰六月上旬。

② 《农学丛书》，上海农学会编译、北洋官报局石印本，三十一册，存三十三种三十一卷，未署刊印年份，唯由其篇目，可推断当编印于甲辰年（1904 年）。按，此三十三种内，有八种辑诸《农学丛刻》，即《农学论》《山东试种洋棉简法》《劝种洋棉说》《种烟叶法》《黔蜀种鸦片法》《牧猪法》《蚕桑问答》及《续编》；有二十四种辑诸《农学丛书》第一至四集；另有未载罗编农学书报者一种，即专讲种植林木果实之属的《山居琐言》。

③ 《农学》，清末石印本，二十七册，存一百一十六种、一百六十卷。

④ 笔者所见有：《农学译丛》，清末石印本二册，内有《圃鉴》《农用动物学》《农用种子学》《蔷薇栽培法》《葡萄新书》《山蓝新说》等六种十二卷；《农业丛书》（不分卷），清末铅印、石印各二册，石印本内有《湖北兴农文牍》《武陟土产表》《永城土产表》《日本水产会章程》《日本山林会章程》《戊戌中国农产物贸易表》《农业经济篇》等九种十卷；《农学丛书》（不分卷），上海农学会译，民国上海农学会石印本，存《农书》《农学初阶》一册；另有《农学丛刻》二集十二种，上海时新书室石印本，清光绪三十一年（1905 年），内有《麦作全书》《日本竹谱》《肥料效用篇》《绍兴新昌县物产》《山蓝新说》《南高平物产记》《动物采集保存法》《农作物病理学》《螟虫驱除法》《保护鸟图谱》《名和昆虫研究所志略》等，篇目胥出《农学丛书》，显系翻刻。

书百二十种，各书多有图。"① 这个重刊于 20 世纪 30 年代之初的"分类汇订"本《农学丛书》，当为罗编正本丛书之精编。其篇目分类有概论、学理、土壤、农具、选种、五谷、林木、果树、蔬菜、花草、畜牧、水产、昆虫、蚕业、制造、土产、章程，凡十七类。就其篇目而言，仅及正本丛书二百三十六种之半；然而，经罗氏兄弟相仍的"分类汇订"，却在一定程度上显现《农学丛书》之编辑特色，这就是以学理、概论为丛书之纲。我们曾以正本丛书初集为标杆，述其前三册统名之曰"学理及业务"，所称"业务"实即"概论"；后续各册，犹纲下之目，并做了归类编排，而以学校（或学会）章程及官府文书殿后，殆无例外。例如，其第十册之最后（十一种）为《纺织图说》，罗振玉特为之作跋称赞乾隆年间淮安知府赵公设局谋"纺织之制"、兴"纺织之风"的政绩，② 并取《教织局章程》附于《纺织图说》书后，借以表彰贤官能吏。为此，不妨再回头看罗氏为丛书初集第二十册《杭州蚕学馆章程》所撰之记，记云：

> 右章程，杭州蚕学馆所订。自林迪臣太守创设此馆于今岁余，成效颇著。中国商务大端，厥为丝茶。自锡兰植茶，日本务蚕，大利皆为所夺。今欲挽回利权，非改良养蚕及制茶制丝之术，及减轻税厘，别无他法。今杭州得贤守留心民瘼，苦志经营，蚕事转机将在于是。又，海州分转徐星槎观察（绍垣）近出私蚕财，于云台山麓植茶八百万株，仍欲增植，将来并拟购买机器照新法试制。风气之开，权舆于此。两公并当今循良领袖也，著其姓名，以风民牧，有继是而起者，馨香祝之矣。③

---

① 《农学丛书》，罗振玉辑，石印本白纸，六十册，定价三十六元。《蟫隐庐新版书目》第七期，乙亥（1935 年）季春重订。

② 《纺织图说》一卷，孙琳撰；罗氏《纺织图说》跋，落款光绪二十五年（1899 年）冬；原刊《农学报》第一百五十八册，光绪二十七年（1901 年）九月中。

③ 《杭州蚕学馆章程》记，落款己亥（1899 年）三月；章程全文原刊《农学报》第七十五至七十八册，光绪二十五年己亥（1899 年）六月下旬至七月下旬。

这都清楚地告诉我们，罗氏惨淡经营编丛书，绝非"内容庞升，体例不一"，[1] 而是苦心谋划，精心编排，不惟有相当划一的体例，且有较为细密的归类。他为殿后的章程作记"馨香祝之"的林启（迪臣）乃杭州知府，且为罗氏创立农会农报交结之挚友，次年庚子（1900年）夏病殁于官。时在杭州准备出洋留学考试的王国维曾代表罗氏及农会同仁，专往凭吊；而徐君则系徐海道台，并为农会慨然捐款，罗氏于庚子（1900年）秋赴鄂途经南京，闻其"以事得罪闻将遣戍"而赋诗伤怀不已！谨一并述之，以见其办农报、编农书，以"留心民瘼"为己任，并撰识跋"以风民牧"之良苦用心。

《农学丛书》之学术取向与利民诉求

罗振玉是一位有着丰厚中国传统文化底蕴的学问家，又是深谙编辑出版之道的事业家。他二者兼擅，体现于编印《农学丛书》的一个重要学术取向，就是十分注重汲取中国传统文化典籍中的农学遗著。而在辑选中，则随其学术所好，兴味所至，信手拈来；诸如署名茂陵杨屾撰《人工孵卵法》，由他亲自摘编，并加跋，云：

> 右《人工孵卵法》，从茂陵杨双山先生所著《豳风广义》中摘出而编第为六条。此为秦中旧法，烘鸡以匼不以桶，与本馆曩者所刻《烘鸡鸭法》之烘之以桶者略异，因并刻之以资参考焉。[2]

《豳风》乃《诗经》十五国风之一，其中的《七月》，历来被学者尊为中国上古最重要的农事诗。罗氏从农会会友赠书中觅得此书，[3] 予以珍视，特摘其

---

[1]　杨直民，《中国传统农学与实验农学的重要交汇——就清末〈农学丛书〉谈起》，《农学考古》1984年第一期。

[2]　此跋署己亥正月（1899年2月），原刊《农学报》第七册，光绪二十五年（1899年）五月上旬。

[3]　参见《农会题名录》所刊《本馆告白》："泾县杨凤轩孝廉赠《蚕桑备要》一册，《豳风广义》三册。"

孵卵法，与其说是因"技术内容"重要，毋宁说是出自"搜奇"式的学术兴味。"编第为六条"并列为丛书初集十五册所辑六种之第一种，实不足二叶，千余言耳。

值得注意的是，罗振常"分类汇订"《农学丛书》，秉承乃兄学术意向，于"效西法"的同时"尚古典"，如居首"概论"第一种《辑古农书九种》，[①] 即辑自《农学丛书》第七集第九册，其中最重要的农学典籍，为《氾胜之书》。需要指出的是，罗振玉以"嗜古"著称，故特别注重农桑遗典，如辑选自《四库全书》的《农桑衣食撮要》，是成书于元至顺元年（1330年）的一部切用于农家衣食的古籍；而成书于清同治甲戌（1874年）的《湖蚕述》，撰者汪曰桢（谢城），是罗振玉早年结识的一位耆宿。汪氏自述其书，略谓："蚕事之重久矣，而吾乡尤重，民生利赖，殆有过于耕田。"此书即汪氏参与纂修《湖州府志》，专任《蚕桑门》时所辑撰。罗氏于《农学报》创刊未几，即予以连载达半年之久，[②] 足见对其书之珍视。

不惟如此，罗振玉还通过辑选《整饬皖茶文牍》，加写按语，大声疾呼：

> 东南财赋，甲于他行省，而茶丝实为出产大宗。顾近年以来，印（度）锡（兰）产茶日旺，中茶滞销，日本蚕丝又骎骎驾中国而上之，利源日涸，忧世者慨焉。程雨亭观察久官江南，励精政治，去岁总理皖省茶厘，慨茶务日衰，力图整顿，冀复利源，茶利转机将在于是。爰最录其禀牍文告，泐为一卷，以讽有位。他产茶各省诸大吏，有能踵观察而起者乎，企予望之矣。[③]

于是，着眼于开利源、惠民生，我们可以称之为利民诉求。这是罗振玉编印《农学丛书》之又一着力点。所以，该丛书除了财赋之大项的丝茶之外，还开发地方物产，将各地农产品调查列为农学的重要门类。丛书初集、二集均有

---

① 《辑古农书九种》，原名《古农书辑佚》，马国翰辑，刊于《农学报》第二百九十三、二百九十四册，光绪三十一年（1905年）五月中下旬。

② 《湖蚕述》四卷，原刊《农学报》第四十六至六十四册，光绪二十四年戊戌（1898年）九月上旬至二十五年己亥（1899年）三月上旬。

③ 《整饬皖茶文牍》，《农学丛书》初集第二十册，原刊《农学报》第二十四至二十九册，光绪二十四年戊戌（1898年）二月下旬至三月中旬。

"物产"专册，而丛书七集则以《南高平物产记》作为结尾。

　　还须看到，当此之时，推介地方农产与提倡兴办实业，实在也是二而一的事情。前述端方进呈农书折中，表彰罗氏"以实业提倡天下"，绝非托空之谈。仅以《农业丛书》第六集为例，其物产专册内集中辑刊了广东农蚕实业的调查报告、说贴等达十一篇之多，次第刊载于癸卯（1903 年）之冬至甲辰（1904年）春夏的《农学报》。这当然非出偶然。原来，罗振玉于癸卯（1903 年）十月，应两广总督岑春煊（云阶）之邀，前往广州充两粤教育顾问。他曾"欲谢不往，家人劝行"，乃"以岭南风物，为平生所未见，姑应之"。他抵粤后住粤秀书院，是否"无所事事"？[①] 罗氏是个闲不住的人。除了考察推荐出洋留学生之外，农学农事仍是他关注的要务，而这批农桑实业调查报告，实在也是他撷采"岭南风物"的成果。其中有一篇署"上虞罗振玉问，南海陈敬彭答"的《南海县西樵塘鱼调查问答》，就是他赴粤所作的农事调查，其调查内容包括鱼塘面积、深浅，每塘开造经费及修理，所养鱼种，鱼苗畜养岁月及上市时间，鱼之饲料及管理办法，每塘可得鱼多少，赢利几何，以及西樵一带约有多少鱼塘，岁益几何，等等。调查中不仅有问有答，而且数据详密，诸如"每塘开造费"，分上、中、下三等列表；又有养鱼表、沽鱼表，分别就鲩鱼、大头鱼、鳊鱼、土鲮鱼之价格、赢利等项，列表开示，[②] 颇显罗氏特具的切实不浮、深入细密的为学行事风范。

白玉有瑕

　　当然，罗振玉编印《农学丛书》，其要端在"农学"。那么，究竟何谓"农学"？这在当时，乃是译编欧美日本农书所当译述的首要"新理"。例如《农学初阶》第一章"原起"，称："农学者，耕种之法也。"[③] 而《农学初级》首章则

---

① 参见罗继祖《永丰乡人行年录（罗振玉年谱）》，第 25 页，江苏人民出版社 1980 年版。

② 此篇原刊《农学报》第一百五十册，光绪三十三年甲辰（1904 年）三月上旬。

③ 〔英〕黑球华来思著，吴治俭译：《农学初阶》，《农学丛书》初集第一册。

将"农学"概括为"凡播种、牧畜、耘草、壅粪"之方法与工夫，及其"能用能售"之物产。① 然而此二书著者皆 19 世纪英国学者；而日本《农学入门》所述"农业者，利用厚生之业""农业隆盛，斯国家富强""农乃邦本，本固邦宁"，② 实皆源自中国传统的农学论说。称得上"新理"的则是《日本农业书》，提出"农学者，举数学、物理学、化学、植物学、动物学、矿物学、经济学、法律学等之原理，应用于农业上，乃杂组之学，非专科之学也"。③ 所谓"杂组之学"，用新的学术语言表述，应该就是综合性学科，也就是说，作为与近代新兴的农业科学技术密切相关之学，包括农艺化学、农业气象、农用动物、植物学，尤其是土壤、肥料、耕作、种子、病虫害防治，以及畜牧兽医等。罗振玉还曾为其中的译著加写识跋，例如，他为《气候论》一书加写识语云：

> 右《气候论》，虽就日本言之，然可借镜，故译之以为我邦讲气候学者之先导。④

还有对农业"尤重"的化学，直接关系着农田耕作、施肥。罗振玉在为日本《耕土试验成绩》所写识语中，做了颇有新见的阐发：

> 右《耕土试验成绩》，从日本农事成绩中摘译出之。考农事以辨土性为第一，能辨土性方知土中缺者何元素，所饶者何元素，然后施肥，乃有把握。中国农夫概施一定之肥料，泥守往制，卤莽因循，不知变通，故译此卷资借鉴焉。⑤

罗振玉汲取了"化学元素"等新学理，注入传统农学，破除因循守旧。例如，中国农学典籍中为了给农田增加"新元素"，他在为《啤噜国雀粪论》所

---

① 〔英〕旦尔恒理著，〔英〕秀耀春口译，范熙庸笔述：《农学初级》，《农学丛书》初集第二册。
② 《农学入门》，《农学丛书》初集第二册。按，以上论述，见该书卷三第三十三章"论农业"。
③ 〔日〕森要太郎著，樊炳清译：《日本农业书》，《农学丛书》第三集第二册。按，所录此段文字，见本书卷上《总论》。
④ 〔日〕井上甚太郎：《气候论》，《农学丛书》初集第三册。
⑤ 〔日〕日本农事试验场编，沈纮译：《耕土试验成绩》，东文学社所译书之十六，《农学丛书》第二集第二册。

写识语中说："考近日东西各国多用化学肥料，而中国则至今尚无用之者。"①
以此提倡施用化学肥料。

其实，所谓"新理新法"，就是传授新的农学原理，采用新的农业科技。
从《农学丛书》中我们可以看到，耕作、施肥、种植，莫不强调"土宜"，注
重试验，近人谓之"实验农学"。对此，罗振玉在为《甘薯试验成绩》所写识
语中，曾着力加以提倡：

> 右《甘薯试验成绩》，从农事试验成绩中摘译出之。考甘薯宜斥
> 卤地，中国滨海初垦之地，最为相宜，故译此以资左验，且示农学试
> 验格式之一斑尔。②

特别是对于从国外引入棉花、小麦等高产、优质良种，罗振玉谓之"农业
之移植与改良"，他不惟受张之洞之邀赴鄂亲为"试种"，更在《农学丛书》
中，就棉种之"移植"及试种，相继撰写了"系列识语"，在推介《美国植棉
书》《植美棉简法》（并《美国种棉述要》）的同时，还取上海当地的《种棉实
验说》加以对比，云：

> 右《种棉实验说》，上海黄君（黄宗坚）所著。其所纪述，得之
> 目验，不同臆说；其辨别土宜，尤为精密；至谓棉田有地蚕，则多下
> 种以防所损，与《美国种棉述要》所述正同。可见农家果能悉心考
> 验，不必竟逊西人也。节要刻之，俾种棉者取资焉。③

这里，不妨加一点插话。笔者早岁在上海近郊农村曾见"地蚕"对棉苗之
害，进入20世纪50年代，已有了治虫农药；但反观罗氏彼时记述，娓娓道来，

---

① 《啤噜雀粪论》，香港译本，《农学丛书》第四集第五册。
② 〔日〕日本农事试验场编，沈纮译：《甘薯试验成绩》（明治二十九年报），东文学社所译书之十一，
《农学丛书》初集第四册。
③ 黄宗坚：《种棉实验说》，《农学丛书》初集第六册。按，此书卷首有短序，署光绪戊戌（1898年），
称："宗坚食力于农，三十于兹矣，种棉一事，粗有心得。"又谓："考上海有田六千八百五十二顷，棉田居其
七；若每年每亩多收千钱，则岁赢四十七万九千六百余千（钱）矣。"云云。录之以供关心上海地方文献者
参考。

宛若聆听前辈老农讲述"种田经"，犹感亲切的乡情乡味。

综上所述，作为我国近代第一部系统译介欧美日本农学新理新法的《农学丛书》，既传承了以陈旉《农书》为标志的中国传统农学，又打破了数千年来"士不习农，农不通学"的愚昧状态；丛书极大地拓展了新的农学视野，以近代的科技理念，取代"泥守往制，卤莽因循"的农耕陈规陋习。所以，我们有理由将罗振玉所编这套七集八十二册的丛书，称之为我国近代新农学的开创之书、奠基之典。这是当之无愧，绝非过誉。

但是，我们充分肯定罗振玉编印《农学丛书》对近代农学之巨大贡献，也必须如实指出，农学毕竟非罗氏之所专，或者说，他并非专门的农学家，其所致力者，尚属于张謇所称"士大夫之农学"，[1] 而《农学丛书》是一定历史条件下的产物，并且完全由主编者罗氏学术意趣编纂，故难免其见识上的局限，且有着显而易见的偏颇。例如，近人据罗氏的编排分类，统计丛书类目为种植、农理、章程文牍条陈、畜牧水产、蚕桑、物产、农具、昆虫、肥料、农业教科书、农产品制造、山林、小说游记及其他，凡十三门类（原书分类尚有"水利"），[2] 但忽略了丛书独缺一大类：粮食。农为国之本，民以食为天。且看居丛书之首的《农书》陈旉之序，开宗明义曰：

> 古者四民，农处其一。《洪范》八政，《食货》居其二。食谓嘉谷，可食；货谓布帛，可衣。盖以生民之本，衣食为先，而王化之源，饱暖为务也。

这篇阐发嘉谷、布帛为生民之本的序文，应该是引领《农学丛书》之总纲，丛书归类却有衣（蚕桑）而无食（嘉谷）。笔者统计，丛书种植类凡七十种，[3] 其可归"嘉谷"者，殆有三种，即《植稻改良法》《陆稻栽培法》《麦作全书》；而罗振常"分类汇订"丛书虽增补了"五谷"类，但仅列《麦作全书》一种。这就是说，罗振玉虽于《农学报》笔削中，每假识语，"广求民瘼，观

---

① 参见《农会博议·张季直论农会书》。

② 吕顺长：《清末浙江与日本》，第201页，上海古籍出版社2001年版。

③ 种植类七十种，按《农学丛书》诸集归类，依次为：初集四十五，二集十五，三集三，四集四，五集一，六集二。

纳风谣"，但他作为士大夫知识分子，并不真知"缺衣少食"，特别是"吃饭"乃最大最要之"民瘼"。故皇皇《农学丛书》，虽进呈御览，却于载入经籍之稻、黍、稷、麦、菽"五谷"，与辑入丛书之蔬、果、花、木各书相比，分量至轻；而于大豆（菽）、高粱（稷）、小米（黍），[①] 盖皆阙如，不可不谓其偏殊甚；尤其是迄今依然为农业之重的粮、棉、油中之大豆（油），乃我富饶中华最大最要物产之一种，安可缺位哉！

当然，我们也注意到，如同列于丛书三集之首的《农雅》书名所示，在以"农学"命名的丛书中，罗振玉在为美棉种植之书"润色排类"并作记的同时，更以其"好古"之趣，"雅"兴盎然地为"吴下月季"之书的稿本"删厘付写，以广其传"（《月季花谱》）；还亲自从《莲舟树艺》书中抄出"传本甚少"的盆中养荷之书（《缸荷谱》）；从原为"绘画而设"的元人所著"考竹之种类"的《竹谱详录》中"节写"其书，"以饷今之植物学者"（《竹谱节要》）。凡此种种，揆其缘由，除了罗氏所述饲养金鱼"若励精从事，亦一利源"之类的考虑之外，不能不说又是同其力求这套分集出版的《农学丛书》"销行甚畅"之出版效益分不开的。须知，彼时的购阅者既非"耕夫""农人"，亦不尽为"相率考求，逐渐推广"农学新理新法的"有志之士"；尚有"莳花弄竹"，类似于王国维之父乃誉公者，乃是其相当重要的读者群。这是应予理解的。

为着应合兴办大中小学堂（包括农务学校）需要，《农学丛书》五、六、七集内还相继辑入了多种教科书，包括植物学、气象学、动物学、昆虫学、农作物病理学，等等。这在当时固为急需，对嗣后的农学专业教学亦属必要。但是，也有的普及性教材选辑失当。例如，《补习农业读本甲种》[②] 卷一之一《大日本帝国》称："我大日本帝国位亚西亚东部，北邻桦太，东竟太平洋……西南起台湾南端，东北至米来特岛横亘其间，状如龙跃。"蕞尔岛国的日本，就这样将我神圣领土台湾划入其版图之内，成了地理上的"龙跃"大国！

进而借"言气候"渲染其"风土之美"，称："中部大概温和，寒暑不甚，

---

① 五谷：诸说不一。或谓："五谷，麻、黍、稷、麦、豆也。"（《周礼·天官》，郑玄注）或谓："稻、稷、麦、豆、麻也。"（《楚辞·大招》，王逸注）此从《孟子·滕文公（上）》"树艺五谷"赵歧注："五谷，谓稻、黍、稷、麦、菽也。"又，古称稷为百谷之王，故有"江山社稷"之说，亦可专称高粱；黍，一种黄色小米，可泛指小米。

② 〔日〕日本补习教育研究会编，〔日〕横井士敬校：《补习农业读本甲种》二卷，《农学丛书》第五集第九册，原载《农学报》第二百二十五册，光绪二十九年癸卯（1903 年）六月下旬。

南部台湾地入热带，故酷暑；北部千岛地近寒带，故严寒。"这就不惟将中国的台湾坐实为"大日本"领土，且毫不掩饰地抖出了其从热带至寒带，吞并全世界的扩张野心。可谓人心不足蛇吞象！

特别是夸耀其"国体之美"，"冠绝万国之上"，称："上有万世一系之帝室……下有忠良诚笃之臣民……是以开辟以来，至于今日，未曾一受外国之侮……近则日清之战，皆足以辉我国光于世界，但见我日丸之国旗（即'太阳旗'），常巍然树于东海之表也。"这是赤裸裸地以"忠君爱国"宣扬军国主义；而扬言中日甲午之战，辉其"国光于世界"，则是明目张胆的侵华叫嚣。原序公然要以此等读本来"为我国编纂农业读本"做"蓝本"，岂非成了真真实实的认贼作父！

准上所述，《农学丛书》贡献巨大，也有偏颇，以至失误。我们应当历史地看待丛书之编印，绝不可因其贡献而遮蔽、含糊、无视其失误。因为，此非佛家之"眼中金屑"，而是有毒杂质；鉴别剔抉，乃科学传承之责，实亦在新的历史条件下，反观此农学典籍之必需。

还应指出，罗振玉作为《农学丛书》主编者与近代"甲骨四堂"中导夫先路的大学者，我们可以这样说，"大事业"（农业）与"大学问"（甲骨学），罗氏莫不尽占先机，且有开拓、奠基之功。但若将二者等类并嚳，或者于其"五大学术贡献"之外再加一项农学，[1] 则有"真理跨过一步"之嫌。因为，罗氏虽由兴农上海滩发迹，并以"农"入仕，但他并无意为农学家，亦从未以农学自况其学术造诣……

农学，发创了罗氏一生的事业，却非其终生成就。

---

① 杨直民：《中国传统农学与实验农学的重要交汇》，《农业考古》1984 年第一期。

办学缘由

罗振玉继倡务农会、办《农学报》之后，创设东文学社，是他在上海邀集同志，成就其"兴农三部曲"之重要乐章。

为何要筹设东文学社？罗振玉述其缘由，乃追溯译印农学书报，以及与藤田剑峰对谈中日关系，兹将这段文字完整转录如下：

> 方予译印农书农报，聘日本藤田剑峰（丰八）学士移译东邦农书。学士性伉直诚挚，久处交谊日深。一日，予与言中日唇齿之邦，宜相亲善，以御西力之东渐。甲午之役，同室操戈，日本虽战胜，实非幸事也。学士极契予言，谓谋两国之亲善，当自士夫始。于是，日本学者之游中土者，必为介绍，然苦于语言不通，乃谋创立东文学社，以东文授诸科学，谓必语言文字不隔，意志始得相通。乃赁楼数楹，招生入学。[①]

---

① 罗振玉：《集蓼编》。按，罗氏此编自叙生平于辛未秋，殆即 1931 年 "九一八事变" 之时。既置身日本侵占我辽、吉、黑东北三省之 "辽东寓居"，而言 "中日唇齿"，竟将两国学者交谊与日本侵华混为一谈；尤甚者，乃将日本亡我中国之侵略野心，说成 "同室操戈"，谬且妄焉。有的书中引录这段文字因而将其删除，则亦不必。

这里，有必要说明，称日文为"东文"，乃相对于"西文"而言。[①] 1894 年中日甲午之战，日本打上国门，中国吃了败仗。《马关条约》，割地赔款，丧权辱国。从那以后，日本步步紧逼，亡我中国，狼子野心！这当然绝非什么"同室操戈"。回观历史，痛深创巨。严复谓彼时"扼腕奋肸，讲西学，谈洋务者"，[②] 转而对一向蔑视的"蕞尔岛国"日本重视了起来。这就是历史背景，就是以"东文"名学社之所由来。由此，《东文学社社章》第三章申述"立此社之主意约三端"，称：

> 一、因将来中东交涉之事必繁，而通东文者甚少故；
>
> 二、因译书译报动须远聘故；
>
> 三、因中东人士语言不能相通，将来游历交接，种种不便故。

以上三"故"归之于一，就是通"东文"以知"东邦"。而"译书译报"仅为"立此社"之一端。然而，如果我们返回罗氏所称"方予译印农书农报"的现场，实际感受其所以创立东文学社，首要之端实则鉴于"东译"人才之紧缺。

对此，汪康年主持《时务报》、创办《中外日报》，从译费支出的角度，感之尤切：

> 先生本意原欲多译西国要书，以饷遗国民，为变法之先导。然翻译西书耗财既巨，费时尤多，故又拟借径于东文书籍，以为救急之计，而欲翻译多数之东文书籍，非先造成翻译东文之人材，必不足于用。故特商诸农报馆主任罗叔蕴、蒋伯斧二君，设立东文学社。[③]

---

① 据曾为京师同文馆学生的齐如山回忆，之所以称"东文"，一因甲午之战被日本打败，说起来丢人，为避免中日合称，而云中东之战，名其文字曰"东文"；二因欧美诸国文字都是西文，所以名日文曰"东文"。参见《齐如山回忆录》，第 28 页，中国戏剧出版社 1989 年版。

② 严复：《原强》，《晚清文选》，第 657 页，上海书店 1987 年影印本。

③ 汪诒年纂辑：《汪穰卿先生传记》，第 199—200 页，中华书局 2007 年版。

其实，何止"翻译西书"耗财、费时，译印东书东报，同样要支付巨额译费。且看《农学报》丁酉（1897 年）创办头年所刊"开呈公鉴"的账目：

> 本年二月至八月十五日，付翻译薪水银叁百两，[①] 又陆百伍拾陆圆。

谨按，同期收捐款银 310 两、3310 元，亦即所收捐款中银 300 两付"翻译薪水"之外，尚有 19.82％捐银用于支付译费。

如以当时"规银"1 两折银 2.2 元，合计翻译薪水为 1316 元，相当于同期付办事人薪水（284 元）的 4.68 倍，并超过了所付印报费（1200.8 元），占此期总支出的 34.94％，成为最大宗的开支。

当年八月十五日以后迄于十二月年终，付翻译薪水银 50 两，又 1036 元。

谨按，同期收捐款银 40 两、1500 元，亦即所收捐款银 50 两（含前收捐款中结余之 10 两）全部之外，尚有 69.07％捐银用于支付译费。

再以当时规银 1 两折银 2.2 元，合计翻译薪水为 1146 元，相当于同期付办事人薪水（335 元）的 3.33 倍，虽低于所付印报费（1911.8 元），但仍占此期总支出（银 50 两、4188.6 元）的 26.66％。

由此，我们就不难理解，作为"农报馆主任"的罗振玉，何以要在《农学报》刊载告白，既声称"振兴农学以译书为最亟"，同时又要为购得数十百种"日本精要农书"而"募款翻译"了。然而，募款毕竟不易，终非久计，设学社"造成译才"，方为根本之策啊！

办学特色

罗振玉自述创立东文学社，还曾不无骄矜地说："时，中国学校无授东

---

① 所谓"翻译薪水"，除聘用日本翻译一人，月薪六十元（《农学报略例》）之外，其余当为翻译东西方农书农报之"译酬"（稿费），当时《农学报》支付标准为每万字银二十四元（折千字二点四元）。

文者。"

我们不可轻看了这句话。时者，光绪二十四年，戊戌（1898 年）春二月。这是个很重要的时间界定。所谓"中国学校"，当然包括了当时的"国立外国语学校"京师同文馆，与上海江南制造局所属的广方言馆，所授均为"西文"，而尚未及"东文"。[①]

所以，我们完全有理由认为，东文学社是中国近代第一所以"授东文"为主旨的日语专门学校。对此，《东文学社社章》弁言做了如是表述：

> 日本立国在我东陲，有明以前，画境而治，虽间通盟好，交涉未多。今海禁大开，殊方绝域，罔不通好。于是讲求欧西语言文字者实繁有徒，诚务其急也。日本同处一洲而研习其语言文字者顾寥焉。彼土人士茬止中国，中国士夫往往不能与之通姓字；彼国书籍流传中国，中国士夫往往不能通数行，不便孰甚。蒙等不揣固陋，创立学社，以为之倡。

此云"蒙等不揣固陋，创立学社"，与前述《务农会公启》"蒙等不揣固陋，创设务农会"，笔调一致，纯出一口，足证皆为罗氏手笔。之所以自谦"不揣固陋"，实乃示其前所未有的开创之意。尚须注意的，还有社章第二章"会址"称："此社立于上海，将来添设于各处。"这就意味着，此时此际，国内以"东文"名学者，唯我一家；如果要全称，那应该名之曰"上海东文学社"。

《东文学社社章》落款署"吴县蒋黼、溧阳狄葆贤、钱唐（塘）汪康年、山阳邱宪、上虞罗振玉同启"。实则，仍由罗、蒋相偕，联汪创办，唯署名与《务农会公启》相比，少了徐（仲兰）、朱（祖荣），而代之以狄、邱；而曾参与倡办农学会却未署名《务农会公启》的汪康年，则由超然"启"外而入乎"启"内；作为主创者的罗振玉，署己名于"启"首改为殿后，盖自谦耳。

那么，这个由《时务报》与《农学报》两馆主要负责人联名，兼具通告办

---

① 据载，京师同文馆于 1895 年添设"东文馆"教授日文，而该馆题名录所载"教习名录"，仅有一名日本教习杉几太郎，到馆时间为 1898 年；然则，此前并无"授东文"之事实。参见熊月之《西学东渐与晚清社会》，第 304—305、313 页，上海人民出版社 1994 年版。

社与招生的社章，何时公布的呢？经查证，原刊于日本明治三十一年（1898年）二月《东亚学会杂志》，[①] 并附刊了该学社由《时务报》同人创立，将于"旧历正月开学"的报道（详后）。[②] 在这之前，丁酉年十二月（1898年1月）出版的《农学报》，曾刊有《东文学社告白》：

> 本社定于明年正月开学。如有年在三十以内，十五以外，中文已经精通之人愿习东文者，望于正月望前至农会报馆报名，以便定期考取入社。[③]

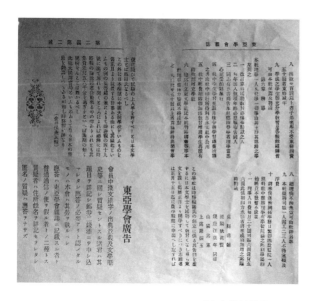

《东文学社社章》

这应该是迄今所见以"东文学社"之名刊发的第一个告白，也是最早的招生布告。《东亚学会杂志》所报"旧历正月"开学信息，当据此而来。告白谓

---

① 《东文学社社章》，原刊日本《东亚学会杂志》第二编第二号，明治三十一年（1898年）二月二十七日发行；附有日文报道，署"金井保藏氏报"。按，近有研究东文学社的专论引录该社章，屡次出注称"载《农学丛书》第一集第二册"，经笔者查考，《农学丛书》没有也不可能刊载《东文学社社章》，此系臆断，特慎重说明。

② 《东文学社社章》，汉文，原刊日本《东亚学会杂志》第二编第二号，明治三十一年（1898年）二月二十七日发行。

③ 此告白，载于《农会题名录》，笔者推定其初刊于《农学报》第十八册，丁酉年十二月下旬（1898年1月）。

"正月望前"，即戊戌（1898 年）正月十五日元宵节前。其对报名"入社"者之要求，即社章第五章"学生"所列"本社收受学生之规则"，凡九款，转录如下：

一、学生不限年岁，大约三十以内，十五以外，皆可入社学习，但必须中文精通者方可入社。

二、学生入社不得中途辍业，中辍者以日之多寡征罚金，其数别订之。

三、学生每人岁出修金二十元，按节先期交出。

四、学生额数不得逾四十人，三年卒业，不三年而学成者亦为卒业。

五、学生每日读东文约定某点钟至某点钟，不得迟到，迟到者不待之。

六、学生住馆不住馆悉听之，住馆及留餐应出资如干，别订之。

七、学生贫苦不能出修金者，经保人担保，亦可来社习学，不出修金，但将来学成，必在社翻译，以译资酬学费。其供职之年，如所学之年；翻译限内，若欲他就者，向担保加倍索偿学费。

八、捐款至百圆以上者，子弟来学不受束修；资五十圆者束修减半。

九、学成之学生即充分学教习及各报馆翻译，皆可由本社推荐及聘请。

不惟如此，对入社学生，尚有如是要求：

社中学生，学习至数月后，令其学习译书。所译之书，由社中印行，所得利息，永充社中公用。（社章第六章"办事"第四款）

这不就是后来流行的半工半读，或曰勤工俭学吗？是故，我们若将《东文学社社章》的上述规定及要求，概之曰"济贫速成的工读理念"，应该是符合实情的。

穷秀才办学

那么，这个工读理念，又是由何而来的呢？

罗振玉《变通私赈说帖》

原来，就在罗振玉"挟其所说"赴沪兴农之际，他鉴于"二十年来，各省水旱偏灾大小不下数十起"而上书南洋当局，提出："灾患无穷，资力有穷。荒年之穷民有限，丰年之穷民无限。临灾而振恤，譬犹焦头烂额以救火，功效显著而受害已多。"所以，他认为"非力求变通不可"，说：

> 变通之法惟何？事先预防，灾过善后，是也。其法有二：一曰兴农开荒，是谓预防；二曰创工院教艺，是谓善后。兴农之事大而费

多，兹姑就创工艺院一端为说帖，以风当世。

于是，他就如何创工艺院，提出了具体要求，略谓：

> 今设工艺院之费凡二端，一曰聘工师，二曰购材料。购料之费俟成器物，仍可收回，其所赢之利，可津贴用费。所实用费者，不过工师薪水耳。工师薪水，实费不过一年，以后便不须费。何也？所教工艺大小难易不等，然至远者不逾一年，近者一月二月间耳。学徒成业以后，令充教习，以成业之时日多寡，为充教习之时日多寡。如三阅月学成，即充教习三月，来学者不出修金，充教习后亦不给薪水。院中既以学徒充教习，则一年以后并教习之费亦省。作他善举皆须筹常年经费，独恤贫工院仅须筹第一年经费，其第二年售出之物价足供用度。若能于南洋账捐项下筹出数万金，则此事可办矣。[①]

罗振玉是一位思想多元的历史人物。与同时代的康有为、梁启超、严复、林纾等人有所不同，罗氏一直置身底层，比较了解民间疾苦并受其以行善著于乡里的母亲影响，笃志恤贫济世。可以说，他兴农为强国富民，而上书地方当局"创工院教艺"以"变通赈灾恤贫"，则为着教民以"脱贫致富"的技能。是故，他提出的"所教工艺不逾年，近者一月二月"；学徒成业令充教习，"以成业时日多寡为充教习之时日多寡"等一套规定及要求，被吸纳于《东文学社社章》并施行于办学实践，取得了切实的成效。

当然，东文学社并不是"善堂"，也不是"以其技教人"手艺的"工艺院"。[②] 从《东文学社社章》可以看到，办学的大门虽对贫苦生敞开，但同时有

---

① 罗振玉：《变通私赈说帖》，《皇朝经济文编》卷一百二十八，求自强斋主人编，光绪二十七年（1902年）出版。按，此为罗氏佚文，所称"二十年来各省水旱偏灾"，盖指"丁戊奇荒"，时在光绪三、四年（1877—1878年），可证该文当作于1897年前后；又称"南洋赈捐项下"，则此帖当为进呈两江总督（例兼南洋大臣）所撰。又，辑录此文入编之"求自强斋主人"，或以为即梁启超。

② 罗振玉在《变通私赈说帖》中，还提出了工艺院学艺要求：工艺院宜就事之难易分寻常、高等二级。寻常艺院略仿徐家汇之艺院，教制鞋、作帽、制草帽鞭、织手巾、刻书、纺纱织布之类；高等教织绸、顾绣、刻竹、制洋伞之类。寻常艺徒二三月至半岁卒业，高等艺徒七八月至一年卒业。此举不仅恤贫，且以保富；不仅可以变通振捐，亦可变通一切善堂，云云。

着相对的文化素质要求，即"必须中文精通"；还规定，学习期限三年，不满三年则须"学成者"才可提前卒业；学生寄宿或走读不限，食宿费自理；除了经担保的贫苦生之外，每人每年应缴学费二十元，这在那个年代，地处"十里夷场"，且聘请外教，收费并不算高；承诺学生学成后充学社教习或报馆翻译，皆可由学社推荐或聘用。所以，我们说这个学制三年，并"包分配"（推荐或聘用）的学社，具备了后来的外语专科学校的雏形。[①]

然而，斯人办斯社。自 19 世纪 60 年代京师同文馆开办以迄于今，外语学校生徒虽不乏布衣寒士，但说到其世代相沿的办学情状，却莫不带有不同程度的"贵胄化"气象。与之形成鲜明反差的是，首立于上海的东文学社，除了延聘日本教习之外，基本上由几位穷秀才实际操办，召集了"家贫无资以供游学"（王国维语）的穷秀才就读，当然也少不了未及赶考秀才的"文童"。要之，济贫、速成、工读，既是东文学社的办学特色，更是率先为农会解囊捐款的穷秀才罗振玉、蒋黼等人能迅获办学成功的奥秘所在。

学社开办与开学

名人出诸名校；反过来，名校亦须借重于名人。曾经走出了王国维这样一代大师的东文学社，虽消失已久，但其究于何时开办自应有个较为确切的说法。

现在我们所见当事者通报东文学社开办信息，是那时初入上海《时务报》的王国维，他在致友人许家惺的书信中说：

> 东文学社于六日开馆，弟拟往学，已蒙仲阁先生允许，每日学三点钟，馆在农报馆对门萃报馆内。前日仲阁先生与蒋伯斧说乞，为阁

---

① 陈鸿祥：《王国维全传》，第 44 页，人民出版社 2007 年版。

下留一位置云。①

信中所说"仲阁先生"，即汪康年之弟汪诒年，② 时为《时务报》助理馆务。信中还为我们提供了若干向被忽略的信息。例如，"为阁下留一位置"，是说汪君在允许王国维"往学"的同时，还请学社实际操办者之一的蒋黼，为原在《时务报》充书记的许家惺预留了一个入读东文学社的名额。③ 然则，罗振玉说到彼时学校"无授东文者，入学者众"，并非虚言。又如，"馆在农报馆对门萃报馆内"，实即罗氏所说"赁楼数楹，招生入学"，这是学社创设之初的情形；东文学社开学，萃报馆原址已归《农学报》，仅留分馆于农报馆内。④ 故我们说，东文学社即办在农报馆内，馆社结为一体。

然而，上述落款"弟王国维顿首"的书信未署月日，故信中"东文学社于六日开馆"之"六日"，应归于正月，抑归于二月？参以汪诒年后来为其兄汪康年所撰年谱，称：

> （1898年）正月，与同人创设东文学社于上海之新闸路（今黄河路）梅福里。⑤

由是，可证王氏书信中"东文学社于六日开馆"，当为正月初六日。⑥ 这与传统过年以正月初一（元旦）至初五（迎财神）为年假，初六日开业相吻合；与《东文学社告白》谓"明年（1898年）正月开学"，愿习东文者"于正月望前至农会报馆报名"，亦相吻合。这是应予说明的第一点。

值得注意的是，《东文学社告白》中对报名入学者，除年龄限制（15—30岁）之外，其必不可少之硬性条件是必须"中文精通"；而前述《东亚学会杂

---

① 《致许同蔺》（按，应为许家惺），《王国维全集·书信》，第3页，中华书局1984年版。

② 汪诒年，字仲阁，汪康年胞弟。《农会续题名》云：汪诒年，字诵谷，浙江钱塘人，增生。

③ 《农会续题名》载：许家惺，字默斋，浙江上虞人，附生。是时，许君已返浙江上虞参与编纂地方志，而荐王国维代任《时务报》书记兼校对。

④ 据《萃报馆告白》："总馆现移湖北城内察院坡，分馆在上海农务报馆内。"此告白刊于戊戌（1898年）五月上旬之《农学报》，《萃报》移馆时间当在春二三月间。

⑤ 汪诒年纂辑：《汪穰卿先生传记》，第76页，中华书局2007年版。

⑥ 《王国维全集·书信》推断此信"写于二月初九日，即东文学社二月六日开学后之三日"。按，学社开学既非"二月六日"（详后），则此信大致作于正月底（或二月初），然具体时日，遽难确指耳。

志》所载之日文报道，提出了入学考试的要求，兹译述其大意，略谓：

> 我们研究考虑了《时务报》诸同人关于创立学社的意见，决定延聘日本文学士藤田先生（即藤田剑峰）任教习，于旧历正月开学，讲授东洋文字。有愿意学习者，请于正月十五日之前向《农学报》馆提交申请，经考试择优入学。①

由此报道可知，罗、汪等人筹创东文学社，曾获东亚学会的赞同支持，并提出了"经考试择优入学"的要求。这应该是赵万里撰王氏年谱，罗继祖撰罗氏年谱，所述海宁王静安（国维）、桐乡沈昕伯（纮）、山阴樊少泉（炳清），月末考试皆不及格，乡人（罗振玉）念其笃学力行，为言于掌教（藤田剑峰），仍许入学之所由来。②

还应注意，罗振玉忆当年，曾坦然承认"公（王国维）来受学时，予未知公"；③而王国维在通报东文学社的书信中，则特别提到蒋黼，"西人已与日本立约，二年后日本不准再译西书"，并愤慨斥责西人之"无理"。是可反证，王氏初入《时务报》，先识者是蒋而非罗。当时，东文学社规定的报名时间为正月初六日至十五日，其月末考试当于诸生报名后的正月底举行；而所以要对报名者先行测试，则显然是为着避免"入学者众"而滥竽其间。

那么，王国维又是何时进入《时务报》的呢？从王乃誉日记，我们可以得知他于正月二十六日抵沪"进馆"。④值得一提的是，乃誉公甚为担心王国维此时一人在外、不善交往而"吃亏"，他说：

> 静儿出门，吃亏有数端：貌寝（无威仪），一也；寡言笑，少酬应，无趣时语，二也；书字不佳，三也；衣帽落拓，四也；作书信条，字句不讲究，五也。⑤

---

① 该日文报道，特请江苏省外办几位留日归国人士译出（文字经笔者略予修改），特致谢忱！

② 赵万里：《王静安先生年谱》，原刊《国学论丛》第一卷第三号，1928 年出版；罗继祖：《永丰乡人行年录（罗振玉年谱）》，第 18 页，江苏人民出版社 1980 年版。

③ 罗振玉：《王忠悫公传》，《丁戊稿》，《罗振玉学术论著集》第十集（下）。

④ 《王乃誉日记》第二册，第 823、839 页，中华书局 2014 年影印本。

⑤ 《王乃誉日记》第二册，第 839 页，中华书局 2014 年影印本。

这大体上就是初入《时务报》，拟往学东文学社时的王国维之风貌。他与沈纮、樊炳清应该都是在学社规定正月十五日报名期之后补办了报名入学手续。他们之被准许入学，看来并非因了罗氏"为言于掌教（藤田剑峰）"，而在于皆具备"秀才资格"、符合"中文精通"的入学硬性条件。这是应予说明的第二点。

应予说明的第三点是东文学社究于何时开学。罗振玉追忆往事，屡言东文学社立于戊戌（1898 年）夏，或创于戊戌（1898 年）仲夏；而赵万里撰王氏年谱，则谓"五月朔，学社开学"，盖皆有误。20 世纪 80 年代以来之王氏年谱，于东文学社开学之期，或谓二月初六日，[①] 或谓三月一日，[②] 亦皆误矣。兹将笔者近年查考戊戌（1898 年）三月刊出之《东文学社告白》，移录如下：

> 本社已于上月十八日开学。此刻尚有余额，如有中文精通，愿来学习者，乞来社报名，以便补足额数。[③]

至此，我们终于可以确认，戊戌（1898 年）二月十八日，为东文学社首期开学之日。参以郑孝胥戊戌二月十八日日记：

> 午后，过东文学社，罗、蒋为社主人，皆衣冠而来，余便服，缴帖而去。是日为社中开学宴客。[④]

谁能想到，后来成了罗振玉亲家又是"冤家"的郑孝胥，不惟见证了东文学社开学，且应罗振玉、蒋黼两位东文学社"主人"之邀，前来赴宴。罗、蒋皆衣冠楚楚，迎候来宾的风采，被他记了下来。而前此学社告白中之"正月开学"、王氏书信中之"六日开馆"，犹言"挂牌开办"，指学社成立，开始招生，

---

① 陈鸿祥：《王国维年谱》，第 32 页，齐鲁书社 1991 年版。
② 袁英光、刘寅生：《王国维年谱长编》，第 15 页，天津人民出版社 1996 年版。
③ 《东文学社告白》，载《农会题名录》，原刊《农学报》第二十五册（期），光绪戊戌（1898 年）三月上旬。
④ 《郑孝胥日记》（二），第 646 页，中华书局 1993 年版。

接受报名。至二月十八日才是开学上课。

　　当然，这是纵跨三个世纪、时隔一百一二十年前的往事了，但也可以想见，在莺飞草长的仲春之月，风和日丽的春分时节，位于现今以餐饮著称的黄河路那条梅福里弄堂中的农报馆，迎来了东文学社开学。对于王国维而言，这开学宴虽不能与将近三十载之后（1926 年 9 月），清华园工字厅举办的国学研究院首届开学茶会，诸生向梁、王、赵、李四位大师行拜师礼相比，[①] 但高朋雅集，日本教员同席，也同样令人难以忘怀。王国维曾致信其父乃誉公，禀告东文学社开学情状。据王乃誉戊戌二月二十六日（1898 年 3 月 18 日）日记：

东文学社旧址梅福里弄堂

　　　静信到，内谈入东文学社，从学教习二人，- 诸津，日副领事；一藤田丰八，《农报》翻译，常住社。静同馆法文翻译潘士裘，友魏藩宝与同学东文。罗叔蕴总理。学生年修廿元。[②]

　　这其实就是罗振玉所述"藤田君任教务"，"常住社"者，谓其乃驻学社教习；而"诸津"者，实为"任义务教员"的"上海日本副领事诸井学士（六郎）及书记船津君（辰一郎）"二氏之合称，故教习应为三人。邀请曾经出使日本、任中国驻日使馆书记官、神户大阪领事馆总领事的郑孝胥赴宴，可谓品级相当，增添了开学宴的中日友善气氛。

　　由上日记，我们还可知开学当天，《农报馆》人员，以及《时务报》汪氏兄弟及相关人员，包括法文翻译等，均参与了开学宴。实则，潘、魏二位，并未"同学东文"。在说明学社已于十八日开学的告白中，通报了尚有余额，有待愿学东文者来社报名"补足"；而王、沈、樊三位的"月末甄别考试"，当在学社正式开学后的二月底。这样，尽管报名人数不少，经考试甄别最后就读

---

　　① 清华研究院首届开学时，陈寅恪尚未来院，故"四位大师"，指梁启超、王国维、赵元任三位导师（教授）及"特别讲师"李济。参见陈鸿祥《王国维全传》，第 528—529 页，人民出版社 2007 年版。

　　② 《王乃誉日记》第二册，第 848 页，中华书局 2014 年影印本。

者，看来为数有限。例如，学社开学不久，那时已赴日本留学的汪有龄在写给汪康年的书信中说：

> 东文学社虽仅八人，然若能各有所成，即可以少胜多……培得一人是一人。①

到了当年六月，王国维因"鹤膝风"返海宁家中休养，他在致许家惺的书信中又谈及东文学社，认为东文较西文难易迥别，"果能专精事此，一年当能通之"；而他又自谦"于此事甚浅"，说："同社六人，惟弟最劣。"② 赵万里于王氏《年谱》中谓，此时"同学仅六人"，当出于此。

办学业绩初显

罗振玉虽为东文学社"主人"，但学社开办之初，他并未介入具体的办学事务。按照他的自述，就是：

> （东文学社）招生入学，藤田君任教务，农馆任校费，予与伯斧以农社事繁，乃举亡友邱君于蕃任校务。③

"任校费"一语表明东文学社的教学、管理、经费，实则尽在罗氏掌控之中。戊戌（1898 年）三月，东文学社刊出了续招两班的告白。④ 王国维致信许家惺云：

---

① 《汪康年师友书札》（一），第 1079 页，上海古籍出版社 1986 年版。按，此札末注有"又月十八日到"，"又月"指戊戌（1898 年）三月。

② 《王国维全集·书信》，第 14 页，中华书局 1984 年版。

③ 罗振玉：《集蓼编》。

④ 《东文学社告白》，原刊《农学报》第二十六册，光绪二十四年戊戌（1898 年）三月中旬。按，告白所称"前本学续招……已登前报"，"前报"即《农学报》第二十五册，告白承此而来。

令弟欲学东文一节，东文学社四月中尚需招两班学生，无有不可，唯饭膳每月须四元，未免太贵。……其三点钟只教训诂，仍须于回后自行读熟。（弟不能熟，坐此。）而令弟年甚轻，尚可学西文，东文似不甚合算。①

戊戌（1898 年）四月，光绪帝颁诏"变法"，而东文学社适于本月续招第二班新生。学社的入学门槛原不很高，值此"变法"激流，报名者理当跃然，实情却未必。何故？王国维于书信中讲了二点，一曰饭膳费太贵；二曰"三点钟只教训诂"，亦即学社的课堂教学，就像讲中国古书的"训诂"，仅在于讲解日文辞义、文法等，而东文课本还得靠课后回去自学。所以，第二班续招，看来实到者人数有限。其中就有罗氏长婿刘大绅（季英），及其族兄刘大猷。于是，兄弟同窗，并先后赴日留学，后同入学部图书局充编译，不失为佳话。②

接着，发生了戊戌（1898 年）"八月政变"。罗振玉回忆说：

及八月政变，校费无出，邱君乃去沪，生徒散者三之一。③

应当说明，罗氏屡称的"校费"，实即《东文学社社章》第四章经费，谓："此社之立，由同志君子集资为之。"所谓"集资"，即征求社会各方人士捐款。《农学报》戊戌年（1898 年）一月至十二月，曾陆续揭载《东文学社捐款姓氏》，共九人，④ 总计捐款数额仅三百七十余元，可能主要用以支付当年学社房租及其他办学开支。但是，管理校务的邱于蕃"去沪"，却在"政变"之前；⑤

---

① 《王国维全集·书信》，第 6 页，中华书局 1984 年版。
② 刘大绅（1887—1954），字季英（亦作季缨），刘鹗四子，罗振玉长女婿。1903 年罗氏任两粤教育顾问，将其列为"补官费留学"，派赴日本入京都第三高等学校。刘大猷（1880—？），字秩庭，刘鹗胞兄渭卿第四子，庚子之变后留学日本，《农学报》曾刊载其所译《日本养鱼人工孵化术》《植物学教科书》等。刘氏兄弟相继于丙午（1906 年，大猷）、丁未（1907 年，大绅）入学部图书局，分别编写《初等小学算术教授书》《动物现象学》。
③ 罗振玉：《集蓼编》。
④ 捐百元三人：蔡和甫、刘聚卿、净名居士；四十元一人：张香谷；二十元一人：藤田剑峰；五元二人：杨杏生、刘皞如；另有日人岩崎丰弥、田原丰，各二元。
⑤ 参见《汪康年师友书札》（一），第 200 页，上海古籍出版社 1986 年版。

经历了戊戌（1898 年）"八月政变"，《农学报》既以其"不干政治，有益民生"而得到了两江总督刘坤一护佑。创设于梅福里农报馆内的东文学社，当然也不在封闭之列，故虽有生徒走散，但并未影响教学。罗振玉还针对"政变"中封报馆、禁学会所遗的消极影响，致信汪康年，一面勉励老友，再振精神，说："沪上各事，如学社、学会，非公大力兼营，必多废坠。"一面颇怀信心地展望来年，说："农报馆得岘帅之款（即刘坤一批示上海道拨款），可以卒岁，可以支柱大局，弟无东顾之忧，惟一切仍须硕画耳。"① 而在他的"硕画"中，就有办好学社，扩大招生的举措。于是，我们看到了第四则《东文学社告白》：

> 本社开办以后，现将一年。头二班已能译书，成效昭著。明年拟添招三班三十人，以期推广。愿来学者望于年内报名，腊底截止，准于正月入学。报名太迟及至期不到者，以后不得补入，并奉告。②

我们还记得，王国维初入东文学社，曾以报馆事繁，无暇温习而苦恼，并说："果能专精事此，一年当能通之。"开办"现将一年"的事实，可证这不是虚言。若以"头二班已能译书"，对照《农学报》篇目，戊戌（1898 年）十月中旬刊载之沈纮译《薄荷栽培制造法》，③ 当为东文学社头班学员译书之始；十二月上旬刊载之萨端译《畜疫治法》，④ 或为二班学员译书之始。这时王国维也说，他翻译东文，已能"日约可译千余字，较作文颇不费心也"。⑤

可以想象，作为教员出身的罗振玉，眼见自己主创的学社获此"昭著"的办学成果，该有多么欣慰！添招的学社第三班报名期，定于"腊底"即戊戌（1898 年）十二月底之前。他的胞弟罗振常、长子罗福成，皆在"添招"之列，

---

① 《汪康年师友书札》（三），第 3159 页，上海古籍出版社 1986 年版。

② 此告白原刊《农学报》第五十五册（1899 年 1 月），并载汪康年主办之《中外日报》1899 年 1 月 15 日。

③ 〔日〕山本钧吉著，沈纮译：《薄荷栽培制造法》，连载《农学报》第五十至五十二册（1898 年 11—12 月）。

④ 〔美〕夫敦著，〔日〕宗我彦磨译，萨端重译：《畜疫治法》，连载《农学报》第五十五至五十六册（1899 年 1 月）。

⑤ 《王国维全集·书信》，第 19 页，中华书局 1984 年版。

就读于三班，遂为"叔侄同窗"。① 罗振玉在安顿《农学报》编务的同时，拟发了东文学社的上述"添招"告白，取道瓜洲渡口，登舟返淮，在仲冬的寒风中向着老母、妻儿守望的温馨的家进发，心绪愉悦而放松。

罗振常　　　　　　　　　　　　　罗福成

办学之难

正月望后，在淮安家中过了元宵节，罗振玉就火急火燎地赶回了上海农报馆。

这时的要务，就是续办东文学社。

东文学社办学"成效昭著"，但同人的认识并不一致，办学亦非一帆风顺。例如，就在罗振玉返淮期间，沪上传言："伯斧有并归广方言馆之议。"他闻之十分焦虑，当即致信汪康年说："殊非弟所愿，如此，则学社之迹，殆剿除

---

①　罗振常自述，王国维将戊戌（1898 年）《杂诗》寄至淮安，他与返淮省亲的叔兄（罗振玉）"开缄共读"，至为赞赏，"次年抵沪，乃获相见"，"次年"即 1899 年东文学社三班开学之时；而在家塾"作论初通"的罗福成，亦同来沪入读，自述"与忠悫同受业于藤田剑峰博士"（《观堂外集》跋）。己酉至辛亥间（1909—1911 年），罗福成留学日本早稻田大学兽医科；辛亥（1911 年）后居家随父研习文史，攻西夏文，著有《西夏译〈莲花经〉考释》《西夏国史类编》《韵统》《文海杂类》《西夏文残经释文》等，并摹写与整理出版《番汉合时掌中书》等。

净。"所以，他决意年后回沪，"拟编书住社，并拟出全力为之整顿"！[1] 他曾这样回顾当年的办学甘苦忧乐：

> 方予一身兼主报、社两事，财力之穷，一如予之理家，同辈赞予
> 果毅，且为予危。其实此境固予所惯经也。[2]

他所说"兼主报、社"，即《农学报》与东文学社。回头来看蒋黼（伯斧），不仅是罗氏的挚友，更是他事业上最忠实可靠的伙伴，何以会有将学社"并归"之议？很重要的原因，是忧虑"财力"——"政变"之后，失却捐助，断了办学经费的来源。而罗氏则力摒众忧，坚持不靠捐助，独力办学，这正是他临危不怯，非同辈可及的"果毅"之处！

当然，整顿学社，不是任意蛮干。罗振玉既做过塾师，又曾在淮安拟办西学书院，故颇知办学之根本，一在识才，二在尊师。

首先是识才，亦即罗振玉所称识拔"高材生"。特别是戊戌（1898年）"八月政变"，学社几近解体之时，他赴沪力挽危局，说：

> 高材生若海宁王忠悫公，山阴樊少泉（炳清）、桐乡沈昕伯（纮）
> 两文学，均笃学力行，拔于侪类之中，不忍令其中辍，乃复由予举私
> 债充校费。[3]

这充分证实，王、樊、沈之被识拔，并不在东文学社开办之初，而在戊戌（1898年）"八月政变"之后。此外如萨端，亦在罗氏识拔的"高材生"之列。而在王、樊、沈三位中，最杰出的，则又要数王。自20世纪80年代初流行于

---

① 《汪康年师友书札》（三），第3161页，上海古籍出版社1986年版。
② 罗振玉：《集蓼编》。
③ 罗振玉：《集蓼编》。

学界的一句话，所谓"没有罗振玉就没有王国维"，[1] 也往往要被追溯到东文学社。不过，检覈当年的实情，应该是，一、王国维往读东文学社，最初获准于汪康年，而非罗氏。二、按照东文学社"学生每人岁出脩金二十元，按节先期交出"之规定，王国维进入《时务报》借支的第一笔薪金，就是"因东文学社开学，须先送束脩十元。馆中借过六元"。[2] 直至"八月政变"，王国维已用自己的工薪预交了半年（一个学期）学费；而罗振玉既与他尚未相识，且按农会章程规定，斯时身为农会暨《农学报》理事的罗、蒋"标准月薪"均为二十元，故没有也不可能给予王国维以资助。三、王国维初入《时务报》确实颇遭冷遇，推荐他的好友许家惺还曾致信汪康年，为他说情，谓："静安兄年少有志，俾得常聆教益，或他日有所成就，亦出自大人之赐。"[3] 然而，"他日有所成就"，谁能未卜先知，有此前瞻眼光？试观当时，每天午后三小时去东文学社上课，半工半读，何等辛苦！罗氏称他"笃学力行"，其实亦在汪氏兄弟同意让他"为日报馆译东文"之后。

但是，艰难玉汝于成。尚处于"果毅"创业阶段的罗振玉，与其说是"发现"了王国维，毋宁说是他未来的学问、事业更需要像王国维这样"年少有志"者来做他的同道。准此，我们应该说，没有东文学社就没有罗、王的交谊，就没有罗、王后来的一切！

转机也在"八月政变"之后，《时务报》已被封闭。王国维因"病脚气"，自夏六月返海宁家中医疗、休养。据其父乃誉公日记，他再度"打叠启行赴沪"日期为戊戌（1898年）十月十六日。抵沪所见，"十里夷场"依然灯红酒绿，"维新志士"则早已四散。王国维不无伤感地致信许家惺说，原先与汪康年有约，病愈返沪，即"为日报馆译东文"，但此时汪氏"新遭家国之变"，其原配夫人于政变后的九月间病卒，"日报"（即《时务日报》）被迫更名《中外日报》并一度交人办理，王国维不能再回报馆译东文。怎么办？不妨转录原

---

① 原话为"没有罗振玉就没有王静安"，始出于周传儒《王静安传略》，原载《中国现代社会科学家传略》第一辑，山西人民出版社 1982 年版。谨按，周传儒乃清华研究院第一、二届连读之毕业生；此传撰于 1980 年，周老已年届八秩矣。时，《王静安传略》主编高增德兄函嘱余代为组稿，周老且赐寄其所撰王传打印稿，余乃以晚学后辈间得以先睹为快，并就传中某些人与事，撰文补正。岁月匆匆，距今三十余载，特略述其说来历，如上。

② 《王国维全集·书信》，第 4 页，中华书局 1984 年版。

③ 《汪康年师友书札》（四），第 3608 页，上海古籍出版社 1986 年版。

信，以存其真：

> 弟在此间蒙蕴公款留，唯素餐之刺常愧于心，且日用一切颇形枯瘠，而东文不欲废之半途，故特缕陈。[①]

王国维携着行李，来到了东文学社所在的梅福里农报馆。实则，这也是他的"二次就业"。"蕴公"即罗振玉安排他住了下来，并给他委了个学社"庶务"。王国维不是"日用一切颇形枯瘠"吗？刘蕙孙记述罗、王交往，除了误将东文学社当成了嗣后的"南洋公学东文班"之外，又记及罗氏留王续读东文之事：

王：奈何生计！留学社读书，怎么养家糊口？

罗：你可以一边学东文，一边为《农学报》译书，《时务报》馆月薪三十元，我给你每月四十元，则家用及本人生活都可以维持了。[②]

这应该就是罗氏所说"为赡其家，俾力学无内顾忧"了。但具体说到所"赡"的"月薪"，"三十""四十"（元），均系讹传误记。须知，政变之后，罗氏虽已"馆（《农学报》）归己有"，"社（东文学社）操己手"，但资财尚未丰厚，仍处于"举私债"办报兴学的初级阶段，故不可能如此出手阔绰，此其一；王国维初入《时务报》，月俸实得仅十二元，此其二；东文学社社章明文规定"理事人每月二十圆"，则"庶务"王国维的月薪当不会高于二十元，这在当时已属报馆或学社"高管"层薪酬水平，此其三。而"素餐""常愧"云云，无非是说，此时学生无多，而罗氏反添设了学社"庶务"，显然是为了给他领取薪水的名义，以使其从学东文不致半途而废罢了。

还应注意，王国维之被识拔，又是同藤田剑峰的荐举密不可分。王国维说，他入读东文学社后，"蒙藤田君垂爱"，曾屡向穰卿先生（汪康年）说项，希望减少报馆的抄写等杂务，而改为"译东报事"，以使之"一意学习"，并得到了汪氏兄弟的赞同。这使王国维甚为感动。[③]而罗振玉对藤田的敬业精神，尤为赞赏。当年十一月下旬，罗氏委王国维为学社庶务，准备返淮省亲过年之

---

① 《王国维全集·书信》，第19页，中华书局1984年版。
② 刘蕙孙：《我所了解的王静安先生》，《王国维学术研究论集》第三辑，华东师范大学出版社1990年版。
③ 《王国维全集·书信》，第10页，中华书局1984年版。

时，还特留了封信，"托静安兄转交"汪康年，说："藤公热心为支那，不仅区区一学社，尚冀先生有以维系之，不可有负远人厚谊。"① 在闻知将学社"并归广方言馆"的传言后，他更在致汪氏信中强调："东文学社事，总以学社独立，不为农会附庸，一切由藤公主持为妥。缘藤公一片热心，不宜加以限制也。大约农会翻译由藤公令学生译之，而以译资补助学堂为可。"②

翌年，东文学社扩大招生，罗振玉进而委任王国维为学监。自此之后，罗、藤、王"三人行"焉。前辈很讲究称呼。罗氏以"静安兄"称王国维，表示了彼此为学社同事，而非师生，这不是谦虚，乃是实情；但就王国维而言，他是东文学社的学员，是生徒，尊重汪、罗两位学社创办者，以"穰卿""穰公"，"叔蕴""蕴公"称之，而礼敬学社教习藤田剑峰，口"藤师"。王国维接手主编《教育世界》杂志，还曾刊出藤田照片，并有文字介绍，云：

东文学社日本教员藤田剑峰

　　藤田学士以丁酉（1897 年）夏，应上海农学会之聘，渡来中国，倡设东文学社。其时我国士夫尚罕注意于和文者。旋迭任广方言馆南洋公学附属东文学堂教习，训迪诸生，谆谆不倦。今为两粤高等教育顾问。其裨益于我国教育界也实大，故特揭其肖像，以志钦迟。③

这显然是将"倡设东文学社"，作为藤田"渡来中国"之主要业绩。谨按，藤田（1869—1929），本名丰八，字剑峰，日本德岛县人，毕业于东京帝国大学文科大学汉文学科。所谓"丁酉（1897 年）夏，应上海农学会之聘"，实为《农学报》创始时间丁酉四月上旬，即 1897 年 5 月；而署名藤田丰八所译、松

---

① 《汪康年师友书札》（三），第 3159 页，上海古籍出版社 1986 年版。
② 《汪康年师友书札》（三），第 3161 页，上海古籍出版社 1986 年版。
③ 《教育世界》杂志，光绪三十年甲辰（1904 年）正月下旬第二期。按，原文未署名，当出自主编者之手，盖属王氏集外佚文。

永伍作著《蚕桑实验说》，首载于是年八月下旬出版之《农学报》第十册，盖其名始见于此，则其抵上海农报馆当在夏秋之间。他偕同罗振玉赴广州"为两粤高等教育顾问"，时在 1903 年冬至 1904 年春。这是后话了。[①]

颇可注意的是，藤田剑峰为《农学报》所聘的专职"东文翻译"，他怎会"迭任广方言馆"？这实乃披露了一段罕为外人所知的内情。

所谓"广方言馆"，其实就是最早的上海外国语学校，隶属于江南制造局。彼时，该馆与京师同文馆南北对峙，造就外语人才唯有"西文（英、法、德、俄），而无"东文"。前述蒋黼的"并归"之议固然失当，但罗、汪创设东文学社，因经费支绌，乃经苦心孤诣谋划，才算争得了"勉强以制造局译书款为藤公用费"。[②] 我们从王国维禀乃誉公家书中，还看到了这样一件秘闻：戊戌（1898 年）"八月政变"之后，"藤田明明就制造局聘，东文学社归伊办，不尔恐将歇业"。[③] 换言之，如无藤田维持，在政变风波中濒临散伙的东文学社可能顿即停办。至于藤田任教南洋公学附属东文学堂，则在东文学社停办两年之后（1902 年），罗氏应聘就任设于虹口的南洋公学东文分校（即"东文科"）监督（校长），而延藤田为总教习，王国维亦偕同任教。[④]

---

① 邹振环先生近作记述藤田事迹甚翔实，谓其来华前，曾与田冈岭云等共同发行《东亚说林》（1895年），刊行《中等教育东洋史》（1896 年），并出任东京专门学校、东洋哲学馆讲师。1897 年来华，"他与罗振玉邂逅与协力，成为中日学术交流和史学交流史上的重要事件"，抵沪后"在《农学报》发表译文多达 420篇"；又举其偕同罗氏，历任南洋公学附属东文学堂教习、《教育世界》编辑顾问、江苏师范学堂教习、京师大学堂农科大学总教习，等等。著有《支那文学史》《先秦文学史》《东西交涉史研究》等。参见《东文学社及其译刊的〈支那通史〉与〈东洋史要〉》，《域外汉籍研究集刊》2007 年第三辑。谨按，藤田于辛亥年（1911 年）返回日本，1920 年获东京帝国大学文科大学文学博士，1928 年任台北帝国大学文政学部长。

② 《汪康年师友书札》（三），第 3161 页，上海古籍出版社 1986 年版。按，藤田丰八被《农学报》聘后，曾译有《物理学》（饭岛挺造原著，十二册）、《颜料篇》（江守襄吉郎原著，二册）等书，均作为江南制造局译书出版。参见〔日〕实藤惠秀著，谭汝谦等译：《中国人留学日本史》，第 175 页，三联书店 1983 年版。

③ 《王乃誉日记》第二册，第 998 页，中华书局 2014 年影印本。

④ 南洋公学附属东文学堂创办于东文学社解散之后，且系官办，故绝不可与东文学社混而为一。

迁址与译书

还应当看到，罗振玉不是在真空状态中编报办学。他决意对东文学社"全力为之整顿"的己亥年（1899 年），依然是个多事之秋。慈禧太后逞威作祟，又闹起了意欲废除光绪帝的"己亥废立"；而曾为维新志士的唐才常等人，则以拥戴光绪帝为标榜，开始了创立"自立会"的秘密活动。

于是，在对东文学社的整顿中，迁址就成为重要举措之一。笔者在 20 世纪 80 年代初查考了其之所以要从梅福里迁移的原因：罗氏与唐才常相识，且有交往；而唐氏则以梅福里东文学社原址作"秘密机关"，制造无烟火药。然则，学社迁移，或亦为免与革命党人牵连。① 现在，我们还可以据新见史料证实，唐才常不惟与罗氏相识，且为农会会员，其大名与梁鼎芬、徐世昌、汪大钧（汪康年族兄）、黄绍第（黄绍箕之弟）同刊于《农学报》的《农会续题名》，云：

> 唐才常，字黻丞，湖南浏阳人，丁酉（1897 年）拔贡。②

还在戊戌（1898 年）年底，罗振玉在致汪康年的书信中就道及"藤公在报馆颇恶嚣杂，拟别赁一屋居之"。③ 而王国维更指斥说："颇怪今日欲破坏治安酿造大乱者，乃在薰心利禄之人。"④ 可以肯定地说，东文学社之迁离梅福里，至少是要避开"嚣杂"，远离比前此鼓吹变法维新更危险的，诸如唐才常这样"酿造大乱者"。这绝非危言耸听，而是有事实为证：经藤田推荐来东文学社任

---

① 陈鸿祥：《王国维年谱》，第 40 页，齐鲁书社 1991 年版。
② 原刊《农学报》第十五册，光绪二十三年丁酉（1897 年）十 月上旬。按，唐才常（1867—1900），曾投身变法维新，在长沙编辑《湘学报》，参与创办时务学堂。戊戌（1898 年）"八月政变"后，联络反清革命党人，从事秘密活动，"自立军"起事失败而被捕杀。有关情节，以下还将述及。
③ 参见《汪康年师友书札》（三），第 3159 页，上海古籍出版社 1986 年版。
④ 《王国维全集·书信》，第 20 页，中华书局 1984 年版。

教的田冈岭云，于当年 5 月抵沪不久，就与借东文学社设立"秘密机关"的唐才常有了密切的交往！……

那么，东文学社何故要迁往江南制造局前的桂墅里呢？实则这里亦有故事、有隐衷，罗氏避而不谈，外人罕能知之。本来，"桂墅里"与"梅福里"都只是笼统的里弄，并未坐实其社址。如果说东文学社创立于梅福里，乃是租赁了刚迁出的《萃报》馆馆所，那么此时迁至桂墅里，应该是借用了坐落于此而刚停办的经氏女学堂，据汪诒年记述：

> 此学堂为经联珊君元善所主办，校设高昌庙桂墅里，即经君之私产也，赞其成者为先生（汪康年）暨梁卓如（梁启超）、康幼博（即"戊戌六君子"之一的康有为之弟康广仁）两君。[①]

这里所说"高昌庙"，即江南制造局所在地，而这位经联珊（亦作莲山）君，就是曾与罗振玉共商创办上虞农工学堂的罗氏同乡（上虞）好友经元善。该女学堂于戊戌（1898 年）四月开办，次年夏，刚毅来沪闻报，谓此校与康、梁有牵连，乃颐指气使，迫令停办，这倒恰合罗氏迁校之需，且女学堂定额四十名，这与东文学堂"拟添招三班三十名"，规模大致相当，一也；斯时，罗氏"举私债办学"，根本无资另行租借校舍，这"经君之私产"的女学堂，适足可以解学社迁移的财力之困，二也；高昌庙处僻静之地，学社来此既可避"嚣杂"，又较便于藤田与取得费用的制造局广方言馆联系，三也。要不然，罗氏怎会将学社迁往桂墅里？

所以，查证东文学社迁移，当在夏四五月间。罗氏拟与经元善联手在上虞办学，虽因戊戌（1898 年）"八月政变"而告吹，而其于"财力之穷"中迁校却得到了无偿借用经氏"私产"的支持，这又何其幸也！

罗振玉"编书住社"的承诺，亦由此而得以实现。

当然，罗氏整顿学社，在"添招"学生的同时，还包括增强师资力量，调整教学内容。学社开办头年，顾名思义，专授东文。住社教员，实际仅有藤田一人，除了每天"三点钟只教训诂"之外，课后"自行阅读"者，就是日文

---

① 汪诒年纂辑：《汪穰卿先生传记》，第 202 页，中华书局 2007 年版。

"寻常小学读本共有七册"。①

第二年即罗氏着手整顿学社的 1899 年，旧历新正学社开学，首先是添聘了新的日籍教师，如王国维所述：

> 是时，社中教师为日本文学士藤田丰八、田冈佐代治二君，二君故治哲学。余一日见田冈君之文集中有引汗德、叔本华之哲学者，心甚喜之。

王氏又记述学社添设了数理化及英文等课程，云：

> 次年（1899 年），社中兼授数学、物理、化学、英文等。其时担任数学者，即藤田君，君以文学者而授数学，亦未尝不自笑也。

王氏更记述了英文教学，尤其是他本人攻读英义，云：

> 又一年（1900 年）而值庚子之变，学社解散。盖余之学于东文学社也，二年有半；而其学英文，亦一年又半。时方毕第三读本，乃购第四、第五读本归里自习之，日尽一二课，必以能解为度，不解者且置之。②

这是作为东文学社学员的王国维自述，突出了三个要点：一是，藤田、田冈原先都曾攻读哲学（藤田在获文学士学位后，又入大学院专攻"支那哲学史"），而王氏早年"决从事于哲学"，固然受田冈影响，尤其是从田冈的文集中看到所引康德、叔本华哲学，引发了他极大的兴趣。③ 与王氏同学的樊炳清，

---

① 《王国维全集·书信》，第 8 页，中华书局 1984 年版。

② 王国维：《三十自序》（一），《静庵文集续编》，《王国维遗书》第五册。

③ 田冈佐代治（1870—1912），原名左代治，字岭云，东京帝国大学汉文科毕业。经藤田推荐，田冈曾两度来华任教，实皆受聘于罗振玉。第一次为 1899 年 5 月至 1900 年 5 月，任教于东文学社；第二次为 1905 年 8 月至 1907 年 5 月，仕教于苏州师范学堂。王国维所见之田冈文集，可能指"岭云的文艺评论家时代"（1887—1897）所写之《岭云摇曳》《第二岭云摇曳》《云的碎片》；而引康德及叔本华哲学，则可能指《云的碎片》中之《美与善》。参见〔日〕须川照一《王国维与田冈岭云》，《王国维学术研究论集》第三辑，华东师范大学出版社 1990 年版。

后来编纂哲学词典等，亦未尝不是受田冈的影响呢！

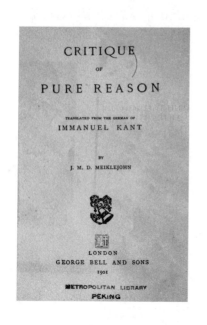

CRITIQUE
OF
PURE REASON

TRANSLATED FROM THE GERMAN OF
IMMANUEL KANT

BY
J. M. D. MEIKLEJOHN

LONDON
GEORGE BELL AND SONS
1901

METROPOLITAN LIBRARY
PEKING

中国国家图书馆藏王国维旧藏英文版康德《纯粹理性批判》，上有王国维钤印

二是，藤田"勤于教授"、认真执教的精神。东文学社乃文科学堂，故并无数理化课程设置；罗氏限于财力，亦不能另聘数理化教员，于是有了令藤田自己也发笑的"以文学者授数学"。王氏回忆当时课堂教学，说，所授藤泽博士之算术、代数两教科书，问题殆以万计，听课的同学不过三四人，而其课本作业则"无一问题不解，君亦无一不校阅也"。试想，这该有多大的作业批改量啊！

三是，苦读英文。由王氏自述，可知他在东文学社头年专习东文，"一年可通"；次年兼习英文，共五册读本，于一年半时间内读毕三册，即每学期（半年）学习一册，另两册则是在学社解散后自学。实则，苦攻英文，亦非王氏一人如此。"同学三四人"，如樊炳清、沈纮，"善读日文"之外，英语水平都很高。

不过，作为办学者，罗振玉所关注的显然更在致用，在效益。他说：

　　幸一年后社中所授历史、地理、理化各教科，由王、樊诸君译成国文，复由予措资付印，销行甚畅，社用赖以不匮。[1]

实际上，东文学社创办的翌年，罗振玉就开始启动了办学与编报合一、教学与译书互动的编译机制。最先以东文学社名义出版的是那珂通世用汉文写就的《支那通史》，己亥（1899 年）秋冬间印行。卷首署名罗振玉的《重刻支那

----

① 罗振玉：《集蓼编》。

通史序》，王国维代撰，[1] 标举进化论，揭举《史记》之后的中国旧史"恒为帝王将相状事实、作谱系"，并引斯宾塞"东家产猫"之"洋典"，喻其"不关体要"之弊。可以认为，此乃雪堂校刊群书之第一书，观堂治史之第一序，罗、王二家之学术合作，实肇始于此。还可注意的是，此书及嗣后刊行之《科学丛书》，书前除印有"书经存案，翻印必究"之版权说明外，并相继以专页加印苏松太兵备道李、袁颁发之"谕禁"翻印告示。[2] 这应该是近代版权史研究之宝贵的历史文献。

《支那通史》书影、版权页

---

① 王国维就读东文学社期间，尚撰有《东洋史要序》（日人桑原骘藏著，樊炳清译，1899 年东文学社排印），《欧罗巴通史序》（1901 年 1 月，日人箕作元八、峰岸米造著，徐有成等译），连同《支那通史序》，殆可合称王国维"史学三序"。

② 前示全称：钦命二品顶戴江南分巡苏松太兵备道兼管水利驿监事务世袭三等男爵李《为给示谕禁事》（按，"李为"不可连读成姓名）。盖"李"者，李鸿章长子李经芳（字伯行），1896 年曾以"二品衔江苏存记道充随员"随父出访欧美，归国后为苏松太兵备道，犹后世高官子弟之"挂职"云尔。后示全称：钦命二品顶戴江南分巡苏松太兵备道袁《为给示谕禁事》。"袁"即袁树勋（1847—1915），字海观，湖南湘潭人，后擢升为江苏按察使、山东巡抚。

举荐王国维留学日本

当然，"一身兼主报、社二事"的罗振玉，无论编译《农学报》，还是创立东文学社，莫不立足于他来沪创建农学会之原旨：兴农。所以，我们重提东文学社己亥（1899年）整顿，更不可忽略了罗振玉曾举才留日习农务。且看他拟呈两江总督刘坤一《请派学生至日本留学农务禀》，自道其兴农办学意旨：

> 敬禀者：某等承乏农会，于今年三月夙夜思维，冀有以副大帅提倡之厚谊，而了不可期，诚以兴农首宜立学，立学首在筹款。去岁与宝山沈令筹议开创之费，至少非万金不可，常年经费非六七千金不可。当此公私交迫之时，何敢以此上渎尊听，咨嗟而罢。今某等再四筹思，乃得事易费省而效捷之策，敬为大帅陈之。

所谓"禀"，其实就是今犹通行官场的下对上之"请示报告"。罗氏以"农会绅士"而向刘大帅（总督亦称"制军"，故亦可以"大帅"尊之）进呈此报告，已到了己亥（1899年）十一月。何故而致"罗绅"（刘对罗之称呼）"于今年三月"就"夙夜思维"，总感觉着"难副"大帅"厚谊"？乍读之，莫明究竟。经笔者查覈，乃知其所"思"者，盖即刘坤一之二纸批文。第一批，"查农学设会广译报章，颁行各省，原为开风气而裨时局"（下略），殆为"罗绅等前送《农学会章程》并英、日译本"所作，批文末有罗注："三月初三日抄。"第二批，"上海农学会禀请饬分销农报并送章程"，批曰："据禀已悉。查该绅等设会售报，兼译农书，于近今新理新法有益。农田之事，搜罗甚备，足以开风气而厚民生。"批文末亦有罗注："四月四日抄。"[1] 然则，"厚谊"者，刘督

---

[1] 此二批，附于罗振玉致汪康年书札后，盖由罗氏手抄；汪氏于罗札末注："己亥（1899年）四月二十日收。"参见《汪康年师友书札》（三），第3164—3165页，上海古籍出版社1986年版。按，刘批全文，将在以下关于罗编农书章节中述之，姑不赘。

于"八月政变"后对《农学报》之护佑，进而予以扶持之恩德也。

罗振玉怀了知恩图报之心，述其"兴农首在立学"之意，并回顾他曾与宝山知县筹议创办农务学堂，终因"经费浩大，咨嗟而罢"。那么，什么是事易、费省、效捷之策？按照当时既无师资，亦无设备条件之国情，罗氏的意见是，自办农学堂，无如派学生留日学农，并阐述了创立农学堂有"三难"，选派已通日本语言文字之学生留学日本有"四便"。其中第四"便"是，农学分农艺、化学、山林、兽医四科，"派遣学生四人，便可分习四科"，"若多遣数人，以备他日教习之选，则将来之造就，更不可限"。

于是，报告转入"派学生至日留学农务"之正题，云：

> 某等去年春间，初拟集资兴学，聘请日本农师为教习，惧语言文字不能相通，特立东文学社于上海，为农学预科。今一岁有余，学生成就甚速，就中海宁附生王国维、山阴附生樊炳清、桐乡廪生沈纮、侯官附生萨端，尤为学问贯通，志气奋发，且已通日本语言文字及普通学科，能译东文书籍，今年《农学报》中所有农书，半为该生等所译。今集资未成，兴学无日，而人才弃置可惜；且该生等矢志农学，能否恳请大帅遣出洋留学农事，每年学费不过一千五六百金，三年以后，成效坐收，费省效宏，莫兹为甚。明知现在帑项支绌，然苍生饥溺，固日厪于大帅之怀，且诸生成学归而兴利兴学，上以益国，下以厚生，其利益实不可言状，用敢冒昧陈请，伏乞训示施行，不胜待命之至。

兹将"本馆附识"一并移录如下：

> 此禀既上，蒙批：所陈不为无见，惟现在经费支绌，农工商事尚无眉目。俟稍有端倪，再为核议办理。[1]

此禀，亦可称之为罗氏"己亥上书"。今天，我们重新披露其禀，不可不

[1]　《请派学生至日本留学农务禀》（并"本馆附识"），原刊《农学报》第九十册，光绪二十五年己亥（1899年）十一月下旬。按，此禀未具名，当为罗氏所撰，故应列入罗氏集外佚文。

注意者有数端：第一，罗氏以"办学不如留学"之论，进呈两江（南洋）当局，而获刘批"不为无见"之赞语，在这"有见"的肯定中不就反衬了此时此际，苍生饥溺、国势衰颓的无可奈何之状吗？

第二，揭出了创立东文学社之初衷：农学预科。原来，罗振玉与宝山县令筹创农学堂呈报两江总督以后，刘坤一曾于戊戌年（1898 年）底札饬："本大臣现拟将此项学堂拓为江南农务学堂，延聘农务、化学、动植物学洋人分门教习，酌设员司招考学生。"[①] 罗振玉在上述禀中称"某等去年春间初拟集资兴学，聘请日本农师"，盖缘此而来。然而，除了需资浩大，根本无法集资的困难之外，即使凑起了"至少非万金不可"的开办费，而无法克服的更在于"语言文字不能相通"，亦即聘来了"日本农师"，还得另聘"非寻常舌人所能宣达"之"通译"。所以，在上海"特立东文学社"，即是为着拟创江南农务学堂而开办，实为该学堂之预科。

第三，东文学社已造就了"已通日本语言文字及普通学科"之通译人才，其中如王国维、樊炳清、沈纮、萨端四位，"学问贯通，志气奋发"，且已"能译东文书籍"。当年（1899 年）《农学报》所刊农书，半数为王、樊、沈、萨诸生所译；来年庚子（1900 年），眼看学社头二班的三年肄业之期就要到了，罗氏识才办学、举才留学的拳拳之心，谁能体察？

庚子新年（1900 年）的鞭炮响了起来，一个新的世纪——20 世纪拉开了序幕。然而，刘批"俟稍有端倪"的允诺，罗禀"不胜待命"的期盼，却无不随"庚子之变"而化成了泡影！

学社的解散

1900 年春夏间，被史家称之为"顽固势力"总动员的义和团灭洋之火，[②]

---

① 参见《两江总督饬宝山县沈期仲大令兴创农学堂札》，刊《农学报》第五十五册，光绪二十四年戊戌（1898 年）十二月上旬。

② 蒋廷黻：《中国近代史》，第 73 页，岳麓书社 1999 年版。

延烧北方城乡，慈禧老佛爷下诏向各国宣战。早就张口瓜分，意欲灭我中国的东西方帝国主义列强，借机拼凑八国联军，攻入北京，烧杀劫掠，其灭绝人性的反文明、反人类之罪行，真是罄竹难书！

当时，"长江诸督"即两江总督刘坤一、湖广总督张之洞、四川总督奎俊等，与所在地各国领事签订互保条约，拒绝北京的"宣战"之诏，史称"东南互保"。所保重点除了武汉，其重中之重尤在上海。罗振玉虽尚未像张謇、汤涛潜那样进入江、鄂二督的决策层，但也是参与筹划互保"顶层设计"的谋士之一。即便如此，他却保不了他自称"苦心孤诣"创立且"不忍令其中辍"的东文学社。在庚子风云，时局动荡的变乱中，罗振玉"举私债"续办的东文学社只能以"果毅"解散告终。然而，学社虽散人犹在。罗振玉的干练、精明，恰在于能从变乱中抓住新的机运，将东文学社的教学转轨为编译，并且由在读诸生按社章译书创收，提升为占有一定市场份额、具有相当影响力的书刊出版机构。尤为可贵的是，在不通外文的罗氏周围，由东文诸生组成了一支足以跻身当时学术阵地前沿的编译团队，在辛亥（1911 年）以前的十年左右时间内，译编出版了农学、教育、哲学、科学丛书，中小学教科书（包括教授法），以及其他译著。其中农学、教育二套丛书规模宏大，留下了深远的影响。

从戊戌正二月间创办开学，到庚子五六月间停课解散，东文学社办学两年有半，前后三班，究竟招收学生有几多？殊难有确切数据。王乃誉庚子二月二十四日（1900 年 3 月 24 日）日记，曾记有王国维（静）从上海东文学社来信，云：

> 接静禀（十九发），出看……乃陈学堂现有二班三人、三班三人，又新班加佘道台、管珊之子二人，亦入学焉。谋东游，迳有向抚署托者，恐未成。[①]

这应该是"庚子夏，学社解散"前实有之班级，除原有头、二、三班之外，庚子年又招了新班。

那么，究竟有哪些学员呢？这里，首先有必要厘清某些误指臆断。例如，

---

① 《王乃誉日记》第三册，第 1184 页，中华书局 2014 年影印本。

《农学报》创刊不久所刊法国《农具图说》译者吴尔昌，[①] 被认为"期间可能就读于东文学社"。实则，吴君与罗氏同龄（1866 年出生），系上海广方言馆首批通法文的学生，彼此关系纯为编者与译者。还有，曾为《农学报》译过多种欧美农学书报的胡濬康，亦被误认为是东文学社学生。《农会续题名》中有其名，云："胡濬康、字可庄，浙江慈溪人。"胡君乃以"本会会员"译书，[②] 与东文学社无关。

但是，也应当承认，迄今为止尚未发现东文学社"同学录"之类名册，故只能由当事者及其他相关人员所遗之记述，做碎片拼接，可以确认为东文学社头、二、三班学员者，九人：王国维、樊炳清、沈纮、萨端、朱纬军、罗振常、罗福成、刘大猷、刘大绅。

被误指为上海东文学社，实属淮安谈氏东文学馆（亦称淮安东文学堂）者三人：林壬、周作民、谈荔生。此外，尚有日本技师教授之淮安"饲蚕试验所传习生"，如罗氏大内弟范兆经（子文）等。[③]

我们将以上十数人，合名之曰"东文诸子"，应该是适当的。曾见证了东文学社始末并与其师生有所交往的汪诒年回顾往事，称道学社"成材日众，后来学界政界著名之士，出于此学社者众多"云云。[④] 大致说来，他们在清末至民国肇始的大世变中，历经分化聚散、命运各异；沉浮于文商政学各界，有的成为卓有建树、蜚声中外的著名之士。

［备考］历史云烟中的东文诸子述略

回眸往事，不妨举几位久已飘散于历史云烟中的东文故人。例如，在罗氏识拔的"学社三杰"中，除才冠诸子、驰名中外的国学大师王国维之外，另一

---

① 〔法〕蓝涉尔芒著，吴尔昌译：《农具图说》，起载于《农学报》第六册（1897 年 7 月）。

② 吴濬康译"西报"，始见于《英国农务本末》（译伦敦《农务报》），刊《农学报》第十二册（1897 年 10 月）；所译农书则有《奇埃叠哀安摩太风车图说》（美国风车公司启）、《厩肥篇》（美国 W. H. Beal 撰），二书并起载于《农学报》第十九册（1898 年 1 月）。

③ 1898 年春夏间，淮安设"饲蚕试验所"，请日本蚕师井原鹤太郎"主任其事，连平范君子文（按，即罗氏妻弟范兆经）为传习生饲蚕"（《农学报》第七十七册）；翌年秋冬间，由罗振玉、谈勤生（一作觐孙）、范兆经（子文）会同地方绅士方小樵、王蓓仙、朱潞生等创立淮安蚕桑公院（《农学报》八十七册）。

④ 汪诒年纂辑：《汪穰卿先生传记》，第 200 页，中华书局 2007 年版。

位才杰沈纮，① 王国维曾将其《蝶恋花》写入《人间词话》。经罗氏推荐，沈纮被两广总督派赴法国留学（1904 年），并获双博士（法学、理学）学位。出洋前，所译日本农书十七种、农学报刊文稿数十篇、教育论著七种、教育规程十余种；留法期间，以"巴黎来稿"译刊于《教育世界》之教育论说、学制、法规等近二十种，其中《印件律》《立会律》，由"使馆备呈"来法考察宪政之五大臣（1906 年）。译书之多，在东文诸子中无出其右者。然于 1918 年春以四十来岁英年病逝巴黎，令人扼腕！

再一位才杰，就是王国维"托名"撰《人间词序》的"山阴樊志厚"樊炳清。② 樊君并未出洋留学，却精通日、英文，除译有日本农学书七种，还译编《科学丛书》二集十四种，涵盖史地、伦理，数理化，动植物，以及生理、饮食卫生等，是当时的中等学校教科书，影响甚大。后随罗振玉入学部图书局，参与编译教育用书。辛亥后任职商务印书馆编译所，参与《辞源》等大型辞书之编纂、《四库丛刊》之辑集，并为商务东方、教育、学生"三大杂志"撰稿，自编《哲学辞典》，蔡元培为之作序称赏。晚年受聘上海哈同花园，参与翻译《古兰经》。还值得一提的是，樊君亦与罗氏缔姻，其妻为山阳"丁锡老"女、罗氏续配丁氏堂侄女（其子娶罗氏长孙女、罗继祖胞妹）；而晚清长篇弹词《子虚记》作者汪藕裳，即是樊妻丁氏外祖母。③

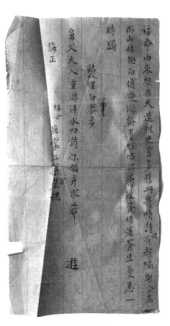

汪藕裳遗诗手迹

我们还不应忘怀的是，堪称东文诸子"另类"的萨端、朱纬军，都是最早

---

① 沈纮（？—1918），原名沈承恠，字昕伯，浙江桐乡人，廪生，东文学社头班生。

② 樊炳清（约 1878—1930），字少泉，别署抗父、抗甫，浙江山阴（今绍兴）人，诸生，东文学社头班生。

③ 汪藕裳（1832—？），名藁，号都梁女史，江苏盱眙人，配桐城胡松岩。其卒年或谓光绪癸卯（1903 年），或谓光绪十年（1884 年）。著有长篇弹词《子虚记》《群英传》等。参见拙文《汪藕裳遗诗及其他》，《文教资料》1991 年第一期。

为《农学报》"通译日本书籍"的高才生，[①] 且均于东文学社卒业后即赴日留学。按照罗振玉所说，其时留日学生中"革命之说大昌"，萨生"亦入党籍""结党奔走"，实即参与反清革命活动；令人痛心的是，"性高明而少沈潜""骛于血气"的萨端于留日期间"果夭"，[②] 年仅二十余岁。

朱纬军毕业于东京弘文学院速成科，[③] 留日时加入同盟会，归国后为南社发起者之一，辛亥革命（1911 年）、二次革命（1913 年），他都亲与其役；民国四年（1915 年）后转入新闻、教育，兼涉金石、书法，王国维称他"于龟甲文字颇曾用力"，于罗氏《殷虚书契》"颇能认数字"，[④] 著有《草书探源》《甲骨文释》等。

还有从淮安东文学堂走出的谈丹崖，[⑤] 及其表妹夫周作民，[⑥] 这两位著名银行家，均与罗振玉"沾亲带故"。尤其是"拜门"罗振玉，并经罗氏荐送留学日本的周作民，直至新中国成立，其在金融界"以周为魁"的业绩，久为国人称道。

除此之外，不可不提的是标有"淮安东文学堂译书者"的"山阳林壬"，《农学报》先后刊载其所译日本农书凡十种，《农学丛书》标明"淮安东文学堂所译书"者三种，其译书数量之多，几可追步沈绂、樊炳清。然则，"林壬"者，何许之人？经笔者查考，其人实即前述"欧舫联句"三"同志"中的年长者路岯（山夫）之子路孝植，[⑦] 由罗氏在鄂荐送赴日留学。盖译书署"林壬"，实乃以"林"谐本姓"路"，而取其所字"壬甫"之"壬"合书耳。如不辨明，或将永蔽于历史烟尘，故特补书之。

---

① 萨译日本农书三种之一、二，朱译一种，连同樊译二种，列为《东文学社所译书》之前五种，辑入《农学丛书》。

② 罗振玉：《王忠悫公遗书序》，《罗振玉学术论著集》第十集（下）。按，萨端，字均坡，福建侯官人，辛丑（1901 年）春，与王国维同时赴日留学。

③ 朱纬军（1873—1936），字梁任，号君仇（又号央膏），吴县（苏州）人，与王、沈、樊、萨同为东文学社头班学生。

④ 王国维：《致罗振玉》，《罗振玉王国维往来书信》，第 206 页，东方出版社 2000 年版。

⑤ 淮安东文学堂，亦称"谈氏东文学馆"，创办者谈觐孙（约 1872—1901），原籍无锡；谈荔孙（1880—1933），字丹崖，当为觐孙之弟，1904 年赴日入东京高等商业学校银行经济科，归国后获"商科举人"（1908 年），进入银行界。

⑥ 周作民（1884—1955），原名维新，江苏淮安人，罗氏胞妹宝珊外甥，与谈荔孙同学于淮安东文学堂（1898 年）。经罗氏荐送留日，考入京都第三高等学校，1908 年肄业归国。参与创办金城银行，并任经理。1950 年应邀为全国政协委员。

⑦ 路孝植（1868—?），字壬甫，路岯子，原籍陕西周至，清举人，毕业于日本高等农业学校，历任清学部员外郎、民国教育部佥事、北京农业专门学校校长、湖北教育厅长等职。

感庚子国难

东文学社在庚子（1900 年）变乱中解散了，罗振玉则受湖广总督张之洞邀请而赴鄂，就任湖北农务局总理兼武昌农务学堂监督（校长）。

从上海到武汉，罗振玉乘坐长江轮船。他曾赋《白门感事》四绝抒写了途经南京的感怀：[①]

> 潇潇风雨石城秋，迸作诗人万缕愁。
> 一寸旅镫三尺剑，打窗败叶更飕飕。

此为第一首。盖"白门"系南京旧称。风雨石城，败叶打窗，冷风飕飕，时令俨然深秋焉。

此时此际，所"愁"何事？且看：

> 北地虫沙成浩劫，淮南鸡犬不能仙。

---

① 罗振玉：《贞松老人外集》卷四《白门感事》，《罗振玉学术论著集》第十集（下）。罗继祖谓：《白门感事》四绝句，"据手迹，自题庚子八月稿"。南京时称江宁，乃两江总督署所在地。罗氏因在沪办农会农报，时有往返；而其赴鄂，亦必经南京，故此诗实可视为赴鄂"途中感怀"。

> 野人但祝休兵早，铸戟长耕陇上田。

此为第三首。罗氏熟读古籍，用典信手拈来。结尾"铸戟"句，显系化用了杜甫"焉得铸甲作农器，一寸荒田牛得耕"（《蚕谷行》）。"北地虫沙成浩劫"，乃借用周穆王南征传说。[①]"虫沙"，实即喻在与入侵京津的八国联军交战中死难的中国军民，而其主要的死难者则为义和团。斯时也，京畿要地，但见"死尸遍野"。联军长驱直入，那些标榜"扶清灭洋"却被诬称为"拳匪"的义和团则口中念念有词，手执长矛大刀，以血肉之躯去抵挡联军的洋枪洋炮，岂不哀哉！

据史书记载，当年 8 月 14 日，八国联军侵占北京。15 日凌晨，西太后慈禧挟光绪帝仓皇出逃。紫禁城、颐和园，无不惨遭联军蹂躏。北京城内，"洋人四出"，烧杀奸淫，掳掠财物。兽兵横行街巷，刀砍枪击，无分老幼……

20 世纪的中国历史，就是在这样的浩劫中起步的。

那么，何谓"淮南鸡犬不能仙"？"淮南"者，盖即淮南王刘安。他学道、炼丹，一心要成仙，并载入了《神仙传》，云：

> 安临去时，余药器置在中庭，鸡犬舐啄之，尽得升天。故鸡鸣天上，犬吠云中也。[②]

显然，罗氏反其意而咏之，乃是针对被八国联军指名"祸首"必欲加以惩办的载漪、徐桐、刚毅等人，而其主要所指则是端王载漪及其被慈禧太后立为大阿哥的儿子溥儁。如果说，两千多年前刘安所遭逢的"八公"能分形易貌、乘云步虚、使役鬼神、坐致风雨、入火不灼、刀射不中、千变万化、恣意所为，那无非是无稽之谈；而今急欲废除光绪帝登上皇位的载漪父子伙同徐桐、刚毅等人，竭力渲染"神出洞，仙下凡"的义和团之"刀枪不入"的"特异功能"，鼓动慈禧太后利用近在"肘腋之间"的"神助拳"的义和团去"灭洋"，

---

① 《太平御览》卷九百一十六引《抱朴子》：周穆王南征，一军尽化，君子为猿为鹤，小人为虫为沙。
② 《神仙传·刘安》，据吴曾祺编《旧小说》，上海商务印书馆 1933 年版。

并且于 6 月 21 日悍然发出宣战的谕旨，[①] 这岂仅是将国事当成了儿戏，更是给了觊觎已久的帝国主义列强发兵侵略中国的借口！

如此倒行逆施，当然只能自取其辱。这里，不妨将"已革端郡王载漪之子溥儁"大阿哥名号上谕，移录如下：

> 慨自上年拳匪之变，肇衅列邦，以致庙社震惊，乘舆播迁，推究变端，载漪实为祸首，得罪列祖列宗。既经严谴，其子岂宜膺储位之重，溥儁亦自知惕息，吁恳废黜，自应更正前命，溥儁着撤去大阿哥名号，并即出宫。[②]

这道上谕，发于慈禧太后、光绪帝即将返京前的西安"行在"。载漪父子原想借"神拳"达到"鸡犬升天"，实现其"废（光绪）立（大阿哥）"图谋，终成了泡影。

不可不注意的是，罗振玉之"祝休兵"，是期盼受朝廷重扥的李鸿章与攻占京城的联军头目"和议"早日达成。而在东文学社解散之后，携带了英文读本返回海宁家中"独学"兼事译书的王国维，同样密切关注着"庚子之变"的时局发展，并向他的父亲王乃誉传述其时正在"和议"的信息，如乃誉公所记：

> 静来……禀云：和议似有成意。端王（载漪）终身监禁，一也；赔费四百兆，六十年续拨，以税厘抵，二也；以天津为公地，三也；京师长屯洋（兵）二千，四也；以后不准购取各国军火，五也。总以皇上回京后西兵撤退。如是，中国岂成为国，闻之愤怼填膺。[③]

---

① 慈禧太后以光绪帝之名发宣战诏书，并非后来的史学家虚拟而是事实。例如，郑孝胥庚子（1900年）五月二十五日日记："得督办电，渡江谒香帅（张之洞）……代拟致英、美、日外部令按兵侯合肥（李鸿章）开议电。"表明当天确有宣战诏书，故张之洞急命郑拟电致英、美各国请"按兵"；又，六月初三日补记：全督著"阅廿八宣战之上谕"，是可确证宣战非虚。参见《郑孝胥日记》（二），第 761 页，中华书局1993 年版。

② 辛丑（1901 年）十月二十日内阁奉上谕。转引自《郑孝胥日记》（二），第 815 页，中华书局 1993年版。

③ 《王乃誉日记》第二册，第 1302 页，中华书局影印本。

当然，乃誉公日记所列诸项，还仅是"和议"中的讨价还价。事实上，参与瓜分，向清廷提出"议和大纲"十二条者，除俄、英、美、日、德、法、意、奥八国之外，尚有比利时、西班牙、荷兰，共十一国会同分赃，清廷被迫签署了丧权辱国的《辛丑条约》（签署时间为 1901 年 9 月 7 日），条款之苛刻，更甚于此！[①]

再说罗振玉，对于八国联军的入侵、东西方列强的欺凌，何能不愤慨！不过，他毕竟不同于居住乡镇的王氏父子，而是奉了"以保商务，靖内乱自任"的湖广总督张之洞电召，[②] 前往受职。"野人但祝休兵早"，旧称田野耕作的农夫为"野人"，亦可作在野布衣之士的自谦之词。罗氏前此撰文陈述"垦荒裕国"，曾自称"玉，农夫也"。[③] 可见他自命"野人"，而以"农夫"自居的情怀。诗的结句"铸戟长耕陇上田"，他是多么企盼庚子之变后，能有一个"休兵"平乱的时局出现；而所谓"长耕陇上田"，在罗氏的诗文（包括书信）中盖有特指，那就是在沪从事编译农学书报，抵鄂则襄助张之洞办理农政。

贫穷方才做官

当然，罗振玉虽自谓"农夫"，但他既非荷锄田野的"不识字之耕夫"，亦非固陋守旧"劝农"之农官。他被认为是通晓近世东西洋农学的"农会绅士"，受到了位高权重的张之洞青睐。在致其父尧钦公家书中，他如是禀告赴鄂行程及受命情状：

> 儿十三日由沪启行，十七日抵鄂，鄂帅命办农务局事。昨日禀到，尚未奉札，今年不能返淮度岁，沪局已托同志沈君代办，而主笔

① 例如，"赔费"非止"四百兆"，而是四亿五千万两，亦非"六十年续拨"，而是三十九年付清，加上年息，总计达九亿八千万两（第六款）。

② 参见《郑孝胥日记》（三），第 760 页，中华书局 1993 年版。

③ 罗振玉：《垦荒裕国策》，《农事私议》附篇。

及筹款仍不能不兼办，好在鄂局无多事，但不能多请假耳。大约薪水
不至过薄，为贫而仕，无可奈何。①

　　这里，关键词是"为贫而仕"。盖"仕"者，做官耳。罗振玉回顾自己丙
申（1896年）春自淮赴沪创农会、办农报，立"学稼之志"，不是曾说"农为
邦本，古人不仕则农"吗？学稼数年，他终于要出"农"而"仕"了！

　　罗振玉之步入官场，盖肇始于此。

　　不过，仅就这封家书而言，尚须说明两点。一是时间。罗振玉于庚子
（1900年）秋赴鄂，而习惯上以八月为秋。庚子（1900年）闰八月。罗氏曾于
闰八月十三日致尧钦公家书中谓："儿家居逾月，大约月之下旬仍返沪，
赶印闰月、九月报章（《农学报》）。"②由一"仍"字，可知他回淮安的时间当在八
月下旬，居家至闰八月下旬返沪印发《农学报》。然则，其"十三日由沪启行，
十七日抵鄂"，可确证为九月。

　　二是，所称"沪局"托"沈君代办"。"沪局"者，殆即上海《农学报》，
"沈君"即沈纮。参以王国维行状，记有"罗先生请译《农报》，先生自谓译才
不如沈君昕伯，乃让沈任之"，③亦可得以证实。而罗氏则自谓"主笔及筹款仍
不能不兼办"，尽管有"鄂帅"张之洞任命，他应属于"局级官员"了，但毕
竟替公家当差，《农学报》才是他自己的事业呀！

　　循此而来的问题之一，号称"名督"的张之洞，帐下不乏名士学人，何故
要不远千里，电邀罗振玉自沪来鄂"总理湖北农务局"？应该说，这与张公
"兼署抚篆"不无关联。就在罗氏抵鄂前十天，九月初七日，张之洞正式"接
巡抚印"，④兼理湖北省巡抚，他当然要择才任能，请一位行家来做他的农务
官了。

　　事实果然如此。

　　罗振玉说，当年秋他正在筹款"将历年所译农书编印丛书百部充农馆经
费"，却接到了张之洞电邀，乃以"馆事不可辞谢之"。张不许，并"两日三电
促行"，他不得已而"拟到鄂面辞"，并记述了当年他向文襄（张之洞谥号）

---

① ②　《永丰乡人家书》之二十九、三十，《罗雪堂合集》第七函，西泠印社出版社 2005 年版。

③　赵万里：《王静安先生年谱》，《国学论丛》卷一第三号，1928 年版。

④　《郑孝胥日记》（二），第 773 页，中华书局 1993 年版。

"面辞"之一席谈：

> 既上谒，文襄问所以坚辞之故，
> 予据实以对。
> 文襄问：丛书百部，得价可
> 几许？
> 曰：约五千元。
> 问：印费几许？
> 曰：半之。
> 文襄曰：农馆经费，易事耳。
> 五千元所得微可印二百部，书成当
> 札饬各州县购之，君勿虑此。

湖广总督张之洞

接着，张之洞言归正传，提出"现
以农政相烦"，说，此间设农务局已三
年，还开设了农务学堂，教授农、蚕两
科。从张氏颇为矜持的谈话中，罗振玉得知，农务局总办某观察（道员），甚
"不解事"；以其人不解农事而又委任了一位农务局提调（候选县丞）专任农务
学堂监督（校长）。近期以来，该丞力陈"学生窳败，教习不尽心讲课，惟诛
求供给，非停校不可"等情状。最后，张氏道出了他请罗来鄂之苦衷，说：

> 我意，国家经费及学子光阴均当矜惜，故请君任农局总理兼该堂
> 监督。其即日视事，详察情形，早日复我。

话说到这个份上，罗振玉乃豁然明白。所谓"农局总理"，名"任"而实
虚；"该堂监督"，名兼而实"任"。一句话，就是委任罗振玉为湖北农务学堂
监督（校长），并立即到职"视事"。于是，罗振玉"以力不胜谢，文襄谕以勉
为其难"。[①]

---

① 张之洞以上谈话内容，均录自罗振玉《集蓼编》。

不过，看了以上一席谈，不免会有这样的疑问：罗、张一"谢"一"勉"，何以如此默契？此即我们要跟踪的第二个问题：这是罗振玉首次来武昌，初见张之洞吗？

答曰：非是。

在罗氏致尧钦公家书中，尚有一信颇值得关注，其中写道：

> 儿因沪上经手事繁，故未得应南皮之召，昨又函属至鄂办理试种一事，大约夏间总须前往耳。[1]

此信题注，标为"光绪二十七年，辛丑三月三日，1901 年 4 月 2 日，上海"。谨查，三月三日乃罗氏原信落款自署，并发信地址上海，均甚确；其误盖在年份。据郑孝胥日记，辛丑（1901 年）三月二日，罗氏在武昌，曾"以农会学生费用数目示余"。[2] 那时尚无民航飞机，他何能一夜之间到上海？再看与之蝉联的另一信，其中写道：

> 《农报》今年归南洋办理，然一切则仍旧，但经费支绌耳。徐州农工商局如何？便求示知。如有章程及告文等，并求写示，以便入报。[3]

此信题注，标为"光绪二十七年辛丑正月初三日，1901 年 2 月 21 日，淮安"。盖信中月、日乃据罗氏原信落款自署"岁朔后二日"推绎，发信地址淮安亦确。其误亦在年份，盖信中所说"《农报》今年归南洋办理"之"今年"，指光绪二十五年己亥（1899 年），[4] 其时尧钦公尚在徐州州判任上，故求其"示知"徐州农工商局情形。果然，数月之后，《农学报》相继刊出了《徐郡兴农》

---

① 《永丰乡人家书》之三十三，《罗雪堂合集》第七函，西泠印社出版社 2005 年版。

② 《郑孝胥日记》（二），第 791 页，中华书局 1993 年版。

③ 《永丰乡人家书》之三十二，《罗雪堂合集》第七函，西泠印社出版社 2005 年版。按，此信谓"能在通州最妙"，而三月三日信则谓"通州州判一缺"，可证两信次第相连。

④ 参见《农学报》戊戌（1898 年）十二月上旬所刊《本馆告白》："《农报》开创于今两年……前承两江督宪刘大臣奏明，将会报改归官办。"（《农学报》第五十五册，1899 年 1 月）

的报道，① 连载了《徐州道府上督宪等议振兴学堂农工商矿各务禀》。② 由是，信中所言"如有章程及告文等，并求写示"，得以确证。

然则，这封落款"岁朔后二日"之家书，非作于辛丑（1901年），实为己亥（1899年）正月初三日；继之而作之"三月三日"家书，则可断必为己亥（1899年）三月三日，张之洞曾电召罗赴鄂。再看"昨又函嘱办理试种"，"夏间总须前往"，当年"夏间"罗氏是否往鄂，因未见记载，故不好揣测。据郑孝胥己亥（1899年）九月初二日日记，即记有"罗叔韫来"。③ 由是，殆可确证罗氏曾于当年秋赴鄂"办理试种"。同期，郑孝胥日记即记其与岑春煊（云阶）等人"同诣黄陂县验收地亩"，并为岑"拟课题"曰《教民耕战论》。④ 然而，为"试种"而召罗至鄂，不正相当于请专家、学者前来指导吗？翌年初，罗振玉撰文论述农业移植及改良，强调"宜求美国嘉种传布内地"，特举两大范例，除江苏扬州试种美国小麦之外，再就是湖北试种美棉，云：

> 美棉之质软丝长，华棉则质刚丝短，夫人知之矣。往者……直隶曾劝民植美棉，甚适其土，所收之棉质与美产无殊，而去岁湖北农学堂所试种亦然。夫湖北与直隶相去颇远，气候顿殊，而植之无不宜，可见美棉之适吾土矣。但美棉移植于华，成熟之期稍后于吾棉，而畏霜特甚，宜早种；且棉植上仰，畏雨浸渍，此其所短。若取通州棉种与之交配，必可改其上仰之性，短其成熟之期矣。⑤

我们还记得三年前《农学报》就"鄂督张制军拟创设农学堂"所刊第一篇报道，即聘美国农学士白雷耳至鄂任教。嗣后，虽未见白君就任农务学堂教习，却颇有从美国"移植佳种"的记述。罗氏论述"改良农事以精选种子及购求佳种为第一要义"，还曾举"曩者湖北农学堂尝果谷种苗于美国"及其因远

---

① ② 分别载于《农学报》第七十一、第七十三、七十四册，光绪二十五年己亥（1899年）五月中旬、六月上中旬。

③ ④ 《郑孝胥日记》（二），第737、736—737页，中华书局1993年版。

⑤ 罗振玉：《农事私议》之《论农业移植及改良》下，原刊《农学报》第九十五册，光绪二十六年正月中旬（1900年2月）。

程运输阻滞受捐的教训。[①] 这与上述试种美棉成功，可谓湖北农务学堂创办以后，在"农业移植"方面之一反一正。尤可注意者，罗振玉既赞扬了农务学堂的试种，肯定"美棉之适吾土"，又明确提出要真正"移植于华"（即大面积引种），还应通过采用杂交技术以改良其种性的超前之想。

于是，从己亥（1899 年）夏秋间在鄂指导试种，到庚子（1900 年）秋冬间至鄂受任"总理湖北农务局"，罗、张不惟"神交"已久，且彼此有过"面交"。须知，官场做派，高官难见，自古及今，莫不皆然。举例来说，在这之前，襄助张氏编练湖北新军的姚锡光奉命拟订湖北武备、储材两学堂章程，在近半年时间内仅被接见一次，章程"缮拟呈览"，多次约见，"竟未得一面"！他不由感叹："中国达官贵人，养尊处优，不轻见客，只凭亲信数人作喉舌。香帅（张之洞）贤者，且犹不免，劳人志士，为之短气。"[②] 罗振玉一介"野人"，初来乍到，即得与这位"贤督抚"促膝面谈，尤可证绝非初见。而罗氏晚年"拥衾话旧"对儿孙讲到"清末大僚"，说："刘忠诚（坤一）对待下属，如老太太和人话家常，慈祥恺悌，不摆一点官架子；张文襄则风棱峭厉，对下属每句话都千锤百炼而出之，但办事时反倒因过分郑重而失误。"[③] 应为实情。

整顿学堂的才识

言归正传。罗振玉既被委为湖北农务局总理兼农务学堂监督（校长），整顿农务学堂，使之走上办学的正道，就成为他受任之第一要务。

然而，究竟是整顿，还是停校？从张之洞的谈话中，显示了存在着尖锐的对立意见。

颇具戏剧性的是，张、罗谈话结束，原为学堂监督、现已改充幕僚的提调

---

① 罗振玉：《农事私议》之《郡县设售种所议》，原刊《农学报》第一百零一册，光绪二十六年庚子（1900 年）三月中旬。

② 《姚锡光江鄂日记（外二种）》，第 115 页，中华书局 2010 年版。

③ 罗继祖：《庭闻忆略：回忆祖父罗振玉的一生》，第 104 页，吉林文史出版社 1987 年版。

某丞（以下简称提调）就紧跟着"出见"，并将罗导入其室内，先以谈心的口吻，告以"制军盼公殷，公此来当先决学堂事"。接着"交底"说："此堂学生皆败类不可造就，当以快刀斩乱麻手段亟停此校。制军意不决，君初至不知情形，故以奉告。"

听提调这么说，罗振玉不由反问他任农校监督几年，答曰：三年。然而，其人不思校风之坏谁人所致，竟侃侃而谈，毫无愧心。这使罗振玉甚为诧异，并进而与之对谈，得知"制军且以全省农政奉托"，并且"意欲为君报捐候选知府，留鄂差遣。俟有此头衔，则总办可去也"。[①] 即是说，张之洞（制军）"以总办不晓事，专任君"，要为罗捐个"候选知府"的官衔，以取代现任农务局总办。但这位提调同时又提出所谓"快刀斩乱麻"，怂恿罗振玉"停校"，而且要快！

罗振玉当然不能偏听提调的一面之词。他深知创办农务学堂，乃是张之洞在湖北推行新政的举措之一，当然也是罗氏在沪设会兴农的题中应有之义。1897 年该校筹创伊始，罗振玉在他笔削的《农学报》上刊出了《农师赴鄂》，予以推介：

> 鄂督张制军拟创设农学堂，聘美国农学士白雷耳君（Briee）为教习，现已赴鄂。闻白雷耳君肄业于美国哥儿捏儿大学，于千八百八十八年卒业，农学颇深云云。[②]

继之，对该农务学堂之委任、兴筑、开学、招考、增设蚕桑科目等，均由《农学报》做了跟进报道，先后刊发了《农学再志》《农学兴筑》《湖北农工学堂招考学生示》《农学开办》《农务学堂招考农学示》《鄂兴蚕政》等。[③] 可以认为，对于兴办农务学堂，罗、张乃志同而意通。而提调痛诋"此堂学生皆败类，不可造就"，果真如此吗？兹将《农务学堂招考学生示》（1898 年 9 月）录

---

① 以上交谈，均据罗振玉《集蓼编》。

② 《农学报》第十二册，1897 年 10 月。按，白氏抵鄂后，以"农学教习"身份从事农桑考察，先后撰有《农学教习白雷耳考察湖北大冶、武昌左近山田种植情形报告》《湖北农学教习白里耳考察沔阳州桑树情形说帖》等，参见《农学报》第十六册（1897 年 12 月）、第一百一十六册（1900 年 9 月）。

③ 以上 6 篇报道，依次刊于《农学报》第二十三册（1898 年 3 月）、二十八册（1898 年 4 月）、四十二册（1898 年 9 月）、四十七册（1898 年 10 月）、六十六册（1899 年 5 月）、七十五册（1899 年 8 月）。

湖北农务学堂旧影

举如下：

> 为出示招考事。照得农务学堂现奉湖广督宪张饬令，添招学生五十名，讲授方言（即外语）、算学、电化、种植、畜牧、茶务、蚕务各门，俾诸生识别土宜，研求物性，以尽化腐推陈之法，以扩厚生利用之源等因，奉此，合行出示招考。为此，示谕官绅士庶子弟知悉。如有志讲求农学，年在二十以下十四以上，已习英文三四年，及未习英文而文理通顺，资性聪颖，身家清白，限于正月内速赴保安门本学堂，查照上次招考章程，开具三代、年貌、籍贯、住地，取有官绅殷商的保，报名注册，听候示期考试，选取留堂肄业，由官给予火食，概免贴费，以广造就而示体恤。倘到堂后不遵约束，故犯堂规，或私自离堂，仍将历年火食费用，向保追缴。其各凛遵毋违，切切。特示。

显然，罗振玉亲手编发了张之洞饬令发布并有严格规定的招生告示，自不会苟同将按招考章程入学的学生均斥之为"败类"。所以，他就任该校监督的翌日，即"至校受事"，着力整顿。先查看"收支委员"（简称"收支员"，即后来的学校总务）李某递交的簿籍（即学校花名册），计有教习四名，农蚕科各二，皆日籍，农科二人为农学士美代（清彦）、吉田（永二郎）；蚕科二人为峰村（喜藏），另一人乃副教习中村留应。[①] 译员四名，加上二名收支员，教职员工凡十人；学生农、蚕两科计七十余名。学生与教职员之比，约为七比一。

令罗振玉惊讶的是，何以要四名翻译？其中三少年为使馆学生，能日语不通中文，且举止浮滑，年岁较长的一人略通中文，性尤阴鸷。再看收支员李某出言粗鄙，另一人则系张之洞同乡，挂名支俸而已。罗振玉说，当天农务局督办亦到场，[②] 陪同罗氏与教职员及学生见面；其人年六十许，议论奇诡，出人意料，无怪张之洞要说他"不解事"了。

之后，罗振玉每日到校，接见诸职员并上堂督课；又分班接见、训诫诸生说：早已传闻农学堂学风甚劣，致有请督抚大人停办，督抚顾念诸生业已入学三年，理应珍惜光阴及国家经费，故命本人前来整顿学堂。他与诸生以"自今更始，当敦行力学，一洗前耻"为约，当堂宣布：自今日起，有偶犯过者，初次宥之，再次记过，三犯革除。

罗振玉果断出手，众皆唯唯。

实则，罗振玉所作训诫与规约，不过重申了招考告示中学生毋违堂规，须遵约束。随后，他又暗察校中情形，发现几位日籍教员尚称尽职，要求学生能直接听日语讲课，亦颇合理。前此所说"诛求供给"之事，实为收支员托名冒领。学堂中的问题在译员，半数系革命党员，又阅其所译讲义，皆文理不通。因问教员，学生入学三年，何以仍不能直接听讲？答曰：提调嫌开学第一年课表中日语太多，认为既有译员，何必再开日语课。旋经了解，其所以在课表中减日语，实乃译员为自保职位，而提调则为之蒙骗！

罗振玉明察暗访，着力整顿，学生见新来监督每事亲躬，颇有戒心。他到任半月后，"故态复萌"以致记过的学生中，经他考察认为，有五人"行动诡异，与译员往还甚密"，终于在一个月后因"三犯"而面谕斥退了。

整顿初见成效，校风日趋改善，罗振玉乃再次面谒"轻不见客"的张之洞，陈请二事：

---

① 关于农科教习，罗氏《集蓼编》于"吉田某"下注"今忘其名"；蚕科峰村后谓"他一人今忘其名"。经笔者查证，此人为中村留应，乃副教习，吉田名"永二郎"，见《郑孝胥日记》（二），第801页，中华书局1993年版。

② 对照上表所列《农学再志》报道，其人疑即张之洞所委"总其事"的黄铁生（国瑸）。

一是，请裁不职译员，暂觅替人，以后废除，令学生直接听讲；

二是，请拨地为试验场，以备实验。

罗振玉说，他还向张氏面陈："自革退劣生，校中安静。但学风之坏，由于译员；译员不去，根株尚存。张之洞大悦，令觅替人，且面允拨抚标马场地为试验场。"①

应当说，由张之洞在戊戌变法之际创立的湖北农务学堂，乃是当时国内第一所公立省级农业学校，但该校的教学秩序，却直到罗振玉就任监督并加以整顿，这才走上正轨。这实为罗氏对近代农业教育的一个探索性贡献，并成为他尔后创办师范教育的最初实践。但是，也须看到，罗氏整顿农务学堂，特以译员为对象，则是在庚子之变的特定年代里应合了张之洞"靖内乱"。罗氏心目中之"革命党员"，实即曾参与唐才常等人组织的从事反清活动之"秘密机关"人员，而被他指为"劣生"予以"斥退"（即开除学籍）的那五名学生，所谓"举止诡异，与译员往还甚密"，则又表明了唐才常等人虽被捕杀了，但反清秘密活动仍在继续。不过，令罗振玉难以释怀的，倒是作为他前任的那位提调。此公眼见罗氏不听"奉告"，学堂非但没有停办，且整顿为制军"大悦"，这就使他大为"不怿"。于是，译员"阴耸学生滋事"，提调则派人将罗氏"请易译员"的信息密告以讨好译员，顿即掀起了译员全体辞职风波。然而，罗氏乃国人所办第一所东文学社创办人，又是移译东西方农学书刊的笔削者，岂是几名日文译员的辞职要挟得了？他以相当的政治敏感话说当年事状：

> 予立许之，乃电忠悫及少泉代焉。于是教员称便，校风清谧。其后革命事起，则予所斥译员、诸生等，半在其中，且有为之魁者，乃知当日予所料固未爽也。②

然而，往事毕竟远矣。所谓"其后革命事起"，殆即1911年辛亥武昌起义。史称"文襄练兵廿载，至是成为戎首"，③ 是说张之洞为辛亥革命编练了一支"新军"。孙中山更盛赞张氏为"不言革命之大革命家"，则主要指其兴办自强、

①② 罗振玉：《集蓼编》。
③ 刘体智：《异事录》，第240页，中华书局1988年版。

武备学堂，"造成楚材，倾覆满祚"；而据罗氏所述，参与起事的革命党员中，尚有当年被"斥退"之农务学堂译员及学生，有的还是"魁者"……

资助王国维赴日留学

武昌城内，有个叫练马场的地方，顾名思义，原是操练军马的场所。那时总全省农、桑、林、牧的湖北农务局，就设在这里。

罗振玉庚子（1900年）九月间面见张之洞之后，结尧钦公寄发的第一封家书，结尾就写了"复谕寄武昌练马场农务局"。

一年之后，王国维之父乃誉公辛丑（1901年）日记，特别记有"静安（信）寄武昌省城练马场农务局"。[①]

还有庚辛之交频繁出入于总督府"谒广雅"（"广雅"乃张之洞别号）之郑孝胥日记，亦有如是记述：

> 饭讫，诣农务局，与罗叔蕴谈久之。复谒广雅，扶病出谈，示议办祸首诸电（即按"议和大纲"，惩办庄王、毓贤等人）。[②]

这表明，罗振玉抵鄂就住进了农务局，而农务学堂则为农务局从事农业教育及农事试验之"实体"。故吉田、美代等日籍教员，先后应邀来农校任"译授"的樊炳清、王国维，均住于农务局。罗氏既为农务局总理，自当在此办公、议事，包括与张之洞僚属郑孝胥等人商谈公务。

可以想见，罗振玉一肩挑着局、校，他是多么忙碌。

然而，罗振玉原是为着"面辞"张之洞而只身到鄂，现在，农务学堂的整顿既见成效，他更无辞职的理由，或者纵非邀功请赏，起码亦可以面禀制府张

---

① 《王乃誉日记》第三册，第1391页，中华书局2014年影印本。
② 《郑孝胥日记》（二），第783页，中华书局1993年版。

大人，请其兑现所允编印《农学丛书》经费和"书成当札发"的承诺，以为他继续留鄂办农务的条件吧！

不，罗振玉绝非这等浅人，他断不会这么做。

何谓"札发"？以最浅俗的话来说，就是官府发文，行政摊派，公款购书。如前所述，数年前《农学报》创刊，曾与《时务报》一起，既有江、鄂二督，又有相关省、府、州、县，通过"札饬"购阅。这虽有借官派购之嫌，但在变法维新的大势中，对于打破闭塞，开通风气，推广新学新知，自有其积极意义，应属必要之举。然而，编刊"《农学丛书》百部充农馆经费"，这是要借编书以"创收"获利，怎能"札发"呢？虽然其性质与后世利用权势，动用官帑，"札发"其"官样文章"凑成之"文集"，以捞金攫银、沽名钓誉有所不同，但亦绝非君子所当为。

同时，罗振玉还明白，上司高官，出口"易事耳"之类承诺，何能率尔当真。这又正是他洞悉官场奥秘的练达之处。所以，罗继祖于20世纪90年代初，给我寄他刚脱稿的回忆录之二《涉世琐记》，其中再述罗氏与张之洞往事，说：

> 例如对张文襄，文襄对祖父从口碑中奖拔使之总全鄂农业，可以说有"国士"之知，而祖父之报也不薄，立刻把农校整顿好。但祖父这人不作翕翕然，日子稍久，便发觉鄂省官场"上骄下谄"的积弊，终于投袂而去。如在别人，一定要依附文襄一辈子，何愁不能升官发财。[①]

这可以说是透底之谈。"翕翕"是《诗经》里的话，意谓小人得势、钻营谋利。[②] 在罗振玉看来，那位"忿不停校以实其言"的提调，就属于此等翕然之人。例如，为着农校师生从事农事试验，罗氏曾多次"上谒文襄请拨与场地"作为"试验场"却"皆不得见"，就是此公"阴为之阻"，暗中作梗所致。

至于提调与罗氏见面之初，借传"制军意"以行笼络，声称"为君报捐候选知府留鄂差遣"，罗振玉原无"依附文襄一辈子"的念头，又哪会接受"报

---

① 罗继祖：《涉世琐记》，《海角濡樽集》，《长春文史资料》1993年第一辑。
② 原句为："潝潝泚泚，亦孔之哀。"（《小雅·小旻》）孔颖达疏曰："潝潝为小人之势，是作威福也。泚泚者，自营之状，是求私利也。"

捐""留鄂差遣"呢！于是，罗氏当场"坚辞"，并告以本人已经报捐了光禄寺署正职，请其代"谢制军，不必再捐知府"。他还补述："盖是年先府君为捐输，令予报捐此职也。"[1] 谨查罗氏禀尧钦公家书，略谓：

> 至捐衔一节，儿未敢遽以书写，禀帖仍书附生而已。[2]

是可确证，罗氏赴鄂时"禀帖"所书，犹为原有之附生（秀才），故张之洞及其属下均不知其已有了"光禄寺署正"的头衔。不过，也须说明，罗氏这封家书乃写于己亥（1899 年）春夏间，故其"报捐此职"当在上年，而非他赴鄂的"是年"（庚子）。

稍后，又有"壬寅（1902 年）特科复开"之事。盖指张之洞、张百熙（文达）、沈家本、陈夔龙等大员交章奏荐，保应特科。罗氏则在辛丑（1901 年）朝廷颁旨开特科之际，即在鄂明确表示，"学力不优"，"乱世不敢徼非分之福"，故"虽或有荐剡，亦不拟赴考"。[3]

综上数端，概言之，一曰：不受官府"札发"，以让利；二曰：辞谢报捐职衔，以让官；三曰：不拟赴考，以让福。张之洞不是又号"广雅"吗？时人赞他从两广到两湖，以"广大风雅之度"，招贤纳士，就有沈曾植、文廷式、张謇等名流；[4] 而先后从两湖书院到自强学堂任讲席者，既有"怪杰"之称的"兼充督辕翻译"之辜鸿铭（汤生），又有"中国算学家之鲁灵光"的年逾古稀之华蘅芳（若汀），还有被张之洞委以纂修《湖北省志》的缪荃孙（小山）等。罗振玉虽较后起，但显然是被作为通晓近世农业及教育的才杰，进入了"广雅"的"招贤榜"。罗氏的过人之处，又恰在于他既非稍有得志，即自矜才学，更不希冀遇贵人借势升官发财。

不过，"让"亦非无所作为。罗振玉初抵武昌，在奉命整顿农务学堂的同时，还惦念着因东文学堂解散而提前肄业的高才生；而资送王国维东渡留学，

---

① 罗振玉：《集蓼编》。

② 《永丰乡人家书》之二十三，《罗雪堂合集》第七函，西泠印社出版社 2005 年版。按，此札题注"光绪二十六年庚子（1900 年）淮安"，盖年代有误。札中云："昨接汪穰卿及李洛才大令函。"李洛才即罗氏挚友、仪征李智傅，字鹤（鹿）侪，一作洛才，殁于己亥（1899 年）六月，是知"捐衔"必在此之前。

③ 《永丰乡人家书》之三十五，《罗雪堂合集》第七函，西泠印社出版社 2005 年版。

④ 刘禺生：《世载堂杂忆》，第 81 页，中华书局 1960 年版。

就是他来鄂做了农务官之后办成的。

让我们先来抄录王乃誉庚子（1900 年）十月二十四日日记：

> 静得沪罗叔韫信，知伊之鄂办农馆，以资帮静作游费，令即出申，故须料理出门。①

所谓"之鄂办农馆"，即罗振玉就任总理湖北农务局兼任农务学堂监督之省称。由此日记，可进而证实罗氏自沪抵鄂，确在庚子（1900 年）九月。此日记还可证其整顿农务学堂"既一月"，而"斥退劣生""裁撤不职译员"等，具在十月。本月罗母六十大寿，因其"至鄂初受事，不获返淮称祝"。然而，就在这样的忙迫中，他却致信王国维"令即出申"，做出洋留学的准备。

那么，王国维是否"出申"赴鄂呢？罗振玉曾说，裁了农务学堂原有译员，他即"电忠悫及少泉代焉"。实情是，他确实电请樊炳清（少泉）前来代任译员（"译授"），做了他办学的助手，而并未要求王国维（忠悫）赴鄂。

王乃誉十一月初六日（1900 年 12 月 27 日）记云：

> 接静初三沪禀，谓廿八到申，初十间旋里，同学刘、何两君未及同偕，伊约春初启程往日，藤师尚在东京，有来沪音，恐往相佐之虑。②

日记表明，王国维得罗信到上海，时间不足半个月（农历十月二十八日至十一月初十日），当然不可能"出申"赴鄂，而是接洽东渡留学之事。"藤师"即藤田剑峰，于庚子（1900 年）变乱、东文学社解散后返回了日本。王国维怕贸然赴东，错过了与藤田会面，所以要问清其返沪音讯，再定行期。终于，在一个月后落实了下来。王乃誉十二月初九日记云：

> 静儿已将动身……明早已在沪，倘至东瀛，则十二三（日）可抵

---

① 《王乃誉日记》第三册，第 1322 页，中华书局 2014 年影印本。
② 《王乃誉日记》第三册，第 1331 页，中华书局 2014 年影印本。

东京……静此行能于明年变法，鄂督举荐人才，征召归来，或有事可做。吾愿如此。①

据乃誉公日记，王国维于庚子十二月二十一日（1901 年 2 月 9 日）从上海启程，乘坐日本三菱公司"博爱丸"赴日。藤田剑峰则在东京为他安排了食宿等相关事宜，解除了他原先的"相佐之虑"。

必须指出，罗振玉"以资帮静"留学，早在一年前已有所准备。据王乃誉己亥（1899 年）十一月十七日日记："静禀（初八日发）……言：现译《农报》，二人月卅元，叔蕴又许其管学堂事，月廿元；伊辞还六元，留请他日出洋资。"② 这是王国维在罗氏帮助下自筹留学经费；而罗氏至鄂"办农馆"如何筹资"帮静"出洋，乃誉公日记则语焉未详。而在王国维东渡之后，郑孝胥辛丑（1901 年）三月初二日日记中，则有如是记述：

> 罗叔蕴以农会学生赴日本费用数目示余，余欲遣一侄赴日本学农务，尚未决。③

看来，罗振玉前此在沪以"农会绅士"上书江督刘坤一，请派王国维等几位东文学社高才生出洋留学的诉求，来鄂后得到了张之洞的认可与支持，故他出示"农会学生赴日本费用"内，应该首列王国维。乃誉公日记所述"伊约春初启程"的"同学刘、何二君"，"何君"不详，刘君即刘大猷；"春初启程"者，盖当为辛丑之春。继王国维之后，罗氏将确系农会学生的刘君资送赴日留学。

---

① 《王乃誉日记》第三册，第 1352—1353 页，中华书局 2014 年影印本。
② 《王乃誉日记》第二册，第 1136 页，中华书局 2014 年影印本。
③ 《郑孝胥日记》（二），第 791 页，中华书局 1993 年版。

进呈《农事私议》

辛丑年（1901 年）是个颇不寻常的年头。有的史学家提到了那位"身为祸首的叶赫那拉老太婆"慈禧，[①] 说她是"祸首"，当然是谴责；"老太婆"则未免有"戏说"的味道了。实情是，她不仅不服"老"，且抖擞精神，在西安行在里发号施令，扬言"康逆之讲新法，乃乱法也，非变法也"。而今，她要"母子一心"，由皇上来"恭承慈命，一意振兴"了！并且在新年到来之前，庚子十二月初十日（1901 年 1 月 29 日），通过光绪帝颁发了那道"改弦更张"、推行"新政"的上谕，其中最为脍炙人口、传颂不绝者，则是以下一段文字：

> 着军机大臣、大学士、六部、九卿、出使各国大臣、各省督抚，各就现在情弊，参酌中西政治，举凡朝章国政、吏治民生、学校科举、军制财政，当因当革，当省当并，如何而国势始兴，如何而人才始盛，如何而度支始裕，如何而武备始精，各举所知，各抒所见，通限两个月内悉条议以闻，再行上禀慈谟，斟酌尽善，切实施行。[②]

顿时，"变法"声浪重起。而在奉旨"详议办法具奏"的大臣中，最为引人注目者，又不能不数"经济文章，一时无两"的张之洞。他探风摸底，吃透了"慈命""圣意"，新年前后即为着"此大举动大转关，尤要一篇大文字"，[③]

---

① 唐德刚：《晚清七十年》，第 471 页，岳麓书店 1999 年版。

② 光绪二十六年（1900 年）十二月丁未谕，上谕全文载《光绪朝东华录》第四册第 135—136 页（总第 4601—4602 页）。按，这道上谕，各书引录，甚多异文，笔者据《光绪宣统两朝上谕档》勘对，仅此段引文内，即有如下异文："情弊"作"情形"，"政治"作"政要"，"国政"作"国故"，"军制"作"军政"；又，"当省当并"下尚有"或取诸人，或求诸己"；"始盛"作"始出"，"始精"作"始修"，"再行"作"再由朕"，等等，参见该书第 460—462 页。揣其缘由，盖以《光绪朝东华录》所载乃原始电文，而《光绪宣统两朝上谕档》文字则经修改润饰之故。

③ 辛丑（1901 年）正月初十日鹿尚书来电，《张之洞电稿》，转引自赵雅丽《晚清京师南城政治文化研究》，第 560 页，凤凰出版社 2011 年版。

而与各方互通声气，紧锣密鼓地搭组起班子，构想诸端"新政"，特别是围绕上谕要求之四个"如何"，精心谋划，进行"顶层设计"。终于在数月后，出台了他与刘坤一联名的大文章——"江楚会奏"！

这样，作为张之洞属下的罗振玉，也就在武昌练马场农务局里，度过了辛丑新年。

颇可注意的是，正月初五日，他去给同在武昌过新年的郑孝胥"拜晚年"。节期"拜客""留饭"不歇的郑氏记云：

> 罗叔韫来，遗余以所著《教养刍言》及《再续寰宇访碑录》。①

看来，罗氏是"以书贺年"，一新一旧，应该同时送赠了张之洞。盖《教育刍言》乃其新撰教育论说，② 应合着正在拟定的"会奏"新政；而《再续寰宇访碑录》一书，则为癸巳（1893 年）旧著，携诸行箧，赠书达意：既显肆力碑版考证，钟情金石之学，更示对号称"广雅"的"大雅宏达"之张制军的敬重。③ 况且张公昔年所撰《书目答问》即载有《寰宇访碑录》及《补录》，④ 罗氏再续之书，焉得不携之进呈呢！

然而，今夕何夕？当此之时，张之洞的目的，当然不是玩赏金石古董以充风雅，而是罗振玉的新著《农事私议》，那才是"会奏"新政所亟须的经世之学！

是的，罗振玉于此书卷首所撰百字弁言曾述其理国治生之道：

> 理国之经先富后教，治生之道不仕则农。予束发受书，不辨菽麦，长更世故，思归陇亩。尔来外侮频仍，海内虚耗，利用厚生，尤为要图。爰就斯业，孳孳探讨。偶有造述，言之无文。一得之愚，差同献曝。世有达者，举而行之。空言之诮，庶几免夫。

---

① 《郑孝胥日记》（二），第 785 页，中华书局 1993 年版，按，《教养刍言》当为《教育刍言》。

② 《教育刍言》，当即《教育私议》，乃罗氏所撰第一篇教育论说，旋刊于《教育世界》创刊号（1901 年 6 月）。

③ 《再续寰宇访碑录叙》云："大雅宏达，匡我不逮，它山攻错，跂余望之。"《罗振玉学术论著集》第五集。

④ 张之洞：《书目答问》史部"金石"，商务印书馆 1929 年版。

这"达者"是谁？不就是此刻正与朝内枢臣，各路督抚文电交集、频相沟通的张之洞嘛！"一得之愚，差同献曝。"我们要说，罗振玉自署"庚子（1900年）冬"，实为庚辛冬春之交，他在鄂编集这部《农事私议》，乃是为了向"达者"张之洞进呈其"理国之经""治生之道"，应该是并不过分的。

《农事私议》上下卷，所集之文均刊于《农学报》，上卷二十篇，皆论议，篇目依次为《农官私议》《垦荒私议》《劝业私议》《郡县兴农策》《郡县查考农业土产条说》《垦荒代振策》《论农业移植及改良（上）》《论农业移植及改良（下）》《北方农事改良议》《郡县设售种所议》《用风车泄水议》《僻地粪田说》《创设虫学研究所议》《论海滨殖产》《废物利用说》《编中国重要输出商品表说》《与江西友人论制樟脑办法书》《振兴林业策》《江干种树议》《漕渠植树说帖》；

下卷三篇，皆记事，篇目为《日本农政维新记》《德意志农会记略》《记法国大博览会农产馆》；并附《垦荒裕国策》。

需要指出的是，《农事私议》绝非罗氏率尔操觚的急就章。如果查对各篇刊期，绝大多数论说揭载于罗氏来鄂的庚子九月之前，[①] 融入了他数年以来创设农会、编刊农学书报、观览中外农务活动，以及组织实施农事试验的心得体会，是深思熟虑之作。他受命总理鄂省农政之后所撰主要是《日本农政维新记》，这是篇长达一万余言，几占《农事私议》全书篇幅近半之长篇记述，连载于庚子十一月下旬至十二月《农学报》，[②] 实乃罗氏对十二月初十日光绪帝颁发"变法"上谕之快捷感应与强力配合，亦可视为一年之后罗氏二次东渡考察日本农政及教育之前奏。

---

① 《农事私议》中仅有少数几篇刊于辛丑（1901年）《农学报》，如《劝业私议》（辛丑二月中旬）、《垦荒代振策》（辛丑正月下旬）、《江干种树议》（辛丑三月中旬）、《垦荒裕国策》（辛丑三月上旬），疑皆编入《农事私议》后补刊。

② 《日本农政维新记》，连载于《农学报》第一百二十九至一百三十三册，光绪二十六年庚子（1900年）十一月下旬，十二月上、中、下旬（1901年1—2月）。

朝廷国策出私议

继之，罗振玉于辛丑（1901 年）十月下旬，以《农学报》整期三分之一强的篇幅，揭载了标为"新政奏议之一"的《江楚两制军条陈农政折》。这正是著名的《江楚会奏变法三折》之第三折《采用西法十一条》中之第四条"修农政"（以下简称"奏议"）。

说到"采用西法"，还有个小插曲。奏响"辛丑变法"的上谕下达，张之洞得知此谕乃樊增祥"具草"，内有"晚近之学西法者"，乃"西艺之皮毛，而非西学本源"，使这位以"中体西用"、兴办"洋务"著称的大佬大为不悦。于是，辛丑正月元宵刚过，当张百熙来督辕"拜广雅"，请教"自强宗旨"时，张之洞即以一言答之，曰："效西法。"并带着调侃的口吻，补曰："皮毛亦可救亡，不可轻也。"[①] 看来，"圣旨"亦非"句句是真理"嘛！"效西法"也就成了张氏改定奏稿的"主旋律"。

且看奏议"修农政"，开宗明义曰："中国以农立国。盖以中国土地广大，气候温和，远胜欧洲，于农最宜，故汉人有天下大利必归农之说。"

接论"富民足国之道"，称："近年工、商皆间有进益，惟农事最疲，有退无进。大凡农家率皆谨愿愚拙不读书识字之人，其所种之物，种植之法，止系本乡所见，故老所传，断不能考究物产，别悟新理、新法，惰陋自甘，积成贫困。"[②]

继论"今日欲图本富，首在修农政；欲修农政，必先兴农学。查外国讲求农学者，以法、美为优，然译本尚少。近年译出日本农务诸书数十种，明白易晓，且其土宜风俗与中国相近，可仿行者最多"。

---

① 《郑孝胥日记》（二），第 786 页，中华书局 1993 年版。
② 《农学报》第一百六十二册，光绪二十七年辛丑（1901 年）十月下旬。按，《江楚会奏变法三折》，由张之洞改定，刘坤一领衔，分别于辛丑（1901 年）五月二十七日，六月初四、五日在南京发出。第一折《论育才兴学》（即"变通政治人才为先"），第二折《整顿中法十二条》，第三折《采用西法十一条》。

不妨略加说明。奏议所称美、法"译本尚少","近年译出日本农务诸书数十种",不正是罗振玉当年告白"振兴农学,以译书为最亟。本会译印泰西日本农学书籍,逾年以来,成数十种,皆陆续附报印行,或单印行世"吗?[①] 盖"附报印行"者,原刊《农学报》之谓也。这实际上是对罗氏笔削《农学报》、译载欧美日本农书之褒赞,而谓其译书"明白易晓""土宜风俗与中国相近,可仿行者最多"云云,则几成近人评骘罗氏编印农学书刊之赞词。

必须指出,奏议"修农政"之论述,罗氏莫不发之于先。且看《农事私议》首篇《农官私议》,开门见山道:

> 今举古今中外之农业而比絜之:今不如古,中不如外,盖章
> 章矣。

这"章章"之说,简直成了日后以"全盘西化"著称的胡适之先导。《农官私议》继而申论所以"不如",云:

> 夫以中国地土之广,气候之适,人民之多,古今无异也。絜之欧
> 美,三者殆皆逊于我,而我之农事有退无进者,何哉?不立农学启发
> 之,不设专官以维持劝厉之故也。[②]

我们也不可不注意,罗氏功成名就之后,曾说他"益怳然于一切学术求之古人已足,固无待求旁人",相对于他壮岁所发这些图新更张之论,真正来了个一百八十度大拐弯。然而,彼一时也,此一时也。当此之时,奏议表彰的"近年译出日本农务诸书数十种",即为罗氏笔削之《农学报》所译载;"查外国讲求农学者,以法、美为优",而《农学报》创刊头两年,倾力推出的正是"译本尚少"的欧(英、法)美等国农学书报。

然而,如何改变农事"有退无进"之现状?译书之外,设官立学,就成为罗振玉论农学、议农政之要端。奏议"查汉唐以来,皆有司农专官,并请在京

---

① 《本会告白》,原刊《农学报》第三十四册,光绪二十四年(1898年)五月上旬。

② 罗振玉:《农事私议》之《农官私议》,原刊《农学报》第九十九册,光绪二十六年(1900年)二月下旬。

专设一农政大臣，掌考求督课农务之事宜"，而罗氏则于上述"私议"中稽考"三代（夏、商、周）农官"，查证秦汉"大利归农之说"，并痛切陈词，云：

> 今日则由户部以迄牧令，不闻教稼之举，而徒有催科之令；无官为之保护启发，而责农夫以田事之不修，乌乎可？故今日欲修农事，立学固矣，而设官尤亟。

真叫"天高皇帝远"啊！地方各级官府，发号施令只为"催科"，却不知教民耕作。不过，"农官"怎么设？奏议提出"立衙门，颁印信"，罗振玉却认为，"特立专官，亦有难焉"，事实上成了晚清官制改革中的重要课题之一，姑且勿论。值得一提的是，奏议尚有"京师农务大学校，即附设农政衙门之内"，云：

> 其衙门宜建于空旷处所，令其旁有隙地，以资考验农务实事之用。

如前所述，张之洞将农务局设于武昌练马场，不正是体现了"建于空旷处所"以便于农事试验吗？而罗振玉虽创农学会于上海闹市，但从拟订章程起，即强调农会非官府衙门，需设农学堂，办试验场。是故，"农务大学校附设于农政衙门内"，殆可视为罗、张互动之兴农构想，实为"江楚会奏"效西法、修农政之顶层设计中颇为闪光的一笔！

当然，立足宏观，着眼顶层，而付诸实施还须有相应得宜之法，此即奏议所称四项"劝导之法"：劝学、劝官绅、导乡愚、垦荒缓赋税。以上各项，均需真抓实干，方能见效。数年以来，罗振玉殚精竭虑所倡导或推而行之者，亦皆与之相关。例如"劝学"，就是派遣或自费留洋。此乃罗氏竭力向当局争取，亦为王国维等东文学子所梦寐以求之事。再说"劝官绅"，罗氏在《农官私议》中明确提出："凡地方官能垦荒、兴学、修水利实力创办者予以异常之奖励，政学不修明、荒芜失治者褫罚之。"更强调对"明农学公正肯任事"之绅士，应"职举奖之"，发挥他们辅佐地方官员"明农兴利"的作用。而奏议所称"导乡愚"，实即罗氏《郡县兴农策》中所推举之"课农学"，谨将其论说转录如下：

> 曷言乎课农学也？今者，农业之衰，由于农不通学，士不习农。今遽欲责不识字之耕夫而使读书，无宁使读书者以考求农事。然欲如东西洋之立农学堂，经费浩大，不易观成，计莫如府设一学而每县则设"农谈社"，取今日已译之东西各国农书，分门讲肄；牧令于寻常书院考试艺文以外，别课农学，策优者奖之。（今官派之《农学报》搁置可惜，若颁发于书院中，前列诸生劝其肄习，其功甚大。）有欲开试验场、售种所者，地方官力扶助之，以速其成。如是则士夫之知识日启，农智亦可渐进矣。[①]

奏议还提出了筹款购各项"嘉种新器"，省城设农务学堂"选中学校普通学毕业者肄业其中"；择地办试验场，将"各种各器发给通省，令民间试办"等，又恰为罗氏于前述《论农业移植及改良》中所阐发和倡导的。至于奏议所提"垦荒缓赋税"，尤为罗氏所关切，他相继撰有《垦荒私议》《垦荒代赈策》《垦荒裕国策》等专文，[②] 此处不复赘述。

这里，还有必要指出，由张謇等人参与起草的《江楚会奏变法三折》，[③] 凝集了当时有识之士的智慧，而"修农政"虽仅是《江楚会奏变法三折》之一端，但就其论述的农学内容来看，罗振玉"野人献曝"的"私议"，终被吸纳而成了奏议国策。由此，我们不妨连带着说一说晚清与俞樾齐名的另一位浙江大儒孙诒让。他既在罗氏之前试图考释甲骨卜辞，撰《契文举例》，又在其故里领衔创设瑞安农学会，作为罗氏在沪创立的农学"支会"，并在其应辛丑（1901 年）"诏议变法"而撰，于壬寅年（1902 年）刊印之以《周礼政要》命

---

① 罗振玉：《农事私议》之《郡县兴农策》，原刊《农学报》第一百零七册，光绪二十六年（1900 年）五月中旬。

② 以上三篇垦荒专文，依次刊于《农学报》第九十七册（1900 年 3 月）、一百三十五册（1901 年 3 月）、一百三十七册（1901 年 4 月）。从时间上看，后两篇发于奏议公布之后，应视为对奏议之附议。

③ 据载，《江楚会奏变法三折》拟稿人，刘坤一邀者有张謇、何梅生、汤寿潜、沈曾植，而由张謇日记，可证其为主要执笔者（何梅生暴卒，不可能参与）；张之洞所邀则有郑孝胥、劳乃宣、梁鼎芬、黄绍箕。观郑孝胥日记，无一语记及其参与起草奏议之事，劳乃宣则以老病辞谢。故比较可信者，应为张之洞当时曾就奏议之各相关部分，分别向郑、梁、黄以及罗振玉等征询过意见。

名的《变法条议》四十篇中，即有教农篇，撮举辨土宜、选谷种、治稼器、治粪肥、修水利五事以为农政之要，并以泰西诸国"治以农部，教以农学学堂""士民有农学会、农学报"等项举措，[①] 作为效西法之借鉴，这充分说明了罗振玉在沪创农学会、译编农学书报的影响。

大事与小臣

这样看来，罗振玉在鄂受理农务，整顿农校，推出《农事私议》深合时宜，陈夔龙等人在奏荐其应经济特科的奏折中，赞扬他"留心事务，为学切实不浮。考究农学及教育各事，皆可坐言起行。现在江鄂办理新政，皆赖以厘定"。[②]

不过，罗振玉并未因炙热的赞词而自我膨胀。可以这样说，罗氏之非同时流浮浅之处，就在于他能言"新政"大事，行"小臣"职守。循此，他在农学堂庚子（1900年）整顿的基础上，按照张之洞的嘱托，配合"江鄂新政奏议"所陈"修农政"，主要是在农学方面尽其所能，尽力而为地办了几桩实事。

第一桩实事，发表了一批农务学堂的教研成果，以展示鄂省兴农办学之"新政"实绩。我们从辛丑（1901年）夏秋间的《农学报·文篇》，可以看到连续刊发了署名湖北农务学堂蚕学日籍教师峰村喜藏所撰的《调查湖北桑树干茎叶比率表》《武昌桑树调查表》《湖北农务学堂蚕学实修纪要》《武昌农务学堂蚕业实修成迹》（与中西留应合撰）、《中国湖北鲁桑种子试验》《湖北农务学堂蚕桑门试验育夏蚕余杭种茧丝质试验表》《湖北农务学堂蚕桑门实修育春蚕新圆种茧丝织试验表》等文稿，[③] 且均直接以中文撰写。罗振玉以此展示鄂省推

① 孙诒让：《周礼政要·教农》，《大戴礼记斠补（外四种）》，第431—432页，中华书局2010年版。

② 陈夔龙：《保送经济特科人员折》，《庸庵尚书奏议》卷二，转引自罗继祖《永丰乡人行年录（罗振玉年谱）》，第25页，江苏人民出版社1980年版。

③ 以上诸篇，分别刊于《农学报》第一百四十六、一百四十八、一百四十九至一百五十一、一百五十二、一百六十一册（1901年6月、7月、8月、11月）。

行农学新政之实绩，是不言而喻的。

为了显示鄂省农务新政之实绩，《农学报·文篇》还刊载了署名湖北农务学堂教授美代清彦所撰《武昌府下刈稲成迹报告》。①继之，又揭载了美代清彦另一新著《鄂省西北部农业视察记》，声称："余应聘来鄂三年矣。今受鄂督张公、鄂抚端公之命游历湖北省西北部，考察农地，俾兴实业。乃以光绪二十八年十一月某日……从武昌登程……所历日数五十二，所经之路，陆路千三百八十里再加百五十吉罗密达（kilometer），水路千百三十四里五分再加四百四十九英里。"②我们回望历史，访樵夫、采草药，李时珍从湖北山野走出来，为子孙后代留下了不朽宝典《本草纲目》。注目山川大地，武当山、神农架，鄂西北是如此富饶、如此神秘，而在那个耕夫不识之乎、儒者莫辨黍稷的时代，张之洞、端方两位封疆大员竟要恭请高薪聘来的日籍教员前往"考察农地"！从其以华里、公里、英里记录水陆游历的精确计程，我们又可以想见其人"登程"五十多天里，携带了必要的仪器，调查物产、考察野地，是何其认真细密；而号称"地大物博"的中国自己的专业人才，又在哪儿呢？

教育兴国，特别是培养中国自己的农学人才，何其迫切！

所以，我们要感念罗振玉配合"辛丑新政"。他在鄂所办第二桩实事，应该就是协办学生赴日学农事宜。必须明确指出，罗氏此番所办学生留日，与前此资送王国维东渡不同。这是遵照江楚新政奏议"劝农学"之相关规定，奉命办差，兹录其条款：

> 学生有愿赴日本农务学堂学习，学成领有凭照者，视其学业等差，分别奖给官职。赴欧洲、美洲农务学堂者，路远日久，给奖较优。自备资斧者，又加优焉，令其充各省农务局办事人员。

以此相较，王国维于庚子（1900年）之冬赶赴日本，虽也为着"明年变法"，期待"鄂督荐举人才，征召归来"，但进的不是"农务学堂"而是东京物理学校；而此番派学生留日的时间为辛丑（1901年）五月，是作为"新政"举措之一，限定"赴日本农务学堂学习"。谨录郑孝胥当年五月十五日日记：

①②　《农学报》第一百七十二册（1902年3月）、二百二十七册（1903年9月）。

渡江谒南皮。……道逢罗叔蕴，邀至博泉寓，谈久之，询学生赴日本农科大学之情形，拟遣炳侄随日本教习吉田、美代同往。

同月二十三日，记云：

罗叔蕴偕日人美代清彦、吉田永二郎及学生路孝植字仁甫来，留饭，以炳侄赴学东京托之。

二十四日，记云：

罗叔蕴来。夜送炳侄上大利船，晤赖川、美代、吉田等。炳侄与路仁甫、汪子鉴同一室。叔蕴留宿斋中。①

如果说王乃誉日记记述了王国维庚子（1900年）岁末东渡留学，那么郑孝胥则因其亲属炳侄而记述了罗振玉偕同美代、吉田等日籍教员办理"学生赴日本入农科大学之情形"。而在本年四月中旬罗振玉致尧钦公家书中，亦提及了遣送亲友子弟留学之事，略谓：

又在武昌留学者，乃路壬甫（山夫丈之世兄）、范子文（儿妇弟），非范湘谷也。两君于今年夏，偕此间教习美代农学士至日本东京农科大学肄业，下月即行矣。②

罗振玉于庚子（1900年）闰八月家书中，曾说"范子文在家，未随至沪"，③表明他的这位曾是淮安蚕业"传习生"的大内弟范兆经，就是在此时派送日本留学的。路壬甫，即罗氏早年在淮安交结之"忘年交"路岯（山夫）之

---

① 以上所记，参见《郑孝胥日记》（二），第800—801页，中华书局1993年版。
②③ 《永丰乡人家书》之三十四、三十，《罗雪堂合集》第七函，西泠印社出版社2005年版。按，此札题注作"光绪二十七年辛丑，1901年武昌"，未标月日。唯由札中所云"顷奉到本月十三日谕""儿下月底返上海"，参比《郑孝胥日记》，可知当作于本年四月中旬。

子路孝植，故尊之为"世兄"，且曾署名"林壬"，为《农学报》译书之淮安东文学堂肄业生。路、范二人被称为"在武昌留学者"，则又可证皆经罗振玉荐举，由武昌农务学堂日籍教员美代等人联系安排，赴东京农科大学留学，而汪子鉴当为武昌农务学堂在读学生之一。

第三桩实事，撰《农政条陈》。[①] 这是罗振玉于辛丑（1901 年）夏秋间，在鄂为当局在农政方面整顿变通旧法，实施新法而筹献之新规良策。条陈称"农政要领，约为九端"，即设农官、考农事、奖垦荒、励农学、兴林利、兴牧利、海产之利、兴制造、立赛会。

罗氏上述条陈，突出了张之洞在《江楚会奏变法三折》中所倡导的"效西法"。例如，关于"设农官"，罗氏在条陈中概述其要，云：

> 今日欧美各国，亦特设专官，以重其职守，而中国之户部，虽曰承司农之旧，然不修其职久矣。今宜改户部为农部，设长官一人，次官一人，属若干人，以掌天下之农政。

再如，关于办"竞进会"，云：

> 凡物产之优劣、农器之利钝、技艺之优绌，并立竞进会，以收观摩之益。此省与彼省较，此县与彼县较，此田与彼田较，比较愈密，进步愈速。但此事必须官为之倡，并设赏品以劳之，可用东西洋成法。如此则人智起，而进步捷矣。

这不就是"竞争机制"吗？进入 20 世纪之第一年，就被罗振玉"移植"于农政，借以起"人智"，推动农业的发展。他还以自己为湖北农务局总理的身份"现身说法"，对各省农务局局长、委员人选及其职责提出了要求，但在事实上都不过是他这位昔日秀才的纸上谈兵，一厢情愿之画饼而已。

当然，尤令罗振玉感慨的，是他虽领受了张之洞"至鄂办理试种"的嘱托，且曾"面允拨抚标马场地为试验场"；结果，却是"小人拨乱其间"，由于

---

① 罗振玉：《农政条陈》，《农学报》第一百五十三册，光绪二十七年（1901 年）七月下旬。

前任学堂监督、提调等人"阴为之阻"，致使他"数上谒文襄请拨马场地皆不得见"。又鉴于农务学堂经整顿，谋监督之职者甚多，于是，他趁辛丑（1901年）暑假返沪之机，向张之洞提出了辞职请求，并在获准后被改委为襄办江楚编译局……

创办《教育世界》

罗振玉赴鄂期间，另一项重要业绩是创办《教育世界》。这是近代中国第一份教育专门杂志。

然而，与前此创办同为"近代第一"的《农学报》相比，罗氏筹创《教育世界》杂志，一不请志士名人撰文捧场，二未挂靠相关地方当局给予"公费订阅"等方便，可以说是悄然问世，低调创刊。直到 20 世纪 80 年代，笔者编撰王国维年谱，搜访《教育世界》发刊辞及《教育世界》目录，① 发现了《教育世界》篇目之缺失，现在来看，应该有两种情况：一曰佚散，二曰原缺。例如，上述《教育世界》目录中所缺第五十二、五十四、五十五号，笔者于 1979 年秋冬间，曾亲见线装石印之原本《教育世界》第五十五号，并从中抄出王国维佚文《哲学辨惑》，② 是可推知以上三期佚散于篇目之外。但是，亦有原缺。例如，目录中所缺第九十、九十一、九十二号，据新发现的王国维佚著《教授法》书末所刊《本报特别告白》，可知"因社中编纂者有他事故"，致"尚欠三期"，乃"特为印行"时任江苏师范学堂教习王国维所著"《心埋学》《教育学》

---

① 《教育世界》目录，载于上海图书馆编《中国近代期刊篇目汇编》卷一，上海人民出版社 1965 年版。

② 《哲学辨惑》，原刊《教育世界》第五十五号，癸卯（1903 年）六月上旬，由笔者从南京师范大学图书馆佚出之石印原本中抄出，后附录于拙著《王国维与近代东西方学人》，天津古籍出版社 1990 年版。

《教授法》三种讲义"，"以补三期之报"。① 亦即王氏的三种教育论著，替代了原缺的《教育世界》上述三期刊物。欲知《教育世界》之"真面"，尽可能摸清其究竟出了多少期刊物之"底"，以免蹈"盲人瞎马"之失。这应该是最原初的"信息资源"吧。

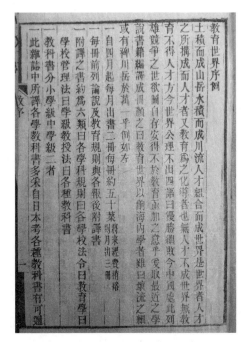

《教育世界序例》

那么，就让我们再回观《教育世界》之原初，那篇曾被罗继祖先生惊为"奇短"的创刊词（或曰发刊辞），② 殆即罗振玉亲撰之《教育世界序例》，谨转录如下：

> 土积而成山岳，水积而成川流，人才组合而成世界。是世界者，人才之所构成，而人才者，又教育为之化导者也。无人才不成世界，无教育不得人才。方今世界公理，不出四语曰：优胜绌败。今中国处此列雄竞争之世，欲图自存，安得不于教育亟加之意乎！爰取最近之

---

① 王亮：《王国维佚著〈教授法〉述略》，《嘉兴学院学报》2015 年第一期。
② 罗继祖致笔者函，1987 年 11 月 21 日。

学说书籍，编译成册，颜之曰《教育世界》，以饷海内学者。虽曰壤流之细，或有裨川岳于万一乎！例如左：

　　一　自四月起，每月出书二册，每册约五十叶（将来经费稍裕，则月出三册）。

　　一　附译之书，约为六类：曰各学科规则，曰各学校法令，曰教育学，曰学校管理法，曰学级教授法，曰各种教科书。

　　一　教科书分小学级、中学级二者。

　　一　此杂志中所译各学教科书，多采自日本。考各种教科书有可通用者（如动植、理化之类），有须特撰者（如读本地理、历史之类），兹译日本教书为蓝本，海内学人若据此编润成中国合用之书，则幸甚。

　　一　同人有以论说及编著之书见示者，当选择刊行，以志受益。

　　一　此例草创，未能尽善，异日当逐渐斟酌改良。

　　辛丑（1901年）二月，上虞罗振玉志。

人才至上，教育为先。近代欲论"尊重人才""教育兴国"，罗氏这个序例实乃发了嚆矢。是故，序虽短而论至宏，不啻为罗氏论教育之"总序"。

值得注意的，一是独力创办《教育世界》，但亦争取亲友支持。例如，刘鹗辛丑（1901年）三月初九日日记，即记有"接罗叔蕴函并《教育世界序例》，甚佳"；五月二十一日又记，"接罗叔蕴信，并《教育世界》第四、五册（期）"；六月初八日，"作罗亲家信，为《教育世界》事"；十一日，"汇《教育世界》五百元"。[①]

二是，创刊前先译备书稿。序例后登录了"已译成之书"的篇目，一并转录如下：

　　《教育学讲义》《日本文部省沿革略》《日本教育家福泽谕吉传》《学校卫生学》《学校管理法》《理化示教》《博物学教科书》《西洋小史》《万国地志》《动物学教科书》《简明生理学》

---

①　转引自刘蕙孙《铁云先生年谱长编》，第73—74页，齐鲁书社1982年版。

以上，凡十一种。表明了杂志体例虽属"草创"，却做了相当充分的稿源准备，绝非率尔操办。其中《学校管理法》《学校卫生学》《日本文部省沿革略》，即从《教育世界》创刊号开始连载。[①]

当然，我们不可不注意的是，《教育世界》创刊的辛丑（1901 年）四月，罗振玉尚在湖北农务局总理兼农务学堂监督任上。按照罗继祖记述，杂志"在武昌创始，寄到上海刊印发行"，这是实情。[②] 罗振玉并且将他所列六类之书，除译载《教育世界》杂志之外，还由王国维、樊炳清分别编为《哲学丛书》《科学丛书》，以上海教育世界社名义刊行。[③] 于是，从辛丑（1901 年）夏秋起始，罗振玉在独力编印《农学丛书》的同时，更从事教育书刊的编译，在上海渐次构成了农学、教育联营互动的编译出版机构，我们姑且名之为罗氏农教编译体系，体系如下：

作为书刊出版机构，罗振玉曾向上海有关当局登记备案，并由苏松太兵备道布告周知，已如前述。

---

① 《学校管理法》《学校卫生学》《日本文部省沿革略》，依次连载于《教育世界》第一至七号、一至八号；尚有《日本教育家福泽谕吉传》，连载于《教育世界》第十二至十三号；又，《教育学讲义》，疑即王国维日本立花铣三郎讲述之《教育学》，连载于《教育世界》第九至十一号。

② 罗继祖：《庭闻忆略：回忆祖父罗振玉的一生》，第 23 页，吉林文史出版社 1987 年版。

③ 据笔者查核，王辑《哲学丛书》四种，其中《心理学》《伦理学》《哲学概论》，王译；《社会学》，樊译。樊辑《科学丛书》二集，第一集（原注"中等学校用教科书"）八种，十一卷，即《万国地志》（上、中、下卷），《伦理书》（一卷），《近世博物教科书》（一卷），《理化示教》（二卷，上篇物理部、下篇化学部），《普通动物教科书》（一卷），《中等植物教科书》（一卷），《小物理学》（一卷），均樊译。第二集六种，十卷，即《近世化学教科书》，樊译；《势力不灭论》（一卷），王译；《生理卫生学》（一卷），日本西彦次郎译；《饮食卫生学》（上、下篇，二卷），罗振常译；《中国史要》（一卷），罗福成译；《朝鲜近世史》，毛乃庸译。

纵论二十世纪之教育

那么，上海出版的《教育世界》，何以要在武昌创办呢？罗振玉晚年回忆说，那是因为"当在鄂时无所事事，王、樊两君除讲译外亦多暇日，乃移译东西教育规制学说为教育杂志"。[①] 借鲁迅的用语，叫作"有闲"。

但是，被张之洞委以总理湖北全省农政的罗振玉，怎会骤变而成了闲人？这显然有悖真情。所以，罗继祖先生为着给其祖"弥缝其说"，乃追叙罗氏整顿武昌农校，说，这时"农校的工作已上了轨道，实际并不繁重，王、樊也尽有闲暇，忽然想起中国的教育学说已历几千年，现在为振兴人才起见，何妨也照办农报的办法，移译东西洋的教育学说，作为'他山之石'呢"。[②] 以"忽然想起"来诠释罗氏之所以创办杂志"移译东西教育规制学说"，则又不免演义化了。况且，当辛丑（1901 年）三四月间，罗氏筹创《教育世界》之时，樊炳清确在武昌农校任"译授"，而王国维则留学东京物理学校，尚在听"三角、代数、解析几何、微分积分、重学、物理、化学"诸课哩。[③]

不过，有一点很确切："照办农报的办法"译编教育杂志。例如，《农学报》分文篇、译篇两大栏目，"附载"译书，《教育世界》完全照办。尤足称"奇"者，《农学报》与《教育世界》两杂志之创办虽相隔四年，而其创刊具在"四月上旬"，当年出版期数则皆十八号（册）。不过，作为具有独立办刊宗旨的教育杂志，我想指出其与《农学报》的不同也是必要的。先看刊期，《农学报》创刊之初月出两期，第二年起改为旬刊，而《教育世界》自始至终为上、下旬出版之半月刊；次为栏目，《农学报》先繁后简，办至第四年（1900 年）才简化为文、译两栏，而《教育世界》则先简后繁，自第四年（1904 年）起细化了栏目；更重要的是其主编者，《农学报》自始至终由罗振玉自任笔削（主

---

① 罗振玉：《集蓼编》。
② 罗继祖：《庭闻忆略：回忆祖父罗振玉的一生》，第 23 页，吉林文史出版社 1987 年版。
③ 《王乃誉日记》第三册，第 1421 页，中华书局 2014 年影印本。

编），而《教育世界》乃于第四年第六十九期起，由"本刊发起人"罗振玉移交"哲学专攻者"王国维主编，由此而将石印线装改为铅印洋装，并且登出《改章广告》，称"改章"之后，除选译专书之外，将增加"本社所自编撰"文稿，其"分类"（即栏目）则有插画（卷首人物肖像）、论说（包括"代论"）、学理、教授训练、学制（包括中外教育史）、传记、小说、丛谈、本国学事、外国学事、杂录、来稿、文牍等十数类，"务令丰富，务令精审"。①

还应指出的是，罗振玉曾在他自任笔削的《教育世界》译载了"教育小说"《爱美耳钞（附自序）》，并附录《卢骚略传及〈爱美耳〉评论》。卢梭的这部世界名著《爱弥儿》之推向中国教育界，盖当始于此。王国维接编后相继译介之西方哲人有苏格拉底、柏拉图、亚里士多德、培根、洛克、霍布士、休谟、康德、尼采、叔本华、黑格尔、莱布尼兹、约翰·穆勒、斯宾诺莎、伏尔泰、孔德，以及文学上之莎士比亚、拜伦、歌德、席勒，教育、心理学上之裴斯塔洛齐、冯特、谷鲁斯等；而之所以如此密集地译载古近西方哲学家及其论说，是因为在罗振玉所撰创设学部的建言中，明确采纳了王国维《哲学辨惑》的论说，强调"盖不明哲学，则不能通教育学"。②

当然，这都是后话。且看《教育世界》创刊之初，怎么打开局面。罗振玉不惟亲撰发刊序例，并且以其《教育私议》作为"文篇"领头文章，他写道：

> 长国家之势力，增生人之智识，必自教育始。夫人知之矣，顾知之匪艰，行之维艰。矧在中国今日，外侮侵迫，内忧未宁，仓卒培才，尤非易易，然振兴之策，舍此末由。

这是开宗明义的"教育兴国"。然而，知易行难。于是，文章提出了十条"措施之方"，依次为设学部、定规则、明等级、编书籍、培养教员、行补助奖励之典、派员游历及留学、讲求体育及卫生、兴女子教育及婴儿教育、立图书馆及博物馆。

---

① 关于《教育世界》杂志改刊详情，参见陈鸿祥《王国维全传》，第159—161页，人民出版社2007年版。

② 罗振玉：《学部设立后之教育管见》（二），《教育世界》第一百二十号，丙午二月下旬（1906年3月）。

这十大举措，有纲有目，真的是坐言起行，切实不浮。若以新的用语来表述，可谓既有"顶层设计"，又很接"地气"。这个"顶"，就是设学部。他以"振衣者必挈其领，举网者必引其纲"来比拟"兴教"之方，第一条就明确提出"教育之纲领，其在设学部"。至今仍统领着全国大中小学校的教育部，盖肇端于此。罗氏纵非议倡此部之第一人，谓之最早的倡导者之一，应不为过。

然而，尤可贵者，罗氏的这个"顶层设计"，绝非蒙上欺下、仅供玩赏之"屋顶花园"。例如，办学堂究竟为啥？一言以蔽之，乃要培育"智识与精神二者"皆合格之"国民"，所以提出了第八条"讲求体育及卫生"，说："近日东西洋各国讲求卫生及体育，不遗余力。今中国亦宜加意于此。学堂必重体操，而学校卫生，尤宜特重。盖不讲体育与卫生，将来学生身体孱弱，虽幸得成学，何能为国家致用，而特立此竞争之世界乎？"回顾当年，某些"头脑冬烘"的老先生抓住"其书之名"，攻讦罗氏办杂志"毫无忌惮"，"欲教育世界"，固然"最可笑"。[①] 从新式学堂走出的学生，须有强健（而非"孱弱"）的身体，方能"为国致用"，更"特立"于"竞争之世界"。这才是真接"地气"，而非表面文章、空头口号。

还应注意的是，罗振玉既陈述了以上十条"措施之方"，且于文章结尾指出："若一旦停止科举，而次第实行，吾知十年以后，人智渐启；三十年后，人材不可胜用矣。"由此，他满怀信心地预言：

> 吁！此二十世纪之中，为东西消长最大之时机；而其消息，则一决之于教育。敬告我政府我国民，其人人加注意于斯哉！

在罗振玉看来，无论东方西方，孰强孰弱，"决之于教育"。"早知世界由心造，无奈悲欢触绪来。"（王国维《题友人三十小像》之二）不管其后经历了怎样的"否定之否定"的世变，而在当时，罗振玉确是持了世界的眼光论说刚刚迎来的 20 世纪之教育，这实在也是发之于罗氏的至今仍被学界尊为"普世"理念的先时之见。

---

① 罗继祖转引自邓嘉缉致缪荃孙书札评语，参见《庭闻忆略：回忆祖父罗振玉的一生》，第 23 页，吉林文史出版社 1987 年版。

当然，罗振玉所议的这十条"措施之方"，仅是他就教育提出的"刍言"。[①]
应当郑重说明，《教育世界》迄于光绪三十三年丁未十二月（1908 年 1 月）终
刊，先后七载（而非"五年"），出版一百六十六期。如果说罗振玉以他首创
的《农学报》催生了近代新农学，那么他所创办的教育杂志，则推动了近代新
教育的诞生，见证了历时千余年的科举制度之退出历史舞台。罗继祖查检《教
育世界》所刊罗氏论说篇目，曾在给笔者的信中说："先祖之文竟达三十六篇
之多。"[②] 试观上列诸篇，我们还当公允地说，罗氏亦属"敢吃螃蟹的人"。他
不惟是近代最早站出来为停止科举、振兴教育著论，而且是为兴办中小学堂具
体拟订课程表的第一人！再观其论说如何"兴教"，他比喻说，教育如营室，
教习犹工师，学生犹材料，章程犹绳墨，课书犹斧斤。"工师不能去斧斤而营
室，教师焉能舍课书而立教？"于是，他撰《教育五要》之第一要，"须知译书
为教育机关"（"机关"即关键），而"课书当译一也"，亦即译编教育用书，当
以"课书"即教科书为第一。他还以"乳母"与"种子"来比喻培养教
员，说：

> 教员者，婴儿之乳母，植物之种子也。故欲兴教育，第一在培养
> 教员。小学既立以后，便当于各府县多立师范学堂，以讲求教育之
> 法，庶教员不致匮乏。

这便是《教育私议》中所议之第五条"培养教员"。为了落实此议，他紧
接着又撰《设师范急就科议》，真可谓议论风生、妙语连珠。斯时斯人，并无
意"教育世界"，而汹涌澎湃的 20 世纪之世界新潮，却催生着中国自己的新教
育。王国维接编《教育世界》刊发之《本报改章广告》说，《教育世界》"选译

---

① 罗振玉：《教育私议》，其初稿当即为辛丑正月初五日（1901 年 2 月 23 日）寄赠郑孝胥之《教养刍
言》，参见《郑孝胥日记》（二），第 785 页，中华书局 1993 年版。

② 罗继祖致笔者函，1987 年 11 月 21 日。按，据笔者查核，创刊头年十八期，所载罗氏教育论说有：
《各行省设立寻常小学堂议》（四期）、《论语讲义一》（六期）、《论语讲义二》（七期）、《教育五要》（九期）、
《设师范急就科议》（十二期）、《拟订寻常小学校课程表》（十六期）、《拟订高等小学校课程表》（十七期）、
《拟订寻常中学校课程表》（十八期）等八篇。

专书，按期接载，分之为旬报，合之为丛书"。[1] 亦即《农学报》办刊十年，编了七集《农学丛书》；《教育世界》后来居上，办刊七年，按年辑编为《教育丛书》，也是七集。时在上海实际操持编务的罗振常追述："一至三集，罗辑；四至七集，王辑。"[2] 这不正是罗、王二家之学的最初成果么？而在罗氏一生的业绩中，他对近现代新教育的贡献，实在要更胜于新农学。我们将在以下章节中进一步予以探讨。

初渡扶桑

辛丑（1901年）仲冬，罗振玉东渡日本，考察教育。这是践行他《教育私议》之七"派员游历及留学"提出的"宜派大臣前往东洋考查教育之法，务极精详"之议。他本人虽非大臣，却是奉了大臣之命。

这时，罗振玉通过《教育世界》，全文揭载了《江楚会奏变法三折》中备受朝野瞩目的《变通政治人才为先遵旨筹议折》。[3] 这就使罗氏自办的教育杂志，成了事实上的江、鄂两督筹议政治人才、推行教育新政的喉舌；而他的教育论说，亦由"私议"升格为一定程度上的"公论"。

还有罗振玉此时的身份。他业已交卸了湖北农务局及农务学堂的职务，改任为江楚编译局襄办。该局实为江、鄂二督会奏变法，为兴办学堂译编教材而联手创设于江宁（今南京）。所以，罗比官职虽为"副局级"，却是"厘定江鄂新政"的重要角色。用罗振玉自己的话来说，他是"奉新宁、南皮两宫保命，至日本视

---

① 《本报改章广告》，原刊《教育世界》甲辰（1904年）正月上旬。按，关于《教育世界》与《教育丛书》之关系，参见陈鸿祥《王国维与近代东西方学人》，第8—12页，天津古籍出版社1991年版。近人未见《教育世界》杂志原本，却欲撇清两者的关系，不知所有辑入《教育丛书》之"专书"，均曾"按期接载"于杂志，遽以为《教育丛书》与杂志"同期所载内容几乎无重复"云云，盖既误且谬矣。

② 《蟫隐庐新版书目》第七期"新书之部"，乙亥（1935年）季春石印本。

③ 即《江楚会奏变法第一折》，《教育世界》第十至十一期，光绪辛丑八月下旬、九月上旬（1901年10月）。

察学务"。^① 此次去日"辅行"者有湖北两湖书院监院刘洪烈（聘之）、自强学堂教习陈毅（士可）、胡钧（千之）、田吴炤（小莼）、左全孝（立达）、陈问咸（次方），凡六人；另有刘大猷（秩庭），为罗氏所携随行译员。

十一月初四日，罗振玉一行于上午九时自上海登"神户丸"启程，经长崎、马关，初八日晨抵神户，午后转乘汽车，初九日上午抵东京。在车站迎接者，有五月间派来日本农科大学留学的范兆经（子文）、路孝植（壬甫）以及友人王仁乾（惕斋）等。

这是罗振玉首次东渡扶桑，沿途赏景观光，异国山水，目不暇接。日本原是他久所向往之地，而其首都东京纤尘不染的旅舍，长松夹道、景色秀绝的街区，令他仿佛身临"十洲三岛，仙人所居"而赞叹不已。

抵东京后，罗振玉拜会了驻日公使蔡钧，^② 先后会晤日本农学、教育方面的官员、专家、学者甚多。农学方面，如农桑务省专卖局审查官、农学士中岛正四郎，与其友真山总三郎、泽村真、大林雄也（制茶专家）三学士，以及被尊为"昆虫学山斗"的他们的老师佐佐忠二郎教授；教育方面，最著者为时任贵族院议员的伊泽修二、高等师范学校校长嘉纳治五郎。

经蔡公使介绍，伊泽修二在使署译员冯君陪同下，于十二月初三日来访，并做长谈。罗振玉认真地听取了这位教育大家的介绍。伊泽说，日本初亦不知教育为何事，经福泽谕吉著《西洋事情》，始知"教育"二字。于是，创文部省，开办学校，雇请外国顾问、教习等，经三十年之经营，乃有今日。数日后，罗振玉偕冯君回访伊泽，听其详论译书事，意欲合中日之力译印教科书而定版权法制，并当场赠送十余种教科书。伊泽说，中国习外国语，东文较简易，西文则非数年不能精通。强调不可忘忽道德教育，将来中学以上必讲《孝经》《论语》《孟子》，然后及于群经。罗氏称"其言极有理致"。期间，他还潜心攻读了日本明治维新的历史。谨录十二月初六月罗氏所记，云：

---

① 新宁、南皮两宫保，即刘坤一、张之洞。辛丑十月二十八日（1901 年 12 月 8 日），罗氏赴日前六天，光绪帝"奉皇太后懿旨"颁诏，以"刘坤一、张之洞、袁世凯共保东南疆土"有功，刘坤一着赏加太子太保衔，张之洞、袁世凯着赏加太子少保衔。

② 蔡钧，字和甫，浙江仁和（今杭州）人，曾任苏松太道，1901 年以四品候补京堂任出使日本大臣，1903 年被清廷召回。

灯下读日本史，载今皇初纪，率公卿诸侯，誓于天地神祇：曰广兴会议，万机决之公论；曰上下一心，盛行经纶；曰文武一途，至庶民各遂其志，使人心不倦；曰破旧来之陋习，基天地之公道；曰求智识于世界，大振起皇基。按，此五誓，字字警切，大哉王言！三十年来，遽臻隆盛，有以也。予尝与友人论人禽之界，在用外界之力与用一己之力之分而已。禽兽之力，仅持爪牙之利，羽翼之丰，蹄足之捷耳。人则能以丝布为衣被，铸金铁为戈矛，服牛马以奔走，求知识于世界。盖取之于一身，其力有尽，借助于外界，其力无穷。世之欲成事业成学问者，皆非借助于外界之力不可，况于宰治天下者乎？兹因日本誓谕而触及之，以质之留心当世之故者。[①]

记中所称"今皇初纪"，即明治元年，公元 1868 年。是年 4 月 6 日，明治天皇于京都皇宫紫宸殿率领文武百官，向天地诸神宣誓建设新国家之五项基本方针，此即开启了明治维新的"五条誓文"。[②] 罗振玉不惟以"大哉五言"称颂"五誓"，并且抓住了其核心——"求知识于世界"！事实上，不求知识于世界，何以"破旧来之陋习"，又何能"大振起皇基"？在罗氏看来，"宰治天下"，非借助于外界之力不可；而所谓"借助于外界"，盖其要旨，端在求知识于世界，如罗振玉所记：

读日本史，载明治初年，择功臣及大藩参政，命视察欧美，又遣嘉彰亲王、博经亲王留学欧洲。此举极得教育枢要。近阅日本报称，暹罗太子现留学于英国牛津书院。蕞尔小邦，尚知自奋，我政府其留意于斯乎？

罗振玉对于日本的发展与进步，久所钦仰。而在东京，罗氏感受至深至切者又是什么呢？他说："日本文明之机关最显著者有三：曰铁路也，邮政也，

---

① 罗振玉：《扶桑两月记》，《罗振玉学术论著集》第十一集。按，《扶桑两月记》，光绪壬寅（1902 年）三月，上海教育世界社刊行。以下所引此篇文字，不另出注。

② 天皇宣读"五条誓文"之后，1868 年 9 月 3 日，颁诏改江户为东京；10 月 23 日，年号改庆应为明治；翌年（1869 年）4 月，国都由京都迁往东京。

电线电话也。此三事为交通最大机关，而文明由是启焉，故开民智以便交通为第一义。我国若三十年前即开铁路，何至今日尚否塞如是乎！"又说："日本实业，多师法各国，如制茶、哺鸡，则皆聘中国人为教习。铅字刷印机器亦萨摩藩遣人就上海所购者，今则其技并精，出中国之上矣。"他深悟"水寒青胜，前事可师"之理，勉我国人"勿耻学步也"。

罗振玉认为，"财政为百务根元"，财政不修，教育亦无由兴。故他此次考察，"于教育外兼及财政"，详细查阅日本统计书中所载财政收入，指出："今日理财者，尚胶执'商为末富'之言，谓与其加农税，无宁取商税，此大谬也。"强调"农工商三者，同为国家财政之枢要"，并"譬之人身"，说，农犹咽喉，工犹胃腑，商则大肠也。若咽喉无病，饮食入胃，而大肠窒塞不通，则胃不消化，而咽喉亦不能独奏养生之功。他感叹，此理浅近易明，却多昧而不解。

应当指出，罗振玉东渡之时，正值三十五六岁壮盛之年，考察期间，他购读日本所译西方教育名著新论，读之如饥似渴，例如：

> 读《女子教育论》竟。此书载美国女子教育，为世界第一，师范生大半为女子。又言：女子者，国氏（"氏"当为"民"之讹）之母，其语尤精切。今日中国教育初造基，女子教育，人多忽视，实不可缓，是宜亟图也。

又记述"教育普及"，云：

> 读教育史。考教育学为独立之学科，盖始于德国之心理学大家海尔巴脱及贝乃楷。德国大学本之而专教此学，继而英格兰大学仿之，此欧洲教育学为专门之权舆。教育普及之说，始发明于瑞士教育家柏析他罗其氏，其言曰：教育者，非为某一阶级之人而设，为一切人民而施者也。专著书明此意，于是普鲁士仿之。诸教育家金谓：图自强、维国粹，非教育一切人民增长其智不可，此教育普及说之始基。今则真理日明，其说遍世界矣。

罗振玉推崇美国女子教育为"世界第一"，乃发之于胡适等人赴美留学前十年；而他读教育史、论说德国教育学之发创者海尔巴脱（亦译赫尔巴特），实为近代最早介绍西方教育学说的学者之一，其启蒙意义，应该还在他编译东西方农书之上。他论及之"柏析他其罗氏"，殆即王国维主编《教育世界》所译介之"教育界伟人"、瑞士教育家贝斯达禄奇；王氏并且译载了贝氏那部与卢梭《爱弥儿》齐名，被誉为"千古不朽之作"的"教育小说"《醉人妻》。[①]

什么"文化保守主义"？当此之时，罗振玉绝非守旧之陋儒。他可是一手抓农学，一手抓教育，兴实业，办学校，效法日本，实施维新，他是真正学之唯恐不足，行之只嫌不速。他在赴日前，由《教育世界》译载了《日本教育家福泽谕吉传》；[②] 到了日本，他又购阅《青渊先生六十年史》，称赞取号"青渊先生"的涩泽荣一为"东邦实业大家"，[③] 说，举凡银行、铁路、印刷、电车、邮船、电线、电话等一切实业之发达，皆先生为之启发，是促使日本有"今日之隆盛"的"伟人"，表示回国后要摘译其传，"以劝我邦之实业家"。

抵东京半月余，十一月二十二日，适为阳历元旦（1902年1月1日），"彼邦停学"，"不能往看"。罗振玉乃于住所"整理所购书籍"。随后，选其"切要者五册"，送请陈毅等分译之。他本人亦结合在日本考察所得，写定《教育赘言八则》及《学制私议》寄回国内，请郑孝胥代呈张之洞。《教育赘言八则》之七为"编译"，就中小学教科书之编译提出建议，说在东京"费巨而期愈远"，一月之费足供中国四五月之用，"故此次查考学校以后，以迅速回国编译为便利"。张之洞采纳其议，"并请送归国编译"。[④] 而罗氏则为编译事宜，还紧

---

① 贝斯达禄奇（Pstalozzi，今译裴斯泰洛齐，1746—1827），瑞士著名教育家。《醉人妻》，直译原书名应为《林哈德与格特鲁德》，连载于《教育世界》第七十九至一百一十六期，乙巳三月上旬至十二月下旬（1905年4月—1906年1月）。

② 福泽谕吉（1834—1901），日本尊攘时期教育家，出生于大阪平民之家，以自学英语通西学，随幕府访欧使团游法、英、荷、普（德）、俄、葡诸国，撰成《西洋情况》出版（即罗氏记中所述"著《西洋事情》"），创办庆应义塾大学，成为日本最大的洋学校，著有《劝学》《文明论之概略》《福翁百话》《福翁自传》等。他的《劝学》被誉为日本"近代文学的母胎"、新思想的启蒙教科书。

③ 涩泽荣一（1840—1931），日本埼玉县人，一生创办五百多家企业，包括金融、保险、铁路、海运、矿山、纺织、钢铁、冶炼、造船、机电、建筑等，被尊为日本近代实业之父，主张"经济道德合一论"，著有《〈论语〉与算盘》。

④ 参见《郑孝胥日记》（二），第819页，中华书局1993年版。按，此二文依次刊于《教育世界》第二十一、二十四期，光绪壬寅二月上旬、三月下旬（1902年3月、4月）。

接着撰了《译书章程》。[①]

罗振玉的教育考察，受到了日本政学二界的重视。据他所记，十二月十一日这天上午，拜会外务大臣小村寿太郎、文部大臣菊池大麓；下午，拜会彼邦政要近卫公爵（笃麿）、长冈子爵（护美）。翌日，"外部来知照，从十五日起看各处学校"，并送来了"排日单"（即参访日程）。接着，罗氏前往高等师范学校，访晤校长嘉纳治五郎，"询教育下手方案"。这位"日本教育家之山斗"，负责中国留学生事务，甚留心东方教育。他向罗氏讲述"普通教育大概"，每天一小时，共讲了一星期。上述《教育赘言八则》之四"师范"，即传述了嘉纳之见，以"师范为教育根源"，并提出"急就"办法有二：一、各省立速成师范学校；二、遴选高才生至日本"学习速成师范"，一年以内回国"任地方学务"。而嘉纳则"专主第二说"。

在此期间，罗振玉还会见了普通学部局长泽柳、日本中学校长杉浦（重纲），所考察学校有东京农科大学，高等师范学校及其附属小学校，女子高等师范学校，高等工业学校，中学校，东京府立师范学校，私立女子职业学校等。

罗振玉在东京度过了壬寅（1902年）新年，于正月初三日前往京都，考察了京都第三高等学校、高等女学校、美术工艺学校、第三高等小学校、师范学校、济美寻常小学校等。

初八日自大阪登"博爱丸"发神户，初九日夜抵长崎，次日持吉田农学士（永二郎）介绍信观看了长崎农事试验场，购试验成绩报告及养蚕讲话、昆虫讲话笔记数种。

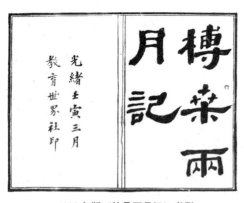

1902年版《扶桑两月记》书影

罗振玉于正月十二日午刻返抵上海。自谓历时两月（实为两月又八天），"凡与彼都人士所考究，归寓辄篝灯记之"。二月至白下（南京），乃由山阳（淮安）友人张绍文取其稿本，缮写付刊。罗氏为之写了弁言，颜之曰

---

① 罗氏此文后改定为《译书条议》，刊《教育世界》第二十二期，光绪壬寅年二月下旬（1902年4月）。

《扶桑两月记》，而张君则于书后附记中亟赞罗氏将与"以布衣倡教育"之福泽谕吉，"东西并峙，为亚洲生色"。然则，他的这部日记，实为近世考察日本教育、实业的名著之一，亦为罗氏论著中至今犹不失其可读性的一部游记体著作。

［备考］罗振玉晚年认敌为友之"密策"

罗振玉晚年追忆首次东渡日本考察之事，认为"当记"而未写入《扶桑两月记》中的有三件事。[①] 一是，日本外务大臣小村寿太郎密请他至官邸，提出由文部"订取缔专条"。他回顾说，"自各省争派留学，至是而极盛"，留学生中"革命之说大昌"，"前途甚可忧"。经他回国密陈，江、鄂两督乃密电日本外务部请订"取缔学生规则"。此"三密"（密请、密陈、密电），成罗氏得意之笔；而王国维"教育杂感"中所称"以脑病蹈海之留学生"，即陈天华愤而投海自杀，抗议文部颁行之《取缔清韩留日学生规则》，则是罗氏得意之笔的直接结果。[②]

二是，贵族院议员伊泽修二介绍日本维新之初，"循欧美之制，弃东方学说于不顾"，中国宜早加注意。也就是说，变法须顾及国情，国粹宜加保存。对此，罗振玉不无自负地说，他"著论揭之教育杂志"，"畅言其理"而致"保存国粹"四字"腾于众口"。我们回头来看，罗氏确曾于其论中倡导"国粹保存主义当与进取主义并行"，但不是在考察归国之当年，而是数年之后，其目的是匡正"近年盛昌国粹保存之说""滥而不切"乃至"以阴其私"等弊端。[③]

罗振玉谓之"所关尤巨"的，则是第三事。简言之，即在东三省建"国"。这是长冈护美子爵以"同义会副长"身份，请罗振玉至"华族会馆"相见，称"有秘事相质"而提出的。在场仅一译人，足证其为极密级谈话。密谈中，长冈以日俄争战，东三省为其缓冲，中国须保持中立，避免日中再开战事为由，并借清政府正在启动变法为契机，向罗氏详述其策，曰：

---

① 罗振玉：《集蓼编》。以下所述，均出此编，不另注。
② 王国维：《教育小言十则》之五，《静庵文集续编》，《王国维遗书》第五册。
③ 参见《学部设立后之教育管见》第二篇之五，载《教育世界》第一百二十期，光绪丙午（1906年）二月下旬。

我国为此与元老枢府协商久矣。窃谓变法危事，今中国日言变法，其得失非可一言尽。以其至浅者言之，恐群情不便，国势转为之不安。何不由贵国皇帝遴选近支王公之贤者，分封奉天（即沈阳），合满蒙为一帝国，开发地利，雇用客卿，以此为新法试验之地。变法而善，中国徐行未晚；若不善，则可资经验，不至害及国本。

长冈并且对此"新国"之未来，做了如是构想：

若新国既建，可由两国提出国际会议，将此新国暂定为局外中立，惟不可以为藩属，将致种种不便。如是，则贵国可免变法之危，日本亦可免日俄之战，实两国交利之事。此策虽建自本会，实已得天皇同意。若公谓然，请密告江、鄂两督与政府筹之。

历史有正面的，有反面的；有正义的，有邪恶的。长冈所称"本会"，殆即"同文会"，而"此策"乃经"元老枢府"久议，并得"天皇同意"。其侵吞东三省，建立"满洲国"，狼子野心，由来久矣；而罗振玉竟然"极称其策之善，其意之诚"，颠倒黑白、反邪为正，莫此为甚！

必须指出，罗振玉追忆首次东渡，以为"有此三事"，"不虚此行"，并为之"私喜"之时，恰当"九一八事变"爆发之年（1931年）。他谓之"所关尤巨"的第三事，即东三省建伪满"新国"之密策。对于罗氏晚年所发此类悖谬之言，我们应当实事求是，予以驳正。

"八大旨"与"十二条"

罗振玉自日本考察归来，在沪与妻儿团聚，和和美美过了元宵节，就兴冲冲返鄂复命。据郑孝胥壬寅（1902年）二月初四日记，"渡江至学务处，晤罗叔蕴".① 罗氏则于本月十九日致父亲尧钦公家书，自述："此次在鄂，承南皮宫（保）接见五次，学务一切顺手，并属于督署学务处为幕府及各学堂提调、教习与守令演说教育事十天。所拟教育制度，允商江督会奏，请颁行天下。"②

看来，张之洞对于他的扶桑两月之行，是相当满意的。"接见五次"的频率，显现了这位轻不见客的宫保大人，对其考察之重视。他除了听取面禀之外，决定在督署学务处开设"教育论坛"，由日本游历归来的"考察团团长"罗振玉作为期十天的讲演，饬令"幕府"即总督衙门所属人员，各学堂负责人及教职员，还有鄂省各府、州、县官员，均来听讲，可谓盛况空前。这使一向"藏拙"的罗振玉，不由以"学务一切顺手"而感奋不已，踌躇满志起来。

那么，罗氏是怎么讲演的呢？所谓"讲演"，实即考察报告，旋经写定，取题《日本教育大旨》，盖当为其报告提纲，或者说是十天内所讲内容摘要。③凡八题，依次为制度、方针、系统、经费、职员、教员、教科书、日本今日教育注意之处。并就中国如何效法，提出意见。例如，关于方针，观照中国现状，云：

> 中国今日，尤当以普及教育为主义，预定教育年限，先普通而后高等。考东西小学教育，所授为道德教育、国民教育之基础及人生必须之知识技能，此最为中国今日之急务。有道德与国民之基础，而后知尊爱之方；有知识与技能，而后得资生之具。譬如今日各省，专心于高等教育，虽每省学校遽增千百所，而教育不及齐民，则义和拳匪及闹教之案，仍必不免。若从事于普及教育，则功效必溥矣。

由此，可见施教于民之迫切：

> 近日教育家言，若有一国于此，无义务教育，是其国无法令也。非真无法令之谓，有法令而不能施之人民也。故教以忠孝，而后能行

①　《郑孝胥日记》（二），第 824 页，中华书局 1993 年版。
②　《永丰乡人家书》之三十九，《罗雪堂合集》第七函，西泠印社出版社 2005 年版。
③　罗振玉：《日本教育大旨》，《教育世界》第二十三期，光绪壬寅（1902 年）三月上旬。

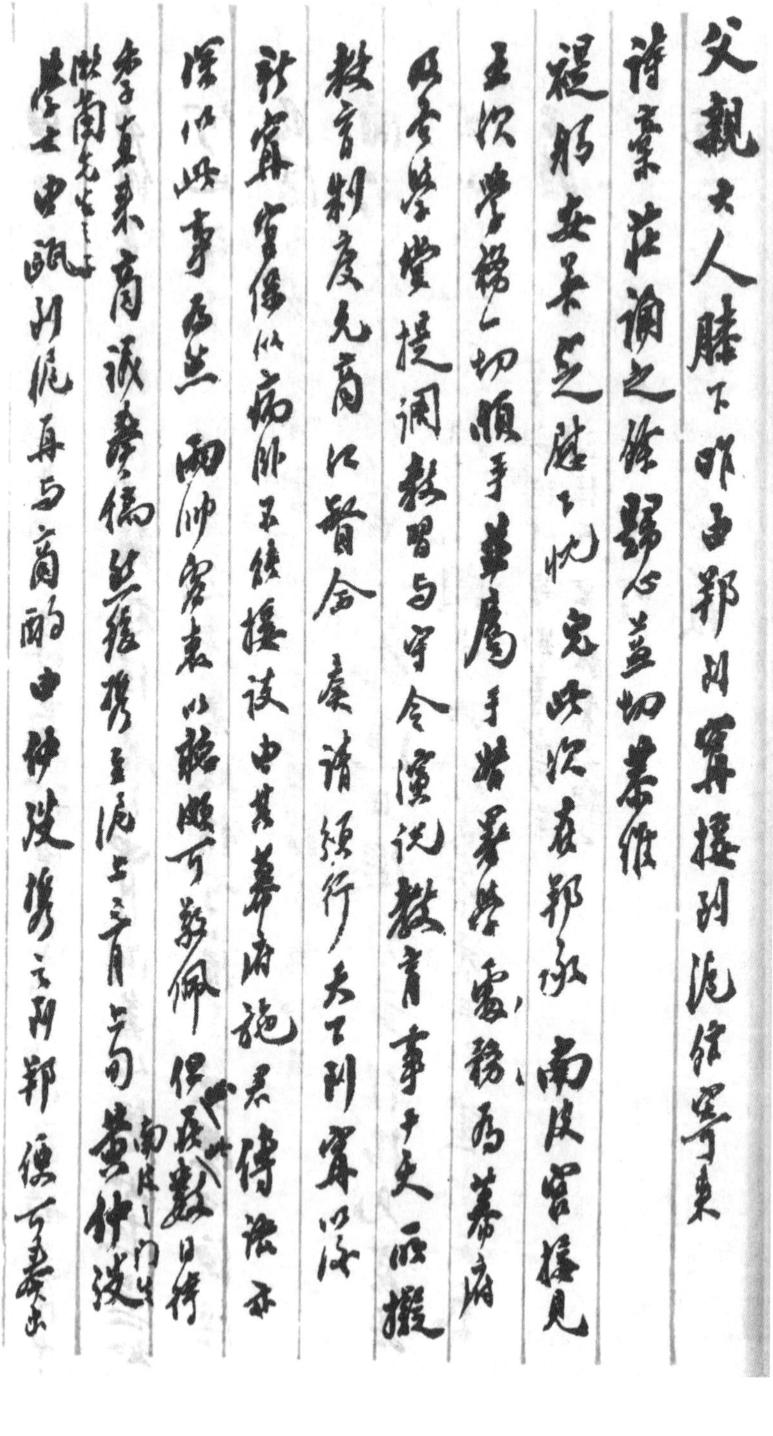

父親大人膝下：昨由郭刊寄�...

1902 年 3 月 28 日（农历二月十九日）罗振玉致父亲尧钦公家书

不忠孝之罚；导以业务，而后能行废弃业务之惩。不然者，是不教而诛，野蛮之行也。发挥义务教育之说，此为最切。

又如，由日本今日教育注意之处，转论中国，则谓：

> 中国今日，男子教育尚无端倪，遑论女子？然仔细思之，实为刻不可缓之务，但必须与男儿别校为宜耳。（寻常小学同校，高等小学则异校亦可。）至体育亦亟宜注意，但必以游戏为柔软体操之预备，以柔软体操为器械及兵式体操之预备，循序渐进。此国民强弱之根元，欲行全国征兵之制，此为起点，不可不格外注意者也。

罗振玉为鄂省官员及从教人员所讲八题，亦即他综括的日本教育"八大旨"。那么，"中国今日"当如何兴教育？罗氏在访日期间拟就递呈鄂督张之洞的《学制私议》，[①] 正是他参照日本学制，所拟之施行大纲，凡十二条，谨酌加按语，录举如下：

第一条，教育宗旨，其目凡三：

> 一、守教育普及之主义，先道德教育为国民教育之基础，及人生必须之知识技能（即小学教育），驯而进之以高等普通教育（即中等教育），再进之以国家必要之学术技能之理论与精奥（即大学教育），循序渐进，勿紊其序。定小学前四年为义务教育。
>
> 二、守儒教主义，使学与教合一。（他宗教皆主神道福利之说，故宜教与学分；儒教主伦理致用，故宜教与学合。）
>
> 三、以本国语言文字为主，而辅之以外国文字。小学教育，全用本国文字语言，至中学校始授外国语，为授专门学科之预备；专门教育然后以外国文字语言教授，但不得专尚外国语言。

谨按，以上三条为罗氏"教育宗旨"之全文，实即其《学制私议》之总

---

① 罗振玉：《学制私议》，载《教育世界》第二十四期，光绪壬寅（1902年）三月下旬。

纲。一年之后，王国维发表了《论教育之宗旨》，[1] 提出造就德、智、美、体"完全之人物"的著名论说，这"不愧是教育上的理想，而且应该成为新式学堂的根本宗旨"。[2] 罗、王二家，一为教育事业家，一为教育思想家，由所论教育宗旨，判然明矣。

第二条，定六岁至十二岁七年间为义务教育年限。（略）

第三条，教育之阶段，略分：六岁至九岁寻常小学（四年）；十岁至十二岁高等小学（三年）；十三岁至十六岁中等学，或寻常师范学（四年）；十七岁至十九岁高等学，或专门学（三年），或高等师范学（四年）；二十岁至二十二岁，分科大学（三年）；二十三岁至二十七岁，大学院（五年）。

谨按，"教育之阶级"，乃实施其"教育宗旨"之枢要。张謇在沪接读罗氏自日本寄回之《学政私议》，对其所议"阶级"一条，加"按"提出异议，云："今日仅立小学，而中学业师范、业专门实业学科，必俟十年之后，未免缓不济急。"而赞同其"先立补习科一年之语"。[3] 然则，罗氏归国后改《学政私议》为《学制私议》，于"阶级"条"增补习科一年"云云，当为参酌张氏之议所改。

第四条，教育设置之事，分四端：学区，校地及校舍，用具，学生及班数。

谨按，以上四端，首在"学区"，要求"于京师立大学校外，以每省为一大学区，立高等学校一（并称各省大学堂）、武备学校一、高等师范学校一（将来更须立女子高等师范学校）、高等农工学校各一、方言学校一（引者按，即外国语学校）"，并对府、厅、州、县之地，亦提出立学要求。与之相应者，是"校地务须定于每学区适中之地，以便学僮往来"，"学校用具中，以桌椅为最要"，应"相中国人体段尺寸，而颁为定式"，等等。这些皆属"硬件"，却莫不具超前性。特别是现已成流行语之"学区"，是由罗振玉在 20 世纪初撰《学制私议》率先提出的，乃于一百多年后之今日，殆成省会城市最富现代性

---

① 王国维：《论教育之宗旨》，载《教育世界》第五十六期，光绪癸卯六月下旬（1903 年 8 月）。

② 陈鸿祥：《王国维全传》，第 117 页，人民出版社 2007 年版。

③ 张謇致缪荃孙信，《艺风堂友朋书札》（下），第 567 页，《中华文史论丛》增刊，1980 年 10 月。按，张氏此札落款"十二月三日"，未署年份；兹参以郑孝胥辛丑十二月初五日（1902 年 1 月 14 日）日记：（罗叔韫）"又自上海寄来《学政私议》。"（引者按，于日本寄至上海后转寄），可确证其作时当为辛丑十二月三日（1902 年 1 月 12 日）。

之"名片"。罗氏泉下有知，能不拈髯而笑欤！

第五条，各学校之教科及每日教授时数。（略）

第六条，关教科书之事：

一、奉《圣论（应为"谕"）广训》为修身道德之纲领，令全国学校一律遵守。

二、将五经四子书，分配各大中小学校。定寻常小学第四年授《孝经》《弟子职》，高等小学校授《论语》《曲礼》《少仪》《内则》，寻常中学校授《孟子》《大学》《中庸》，并仿汉儒专经之例，专修一经，其余诸经，为高等及大学校研究科，不得荒弃，以立修身道德之基础。

三、编译各教科书，悉以日本教科书为蓝本。（略）

谨按，关于教科书三事，体现了罗氏实施其所拟学制的基本构想。盖《圣谕广训》，顾名思义就是以皇帝的圣旨（诰敕诏令）教导天下士庶。这部由康熙圣谕十六条，至雍正加以注释组成的《圣谕广训》，曾被清廷明令各府、州、县学官逢每月初一、十五日，聚集士庶宣讲（故曰"广训"），罗氏更奉以为"修身道德之纲领"，"令全国学校一律遵守"。而教科书第二款要求"五经四子书"分配大中小学校，特别对中小学校应授"经""子"之书详定书目，诸如寻常小学授读《孝经》《弟子职》，高等小学于《论语》之外，更授读《曲礼》《少仪》《内则》。凡此之类，表明罗氏"反经信古"，早见于他的教育论著。至于各教科书"悉以日本教科书为蓝本"，果然如此，中国的新式学堂岂非成了"克隆"日本之附庸？其为斯时新老人士断然拒绝，乃在情理之中。

第七条，关教员之事；第八条，学校管理之事；第九条，关考试及卒业任用等项；第十条，关图书馆及博物馆等事，不复详述。颇可注意的是第十一条，谋教育之普及，必须立"简易学校""废人学校"。所谓"废人"，即我们现在所说的残疾人，他们是真正的弱势群体。为他们办学校，"如教育盲哑者以音乐、按摩及手工之类，令残疾之民亦得自食其力"，以免冻馁。应该说这与罗振玉当年来沪创农学会、办《农学报》，曾向南洋当局呈以《变通私赈说帖》，提出改"善堂"为"工艺院"，是一脉相承的。所以，他谋"教育普及"，乃以专条倡导为贫民、工人办"简易学校"。罗振玉提倡"废人学校"，使残疾之民"自食其力"，至今犹未过时，且为国家倾力扶持而更见发扬光大；其中如盲哑人之音乐舞蹈，从事按摩等，尤受赞誉。追源溯本，罗氏初倡之功乌可没耶？即谓罗氏为中国近世创始残疾人教育之鼻祖，殆亦未为过。

　　然而，对于罗振玉而言，要将他考察日本教育的那套制度、方针、学制、办学方法、师资、教材等，付诸实施，落到实处，关键不在于他"私议"了什么，而在于他"所拟教育制度"，经鄂、江两督采纳"会奏"，由朝廷"颁行天下"，形成正式的"红头文件"，由此他所倡"教育普及主义"方可成为真正的国策。他所拟小、中、大及专门实业学校等"教育之阶级"，才是举国奉行的政府指令。所以，他在鄂一口气讲演十天之后，于二月十六日登"安庆轮"赴南京；十八日抵宁后所写致父亲尧钦公的家书中，特别以其"所拟教育制度"能否"奏出"，作为他此次前来拜谒江督刘坤一的要旨，信云：

　　　　到宁以后，新宁宫保以病卧不能接谈，由其幕府施君传语，亦深以此事为然。两帅虚衷以听，颇可敬佩，但必在此数日，待季直来商议奏稿，然后携至沪上。三月上旬，黄仲弢（南皮之门生、漱兰先生之子）学士由瓯到沪，再与商酌，由仲弢携之到鄂，便可奏出。

　　他在家书中还说："连日拟定章程，接见宾客，有山阴道上之势。"[1] 嗣后，《教育世界》接连揭载了《小学校拟章》《中学校拟章》《师范学校拟章》《师范学校中学校建筑拟章》等未署名的"四大章程"，[2] 应该皆为罗氏所拟写。而在这样应接不暇的访客中，罗振玉急待着见面的乃是季直先生张謇。终于，在他抵宁八天之后，这位贵客，又是挚友驾到了。兹将张氏光绪二十八年壬寅（1902 年）日记，转录如下：

---

　　① 《永丰乡人家书》之三十九，《罗雪堂合集》第七函，西泠印社出版社 2005 年版。
　　② "四大章程"依次刊于《教育世界》第二十五至二十八期，壬寅四月上旬、下旬及五月上旬、下旬（1902 年 5—6 月）。按，紧接其后，《教育世界》（第三十五至三十九期）相继揭载了管学大臣奏议之蒙学堂、小学堂、中学堂、高等学堂、京师大学堂及大学堂考选入学章程，史称"壬寅学制"；而罗氏所拟章程，乃以"拟章"为名发表。

二月二十七日晴。至江宁，住利涉桥西侧傅河厅。叔韫先在焉。

二十八日雨。省城论学务，异议蜂起。一司二道，或昏，或钝，或滑尼，之藩司吴重熹、巡道徐钧树、盐道胡延。

二十九日晴，午后微阴，与叔韫谒新宁。定先立师范、中小学议。议上，新宁甚韪之。越日，衔参司道，同词以阻。胡道言："中国他事不如人，何至读书亦向上求法？此张季直过信罗叔韫，叔韫过信东人之故也。"吴藩司亦赞之。新宁复语我，此事难办，叹息不已。乃谋自立师范学校，计所储任办纱厂以来，不用之公费，五年本息环生可及二万元，加以劝集，或可成也。后人之知中国师范之自通州始，必不知自二道一司激成之也。故补记之。

三月四日代新宁拟定学制奏略。

五日叔韫先回上海。[1]

这样，罗振玉在南京先后逗留了半月之久。张謇乃是刘坤一所仰仗的第一枝大笔杆，前述《江楚会奏变法三折》之主要起稿人。而罗振玉又是多么热望"虚衷以听"的刘坤一能采纳其所拟学制，并与张之洞联名仍以"江楚会奏"的方式上奏朝廷。然而，他既遭"过信东人"的讥弹，病中的宫保刘大人[2]则以一声叹息，一句"难办"，看来是归于落空了。于是，他返沪致父亲尧钦公书信中，乃以"方寸急迫，无可言喻"，宣告了他所拟"十二条"不过是纸上空文。他在无奈中辞去了"实无一事，以素餐为愧"的江楚编译局襄办之职，而接受了上海南洋公学聘请，带着藤田丰八、王国维，就任"设分校于虹口"的南洋公学东文学堂（即东文科）监督（校长）。

---

[1]　《张謇全集》卷六《日记》，第466—467页，江苏古籍出版社1994年版。按，记中所云"吴藩司"，《啬翁年谱》作"藩司李有棻"。

[2]　张謇壬寅（1902年）九月六日日记："闻新宁薨逝之电，得一挽联。"可知刘坤一此时确已病重，与罗、张见面半年后谢世了。

创办江苏师范学堂

两年之后，时来运转。

罗振玉应端方之邀前往苏州，被聘为江苏教育顾问，并参与创办江苏师范学堂，出任该堂监督（校长）。

时在光绪三十年甲辰（1904年）夏秋间。

端方原为湖北巡抚，是年六月，"移署苏抚"，过沪访晤罗振玉，并于七月邀罗至苏州"参议学务"（即充江苏教育顾问），谋创江苏师范学堂。学堂于同年十一月开学时，端公已"移署两江"。① 十二月初一日，端方调任湖南巡抚，他署江苏巡抚约七个月，署两江总督不足两个月。但在匆匆如过客的调任中，端公却继刘坤一、张之洞之后，施行了一桩实实在在的"新政"——在江苏巡抚衙门所在地苏州，创立江苏师范学堂。这是国内第一所官办省级师范学校。

[之一] 题诗抒怀，"黄门遗训"诫学子

当然，我们也不可忘记，在这之前，罗振玉还曾为拟定新式中学堂的课程而来苏州，并有诗记之。其诗曰《题苏州盛氏园林》，② 凡四绝。借景咏怀，颇见心绪。先看其所题首绝：

> 二十年来首重回，沧桑小劫不胜哀。
> 池台依旧春无赖，秾李夭桃次第开。

---

① 罗振玉：《集蓼编》。按，端方于光绪三十年（1904年）四月十一日受命署理江苏巡抚；同年九月，署两江总督。

② 罗振玉：《贞松老人外集》卷四《题苏州盛氏园林》。按，"盛世园林"，即苏州名园之一留园，王国维任教江苏师范学堂，曾赋《留园玉兰花》（乙巳）诗。

自注："壬午（1882 年）秋，初游此园。中间数数至今二十二年矣。"

诗云"沧桑小劫不胜哀"，包括中日甲午之战（1894 年）、庚子八国联军入侵北京（1900 年），皆濒临"亡国灭种"、痛深创巨之大劫，故次绝云：

> 燕市寂寥屠狗死，要从吴苑觅箫声。
> 那知蘅杜都销歇，才见红裙照眼明。

所谓"燕市寂寥""吴苑觅箫"，殆即罗氏所述"庚子之变"，"沪上恒舞酣歌如故"；而"屠狗死"者，乃是借汉初樊哙史事，感慨护主保国如樊哙这等忠臣良将，今安在哉！①

当然，此为"题园林"的游兴之作，首绝末句"秾李夭桃次第开"，则是点明时令。原来，此时的江苏巡抚叫恩寿（莳棠），正筹创苏省第一所新式中学堂，此即后来隶属于江苏师范学堂之苏州府中学堂。罗振玉应其电邀来此"商订中学堂课程"，正值壬寅（1902 年）三月中旬，春暖花开之时。② 且看第三绝：

> 洛阳贵游何整暇，隐囊纱帽太平时。
> 黄门遗训虽凄切，说与吴儿恐未知。

盖"黄门遗训"者，《颜氏家训》也。诗以"凄切"概其"遗训"，则又在于颜氏一生，③ 历经南北朝至隋的离乱，目睹了盛极而衰的世变中南朝士族、贵胄子弟之腐败与落拓。诗中"贵游""隐囊"，殆多出"遗训"《勉学篇》所述"梁朝全盛之时，贵游子弟，多无学术"。他们熏衣剃面，傅粉施朱，通俗地讲，就是以"声色"炫耀，驾豪车、着华服，就连座上那个软垫（隐囊），都得用"斑丝"制作。如此极尽奢享之浮华子弟，焉得腐而不败！诗云"说与

---

① 罗振玉：《集蓼编》。按，樊哙（？—前 189），汉初将领，沛人，少以屠狗为业，随刘邦起兵反秦，建立汉朝。

② 参见罗振玉壬寅（1902 年）二月十九日禀尧钦公《永丰乡人家书》之三十九，《罗雪堂合集》第七函，西泠印社出版社 2005 年版。

③ 颜之推（531—约 597），字介，初仕梁元帝，为散骑侍郎；后投奔北齐，官至黄门侍郎；入隋，太子召为学士。撰《颜氏家训》二十卷，以儒学训诲子弟。

吴儿恐未知"，盖"吴儿"者，吴郡学子耳。看来，处此科举将废而未废之新旧交替期，入读新式中学堂者，尤当以"贵游"为戒，苦口勉学，其心拳拳。转而说到自己，就是所题第四绝：

> 自笑江东老布衣，谈经说剑愿都违。
>
> 半生心事凭谁诉？且倒芳樽送夕晖。

其实，罗氏此时还只是三十六七岁的中青年，哪说得上"老"？但从他诗注所述"壬午（1882年）秋"以来"二十二年"，他确可称"老布衣"了。环顾"中国今日，外侮侵迫，内忧未宁"，如何振兴国家？舍教育末由也！他于《教育私议》所发这番"末议"，应该是他最大最切之"心事"。

[之二] 端方力荐，假以事权办师范

不过话说回来，罗振玉初交的这位"恩中丞"，虽贵为疆臣，却官声不佳。[1] 罗氏应邀来此，除了帮助拟订课程，并未参与办学。从苏州返沪之后，两年多时间内，他先应盛宣怀之请，就任南洋公学东文分校监督（校长）；继又远赴广州，被岑春煊聘为两粤教育顾问。[2] 虽为兴办教育奔忙不已，然得遂所愿，展其"教育世界"之宏图，却还在端方"移署苏抚"，罗氏至苏"受事"之后。

何故而致此？端方其人毁誉不一，而在当时，相对于刘坤一、张之洞两位老疆臣，他只能算政治暴发户式之"新星"。相传，张之洞晚年笑谈端方："不过搜罗假碑版、假字画、假铜器，谬附风雅，此乌足以言学邪！"[3] 而罗振玉与端方，可谓一见如故，甚为投缘。在我看来，其"缘"盖投于罗、端皆"嗜金

---

① 恩寿，满洲镶白旗人，索卓罗氏，字蕺棠，同治进士，历任江西巡抚、江苏巡抚、漕运总督等。1906年改任山西巡抚，旋调任陕西巡抚，任内克扣军饷、政以贿成，久为军民怨愤，乃于辛亥（1911年）武昌起义时被清廷免职。

② 罗振玉任南洋公学东文分校监督，在壬寅（1902年）春三月至癸卯（1903年）秋九月；受聘两粤教育顾问，在癸卯（1903年）十月至甲辰（1904年）春二三月。

③ 刘禺生：《世载堂杂忆》，第58页，中华书局1960年版。

石之学"；但更要者，还在于端方以督抚之尊，[1] 引罗氏为知交，不惟聘之为"参议学务"的教育顾问，且命其实际操办"教育之根源"的师范学堂。而端公改署两江总督，更两次上奏朝廷荐举罗氏，此即甲辰（1904 年）十一月初六日之《奏呈〈农学丛书〉折》，已如前述；接着于同月二十七日，亦即其调任湖南巡抚前四日，与"护抚效"联名《会奏现办苏省学堂大略情形》云：[2]

> 现在兴学，第一苦乏教员，故师范学堂最宜先办。查奏定学堂章程，每府须设初级师范学堂一所，每省须设优级师范学堂一所。今限于经费，先于苏州省城设立两级师范学堂，先招讲习科生四十人，速成科生百二十人，以济目前之急需。已于十月开学，候明年讲习科卒业，再招本科，以培养小学堂完全之教员。候速成科卒业，再设优级科，以培养中学堂及初级师范学堂之教员。更附设模范小学堂一所，以为初级师范生练习教授之地。以光禄寺署正罗振玉为该堂监督。该员明于教育管理之法，若能假以事权，始终经理，将来必有成效可观。另于城中设立初级小学堂四十所，暂选稍合用之教员，迅速开办，将来即以卒业生承其乏。候设立优级科，再以苏州府中学堂附属该堂，以为优级师范生练习之地。

罗振玉既被端方"假以事权"，他也就雷厉风行办了起来。江苏师范学堂初选校址于织染北局，而以紫阳校士馆为暂用校舍，[3] 改原有斋舍为教员室、职员室。旋因织染北局"陵阜累累，施工不易"，经请示端方同意，乃改建于紫阳校士馆对面之抚标中建操场。其地在三元坊，旁靠沧浪亭。我们看王国维来苏任教后所填《人间词甲稿》，有一首《蝶恋花·独向沧浪亭外路》，所咏"六曲阑干""垂杨鹅黄"，皆沧浪园景。还有一首《少年游·垂杨门外》，则是

---

[1]　端方（1861—1911），满洲正白旗人，出生于直隶涿阳（今河北唐山丰润区），托忒克氏，字午桥，号匋斋，历任湖北巡抚、湖广总督、江苏巡抚、两江总督等。1905 年任出洋考察宪政大臣，与载泽等出洋考察，提议"预备立宪"。1911 年任川汉粤汉铁路督办大臣，被起义新军所杀。

[2]　"护抚效"，清制"同级行使巡抚职者"，称"署理"；下一级代理巡抚印者，称"护理"。时为护理江苏巡抚者效某，名字不详。

[3]　紫阳校士馆：光绪二十八年（1902 年），紫阳书院改为校士馆；三十年（1904 年）校士馆停办，创设江苏师范学堂。参见金德门主编《苏州中学校史》，第 6 页，苏州大学出版社 1999 年版。

王国维与樊炳清等人于晚间途经沧浪亭，即兴填成此词。但罗振玉谓之"旧祀徽国文公"（即朱熹）的紫阳书院，确系江南著名学府之一。罗氏既受命监修江苏师范学堂，乃踏勘书院旧址，并且发其"好古"之雅兴，说："尝拟将过去院长学行足为师表若钱竹汀先生者，附祀其中，以资学生观感景慕。"又说："校中本有春风亭，故址不可寻，乃于荷池旁构一小榭，揭三字榜以存其名，捐经史书置其中。"① 据载，紫阳书院创建于康熙五十二年（1713 年），雍正二年（1724 年）、同治十三年（1874 年）曾两次重修，春风亭殆即雍正二年（1724 年）重修书院时增建。②

江苏师范学堂首任监督罗振玉

［之三］两级师范，巡抚亲临考试

江苏师范学堂定于十月开学，"罗振玉亲自监修工程督励开夜工"。同月，按照"先招讲习科生四十人，速成科生百二十人，以济目前急需"之办学计划，由学务处招选学生，罗氏亲临监考。据当时录取为第一名的学生蒋青岭回忆，"第一次考是在沧浪亭，为罗（振玉）先生所主持，应考的有一二千人"。③

---

① 罗振玉：《集蓼编》。

② 据柳诒徵《江苏书院志初稿》引乾隆版《江南通志》："苏州府书院在府学尊经阁后，国朝康熙五十二年（1713 年）巡抚张伯行为士子肄业之所，崇祀朱子其中，颜曰紫阳书院"；"雍正二年（1724 年），江苏布政使鄂尔泰重修紫阳书院，增廓其制，征七郡之士弦诵其中，间以政暇聚于春风亭，亲与倡和，士风一时振起，刻有《南邦黎献集》二种。"又引《苏州府志》紫阳书院掌院（即罗氏所称"院长"）题名："冯晋、朱启昆、韩孝基、陈祖范、吴大受、王峻、沈德潜、廖鸿举、韩颜曾、彭启丰、蒋ది益、钱大昕、冯培、吴省兰、吴萧、吴俊、石韫玉、朱琦、翁心存、董国华、赵振祚、俞樾、程庭桂、夏同善、潘遵祁。"又引俞樾《曲园自述》："余主紫阳讲止丙寅（1866 年）、丁卯（1867 年）两年，然人文颇盛，吴清卿河帅、张幼樵学士、陆凤石侍读，皆预焉。"

③ 转引自金德门主编《苏州中学校史》，第 13 页，苏州大学出版社 1999 年版。

1904 年农历十月二十七日晨七时，行授业礼，八时上课。

十一月初一日，行开学礼。是时，端方已移署两江总督，乃由护理江苏巡抚苊堂致词勖勉诸生。

开学时教职员有：监督罗振玉，监院兼教员徐嘉，监院兼书记何福谦，提调宋康复，[①] 总教习藤田丰八，教员冈真三、林房吉、小仓孝治、中村信三郎、巽健雄、村井罴之辅、高田九郎、中岛某（光绪二十一年三月解任，引者按，疑即中岛端，"二十一年"乃"三十一年"之讹）（以上日本教员，凡八名）、王国维、葛懋文，编译樊炳清，教译叶基桢，校医鸟谷部政人，会计李鹤章、许受恒等。[②]

讲习科、速成科所授课程有修身、教育学、中国文学、中国历史、外国历史、中国地理、外国地理、算学、格政（理化示教、博物示教）、图画、体操（普通体操、兵式体操），凡十一门，每周三十六课时。

据早年就读该堂、20 世纪 80 年代初犹健在的蒋息岑（学名蒋奎玢）回忆，"罗振玉办事认真，日以检查课堂教学为常，与学生同膳，待学生如子弟，是好校长"。

蒋君又回忆日籍教员，说："总教习藤田丰八，通中文，能说中国话，待人和善，办事认真，作风正派。即使学生向他反映日本教习讲得不甚得法，某些地方行为粗暴，他也从不包庇日本教习，而能据理妥善处理，因之深受学生爱戴。"

蒋君又回忆中国教员，说，王国维之课，最受学生欢迎。王虽讲授修身、伦理，出入于封建名教纲常之领域，然王能沟通不同之中外礼俗，时创新说，着眼当时之国势民风，讲求实效，而为学生心悦诚服。[③]

还值得提及的，是监院（即学监）兼教员徐嘉。他是罗振玉早年在淮安引为长者的挚友。[④] 据时为该堂学生的吴梅（瞿安）回忆，"其时掌教国文的是山阳人徐嘉先生，他曾做过昆山教谕，又极推崇顾亭林先生。曾把亭林所作

---

① 据苏州市文物管理委员会江洛一先生 1987 年 6 月 25 日致笔者信，端方所委提调为杜召棠。

② 教职员名单及前引端方奏折，均引自《江苏师范学堂沿革纪要》，原刊《江苏师范同学会杂志》第一期，宣统三年（1911 年）刊印。

③ 转引自金德门主编《苏州中学校史》，第 15—16 页，苏州大学出版社 1999 年版。

④ 徐嘉（1834—1913），字宾华，号遁庵，山阳（淮安）人，清同治举人。曾为昆山教谕，著述甚丰，尤以《顾亭林诗集笺注》最为学界推重。罗振玉早年在淮安，以长者尊徐氏，并有诗唱和。

之诗，完全做了解注，后来又刻印出来分送同学，我也拿到一部。徐先生的诗多学吴梅村、王渔洋的风格，文章常模仿桐城派的作法。那时的国文教法，不像现在的背、读、死讲，差不多只是发发讲义，自己看看，质疑问难就完事了"。

吴君还忆及徐嘉喜作诗，作了之后就拿到自修室来请学生评论，吴君说："评改得当的时候，他也就抛弃自己的主张，乐于改去自己的句子。诸位看像这样的师生共同研究学问的精神，现在到哪里去找呢？"[1]

还有一位"监院兼书记"何福谦，襄助提调管理学堂庶务及斋务，是偕同罗氏从淮安来苏办学的助手之一。[2]

1905 年江苏师范学堂开学照

江苏师范学堂分优、初二级，故亦名"两级师范学堂"。本年（1904 年）七月，招初级本科生八十名；翌年九月，设优级选科（地理历史、物理化学与博物三科），罗氏此时已辞离该校。

罗振玉主持江苏师范学堂，月支经费（银圆）五千元，于铜圆局盈余项下拨给。该局停铸后，改由提学使向本省办学经费内领用。[3]

罗氏在任期间，师范卒业者，有讲习科生二十六人，体操科生五十人，皆

---

① 吴梅：《对于中学国文的我见》（王联煜、陆长康记），《苏中校刊》第九期，1928 年 7 月 1 日，转引自金德门主编《苏州中学校史》，第 16 页，苏州大学出版社 1999 年版。

② 何福谦，字益三，举人，山阳（淮安）人，罗振玉长姐夫（罗继祖外祖父）。罗氏自谓早年家贫无藏书，乃就人借书阅读，其中就有"姊夫何益三孝廉"。

③ 江洛一先生致笔者信，1987 年 6 月 25 日。

于乙巳（1905 年）五月由巡抚陆元鼎亲临考试、行授文凭礼。[1] 王国维在其主编之《教育世界》卷首，曾揭载江苏师范学堂开学照及讲习科学生卒业式、体操科学生卒业式合影。[2]

罗振玉作为学堂监督，当然更感怀端方抚苏兴学育才之功。是年六月，罗氏乃于学生客厅之壁刻端公像，并有赞词，曰：

> 觥觥端公，秉节抚吴。公始下车，悯兹学芜。作我模范，式我多士。菁我育才，莘莘学子。饮水思源，敢即荒怠。公虽去苏，教泽长在。[3]

[之四] 公严治校，赢得赞誉

八月，清廷明令自明年丙午（1906 年）起，废止科举。这是发展师范教育之最大机遇。罗振玉乃于九月请示陆抚复核学生定额，增报建筑费以添建校舍，并为绘制学堂校舍设施一览图作序，称道端、陆二抚之提倡，教习之勤职，学生之攻苦励学，故成绩颇有可观，并总结了他主政江苏师范学堂一年以来的基本经验："行己务勤察，执法务公严，临事务速断，而一行之以至诚，如是而法纪有不明，成绩有不良者，玉未之信也。"怀着这样的诚信，他概览学堂现状，展望未来前景，云：

> 玉自受职迄于今兹，本堂规模虽略具，管理虽幸免尤戾，而不能无憾焉者，则学生未能符定额，与夫待施设之事甚多，而窘于财力，不能汲汲以竟其功是也。今海内育才如恐不及，病深畜艾已苦其晚，况于养成师范，更为教育根元中之根元乎！玉昨既以推广之说迫切陈

---

[1] 陆元鼎（1839—1908），浙江仁和（今杭州）人，字春江，号少徐，同治进士。王国维乙巳（1905 年）三月十七日致乃誉公信："陆抚已到任，邹景叔为学务处义案。"《王乃誉日记》第三册，第 1945 页，中华书局 2014 年影印本。

[2] 《教育世界》第一百零九、一百一十期，光绪三十一年乙巳九月上、下旬（1905 年 10 月）。

[3] 原刊《江苏师范同学会杂志》第二期，转引自金德门主编《苏州中学校史》，第 11 页，苏州大学出版社 1999 年版。按，此赞文笔语调颇类王国维同期所为《叔本华像赞》，或即其代作欤？谨录以存疑。

于巡抚陆公矣，若不得请，行且乞去，故亟叙述开校以来所设施为师范学堂一览，并将玉所希望推广各项而未能遽遂者一一陈其办法，以告继我任者赓续之图，并愿我诸生益敦其行而勉其业；俾诸教习得竟其教授之功，俾是堂巍然为东南诸学之冠。此玉之大愿，而夙夜所祷祈者也。①

这里，不妨就罗氏的话茬接续其"愿"。江苏师范学堂于辛亥革命之翌年，1912年改名为江苏省立第一师范学校。他所述"师范学堂一览"，我们只能读其序而无从"览"其"设施"，而他祷其为"东南诸学之冠"的这所学堂，在时代更易中由师范而改为中学，并且成为江苏名校之一。② 值得注意的是，罗氏作为开创者，晚年追述办学甘苦，云：

予任苏校，一如在鄂时，日至讲堂督课，至斋室视察诸生行检。课暇分班接见诸生，戒以敦品立行，俾不愧"师范"二字。时无父无君之说虽非猖獗若今日，然已萌芽，故于校中恭设万岁牌，朔望率诸生于万岁牌及至圣先师前行三跪九叩礼。各校无设万岁牌者，仅予校有之。校中揭示皆手书，不假吏胥。除休沐日，跬步不离校。学生初以为苦，寻亦安之。平湖朱廉访（之榛）鲠直明察，以讲习科毕业，莅校昌言于众曰：今日学校糜国帑、坏学术、误子弟，如罗君之于此校，如严父之训子弟，如李临淮之治军，校风清肃，令我诚服。③

当然，罗氏尚有"予深愧其言"等谦辞，毋庸复述，但"令我诚服"者，却非仅这位朱按察。亲友刘鹗抵苏州，看到"师范学堂，井井有条"，不由赞叹："罗叔耘（韫）真人杰哉！"④ 实则，罗氏立足其"先德教育"之旨，在《学制私议》中既提倡以《圣谕广训》为道德教育之纲，更于"教育设置"条

---

① 罗振玉：《贞松老人外集》卷一《江苏师范学堂一览序》，《罗振玉学术论著集》第十集（下）。
② 江苏师范学校，于1927年定名为苏州中学，校名一直沿用至今；校址在今人民路（原称"护龙街"）。
③ 罗振玉：《集蓼编》。
④ 刘鹗：《乙巳日记》，二月二十二日（1905年3月30日），转引自刘德隆等编《刘鹗及〈老残游记〉资料》，四川人民出版社1985年版。

下强调："校地之制，有礼堂，设万岁牌及孔子木主，为诸生参谒及行卒业典礼之处。"故在他主持的师范学堂内立牌膜拜，实乃身体力行，贯彻其教育理念，无足为怪。令人鄙弃的倒是他日后所发"无父无君"之类遗老诳语。他分班接见学生，"戒以敦品立行"，不正是他前此诗咏之"黄门遗训"吗？而他所说"日至讲堂督课"，"至斋室视察诸生行检"，以及"校中揭示（即布告等）皆手书"等，则皆承袭了前此他在鄂任武昌农务学堂监督亲力亲为、行之有效的一套小学方法，应予肯定。

学潮中戈矛相向

［之一］迎来了多事之冬

罗振玉在进退裕如的顺境中办学，却迎来了一个多事之冬。

十月，传来噩耗：父亲尧钦公在沪寓病逝。罗振玉乃赶往上海，扶柩返淮安，由偕同他在苏省顾问学务的挚友蒋黼（伯斧）代理学堂监督。

接着，宁、苏学潮骤然而起。

按照王国维《教育小言十二则》记述："去岁（1905 年）之冬，我中国学界最多事之时代也。于东京，则有留学生多数之停课。于南京，则有苏学生与赣皖学生之争额。于苏州，则有苏、松、太学生与常、镇、淮、扬、徐、海学生之争。"①

王氏所记第一件，是因抗议日本颁布留学生取缔规则而爆发之学潮。当年十一月十二日，陈天华于东京大森海岸愤而投海自杀载入了史册。

第二件，时为江苏教育会会长的张謇，曾于是岁十一月二十七日日记中提

---

① 王国维：《教学小言十二则》之十，《静庵文集续编》，《王国维遗书》第五册。

及："江宁苏学生停课，诡言沪上学会之意。"① 既为"诡言"，则苏学生之"争额"，自悖于教育会之宗旨，由教育会派遣马相伯前往处理。

于是，问题集中于第三件，实即骤起于江苏师范学堂苏、松、太学生与淮、扬、徐、海学生之争而引发之"散学"风潮。且看王国维之父乃誉公日记：

> 乙巳（1905年）腊月初四日，报登苏师范学堂大起风潮（学生退堂，蒋监督辞退）。
>
> 初七日，接静（安）初四禀，言学生大起风潮，散学数十人，存数名，而且优生多，故定初十解馆，十一二日归。明正（月）事须再定。叔蕴拟入京为客卿云。
>
> 十一日，静由石（硖石）初到，见告学堂尚无动静，一切乃慰。②

蒋黼于学潮中解任，旋由高等学堂监督江瀚兼理师范学堂校务。③ "尚无动静"者，学潮暂归于平静。

从乃誉公日记，我们可以看到，在海宁家中度岁的王国维，于丙午（1906年）正月十二日至沪，十七日赴苏。这表明，江苏师范学堂的教职员，于传统的正月元宵节过后返校。乃誉公二月初四日记云："接静禀，悉叔公（罗振玉）售沪屋，起苏屋，学堂定计，伊半年在京，半年在苏。"④ 这又表明，因为丁忧而告假返淮的罗振玉，在事实上操控着校事。他曾表白心迹，说："予乃以百日满，至苏辞职，苏抚及公（朱按察）皆慰留。"⑤ 然由"静禀"即王国维家书，可知罗氏辞职内情：既应召进京，又无违江苏当局"慰留"，故决定在京、苏的时间各半年；况且，罗氏已在苏"起屋"置了"物业"呢！

这应该也是罗振玉与在苏的藤田及徐嘉、何福谦、王国维诸教职员所商。"学堂定计"，两全其美也。

---

① 《张謇日记》光绪三十一年乙巳（1905年）十一月二十七日，《张謇全集》卷六，第571页，江苏古籍出版社1994年版。

②④ 《王乃誉日记》第四册，第2047、2048、2051、2074页，中华书局2014年影印本。

③ 江苏高等学堂创办于1904年。学监江瀚（1853—1935），字叔海，于本年赴日考察教育归国后，就任该堂监督；1906年调学部，翌年擢升为参事官。卒前为故宫博物院理事长。

⑤ 罗振玉：《集蓼编》。

［之二］再起风潮难叔公

然而，好事多磨。不，应该说是多难！

三月，罗振玉在淮安料理完亡父的丧事，并于百日满后返沪处理当时尚在刊行的农、教两杂志及丛书编印事宜，随即至苏复任师范学堂监督之职（江督解任），还于同月开设了手工、音乐二科。学堂运转如常，教学井然有序。

孰料，学潮再起，并且完全是冲着罗监督而来。此即罗氏终其一生，言之不能释怀的"江苏教育会逐客之事"。我们仍看王国维之父乃誉公日记：

> （1906 年）四月廿三日，接静沪来禀，悉苏校忽起风潮，全体解散。盖吴人与罗叔公为难。
>
> 廿四日，阅报（十九、二十、廿一三日），内有《中外日报》载苏校事，王○○（当指王国维）与藤田曰总教习辞去。
>
> 闰四月初二日，入图书馆取廿六、七、八三日报观之，登叔蕴告白苏地情形，并张季直致书，并其复书。
>
> 初五日，阅廿九报登叔蕴与学会辨苏地事，其中确有诬蔑，如契倒填日之类（一经验辨自明）。①

乃誉公所称"苏校风潮"当为王国维家书中的原话。"风潮"乃海宁及江浙沿海方言，专指七八级以上强台风；台风中心则谓之"风眼"。继多事的"去岁之冬"的学潮之后，苏校风潮再起，其"眼"何在？曰："苏地。"于是，被指为"私占校地"的江苏师范学堂监督罗振玉，就首当其冲成了被逐之"客"！

［之三］拒"请托"招致苏绅怨恨

当然，既为历史旧案，何能不听事主申述？罗振玉追思往事前情，曾自述

---

① 《王乃誉日记》第四册，第 2105、2106、2108 页，中华书局 2014 年影印本。

彼时苦衷，云：

> 方此校招生时，忠敏（端方）谓予曰：此校虽为苏属设，然苏、宁本一省，不当分畛域。有投考者，一律收录。于是扬、徐、淮、海有投考者，亦凭文录取，遵公旨也。苏绅滋不悦。又苏绅素多请托，招生时以竿牍至者，间不能副其请，意益不满。至是，遂由教育会长张謇氏登报纸，谓予在苏筑室，私占校地。因予新筑去拟建新校地仅数十步也。张与予素谂，一旦以戈矛相向，不欲与校。乃移书朱廉访，谓宅地购自公家，非私占，公所知。校地已筑围墙，新筑地与校地无涉，亦人人知之，初不必与辩。予筑此室，本以奉亲，今堂上已弃养，亦不忍居此，即以此宅捐赠公家可也。①

事情看来是很清楚的。于公，"方此校招生时"，罗振玉曾亲临沧浪亭考场，面对数以千计的投考者，他遵苏抚端方之嘱，地无分苏、松、太、扬、徐、淮、海，一律"凭文录取"，不徇私，拒请托。这就难免要得罪人，招致苏绅的怨恨。他还特别讲到了曲园先生俞樾，说，这时曲园先生耄龄还健在，就住在苏城，本应去谒见，但听人说这位老先生惯好请托，如见了面有请托，情面上不好拒绝，故未敢去。② 我想补充一句，曲园老人是在罗氏被逐离姑苏的当年（1906 年）底谢世的，王国维曾为他"殁几半年"而"无致哀悼之词者"鸣不平呢！③ 罗振玉曾说，紫阳书院旧祀朱熹，而他则欲将"学行足为师表"的历任院长"附祀其中"；而曲园老人不正是其中的一位"老院长"么？何况罗氏年方十八，撰成第一部金石考据之书《读碑小笺》，曲园老人慧眼识俊才，将其摘入《茶香室笔记》而誉扬之。这样一位被王国维尊为"好模范"的泰斗级大师前辈，罗氏何尝不从内心敬重。但为免"当面请托"的尴尬，他"本应谒见"而不敢见。其他苏绅，当然谁也"托"不上门了！

再说罗振玉"售沪屋，起苏屋"，自掏银两购地建房，原是为迎养老父，奉亲尽孝。所谓"在苏筑室，私占校地"，诚如《王乃誉日记》所说，"其中确

---

① 罗振玉：《集蓼编》。

② 罗继祖：《庭闻忆略：回忆祖父罗振玉的一生》，第 30 页，吉林文史出版社 1987 年版。

③ 王国维：《教育小言十则》之五，《静庵文集续编》，《王国维遗书》第五册。

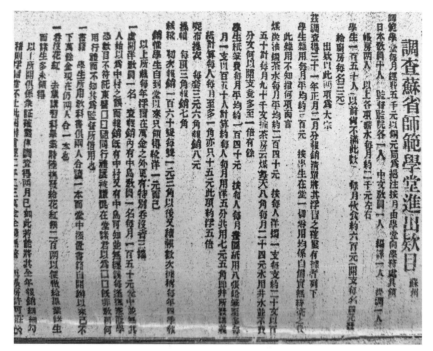

上海《申报》对"苏校风潮"报道之一

有诬蔑"。为之起而不平，有"古之遗直"风者，首先就是曾在讲习科卒业礼上盛赞罗君治校风纪严明的按察使朱竹石（榛之）。这位"廉访"大人闻苏绅借校地事发难，挺身而出，拍胸脯，复信罗氏说，如再有"诬谤加公者，某当之"。再一位是罗氏挚友汪康年之弟汪诒年，他闻说此事，十分义愤，说这简直是"人世无黑白"，何能不辩明？并且自告奋勇，用罗振玉之名代罗写答辩书登报，此即乃誉公所记"报登叔蕴与学会辨苏地事"。

［之四］老友变脸成冤家

于是，所谓"苏校风潮"，就聚焦于罗振玉与张謇。两位"素谂"的老友，何故而变脸，成了"戈矛相向"的冤家？

张謇是中国近代著名的实业家，又是振兴近代教育的先驱之一。他在甲午年（1894年）中了状元之后，"乃有以实业与教育迭相为用之思考"。[1] 他的这个思路，与罗振玉之兴农、办教育至相契合。罗氏初抵上海创农会办农报，嗣后拟呈学制奏议等，均曾仰仗张謇大名，取得其支持帮助。张謇"七易稿"撰定，并领衔公布实施之《通海垦牧公司集股章程启》，[2]罗氏既参与审改，且与汤寿潜、李审之、郑孝胥共同署名。章程凡十四条，兹录其二，曰"建本"：

> 兴工筑堤之始，即择千亩之地立农学堂，延日本农科教习，采日本农会章程，斟酌试办。[2]

确实，"中国之有垦牧公司，创举也"。创办于1901年的通海垦牧公司，实乃张謇在南通兴办实业造福桑梓之基，而罗振玉则参与了其"兴工筑堤之始"，并且为张謇集资发行股票而公布实施之《通海垦牧公司第一届说略账略》的署名者之一。[3] 他还曾多次前往海门常乐张謇家中商议垦牧、办学事宜。例如，张謇日记记云：

> 壬寅（1902年）五月二日，回常乐，九下（点）钟至家。四日（在家）写字，与叔韫议女师范学校。
>
> 九月二十六日，蛰先（汤寿潜）、叔韫至厂（即南通大生纱厂）。
>
> 二十七日蛰先、叔韫同视校舍（即正在筹办之通州师范学校），以为合法。是夕回沪。[4]

上海《申报》对"苏校风潮"报道之二

---

① 语出张謇《癸卯东游日记》四月二十五日（1903年5月21日），《张謇全集》卷六，第480页，江苏古籍出版社1994年版。按，张氏此记曾单行出版，并刊于《张季子九录·专录》。

② 《通海垦牧公司集股章程启》，署"张謇拟稿"，刊于《农学报》第一百五十八至一百六十册，光绪二十七年（1901年）九月中旬至十月上旬。按，该启原署光绪二十七年（1901年）五月一日，署张謇、汤寿潜、李审之、郑孝胥、罗振玉同启。

③ 《通海垦牧公司第一届说略账略》（1903年），署名者有李审之、郑孝胥、汤寿潜、罗振玉、张謇。此略及前启，具载南通市档案馆、张謇研究中心编《大生集团档案资料选编·盐垦编（Ⅱ）》，2009年。

④ 《张謇全集》卷六，第468页，江苏古籍出版社1994年版。

不惟如此，罗氏双亲相继亡故，张謇均致挽联。癸卯（1903年）三月十日张謇日记记有作挽罗母联，此即《挽罗叔蕴太夫人》：

> 与叔子尤亲，学稼相商负耒，驱车避东海；
> 隔千里而望，闻丧致吊来刍，渍酒愧南州。

乙巳（1905年）十月三十日日记，车中作《挽罗叔韫太翁》：

> 生儿健昭谏门才，博学多通，淮甸英流谁得似；
> 作吏感子真时代，识微知著，吴门仙去更何疑。

"吴门"者，苏州旧称也。张謇是在南通返海门垦牧公司途中作此挽联。他大概以为，罗父尧钦公是在"淮甸英流谁得似"的儿子为他养老而建的苏州新屋中去世的，故有"吴门仙去"之语。既然"更何疑"，那又怎会突发了江苏教育会会长张謇"出名登报"，说罗氏"在苏筑屋占校地"呢？这就无怪罗继祖录此挽联而喟然叹曰："不知因何事开罪，不惜替苏绅放枪！"[①] 从时间上来说，张謇作挽罗父联，与《王乃誉日记》所记报登"确有诬蔑"的"苏地情形"，相隔约为半年。适当罗氏置身"百日"丧期之内，又何来"开罪"之事呢！

［之五］自杀的教员与行骗的商人

不过，回首往事，我们对于这两位曾经志同道合的老友何故结怨，其中之私交曲直、公行是非，也唯有"宜粗不宜细"了。

种种迹象表明，罗、张交往之由亲而渐疏、由近而趋远，初露端倪于张謇癸卯（1903年）东游日本、通州师范学校开办之时，接连着发生了两件关涉罗振玉与"东人"的事。一件是，癸卯（1903年）五月中下旬，发生了通州师范日籍教员木造高俊自杀事件。张謇在日本考察时接报，谓之"木造以神经病自

---

① 罗继祖：《庭闻忆略：回忆祖父罗振玉的一生》，第30页，吉林文史出版社1987年版。

戕"，以为"若在本国自戕者，见于各报，几无旬无之，了不足异。中国之人少见多怪"。六月初，他自日返通，称道三兄张詧（叔俨），"处置木造事极缜密有条理，此亦得力于吏治之历练"。① 然而，张公徒逞一时之快，却未能换位思考：木造是怎么来通的？通州师范于本年四月初一日正式开学，而曾为上海同文书院首席教授的木造高俊，经罗振玉大力推荐，乃于开学前的二月初三日偕同王国维及另一位日籍教员吉泽嘉寿之丞先行抵通，成为"最早被通师聘请的日籍教员之一，也是学校筹办时期的重要谋划者"。② 故不管对木造自杀的善后处置如何"缜密"，作为在"扶桑两月"游后对日更加"一边倒"的推荐者罗振玉，会如此认同么？所以，与其说任教仅八个月的王国维辞职离通，③ 成为张对罗关系疏远的一个伏笔，毋宁说木造自杀，实乃导致罗对张有隙的一大诱因。

还有一件，就是所谓"凿井器事"。从《癸卯东游日记》中可以看到，张詧曾于上年（1902年）九月，雇日工伊藤泽次郎父子在通州纱厂凿井，深三十丈，见砂石层而无水。伊藤走后，张公"必欲竟其事"以作为"通州地质学之始"，恰逢罗振玉自沪寄示日本驻沪领事小田为森村托售矿井机图，于是请罗询访。经过一番周折，终于寄来了罗氏与森村之子（名要）所拟之凿井机合同及其在"伊豆所凿成绩"。但森村其人到了上海，张詧见而大失所望：

> 见森村要举止佻荡，目动而言肆。及再见，即请借墨银百元，以质叔蕴。叔蕴谓渠方图大，或不觊小，借无妨。余谓日人商业甚无信义，十余年来，中人之受诳者指不胜屈，君为作保恐受累。叔蕴仍谓无妨，乃予之而索其借券。至长崎察知森村要狭邪之举……种种诬罔，已无意观其伊豆之工矣。乃索所借百元以试之，父子果相与推诿，图诳语，反复之三四无定，则峻辞以谢之。

① 张詧：《癸卯东游日记》五月二十九日（1903年6月24日）、六月十二日（8月4日），《张詧全集》卷六，第500、514页，江苏古籍出版社1994年版。

② 崔荣华：《张詧与罗振玉的交结与断交》，《张詧的交往世界》，第169页，中国文史出版社2011年版。

③ 王国维是通州师范的第一位中国主课教员，于癸卯（1903年）二月初三日偕同木造、吉泽两位日籍教员来通，四月初一日开学，"退任"于同年十二月。据王乃誉癸卯（1904年）十二月十八日日记，"静十三日自通之沪"，其在通师实际任教时间为两学期八个月。

张謇既东游到了日本，乃借机"内查外调"（包括查访日本警察厅），又与森村父子当面对质，终于揭穿了对方的诳骗面目，并且不胜感慨地说：

> 嗟乎！日人谋教育三十年，春间教科书狱发，牵连校长、教谕等近百人。今察其工商业中私德之腐溃又如此。以是见教育真实普及之难……闻半年来，中人受诳于日人者，复有数事。其甚细者，值仅五元。[1]

由此可以窥知：张謇交接东人，非惟没有像罗振玉那样"过信"，而且他并不盲目轻信日本之"教育普及"，清醒地看到日人中"私德"之"腐溃"！所以，他以自己所历所闻，告诫罗振玉谨防为日人作保而上当受骗；而罗振玉则"确然过信东人"，竟至张已揭出其为举止"佻荡"的骗子，他犹为之辩称"无妨"的程度！

［之六］忠不忠，万岁牌上见分晓

导致罗、张失和以至决然断交，是否如近人所说，亦蕴含不同政见的因子？例如，罗振玉"忌惮政治革新，不喜立宪之言"，故与"力促早日立宪"的张謇"分歧暗伏"。实则，罗、张皆彼时推行"新政"的头面人物，而"新政"之核心，就是"君主立宪"。罗氏引为知己的端方，乃清廷派遣出洋考察"君主立宪"的五大臣之一，王国维并且书告乃誉公，"叔蕴或偕端公出洋"，[2]亦即欲随端方考察"宪政"时在乙巳（1905 年）六七月间。而张謇东游归来之翌年（1905 年）六月，刻《日本宪法》；八月，印《日本宪法义解》《日本议会史》，稿本则皆由罗氏提供。尤令张公感奋的是，《日本宪法》"径达内廷"，到了慈禧太后之手，云：

---

① 张謇：《癸卯东游日记》五月四日（1903 年 5 月 30 日），《张謇全集》卷六，第 501—502 页，江苏古籍出版社 1994 年版。

② 《王乃誉日记》第三册，第 1987 页，中华书局 2014 年影印本。

书入览后，孝钦太后于召见枢臣时谕曰："日本有宪法，于国家甚好。"

枢臣相顾，不知所对，唯唯而已。[①]

由此足证罗、张皆"立宪"之启蒙人物，何来分歧？特别不可忘记的是，那时无论是张公，还是罗氏，他们莫不在"预备立宪"的大纛下奔走呼号办教育，目标是实现"君主立宪"而"养成国民之资格"。[②]

当然，既然是"君主立宪"，前提就是要"有父有君"，就是要对皇帝顶礼膜拜。必须承认，在这个"根本之点"上，罗振玉既于《学制私议》中"奉《圣谕广训》为修身道德之纲领"，更首倡学校礼堂"设万岁牌"。或者说，究竟忠不忠，万岁牌上见分晓！这确为张謇所不及。罗氏自述在江苏师范学堂恭设万岁牌，而张謇身为圣上钦点之"状元公"，前此创办通州师范（1903 年）却不立不拜万岁牌，这岂非"无父无君"吗？"君主立宪"，乌可忘"君"耶？在罗振玉看来，若夫忠君报效朝廷三跪九叩山呼"万岁万岁万万岁"，还得我秀才出身的江东布衣"罗三先生"来身先垂范哩！

［之七］江苏学务总会发"辨正"函

再说张謇"不惜替苏绅放枪"，不妨录举江苏学务总会《辨正罗叔蕴署正函》：

昨阅报登有罗署正辨明江苏学会调查员报告事一则，其界说有须分晰之处。如既称苏州学会为难情形矣，又谓江苏学会调查员报告，又谓该会调查之未得其人，又谓学会诸君哓哓如昔。是以苏州学会所为难者，混合为江苏学会。其实，此事系苏州学务公所彭绅等列名，并非苏州学会也。苏府绅士报告到本会，本会即据报告而调查。又由

[①] 张謇：《啬翁自订年谱》三十年甲辰（1904 年）五十二岁，《张謇全集》卷六，江苏古籍出版社 1994 年版。

[②] 王国维：《教育小言十则》之二，《静庵文集续编》，《王国维遗书》第五册。

调查而报告，皆为应尽之职务。本会接到报告后，业闻苏府绅士联名公呈督抚，是此事是非，自当听官场之批判，与社会无与也，本会又何能赞一词哉！足下原函既称陈中丞欲调停了事，张季翁亦谓可熟商，不须争执，曰"调停"，曰"熟商"，皆若有不得已者，然足下思之，岂仅如来函所云，恐伤苏绅颜面乎？至谓苏绅宗旨在排去外人，此言又不意出之足下省界之说。一年以来□□分明已渐渐融化，而足下又执此说以鼓吹之。然足下替人，闻系王旭翁继代，足下之言幸而不中。苏绅排外之说，不辨自明，此则关系我全省影响者甚巨，本会所不敢承认者也。至占地一案，此间极限止有调查，吾甚愿足下之勿负陈中丞、张季翁之忠告也，行矣勉旃，敬勖光采，本会此函重苏人之名誉，亦重足下之名誉也。希公察为荷。①

这份"辨正"函，实乃当时上海发行量最大的《申报》对苏省师范学堂风潮之"在场报道"，亦可视为迄今一百一十余年以来，有关罗、张"争执"事状之唯一的原始函件。"署正"者，因被"辨"事主罗振玉（叔蕴）就任江苏师范学堂监督时之官衔为"候选光禄寺署正"。② 函称"足下替人"，足证罗氏此时业已被"挤"走，而苏师学监之职已另有他人接替。所谓"闻系王旭翁继代"，殆即继罗而任监督者为王君，兹录时人所纪该校人事变动：

> 光绪三十二年（1906年）三月，江监督解任，罗监督复任。
> 闰三月，罗监督辞职，诸职员辞职。日本教员亦相继表去意，因巡抚陈公之挽留，未果。
> 同月，江苏即补道王仁东接任监督。③

应该说，这也是"在场实录"，唯置闰有讹。盖丙午年（1906年）乃闰四

---

① 原刊上海《申报》，光绪三十二年（1906年）四月二十八日第二张第九版。
② 罗振玉于清光绪二十六年庚子（1900年）"报捐候选光禄寺署正"。
③ 《江苏师范学堂沿革纪要》，原刊《江苏师范同学会杂志》第一期，宣统三年（1911年）刊印。

月，罗氏复而再辞，则在学潮骤起之四月中下旬，而绝非"闰三月"。① 还有"诸职员辞职"，准确地说，应为随罗而来之教职员，包括王国维、徐嘉、何福谦等。

尤应注意的是，"辨正"函所署"江苏学务总会"。这是江苏省教育界联合全省同仁在上海创建的，国内第一个具有近代意义的省级教育团体（不久改为江苏省教育会），张謇被推举为总理（后改称会长）。罗振玉在沪创设农会时的另一位老友马相伯，则以丹阳学会会长身份当选干事员。② 在上述王国维"教育小言"所言及的"学界多事"之1905年冬发生的三起风潮中，张謇对于前两起，均急速应对，先派遣马相伯赶往南京平息学潮，旋又协同两江学务处，嘱托其赴日处理东京中国留学生抵制日本政府取缔规则的风潮。唯独对发生于巡抚衙门所在地苏州的学界排外风潮，完全处于失语状态。而那时的江苏教育会，即设于两江学务处所在的沧浪亭，及至紧靠其旁的江苏师范学堂监督"罗署正"复职，发生了所谓"苏州学务公所彭绅等"与之为难的情况，张謇这才派员"据报告而调查"，并据"调查而报告"，矢口否定"苏绅排外"，更对"占地一案""忠告"于对方。这也无怪乎王国维当年在其《教育小言十二则》中要感叹："我国绅士之势力竟如此其大乎！"③

何况，张公乃集官、绅、商、学于一身！

不过，历史地再思这桩"学案"，张公既非"以强凌弱"，罗氏亦非"弱势群体"，将罗氏在苏被逐及其与张氏失和归咎为"直道处世""不善交际"，尤为欠当。实则，罗氏非仅周旋于江、鄂之间，南至粤、闽、湘、赣、皖，北及京、津、齐、鲁、晋，举凡中堂、中丞、相国、侍郎、方伯（布政使）、观察（道台）、太守（知府）、大令（知县）之属，他如数家珍，莫不交往。自丙申（1896年）抵沪创农会，至丙午（1906年）离苏进京入学部，他于十年间所结

---

① 近人所编《苏州中学校史》，谓光绪三十二年（1906年）三月罗振玉辞职，实沿袭《江苏师范学堂沿革纪要》之误。自罗氏任监督以迄于辛亥革命，江苏师范学堂停办，"监督七易"者，为江苏即补道王仁东（1906年）、江苏保送知府陆懋勋（1907年）、法部主政章钰（1908年）、翰林院侍讲邹福保（1909年）、南直隶记名道姚文栋（1910年）、浙江候补道江衡（1911年）（以上所标，均为辞职年份）。据江洛一先生1987年致笔者信，并见《苏州中学校史》，第20—21页，苏州大学出版社1999年版。

② 薛玉琴、刘正伟：《张謇与马相伯的交谊》，《张謇的交往世界》，第102页，中国文史出版社2011年版。

③ 王国维：《教育小言十则》之八，《静庵文集续编》，《王国维遗书》第五册。

人脉之广，岂"不善交际"者所能为耶？

然而，张謇不惟有人脉优势，更在于他有着沪、宁、苏地方"实力派"所特具的，而为罗氏所不能有的"人网"！有此一呼百应的"人网"，以强势治校之"罗署正"纵有再广之人脉关系，又岂容他作"哓哓"之辩哉！

［之八］赞词虽热，斯人去矣

罗振玉只能辞职。江苏师范学堂师生曾为之撰赞词，云：

> 三吴文敝，孰为救之？先生秉铎，示我师资。端公莅苏，宏兹教恩。系维先生，规划周至。师道克立，始谋实臧。夫惟源远，其流乃长。[①]

王国维为罗氏被"诬"遭"挤"，填《蝶恋花》词鸣不平，不是有"再使人间热"之句么？然而赞词虽热，斯人去矣。应该说，罗振玉自淮城做塾师，到顾问两江学务、执掌苏省师范，奋斗半生而真正成为"体制内"的文教官员，实始于"端公莅苏"。然而，成之在苏，败亦在苏。这篇"其流乃长"、褒扬苏州中学"首任老校长"的赞词，罗氏本人恐未必知晓，因为他匆匆离职之后，再未到过苏州。

姑苏台，真娘墓，皆曾摄入观堂《人间词》；而雪堂先生昔时为江苏师范学堂手书"春风亭"之小榭门庭，及所植校园卉木、池中补莲，却成一去不复见的记忆了。

---

① 原刊《江苏师范同学会杂志》第一期，宣统二年（1910 年）三月十五日；《苏州中学校史》，第 15 页，苏州大学出版社 1999 年版。

相国奏调

语云："祸兮福所倚。"罗振玉遭苏绅"逐客"，正好促成了他毅然辞去校职，北上入学部做官，岂不是坏事变好事？

说来颇有戏剧性。丙午年（1906年）四月二十三日，王国维之父乃誉公在海宁接到王国维来信禀告江苏师范"全体解散"。郑孝胥在日记中写明，四月二十二日，"罗叔蕴来"；二十四日，"过罗叔蕴，遗余《王无功集校勘记》，又石印《张黑女碑》"，并共赏前人所临《礼器碑》《石门颂》。这表明，罗振玉已从"苏校"（即江苏师范学堂）风潮中脱身至沪，而郑氏于《申报》揭载前述江苏学务总会《辨正罗叔蕴署正函》之翌日（即四月二十九日），在日记中记云：

> 江叔海、罗叔蕴、章（当为"蒋"）伯斧来，叔蕴示《丰乐亭》
> 宋拓本及六朝写经。

接着，郑孝胥又于闰四月初二日记云：

> 江叔海来谈，遂同访叔蕴、伯斧，于座逢梦旦及海宁王国维静

安。余饯江、罗，邀同至一品香。①

郑孝胥所称"余饯江、罗"，即在一品香饭店为江瀚（叔海）、罗振玉（叔蕴）赴学部饯行，陪同者有蒋黼（伯斧）、高凤谦（梦旦）、王国维（静安）等。

接着，从学部尚书荣庆的日记中，可以看到如是记载：

> （1906 年）闰四月初十日，入值……已正归。……张菊生到……饭后，罗叔蕴、江叔海到，留饭久话。②

事实上，罗振玉与曾在他回淮安丁忧返苏前兼理过其校职的江瀚，一为江苏师范学堂监督，一为江苏高等学堂监督，皆系端方"署苏抚谋兴教育"而创办该两学堂时（1904 年）委任。罗振玉回忆说，当他辞去江苏师范校职，"徘徊无计"之际，"忽得端忠敏电，谓学部初创，相国荣公已奏调君，请即入都"。③

由上述《荣庆日记》，进而可得知：一、罗振玉辞去江苏师范监督的时间虽无记载，而他入学部报到时间则在本年闰四月初十日；二、端方发电告知"奏调"并电请"入都"者，非罗一人，而是罗、江"两员"；三、他俩乃一道在沪访友话别，联袂北上。

那么，罗、江甫抵京，何故直奔荣庆府邸呢？原来，这时学部成立尚未及半载，处于初创阶段，仍以《荣庆日记》为准：

> （1905 年）十一月初十日，蒙恩调学部尚书，菊朋左侍，范孙右

---

① 以上所录四月二十二日、二十四日、二十九日、闰四月初二日日记，参见《郑孝胥日记》（二），第1042、1043 页，中华书局 1993 年版。

② 《荣庆日记》，第 99 页，西北大学出版社 1986 年版。

③ 罗振玉：《集蓼编》。

侍，任大责重，报称实难，殊为悚惕。①

荣庆所记，正是清廷颁旨"着即设立学部"之日。在这道谕旨内，荣庆蒙恩"着调补学部尚书，学部左侍郎着熙瑛补授，翰林院编修严修着以三品京堂候补，署理学部右侍郎"。自此，国子监归并学部，而被罗振玉尊之为"相国"的荣庆，以军机大臣、礼部尚书，调任学部尚书。荣庆"至学部到任"不久，十二月十三日（1906年1月7日）又"入阁拜相"，"蒙恩以本部尚书协办大学士"（相当于副宰相），②确是位极人臣，且为翰林院"掌院"，成了统率全国文化学术、知识精英的"班头"！

不过，学部虽责大任重，且"蒙赏全荣府为学部衙署"，但数以万计银两的修缮经费从哪来？折腾数年，尚无着落。③故实情确如罗振玉所述："学部初立，尚无衙署，先赁民屋为办事处，奏调人员到部尚寡。"④而作为学部"一把手"的荣庆，还要去军机处"入值"。所以，从他的日记中可以看到，"卯入值"，即清晨七点钟到军机处；"巳正归"，就是十一时回府。在罗、江到府的那天（闰四月初十日），他还记有"巳正归，张菊生到"。所谓"到"，就不同于一般来客，当指约见属员。可知在学部尚无衙署的初创期，这位尚书大人从军机处入值归来，午饭之前还要接待部属，约谈公务。而在"到部尚寡"的"奏调人员"中，这位张菊生，即是"戊戌政变"时上了西太后慈禧"永不叙用"黑名单的"废员"张元济，⑤他是经荣庆"奏请开复""调部任用"之鼎鼎

①② 《荣庆日记》，第92、93页，西北大学出版社1986年版。按，据谢光尧《荣庆日记引言》，荣庆（1859—1917），字华卿，号实夫，蒙古正黄旗人。光绪九年（1883年）贡士，十二年（1886年）入翰林院。历任山东学政，刑部、礼部、户部尚书，管学大臣等职。光绪二十九年（1903年），由户部尚书进为军机大臣。三十一年（1905年），由礼部尚书调任学部尚书，晋"协办大学士"。光绪帝、慈禧太后逝世，充随入地宫大臣，晋太子少保。宣统三年（1911年），任弼德院（由礼部改）副院长、顾问大臣、德宗（光绪）实录馆总裁。《清史稿》有传（卷四百三十九）。
③ 学部奏准以镇国公全荣府第为本部衙署，经测算修缮经费约需银七万两，数年未获解决。（参见《奏修衙署悬恩赏经费折》，《学部官报》1908年第五十八期。）直至1908年夏五月，还由"本部请建署经费"。参见《荣庆日记》，第134页，西北大学出版社1986年版。
④ 罗振玉：《集蓼编》。
⑤ 张元济（1867—1959），浙江海盐人，字菊生，光绪进士，由庶吉士改刑部主事、充总署章京。1898年6月16日被光绪帝召见，"戊戌政变"中被革职。后至上海，相继任南洋公学总理、商务印书馆总经理，校印百衲本《二十四史》、影印《四部丛刊》等。新中国建立后，当选全国人大代表。著有《校史随笔》《涵芬楼烬余书录》《张元济诗文》等。

大名的"维新志士"。原来，他是与自称"被褐之士"的罗振玉、江瀚同日前来向荣相国报到的。

释褐为官

那么，荣庆对于初来乍到的罗、江两位，何故要"留饭久话"？这就得话到罗振玉"意欲遂被发入山"的前情了。

罗振玉少负济世之志，十六岁考中秀才时，就借杜甫的诗句"致君尧舜上，再使风俗淳"，以"立登要路津"，入朝做大官，作为他自己入世奋斗、竭力拼博、光宗耀祖的座右铭，何来"遂被发入山"？我们不可忘记，罗氏二十七岁发妻病亡，曾发愿"不复再娶"，并且要在偿还老父宿债、尽子职之后，"当被发入山耳"。此番，他既丁父忧，又被"逐客"，按照他本人所说："虽仅行年四十，然十年来于世态思之烂熟，以前夙抱用世之志，今见民德、友谊如此，官场积习如彼，为之灰冷。"他无怙无恃，宿债亦已还清，尽了子职，所以，他表示要真的"被发入山"了。于是，在接到端方转达"荣公已奏调君"的来电后，他说：

> 予时既决计不复入世，乃以居丧固辞。公援满人百日当差为言，予复以汉臣无此例，不可自某始。公迫以即不就职，亦当入见荣公。

以上乃是罗振玉记其"固辞"端方的回话，实际也是他"入见荣公"，在荣庆"留饭"时所作的"面禀"。其时端方正在闽督任上，[①] 故与罗氏有了这样一番"予复"与"公迫"的函电往返。以下，则是荣庆对他的慰勉：

---

① 据《荣庆日记》，端方于光绪三十一年（1905年）十二月十一日"授闽督"（闽浙总督），光绪三十二年（1906年）七月十四日"端调江督"（"江督"即两江总督）。

不得已，乃入都上谒。相国慰勉曰："君不欲援满人当差例，请不照满人吉服到署，即以素服出入。君所不欲，皆不相强，但必助予。"①

由"但必助矛"之一语，我们完全可以设身处地想到，这位"汲汲于厉人才"的相国大人，当任大责重的学部初创之际是如此求贤若渴，对罗、江两位，又是如此礼贤下士，勖勉有加，且在到部后均被破格任用。② 所以，罗继祖说到"祖父四十一岁入学部"，特别征引了罗氏晚年（1934 年）所写《东方有一士》的诗句：

> 萍梗泛江海，虚誉动公卿。
> 弹铗岂身谋，被褐忧乱萌。③

我们说罗氏自称"被褐"之士，殆出于此。"褐"者，布衣粗服。罗继祖先生说，古人得第才称"释褐"，"被褐"正说明还没有做官。罗氏前此所得"总理""监督""襄办"之类职衔，皆地方长官临时委派的差使，同于"幕僚"（官办"学堂监督"非可等同于"幕僚"）。④ 他正式"被"以补服顶戴，成为朝廷命官，是在"入都上谒"，进了学部之后。当然，罗氏若无前此"动公卿"的"虚誉"以及张之洞所委的差使，就不会有此时的进学部做官。

这里不可不说明的是，刘鹗乙巳年（1905 年）日记，确曾多次记有向乔树枏（茂轩）举荐罗振玉入学务处。⑤ 不过，这时的学务处，亦称"总理学务处"或"京师学务处"，还只是正式成立学部之过渡（而非"雏形"），所谓"十月奏调，忽值丁忧""官运不佳"云云，⑥ 所指皆为学务处。实情是，罗氏丁忧之前，在王国维之父乃誉公本年重九（1905 年 10 月 7 日）日记中，即记有"接

---

① 以上所引罗振玉自述，均见《集蓼编》。
② 罗振玉、江瀚到部，先被委为视学官，旋任参事官。
③ 《辽海吟·附壬申以后诗》，《罗振玉学术论著集》第十集（下）。
④ 罗继祖：《庭闻忆略：回忆祖父罗振玉的一生》，第 35 页，吉林文史出版社 1987 年版。
⑤ 参见刘德隆、朱禧、刘德平编《刘鹗及老残游记资料》之《刘鹗日记》，四川人民出版社 1985 年版。
⑥ 罗继祖：《永丰乡人行年录（罗振玉年谱）》，第 30 页，江苏人民出版社 1980 年版。

（静）来禀，叔翁（罗振玉）或须入文部，静亦有阶资之望"。① 半月之后，即九月二十三日，更有如是记载：

> （乙巳九月）廿三日，接静来禀，云叔蕴可得文部参议，伯斧（蒋黼）纳资郎中，可补实缺；而唯伊自得不从，殊悬想之过！当此学堂初立，彼等先时力学，倘尚不一得功名，则虚此机矣，未免国政之负败。②

这时，王国维任教于江苏师范学堂，与罗振玉朝夕相处，故他的"来禀"（即致父亲家书）所告，当是最为真实确切的内部信息。所谓"文部"，盖指其时正在筹议中之学部，并且在报上刊出了"兹得确定消息，拟将国子监、翰林院、学务处一律裁撤，归并文部"；③ 文部尚书，曾传荣庆、张百熙，因张百熙力辞，将改派端方为文部尚书。④果然，与上述《王乃誉日记》相隔仅一个半月（十一月初十日），学部正式成立。端方"调文部"虽系传闻之词，但两位"京卿"——张百熙辞去"管学大臣"，荣庆调任学部（而非"文部"）尚书，则得以证实。而罗振玉之"可得文部参议"，亦由荣庆奏调得以实现。从上述情况可以窥知，罗氏曾于当年六月入都活动。他之奏调学部，除了亲家刘鹗及其好友乔树枏的"推毂"之外，当然更离不开端方的力荐。

这样看来，"天行健，君子以自强不息"，应该是罗振玉此时的真实机运，他的官运可谓大佳（而非"不佳"）。刘鹗担心其以丁忧影响"奏调"，未免过虑了。无可讳言，罗氏的"被发入山"，纵非有意作秀，也多少带有情绪化的愤激之谈。实则，苏绅"逐客"，张謇"倒戈"，也就是他为之感叹的"民德""友谊"，虽然令他气恼万分、愤慨不已，但都不可能影响他的奏调升迁，阻碍不了他的官运。

由此，我们回头来看《王乃誉日记》，也就不难理解他老人家闻罗"入文部"，"静亦有阶资之望"的欣喜，转而发出"唯伊自得不从"的责子之言了。

---

① 《王乃誉日记》第四册，第 2004 页，中华书局 2014 年影印本。
② 《王乃誉日记》第四册，第 2009 页，中华书局 2014 年影印本。
③④ 据《大公报》1905 年 10 月 30 日《设立文部确闻》、9 月 6 日《设立文部确信》，转引自关晓红《晚清学部研究》，第 84 页，广东教育出版社 2000 年版。

盖"唯伊"者，独王国维一人也！试想，从就读东文学社到东渡日本留学，他确是"先时力学"；尔后任武昌农校"译授"、江苏师范主课教员，皆追随罗氏，"每至必偕"。如今，既然罗氏"可得文部参议"，蒋黼亦因此"可补实缺"（即随同入部做官），王国维却"虚此机矣"，啥官衔也未得，怎不令乃誉公气恼！然而，这也显示了罗、王"同中有异"，亦即价值观方面的差别。罗、王皆大学问家，此其"同"。罗为学在"名动公卿"，以学问来赢得功名官阶，而王为学则在"声震学界"，以学术自身的成就来赢得中外的钦敬，此其异。我们同样不可忘记，当此之时，正是王国维撰文讴赞天下最神圣最尊贵的是哲学与文学，力斥杜甫"致君尧舜上"一类政治上之抱负。他所强调的哲学家、文学家不可"自忘其神圣之位置与独立之价值"，[①] 不正是乃誉公责备的"悬（玄）想之过"么？当然，罗、王命运与共，差可告慰乃誉公于泉壤的是，[②] 一年之后（1907年春），经罗振玉向相国荣公引荐，王国维被命在学部总务司行走，旋充编译图书局编译，也做了学部编制内的公职人员。

"国学"存废之争与中国学制之思

上谒荣相国之后，罗振玉住进了学部办事处。之所以称"办事处"，想来该是由于租用民宅，还不成其为官府衙门吧。

王国维曾有词云："金马岂真堪避世，海沤应是未忘机。"[③]

词中"金马"，引出了被汉武帝"诏拜为郎"的东方朔的一段故事。罗振玉不是说他怀着"被发入山"的念头被迫入都的吗？那好，就请看一看这位被称为"狂人"的东方先生吧！他说："如朔等，所谓避世于朝廷间者也。古之人，乃避世于深山中。"他还借着酒酣佯狂，席地而歌曰：

---

① 《论哲学家与美术家之天职》，《静庵文集》，《王国维遗书》第五册。
② 王乃誉于丙午（1906年）七月病逝，享年六十岁。
③ 王国维《人间词乙稿·浣溪沙》原词如下："七月西风动地吹，黄埃和叶满城飞。征人一日换缩衣。金马岂真堪避世，海沤应是未忘机。故人今有问归期。"结句"问归期"，指返海宁奔父丧。

> 陆沉于俗，避世金马门。宫殿中可以避世全身，何必深山之中，
> 蒿庐之下！

这实在也是王国维尊之为"历史开山"的司马迁所传"滑稽大家"中最为后人乐道的名段之一，而"大隐隐于朝"，则成了现今流布最广的市井俚语之一。太史公释其歌曰："金马门者，官者署门也。门旁有铜马，故曰'金马门'。"[1] 然则，"金马门"可以泛指衙署，亦可指从官者入都待诏之处。其时王国维初抵北京，正待罗振玉引荐入学部。如果说"金马"句隐寓了罗氏以新建的学部做了他的"避世"之所，那么"海沤应是未忘机"，就带有王氏自况的意味了。"海沤"典出《列子·黄帝篇》，谨录如下：

> 海上之人有好沤鸟者，每旦之海上，从沤鸟游，沤鸟之至者百住
> 而不止。其父曰："吾闻沤鸟皆从汝游，汝取来，吾玩之。"明日至海
> 上，沤鸟舞而不下也。故曰：至言去言，至为无为。齐智之所知，则
> 浅矣。

《黄帝篇》乃王国维早年最为欣赏的古典名篇之一。海上之沤鸟，即海鸥。这个"沤鸟皆从汝游"的故事，常被旧时文人学士引为交友同游的象征。钱锺书论王氏早年诗词，不是有"静安三十五以前，又与沈乙庵（曾植）游"之说吗？王国维代罗序《观堂集林》，不是夸口要"挽伏生以同游"吗？值得一提的是，近年"国学热"中解王国维词者谓"海鸥忘机：人没有机巧之心，即使异类也可狎近"，[2] 未免望文生义了。实则，王国维填词既以"海沤（鸥）"自况从罗氏同游京师，盖"机"者，直解其意，即"机遇"，而无关乎"心机"，此亦即《王乃誉日记》所云"不虚此机"之谓也。

当然，学部初设，罗振玉暂住办事处，虽则兴学热度很高，实际却几近门庭冷落。对此，罗氏作为当事者，曾有记述：

---

[1] 《史记》卷一百二十六《东方朔传》。
[2] 叶嘉莹、安易编著：《王国维词新释辑评》，第271页，中国书店2006年版。

相国令予入居之时，部章未定，司局未分，每日下午令部员上堂议事。

这里所述"部章未定"，殆即《学部奏酌拟学部官制并归并国子监事宜改定额缺折》，曾刊载于本年四月上旬罗振玉入都前的《教育世界》杂志。[①] 而"奉旨依议"，正式颁行于闰四月二十日（1906 年 6 月 11 日），适为罗氏入居学部之第十天。按照罗氏所述，"予莅部日，初次上堂，相国出公文三通令阅"，其中一通就是"请废国子监，以南学为京师第一师范学校"。即是说，学部虽"归并国子监"，但此"监"是否可"废"尚待议定。

在"莅部"之日，"初次上堂"会议上，"被褐"之士罗振玉，与三品顶戴的右侍郎严修，[②] 发生了国子监存废之争。兹将罗氏记述，照录如下：

予议曰：历代皆有国学，今各学未立，先废太学，于理似未可。时两侍郎，一为固始张公（仁黼），一为天津严公（修）。严答称：现在以养成师范为急，南学向莅国子监。新教育行，国子监无用，不如早废止。予曰：师范虽急，京师之大，似不至无他处可为校地，何必南学？即用南学，似亦不必遽废国子监。且是否当废，他日似尚须讨论。张公闻之哑然，曰：相国以君为明新教育，特奏调来部。乃初到，说此旧话。某已顽固不合时宜，意在部不能淹三数月，君乃不欲三日留耶？予闻之，讶严之思想新异、张之牢骚玩世，均出诸意外。而于予之初到部，即纵论不知忌避，则自忘其愚语已。相国徐曰：此事容再议，且议他事可也。

当天"堂上会议"结束，罗振玉决意亲访国子监，并且颇有"孔子入太庙，每事问"，这样一种不依不饶的追究精神，罗振玉记述说：

① 《学部奏酌拟学部官制并归并国子监事宜改定额缺折》，《教育世界》第一百二十六号，光绪三十二年丙午（1906 年）四月上旬。

② 严修（1860—1929），字范孙，天津人，祖籍浙江慈溪，光绪癸未（1883 年）科进士，授翰林院编修，曾任贵州学政、直隶学务处总办，并赴日考察教育，创办天津敬业中学。1905 年出任学部右侍郎，翌年兼左侍郎。辛亥革命后退出政界。1918 年赴美国考察教育，归国后筹办南开大学，除捐款之外，并将藏书三万余卷捐赠南开图书馆。张伯苓尊他为"南开校父"。

至明日，予至太学观石鼓，见监中有列圣临雍讲坐。私意部臣欲废太学，此坐将安处之？午后返署，以是为询张公，闻之遽曰：是意未虑及！本部新立，若言官知之，以此见劾，岂非授人话柄乎？此奏万不可缮发。相国亦悚然，因撤销此奏。予始知此事严意在废除，相国及张则视为无足轻重，虽非同意，尚可曲从也。及议学部官制，设国子丞及各郡县学留教官一人奉祀孔庙，亦予所提议，其幸得议行者，实自保存国学始。自此部中皆目予为顽固愚戆矣。[1]

罗振玉所说的学部左右二侍，张"牢骚玩世"，严"思想新异"，显然皆含贬义。实情是，清廷最初任命的学部左侍郎熙瑛（菊朋），仅月余即病卒；[2] 而继任者张仁黼，借用现在的"老粗话"来说，他与严既"尿不到一个壶"里，且与"正堂"荣庆亦多有不合。于是，这位自称"不能淹三数月"的"二把手"，不足半年即以"不谙学务，自行奏请他调"。所以罗"莅部"不久，就由严兼署左侍郎，实际主持学部工作。

看来，"金马岂真堪避世"？还是被罗振玉看重的"简默不露圭角"的王国维，以其词中典故，道出了"金马门"内新旧交锋、处之不易；而罗振玉则初次"上堂"，即在相国荣公主持的"部务会议"上就"废除国子监"的奏议发表所见，露了峥嵘！

然则该如何看待其所称"自此部中皆目予为顽固愚戆矣"？

他曾被刘鹗赞为"真人杰哉"，张謇更叹服其"心精力果"，[3] 端的骤然间变"愚"现"戆"了么？

非也！

他以编译农学新理新法而在"戊戌变法"期间，即被端方赞之为"农会精英"；更以其"曾赴日本游历"，"明新教育"而由荣相国亲为奏调，果真闻国

① 以上引文，均见罗振玉《集蓼编》。

② 参见《荣庆日记》乙巳十二月二十三日（1906 年 1 月 17 日），记有"为菊朋拟折"，"至其家赙以五百"。

③ 张謇：《致缪荃孙》之一六，《艺风堂友朋书札》（下），《中华文史论丛》增刊，第 571 页，1980 年 10 月。

子监而顷刻变身，成了顽固迂儒？

非也！

首先应加说明的是何谓"国学"。周代即有"掌国学之政，以教小舞"（《周礼·春官·乐师》）。罗振玉颇为自矜"予所提议"而得以保存的"国学"，亦称"国子学"，非指"以经、史、子、集编论国学"，[①]乃国子监之简称，它既是历代王朝的教育管理机构，又是国家设立的最高学府，太学即隶属于国子监。当时，罗振玉为了确证"国学"之不可废，还亲往位于北京内城安定门的国子监，察看太学内刊有先秦文字的石鼓，并特别拜谒了"列圣临雍讲坐"的"辟雍"，回部后即就所议"废国学"之公文发问："此坐将安处之？"问得学部左侍郎张公自认"竟未虑及"，惊呼"万不可缮发"；相国荣公"亦悚然"急命"撤议"！

其次应加说明的是，"国学"之存废，实为学制改革的焦点之一。在学术上与罗氏"有同嗜焉"的孙诒让，亦曾著书论"国学"，以所谓"教胄""广学"为题，引述《周礼》"国子""国学"。[②]以"托古改制"，为清廷辛丑（1901年）"诏议变法"建言献策。而"于学堂教育之法，夙有探讨"的罗振玉则不同，他新归新，旧归旧，言"改制"而不"托古"。他曾"采择宋儒诸论"，写了十二则小学教育谈，借宋儒之论，称颂古代教育，摒斥科举制度，指出"学校废而科举兴，科举兴而教育秩序乱"，他还说：

> 惜有宋以后，科举之力愈伸，教育秩序乃复沉薶于八股诗赋之中，而失之弥远，致令今之研究教育者，佥谓除欧美诸国教育制度学说外，我先儒殆无明小学教育之理者。此非征信之论也。[③]

所以，罗振玉在发"教育私见"，推介东西方各国（实际上主要是日本）教育制度学说的同时，怀着"复古先之秩序"的宗旨，曾颇下了一番功夫探讨

---

① 参见钱穆《国学概论·弁言》，商务印书馆2004年版。按，《弁言》略谓："学术本无国界。'国学'一名，前既无承，将来亦恐不立。特为一时代的名词。"为免将当今盛行之"国学"与曾为国子监简称之"国学"混同，特予征引说明。

② 参见孙诒让《周礼政要》，《大戴礼记斠补（外四种）》，第368、370、372页，中华书局2010年版。

③ 罗振玉《宋儒小学教育谈》，《教育世界》第七十四号，光绪三十年甲辰三月下旬（1904年5月）。

周秦学制，亲撰《〈周官〉教育制度》《秦教育考略》等古代教育专论。尤可注意的是，他还在就任江苏师范学堂监督之前（1903 年），以书札形式与友人讨论中国古代教育，发愿"欲编《中国教育史》，以供师范教授之用"。[①] 可以这样说，他是近代致力于教育史研究，最早倡导写中国教育史的学者之一。而与他讨论的这位友人，实即数年后以"二等咨议官"偕同他入学部的蒋黼。有理由认为，蒋氏编撰之《中国教育史资料》，[②] 实乃秉罗振玉编史之愿，该书是具有开创意义的第一部中国教育史专著。

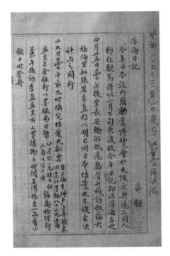

蒋黼所编《中国教育史资料》书影

正是有了以上学术底蕴，罗振玉才能"小叩大鸣"，进了学部上堂议事，第一句就是"历代皆有国学"。这哪是什么"乃初到，即说此旧话"？他的这句"旧话"里，"沉薶"着他对周秦以来近三千年中国学制变迁之思考、之探究、之追寻。罗氏曾以不无得意的口吻自道："部中皆目予为顽固愚戆矣。"然而，回顾罗氏"私议"学制，而力主新式学堂礼堂内"设万岁牌及孔子木主"，与他在学部堂上议"新教育"，而力主"存国子监"，实出一揆。由此而再取上述王国维"金马岂真堪避世"之词句来比拟，汉代之东方朔是佯狂，此时之罗振玉则是佯愚。

① 罗振玉：《与友人论中国古代教育书》，《教育世界》第五十三号，光绪二十九年癸卯闰五月上旬（1903 年 7 月）。

② 蒋黼《中国教育史资料》，包括附录《历代之藏书》，凡十卷，连载于《教育世界》第一百零七至一百零九、一百一十至一百一十四号，光绪三十一年乙巳（1905 年）八月上旬至十一月下旬。

当然，上述"国学"之争，仅是罗振玉初次上堂议事。继之，在"上堂集议"及"参事厅例会"上，他参与讨论了学部机构设置、官员任命、留学生派遣等诸多事项，谨统称之曰"上堂会议"。

清学部遗存（王亮 摄）

是否设参事厅之争

在"上堂会议"中，讨论学部官制，议及是否设参事及参事厅，罗振玉提出了异议，他说：

> 及议学部官制，相国命黄陂陈君（毅）起草。陈君，文襄所荐
> 也。既授新设部例，于尚、侍以下设丞、参各二人；又授日本官制，
> 设参事官四人，列各司之前。予议：既设丞、参，则参事为蛇足。部
> 员有驳予论者，乃卒如陈所议。厥后此厅立，乃废立堂会议之例，每
> 星期于参事厅开例会一次，有要事则开临时会议，尚、侍、丞、参及
> 各司官咸与议。堂官奏派予在厅行走，月致饩七十元，坚却之，服厥
> 后始受饩。

颇可注意的是，在学部官制规定分设的五司十二科内，有一个专门司所属
专门庶务科，其科务为"掌保护奖励各种学术技艺，考察各种专门学会，考察
耆德宿学研精专门者应否锡予学位，及学堂与地方行政财政之关系；又凡关于
图书馆、博物馆、天文台、气象台等事，均归办理，并掌海外游学生功课程度
及派遣奖励等事"。[1] 所以，就其掌管之学科范围而言，清学部实为教育文化部
（纳入了后来科学院所辖部分学科，如天文、气象等）。

话且说回来。罗振玉虽然以参事为多此一举的"蛇足"，更因否定设参事
厅而遭"部员驳议"；不久，参事厅成立，他却被堂官奏派"在厅行走"。就这
样，其时在学部行文中犹挂有"光禄寺署正"（隶属礼部）空衔的罗振玉，与
以刑部主事保升为"外务部员外郎"的张元济一道，在学部参事厅"行走"了
起来。

厥后，正式任命参事官四人，排名依次为：江瀚、罗振玉、陈毅、范源
濂。四位参事中，范源濂系留学日本东京高等师范学校毕业之"海归"，算是
"新派"，也是最后任命（1910年）的参事官。[2] 江、罗、陈则均先在参事厅

---

[1] 参见《学部奏陈本部官制折》，《东方杂志》光绪三十二年丙午（1906年）六月，第七期。

[2] 范源濂（1876—1927），字静生，湖南湘阴人，曾就读湖南财务学堂，"戊戌政变"后逃亡日本的梁
启超召之赴日留学，毕业于东京高等师范学校。1905年任学部主事，1910年擢升参事官。民国后历任北洋
政府教育总长、北京师范大学校长、国立京师图书馆代馆长等职。

"行走"，后"奏署"参事官。而最为风光的，当然要数该官制的起草人陈毅。[①] 他是张之洞《奏定学堂章程》（史称"癸卯学制"）之起草者。罗振玉还特别说明："陈君，文襄所荐也。"意在撇清他本人奏调学部，非张之洞所荐。罗继祖还曾援引孙宝瑄《忘山庐日记》光绪三十二年（1907年）四月十七日所记，"同时有三陈毅：其一湖南人，诒重是；一四川人，字瑶圃，在午帅（端方）幕中；一湖北人，即此公也"，并说，他"倜傥多姿""吐属风雅"，有"美人"之誉。孰料，当罗氏己未（1919年）自日本归国，寓居天津时，此公失了官职，"不得意，甚潦倒"，常来罗家，竟成了罗氏"很讨厌"的人。[②]

宦海沉浮，非虚语也。

提学使"人选资望"之争

罗振玉尤为注重，并且饶有兴味地讲述的，是学部堂上集议提学使：

> 部章改以前，学政为实官，各省设提学使一人，位次在藩司之后、臬司之前。一日，堂上集议，相国询众，以提学使应以何资格请简，严侍郎首建议，谓必须明教育者。盖意在曾任学校职员，及曾任教习者，故已调天津小学校长及小学教员数人到部行走。予议：提学使与藩、臬使同等，名位甚尊，似宜选资望相当者。相国然之，因询何资望乃可？众未有以对。予曰：无已，亦但有仍如从前学政，于翰院选之耳。严意不谓然。予曰：堂官谓以明教育者为断，不知以何者为准？殆不外学校职员及教员已耳。今各省但立师范及中小学校，其

---

① 陈毅（1873—?），字士可，湖北黄陂人，附生，湖北两湖书院卒业，清学部参事。辛亥革命后，曾任北洋政府总统府秘书，后任蒙藏事务局参事、西北筹边使兼西北边防司令等，1921年被北洋政府免职。

② 罗继祖：《涉世琐记》，《海角濡樽集》，第167页，《长春文史资料》1993年第一辑。

管理员及教员不外地方举贡生员。此等人，亦未必即副深明教育之望。一旦拔之不次，骤至监司，恐官方且不知能必其果举职否。相国曰：然。亦但有于翰院取之。若谓翰林不明教育，俟奉简明后，派往外国视察数月可耳。相国复令各举堪任之人。众又默然，莫肯先发。严侍郎曰：诸君且下堂，以无记名投票法选举之可也。相国曰：不如即席面举所知。时同在坐者，有汪君穰卿、张君菊生。予语两君，谓盍三人同举。予意举沈太守曾植、黄学士绍箕、叶编修尔恺。两君皆首肯，愿同举。菊生别增一人，曰汪太史诒书。既下堂，即有部员数人同上说帖，力诋沈为腐败顽固，万不可用。其人盖皆曾任小学教员者也。顾所言无效，然予至是知当世之习为阿唯，非无故矣。[1]

实则，学部堂上集议的提学使问题，并非罗振玉"莅部"以后才提出的。学部成立，即呈请裁学政，设提学使。[2] 清制，学政由清廷派往各省，全称"钦命提督全省学政"（简称"督学使者"），三年一任，类似于钦差，且不论其本人官阶，在学政任内与督抚平行。光绪三十二年丙午（1906年）四月，清廷正式颁旨裁撤各省学政，改设提学使司。自此，提学使就成为督抚节制下的省级教育行政官员，各省于藩（布政使）、臬（按察使）二司之中，新增了教育行政机构"学司"。

不过，具体"资望"问题上的严、罗之争，我们首先应该公道地说，严修，进士出身，翰苑才秀，且曾简授贵州学政（1895—1897年），他当然非常清楚以往学政人选，多由侍郎、京堂、翰林、科道等官员中之进士出身者简派。而今，废学政，改置提学使，要掌管地方教育行政，其人选必须"深明教育"，这是切合当时兴学实际的。

当然，罗振玉之所以强调提学使人选，"仍如从前学政，从翰院选之"，亦非无因。他的意思是说，学堂初兴，无论中学、小学，其管理员及教员，不外地方举贡生员，并非由"师范养成"，所以未必即孚"深明教育"之望。尤其

---

① 罗振玉：《集蓼编》。

② 《学部政务处会议裁学政设提学司折》，《教育世界》第一百二十二号，光绪三十二年丙午（1906年）三月下旬。

是，按照学部奏议提学使办事权限之规定，[1] 提学使为实官，握有统管全省学务（包括官、公、私立学堂之管理）之实权，其上关系到中央各项教育政策法令之贯彻执行，其下则可节制知府以下地方官员，考核评价其兴教办学业绩。论职位，提学使列于藩司之后、臬司之前，借用今天的话来说，乃是专管教育的副省长（而非教育厅长）。故罗振玉说其"名位甚尊"，如若"拔之不次"，以区区中小学职员或教员骤然拔到这样一个握有学务实权的"副省级"岗位上，谁敢保证必能举其职呢？

历史学家沈曾植

所以，宜选资望相当者，还是从翰林院选拔。荣庆首肯、采纳罗议，并就各省提学使人选，请参与集议的部员当堂提名。这时，除了与罗振玉同在参事厅行走的张元济之外，前年（1904 年）进京补应朝考、授职内阁中书的汪康年，亦在学部行走。罗就对同时在坐参与集议的汪、张说，我们三人共同荐举如何？罗提出沈曾植、黄绍箕、叶尔恺，张补提汪诒书。经罗、汪、张"共举"，以上四位列入了学部"请简"之首批二十三名提学使名单，[2] 分别简放安徽（沈曾植）、湖北（黄绍箕）、云南（叶尔恺）、江西（汪诒书）提学使。此四人者，皆进士出身，其中黄绍箕为翰林院侍读学士，汪诒书为翰林院编修。但若论学问、资望，当以大名鼎鼎的沈曾植为翘楚。他曾以刑部主事（后擢为郎中、员外郎）兼充总理各国事务衙门俄国股章京，撰成《和林唐三碑跋》以复俄使臣，旋由俄人译出行世，此即享誉中西学界之《总理衙门书》，[3] 他是公认的硕学通儒。若论私交，沈曾植在上海主持南洋公学教务，曾力邀罗氏就任东文分校监督（1902 年）。罗既钦仰沈之才学，《教育世界》设置卷首"肖像"专栏，就率先推出了《中国历史家沈子培太守曾植》。[4]

---

① 《学部奏续拟提学使办事权限章程折》，《教育世界》第一百三十一号，光绪三十二年丙午（1906 年）七月上旬。

② 据统计，首批二十三名提学使内，有状元二名、探花一名、进士十八名；被授翰林者十人，曾任学政者七人。参见关晓红《晚清学部研究》，第114—115 页，广东教育出版社 2000 年版。

③ 参见岑仲勉《突厥集史》下册，中华书局 1958 年版。

④ 沈曾植肖像，刊于《教育世界》第七十五号（1904 年 5 月）。

派遣留学能否速成之争

回头再说学部会议。

在学部参事厅设立以后，每周一次的参事厅例会上，议题是派遣留学能否速成。罗振玉说：

> 外省派遣留学生，多习速成法政、速成师范。予意学无速成之理。尝于参事厅提议，谓无益有损，请由本部奏请停止。相国及坐中多然予说。严侍郎谓：派遣短期留学，实因需才孔亟，亦具苦心。且谓为无益或可，若云有害，非某所知也。予谓：需才孔亟，亦如七年之病，求三年之艾，在早蓄而已。若惮三年之岁月，而以数月之艾代之，其不能得效，三尺童子知之矣。且学术非可浅尝辄止，速成求学所得者，一知半解而已。天下事误于一知半解者实多。若全无所知，必虚心求教，略知一二者，则往往一得自矜，最足害事，故某意非截止不可。严默然，既而曰：所言亦持之有故。但今日士子望速成者，多因卒业便可图啖饭处。一旦罢之，不虑其起哄乎？予曰：此予之所以谓非裁制不可也。国家养士，非但为其啖饭也，至虑学生起哄，则可不虑。已派者，任其卒业；未派者，从此截止。何不可者？相国韪之，谓不必入奏，但通电各省及海外留学生监督可矣。遂令予起草。由此，派遣速成之事遂止。[①]

其实，以严修之学养，何尝不知"学无速成之理"。罗振玉在例会上纵论学问"非可浅尝辄止"，并且用了"三尺童子知之"这样尖刻的语句来讥讽严修所说派遣短期留学"乃因需才孔亟"，反驳其速成实出不得已为之的"苦

---

① 罗振玉：《集蓼编》。

心"。这不是在"斗气"吗？

其实，仅以"养成教员"而言，罗振玉何尝不知需才之急，速成之不得已！况且，正是罗氏本人从日本考察归国后率先提出了兴教育之两法：曰正当办法，曰急就办法。所谓急就办法，就是"造就师范之速成者"，其办法亦有二：一、各省之速成师范；二、各省遴选高才生至日本"学习速成师范"，并且强调，"近日本高等师范学校长加纳治五郎氏，专主第二说"。①

然而，弊端亦随"速"而来。由"速成师范"而"速成法政"，被派遣者每以速成为"啖饭"之捷径，更有借"短期派遣"投机、招摇，非惟无益于学，且败坏了留学声誉，这应该是罗振玉所称"无益有损"之实情。而严修虽承认速成于学无益，却以"非某所知"掩饰短期派遣之弊，更拒揭速成之害，这就不免今人所称"官僚主义"之嫌了。

如果从这个意义上来看，荣庆"然"罗议，并当即拍板由罗起草通电各省及海外留学生监督，制止"派遣速成之事"，是切中时弊，也是必要的。

由此，罗振玉与严修在学部之关系，该怎么看待？有的史料记载，学部初立，严氏每天"将荣相核定之件分类发出，或交文办，或交集议，或交叔蕴"，除学部官制由陈毅起草外，大部分文件由罗振玉（叔蕴）起草，张元济、李家驹、范源濂、陈金泉等参与意见，再经严修改，征得荣同意而决定发出。② 其议事流程，与罗氏以上所述，大致契合，唯"起草文件"，罗氏自认者，仅"派遣速成之事遂止"的通电一件耳。

实则，罗振玉到了学部，自始至终只是参事，并未进入领导班子；而他虽在农学与教育两方面均做出了时人难及的贡献，但均非其所专，亦不以此名家。他的志趣，他的业绩，由金石碑版而甲骨卜辞，终其一生在文史学术，主要是金石考古。即使在学部，从初次上堂即力保"国学"，到集议提学使力荐沈曾植，表明他议事荐人，重传统、尊学问，所谓遵经信古，一以贯之，不遗余力。

严修则不同。作为近代著名教育家，他毕生忠诚于教业事业，是真正意义上的教育家。在学部，他不仅是"领导成员"，并且是深受荣庆信任与倚重的学部日常工作的主持者。他就任学部侍郎所做的第一件大事，就是拟定《奏定

---

① 罗振玉：《教育赘言八则》，《教育世界》第二十一号，光绪二十八年壬寅（1902 年）二月上旬。
② 据严修自订、高凌雯补、严仁曾增编之《严修年谱》。

宣示教育宗旨折》，正式宣布忠君、尊孔、尚公、尚武、尚实五事为教育宗旨，并且提出了"全国之民，无人不学"的"普通教育"理念。应该说，这确为中国有史以来第一个由朝廷颁行的教育宗旨。[①] 民国肇始，蔡元培就任教育总长，撰文申述新的教育方针，指出，"忠君与共和政体不合，尊孔与信教自由相违"，故弃之，而取其"三尚"，改称军国民主义教育（尚武）、公民道德教育（尚公）、实利主义教育（尚实），[②] 足见严修提出的教育宗旨对民国教育之影响。就罗振玉而言，他对于所倡导之教育宗旨，忠君、尊孔二事，与严修完全一致。如果说有所发明，无非是在他任江苏师范学堂监督期间，将此二事落到实处，于学校礼堂"设万岁碑及孔子木主"，供学子参拜而已。而从彼时的实情看，严修在将每天"荣相核定之件"交罗振玉议处中，显示了他对罗氏才学之尊重。学部成立后个人肖像上了《教育世界》的，仅有张百熙、孙家鼐、黄绍箕、[③] 严修（范孙）四人，我们可以窥知罗振玉对严修作为"部领导"（侍郎）的礼敬。[④]

"奏派咨议官"与"优奖海内宿学"

1906 年秋八月，清学部奏派咨议官，可以说集中了当时各省各方面的学界精英人物，成为时人瞩目的一大热点。故特以倒叙法先录学部照会、名单，再

① 1906 年 3 月 25 日，由严修拟就之教育宗旨奏准颁布，此即《奏定宣示教育宗旨折》。

② 蔡元培《对于新教育之意见》（1912 年 2 月），提出"五项为今后之教育方针"，除上述军国民主义、公民道德、实利主义之外，另两项为世界观教育及美感教育。参见周天度《蔡元培传》，第 42 页，人民出版社 1984 年版。

③ 黄绍箕（1854—1905 年），字仲弢，号漫庵，浙江瑞安人，与沈曾植同为光绪庚辰（1880 年）进士，授翰林院侍读学十，派充京师大学堂总办等职。他是今世文化名人黄氏兄妹（宗江、宗英）之祖父，其父黄体芳（1832—1899），字漱兰，则为清同治进士，翰林院编修，累迁内阁学士，曾为江苏学政，官至兵部左侍郎，与张之洞、张佩纶、于荫霖并称"翰林四谏"，为清流名士。

④ 兹将《教育世界》先后揭载肖像之教育官员列举如下：《管学大臣张冶秋（即张百熙）尚书》（第一百零七号，1905 年 9 月）；《管学大臣孙中堂家鼐》（第一百零八号，1905 年 9 月）；《湖北提学使黄绍箕氏》（第一百三十八号，1906 年 12 月）；《学部严范孙侍郎》（第一百四十五号，1907 年 3 月）。

记罗振玉所述学部会议上对"奏派"一事之争议。

学部照会如下：

> 八月十二日本部奏派一等、二等咨议官一折，奉旨："依议。钦此。"查各省士习民风，所在不同，而学务之得失，利病因之。本部耳目心思，诚有不能周遍者，若有抉其病根，去其壅塞，咨议官其枢纽也。此次奉派咨议各官，才识久著，其于地方学务情形，尚希据实直陈，毋少容隐。曩者风气未开，办理学堂种种棘手，迁就实多。今科举已停，钦奉明诏，为宪政之预备。薄海喁喁，从风鼓舞，应如何审察中外情形，变通尽利之处，务望详细条议，以裨损益折衷，谠议忠言，固本部所愿敬闻也。相应恭录谕旨，钞粘原奏，请烦钦遵查照办理。须至照会者。

学部奏派一等咨议官八人，二等咨议官二十五人，名单如下：

> 太常寺卿刘若曾，前内阁学士兼礼部侍郎衔陈宝琛，三品卿衔翰林院修撰张謇，候补四品京堂郑孝胥，四品卿衔汤寿潜，新疆布政使王树枬，湖北按察史梁鼎芬，直隶候补道严复（以上一等）
>
> 翰林院侍讲丁仁长，河南道监察御史赵启霖，翰林院编修王同愈，翰林院编修缪荃孙，翰林院编修胡竣，翰林院庶吉士谭延闿，内阁中书汪康年，分部员外郎陶葆廉，候选郎中蒋黼，吏部主事陈三立，户部主事谷如庸，刑部主事孙诒让，光禄寺署正罗振玉，河南候补道韩国钧，黑龙江候补道宋小濂，湖北候补道钱恂，候补道熊希龄，直隶天津府知府罗正钧，陕西凤翔府知府尹昌龄，湖南候补知府叶景葵，候选知府伍光建，浙江醇安县知县屠寄，前安徽祁门县知县夏曾佑，直隶候补知县张一麐，湖北试用知县胡玉缙（以上二等）

我们应当知道，学部的上述照会及名单公布之际，正当清廷宣告"预备立宪"而"薄海喁喁，从风鼓舞"之时。郑孝胥说，他夜间来到上海的"宪政公会"，就听"季直（张謇）言，学部照会已到"，并颇为兴奋地于日记中录写了

"所奏辟头等资议官八人、二等咨议官二十五人"的名单。① 汪康年之弟汪诒年日后为其兄编年谱，亦颇以"先生预焉"为荣，附录了学部奏派一、二等咨议官之名单及照会全文。②

那么，罗振玉是怎样看待此事的呢？他说：

> 光绪季叶，各新部皆有顾问，学部亦仿行，将奏派头、二等咨议官。予以为虚名无用，堂官谓他部皆有，学部不可独异。卒奏派十余人，予亦列二等。③

"咨议"者，顾问、参谋之谓。然而，由学部奏派之一、二等咨议官虽非"实官"，却皆从中央及各省中高级官员及学界名流中遴选。罗振玉对此以"虚名无用"四字轻轻一笔带过，何故？曰：咨议官之名单，尤其是"头等八名"，就有张謇及其至交郑孝胥、汤寿潜三人，论比例，占了近十分之四；而早已"戈矛相向"的张謇，竟赫然列于头等第三名，这叫罗氏哪能怄得住这口气！

罗振玉对彼时之热点的奏派咨议官，如是之冷。与之形成鲜明对照的是，他对几近无人理会的"海内宿学"之类，表现出了异乎寻常之热情，并带头提议予以"优奖"！此又何故？

原来，学部成立的次年（1906 年）八月，《荣庆日记》就记有"监考欧美日本游学生，计英二名，德一名，美十六名，日本二十三名"。④ 罗振玉被奏派"充同考官"，阅读农科试卷及各科国文试卷，"明年（1907 年）复派充同考官，戊申（1908 年）、己酉（1909 年），钦派充留学生殿试襄校官"。② 这就使他由留学生考试及其归国以后的"以官奖学"，引发了对"海内宿学"亦应予以"优奖"的提议，他此议获得"相国首肯，令予略举其人"。于是，他推举瑞安孙仲容（诒让）、湘潭王壬秋（闿运），及已故绍兴府教授乌程汪刚木（曰桢），说："汪今虽已故，亦宜追奖。"最后受奖者为王闿运、曹元弼等几位翰林。⑤

---

① 参见《郑孝胥日记》（二），第 1061 页，中华书局 1993 年版。
② 参见《汪穰卿先生传记》，第 116—117 页，中华书局 2007 年版。
③ 罗振玉：《集蓼编》。
④ 《荣庆日记》，第 106 页，西北大学出版社 1986 年版。
⑤ 罗振玉：《集蓼编》。

无俸之官

学部官制明确规定："拟设视学官（暂无定员，约十二人以内），秩正五品，视郎中，专任巡视京外学务。"

设视学官巡视各省学务，是清廷明令废科举、兴学校，加强中央对地方学务之督导，推进学制改革的一项重要举措。

罗振玉乃于调入学部的头两年，先后两次被派充视学官。第一次在 1906 年秋冬，视察直隶、山西两省学务；第二次在 1907 年春夏，视察山东、江西、安徽学务。

说来又是颇具罗氏特色，他两次视学，皆不拿官俸。虽然按规定"视学官沿途食宿均须自给，不得由地方官供给"，可由学部报销，但虽有"出差报销"，却并无工资，罗振玉因而成了"自费做官"的视学官。

当然，也不是因为学部初创，"经费支绌"而不给部员发薪。从学部"一把手"荣庆的日记中可以看到，他于乙巳（1905 年）十一月初十日"调学部尚书"，同月十五日"至学部到任"，十二月十八日就乐滋滋地记下了"学部送每月津贴三百到"。[1] 同样，学部奏设参事厅，罗振玉被奏派"在厅行走"，即由

---

[1] 《荣庆日记》，第 92—93 页，西北大学出版社 1986 年版。

学部"月致饩七十元",这其实就是他这个"秩正五品"的视学官之"每月津贴",但被他"坚却之"。是嫌这份"五品俸"太菲薄?罗振玉的解说是,"服阙后始受饩"。盖"阙"者,终也。就是说,为着表示对父尽孝,他一定要服丧三年,期满之后才能领受官俸。

那么,罗振玉在京的生活、人情等费用由何而来?他曾回述当时的情状,云:

> 予至都,本拟即南归,然既许荣公暂留,家属在南中殊不便,又以北方风土气候皆佳,人情亦较厚于南方,即不官亦可居。乃售沪宅得万元,为移眷及在京费用,再徐图治生之术……明年,因农、教两馆不能遥领,乃均停止。①

罗振玉调学部的翌年(1907年)春,就出售了在上海的住宅,带着家眷进京;而他在京置宅安家等一切费用,即米自"售沪宅得万元"。所谓"农、教两馆不能遥领",盖《农学报》停办于罗氏入都前的1906年1月;由王国维主编之《教育世界》,直到罗氏入都两年,视察数省学务报告刊出之后,于光绪三十四年丁未十二月下旬(1908年1月)停刊,并以未署名的《孔子祭》做了"终刊词"。

这实在颇为意味深长。

那么,罗振玉既表示他入都见过荣庆,"本拟即南归",怎么又举家迁到了北京?他自述,是因为北地风土、气候均"佳",尤其是人情"较厚",使他倍感"即不官,亦可居"。不过,可否反过来说,"既为官,乃居京",不是更好吗?罗振玉曾说他早年在淮安,尧钦公信日者言,说他"当得科第,官京曹",而今未得科第,照样进京做官。在那新旧交替时期,不问什么进士、翰林出身,不拘一格用人才嘛!

我们再试看他所撰《学部设立后之教育管见》,先后四篇,第一篇论说"中国今日设立学部,苦于深明教育者尚少",提出"管见二十二条",并于文末加跋称:"若循此而力行之,二十年间,谓不能与日本教育争烈于亚东者,

---

① 罗振玉:《集蓼编》。

吾不信也。"自署乙己（1905 年）九月。① 这不正是他这位"深明教育者"，发给即将设立之学部的"投名状"么？

不惟如此，时隔半年之后，罗振玉端出了他所撰《学部设立后之教育管见》之四，凡十八条。其第一条为"本部应用人员宜急切延访"，云：

> 凡事得人而理，本部俟部章及外省官制奏定后，即须遴选职员，分任各事，合计应用人员，约分三类：一、各省提学司，约二十余人；二、视学官，约十人内外；三、五司三局两所司员，又须数十人。以现在人才之乏，固宜悬缺待人，不可滥竽充数，然立部以后，职员中有不能暂缺者，如各省之提学司及视学官，固须即早奏派。……②

这时，不仅学部业已成立，而且罗氏本人亦已奏调到部。他大声疾呼，"现在人才之乏"；强调"急切延访"的"应用人员"，则有"各省提学司及视学官"，而这两类"不能暂缺"的人员，无异于在为罗氏"自报家门"，尤其是视学官，如他在第四条"定视学制度"中说：

> 官制奏定，即须先派视学官查察各省学堂，俾令改良，故视学制度，即应早定。且不但应定《视学章程》，且须编《视学大纲》一书，详载视学之条目、方法。缘视学官必明白教育，办事精密者，乃合格。……

仅就视学官一职而言，这"明白教育，办事精密者"，还有比罗氏本人更"合格"的么？

所以，他既已迁家北京，就不会再南归，也不会离学部他适。据罗氏年谱，光绪三十四年戊申（1908 年）春，服阕，并返淮为长子福成办了婚事，于四月相偕入都，阖家团聚于京寓魏染胡同。后移宣内象来街，至辛亥（1911 年）又移新帘子胡同。这就是罗氏从丁未（1907 年）春偕眷入都，以迄于辛亥

---

① 《学部设立后之教育管见》，《教育世界》第一百一十号，光绪三十一年乙巳（1905 年）九月下旬。

② 《学部设立后之教育管见》，《教育世界》第一百二十六号、一百二十八号，光绪三十二年丙午（1906 年）闰四月下旬、五月下旬。

东渡前的"三迁"。① 刘蕙孙晚年回忆说，王国维在学部图书局工作，曾短期住在罗家，晚上下班后常和他父亲刘季英及君美先生（罗福成）"跑去宣外大街喝大酒缸"，② 应该就在此时。当然，回望官宦文士、王孙贵胄云集的春明故地，罗振玉在学部五年（1906—1911 年），且停办了农、教两刊及赖以赢利的农学等几种丛书（或教材），他头两年"不食皇粮"，后三年才"受饩"。姑不问其"月薪"多少，仅以官俸养家活口之外，犹能购得那么大批量的书籍、文物，他究竟有着一套怎样的治生之术？这至今依然是个有待探讨的学术之谜。

督导三晋学政

罗振玉是学部奏派的首批视学官。为呈现历史原貌，谨将《学部奏派视学官片》原文移录如下：

> 再查臣部官制章程，拟设视学官，暂无定员专任巡视京外学务，其巡视地方及详细规则，当另定专章，奏明办理等语。现因各省提学使正在出洋考察，拟俟各该员到任后详询情形，始能定为专章，有所遵守。是以臣部视学官一时未能请补，拟先酌派部员前往近畿各省考察学务，其已办学堂有不合法者，绳纠之；其尚未兴办者，董劝之。冀渐谋整齐画一之法。惟此等人员，必深通教育者，方克胜任。查有调部行走之光禄寺署正罗振玉、江西候补知县刘钟琳、分省试用同知田吴炤、游学毕业生张煜全，学识俱优、操履端洁，堪以派充查学委员，拟先往直隶、河南、山东、山西四省，详细考查，认真稽核，限于年内查毕回京，将所查情形，报由臣部，分别办理。其川资由部发

---

① 罗继祖：《永丰乡人行年录（罗振玉年谱）》，第 33 页，江苏人民出版社 1980 年版。

② 刘蕙孙：《我所了解的王静安先生》，《王国维学术研究论集》第三辑，第 460 页，华东师范大学出版社 1990 年版。

给，不得取给地方。其余各省，仍由臣部陆续遣员考察，以重学务。①

光绪三十二年丙午（1906 年）九月八日，罗振玉及田、刘、张四人分赴直隶、河南、山东、山西四省，罗氏视察直隶、山西。② 其任务，一是"纠"：已办学堂有不合法者，绳纠之；二是"劝"：尚未兴办学堂者，董劝之。关于直隶学务，特别是对庚子（1900 年）以后，直隶全省教育进步之快，罗振玉于视察报告中颇多赞誉，已如前述。这里，谨述罗氏赴太原，考察山西学务，并撰写了较为详尽的调查报告，其中尤其值得关注的，是与晋学关系甚大的两个人物：李提摩太与丁宝铨。

在本年（1906 年）十一月初九日《荣庆日记》中，有如是记述：

> 至松筠庵公宴英教士李提摩泰（亦作"李提摩太"）。令李、张、罗诸君与商晋学事。③

李提摩太（Timothy Richard，1845—1919），英国传教士，于清同治九年（1870 年）来华，先后在山东、东北、山西等地传教，与李鸿章、张之洞、翁同龢、孙家鼐、袁世凯等清廷重臣均有交往。他传教、译书、办学，堪称集传教士、学者、政客于一身。是时，荣庆以军机大臣、学部尚书身份"公宴"其人。荣庆日记所称"晋学事"，主要是指山西大学堂。李、张、罗诸君，盖即原翰林院编修、时任学部右丞之李家驹，以及张元济、罗振玉。

由是可知，罗氏出京视学，首赴太原，于当年九、十月间完成了对山西省学务的视察。从他递呈学部的《山西学务调查报告》来看，④ 视察第一站即山西大学堂。据《山西大学堂职员表》，李提摩太，职任为西斋总理，英国人，履历是广学会长，公费及薪水每年计公费一千八百两。颇可注意的是，"到堂

---

① 《学部奏派视学官片》，原刊《教育世界》第一百四十三号，光绪三十三年丁未（1907 年）正月上旬。

② 罗继祖：《永丰乡人行年录（罗振玉年谱）》，第 30 页，江苏人民出版社 1980 年版。按，学部奏派首批视学官，除罗、田、刘、张四人外，尚有路孝植。

③ 《荣庆日记》，第 110 页，西北大学出版社 1986 年版。

④ 《山西学务调查报告》，原刊《教育世界》第一百三十八、一百三十九、一百四十一、一百四十二号，光绪三十二年丙午十月下旬至十二月下旬（1906 年 12 月至 1907 年 1 月）。

年月"栏内填为"遥管西斋事务"。这是何故？原来，李提摩太是首倡以"庚子赔款"在中国开办学堂的"洋员"，并于1902年利用在山西掠获之赔款银两五十万两，创设山西大学堂，分中西两斋，他自任"西斋总理"。但是，他既为"广学会会长"（即"总干事"），[①] 从1900年"庚子之变"以后，频繁往来于上海、太原之间，故他对于山西大学堂之"西学专斋"，并非"坐堂办事"，而是"遥管事务"，也就无从填报实际年月了。

罗振玉对山西大学堂写了如下调查意见：

> 查本堂于晋省风气，颇有关系。然当日创立时，颇多权宜牵就之处；且中西两斋分立，一堂之中，显分楚越。西斋学生虽由中斋管理，而事权本不能专一，今年堂中总监督又虚旷半年，更不免放任。前监督、本部司员杨主事曾有合并之议，迄未能实行，乃今图之，尚未为晚。……俟两斋合并后，宜力加整顿，以免虚糜。

荣从公宴李提摩太，"令李、张、罗与商晋学事"，山西大学堂"两斋合并"事宜，应该在"与商"之内吧。

罗振玉接着重点考察了山西师范学堂。这所创设于"令德堂"旧址，直至罗振玉莅校视察前的七月才落成新添校舍的师范学堂，确实颇类似于罗氏昔日在苏州"校士馆"筹创之江苏师范学堂。他在视学报告中对督办该校的山西臬司倍加赞誉，称："本学堂由臬司督办，组织完全，不但为山西学堂之冠，即南省亦不多见。"并列举"本学堂之优点"，包括学科完备；监督（校长）得人，各执事员悉能尽职，管理合法；教员学力大致合格，教授有方；器械、标本及一切设备，大致完全；学生学业成绩颇优等。同时，也列举了"本堂之缺点"，但指出"已嘱该堂监督改正"，并且建议"此堂宜直辖本部"，称道"该堂监督热心练事，措置咸宜，实为不可多得之才。若由本部委任，将来成绩，

---

① 广学会，原名"同文会"，1887年成立于上海，1894年改名为"广学会"，主要发起人为英国传教士韦廉臣（1829—1890）。1891年，由李提摩太担任同文会总干事，编印会刊《万国公报》，主持出版《泰西新史揽要》《中东战纪本末》等书刊。

必有可观"。①

不惟如此，罗振玉在他视察山西的第三所学校——太原府中学堂之"调查意见"中，进而表彰山西臬司监办学堂之成就，云：

> 此堂本由太原府督办，初招学生六十人，教科、管理、建筑，一切因陋就简，诸未完全。今年改归臬司督办后，乃添造讲堂，改聘教员，增完学科，较之从前，焕然改观。

那么，这位既督办了"山西学堂之魁"，又在太原府中学堂归其督办后令它"焕然改观"的臬司大人，姓甚名谁？继之，罗振玉为公立全省中学堂撰写了如下"调查意见"：

> 查此堂为全省公立中学堂，由绅士冯济川禀请，由丁臬司、宝学使、刘观察等捐廉开办，又由抚军等拨经费，为之提倡。……然该绅等苦志经营，拮据求进，深堪嘉尚。其学科亦尚完全，其附设之高等小学补习科，为中学预科，办理亦甚合法，且校地甚为宽大，以后应饬提学维持保护，俾得发达进步，以为后来者劝，于晋省学务，颇有关系。

由是可知，该臬司姓丁，还曾参与"捐廉"（"廉"指"养廉银"）办学。"公立学堂职员教员表"开列了该学堂三位主要创办者与领导人，即名誉监督：丁宝铨，臬司；名誉校长：刘笃敬，候补道；教务长：冯济川，举人。

原来，这位"名誉监督"，就是罗振玉续配丁氏夫人之族兄、民国后寓居上海期间被暗杀的山西巡抚丁宝铨（1865—1919），时任山西省按察使（别称"臬司""臬台"）。罗氏在视学报告中无一语提及与"丁臬司"交往，显然是为了讳避这一层亲属关系。岂料，事隔一年之后，发生了刘鹗因所购浦口地产事，而以"汉奸"罪被捕下狱案。丁宝铨乃进京谒见庆亲王奕劻，"以全家保

---

① 据《山西师范学堂职员表》，该堂监督（校长）罗襄，湖北江夏人，举人，候选内阁中书，两湖书院学生，留学日本宏文师范卒业。

于庆邸前，事得暂寝"。时在丁未（1907 年）十一月，刘鹗早已移居上海。[①] 他毅然以全家为刘担保，更是出于一个"检察官"（按察使）的人格与良知。若论个人关系，罗振玉才是刘鹗的近亲与至交。但罗此时一无上层关系，二碍于初入学部，严修既出袁保荐，荣庆亦为袁至交，亦即学部一、二把手均为袁氏座上客，故只能由丁出面"上访"申诉。又过了一年（1908 年），刘鹗被拘捕下狱，流放新疆，罗振玉亦爱莫能助。而丁则因"保刘"开罪于袁，其擢升山西巡抚，故当在宣统帝登基，袁被逐出军机、放归故里之后。宣统三年（1911 年），袁氏借辛亥武昌之变复出，丁则愤而辞职返回淮安故里，曾捐资创办小学堂，向淮安知府申请将书院旧址改办中学堂，等等。其热心地方文教事业，一如昔日督办晋学之时，受到了当地绅民普遍赞扬。

调研江西学务

1907 年春夏间，罗振玉再次被奏派为视学官，视察山东、河南、安徽、江西四省学务。不过从他发表的视学报告及事后的回忆来看，他并未赴豫视学，[②] 而是先至济南，会晤了山东巡抚杨士骧。彼此早年在淮安为总角交，故相见甚欢，罗氏在所撰学务调查中称道东抚及省垣各当道于教育提倡颇力，署提学亦能洞悉学务利弊。孟夏四月，罗振玉至皖，[③] 与数月后被刺身亡的安徽巡抚恩铭相与扼腕论时政，[④] 至为契合，他写了调查报告，陈述该省教育得失，自谓

① 参见刘蕙孙《铁云先生年谱长编》，第 138 页，齐鲁书社 1982 年版。按，关于刘鹗被诬事，一是所谓"袁、世泄宿怨"，盖指刘鹗早年曾与袁世凯、世续在山东巡抚张曜幕中共事，刘得张重用而结怨于袁、世两人；二是浦口地产事，是指数年前刘鹗与友人集资在南京浦口购地，以供修建铁路车站及栈房之用，其时"津浦路议起，浦口实为终点，地价大起"。于是，江浦县豪绅陈浏强欲得地，刘不从，乃使人在京控告刘"为外人购地"。

② 据学部《咨东抚豫抚现奏派江瀚、风来等前往视学文》（《学部官报》1907 年 4 月第十七期），罗振玉未赴河南视学。

③ 据学部《咨皖抚赣抚现奏派罗振玉等前往查学文》，《学部官报》1907 年 4 月第十七期。

④ 恩铭于 1907 年 7 月检阅巡警学堂学生毕业典礼时，被革命党人徐锡麟开枪击杀。罗振玉晚年曾撰《恩忠愍传》哀之。

"因时日苦短，除省垣（安庆）外，仅及芜湖一处"。① 旋溯江而上至南昌，重点视察江西学务，撰写了极为详尽的调查报告。② 他在《江西学务调查总说》中，③ 对该省教育现状及应加改良之处，提出了比较中肯的意见。首先是师范教育，着重指出应提升师范学堂教员程度，酌减管理人数，特别是外府县所设师范传习所"名实不副"，临江传习所发费二千余元，而"调查时所见学生仅十余人"，不如停办，将所有经费解省扩充省城师范。由于江西师范学堂设立甚晚（前年始创），故初等教育尚无基础，官立之初等小学全不明教授管理之法。所以，罗振玉说，他已与林学使商定，④ 将现充各学堂教员，轮流派遣至他上年视察直隶学务时所表彰的天津模范小学堂，参观实验、教授、管理之法。

在赣视学，罗振玉颇感欣慰的是，江西高等学堂设立稍久（预科已卒业），调查学业成绩，汉文颇有甚优者，尚有南丰、临川、庐陵之遗风；而科学则尚未能深造，良由师资难得，此各省皆然，不仅该堂如此。他强调指出：

> 方今各省，新学未兴，旧学已替，即以国文一端言之，则有江河日下之势。江西高等及方言等各学堂，尚有能古文者，此殊可喜，亟应保护之，勉进以新知识，而益充其所学。即年龄稍长，现在科学与中学学力不能平均，亦须将此等中学优者，特设一班，令专修各种科学，不可以现在科学未优，遽加斥退。此提学使与各堂监督当注意者。

可以说，这是罗振玉攻究旧学数十年方能体察的真知。而他在一百多年前视学中提出，应当保护能古文者，勉进以新知识，至今犹未失为"当注意"的

---

① 《安徽学务调查总说》及上述《山东学务调查总说》均署"学部视学员报告"，分刊于《教育世界》第一百五十三、一百五十五号，光绪丁未（1907年）六月上旬、七月上旬。

② 《江西学务调查报告》，原载《教育世界》第一百六十三至一百六十五号，光绪三十三年丁未（1907年）十一月上旬、下旬及十二月上旬。

③ 《江西学务调查总说》署"学部视学员报告"，载《教育世界》第一百五十四号，光绪三十三年丁未（1907年）六月下旬。

④ 林学使，即林灏深，原学部右参议，1906年8月偕同黄绍箕所率各省提学使赴日本考察教育，回国后被简派为江西提学使。

灼见。

还不可忽略的是，罗振玉积十数年兴农倡业的感悟，对实业教育提出了不乏灼见的总说，原文移录如下：

> 江西省城实业学堂，现设农学一部，组织完全，管理员办理精密，深可嘉尚。现在所授科学，程度虽未深，而教员讲授则颇热心，试验场分端试验，尤为精密。将来学科程度日渐升高，应于此附设教员养成所，以养成农学教员，则各府县之初等农学，可以遍立。江西素称农地，此堂之关系甚大，亟应就现在之基础而扩充之，然后逐渐添设高等工业学堂，而附设工业教员养成所，以养成初等工业教员，则江西实业必能日益发达也。又江西向号林区，仍宜因势利导，将来此堂预科卒业时，应特设林学专科，以谋林业之进步。至蚕桑一事，江西春期多雨，似非所宜，不如专力农林之事半功倍也。

罗振玉视察的，虽仅"素称农地"与"向号林区"的江西省城实业学堂"现设农学一部"，而他作为近代新农学的倡导者，如此热心于农林教育事业，至今仍令我们由衷地钦敬！

举国研讨"罗八条"

现在，让我们回头来看罗振玉拟写的《各省十年间教育之计划》。这是他与《学部设立后之教育管见》次第推出的又一重要教育论说，实在也是他被奏调学部，为了"各省兴办学务"而"统筹全局""筹定办法"之教育文献。就当时来说，他被奏派视学官，正是对实施此计划之查证。

事实也确实如此。继罗振玉被派充视学官之后，学部又向各省提学司发出专文，饬议罗氏"草案"，此处简称"罗八条"，谨全文移录如下：

为札行事普通司案呈：照得教育之兴，造端宏大。以吾国土地之广，人民之众，风俗习尚各有不同，地方财力亦分赢绌，欲求普及，本非易事。然成效虽远，规画宜先，谋定后动，事预则立。本部总揽学务，责有专归，自应预计将来，以便次第设施，统筹全局，以期通力合作。若普通教育，若实业教育，若高等专门教育，或当自卑之高，养成完全程度；或当因时立教，借应人才急需，事端至繁，理论不一。要之，教育一事，纯在任此事者人人心知其意，各晓然于将来之所希望者如何，目前所当措置者如何，乃能实事实心，不以因循废时，不至凌杂失序，教育庶有振兴之日。惟预定事目，固当深谙理由，亦当体察事势。查本部二等咨议官罗署正振玉，前拟草案，或经本部酌量采用，或与现在情形略有不同，至其规画全局，预计将来，足资讨论，应即发交各省提学使司督饬学务公所暨教育会人员，逐条核议，分别可行与否，各具议案，由提学使司于文到两月之内，汇寄本部。此项议案，应各取具原稿并注议者姓名，随文申送，以期集思广益，所有折衷，一俟议案汇齐，再由本部酌定，划一办法，通行各省，切实办理。为此札行该提学使司遵照办理可也。此札。①

札中所称罗氏"前拟草案"，殆即 1906 年四月推出的《各省十年间教育之计划》。② 兹将其所筹"规画全局，预计将来"的八项计划，条列如下：

第一，推广师范名额，以养成教员；

第二，各厅、州、县设立小学堂；

第三，每府立中学堂；

第四，振兴实业教育；

第五，各省立专门政法学堂；

第六，各省设立高等学堂；

第七，各省兴学次第；

---

① 《学部为饬议罗署正振玉草案札各省提学司文》，原刊《教育世界》第一百五十三号，光绪三十三年丁未（1907 年）六月。

② 罗振玉：《各省十年间教育之计划》，连载于《教育世界》第一百二十三至一百二十五号，光绪三十二年丙午（1906 年）四月上、下旬，闰四月上旬。

第八，各项教育经费。

罗振玉的这个教育计划，既立足全国，又放眼全民。且看其首项"推广师范名额"：

> 方今振兴教育，当谋普及，乃可增进国民之程度。兹查中国人口，约计四万万，应受学之人，约一万万。此一万万人中，及学龄之儿童，至少约计五千万。统计各行省百八十三府所辖厅、州、县一千六百八十有一（连直隶州、厅计之），若每州、县立小学堂三百所，则一千六百八十一州、县共设小学堂五十万零四千三百所；以每所学生百人计，共计学生五千零四十万三千人（注略），教育乃可普及。每学堂一所须用教习三人（以每堂百人计），共须教习百五十一万二千九百人。今教育方始，以财力与教员之缺乏，何能遽言普及？然每州、县亦须先立模范小学堂十所，假定每省为八十州县，则每省应立小学堂八百所，每所教员三人（注略），共须教员二千四百人，此为最少之数。然以今日已立之师范学堂征之，名额太少，绝不足以餍今日之需求。是应亟为推广，以济目前之急。

我们应注意，罗振玉的这个统筹全国四万万人口的教育计划，虽个人署名，但发表时他已经是学部的一位颇具知名度的官员，又由学部发出专文饬议，故其影响力不可小觑。上海《东方杂志》曾予转载，并以"驳议"的方式加以评述与讨论，略谓：

> 各省教育之事，关系至巨。罗氏教育计划，不可谓非体大思精者。惟事关全国，亟宜合国人而讨论之，期其议之可行，行之无弊，斯固公共之责也。[①]

通过这篇"驳议"，被誉为"体大思精"的"罗氏教育计划"，得以推向社

---

① 《罗氏教育计划驳议》（侯官林万里稿，罗氏原论曾载本杂志1906年第九期），《东方杂志》卷四第八号，1907年10月2日。按，罗振玉《各省十年间教育之计划》（节录1906年第七期《教育世界》），刊于《东方杂志》卷三第九号，1906年10月12日。

会，成了公众的话题、舆论的热点。

"十年教育计划"与"一时权宜办法"

上述各省"十年教育计划"，亦可称为"罗八条"。其要则可概而为三项，即办学层次、兴学次第、教育经费。

先说第一项办学层次，此即"罗氏教育计划"之一至六条，对省、府、县（州、厅）各级各类应办学堂，提出具体要求。其中包括推广师范（各省省城师范学堂、县立师范传习所、府立初级师范学堂等）；厅、州、县设立小学堂、府立中学堂，以及女子小学堂、中学堂；兴办实业教育，设立法政学堂、高等学堂。

再说第二项兴学次第。此即"罗氏教育计划"第七条，实为该计划之核心所在，强调"兴学一事，应循序以进"，略谓：

> 故欲兴初等之教育，应先养成教员；欲兴高等之教育，必先养成学生。二者之机关，一在师范学堂，一在中学堂。师范养成小学，乃可兴中学，卒业而后高等学堂乃可升进。

循此次第，除了将前述各省应办之各类学校列出总表之外，又对省、府、县十年间兴学次第分别提出了要求。

尤可注意者，罗氏最后对各学堂开办经费应力求节省，提出警示：

> 查各省因建筑一小学堂，费至二三万金，而教习不能得人，教科不能全备者，多有之。以目前之财力支绌言之，与其糜巨金于建筑，何如移经费以图内部之完全？且教育一事，重在精神，不在形式。精神者何？内部之构造是也；形式者何？建筑之宏大是也。此应由各省就现在财力，预定一各种学堂开办费数目，通行遵守为要。

　　看来现被广为传颂的名言：大学者，不在有大楼，而在有大师。实则，早在一百多年前，罗振玉即以兴学当重精神而不在形式，不在"建筑之宏大"，警示当局，告诫国人了！

　　当然，罗振玉的"十年教育计划"，是在清廷明令废止科举的当年（1906年）春夏间出台的。所谓"振兴教育"，谈何容易？办小学堂教师尚未"养成"，又何来"教育普及"？故其统筹全局，以谋普及的"顶层设计"及各项相应举措，莫不招致了"驳议"，包括计划中所列"师范教习以日本人之卒业大学、高等学堂者充之"，"体操科教习以日本师范卒业生充之"等，只能是"一时权宜办法"。早在该计划出台前一年（1905年），王国维就撰了题为《论平凡之教育主义》的文章，他非但不"过信东人"，且痛驳日本《教育时报》主笔辻武雄提出之"不立小学不能立中学，不立中学不能立大学，故今日当务之急在多立小学，而中学、大学图之小学尽立之后未为晚也"，[①] 乃是"近理而乱真"的"平凡主义"，王国维指出：

　　　　欲兴小学，则不可无小学之教师，而小学之教师，非受中等之教育者不能为也；欲兴中学，不可无中学之教师，而中学之教师，又非受高等之教育者不能为也。故初等、中等、高等之教育，三者当并行而不当偏废。今日之要务，在一面兴普通教育，一面招集年长才秀之生徒，先与以必要之预备，而后授以专门之学术，庶足以理万端之新政，而供中学之教育。事无亟于此者矣！[②]

　　可以这样说，王氏之论，实乃罗氏本其"预计先后缓急，循序以图进步"的兴学愿景，构建其"十年间之教育计划"的一个"预案"；作为各省兴学次第之核心的"欲兴初等之教育，应先养成教员；欲兴高等之教育，必先养成学生"的精辟之论，正是在王国维批驳"平凡主义"的基础上提出的。

---

　　① 〔日〕辻武雄：《支那教育改革案》，《教育世界》第三号，光绪二十七年辛丑（1901年）五月上旬。

　　② 王国维：《论平凡之教育主义》，《静庵文集》，《王国维遗书》第五册。按，此文原刊《教育世界》第九十七号，光绪三十一年乙巳（1905年）三月上旬。

与香帅的五年重会

罗振玉没有想到，他能在学部遇到张之洞。或者说，当他离鄂五年后，再会这位业已七旬高龄、位极人臣的昔日封疆大员时，张氏已进入军机，竟然成了自己的顶头上司！

当然，最为关注张氏以鄂督进京、入阁拜相的，是前此早已与之相识，并有书信往还的荣庆。[①] 他在光绪三十三年丁未（1907 年）七月二十七日日记中，即记有"闻南皮相国、项城制军入枢庭"，亦即张之洞（南皮）是与时任直隶总督的袁世凯同时奉调进入军机的；八月十日，记有"答香涛（张之洞别号香涛，一作'湘涛'）世丈步于招贤馆"，荣庆尊之为"世丈"的张之洞甫抵京，他即以晚辈身份前往其住处拜访，并有诗酬答，相当亲热；而八月十四日，则记云：

> 闻湘涛丈管本部。主持有人，学务之幸。

---

① 参见《张之洞致荣庆》，谢兴尧校点《荣庆日记》附录（三）《师友渊源录》之九，西北大学出版社1986 年版。

应当指出，曾经主持制订钦定《学堂章程》（即"癸卯学制"）的张之洞，以体仁阁大学士、军机大臣兼管学部，当然绝非只是挂名。从他与罗振玉的谈话中，我们可以看到，张之洞自有一套兴教办学方略。自此，他在事实上成了学部的最高决策者。

越两日，即八月十六日，荣庆于"饭后访南皮于招贤馆，久话"。① 这应该是作为学部尚书的荣庆，正式拜会已由朝廷发表为管部的张之洞，并向他禀报本部情况。就荣庆而言，无论是资望，还是学问、文章，他以张之洞管部为"学务之幸"，应出于真诚的敬仰。

张之洞"到部日循例旅见"时，对主动前来求见的罗振玉说，今天还要去各司看望，不能接谈，明日下午，请务必前往我住处面谈。这实际上是示意罗氏：老夫还须与君促膝长谈，做个思想交底。

罗振玉心领神会，如约往谒。

张之洞开门见山说：足下此次调入学部工作，是件很好的事情，就不要再提什么"被发入山""守孝回家"这些话了。

罗答道：木人到部后，屡发异见，愚戆不通世故，并且早已向荣相陈明入都暂留数月，仍拟南归，故恳请中堂大人恩准。

古称三十岁为一世人生。张之洞年长罗振玉将近三十岁。他对于面前这位既自谓"愚戆"，又颇被学部上下视为"守旧"的老部下，可以说是知根知底。其时，罗已携眷入都，在京城安了家，却还要当着自己的老长官，又是老前辈，重复他在初见荣庆时说过的"不久乞归"之类话头，这不惟有欠诚恳，实在也太见外了。

中堂面露不悦之色，旋即莞尔曰："我必不任君去。"这也算是一种"打招呼"：请君安心学部工作，莫再提啥"南归"；本部堂可以给你官，但不会批准你"去"！

① 以上日记，参见《荣庆日记》，第119、120页，西北大学出版社1986年版。

存古学堂与国学馆

于是，张之洞转入了他约罗振玉谈话的正题——存古学堂。

张问：本部堂在鄂奏设存古学堂，君意以为如何？

罗答：中堂维持国学之苦心，至为钦佩。唯国学浩博，毕生不能尽；奏设之学年限至短，复加科学，恐不易期办学成效。

张赞同，说：此论极是。但不加科学，恐遭部驳。至于"年限太短，成效必微"，但究胜于并此无之耳！

那么，何以要"存古"？张之洞奏设存古学堂，在1907年农历七八月间，亦即他将要卸任湖广总督之前，奏请创立湖北存古学堂。[①] 而所谓"苦心"，即其奏折中所陈之"近来学堂新进之士，蔑先正而喜新奇，急功利而忘道谊，种种怪风恶习，令人不忍睹闻"，故他怀着"不啻有洪水猛兽之忧"，疾呼"必有乱臣贼子之祸"。不过，在我们看来，他奏设存古学堂，与其说是体现了他"以扶翼世道为己任"，毋宁说是恰好道出了清王朝日暮途穷、大厦将倾的历史真实。事实上，早在数年前（1904年），张氏就拟发了《两湖总督张札设立存古学堂文》，[②] 从学理上阐明了其"存古"宗旨，他说："今日环球万国学堂皆最重国文一门。国文者，本国之文字语言，历古相传之书籍也。即间有时势变迁，不尽适用者，亦必存而传之，断不肯听其澌灭。至本国最为精美擅长之学术技能，礼教风尚，则尤为宝爱护持，名曰'国粹'，专以保存为主。此皆所以养成其爱国之心、思乐群之性情，东西洋强国之本原实在于此，不可忽也。"

由此看来，所谓"存古"，就是护持"国粹"，而其核心，则在"养成其爱国之心、思乐群之性情"；其要旨，端在以之为"强国之本原"，这应该是其发

---

① 《辞海》有"存古学堂"条目，其1980年版谓：1905年张之洞改武昌经心书院为存古学堂，1908年后，江苏亦仿照设立。2010年版，则谓：1907年张之洞首改武昌经心书院为存古学堂，后江苏、陕西、四川、河南等省亦仿设。按，当以2010年版为是。

② 《两湖总督张札设存古学堂文》，《东方杂志》卷四第一号，1905年2月28日。

轫"存古"之初衷。恰值此时，在上海设立国粹学社，并创刊了影响极大的《国粹学报》。其主编邓实，原与罗振玉在沪相识已久，故罗、王皆为学会会员及学报撰稿人，[①] 就不是偶然的了。

当然，具体到怎么创办存古学堂，张之洞亦颇费了一番苦心。他在札文中说："查此次钦定《学堂章程》内《学务纲要》第十一条，即系重国文以存国粹。"所以，他拟设之存古学堂，乃本于钦定《学务纲要》，是"照章办学"，而非"另搞一套"。张之洞称他在鄂"所建专为令诸生通经学古而设"之经心书院故地改为存古学堂，并且要按照他的《书目答问》中之学问，专聘通中学经、史、诸子、词章各门学问之师儒为教员，选取中学较优之生入此堂，毕业以七年为限；[②] 并明确规定，凡习经、史、词章三门者，"后四年皆须同习博览一门"。而所谓"博览"，包括数理化诸学，殆即罗振玉所说"加学科学"。不过，罗振玉担心其年限太短，难见成效，故进而提出了与"存古"相对应的"国学"理念，并禀告张之洞说，当学部集议存古学堂时，他就专呈说帖，推广中堂之意，提议各省设立国学馆一所，内分三部：图书馆、博物馆、研究所。

罗振玉还概述了何以要内分三部之理由，他说：

> 因修学一事，宜多读书；而考古，则宜多见古物。今关洛古物日出，咸入市舶，亟宜购求，以供考究。至研究所，选国学有根柢者，无论已仕、未仕及举、贡、生、监，任其入所。研究不限以经、史、文学、考古门目，不拘年限，选海内耆宿为之长，以指导之，略如以前书院。诸生有著作，由馆长移送当省提学司，申督抚送部。果系学术精深，征部面试。其宿学久知名者，即不必招试，由部奏奖。如是，则成效似较可期。

---

① 《国粹学报》系国粹学社主办，于光绪三十一年（1905年）初创刊于上海，以研究国学、保存国粹为宗旨。经笔者查证，其撰稿人有刘师培、章太炎、黄节、陈去病、马叙伦、王国维、罗振玉、廖平、郑孝胥等，均为国学保存会（初名"国粹学社"）会员。

② 据1911年4月颁布之《学部修订存古学堂章程》，规定培养初级师范学堂及中学堂经学、国文、中国历史教员及经科、文科大学预备生，设经学、史学、词章三门，分中等科，修业五年；高级科，三年。

张之洞闻之欣然，赞赏道："君此法良佳，当谋奏行。"

《圣谕广训》与大学章程

接着，罗振玉乘兴向张之洞进言，坦陈他对王国维谓之"南皮张尚书实成之"的学堂章程意见。他说，"以前奏定各学堂章程，乃以日本为蓝本"，其中与我国国情不合之处，尚应有所增删。特别是重申他昔日提出的"奉《圣谕广训》为修身道德之纲领"，[①] 他说：

> 我朝自世祖颁六谕以训天下，厥后圣祖广之为十六条，世宗又推行为广训。从前学政案试各郡，必下学讲演；童生考试，必会默写。此诚教化之本，中小学校亦宜宣讲。日本有《教育敕语》，其例可援。

罗振玉推尊的《圣谕十六条》，乃于清圣祖康熙三十九年（1700 年）"颁行于直省学宫，雍正二年（1724 年）演为《圣谕广训》，使士子习之"。谨将十六条依次移录如下：

> 一、敦孝弟，以重人伦；
>
> 二、笃宗族，以昭雍睦；
>
> 三、和乡党，以息争讼；
>
> 四、重农桑，以足衣食；
>
> 五、尚节俭，以惜财用；
>
> 六、隆学校，以端士习；
>
> 七、黜异端，以崇正学；

---

① 参见罗振玉 1902 年所拟《学制私议》："奉《圣谕广训》为修身道德之纲领，令全国学校，一律遵守。"

八、讲法律，以儆愚顽；

九、明礼让，以厚风俗；

十、务本业，以定民志；

十一、训子弟，以禁非为；

十二、息诬告，以全良善；

十三、戒窝逃，以免株连；

十四、完钱粮，以省催科；

十五、联保甲，以弭盗贼；

十六、解雠忿，以重身命。①

应当看到，罗振玉是个很讲政治的人。他前此在鄂进呈张之洞"新政"的建言中，曾提出了"理国治生"的兴农办学理念；而此十六条圣谕，则正是他心目中大清皇朝鼎盛期（或曰"康乾盛世"）理国治生之基本准则，这是一方面。另一方面，罗振玉曾因"过信东人"遭时人讥劾。日本的《教育敕语》与侵华日军人手一本的《军人敕谕》，皆以宣扬对天皇效忠来为其侵略扩张的军国主义服务，故援此为"例"，将日本的所谓"敕语"与晓喻修身齐家、安邦治国为基本理念的《圣谕广训》等同起来，混为一谈，显然不妥。实际上，罗振玉仍在宣扬其"以日本为蓝本"的教育理念。这是完全错误的。

还有一点也值得重视，张之洞"管部"，直到卧病在床，还在一丝不苟地审读学部编译图书局编纂送审的中小学教科书。这恐怕就连学部尚书荣庆、侍郎严修都不能及。而罗振玉更敬服他是位有学问的大官（而非颟顸不学的官僚），罗氏晚年在旅顺向儿孙讲授《书目答问》时曾说：

这是引导读书入门的主要书。作者张南皮虽然是清末大官僚，但他有学问。有人说这书是缪艺风（荃孙）代做的，② 不可靠。缪的学识不及南皮。③

---

① 转引自蒋黼《中国教育史资料》卷九《国朝·学校》。

② 参见柳诒徵1931年为范希曾编《书目答问补正》所撰序，称："文襄之书，故艺风师代撰，叶郋园（叶德辉）氏亟称之。"

③ 罗继祖：《涉世琐记》，《海角濡樽集》，第195页，《长春文史资料》1993年第一辑。

然而，罗振玉创建国学馆的构想，虽有胜出张氏存古学堂之处，而在办学理念方面却反逊张之洞。我们不妨回头来看上述张氏存古学堂相关札文中对"温故知新"一语的训读：

> 孔子所言"温故而知新"一语，实为千古教育之准绳。所谓"故"者，非陈腐顽固之谓也，盖西学之才智技能日新不已，而中国之文字经史万古不磨，新古相资，方为万全无弊。

曾以"效西法"撰《江楚会奏变法三折》，推行"新政"的张之洞，能如此明白无误地贬斥"陈腐顽固"，这是自称"愚戆"的罗振玉所不能及的。自戊戌至辛丑（1898—1901 年），无论以光绪帝为主导之"变法"，还是由西太后掌控之"新政"，罗振玉均厕身于"维新"阵营，致力于"维新"事业（包括农学与教育），同时又自居于"顽固"一党。故在他的论著中，绝无贬"陈腐"之文，斥"顽固"之语。

当然，提倡"中体西用"的张之洞，"数典"而不会"忘祖"。故于存古学堂课目中"算学一门"，特别提到"本朝列圣钦定《数理精蕴》等书，测算即用西法，自不宜墨守九章四元"，[①] 所指即康熙帝敕编之《数理精蕴》《律历渊源》等书。这位以精通算学著称的圣祖皇帝，还亲自传谕十数名传教士测绘各省地图，旋由法王路易十四派遣来华的精于历算舆地之学的白晋（Jonchin Bouvet）汇成总图，名曰《皇舆总览图》。康熙帝并且夸口说，这是他老人家花了三十多年心力，组织中西臣工测绘而成。[②]

这就是所谓"测算即用西法"。

显然，张之洞列举《数理精蕴》等书，无非是要表明其讲"存古"，还须"知新"；他的"效西法"，源于"本朝列圣"。这同罗振玉以圣谕为教育之"本"，对新式学堂的学生强行灌输圣谕，是两码事。

但是，转入"国学"的学术领域，罗振玉可谓俯仰自如。他对大学经科、

[①] "九章"即《九章算术》（亦作《九章算经》），中国传统算学最重要的经典之一；"四元"，即"四元术"，以天、地、人、物四元建立四元方程组的解法。

[②] 参见萧一山《清代史》，第 28 页，辽宁教育出版社 1997 年版。

文科课目"增删"之见，自非深究经史堂奥者所不能道。他说：

> 至大学章程，经科课目宜增历法，文科宜增满、蒙、回、藏文，
> 此皆我蕃属，且为考古所必须。原课表皆无之，反有埃及古文。其实
> 埃及文字虽亦象形，与我文字故非出一源也。[①]

罗振玉对《学堂章程》的这些思考，得到了张之洞的首肯，并当即命其将以前定章加以补订，以便具奏更改。罗振玉说，他遵命——"加签呈堂"，无奈学部堂官认为此非急务而搁置了下来。嗣后，张氏病重不能到部视事，所议更改《学堂章程》之事也只好作罢。

内阁大库珍贵书籍档册之发现

"古来新学问起，大都由于新发见。"王国维如是论说。[②] 而曾被装了"八千麻袋"的内阁大库档册之发现、抢救、保存，实乃张之洞奏请"试署"与"奏补"罗振玉为学部参事官，共图"存古"事业中最为突出的一大贡献。

[之一] 起因：为了举办摄政典礼

在北京故宫东华门内，有一个庋藏档案、书籍的处所，称之为清代内阁大库。其地在文华殿西、协和门东，分东西二库，共二十大间。东库贮存实录、圣训、起居注等；西库所藏多于东库，书籍居十之三，档案居十之七，书籍多

---

① 以上引语，具出罗振玉《集蓼编》。
② 王氏概述近代中国学问上之最大发现有四：曰殷墟甲骨文字，曰敦煌塞上及西域各处之汉晋木简，曰敦煌千佛洞之六朝及唐人写本书卷，曰内阁大库之元明以来书籍档册。此四者之收藏、抢救、流传、考释，均有着罗振玉的劳绩与贡献。参见《最近二三十年中国新发见之学问》，《静庵文集续编》，《王国维遗书》第五册。

为明文渊阁藏书之孑遗，档案则为明清旧档。

然而，就是这么一个旧档堆积、从未有人过问的处所，这几天朝廷忽命内阁典藏厅掌管钥匙的库吏打开库门，有人前来光顾了。

所为何事？且听罗振玉追述当年情状：

当戊申（1908年）冬，今上嗣位，醇邸摄政，令内阁于大库检国初时摄政典礼旧档。[①]

罗氏所称"今上"，就是斯时尚在襁褓中的三岁娃儿溥仪。

且看《荣庆日记》：光绪三十四年戊申十月二十日，"未正奉懿旨，醇亲王之子溥仪在宫内抚育，并在上书房读书，醇邸授摄政王"。

十月二十一日，"饭后七钟闻龙驭上宾，哀恸欲绝……一钟奉懿旨，以溥仪入承大统，承嗣穆宗并兼祧大行皇帝，醇邸以摄政王监国"。

十月二十二日，"皇太后大渐"。[②]

就这样，两天之内，光绪帝、慈禧太后接连去世（《荣庆日记》谓"天容惨暗"），宣统帝溥仪嗣位，摄政王载沣监国。

史称"世祖年幼，赖多尔衮以为治，驾驭贰臣，混一天下"，[③] 这位被尊为"皇父"的多尔衮，替清世祖顺治摄政，而在他驾驭的"贰臣"中，就有被罗振玉从大库档册中发现了其"揭帖"的洪承畴。而今，既由醇邸摄政，载沣为了举办摄政典礼，于是命内阁派员从大库内寻觅相关的旧档。

结果如何？不仅"检之不得"，而且反过来还上了道奏折，说库内旧档太多，请焚毁，并且"得旨允行"！

消息传来，首先惊动了翰林院诸臣，因为库房档册里有着诸公参加殿试的试卷。于是，为了查找本人的试策及本朝名人的试策，他们争相来到了大库……

---

① 罗振玉：《集蓼编》。
② 《荣庆日记》，第141页，西北大学出版社1986年版。
③ 萧一山：《清代史》，第251页，辽宁教育出版社1997年版。

［之二］发现：一纸宋人玉牒残叶引出重大话题

翰苑诸臣入库寻觅试策，按照罗振玉记述，当时被随带出库的仅有一纸："偶于残书中得宋人玉牒写本残叶。"

就是这一纸，我们还得感谢时为翰林院编修的章梫。是他，将此玉牒残叶影照，"分馈同好，并呈文襄（张之洞）及荣公（荣庆）"。

但其所以能被发现，还得感谢"荣相延文襄午饮，命予作陪"。好古的张之洞在午饮间讲到了宋人玉牒，并向作陪的罗振玉咨询。

张问：何以大库有宋人玉牒？

罗答：此即《宋史・艺文志》之《仙源集庆录》《宗藩庆系录》。南宋亡，元代试行海运，先运临安（杭州，时为南宋国都）国子监藏书，故此书得至燕（北京，元称"大都"）。

所谓宋人玉牒，就是宋代帝王的族谱。北宋皇室曾于淳化年间（约 990—995 年）置玉牒所，建玉牒殿。罗振玉后来还曾为他收藏的宋写本玉牒残叶作跋，记述此残叶一纸之尺寸（以今裁衣尺量之），并以玉牒所记勘正《宋史》宗室世系，云：

> 此残叶记士（角句）、士嘗、士埔三人，均太宗第四子商恭靖王元份曾孙仲營之子，见《宋史・宗室世系表十四》商王房……此仅一残叶，已可校正史表误字三。若北京所存尚四十余卷，取以比勘，其所得当不可数计。[1]

当然，一纸宋人玉牒残叶，只是引出了是否和如何保存内阁大库书册档的重大话题。席间，罗振玉讲了文渊阁的来历，说，据前人查考，明代文渊阁实即今内阁大库。现既于大库得此二书（即上述《仙源集庆录》《宗藩庆系录》），则此外藏书必多。何不以此为由头，询问内阁诸臣？

张之洞闻之欣然。经询问，果然如罗氏所言。不过，阁僚们又说，那都是

---

[1] 《宋玉牒写本残叶跋》，《车尘稿》，《罗振玉学术论著集》第十集（下）。

些残破无用之书。罗振玉乃迅即以《文渊阁书目》进呈，禀告张之洞，说，书虽残破，亦应整理保存。大库既不能容，何不奏请归学部，书籍可由即将建立的京师图书馆保存，不是更好吗？

张之洞俞允，具奏书籍归部，并且强调"片纸只字，不得遗弃"。随即委派两位内阁中书，即吴县曹君直（元忠）、宝应刘翰臣（启瑞）负责整理，而罗振玉则奉命随时前往内阁相助。这天，他来到大库，见曹正在整理书籍，另有人导罗到西头屋说，这是选存的；到东头屋则说，这是无用的，当废弃。罗暗忖：文襄原奏，说得明明白白，片纸只字，不得遗弃，何以废弃如此之多？再看架上有地图数十大轴，便问：这也是废弃的吗？答："旧图无用，亦应焚毁。"罗随手取了一幅打开观看，乃清初时所绘，怎可任意烧掉?！他急忙返部，打电话报告张之洞。罗振玉后来追思当时的"废弃"，仍痛惜万分地说：

> 文襄立派员往运至部。于是所指为无用者，幸得保存。然已运外出者，实不知凡几。今库书自南北人家流出者甚多，皆当日称无用废弃者也！

他接着讲了前往内阁观察库书时的情状：

> 见庭中堆积红本、题本，高若丘阜，皆依年序月顺序结束整齐。随手取二束观之，一为阳湖管干贞任漕督时奏，一为阿文成公用兵时奏（即阿桂征金川时奏折）。询何以积庭中，始知即奏请焚毁物也。私意此皆重要史稿，不应毁弃，归部为侍郎宝公（熙）言，请公白文襄。宝公谓既已奏准焚毁，有难色。强之，允以予言上陈。及告文襄，文襄韪予请，然亦以经奏准为虑，低回久之，曰：可告罗参事，速设法移部中，但不得漏于外间。宝公以告予，予乃与会稽司长任邱宗君梓山（树柟）商之。

就这样，大库内堆积如山的书册档案，经罗振玉强请时任学部左侍郎的宝熙（瑞臣）上陈张之洞，张之洞考虑再三后终于发话："可告罗参事，速设法移部中。"可谓一锤定音，一语夺回了无数宝贵的大库史料，使之免遭焚毁的厄运！

［之三］装存："八千麻袋"终于存进了国子监敬一亭

当然，还须谨记张之洞叮嘱——"不得漏于外间！"就是不可伸张，不要让学部以外的人员知晓。

然而，要将前述内阁大库"东头""西头"，二十大间内那么多书册档案"移部中"，又岂是易事。实际操作，唯有商请掌管本部经费及财产器物的会计司协同支持。[①]首先是，"移部须费用"，谁来批拨？罗振玉亟赞该司司长宗梓山"明敏敢任"，并记述了他与宗君商议谋划，完成装袋、运部、转入敬一亭"三部曲"的经过。这一过程关键在历经曲折之后终于装成"八千麻袋"，且看罗氏相关记述：

> 梓山曰：部中惜费甚，若堂官不出资，将如何？予曰：若尔，予任之。宗君乃往观。越日，报予曰：庭中所积仅三之一，尚有在他处者。相其面积，非木箱五六千不能容。无论移运及保存，所费实多，公何能任此者？部中更无论矣。盍再请于文襄？予以此事文襄已有难色，若更请，设竟谓无法保存，仍旧焚烧，则害事矣。因告宗君，但先设法移部，移部后再思贮藏法。宗君思之良久，曰：然则先以米袋盛之，便可搬运。米袋有小破裂不能盛米者，袋不过百钱，视木箱价什一耳，部中尚可任之，然非陈明堂官不可。公能白之唐公乎？予称善，乃上堂言之。唐公颦戚，尚未作答，予遽曰：此所费不逾千元，设部中无此款者，某任之。唐公微笑，命由部照发，乃装为八千袋。

本着忠实历史的原则，我们实录罗氏事后追记。不过，从"盍再请于文襄"，到"唐公颦戚，尚未作答"，罗氏娓娓道来，行文一气呵成，中间不过隔了宗司长"思之良久"而"计上心头"的盛米袋之想，以及罗氏自己掉头"上

---

① 据学部官制，会计司"掌本部经费之收支报销""管理本部所有财产器物"等。按，亦有传记称："罗氏迅即与内阁会计司长宗梓山商磋。"盖属误记。

堂"，征得唐公同意"照发"米袋费两个小细节。

果有如此简捷么？否！唐公为谁？就是接替荣庆任学部尚书之唐景崇。

据记载，"体仁阁大学士张公之洞薨于位"，[①] 时间是溥仪嗣位后的宣统元年（1909 年）八月二十一日；荣庆"奉旨调礼部尚书"，时间是宣统二年（1910 年）二月二十二日，[②] 则唐景崇接任学部尚书，当在本月。

1908 年冬十月张之洞为罗振玉"奏请试署参事官"，随后又于翌年春"奏补"，盖"补"者，实缺也，亦即经"试用"而正式任命为学部参事官。

然则，张之洞发话"可告罗参事，速设法移部中"，当在宣统元年（1909 年）春夏间；而罗、宗相商，包括"往观"库房、"相其面积"，是否"再请于文襄"等，应在本年夏秋，张之洞病逝之前。至于罗、宗议定，为节省费用而不用木箱，改以米袋装运，当在唐公就任学部尚书之后，距张氏谢世已逾半载了。

现在有一句流行语，叫作"细节决定成败"。我们注意到，唐尚书之表情所以由"颦蹙"而转"微笑"，盖以罗氏表态"所费不逾千元"，"设部中无此款，某任之"，即由其自掏腰包。揣想彼时两位心理，罗是否出于"赌气"，姑且勿论；唐则定然有点难为情，尤其是"管部"的张公文襄生前留下了告罗参事速"移部"的遗命，如果新任堂官弃之不顾，那未免"人亡政息"得太过了吧！

当然，更为重要而实质性的细节是怎么装袋。罗记唐"微笑"后，仅两语："（费用）命由部照发，乃装为八千袋。"罗继祖大概感到乃祖记之过简了，复述为：唐微笑，叫部里照发。于是费了三天时间，装成八千麻袋（别处又说九千袋，小有出入）。[③] 问题是，八千麻袋，三天时间装成，可能吗？显然，这是把事情简单化了。

为此，我还寻访了"比我还老"的长者，当年的过来人，得知旧时集市装运粮棉，棉用蒲包，粮则用麻袋；麻袋长方形，高可及胸，每袋可装大米二百

---

① 参见《体仁阁大学士张公之洞事略》（录《神州日报》），《东方杂志》卷六第十号，1909 年 11 月 7 日。

② 参见《荣庆日记》，第 162 页，西北大学出版社 1986 年版。

③ 罗继祖：《庭闻忆略·回忆祖父罗振玉的一生》，吉林文史出版社 1987 年版。按，"别处又说九千袋"者，指王国维《库书楼记》，详后。

斤左右。① 故用以装纸质的档案，八千袋重十五六万斤（每袋约二十斤），应属可信。

然而，要将那些捆扎成束的档案史料装入袋中，还不能搞"人海战术""大兵团作战"，须逐束入袋、逐袋缝口，彼时即使雇请了一二十位较为熟谙装袋技能的师傅，费时十天半月恐也难毕其事。故罗振玉自己虽未实写费了多少时间，但记曰：

> 及陆续移部，适堂后有空屋五楹，因置其中。

这表明，八千麻袋之装运，是"陆续"（而非两三天）转移，并且堆满了学部大堂后五间空屋，不够"壮观"也欤！

这使唐尚书甚为不爽。

第二天，唐公招罗上堂说，君保存史料，我未始不赞同。无奈堂后堆置米袋累累，万一他部来人看到，不会怀疑学部"开大米庄"吗？所以，还得请君设法转移他处为好。

罗回说，这不难，将大堂后玻璃用纸糊上，不就看不见了？

唐默然。事后，仍命丞参与罗商议移出。

罗振玉只得再找管财物的宗梓山司长谋划对策。"明敏"的宗君果然又生一计，说，南学（国子监）多空屋，将八千麻袋移贮彼处，如何？

罗振玉说，好，就这么办。

然而，一波未平，一波又起。其时，掌管国子监的监丞叫徐坊（梧生），恰在学部丞参堂。于是，罗出面与之商谈。

徐一口拒绝。用市井俗话，他占着的那一亩三分地，岂容他人插足！但他抬出了斯文的至圣先师，托词说："现宣圣改大祀，南学设工程处，无地容此也！"

罗面露愠色，答道，你以为南学现在归你掌控，就不容罗某来商量么？想当年，要不是我，太学早已废了！今以官地贮官物，还请君勿见拒！

---

① 据近刊朱华祥《碛石米市记忆》，米袋有大、小二种，大袋每袋可装一石七斗，小袋一石二斗；以每石一百五十斤计算（亦有作一百二十斤），大、小袋盛米量在一百八十至二百二十五斤之间。（《海宁档案史志》2017 年第三期）

徐亦怫然。

眼见罗、徐冲突一触即发，这时，恰好学部左丞乔茂轩在场，劝徐莫发火，告以罗所说非妄，并讲了当年堂上集议"请废国子监"，若非罗君力排众议，坚持存国子监，这所谓南学，早就改成了师范学校！

徐恍然，转而向罗致谢了。

于是，那八千麻袋终于有了容身之地：国子监敬一亭。罗振玉因此颇发了一番感慨：

> 予平生以直道事人，荣相幸能容之。复以是事唐公，遂益彰予之戆矣。然大库史料竟得保存。后十余年又几有造纸之厄，予复购存之……

他还特笔为学部会计司司长宗梓山记功："宗君实有劳于史料，世罕有知者，故著之。"①

［之四］抢救："麻袋们"的幸运、厄运与归宿

综上所述，大库史料之被装成八千麻袋，并由学部迁入国子监，时在宣统二年（1910 年）。接着，就经历了罗振玉所说的辛亥"国变"，鲁迅以其亲历亲见，撰文记述了所谓"大内档案"的种种遭际，② 包括鲁迅谓之"京腔说得极漂亮"的"一个旗人"（即原学部督学局局长彦德），从麻袋里窃取海内孤本《司马法》及《蜀石经春秋谷梁传》残叶高价出售。罗振玉曾为自己所得该石经残叶作跋说：

> 先是满洲某君亦得《谷梁》残叶数十行于内阁大库，刘君健之既已重金购致，拟写影以传，移书乞此，因题后以归之。③

---

① 以上引文，具出自罗振玉《集蓼编》。
② 鲁迅：《鲁迅全集》卷三《谈所谓"大内档案"》，第 562 页，人民文学出版社 1981 年版。
③ 《蜀石经春秋谷梁传文公第六残叶跋》，《后丁戊稿》，《罗振玉学术论著集》第十集（下）。

这"满洲某君"，应该就是彦德其人了，而以"重金购致"的刘君健之，殆即刘体乾（字健之），他于1926年影印《蜀石经》。其中"残叶数十行"，凡九百四十余字，即出于彦德；而罗氏出让之《春秋谷梁传》残叶，仅七十余字耳。在关心"骨董"的时人所撰笔记里，记下了"麻袋们"被移居午门整理之情状，有记述云：

> 胜朝内阁红本，未清厘者，贮麻袋九千余，移午门博物图书馆理之。司其事者，部曹数十人，倾于地上，各执一杖，拨取其稍整齐者，余仍入麻袋，极可笑。中多贺表、题本、揭帖，及追缴诰书、敕命、《明实录》残本、明季题稿亦夥。外国贺表如朝鲜、琉球所用印，皆朱描，满汉文并列，度当时未颁印，或在京造办，仓卒不及用印也……①

"麻袋们"在午门经历"倾地整理"之后，被历史博物馆出售给故纸商，则在1921年，如王国维所记：

> 馆中资费绌，无以给升斗，乃斥其所藏四分之三以售诸故纸商。其数以麻袋计者九千，以斤计者十有五万，得银四千圆。时辛酉（1921年）冬日也。②

这时，罗振玉从日本归国不久，已寓居天津。他因事抵京，于琉璃厂淘得洪承畴揭帖及朝鲜国王贺表等，识其为内阁大库藏物，并探知其从同懋增纸店流出。于是，偕同金梁，前往该纸店询问详情，乃将正在运往西山（定兴县）纸坊浸泡，重造"还魂纸"的旧档，以三倍之价，共计一万二千元全部回收。

于是，从前清学部到民国教育部，罗振玉两次抢救大库史料，尤其是举私债从纸商手里购回八千麻袋、十五万斤大库书籍档册，成为近代学界一大盛事，而在遗老群中尤被视为夺宝之举，传为佳话。例如，金梁撰文赞之曰：

---

① 邓之诚：《骨董琐记》卷二《红本》，《骨董琐记全编》（新校本），第68页，人民出版社2012年版。
② 王国维：《观堂集林》卷二十三《库书楼记》，《王国维遗书》第四册。

此项库书，为明清二代国故所关，幸得雪堂先生一人之力，初将销毁，夺于火劫；终将造纸，夺于水劫。①

然而，虽经二"夺"，如此巨量的旧档，又该如何存放？罗振玉租借了北京善果寺余屋堆放，而以小半运天津，辟"库书楼"存放整理，并将其中明清史料选编为《史料丛刊初编》，云：

壬戌（1922年）春，予既得大库史料，谋筹金筑馆以贮之，而力未逮，乃权赁僧寺（即善果寺）暂安置之，充间塞牖不可展阅，而四方友人多问其中所有，苦无以应，乃运其少半至津沽，以数月之力，检理其千百之一二。沈乙庵尚书闻而欣然，函问何时可毕事。予报书曰：检理之事以近数月为比例，十夫之力约十年当可竟。②

此序落款"甲子（1924年）六月"，初编史料凡二十有二种，由罗氏所办东方文化学会印刷局刊行。

至此，让我们回头来看一看"其中所有"，亦即八千麻袋里装有哪些宝贝。对此，弁于《史料丛刊》卷首的王国维《库书楼记》曾有概述，云：

其案卷则有历朝之朱谕、敕谕，内外臣工之黄本、题本、奏本，外藩属国之表章，历科殿试之大卷，其他三百年间档册文移，往往而在；而元明遗物，亦间出其中。盖今之内阁，自明永乐至于国朝雍正，历两朝十有五帝，实为万几百度从出之地；雍、乾以后，政务移于军机处而内阁尚受其成事，凡政府所奉之朱谕、臣工所缴之敕书、批折，胥奉储于此。③

嗣后，罗福颐结合罗氏家藏，撰文介绍清大库旧档之历史，归纳其种类则有

---

① 金梁：《内阁大库档案访求记》，《东方杂志》卷二十第四号，1923年2月25日。
② 罗振玉：《史料丛刊序》，《松翁近稿》，《罗振玉学术论著集》第十集（上）。
③ 王国维：《观堂集林》卷二十三《库书楼记》，《王国维遗书》第四册。

明以前史料、明代史料、清初史料、清入关后史料等四项。① 所谓明以前史料，盖即前述宋玉碟残叶，及罗氏为之作跋的元写本《演撰儿法残卷》。②

不过，仅凭罗振玉一人之力，毕竟资财有限。所借万余元债务，又如何偿还？罗氏日夜忧心，并预立遗嘱提醒福颐等儿辈说："诸欠款中以金息侯老伯（即金梁）手一万元为最要，此系京旗生计维持会公款，借以购大库史料者。"③ 正是在这样的无奈中，他中止了史料的整理，将其所购大库史料以一万六千元之价转售给了其时亦寓居于天津的李盛铎。但是，由于"觅屋堆存已很困难"，大库旧档"在李氏处为日颇浅"，乃于1928年12月，由创建伊始之中央研究院历史语言研究所出资购回。承办其事的徐中舒，乃清华研究院首届毕业生，他撰文赞扬罗氏抢救大库史料伟绩的同时，肯定了"这内阁档案当时未曾流出国外，李氏保存的功绩也不可埋没的"。④ 这是公允之论。

再渡扶桑与农科大学监督

［之一］张之洞被激怒了!

现在，让我们将历史的摄像头拨回学部，看一看张之洞"管部"后，"议奏设大学"，究竟是怎么回事。原来，近人戏称之为"戊戌年间勉强开学"的京师大学堂，此时恰当开办十周年。所谓"议奏设"，就是要以这个创办之初"先课之以经史义理"，"而后博之以兵农工商之学，以及格致测算语言文字"

①　罗福颐：《清内阁大库旧档之历史及其处理》，《岭南学报》卷九第一期，1948年12月。
②　罗振玉：《演撰儿法残卷三种跋》，《松翁近稿》，《罗振玉学术论著集》第十集（上）。
③　罗振玉：《贞松老人外集》卷三《甲子岁谕儿辈》。
④　徐中舒：《内阁档案之由来及整理》，转引自罗福颐《清内阁大库旧档》。按，徐氏文中称："其年（1928年）十二月，由马衡氏介绍，开始与李氏接洽购回，旋议定以一万八千元为代价，盖即李氏原付价及其历年为此所出之房租等。"又称："在历史博物馆卖出时重十五万斤，及天津档案装运（北）平时，秤得约六万余斤，在北平的数量大约也相差不远，合计已损失二万余斤。"

的国家最高学府为"旗舰"，分门别类，分科设学。[①]

　　但是，张氏之议却遭到了反对，而且反对者是来自时任学部侍郎的严修。何故？

　　其理由是，"学子无入大学程度，且无经费"，故"持不可"。张乃逐一予以破解，说：无经费，我筹之；学生由高等卒业者升大学，无虞程度不足。然而，严修根本不听来自上级的解说，于是爆出了罗振玉所记的场面：

　　　　侍郎争之力。文襄怫然曰：今日我为政，他日我蒙赏陀罗尼经被时，君主之可也！[②]

　　严侍郎的固执己见，终于将咱们的张大学士彻底激怒了！

　　张之洞是人所共知的大官僚，又是大文人、大名士，他的脾气当然亦颇为时人注目，尤其是以年逾七十高龄入枢府、管学部以后，他一方面身处高位而平易近人，常邀约部属，或"赴其寓小酌"，或于其万寿山附近别墅雅集，登山榭、憩水亭，诗酒流连；另一方面却又不免如荣庆所记，"款司员，喜怒无常"，而不自知。[③]

　　不过，按照官场常态，他就"奏设大学"一事与严修商议，确属虚心垂询（而非高高在上），且又如此自担其责（而非甩手掌柜），作为部属的严侍郎，犹如此"争之力"，真是何必又何苦呢！曾在湖广总督府操文案十数年的一位"老秘书"（幕僚），记述张氏离鄂入都之初怒斥梁鼎芬"伪君子"时说："南皮每论事，极和蔼，从未见其声色俱厉如此者，殆亦文人好

罗振玉官服照

　　① 孙家鼐光绪二十四年（1898 年）十月二十日奏折，据陈平原《老北大的故事》，第 49 页，江苏文艺出版社 1998 年版。

　　② 罗振玉：《集蓼编》。

　　③ 《荣庆日记》，第 134 页，西北大学出版社 1986 年版。

胜之心，不克自持耶?"① 而此番张氏由"和蔼"而"声色俱厉"，以至说出了"蒙赏陀罗尼经被"这样的咒语，其"不克自持"的程度，就远非"文人好胜之心"可喻了!

简而言之，张之洞以此表示他拼上一条老命，"死也要把分科大学办起来"! 于是，奏设经、法、文、格致、农、工、商七科，并奏任刘廷琛为京师大学堂总监督，奏经、文、格致、农监督，分别由柯劭忞、孙雄、汪凤藻、罗振玉任之，皆奏补；法、工、商监督，由林棨、何燏时、权量任之，皆奏署。

这时，已到了宣统元年（1909 年）闰二月。②

然而一语成谶。这实在也是这位相国大人"管部"的最后一桩大事。而他的"文襄"美谥，就是在奏设分科大学半年之后"薨于位"，被赏了陀罗尼经被并得"廉正无私，宗旨纯正"之褒时加封的。③

［之二］头等舱里的学部参事官

罗振玉既被奏任农科大学监督，接着就奉部命前往日本调查农学。

由京启程的时间是宣统元年（1909 年）五月端午后一日，即 1909 年 6 月 23 日。

当天，罗振玉偕其发妻长弟范兆经（纬君），乘火车于正午十二点抵天津。次日，托方药雨（若）代购由津抵神户之船票，迨至初十日十二点在大沽口登"营口丸"赴日。在津候船逗留了五天，期间会晤了时任直隶提学使的傅增湘（沅叔）等友人；并且于看书肆、赏古玩之余，还为正在京沪间从事贩书活动的金诵清（兴祥）携来之《金石萃编补略》查考著者行状，鉴别书中所录墓志真伪，等等。可谓兢兢于学，孜孜于古，雅兴真够高的。

这是罗振玉二次东渡。从辛丑（1901 年）冬十一月初首次赴日视察教育事务，距此已隔了八个年头。那次，罗振玉除了"携刘生秩庭大猷"之外，还带了同行者六人的考察组。这次，他可是单身出行，唯有曾留学东京农科大学的

---

① 刘禹生：《世载堂杂忆》，第 57 页，中华书局 1960 年版。

② 罗继祖：《永丰乡人行年录（罗振玉年谱）》，清宣统元年己酉（1909 年），"闰二月，京师大学堂筹设分科大学"。姑以之。

③ 《荣庆日记》，第 154 页，西北大学出版社 1986 年版。

大舅子范纬君（亦字子文）做了他的"随员"（日语翻译）。

当然，"扶桑再游"就罗振玉个人而言，更在于其身份之变。这亦可见诸其东渡乘坐轮船之舱位等级。"头等八十元五角二分，二等四十三元八角二分"，亦即罗氏乘坐之头等与纬君之二等，差价将近一倍。实际上，二等亦非平头百姓、一般出游人员所能乘坐。例如，罗氏首次东渡凡八人，论品位皆在"县处级"，但哪能每人皆坐头等舱？集体出访，坐二等舱也够可以了！

欲知坐头等舱感受如何？且看如下记述：

> 下午五时半到达神户，坐汽车直达码头，平安地登上了坎拿大公司的"日本皇后号"（Empress of Japan）的 A Deck（头等舱）——平生第一次坐头等舱，有如身入天堂。①

这是"甲骨四堂"之一的鼎堂郭氏登船回国投身抗日战争时写下的文字。郭氏北伐年代有中将军阶而坐头等舱，当然绝非"僭越"，然而却有如入"天堂"之感。那么，在郭氏之前将近三十年，于甲骨之学"导夫先路"的罗氏，虽未言"平生第一次"，唯所记舟中遇赴日旅游之英国驻清"公使馆员，能中语，极颂摄政王之善政"云云，看来，这"营口丸"头等舱座位亦有限，乘坐者舍高等洋人外，也就罗振玉这样的"位在司局长之上"（相当于后世所谓"部务委员"吧）的大清官员了。

［之三］札幌会晤北海道开拓者，东京参与吉金文字学会晚宴

罗振玉此行调查农学，他首选的调研考察对象，是日本国家级的大学东京农科大学。但是，由于"到东后连日淫霖，兼之各大学毕业，农科校长约定七月十五以后乃能参观"，② 他只好转往京都，相继访晤了内藤虎次郎、桑原骘藏、狩野直喜、富冈谦藏等日本著名学者；拜会了前文部相、现任京都大学长菊池大麓，以及文科大学长松本文三郎、图书馆馆长长岛文次郎等人；途中还

---

① 郭沫若：《由日本回来了》，《沫若自传》（下卷），第 615 页，求真出版社 2010 年版。

② 罗振玉：《扶桑再游记》附《致刘总监督书》，《罗振玉学术论著集》第十一集。

邂逅了自德岛家乡来京都的藤田剑峰。

五月十九日，罗振玉冒雨抵东京，盘桓四日，因农科大学不能安排接待参观，乃改为先去外地，于二十五日来到北海道首府札幌。20 世纪初，札幌是作为一个新兴城市，吸引着到访者。罗振玉偕同范纬君，于二十六日晨八时，赴札幌农科大学，先听取左藤昌介校长介绍办学情状，旋由教授南鹰次郎引导参观农学教室；午后，看植物园、博物馆。二十七日，冒着大雨再全农科大学，遍观养蚕室，昆虫馆，教室，寄宿舍，第一、第二农场，制乳室，农具室，水产教室及标本室，等等。

在札幌，罗振玉于五月二十八日会晤了来访的许士泰其人。罗振玉说许君在日育有二子三女，"谈及宗国，尚有拳拳意"。许君在言谈中陈述的第一件事，是时任津浦铁道分局局长杨太守（庆鋆）嘱其购买枕木十五万枚，每枚连运至天津费一元五角。杨能毅然以二三十万元巨费，托许君为当时正在铺筑的津浦路购买枕木，可知其是在日华人中有较高诚信度之"成功人士"。

那么，许士泰究为何许之人？癸卯年（1903 年），蒋黼偕张謇赴日参观大阪劝业博览会，曾至札幌访其人、记其事，感叹："独惜吾国农夫，其朴勤如士泰者，奚止亿万，使得贤长官以日本之法提倡而奖励之，其所开拓，岂止区区一北海道哉！"[1] 罗振玉前此撰《垦荒私议》、进呈《垦荒裕国策》等，实即怀着"告有劝农之责者"，应仿效日本开拓北海道之法，提倡并奖励像许士泰这样的勤朴开垦者。

罗振玉还在狩野直喜之友八田三郎陪同下，乘马抵真驹种畜场。当年，蒋黼来札幌，亦曾往该场参观，云此场始建于明治十年（1878 年），用美国法牧养马牛羊豕鸡，专求西洋佳种供日本国人传种之用。又云马种极雄骏，牛皆放牧在山上。[2] 罗氏所记，大致吻合。还可注意的是，罗氏记其与八田乘马前往该场所见的情景：

---

① 蒋黼：《记许士泰事》，《农学报》第二百二十七册，光绪二十九年癸卯七月中旬（1903 年 9 月）。按，许士泰原系山东日照县农人，日本明治八年（光绪二年，即 1876 年），北海道开拓使黑田清隆至山东所招农夫之一，以"朴讷勤苦，尽力垦辟"，屡得优奖，并在北海道娶妻成家，"自买田数顷，岁入可千金"，成为开荒致富的典型。

② 蒋黼：《浮海日记》，影印本。蒋氏自刻本称《东游日记》。

马奔而瘩（当为"瘠"），围人仍鞭之不已。虐畜之风，不仅我中国为然也。[1]

由此，颇可窥知罗振玉很爱护牲畜，颇不慊于"虐畜"。其长子罗福成留学日本早稻田大学习兽医专业（虽然卒业后学非所用），未尝不是奉父命呢！

六月初一日，罗振玉一行从札幌渡海至青森。初二日，返抵东京上野金地院寓所。初五日，至驹场大学参观农艺化学及兽医两讲堂。午后一时返寓午餐，王迈常（铭远）、丁福保（仲祜）、[2] 杨寿桐（叶侯）、薛光锷（剑锋）、沙曹诣（颂宣）来访，诸君皆昔年罗氏长东文学堂时的学生。[3] 其中如丁福保，曾任京师大学堂译学馆教习，中年以后笃信佛教，所纂《佛学大辞典》至今仍不失为一部重要的文化典籍。

初六日，罗振玉赴文部省拟见冈田次长，未得晤（次日午间再至文部得晤），乃至东京农科大学，晤松井学长，托其介绍农艺、化学教授，在西洋料理馆午餐。

午后，河井仙郎偕《朝日新闻》记者樋口勇夫来访，约六月八日与日本吉金文字学会会员在上野公园莺亭会见。是日，罗振玉应邀偕范纬君、田吴炤，在文求堂书店老板田中庆太郎陪同下，参加了吉金文字学会会员在莺亭举行的晚饮。他兴致盎然，记集会之盛："会员日下部年已七十有二，强健如昔；高田忠周出示其所著《说文段注疏证》稿本，才成三篇，已有二百册，其著书之勇，令我如愧弗如。"席间，后藤学士举酒演说，罗氏乃嘱田中传译答词。宾主尽欢，席散已十一时半矣。

堪为此行谈助的是，当罗振玉自札幌返抵东京寓所时，时在驻日公使馆任职的田吴炤言都中近事，告以国内报纸诋其"嗜古多藏"，罗氏闻之一笑，并兴致盎然地为田君新得明本《空同集》题词，补录如下：

明二李集，《空同》尤罕遘。况此本为明刻中之印本较先者。潜

---

① 罗振玉：《扶桑再游记》，《罗振玉学术论著集》第十一集。
② 丁福保（1874—1952），字仲祜，江苏无锡人，早年肄业于南菁书院，1901—1902 年间就读于东文学堂，曾在上海创办医学书局，并刊布了诸多文化古籍及佛学工具书。
③ 此谓"东文学堂"，殆指上海南洋公学增设之东文科（亦称虹口东文分校）。

山（田吴炤别号）先生一日中得二李集善本，此乃居长安（意指北京）数年不能致者。大官庖中一日之享，足抵常人一岁之餐，可羡可羡。宣统纪元（1909 年）六月。①

直至六月二十二日，在神户登"阿波丸"返沪，罗振玉实际在日逗留不足两月，于调查农学的同时，尽兴于其所嗜古书古物。期间，经岛田翰介绍，曾入日本宫内省图书寮观书，得见多种秘本及私家所藏古本书；游书肆，访求秘籍，拾黎庶昌、杨守敬两家之遗，其所见所得有古写本《春秋经传集解》全本、南宋刊《世说新语》三卷本等。②

［之四］就任农科大学监督

自神户乘船抵沪后，罗振玉曾转道南京，探望远嫁安徽太平的次女罗孝诚，相见甚欢。亲家程从周乃长江水师提督，牟已七十有六，精神矍铄，设晏款待。旋再返南京。两次均寓大观楼。盖其楼旁靠乌龙潭，王国维之父乃誉公癸巳（1893 年）游秣陵寻访之清凉山扫叶楼，缪荃孙奉端方之命创办江南图书馆之龙蟠里，均在其周边。今大观楼、乌龙潭已成旅游景点，且被演绎为曹雪芹《红楼梦》之创作地，而罗氏于《扶桑再游记》终卷前之七月初二日自太平登小轮，特书"午后四时抵金陵，仍寓大观楼"，显示了他颇以寓此文士雅集之所而自豪。

自南京再返沪，罗振玉会亲访友数日后即乘船北上，于七月十一日抵京，已是天气渐爽的初秋时节了。

应该说，罗振玉此行调查农学虽然时间不长，但宗旨明确、重点突出，收获还是丰富的。从他致刘廷琛的书信中，可以得知，除了调查办学经费，细询农科大学所属农场规模及每年收入等经济效益之外，学部鉴于他在日本教育、学术界有较为广泛的人脉关系，故委托他商洽聘教习、请建筑技师，为创办分科大学办些实事。而其考察重点，首先是学制之设置。他以札幌大学为例说，

---

① 罗振玉：《明本空同集》，《雪堂剩墨》，《罗振玉学术论著集》第十二集。按，"明二李集"，谓明前后"七子"之领衔者李梦阳、李攀龙；《空同》者，李梦阳诗文总集《空同集》。

② 罗继祖：《永丰乡人行年录（罗振玉年谱）》，第 36 页，江苏人民出版社 1980 年版。

辛丙夏五月杂□戏作
松翁罗振玉
贞松

罗振玉画作，自题『贞松』

该校功课至密，半日实习，半日讲演。驹场大学则不同，重学理，学生实习钟点不及四分之一，唯实科则第一年讲授多于实习，第二年讲授、实习相等，第三年实习多于讲授；他参比该校附设选科与实科两种不同的培养目标（一以养成大学教师之助手，一以养成实用之人才），指出我国大学于本科之外，宜设实科，一以图经济之利便，一以宽入学之资格，图受业者之增加。这是不可不早计及的。

尤关紧要的则是人才之造就。罗振玉报告了他在西京（京都）与大学总长菊池大麓会晤时的谈话。菊池说，日本初立大学，实无一合格之学生，然当世大人物，多出于此时。大学修业期仅三四年，教师但示以专门学之门径，而真正修学则在卒业以后。今贵国于学生毕业后，其任用之法，多不就其所学，而漫授以职务，虽卒业时有至高之成绩，亦日牿亡而已。故严入学之年格，不如定卒业后之任用。罗氏赞叹其论至为精确。

然而，恰如罗振玉所感叹的，"时大学行政皆由总监督主之，各分科监督画诺而已，无从致力"。① 综揽经、法、文、理、农、工、商七科的京师大学堂总监督刘廷琛，实乃恃权专断，并无实学，更不通"新理新说"之官僚。罗氏之所以发"无从致力"，唯有"画诺"之叹，显然也包括了他引荐王国维就任京师大学堂文科教授，却遭刘廷琛拒斥，如此尸位"国家最高学府"之官僚，而欲与之言"世界最进步之学问"，岂非对牛弹琴？无奈，罗振玉唯有抬出日本前文部相、大学总长菊池之论来做他办学的说辞了。

当然，说到本人在学部的仕途官运，罗振玉可谓有喜有忧，亦不乏烦心气恼之事。例如，在他被张之洞提名奏补参事官之后，荣庆曾两次请左丞乔树枏与他谈话，一次是要保举他任提学使，再一次是推荐他接替徐坊任国子监丞。这可都是三品顶戴，用今天的话来说，属于"副部长级"高官。罗振玉却说，他补参事（正五品），"已惧难报称"，所以婉言请谢荣相。第一次荣庆以其为"矫强"，经再次"逊谢"，始信乃出于"中诚"。继之，仍由张之洞奏补他为农科大学监督。并且决定，大学堂官制为实官，总监督正三品，分科监督正四品。罗振玉欣然接受任命，接着就奉命赴日本考察。然而他返京不久，张之洞就去世了。之后，就有了"唐公（景崇）代荣相国任部长（即学部尚书）"，

---

① 罗振玉：《集蓼编》。

并约他谈话，告以“检阅前奏，乃知缮折时漏去”分科监督为正四品一语。为避“求升级”之嫌，他只能唯唯而退。

这样，罗振玉以学部参事官而兼农科大学监督，若论“级别”，始终是五品，只是“由于考勤和恩典加级，可以服用正三品顶戴”。[①] 换而言之，熬到清亡之际，罗振玉获得了可以享受正三品待遇的“副部级待遇”。

令人称誉的“真人杰”精神

罗振玉是个事业心很强的人。他从日本考察归来后，为创办农科大学而尽心尽责，奔忙不已。他曾自述办学情状，云：

> 惟是时七科皆在马神庙，本某驸马旧府，地狭不敷用。予请于管部，奏拨西直门外钓鱼台地建新校，设试验场。溽暑严寒，往返监视，至辛亥（1911 年）秋乃落成，而武昌之变作矣。[②]

这也是罗振玉自撰的关于他创办农科大学的历史，仅六十五字，堪称迄今所见中国、乃至世界最简短的大学校史了。然而，这段文字却浓缩了至为丰厚的史事，请允许笔者酌予诠释。

一曰：“七科皆在马神庙，本某驸马旧府。”

此为原校址，实乃檃括了被学界公认的北京大学之前身——京师大学堂创建史。按照胡适晚年所作京师大学堂开办日期的考证，即是“戊戌（1898 年）六月初二日批准拨马神庙四公主府为大学堂校址”。[③] 而罗振玉所说“是时”，则是指他自日本考察农学返京之宣统元年（1909 年）秋。

---

① 罗继祖：《蜉寄留痕》，《鲁诗堂谈往录》，第 119 页，上海书店出版社 2001 年版。

② 罗振玉：《集蓼编》。

③ 胡适：《京师大学堂开办的日期》，转引自陈平原《老北大的故事》，第 45 页，江苏文艺出版社 1998 年版。

二曰："予请于管部，奏拨西直门外钓鱼台地建新校。"

张之洞"管部"，决计将开办已有十年的京师大学堂分科立校，做强做大。然而，"地狭不敷用"，七科皆局于清廷批拨的"某驸马旧府"，这哪行？特别是，农学重在实证，"首贵试验"，咋能关在"公主府"里开办？且看人家札幌农科大学，农场、演习林、植物园、博物馆、养蚕馆、昆虫馆，一应俱全，光一个标本室，就集藏标本五万种。如不另行择地建新校，设试验场，这农科大学，岂非形同虚设？

不过，应予补述的是，罗振玉不说"请于文襄"，而谓"请于管部"。此"管部"为谁？其人盖即在张之洞去世后不久，屡见于《荣庆日记》之"鹿相"鹿传霖。[①] 当然，鹿作为军机大臣，虽亦有着体仁阁东阁大学士、太子太保等闪光的头衔，但要讲声望、学问，绝不能与张之洞同日而语，且其年齿还稍长于张，翌年（1910 年）秋七月，即以七十五岁病卒而谥"文端"。[②] 他继张"管部"不足一年，我们可据此推定：罗振玉"请于管部"，奏拨西直门外钓鱼台地建新校，当在鹿管部之初的 1909 年秋冬之间。

三曰："溽暑严寒，往返监视，至辛亥（1911 年）秋乃落成。"

以其言揆其时，农科大学新校舍之落成，当在辛亥（1911 年）八月，而经清廷批准于西直门外钓鱼台地勘定校址，破土动工夯地基，当在宣统二年庚戌（1910 年）开春之后。但也切莫据此误读，以为罗振玉受命当了两年农科大学校长，只忙于建校，并未开学上课。实情并非如此，试以教师与学生为证。

证一，教师。罗振玉赴日考察期间，曾托东京农科大学松井学长介绍，拟先聘农艺、化学教习。而最重要的则是任用当年被他聘来移译农学书报及协助创办东文学社的藤田丰八（剑峰），罗振玉云：

> 予与君志趣契合，故所至邀君俱。……嗣是（予）主江苏师范学
> 校，长北京农科大学，皆延君总教习事。每君授课暇，辄相与论学。[③]

这就既明确了校名为北京农科大学，又落实了其总教习就是曾随罗振玉担

---

① 参见《荣庆日记》，第 155 页，西北大学出版社 1986 年版。

② 《清史稿》卷四百三十九，《鹿传霖传》。

③ 罗振玉：《日本台北大学教授文学博士藤田君墓表》，《辽居乙稿》，《罗振玉学术论著集》第十集。

任江苏师范学堂总教习的藤田丰八。而罗氏前此在日考察除所记京都"遇藤田""与剑公畅谈"之外，还数次记有"作致剑公书"，应该正是为了敦促藤田从其德岛老家再度出山，赴京任教。

证二，学生。从才逾及冠之年在淮安任塾师的"罗三先生"，到将近不惑之岁在苏州主督办江苏师范的"罗署正"，罗振玉教书育人，弟子甚众，贤人不少。他就任北京农科大学监督，当然不会没有学生。例如，罗继祖追述罗氏师友后辈，云：

> 此外弟子中还有关葆谦和柯昌泗。关是农科大学的学生。……①

于是，回观中国第一座农科大学的校史，罗振玉当年不避酷暑烈日，不畏严寒风雪，如果说"往返监视"之"往"固然指在建新校所在地钓鱼台，那么"返"又是何处呢？显系悬有"大学堂"之匾额、"七科皆在"的马神庙原址。看来，罗氏是发扬了他在鄂整顿农校、在苏日夜督工建师范的"真人杰"精神。一边办学，一边建校，终于在辛亥风暴席卷西直门之前，耸起了被后人赞之为"现在北京农业大学的前身"，②校、场相配的新型农科大学堂。

---

① 罗继祖：《庭闻忆略：回忆祖父罗振玉的一生》，第158页，吉林文史出版社1987年版。
② 罗琨、张永山：《罗振玉评传》，第34页，百花洲文艺出版社1996年版。

武昌起义与挚友之死

1911 年 10 月 10 日武昌起义，罗振玉称之为"武昌变起"。

"变起"的这一天，是宣统三年（1911 年）八月十九日，中秋节后的第四天。"人有悲欢离合，月有阴晴圆缺。此事古难全。"苏轼中秋赏月，欢饮达旦，吟成《水调歌头》，传颂千古。而罗振玉痛心疾首，除了"国变"，还因为他的两位挚友汪康年与蒋黼，闻"变"惊惧而亡。

汪康年，字穰卿，罗振玉曾称赞他以新进士不应朝殿试而至上海创办《时务报》，鼓吹变法维新，并襄助自己创立农学会。十年之后，罗振玉"丙午（1906 年）入都"进学部做官，他则已"补应朝殿试，得内阁中书"，故罗氏又尊称他"汪舍人"。到了辛亥（1911 年）之际，罗对汪何故而推重尤加？其因有三：

一曰：同气相求。就在"武昌之变"爆发前夕召开的中央教育会议上，汪康年不惟以学部二等咨议官资格扶病赴会，并且明确提出了"不必打靶，不必学拳"的修正案，有力地支持了罗振玉对会上议决学堂练习军事、实行打靶的军国民教育案提出的抗议。

二曰：赞其风骨。汪康年于辛亥年前，以一人之力在京创办《刍言报》，自称"耳目所触，时复刺心"，"姑借小纸，抒我寸衷"。他关注民德、民生，著论提醒朝野上下各方警觉。罗振玉曾为之书赠"独立不惧，遁世无闷"之楹贴，热赞他办报"以抗革命党人"。

三曰：忧时而亡。"武昌变起"，汪氏因病避居天津，他向罗振玉打招呼，请他前往，说："留屋三间相待。"可知彼此之心多么相通。尤可注意者，是他离京前的八月二十六日（10月17日，适为"武昌变起"之第八天），曾于《刍言报》刊载他所撰时论警告当局，吁请摄政王载沣："须自知己之身，即国家之身"，切不可在"事急矣"的惊恐中，将他就任摄政王翌年（1911年）正月"开缺回籍"的袁世凯重新诏回朝廷。① 于是，如罗振玉所述，袁世凯趁"武昌之变"东山再起，使他感到"危益迫矣"。果然，"君（指汪康年）在津，方晚餐，闻袁世凯复出之讯，于坐中遽委化"了。汪诒年记其兄原患有严重心血管病，突受惊悸，中风而死，略云：

> （九月）十二日方晚餐，得京中友人密书，言政府将起用袁世凯。先生太息言，今方主张共和，然是人可为拿破仑，不能为华盛顿也。语毕遂起就枕，至夜半，家人闻有呻吟声，亟起视，则已昏迷不能言……翌日未时遂卒。②

汪康年晚餐时接获的这封"京中友人密书"，所报的正是九月十一日清廷"诏授袁世凯内阁总理大臣"。然而，可能很少有人注意到，汪氏死亡的翌日，恰当鲁迅在《阿Q正传》第七章"革命"开头所写的宣统三年（1911年）九月十四日，亦即汪氏故里杭州为民军占领之日，足证这革命之非虚构；而"将大不安载给了未庄"的举人老爷的乌篷船虽能以其传递的革命信息，使阿Q飘飘然喊起"造反"的口号，但真要将皇帝从紫禁城的龙庭上"拉下马"，舍我其谁？——就有待袁世凯复出了！

有的史家为光绪帝载湉的遗孀隆裕皇太后起用袁世凯算了笔成本账，说，袁世凯只为清室谋得了退位后的优待条件，却为他自己攫取了中华民国的首任大总统之职。③ 而那位曾被汪康年撰文警告的摄政王载沣，至此，除了引咎

---

①② 汪诒年纂辑：《汪穰卿先生传记》，第188、189—190页，中华书局2007年版。
③ 萧一山：《清代史》，第249页，辽宁教育出版社1997年版。

"泣请辞退监国摄政王之位",当然不可能有别的选择。

再说罗振玉,他曾将其北京居处取名"俑庐",并且自称"不通干谒",不问世事。但他真能埋头摆弄墙头壁上那些鼎彝古物,而不问时局变乱么?显然不能。按照罗振玉记述,"武昌变起,都中人心惶惶"。蒋黼,作为"学部候补郎中、二等咨议官",罗振玉将他之死挂靠于汪康年"委化"之后,说:"不数日,蒋君伯斧亦病殁于京寓。"他为蒋氏撰墓志铭,述其死状:

> 宣统三年(1911 年)冬,武汉兵起,京师一日数惊。吾友学部郎中蒋君适以是时卒于京邸。

谨按,汪康年既殁于辛亥(1911 年)九月十三日,则"不数日"而"卒于京邸"的蒋黼(伯斧)之死,当在九月中下旬,确切地说,应为本年秋冬之交;而"京师一日数惊",则十分清楚地显现了"武昌变起",蒋君在京城中闻讯悼恐、惊变致病的真相。罗振工不是尊他为"学部郎中"吗?其实,那"郎中"是他报捐候补的虚衔,"二等咨议官"虽经学部奏请,与罗振玉、汪康年等人同榜公布,但亦非实缺。从学部编译图书局职员名录中,笔者获见其名,谨移录如下:

> 姓名:蒋黼
> 籍贯:江苏吴县
> 字:伯斧
> 年岁:三十九
> 官阶:郎中
> 到局:丙午十二月(1907 年 1 月)

名录所列"三十九",即其到局之年。他的实职是在编译图书局,参与教科书编译,相继编纂有《中国教育史资料》《朱子要略》等,这些都是学部颁行的教育用书。而中国之有系统的教育史专著,肇始于蒋著教育史,仅此一书,亦足以不朽。罗撰墓志铭则尤称其入学部以后学行,略谓:

及学部肇造，旁求俊乂，予称君学行于尚书蒙古荣公，并移书劝君期以及时建白，君乃翻然应召，意或借展尺寸，乃卒以与世凿枘，浮湛以死。君渊静好书，靡学不综，京师立大学，君授六书仓雅之学，诸生莫不翕服。

墓志铭所称"京师立大学"，盖即张之洞"管部"奏设京师大学堂分科大学，时在1908年。蒋黼任教，"授六书仓雅之学"，殆即文字音韵之学。笔者所见蒋君身后遗著，除了上述《中国教育史》，癸卯年（1903年）偕同张謇赴日本考察农业教育之《东游日记》，以及罗振玉为之刊行之《沙洲文录》以外，其遗著尚有《中国货币史》《续说文古籀补》《续许札记》《古今说文集说》《韵簃金石跋尾》《已学庵稿》《北窗韵语》等，其中有关许慎及其《说文》的著述，或许就是他在大学堂讲授的令"诸生莫不翕服"的"六书仓雅之学"吧。

蒋黼，一位真正的儒雅君子、有学之士，罗氏于学部创设之初，即以俊贤之才向荣庆荐举。然而，他"羞世雷同，不为苟合，束脩守道，不窥权门"；概言之，将黼不通人情，不攀权贵，编书讲学，养家糊口，故自入学部，以迄于"年四十有六"而卒（实龄四十五岁），除了虚衔，未得实官。罗氏述其发丧之日，云：

弱女在抱，孀妻稚妾，倮然号泣于丧次，吊者莫不哀之。然予之所以哀君者，则更在彼，而不在此。[1]

综蒋君一生，可谓才学超群，寸尺未展；生逢乱世，赍志以殁。这就是"交君垂二十年"的罗氏所哀叹之"彼"！

---

[1] 罗振玉：《学部候补郎中二等咨议官蒋君墓志铭（并序）》，《永丰乡人甲稿》，《罗振玉学术论著集》第九集。

日本和尚敲门

　　罗振玉见汪康年、蒋黼两位老友接连亡故，悲不自胜，这不必说了。京城里的风声一日紧似一日，罗振玉怎么办？他曾说，武昌告变，就与王国维相约，家中"各备米盐，誓不去；万一不幸，死耳"。现在，清廷危在旦夕，究竟"去"还是"不去"？"誓不去"，就是困守京城，待在家里"殉难"，这岂是"用世之心尚未消泯"的罗振玉之所为？他自剖心迹，曾以三改"自号"来表示他抗世不阿、坚拒革命之志。① 特别是清廷重新起用袁世凯，国脉政柄落入其手，更使他痛心疾首。只是，当汪康年在天津"留屋三间"相招时，他却谢而未往，此又出何故？他自述缘由，云：

> 　　予是年夏，即拟出京，而川资莫措，适东邦友人借所藏书画百轴往西京（指京都）展览，彼邦有欲购者，予移书允之，欲以是办归装，乃至秋尚无消息，至是无所措手，乃谢之。

　　这么说来，辛亥（1911 年）之夏，武昌起义之前，罗振玉就有了出京的打算，问题只在出行、迁居等所需费用如何筹集。实则，天津乃港口要道，而非穷乡僻壤的木庄。罗振玉既以"嗜古多藏"著称，一旦出京，所要运载的当然也绝非举人老爷乌篷船里的那几口破箱子可比了。从他透露的被借往日本京都参展的百轴字画，直至秋后尚在那儿待售的情况来看，这不啻向我们传递了一个重要信息：京都正等着他大驾光临！

　　令人颇感意外的是，恰当罗振玉为"川资莫措"而苦恼之时，有个日本和尚悄然摸到了他迁来时日不多的宣武门内新帘子胡同居所，他敲开了罗氏那堆

---

　　① 三改"自号"者，即入都时自号"刖存"；进学部"有言责而无事权"，改号"舌存"；"元凶斥退，斩草又不去根"（按，指宣统帝即位，袁世凯被罢而未杀），乃又"改吾字曰目存"。参见《集蓼编》。

满书籍、文物的"俑庐"之门。

"请问，这是叔翁叔韫先生的府第吗?"日人情报之准确，确是令人惊讶。而来人这么发问，无非是见面的套话。

"正是寒舍。"罗振玉打量对方，见是个日本僧人，也不免礼节性地对答，"高僧何为而来?"

据来者自报，其人乃日本本愿寺僧人，受教主（即掌院）大谷光瑞派遣，前来邀请叔翁前往日本避难，并转达了大谷本人的情意：愿以其"二乐庄"别墅借罗"栖眷属"。

看来，这位在北京的日本僧人十分关注中国政局，对罗振玉这位考古家暨学部参事官，将要挈眷赴日本"避居"这样的秘密动静，也打探得一清二楚!

那么，这大谷光瑞究为何许之人?

其人身世、经历都很不一般。罗振玉尊称他为"大谷伯"，因为他是世袭的伯爵，大谷夫人之妹，乃是罗氏东渡翌年（1912 年）即位的大正天皇之皇后，大谷家族因而成了日本的皇亲国戚。

当然，我们之所以说大谷光瑞不一般，是因为此人除了编书著论，为日本军国主义者发动侵华战争效力之外，[①] 还在于他以佛教徒身份从事所谓"考古学术活动"：1902—1914 年，他亲率或派遣"大谷探险队"，蹿入我新疆、内蒙古、甘肃、青海、宁夏等地的佛寺、古墓、名迹，以"探险"为名，劫掠了一批又一批包括佛典、经籍、史料、绘画、雕塑、染织、刺绣、古钱、印本等珍贵文物。而他邀请罗氏前往的居所，则正是他存放从我国西北各地劫得之文物资料之地——"二乐庄"别墅。他还专聘了教授、学者整理、编纂了《二乐庄丛书》。

再说罗振玉，他与大谷其人确实并无交往。唯在前年二次东渡日本考察农学，将要归国前逗留京都时，在狩野直喜陪同下参观博物馆，他曾记云：

[①] 大谷光瑞（1876—1948），原名峻麿，生于日本京都，父明如上人系日本佛教真言宗西本愿寺第二十一代掌门人，于 1903 年迁化，大谷光瑞接任为西本愿寺第二十二代掌门人，并承袭伯爵，先后在近卫文麿、东条英机、小矶国昭等几任内阁中任参议、顾问。1931 年"九一八事变"与 1937 年"七七事变"后，他都竭力支持日本发动和扩大侵华战争，并曾主编出版以大谷光瑞命名的《兴亚论丛》《兴亚计划》，为日本军国主义效力。

又见本愿寺僧大谷伯爵从新疆携归之壁画佛像，有"大唐"字。[1]

仅此一笔，或许可略表罗氏虽未见大谷之人，却已知其所为了吧。

现在，这位未见面的伯爵大和尚派了驻京僧人登门来请，该如何应对？罗振玉说，自己与大谷素不相识，故虽感其厚意，但并未贸然允答。他正在犹豫之际，却接到了京都大学的几位老朋友（内藤虎次郎、狩野直喜、富冈谦藏诸教授）的来信，诚邀他去京都避居，藏书寄存大学图书馆，还为他准备了寓舍。于是，罗振玉踱步到了与他同处新帘子胡同的王国维家。王国维依然在他的"学学山海居"书斋里披览群籍，笔耕不辍。见罗氏来访，他放下了八月间刚觅得，并正在校阅的一部《梦溪笔谈》刻本，[2] 长长地叹了口气。

罗振玉给他带来了有关时局变化的最新信息，也讲了日本大谷光瑞之邀。但重要的是，如何回复狩野直喜等京都大学教授之邀请？他打算接受邀请，并约王国维共同东渡。旋即与时任农科大学总教习的藤田丰八商议定计。藤田很爽快，当即应允先回日本安排东渡事宜。罗振玉的大批书籍、文物，就不能不商请既有经济实力又有政治靠山的大谷光瑞本愿寺担保装运，运费则到京都后归还。

计议已定，藤田就先行启程东返，为罗、王东渡筹备一切。

无可奈何花落去

时令将到小雪，已是北国初冬。强劲的寒流滚滚袭来，罗振玉与王国维相商，决定"出都门"至天津待船，以便赶在大沽口封冻前登上赴日本京都的轮船。因为有大批书籍、文物装载，罗振玉联系搭乘的乃是日本商船，而此时只剩下了末班"温州丸"，且船小仅千吨。偕同赴日的有王国维及罗氏长婿刘季

---

① 罗振玉：《扶桑再游记》，《罗振玉学术论著集》第十一集。

② 赵万里《王静安先生年谱》载辛亥（1911 年）八月，"见宏（弘）治乙卯（1495）华容令徐瑶刻本《梦溪笔谈》……即移校于马元调本上"。

英，罗、王、刘三家上下约二十人，载客的舱位已满，家属就只能挤进货舱了。

寒流急，风浪恶，船在颠簸中开行。"船长以其室让予"，罗振玉回忆当时，说他被请进了船长室，王、刘也就随同他在船长室内谈议时局，打发时光。

应该说，罗振玉此时的心情是沉重的。晚年，他自述后半生"沉沦桑海，溯自辛亥乘桴"。[①] 这是借用了孔子"乘桴浮于海"（《论语·公治长》），以标榜他"挂冠神武，避地东渡"之无奈；他还记述了"十月初出都门"，船行"七日乃达神户"之际，国内时局变幻，云：

> 方予携家浮海时，汉阳已克复，武昌尚未下，都中同志尚冀时局可以挽回。宝公（熙）谓予曰：君竟洁身去邪？盍稍留，俟必无可为，然后行。予诺以送眷东渡后即孑身返都。既至东三日，即附商船至大连，遵陆返春明，知已绝无可为，践宿诺而已。比至，众亦谓大事已去，留旬日，乃复东渡。[②]

准上所记，罗、王联袂东渡的实际时间当在宣统三年（1911年）十月初七八日。请注意"汉阳已克复，武昌尚未下"，对于包括罗振玉在内的"拥清"诸公而言，此乃时局能否逆转之焦点。王国维追怀当年，曾有诗咏道："事去生死无上策，智穷江汉有回肠。"（《罗雪堂参事六十寿诗》二首之一）"回肠"语出司马迁《报任安书》："是以肠一日而九回。"宝熙嘱罗振玉"稍留"，正是表明了他们牵肠挂肚，日夜巴望清军夺回武昌。"冀时局可以挽回"，就是清廷尚在期待着袁世凯督责清军，攻克武昌。

所以，罗振玉偕同王国维、刘季英抵达神户的当天，即来到此番东渡的目的地——京都郊外的田中村，安置了眷属，他又怀着挽回时局的满腔希望，第三天就只身再乘商船，由神户至大连，转陆路"返春明"。[③]

---

① 罗振玉：《自挽联语》，《贞松老人外集》卷四附录。
② 罗振玉：《集蓼编》。
③ 春明，首都之别称。罗振玉在辛亥革命以后撰文追怀北京，屡以"春明"称之。张恨水小说《春明外史》，即写清末民初北京往事。

然而，无可奈何花落去，一筹莫展东流水。罗振玉抵北京，看光景，正是紫禁城宫阙依然，却是朝事日非了。他与宝熙等人见面，恰当载沣宣告退位，国柄尽归袁氏操控之时。诸公无不垂头丧气，感叹"大事已去""绝无可为"。于是，他"留旬日，乃复东渡"。照此算来，罗振玉于辛亥（1911 年）十月至十一月接连两次东渡，途中往返少说也得一个来月。当他再次乘船东渡，时间应该在（1911 年农历）十一月初七八日。斯时，不惟皇帝老子载沣于"监国"之位退了下来，溥仪小皇帝从龙庭"下岗"也进入了倒计时……

三千年教泽不绝如线

当罗振玉再次返回京都田中村寓所的时候，孙中山业已在南京宣誓就任中华民国临时大总统了。

这一天，农历十一月十三日，公元 1912 年 1 月 1 日。

中国的历史，自此揭开了新的一页。

当然，"逊政之讯"传来，罗振玉乃以"海外孤臣"自况，而赏读与他同居于田中村的王国维哀亡清之系列诗作，就成为他的一种精神慰藉，其中尤以《颐和园词》为最。据王国维说，诗刚脱稿，罗氏"见而激赏之，因为手写，付石印"。[①] 这首长歌当哭的七言排律，凡九十一韵，围绕着"五十年间天下母"的西太后慈禧展开。颐和园，这座被誉为中华文明象征的皇家园林，20 世纪末（1998 年）被列入"世界遗产名录"，王国维当年是那样展其才思，挥洒大笔，倾情咏之，且每韵每句莫不贯注了诗人之特识。诸如"上方宝殿放祈年"句，盖"放"者，仿也。注家初释为"秦孝公祈年宫"，误。后经查对，实为颐和园排云殿上层之佛香阁，顶作圆形，"其制仿天坛之祈年殿"，[②] 甚确。

---

① 王国维：《〈壬子三诗〉自序》，据手稿，参见陈鸿祥《王国维全传》，第 363 页，人民出版社 2007 年版。

② 黄濬：《花随人圣庵摭忆》，第 343、344 页，上海古籍出版社 1983 年版。

由是，可窥王氏虽非园林学家，却于园中一山一水、一殿一阁，写来皆精确到位，能不令人叹为观止吗？

然而，一切景语皆情语也。诚如诗中所咏，"离宫一闭经三载，绿水青山不曾改"。万寿山，昆明湖，依然山青水绿，然而人去园闭。旧注以为诗中"一闭经三载"是指"静庵此诗，成于民国三年（1914年）"，[①] 则非惟谬误，且完全遮蔽了以《颐和园词》为冠的王氏《壬子三诗》之原旨。实则诗云"经三载"，盖指宣统帝即位之年、慈禧太后死去之期距"辛亥国变"都是三年。光绪帝遗诏宣统帝永保大清江山，孰料仅隔三年就江山不保、山河易主。"定陵松柏郁青青，应为兴亡一拊膺。"真是哀恸备至。是故，经罗振玉手写石印的这首"长庆体"排律，不愧为挽亡清之杰构名篇。当年的那些海上遗老、寓公，如沈曾植、缪荃孙等人接读其诗，莫不击节赏赞，讽诵不已！

不过，对于罗振玉而言，清廷颁诏逊位已是不可逆转的事实，吟读《颐和园词》"岂谓先朝营楚殿，翻教今日恨尧城"，徒然生"恨"，却无从改变"虎鼠龙鱼无定志，唐侯已在虞宾位"的现实。罗振玉既深察官场，更洞悉政局，慈禧太后弥留之际遗命与张之洞、奕劻并为"顾命大臣"的袁世凯，倒确实是"本初才气尤腾达"，既逼清"禅位"，复胁民国"交权"，最后成了"新朝主"（民国总统）！

这才叫"无可奈何花落去"啊！

"目瞿横流，心悲积霰。"这是罗振玉所撰蒋黼墓志铭中的两句铭词。"瞿"者，惧也。何故而悲？此乃借《诗经》"如彼雨雪，先集维霰"摅其忧世情怀。"霰"者，小雪珠耳。朱注："方霰集，则将雪之候。"[②] 然而，大雪终将化去，如人生难免老死；而沧海横流，清亡国变，罗振玉称之为"海桑"。[③] 他偕同王国维置身日本，远离了政海，却赢得了驰骋学海的巨大空间。他曾追述辛亥（1911年）东渡之后对王"劝学"，并相与纵论古今学术，云：

　　至是，予劝公专研国学，而先于小学训诂植其基，并与论学术得

① 黄濬：《花随人圣庵摭忆》，第343、344页，上海古籍出版社1983年版。
② 朱熹：《诗集传》卷十四《小雅·頍弁》注。
③ 海桑，亦作"沧桑"，"沧海桑田"之谓。《神仙传·王远》载麻姑自说云："接侍以来，已见东海三为桑田。"

失，谓：尼山之学，在信古；① 今人则信今而疑古。国朝学者，疑《古文尚书》，疑《尚书孔注》，疑《家语》（按，《孔子家语》），所疑固当；及大名崔氏著《考信录》，则多疑所不必疑。② 至于晚近，变本加厉，至谓诸经皆出人伪造。③ 至欧西之学，其立论多似周秦诸子。若尼采诸家学说，贱仁义，薄谦逊，非节制，欲创新文化以代旧文化，则流弊滋多。方今世论益歧，三千年之教泽不绝如线，非矫枉不能反经。士生今日，万事无可为，欲拯此横流，舍反经信古，末由也。公方壮，予亦未衰暮，守先待后，期共勉之矣。④

十分清楚，罗振玉进入学术领域，就不是"目瞿"，而是要"拯此横流"；也不是"心悲"，而是要以"未暮"之年，为承传不绝的"三千年之教泽"而与"方壮"的王国维"共勉"！

于是，"反经信古"，遂成为罗氏"守先待后"的治学纲领。

但是，也有必要指出，罗振玉所称"至是"，在王国维作《颐和园词》的壬子，即1912年；而他的这番"反经"之谈、"信古"之论，却发于1927年王国维自沉之后，这就致使学界对其可信度产生了怀疑，尤其是他所说"今人则信今而疑古"，傅斯年就曾做了这样一条批注：

陈寅恪为余言：此风（祖崔述尽疑群经）至顾颉刚始著，前此无有也。罗叔言何得于十余年前预知之？真可笑也。余按：罗氏作治学论世之预言，真其品行虚伪之确证也。⑤

---

① 尼山，亦称尼丘，山东曲阜孔子出生地。后世遂以"尼山"代称孔子。按，孔子自称："述而不作，信而好古，窃比于我老彭。"（《论语·述而》）罗氏"信古"之说，殆本于此。

② 崔氏，崔述（1740—1816），字武承，号东壁，直隶大名人，所著《考信录》对先秦古籍，"除《诗》《书》《易》《论语》外，几乎都怀疑"。参见梁启超《中国近三百年学术史》，《梁启超论清学二种》，第390页，复旦大学出版社1985年版。

③ "至谓诸经皆出伪造"，殆指康有为《新学伪经考》，其论曰：《周礼》《逸礼》《左传》及《诗》之毛传，凡西汉末刘歆所力争立博士者，皆"伪经"；西汉经学，并无所谓古文者，凡古文皆刘歆伪作。参见梁启超《清代学术概论》。

④ 罗振玉：《海宁王忠悫公传》，《丁戊稿》，《罗振玉学术论著集》第十集（上）。

⑤ 王汎森：《王国维与傅斯年——以〈殷周制度论〉与〈夷夏东西说〉为主的讨论》，1997年打印稿。

不过，回观罗氏的学术言论，他在"至是"一年前的辛亥（1911 年）之春，为在北京创刊的《国学丛刊》作序，开宗明义谓"今之论学者言稽古之事，今难于昔"，"古先学术，必归于淘汰"；他则"以为不然"，并且提出了"今易于古"的"三易"之论。在我看来，其最要者在第一"易"，曰：

《国学丛刊》封面

> 今则刊本流传，得书至便。加以地不爱宝，山川效灵。雍郊获鼎，补伏孔之逸篇；洹阳出龟，窥仓沮之遗迹。和阗古简，鸣沙秘藏，继鲁壁而重开，嗣厘家而再出。古所未见，悉见于今。此今易于古者一也。

于是，他在序中展望学术之途，曰：

> 今且旁行斜上，尽译遗经。海峤天涯，争开文馆。矧兹宗国，尚有典型。老成未谢，睹白首之伏生；来者方多，识青睐之徐监。方将广鲁于天下，增路于椎轮。张皇未发之幽潜，开辟无前之涂术。信斯文之未坠，仁古学之再昌。杞人之忧，斯亦惑矣。①

这颇富神秘意味的"地不爱宝，山川效灵"，典出《文选》颜延年《二月三日曲水诗序》"晷纬昭应，山渎效灵"。李善注："山，五岳也；渎，四渎也；效灵，山出器车，渎出图书之类。"（《文选》卷四十六）直白地讲，就是地下文物大量出土。这是屡见于罗振玉此后所撰有关古器物序跋中的用语。除钟鼎彝器之外，他综括了后来被王国维称之为"近二三十年中新发现"之学问：殷墟甲骨、西北边陲之汉晋简牍，以及敦煌千佛洞之书画卷轴等重大考古发现。而在"矧兹宗国，尚有典型"下，王国维所加"老成""来者"两句，尤为学者乐于征引。斯时，可以说他是满怀了"开辟无前之涂术"之愿景，而"信斯

---

① 罗振玉：《国学丛刊序》，《雪堂校刊群书叙录》卷上，《罗振玉学术论著集》第九集。

文之未坠，仉古学之再昌"！

何故由"海桑"一年前之"今易于古"一变而为"反经信古"？他的"矫枉"，不免给人以矫情之感，但却非虚情，其关键端在"宗国"二字。在罗氏心目中，清亡失了他所"宗"之"国"，当然"事无可为"，"舍反经信古，末由也"了！

书籍、古物之于王国维

但是，对于辛亥（1911 年）东渡以后罗、王二家的学业而言，我以为更重要的还不是"劝学"，而是"资学"。

且看罗振玉追述王国维移居日本京都数年间的治学轨迹，他说：

> 公居海东，既尽弃所学，乃寝馈于往岁予所赠诸家书。予又尽出大云书库藏书三十万卷、古器物铭识拓本数千通、古彝器及他古器物千余品，恣公搜讨。[①]

何谓"尽弃所学"？就是听了罗氏"守先待后"以共勉的一番劝学论说，王国维"怃然自怼"，激动万分地将东渡时装入箱中的百余册《静庵文集》都烧掉了，并且还要对罗"北面称弟子"，而罗则"以东原之于茂堂者谢之"。

对此，我曾援引辛亥（1911 年）以后，《静庵文集》于海内外书店仍有发售的事例，以为有言过其实之嫌。而在古器物（包括书画）鉴赏方面，早在王国维任教江苏师范学堂之际（1904 年），罗振玉就已被王乃誉尊为"巨眼"的大师级人物，[②] 故在偕罗专研国学之初，王国维乃欲拜其为师，并不为过。当然，罗氏援引戴、段不为师生之谊而"谢之"，这既是他的自知、知人之明，

---

① 罗振玉：《海宁王忠悫公传》，《丁戊稿》，《罗振玉学术论著集》第十集（上）。
② 《王乃誉日记》第四册，第 1971 页，中华书局 2014 年影印本。

更由此而形成了罗、王两家互勉、互助、互动的学术情谊。这是应当称道的。

再看王国维，被罗氏赞为"其迁善徙义之勇如此"，而后来学术界称之为辛亥（1911年）前后"判若两人"的"学术转向"，究其原因，除了遭遇"国变"的客观历史原因，更主要的则在学术上之"新发见"。试以王国维辛亥（1911年）东渡前后所撰《国学丛刊序》做一比较。前序刊发于辛亥（1911年）正月，力主学无古今、新旧、中西之分，特别批驳了"尚古"与"蔑古"，云：

> 今之君子，非一切蔑古，即一切尚古。蔑古者出于科学之见地，而不知有史学；尚古者出于史学上之见地，而不知有科学；即为调停之说者，亦未能知取舍之所以然。此所以有古今新旧之说也。[①]

王国维所说"今之君子"，并非虚拟，实有所指，盖"蔑古"者，"新学家"康有为；"尚古者"，唯信"纸上之学问"的章太炎。康、章二君虽形同水火，而在否定以至攻讦金文、甲骨等"丽诸日月"的新学问方面，却并无二致。而罗振玉所谓"感于旧学日荒"而筹创《国学丛刊》，实不过是一个托辞。他与王国维在上海就是以"研究国学，保存国粹"为宗旨的"国学保存会"成员，并曾在该会主办之《国粹学报》上发表论著，何故要另行创办《国学丛刊》？这除了在根本宗旨上不能认同章太炎等人欲借"国粹"宣扬反清思想之外，在学术上，正是鉴于"方今山川之宝，日出不穷"，[②]他要亲自编辑这个丛刊，以此为阵地，既为"旧学"拾荒，更要为开启"新学问"而拓荒！

于是，按照罗振玉在序中所定，该刊"岁成六编，区以八目"，即经、史、小学、地理、金石、文学、目录、杂识。由于"武昌变起"，《国学丛刊》于辛亥（1911年）正月创刊，仅出三编而告终，所刊之书凡三家，计十三种，依次为：

王国维三种，即《古剧脚色考》（一卷）、《清真先生遗事》（一卷）、《隋唐

---

①　王国维：《观堂别集》卷四《国学丛刊序》，《王国维遗书》第四册。

②　罗振玉：《雪堂藏古器物目录序》，《松翁近稿》，《罗振玉学术论著集》第十集（上）。

兵符图录附说》。①

缪荃孙一种，即《艺风堂题跋》。

罗振玉九种，即《唐写〈周易王弼注校字记〉》（一卷），《殷虚书契前编》卷一、二、三（分刊三编），《折冲府考补》（一卷），《隋唐兵符图录》（一卷），《古定尚书夏书校字记》（一卷），《蒿里遗文目录》卷上、中，《佚籍丛残》三、十五、十八、二、四，《古定尚书商书校字记》（一卷），《傅青主先生年谱》。

罗氏自刊之九种著述，除傅山（青主）年谱外，举凡隋唐兵符、蒿里遗文、古定《尚书》之《夏书》《商书》等，实皆"新发现"的古书、佚籍、古物，特别是他"昕夕孜孜，至忘寝食"，手自编定《殷虚书契前编》之刊布，其重大的学术意义，自不待言。

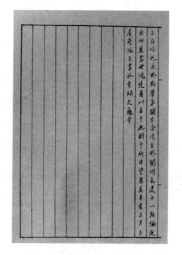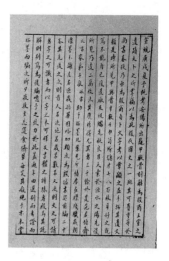

《殷虚书契前编》序及甲骨文拓片

所以，罗振玉东渡之后，决意将辛亥（1911 年）正月始创的《国学丛刊》复刊，并请此时已"专研国学"的王国维来主编该刊就绝非偶然了。恰如王氏在代罗振玉撰的序中所说：

　　自顷孟陬失纪，海水横流。大道多歧，《小雅》尽废。……然而

---

① 赵万里《玉静安先生年谱》称："先生之治古器物学，自此始。"后重订为《隋虎符跋》《伪周二虎符跋》，编入王氏《永观堂海内外杂文》。

问诸故府，方策如新。瞻彼前修，典型未沫，重以地不爱宝，天启之心。殷官太卜之所藏，周礼盟府之所载，两汉塞上之牍，有唐壁中之书，并出尘埃，丽诸日月。芒洛古冢，齐秦故墟，丝竹如闻，器车踵出。上世礼器之制，殊异乎叔孙；中古衣冠之奇，具存于明器。并昔儒所未见，幸后世之与闻，非徒兴起之资，弥见钻求之亟。……①

屈原《离骚》云："摄提贞于孟陬兮，惟庚寅吾以降。"盖以"孟陬"代称年岁之始。民国肇始，明令废除宣统年号，改用西历，故曰"失纪"。王国维还曾为之感叹"讵知故国乃无年号可呼"，②确实代罗抒发了所谓"目瞿横流""海桑之变"的遗老心绪。

然而，我们应当注意，王国维的前序既断然否定了学问上之中西、古今、新旧之分（当然也无所谓"转向"），此序署"甲寅五月"，即写于清朝"失纪"之后第三年（1914年），罗氏为王国维的学术研究所出示的数十万卷藏书，特别是彼时就连罗氏自己亦未盘点精确的数以万千计的古器物，以及古器铭识拓片，不正是王国维在序中礼赞的"并出尘埃，丽诸日月"的"殷官太卜之所藏"（殷墟甲骨）、"周礼盟府之所载"（钟鼎彝器铭文），以及"两汉塞上之牍"（西北汉晋简牍）、"有唐壁中之书"（敦煌石室文书）等珍贵文物吗？

这就告诉我们，开辟学术新途，不能徒托空言。罗振玉以"反经信古"劝学，实乃以"今易于古"的"洹阳出龟""和阗古简""鸣沙秘藏"等"新发见"为依托。王国维当然不会去消极地"反经信古"，而是"问诸故府，方策如新"，并且"瞻彼前修，典型未沫"，从"海水横流"的大变局中，看到了一片有着"无前之涂术"的学术新天地。

所以，王国维的这篇序，实乃是他尽阅罗氏出示的大云书库所藏书卷器物的基础上提炼出来的。我们完全有理由认为，序中"非徒兴起之资，弥见钻求之亟"，不啻为新的学术箴言。"资"，就是学术资源；"兴起之资"就是罗、王二家赖以"钻求"新学问的数以万千计的书籍、文物。

这也就是我们所说的罗振玉对王国维辛亥（1911年）东渡以后的"资学"。

① 王国维：《观堂集林》卷二十三《国学丛刊序》（代罗叔言参事），《王国维遗书》第四册。
② 王国维：《致缪荃孙》，《艺风堂友朋书札》（下），《中华文史论丛》增刊，1980年10月。

这是任何金银财宝所不能取代的。

文献宝藏相与渡海

然而，如此大批量的书籍、文物，罗振玉是如何收藏，又如何随他东渡载运的？学界每赞叹罗氏搜罗之宏富，却罕知其得到之维艰，藏之运之尤匪易也！罗继祖虽曾撰专文介绍大云书库藏书，[①] 然于此亦语焉不详。

当然，罗振玉本人对其收藏及运载古器物并未"失语"。居东六载（1917年），他为辑印一部名为《梦郼草堂吉金图》的古器物图集写了篇序言。[②] 这是罗氏所撰诸多金石古物序跋中，较为系统而翔实地自述其收藏与运载经历者。兹分时段，并酌加按语，移录如下：

> 予少好古器，贫不能致。三十客申江，故家所藏，偶获一二，辄玩赏穷日夕。亡友丹徒刘君铁云有同好，聚古器数十，所居距予寓斋才数十步，每风日晴好，往就观，相与摩弄，或手自拓墨，不知门外红尘十丈也。

此为第一时段，人在上海。

谨按，罗氏自少好古器物。"三十客申江"，即1896年自淮安至上海创农会、办《农学报》，开始收藏古器物。刘鹗（铁云）是罗氏亲家，自称"铁公好古如好色"，他"寤寐碌碌思必得"的是，"商彝周鼎秦汉碑，唐宋元明名翰墨"。[③] 罗所述与刘自状乃记实。刘鹗之孙刘蕙孙回忆说，彼时（1903年前后）

---

① 罗继祖：《大云书库藏书搜集、破坏、整理、归宿记略》，《社会科学战线》1986年第一期。

② 罗振玉编《梦郼草堂吉金图》，三卷，辑录罗氏所藏商周青铜器（上）、上古兵器与秦器（中）、汉魏蜀器与六朝至明代器物（下），共计一百五十四件，有诸器照片及铭文拓本；《续编》一卷，录入商至宋代古器物图六十八件。分别于丁巳（1917年）、戊午（1918年）于日本珂罗版影印，书首弁罗氏自序。

③ 刘鹗：《自嘲》，《铁云诗存》，第24页，齐鲁书社1980年版。

刘居上海新马路安庆里，罗"后门和我家大门斜对。晚间无事，常和铁云先生一处讨论金石书画"。[①]

第二时段，人在北京：

> 又十年，予始备官中朝，京师人海，万方百物之所萃，世家所储，齐鲁郑卫燕秦古物新出者，时时于肆中遇之，遂如穷子之入宝山，尽倾俸钱不能偿，乃私叹有力者不必好古，好古者又绌于力，无力而好古，鲜有不致累如予者。然是时所得古物，已充牣左右，书室方丈，殆无措足地。在京师六年，三移居，长物多于家具，每值迁徙，躬自监护，惟恐有捐失。顾是时政纲日替，冷官未由报称，思谢病退居江湖。顾此累累者，不忍弃去，欲一一携取，则陈箧数十，归装益不办，于是曩昔爱之如护头目者，至此益增吾累矣。

谨按，"备官中朝"，罗振玉1906年春夏间入学部，至1911年秋冬间挂冠，适为六年。罗氏一生收藏，主要集中于此期间。在北京，他三次搬家，"长物多于家具"。长物者，书籍、文物也。他自感在学部"冷官"难为，故早想托病辞官，以致力于学问，所累者亦在这么多"如护头目"的古器物，舍之不忍，携之则难。唯此之故，前述罗氏好友汪康年临终前曾在天津"留屋三间"，请其前往，他就只能辞谢了。

然而，罗振玉生当大批文物出土的"古来所难比之大变局时代"，是"古来所难比之大收藏家"，[②] 他的收藏也成为近现代学术史上的盛事而被人书特书，我们自不能忘了热诚为之誉扬的鼎堂郭沫若。他说：

> 他的殷代甲骨的搜集、保藏、流传、考释，实是中国近三十年来文化史上所应该大书特书的一项事件。还有他关于金石器物、古籍佚书之搜罗颁布，其内容之丰富，甄别之谨严，成绩之浩瀚，方法之崭

---

① 刘蕙孙：《铁云先生年谱长编》，第106页，齐鲁书社1982年版。
② 蔡尚思：《学问家与图书馆》，《江苏省立国学图书馆第八年刊》，1934年度。

新，在他的智力之外，我想恐怕也要有莫大的财力才能办到的。[①]

以上郭氏所论，曾屡被包括罗氏后人在内的各方面学者称引。不过，我觉得有必要提醒两点：

一是，收藏固不易，但尚须识宝鉴真伪。罗氏在本序开头述及"我朝藏器之风"，尝举"匋斋所录，颇杂赝器，盖精鉴之难也"，就是说端方（匋斋）好收藏，却不能"精鉴"。而郭氏特别称道罗藏金石器物、古籍佚书"鉴别之谨严"，显示了他不惟是一位大收藏家，而且有着"精鉴"古书画古器之"巨眼"。

二是，收藏离不开财力。罗氏如此丰富的金石、甲骨及其他古书籍、古器之收藏，若非有莫大的财力，何能办到？然而，我们反观罗氏自述，不惟早年"贫不能致"，即使到了学部做官之时，他仍是"尽倾俸钱不能偿"，并且发出了"有力者不必好古，好古者又绌于力，无力而好古，鲜有不致累如予者"的"私叹"。无独有偶，正是彼时亡命于日本的郭氏，差不多就在他攻究青铜甲骨而赞叹罗振玉收藏业绩之际，还曾憾于"世常有有研究之志者，而无研究之资，有研究之资者，而无研究之志，物朽于藏家，人老于牖下"。[②] 然则，罗氏所叹"无力者而好古"，与郭氏所憾"有研究之志者，而无研究之资"，实乃词异而旨同。嗣后同列"甲骨四堂"的罗、王、郭三大家，皆于避居日本的困顿之时，潜心金石、甲骨之学，卓然成就了大学问，岂偶然欤！

且回归罗序，其第三时段，为辛亥（1911 年）东渡随迁书籍文物时，云：

> 及盗起武汉，元凶柄国，不忍坐视宗社之变，乃亟斥䚯服用之物，以充行资，携孥浮海。图书长物百余箧，运之逾月乃竟，又弃其重大而不易致者。

谨按，罗氏此序撰于丁巳（1917 年）十月，故其哀叹"忍死余生，殊方遁迹，抱器徘徊，辛苦著录"，表明他是紧接于丁巳（1917 年）"复辟"告吹之

[①] 郭沫若：《中国古代社会研究·自序》，《郭沫若全集·历史编》卷一，第 9 页，人民出版社 1982 年版。

[②] 郭沫若：《金文丛考跋》，原载昭和七年（1932 年）日本文求堂书店石印本《金文丛考》。

后，"抱器""著录"。而图录之所以取名"梦郼"，盖"梦"者，王国维致罗振玉书信中屡以"复辟"为梦事；[1]"郼"者，本意为"依"（音衣），史称汤为天子，夏民"亲郼如夏"（《吕氏春秋·慎大览》）。然而，张勋"复辟"，七天而鸟兽散，谁人依之？罗氏身居"殊方"（日本），乃于落寞中诬诋辛亥（1911年）武昌首义为"盗起武汉"。"元凶柄国"者，即今世学者所称"袁氏当国"。

这就是罗振玉"忍死余生"的历史背景。

但在辛亥（1911年）东渡之时，罗氏不惜出售"服用之物，以充行资"。随其"浮海"东渡的"图书长物"，究有几多？按序中所写，曰"百余箧"，曰"运之月余"。

这是罗氏本人所作的"权威发布"，清楚地告诉我们书籍、文物共达百余箱，从天津港运至日本京都，先后达一个多月，且在离京时，还不得不舍弃重大而不易装载的器物！

赁屋佣书的一年

经过一个多月的海运，随罗振玉东渡的那一百多箱书籍、文物，终于安抵京都，寄存于京都大学图书馆。

京都大学，全称国立京都帝国大学，是使用清政府在甲午战败后的部分对日赔款作为建设基金，于1897年6月正式成立的。[2] 1906年创设的京都大学文科大学（1919年后改为文学部）的首任学长，就是与内藤、富冈联名邀请罗、王东渡的狩野直喜。次年（1912年）八月，狩野赴欧洲考察巴黎、伦敦两地博物馆所藏敦煌文物，王国维曾赋诗送别，[3] 诗曰："君山博士今儒宗，亭亭崛起

---

①　王国维：《致罗振玉》，《罗振玉王国维往来书信》，第268页，东方出版社2000年版。

②　刘正：《京都学派》，第10—11页，中华书局2009年版。

③　王国维《壬子三诗》其二《送日本狩野博士游欧洲》。按，狩野直喜（1868—1947），日本熊本县人，字子温，号君山，毕业于东京帝国大学政学科，文学博士，曾于庚辛年间两次留学中国，是东洋史学"京都学派"与京都大学文科大学创始人之一。

东海东。"盖以狩野乃日本"京都学派"创始人之一，亦为京都大学成立后第一位汉学教授，故谓之"儒宗"，名至实归。

诗曰："颇忆长安昔相见，当时朝野同欢宴。"盖"长安"者，国都北京之代称；"昔"者，辛亥前一年，1910年农历九十月间，由京都大学文科大学派遣狩野及内藤（湖南）、小川（琢治）三教授，富冈（谦藏）、滨田（耕作）二讲师，前来北京考察清学部的敦煌文物及内阁大库书籍文档。诸人抵京考察期间，曾与罗、王相会，而带队者即时任文科大学学长的狩野直喜。

诗曰："扶桑风物由来美，旧雨相逢各欢喜。"罗、王相偕，"幡然鼓棹来扶桑"，"鼓棹"者，谓途中风骤浪恶，"七日乃达神户"。罗振玉并且记述抵神户当天，所受藤田丰八等日本友人热情接待情状，云：

> （达神户）藤田诸君已在彼相迓。即日至京都田中村寓舍，东京旧友田中君（庆太郎）亦至京都助予料理，狩野博士夫人在寓舍为备饔飧。诸君风谊不减古人，终吾生不能忘也。[1]

罗、王、刘三家抵日第一餐，由狩野直喜夫人亲自下厨准备，高情厚谊，能不感人肺腑？这应即为王氏所咏"旧雨相逢"之欢了。

当然，从私交来说，曾先后十次前往中国考察"访书"，尤以在奉天（沈阳）拍摄满文老档著称学界的内藤湖南，[2] 与罗振玉的交往更为密切。据上述在北京的学术考察活动而撰的《京都大学教授赴清国考察报告》，[3] 虽系内藤与狩野、小川、富冈、滨田合作写成，却收入内藤著作集内，可知执笔者当为内藤；而考察报告所述敦煌书卷、内阁古书、殷墟龟卜文字，以及古器物中之钱范、古玺、汉印、印谱、封泥，与夫金石研究等，莫不与罗振玉密切相关。或

---

① 罗振玉：《集蓼编》。

② 内藤湖南（1866—1934），日本秋田县人，本名虎次郎，字炳卿，号湖南，早年做过记者，从事评论，是明治时期新闻舆论界著名的"中国通"。1907年，转入当时新成立的京都大学，任东洋史学讲师，两年后升任教授，他与狩野直喜、小川琢治并称东洋史学"京都学派"创始人。

③ 《京都大学教授赴清国考察报告》，原载《大阪朝日新闻》1911年2月5日，钱婉约据《内藤湖南全集》（筑摩书店，1969—1976年）卷十二之《目睹书谭》译出；又，刘正《京都学派》书中谓内藤一生先后"十次造访中国"，钱先生谓"先后九次来中国"，参见《日本学人中国访书记》，第1页，中华书局2006年版。

者说，这正是由内藤领衔，会同狩野、富冈邀罗携带书籍、文物前来京都"避难"的主要内因。

而罗氏之所以能将百余箱书籍、文物放心地寄存在京都大学图书馆，正是出于对他们的信任。恰如罗氏所述，"予寓田中村一岁，书籍置大学，与忠悫往返整理甚劳"。王国维曾在书信中这样讲述"往返整理"之劳：

> 叔翁（罗振玉）在此，现与维二人整理藏书，检点卷数。因此次装箱搬运，错乱太甚，大约至明春二月方能就绪，目录亦可写定矣。……至开书籍铺，恐获利颇难。因此邦人士于字画颇知珍贵，碑帖初开风气，此二项尚可得价。……此间生活惟米价颇贵，其余略同中国。……书籍字画无进口税。水脚自上海运神户，每箱约二三元，并闻。

此信落款署"醉司命日"，即辛亥年十二月二十三日（1912 年 2 月 10 日）。[1] 信末所言"水脚"，早已成了今天的读者所不能解的"古词"了，盖彼时水路运送货物（包括海运），其运费曰"水脚"。但是，此信更要者是，告知了彼时日本书价贱而字画贵的信息。罗振玉显然是抓住了这个有利的商机，不惜抛售字画！

据近人访日，获知关西大学"内藤文库"中存有"书画账"，其中之一为明治四十四年（1911 年）7 月 15 日在京都市立绘画专门学校展出的《清国罗振玉氏藏书画目录》草稿，计有"书之部"与"画之部"共十二页，记录了百余件书画，内有明祝枝山、文徵明、仇英、董其昌，清钱辛楣等人的书画，及郎世宁画幅等。这不正是罗氏所说"武昌变起"前，"东邦友人借所藏书画百轴往西京展览"吗？再一为《罗振玉先生书画售卖目录》，经由内藤湖南之手，在京都出售之中国字画清单，亦有十二页，包括文徵明字画、仇英美人、石涛画册等，共售出一百二十七幅，总计售价二万九千四百六十元，除"手数料二割"（即手续费二成），罗氏净得二万三千五百六十八元。[2]

---

① 王国维：《致缪荃孙》，《艺风堂友朋书札》（下）王国维之十九，《中华文史论丛》增刊，1980 年 10 月。按，"醉司命日"即中国年俗之"送灶日"，古中州在腊月二十四日，此从江浙，在腊月二十三日。
② 钱婉约：《罗振玉与内藤湖南的交谊》，原刊《中华读书报》，2012 年 6 月 6 日。

由是可知，罗振玉为东渡日本，曾出售"服用之物"；抵日本后，除养家活口及支付王国维等几家生活费之外，编刊书籍、购地建房等，可以说有巨额的经费开支，由何而来？出售字画（其中亦不排除经手贩卖赚钱），就成为重要的集资渠道。而由上述王氏书信中所述"此次装箱搬运，错乱太甚"一语，我们还可以大致了解，其整理顺序应为先易后难，先书籍后古器物。书籍多装订成册，"错乱"者主要在卷次，故先开箱整理；而古器物（包括图片）及青铜器铭识、甲骨文字拓本等，其装运中既有损毁，还须防开箱再损，故整理之难度，更可想而知。

于是，罗振玉所谓"尽出大云书库藏书三十万卷"，交由王国维整理编目。这部原名《罗氏藏书目录》（亦名《罗氏振玉藏书目录》），虽"未署撰者，考为王国维作"，确切无疑。唯谓"大约撰于一九一三年"[1]，不确。我们由王氏书信所报"大约至明春二月方能就绪"，"目录亦可写定"，盖可断此《罗氏藏书目录》之撰写，当着手于辛亥十二月至壬子（1912 年）春二月。

《罗氏藏书目录》分上、中、下三卷，上卷为经、史。按照王氏所作编目统计，"经部总共五百零四部，九千一百七十五卷"，其中罗氏所称之"苍雅"，即小学训诂类，如《尔雅》《说文》及韵书、音义等，计有二千二百二十二卷；史部无总计，兹按其分类数统计，总共一千七百四十部、二万四千四百三十卷，其中金石类计有三百二十八部、一千八百五十七卷。中卷为子、集，后附录"译书类"。所录各书均有卷册数，唯无部类综合统计，盖其总数，亦当在一千五六百部、二万卷以上。我还注意到，罗继祖所编《贞松堂秘本书提要》，所题"秘本"中之罗氏光绪、宣统年间收藏诸书，如《捕皇要说》一卷（清刊本）、《荒政便览》二卷（清光绪癸未刊本）、《蚕桑易知录》一卷等书，即为其中农家类书目。

罗氏藏书中价值最高，亦为王氏编目最为着力者，当在下卷，分宋元本书目、善本书目、评校本书目、钞本部四类。入编诸书，除照例录有撰著者、版本、卷册数以外，其宋元本书目内，并记有该书每页行数，每行字数，收藏者姓氏、堂名、题识、校记及钤于各卷之藏书印等。例如，《宋元本书目·经部》

---

① 王国维：《王国维全集》卷二《罗振玉藏书目录》卷首编者识语，第 514 页。

所录第一部《附释音尚书注疏》二十卷，王国维录写了该书的藏书记。[①] 我们可以从中撷取诸多有益的学术信息，尤其是录入其中的"好学为福"一语，不啻为后生学子之警策。可不是吗？提倡读书者，自己须先读书；读书，何必待到"读书日"。须知，人生非必皆能坐拥书城，但真正的福分不是家财万贯，而是好学读书。这应是古今不易的共识。

那么，每天往返于京都大学图书馆而使罗振玉感到"甚劳"的藏书整理，究竟持续了多久？欲知其终，不可不知其始。

罗振玉说，初到京都，寓居田中村，他全家原与王国维及长婿刘季英两家同居一处。但三家二十余口，屋狭人众，于是另租了二宅供王、刘居住。王国维还有为定居京都而写给日本友人的赠答诗，[②] 诗凡四首，谨录其第二首：

> 莽莽神州入战图，中原文献问何如？
> 苦思十载窥三馆，且喜扁舟尚五车。
> 烈火幸逃将尽劫，神山况有未焚书。
> 他年第一难忘事，秘阁西头是敝庐。

诗以"三馆"喻藏书、校书、修史诸事，所谓"三馆无素餐之人，四库无蠹鱼之简"（郑樵《通志总序》）。罗氏为避神州战乱而运来了数以万计的书籍、古器物，使王国维于定居京都后得以尽窥。何谓"秘阁西头是敝庐"？"秘阁"就是寄存了罗氏经由"扁舟"运来"五车"之书的京都大学图书馆，而"敝庐"当然是王国维自称其田中村寓舍了。

其第三首：

> 平生丘壑意相关，此日尘劳暂得闲。
> 近市一廛仍远俗，登楼四面许看山。

---

① 王国维：《王国维全集》卷二《罗振玉藏书目录》，第 760—761 页。

② 该诗原题《定居京都，奉答豹轩枉赠之作，并柬君山、湖南、君扢诸君子（辛亥）》，见《观堂别集》卷四，《王国维遗书》第四册。按，铃木虎雄（1878—1963），字子文，号豹轩，新潟县西蒲原郡吉田町人，1900 年于东京帝国大学文科大学汉学科卒业，1908 年经狩野直喜推荐任京都大学文科大学副教授（1919 年晋升为教授），是日本著名的汉学家，"京都学派"研究中国文学史的杰出学者。

　　书声只在淙潺里，病骨全苏紫翠间。

　　赁庑佣书吾辈事，北窗聊为一开颜。

　　寓所"近市"而"远俗"，是说罗、王在京都吉田山下之田中村从事学术研究，如同进了世外桃源。"赁庑"，意指罗氏租借了京都大学图书馆内的小屋寄存书籍、文物；"佣书"，[1] 原指受雇为人抄书；"吾辈"，兼指罗、王；"事"者，整理书籍耳。这既是调侃，亦属实情。斯时罗振玉对随同东渡之王、刘两家，以及翌年（1912 年）春应其所召而来的胞弟罗振常，"三家月饩各百元"。王国维既受百元之薪（"月饩"）为罗编撰书目，故以"佣书"自况。末韵"北窗聊为一开颜"，乃指罗寓后堂，罗、王常在此商学谈笑，其方位则适与王寓南北相望，列简图如下：[2]

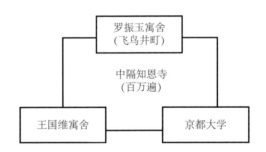

　　由此，当可落实王氏寓舍正对着罗宅南窗，又恰当京都大学西侧。罗宅在"飞鸟井町"，中隔"百万遍"知恩寺，故王国维要每天徒步往返。当然，定居京都，整理藏书，还只能说是罗、王合作的一个起点。至于"检点卷数"，罗振玉谓"大云书库藏书三十万卷"，乃其约言，以示无所保留、尽出所藏。而由王国维编入《罗氏藏书目录》者，则为实数，大致十万卷，要逐书逐本逐卷编目，有的还需逐页逐行检点字数，录入藏家题跋、款识等（如宋元刊本）。然则，"赁庑佣书"，确是罗、王两位东渡第一年的真实写照。

---

　　① "佣书"，被人雇用的抄书人。参见《后汉书》卷四十七《班超传》："家贫，常为官佣书以供养。"
　　② 据钱鸥博士绘制《大正二年（1913 年）京都市街全图》模写。钱鸥：《京都田中村罗振玉与王国维的寓居》，原刊《中国》。

故国之思

如上所述，定居京都头年，王国维的主要精力专注于藏书编目。但对于罗振玉而言，定居京都，重在一个"居"字。他是"大当家"，到了壬子（1912年）正二月以后，就不能不为购地建房奔忙。他说：

> （寓田中村一岁）乃于净土寺町购地数百坪，建楼四楹，半以栖眷属，半以祀先人、接宾友。门侧为小榭四间，楼后庖湢奴子室数间，植松十余株，杂卉木数百本，取颜黄门《观我生寄赋》，颜曰"永慕园"。[①]

罗振玉自在沪办农报馆创业以来，每至一地即喜建新屋。不过，"日本国例，外邦人可杂居国内"，有建屋权却无购地权。所以，他只能借用了藤田丰八的名义购地。[②] 经过一年努力，终于迎来乔迁之喜，罗家住进了自建的新居。罗振玉有一首《题比睿侨居图》，诗云：

罗振玉在日本京都净土寺町之住宅

> 故园薇蕨已全空，来作三山采药翁。
> 梦绕觚稜余涕泪，心伤知旧半飘蓬。
> 六年去国成先兆，万岁无疆祝圣躬。
> 谁料幽燕尚多事，似闻遗欠及尧宫。

---

① 永慕，《辞源》释曰"永远思慕"，并引曹植《洛神赋》："超长吟以永慕兮，声哀厉而弥长。"后指不忘父母。而罗氏取之名其园，盖别有寄怀也。

② 罗振玉：《集蓼编》。

何以取题"比睿侨居"？原来，罗振玉于壬子（1912年）二月为王国维手书《颐和园词》，曾自署"比睿宾朋"，"比睿"遂成罗氏诸多字号之一，盖取典于《吕氏春秋》"比于宾朋，未敢求仕"。① 诗中"六年去国成先兆"句下，罗氏又有自注云：

> 予四十一岁至都下，言："此行能行吾志未可期，六年更无所成，出国门不复入矣。"不幸成谶。

入住新居，却感慨不已。在王国维落款"壬子除夕前一夜"的致缪荃孙书札中，曾告以"蕴公移居在京都上京区净土寺町字马场地"。② 翌日除夕（1913年2月5日），罗振玉邀请了王国维及胞弟罗振常共聚永慕园新居饮酒度岁。王国维曾赋一律，题为《壬子岁除即事》，云：

罗振玉与王国维合影

> 又向殊方阅岁阑，梦华旧事记应难。
> 缁尘京洛浑如昨，风雪山城特地寒。
> 可但先人知汉腊，定谁军府问南冠。
> 屠苏后饮吾何憾？追往伤来自寡欢。

诗云"又向"，是说他与罗氏已在"殊方"的日本二次度岁了。罗振玉亦赋七律一首，云：

> 修蛇赴壑惜年光，憔悴孤臣鬓有霜。
> 浮海苦存汉家腊，偷生待举中兴觞。

---

① 萧文立：《罗雪堂自称集释稿》，《罗雪堂合集》卷首，西泠印社2005年版。
② 王国维：《致缪荃孙》，《艺风堂友朋书札》（下），《中华文史论丛》增刊，1980年10月。

乍传延渭罘罳坏，似说龙沙保障亡。

遥把屠苏瞻北阙，除凶解恶祝吾皇。①

罗氏以首韵"修蛇赴壑"，②叹岁月之消逝，应接着三年前之庚戌（1910年）在京度岁，王国维和伯宛（吴昌绶）《鹧鸪天》词末句"系取今宵赴壑蛇"。孰料，次年即有"辛亥之变"，栖栖遑遑，成了"海外孤臣"。然则，罗诗之"惜年光"，正应合王诗之"阅岁阑"。京城梦华，双鬓染霜，旧事何可追寻！

然而，除夕祭祖，罗、王诗中均咏及了"汉腊"。"汉腊"当然亦有出典。谨录《资治通鉴》相关文字：

（汉）哀、平之际，沛国陈咸以律令为尚书。……及（王）莽篡位，召咸为掌冠大夫，咸谢病不肯应。时，三子参、钦、丰皆在位，咸悉令解官归乡里，闭门不出入，犹用汉家祖腊。人问其故，咸曰："我先人岂知王氏腊乎！"③

王诗之"知汉腊"，罗诗之"存汉家腊"，皆取典于此。一言以蔽之：不认"民国"，唯认"宣统"；对着大清"胜朝"顶礼膜拜，绝不向"今王莽"袁氏俯首称臣！

不惟如是，罗诗更有"延渭罘罳"之句，意何所指？顾炎武《日知录》有《罘罳》篇，详考其形制，谓："罘罳，宁虽从网，其实屏也。"盖即设置于古代宫门外或城墙角的有孔之屏，以供守望、防御之用。又引《王莽传》，云：莽篡汉，乃"遣使坏渭陵、延陵园门罘罳，曰'毋使民复思也'"。④此即罗诗"延渭罘罳"之出典。除岁把盏，焉可数典忘祖？故其末韵"遥把屠苏瞻北阙，除凶解恶祝吾皇"，针对的即是坏祖陵、变祖制的王莽那样的窃国者。

---

① 此首及前之《题比春侨居图》，均编入《贞松老人外集》卷四，《罗振玉学术论著集》第十集（下）。

② 赴壑蛇，苏轼《岁暮思归寄子由第三首》之《守岁》云："欲知幸尽岁，有似赴壑蛇。修鳞半已没，去意谁能遮。况欲系其尾，虽勤知奈何！"

③ 《资治通鉴》卷三十七。

④ 顾炎武：《日知录》卷三十二《罘罳》。

当然，无论是其"侨居"诗中"万岁无疆祝圣躬"，还是永慕园中遥瞻北阙"祝吾皇"，业已成了逊帝的溥仪，一个七八岁娃儿，谈得上什么"圣躬"？罗振玉不过是借屠苏来浇心中块垒——他那一腔效忠清室的遗老情怀！

还值得一提的是，罗振常记云："壬子除夕，与叔兄集于日本侨居之永慕园，展明代遗贤翰墨。"振常先生在与叔兄（罗振玉）及王国维共赏翰墨之余，亦"凄然有作"，吟诗三首，兹录其一：

> 我生三十八除夕，今夕情怀倍惘然。
> 回首故园成隔世，相携采蕨忽经年。
> 乍报翰墨增生气，一样流离愧惜贤。
> 差胜泉明书甲子，殊方犹得戴尧年。[1]

诗云"相携采蕨忽经年"，盖"采蕨"，承罗氏"侨居"诗"采药"而来。罗、王东渡之初，罗振常尚在奉天某学校教书，而由"忽经年"一语，可知振常举家来京都，当在壬子（1912 年）之春。

风景幽胜之宅

转眼就到了阳春二月。

说来也颇有趣，罗氏年前迁居，由王国维书告在沪的艺风老人；年后王氏迁居，乃由罗振玉书告此老，说："静安兄明日亦移居侄之左近。"[2] 落款癸丑（1913 年）"二月初六日"。但为此次迁居留下了华章的，是罗振玉引以为豪的"读书知大义"的季弟罗振常，他处"浊乱之世，皭然不污"，"辛壬之交，大

---

① 据罗守巽老人《丹枫杂抄》手录稿。
② 罗振玉：《致缪荃孙》，《艺风堂友朋书札》（下），《中华文史论丛》增刊，1980 年 10 月。

盗移国。宇内骚然，爰随叔兄避地东瀛"，并且"长歌当哭"填《浮海词》，①
其中有"年年岁岁朝朝，风花雨叶添憔悴"的《水龙吟》长调，所咏"妖氛漫
野，苍天忽坠"，意在斥袁氏窃国；"又见瀛洲草绿，早开残满枝梅蕊"，恰当
王国维二月移居之时。对此"青山伴我"的居处，罗振玉日后曾如是追忆：

> 宣统辛亥（1911 年）冬，予既携家浮海，赁屋于日本京都田中
> 村，明年卜筑于马场桥。其地密迩东山，风景幽胜，然闭门无以遣羁
> 怀，故每岁辄一再至沪江访朋旧。②

"风景幽胜"，确是罗振玉的点睛之笔。这幽胜之地，亦即永慕园所在的京
都东山山麓，旁靠着京都大学东侧被称为"哲学之道"的大路。而罗氏书札所
说"移居侄之左近"的王国维居处，则位于"吉田町神乐冈八番地，背吉田
山，面如意岳，而与罗、董二公所居极近，地亦幽胜"。③ 据王亮近期实地探
访，说他曾祖父王国维旧居与罗氏永慕园原宅紧靠一起，老屋均已拆除，唯旧
址犹存。④ 对此居住地，罗振常长女罗庄曾有诗记之，题云：

> 西京属山城国，山嶂重叠之区也。新由田中村移居神乐冈，冈之
> 前后皆山，开轩排闼，绿满青莲，景色逾于旧居。⑤

这"景色逾于旧居"的寓舍，不啻为神仙居了。罗庄曾撰《海东杂记》，
记述了"初居田中村，再移神乐冈"之感受及见闻。其中写道：

---

① 罗振常：《浮海词》（并序），《微声集》，上海蟫隐庐书店，辛酉（1921 年）夏刊行。
② 罗振玉：《雪堂所藏金石文字簿录序》，1927 年东方学会石印本。
③ 王国维：《致缪荃孙》，《艺风堂友朋书札》（下），《中华文史论丛》增刊，1980 年 10 月。按，王氏
札云"半月以后移居"，落款"十九日"；以之参比罗氏二月初六日书告王国维"明日亦移居"，盖可推知王
札写于癸丑（1913 年）正月十九日。又札中所云"罗、董二公"之"董"，即董康，于辛亥年底东渡，其所
建居处，近靠罗宅。
④ 王亮博士于 2015 年 11 月应邀赴日本京都参加学术会议，归国后电话告余，由日本友人导观罗、王
故居旧址，还探访了永观堂。
⑤ 此为罗庄诗题之前半，其下半为"溽暑蒸炎，家大人率游近处诸山，择林峦密处招凉，归成此诗"
（原诗略），《初日正续稿》，蟫隐庐书店，丁卯（1927 年）季夏刊行。

其地风景幽胜，气候适中。小楼一楹，仅堪容膝，而纤尘不染。席地凭几，犹然古风。窗外山光岚气，朝晖夕阴，奇瑰不可名状。绕屋则溪流如带，日夜潺湲。比屋而居者，有刘季英姊丈（大绅）、王静安姻丈（国维），二家多仆媪童稚，隔篱呼答，悉作乡音，颇不岑寂。伯父所居较远，亦相距百余步耳。故乡儌扰，不见不闻，堪称世外桃源矣。①

罗庄《海东杂记》

这就是说，随罗振玉入住永慕园而移居其左近之神乐冈者，有刘、罗、王三家；而与罗氏"晨夕过从"的，则是王国维。当时，罗振常"淮安田地上尚有接济"，刘季英故家"尚有些字画长物变卖"，唯"王家没办法"。② 是故，王国维于癸丑（1913年）春二月间迁居后，罗"乃以编校之事委之，月致饩二百元"。③ 我还曾听罗守巽老人讲述观堂当年像上班一样去罗寓之往事。为免杜撰"口述自传"，谨录其生前留下之亲笔遗稿，其中写道：

斯时，永慕园已建成，则相距较远，但面临稻田空旷，登楼可见。专往一条大路，中过百川相，至马厂桥，由坡往即达。设沿路须绕一竹林，则远多矣。观堂每晨必由近路至永慕园，像上班一样。穿上白下淡青两折圆长衫，头带辫发，至伯父家，与共研文史。仆辈则称为"王老爷"。④

我真惊叹老人记忆之准确。"专往一条大路"，不正是京都大学东侧的"哲学之道"么？还有其长姊罗庄写到"乡农勤于稼穑"，云：

---

① 罗庄：《海东杂记》，《初日楼遗稿（附罗君鱼遗文）》，壬午（1942年）孟冬，上虞罗氏印行。
② 刘蕙孙：《我所了解的王静安先生》，《追忆王国维》（增订本），第462页，三联书店2009年版。
③ 罗继祖：《永丰乡人行年录（罗振玉年谱）》，第45页，江苏人民出版社1980年版。
④ 罗守巽：《我所知的王观堂及其一家》，据手稿。

　　　　山地夹砂石，可耕地少，有之必尽力培壅，每亩所获反倍于吾
　　国。此间耕田用马，吾国关外亦然。南方土性黏，微牛力不足起土；
　　土质松者，马足胜任矣。插秧必界绳为行列，吾国则随手插之，匀与
　　彼等，熟练之故也。

由所记"耕田用马""插秧必界绳"，可知守巽老人晚年所记"登楼可见"
的那大片稻田，亦为纪实。

王国维为补贴家用，移居神乐冈后即以"礼堂"之名，应邀给日人所办
《盛京时报》写学术札记；以其居处在东山山麓，故取名《东山杂记》，[①] 从中
颇可窥知他与罗氏研讨古书、文物及其他学术佚事。这里，仅录两事。其一，
罗氏所藏元刊杂剧三十种，云：

　　　　旧藏吴门顾□，去岁日本人某购之以东，为罗君所得，乃黄尧圃
　　故物也。

这应该是罗振玉迁入永慕园后所购藏书，故未编入《罗氏藏书目录》。王
国维赞之为"元剧之真面目，独赖是以见，诚可谓惊人秘笈矣"。又以"原书
本无次第及作者姓氏"，故特为之"厘定时代，考订撰人"，并于乙卯（1915
年）秋九月改定为《元刊杂剧三十种序录》。[②]

　　其二，罗振玉所藏顾云美（苓）自书所撰《河东君传》及其所摹男子装束
之《河东君初访半野堂小像》。传称："河东君者，柳氏也，名隐，更名是，字
如是。"此即罗氏于"乙巳（1905 年）冬得之吴中"的顾云美（苓）撰《柳靡
传》并画像真迹。斯时，适当罗氏就任江苏师范学堂监督。王国维在杂记中，
录载了此传及罗氏入学部后所撰二篇跋文，其自署"光绪丁未（1907 年）三月
上虞罗振玉刖存父"之跋云：

---

　　① 《东山杂记》，连载于日人一宫所编《盛京时报》1913 年 7 月 12 日至 1914 年 5 月 5 日，编入《王国
维全集》第三卷。
　　② 王国维：《观堂别集》卷三《元刊杂剧三十种序录》，《王国维遗书》第四册。

云美此传，作于致命后数月，婉丽悱恻，绝似易安居士《金石录后序》，于靡芜（柳如是）表章甚力，而于虞山（钱谦益）则多微词，可见公论所在，虽弟子不能讳师，深为虞山悲矣。此册传世二百余年，楮墨完好，殆靡芜之风流节概，彼苍亦不忍泯之耶？

看来，近人不遗余力褒扬陈寅恪而蜚声学界之柳如是其人其事，若谓对其"风流节概"之"表章甚力"，还不能不首推刞存先生罗振玉！

不过，我更要说的是，王国维的《东山杂记》与罗庄的《海东杂记》，虽仅一字之差，却情趣大异。前者凝集了罗、王共研文史之意兴，后者则跃动着少女青春之情致。① 罗庄记山冈上随处可见的樱花，"每当春季，花皆盛放，轻红浅白，袅娜生姿"，"徘徊其下，如张锦幄，清风时来，落瓣沾襟袖，令人忆李后主词也"；而其点缀秋光之丹枫，则"千林皆醉，宜于远观"，并录静安丈"为言枫叶胜樱花"诗，② 云：

罗庄

二者皆海东胜景，各有佳处，秋士意兴萧疏，故尤赏枫叶。虽山川信美，惜非吾土，终难已故国之思。余尝赋《临江仙》词《换头》云："见说莼鲈今正美，归心暗逐潮生。我欲告山灵：吾乡西子貌，视汝更娉婷。"其实，两京但少水景，其余风物，何让西湖。

---

① 罗庄（1859—1941），字孟康，罗振常长女，周子美（华东师范大学教授）夫人，"生有夙慧，擅长诗词"，1914 年自日本返沪，朱祖谋（彊村）、况周颐（蕙风）"结词坛于海上，颇欲引为女弟子"。著有《初日楼正续稿》《初日楼遗稿》等。

② 王国维：《观堂集林》卷二十四《戏红叶一绝句》。

年华似水。罗庄诗词兼擅，尤长于词。罗振常晚年曾以慈父的笔触，追怀"婉娈膝前，丰神如画"的长女；而在他自署"邈翁"（邈园），为长女归国后在沪编刊的首部诗词集《初日楼稿》所作序言中，说庄所作"颇近自然，不类初学"，[1]尤其是"视汝更娉婷"的词，岂止"不类初学"，"上者直追冯（延巳）、欧（阳修）"啊！

兹录其《满庭芳》：

> 云影铺罗，霞光散绮，缤纷彩彻遥天。登临四望，风物烂无边。玉宇琼楼处处，迷金碧，掩映山川。残照里，几行疏柳，挂住一轮圆。
>
> 鲸波，千万顷，更无人渡。疑有飞仙，是尘寰绝境，世外桃源。漫说终非吾土。消愁抱，且自流连。北窗下，清风召我，乘醉又高眠。

罗庄自写题注云："避地至日本西京，山川信美而不能减故国之思。寻幽既倦，感成此阕。"振常先生在《初日楼续稿》序中说，王国维自日返沪后，见其所作，谓"闺秀安得如许笔力，称异者再"。[2]然则，"风景幽胜"东山麓，"丰神如画"闺秀笔。罗庄以其笔下之山川美景，既抒发了故国之思，也写出了罗、王避居京都共研文史惜年光的襟抱。

清帝御笔与江海孤臣

迁入"风景幽胜"的永慕园之后，罗振玉自称"患难余生，著书遣日"，着手建书库，取其所藏北朝初年写本《大云无想经》，颜之曰"大云书库"。还有个"洗耳池"的小插曲，云：

> 宅中有小池，落成日，都人适有书为赵尔巽聘予任清史馆纂修，

---

[1]　以上二序，具见《初日楼正续稿》。

既焚其书，因颜池曰"洗耳池"。①

1916 年罗振玉携长孙罗继祖摄于日本京都

谨按，罗振玉早岁曾辑校《高士传》，所谓"洗耳"之说，殆出传中巢父、许由。② 显然，罗氏欲借"洗耳"传说，以申其"皭然不污"之意，更示其不食民国俸禄（"邪膳不食"）、不受袁氏所设机构征聘（"邪席不坐"）之志。

那么，此池之落成究在何时？《流沙坠简》问世，罗振玉曾致书缪荃孙，以抑制不住兴奋的口吻说："此书东京行销甚畅。"并附告："都中亦有招玉入史馆者，垂白老妪，不胜粉黛，已谢媒人矣。"③

今查罗、王所撰《流沙坠简》序，均署"甲寅（1914 年）正月"，由王国维手写付石印，乃在甲寅（1914 年）四月。然则，罗氏落款"初五日"的这封致缪书札，当在其书印成之初的五六月间，由此推算"洗耳池"之落成，大致在他入住永慕园一年后的甲寅（1914 年）正二月。是时，缪已应袁征聘就任"史馆"（即清史馆）总纂，真正地做了"垂白老妪"，而罗尚不知情，竟然兴冲冲以"洗耳"为告，这不是饶富戏剧意味的插曲吗？

罗氏长孙罗继祖讲到清末民初"士大夫气节颓丧，拥袁倒袁弄得一塌糊涂"，他曾给我写了这么一席话：

---

① 罗振玉：《集蓼编》。

② 罗振玉：《高士传辑本》，《罗振玉学术论著集》第五集。按，据罗跋，"此传辑于光绪丁亥"，即1887 年，罗氏年方二十又二耳。辑本并附录《史记·伯夷列传》"正义所引与此颇殊"之文，云："尧又召为九州长，由不欲闻之，洗耳于颍水滨。"今传《辞源》"洗耳"条引文，盖即据此，特一并注录于此。

③ 罗振玉：《致缪荃孙》，《艺风堂友朋书札》（下），《中华文史论丛》增刊，1980 年 10 月。

（当时）有许多名人都牵涉进去，如严复、张謇、王闿运、刘师培、缪荃孙。缪以前有"缪种"美号，现在知道缪受袁的召抚入京，袁亲赠以三千元，缪即连呼"万岁"；而易鼎顺至为优伶颠倒，可入丑闻。这么看来，王先生（王国维）和先祖父，不与他们为伍，虽然贻讥"顽固"，但究能保存士气。妄论如此，不识以为如何？[①]

所论至确。在历史转折关头，"拥""倒"随风转，可谓历来如此，更谈何"士气"！

插曲既完，归到正题。自此，随罗振玉"浮海"东渡的那一百多箱藏书及古器物，终于从暂借的京都大学"秘阁"移回了自建的大云书库，使他得以更便利地取用书籍、文献，"著书遣日"。王国维于丙辰（1916年）正月回国途中，曾以怅然若失的心情记其寓居京都四年取阅大云书库藏书情状：

> 此四年中生活，在一生中最为简单，惟学问则变化滋甚。客中书籍无多，而大云书库之书，殆与取诸宫中无异。[②]

时移岁迁八十载，大云书库建成之时呱呱坠地的罗继祖，自署"甘孺翁"，撰《日本京都永慕园小记》，称其祖辛亥（1911年）"东渡扶桑，事与明遗献朱舜水踪迹相似"，建藏书楼"又曰宸翰，以藏清列帝御笔，示不忘先朝也"。[③]不过，恰如梁启超所述，朱舜水亡命日本，[④]没有开门讲学，也没有著书，"全恃他人格的权威"，赢得了邻国的尊敬，以至成为"日本维新致强最有力的导师"。[⑤]颇可证朱氏东渡之明末清初，与罗氏东渡之清末民初，中日两国之情势，早已有了不可同日而语的根本性变化；而罗振玉则是在完全不同的历史条

---

① 罗继祖1984年致笔者函。

② 王国维：《王国维全集》卷十五《丙辰日记》。

③ 房学惠：《旅顺博物馆藏罗继祖〈日本京都永慕园小记〉述略》，《白云追思集〈缅怀罗继祖先生义集〉》，大连双守簃2003年5月刊行。

④ 朱舜水（1600—1682），浙江余姚人，本名之瑜，字鲁玙，号舜水，明亡后曾据舟山抗清，后逃亡日本，有《舜水遗著》二十五卷。

⑤ 梁启超：《两畸儒——王船山朱舜水》，《中国近三百年学术史》，《梁启超论清学史二种》，第185页，复旦大学出版社1985年版。

件下，"神州乱作，避地东土"的。他的永慕园旁靠京都大学，与诸大学文科教授往还甚密。当时，京都大学还曾要聘他为文科讲师，刘廷琛闻讯致书罗氏，探询"在西京教授文学"之"真消息"，并表示了对罗、王在海外共研学问的敬意：

> 王静翁（王国维）诗卷拜读数过，哀感凄恻，为之呜咽不自胜。足下与共晨夕，祈为代致佩仰之意。天祸中国，生此枭獍，是人作孽多矣，必有意外之变（原注略）。东海避纣，计亦良得。①

在刘廷琛等遗老笔下，"当国"的袁氏，实乃乱世之纣，是凶残之枭獍，可谓敌忾公愤。于私谊，刘公今日既如此谦抑地请罗向王"代致佩仰之意"，当初大权在握之京师大学堂总监，何故而对罗荐王任大学堂文科教授断然拒斥呢？

必须指出，罗、王在海外"与共晨夕"，避乱著书，以撰《新元史》驰誉学界的柯劭忞，曾致书誉罗、王"不肯辱身降志，亭林、梨州，何以过之"，②这是从学术的层面上，推崇两位不啻为开有清一代学术之宗师顾炎武、黄宗羲！但也有借此发"故国沦亡之感，冲人地位之危"的遗老情怀者，如宝熙于致罗氏书札中，赞其"不愧为本朝之遗老，晚季之孤忠"。③确实，罗振玉对清室之忠，不惟显现于宅中凿池名"洗耳"，更表现于日常起居，他自称："辛亥（1911年）冬避世海东，得圣祖仁皇帝（康熙）御书'云窗'二字横额，张之寓楼，晨夕瞻对，坐起其下者七八年。"④如此"笃念清朝"，不是饶有"早请示，晚汇报"的意味吗？特别是辛亥革命以后，清宫内所藏列朝翰墨颇有被宫监盗卖的，以致流落厂肆，罗氏乃尽力搜求。隆裕太后病逝，罗氏曾与王国维"循旧制为大行持服"，亦即在永慕园里穿起了丧服，给这位"大行"的末代皇太后守孝，宝熙因而在信中大为赞叹："江海旧臣，系心故主者，有几人哉！"

---

① 刘廷琛：《致罗振玉》，见房学惠《同心之言：旅顺博物馆藏罗振玉友朋书札册》，《白云追思集》。按，刘氏此札落款十月二十九，当为癸丑年（1913年）；所云"王静翁诗卷"，殆指其包括《孝定景皇后挽歌辞九十韵》在内的《壬癸集》。

②③ 柯劭忞、宝熙：《致罗振玉》，见房学惠《同心之言》，《白云追思集》。

④ 罗振玉：《贞松老人外集》卷一《〈云窗漫录〉序》，《罗振玉学术论著集》第十集（下）。

"公等此举，真乃特立独行，允为朝阳鸣凤。"① 与此同时，罗振玉更委托宝熙，帮助访求包括隆裕太后字画在内的"真笔字画"。"上自顺治，下至溥仪，旁及慈禧，十朝毕备"的"御笔""圣迹"，罗氏为示其"孤忠"而皆予以倾心搜求，② 并托梁鼎芬（节庵）书"宸翰楼"榜。③ "宸翰"者，皇帝书迹之谓也。不过，在罗氏亲自编定的《宸翰楼所藏书画目录》之首编《天章录》中，"今上"即溥仪的"书册"，以及"贞心古松"榜之类，应该都是在他己未（1919年）携眷归国以后所获。

其实，梁鼎芬④原系张之洞幕僚，到了张晚年已被疏远，罗振玉在鄂亦与之交往不多。辛亥革命后，梁氏充当遗老，被逊帝溥仪召入毓庆宫"行走"，积极参与"复辟"，罗、梁遂成知交，应该说是同气相投了。

《五十日梦痕录》

但是，必须看到，罗振玉"忠"而不"孤"，"遗"而未"老"。就像前述引文中所见，他自感"闭门无以遣羁怀，故每岁辄一再至沪上访朋旧"。特别是乙卯（1915年）春归国祭扫，自二月二十四日至四月十七日，前后五十余日。他抵沪访故旧，返淮扫墓会亲友；然后，赴曲阜谒孔庙，至洹、洛吊殷墟、登龙门，并将此行所感所闻，逐日为记，撰成《五十日梦痕录》，⑤ 以精审的文字、典雅的文笔，记人述学。如二月二十八日下午轮船抵沪，罗氏登岸住内弟范兆经家，翌日晨起即出访沈曾植，罗氏记云：

> 方伯（沈曾植）学行巍然，为海内大师，长于予十余年，与予订

① 宝熙：《致罗振玉》，见房学惠《同心之言》，《白云追思集》。
② 罗继祖：《宸翰楼所藏书画录》，《墐户录》，第147页，黑龙江人民出版社1989年版。
③④ 罗继祖：《庭闻忆略·回忆祖父罗振玉的一生》，第64页，吉林文史出版社1987年版。梁鼎芬（1859—1919），广东番禺人，字星海，号节庵，光绪进士，早年曾因参劾李鸿章被清廷以"妄劾"罪降职五级；后追随张之洞，先后受聘主广雅书院（广东）、钟山书院（两江）；还曾被汪康年聘为《昌言报》主笔。
⑤ 罗振玉：《五十日梦痕录》，《罗振玉学术论著集》第十一集。

交在光绪戊戌（1898 年），屈指十有八年矣。宣统庚戌（1910 年），以时事日非，挂冠誓墓。辛亥（1911 年）以来，侨居沪上，冰霜之节，岁寒弥厉。读书以外，惟与竺典（佛学典籍）相伴。予避居海外，踪迹不得合并，今再见无恙，忻慨交集，不觉长谈抵暮。

罗、沈长谈，话题转到了王国维其人其学：

予与王静安徵君（王国维）交亦十有八年，君博学强识，并世所稀，品行峻洁，如芳兰贞石，令人久敬不衰。前返里过沪，初与方伯相见。方伯为予言：君与静安海外共朝夕，赏析之乐，可忘浊乱。指案上静安所撰《简牍检署考》，曰：即此戋戋小册，亦岂今世学者所能为？因评骘静安新著，谓如《释币》及考地理诸作，并可信今传后，毫无遗憾，推挹甚至。老辈虚衷乐善，至可钦也！

《五十日梦痕录》原刊书影

罗振玉说，上海是"四方人士所辐辏"之地，"潜学未彰之士"不知有多少。他特请沈老荐介，并一起走访了在沪"隐居"之昔日官场老友，如曾任江宁提学使李瑞清、湖北布政使王乃徵等。行程仓匆，不能一一话别，就离沪返淮。三月初三日夜半，抵淮安城南老屋，即今罗振玉故居旧址。

罗振玉此番返淮扫墓，还兼做了法事。他说，前岁为先太淑人（罗母范氏）十周年忌日，今岁为先大夫（罗父尧钦公）十周年忌日，去岁为范淑人（罗氏原配夫人）五十冥寿。于是，在初九日请僧人于三界寺补诵经一日。当天，他衣冠肃客至夜分，并对"宋以来儒者，每以不延僧诵经为有家法"提出异议，认为"二十年来，吾国人非薄宗教太甚，此亦非人类之福"。他在祭扫时，见墓地树木被摧折而大呼"岂不痛哉"，感叹"辛亥之变，不止倾危朝社，毒流苍生，且祸及墟墓矣"，不免有借题发挥、诬诋革命之嫌；但他借议宗教而发"人生最悲痛之境，莫过于希望断绝"之论，则确为仁者情怀、智者哲言。一个多世纪过去了，罗氏在倡导国学的同时，提出以宗教济道德、刑法之穷，难道不"言犹在耳"，仿佛说着后世寺庙香火再旺的世态人情么？

罗振玉在淮安故宅逗留了将近十天，用他的话来说，"八年未归，乡思至切"；"姻旧沧桑再见，日以酒食相劳"。临别，他还"留三万钱"分给贫困的邻旧。① 这实在也是他此生最后一次返淮安。

当罗振玉离淮抵沪时，二月初先期携眷回国省亲扫墓的王国维，已从海宁来上海，在樊炳清家中迎候。两人原有"同游鲁卫之约"，但王国维却因患眼病需在沪医治，故罗振玉就只能单独前往了。他先至曲阜，访晤了从青岛移居于此的劳乃宣，说，劳丈虽年逾七旬，却精神甚健，自云"能步行二十里不疲"，乃偕罗"徒步同谒圣庙"，逐一观看了杏坛、诗礼堂、鲁壁、金丝堂、圣迹殿、奎文阁、故宅井、手植桧等。罗振玉更借谒孔庙、观"圣迹"而大为赞美"本朝崇尚儒术，尊崇圣教，远逾前代"，感慨"今名教式微，邪说充塞"，痛斥"附会公羊家说，以'人同'为孔了教旨"的"曲学阿世者"。②

当然，罗氏"鲁卫之游"，重头更在"卫"，即赴河南安阳。

三月三十日巳刻，也就是当天上午十一点钟左右，他乘京汉铁路火车抵彰德，入住人和昌客栈，匆匆吃过午餐，就"赁车至小屯"，"往履其地"，实地查访甲骨出土地情形，云：

> 其地在郡城西北五里，东西北三面洹水环焉。……近十余年间，龟甲、兽骨悉出于此。询之土人，出甲骨之地约四十余亩，因往履其地，则甲骨之无字者，田中累累皆是。拾得古兽角一，甲骨盈数掬。其地种麦及棉，乡人每以刈棉后即事发掘，其穴深者二丈许，掘后即填之，复种植焉。

罗振玉此访，原是想在探觅甲骨出土的同时，为他翌年（1916 年）编印

---

① 当时以银圆为通行"国币"，罗振玉则仍沿用清代币制，所谓"三万钱"，约当三百元（以一钱折一分）。

② "曲学阿世者"指康有为。辛亥革命后，康氏反对共和，参与"复辟"，鼓吹尊孔并亲任孔教会会长。凡此，与他"附会公羊家说"、撰《大同书》，几若两人，故颇为遗老们鄙薄。

《殷虚古器物图录》实地搜集"遗宝"，却"仅得珧璧一，而它物不复遇"，这不免令他颇感"宝藏亦几空矣"。[①] 然而，重要的是他深知"古器物出土之地于考古至有关系"而走出书斋，开了考古调查之先河。郭沫若回溯"卜辞出土之历史"，特别讲到罗氏"在一九一六年（应为 1915 年）还亲自到安阳小屯去探访过一次。这种热心，这种识见，可以说是从来的考古家所未有"。[②]

诚哉，斯言也！

在探访中，罗振玉即景生情，睹物思人，不由想到了自己的挚友和亲家刘鹗始闻潍县古董贩子范某诡言甲骨"得之汤阴"而被蒙骗。他感慨万千，奋笔摅怀，云：

> 予之知有殷虚文字，实因丹徒刘君铁云。铁云，振奇人也。后流新疆以死。
>
> 铁云交予久，其平生事实不忍没之，附记其略于此。

罗振玉以他的亲身交往，借此为刘鹗立传。其后不久，鲁迅在《中国小说史略》中论述清末谴责小说《老残游记》，即据罗氏所传，撮举刘鹗早年"治河有功，声誉大起"，庚子（1900 年）购太仓储粟"以振饥困者，全活甚众"的主要事迹，兼及"流新疆死"的悲剧结局。[③] 罗氏乃于传末感叹："君既受窃钩之诛，而彼卖祖宗之天下者且安荣如故也！然则庄生之言，宁为过乎？"罗氏复云：

> 噫！以天生才之难，有才而不能用，执政之过也；怀才而不善自养，致杀身而丧名，吾又焉能不为君疚哉！书毕，为之长叹。

罗氏综赅刘鹗一生，既彰其功，亦不讳其失。"庄生之言"者，殆指《庄子·胠箧》："彼窃钩者诛，窃国者为诸侯。"载入《五十日梦痕录》的这篇

---

① 罗振玉：《殷虚古器物图录序》，《罗振玉学术论著集》第九集。
② 郭沫若：《中国古代社会研究》第三篇《卜辞中的古代社会·序说〈卜辞出土之历史〉》，《郭沫若全集·历史编》卷一，第 188 页，人民出版社 1982 年版。
③ 鲁迅：《鲁迅全集》卷九《中国小说史略》，第 288—289 页，人民文学出版社 1981 年版。

《刘鹗传》，谓之脍炙人口，传之不朽，我想是不过分的。

还不可不提的是，罗氏回沪与王国维会合，于四月十四日（5月27日）同乘"春日丸"返京都，因忆及"去年（1914年）亦趁此船返东，老友杨星（惺）吾舍人（守敬）携其孙"前来码头送行，[①] 而补写了彼此的最后交往，其中说道："舍人闻予将行，则亟至舟中，以所著《水经注》序为托。"孰知，"不及一岁而遽殁"，令他欷歔不已。

杨守敬是近代著名的历史地理学家。所谓"水地之学为本朝之冠"，盖指杨氏《水经注》研究，它也被尊为"集清代三百年来《水经注》研究之大成"的"旷世绝学"。罗振玉是在庚子（1900年）之秋赴鄂任武昌农学堂监督期间，与其时讲学两湖书院的杨氏交结，商讨金石、目录之学。辛亥革命以后，杨氏避居上海，以"卖字为活"，在极为艰困中为凝集了他毕生心血的《水经注疏》刊刻出版而奔忙，他投书罗氏，请其为《水经注疏》作序；自剖其所以赴任袁氏参政院参政，非为求官，实为谋求"刻所著书"（即《水经注疏》）的无奈之举！

趁此，我还要略述罗振玉为校勘敦煌本《隶古定尚书》，曾两以致书杨守敬，商倡其早年随使东瀛时所收藏之日本古写本《隶古定尚书》：首次为宣统元年（1909年）之夏，罗氏在学部；二次为癸丑、甲寅（1913—1914年）冬春之交，罗氏在京都。杨皆"不逾月影写见寄"（或"不逾月邮至"）。[②] 由此，可见杨对罗无所保留的学术情谊。罗氏感叹"乃不及一岁而遽殁"，盖指杨守敬于1915年1月在沪病逝。杨氏临终前致罗振玉书札中"语至惨切"，而罗氏与王国维在离沪东返舟中追谈以上那些往事，则"为之黯然"，并表示要为之立传以彰其学术，慰其亡灵。

沧桑变易，年光流连。作为罗振玉传世的三大日记之一，[③] 这部《五十日梦痕录》，与翌年春王国维归国之际所写记友情、谈学问的《丙辰日记》，并列为珍贵的名人日记经典，应该是当之而无愧的。

---

① 杨守敬（1839—1915），湖北宜都人，字惺吾，号邻苏，同治举人，早年为出使日本大臣黎庶昌随员，在日本搜集中国古籍，撰《日本访书志》。归国后，曾任两湖书院地理教习、湖北存古学堂总教习等，以《水经注》研究著称，在金石、版本目录、书法等方面小有精湛的造诣。著有《历代舆地图》《水经注疏》等。

② 参见《〈隶古定尚书残卷校勘记〉序》，《贞松老人外集补遗》；《〈日本古写本隶古定尚书商书残卷〉跋》，《雪堂校刊群书叙录》卷下，《罗振玉学术论著集》第九集。

③ 罗振玉的另两部日记，即前述《扶桑两月记》《扶桑再游记》，并此而三，亦可简称"罗氏三记"。

访知甲骨出土之地

"乘骐骥以驰骋兮，来吾导夫先路。"这是屈原《离骚》中的豪言。"骐骥"就是骏马，亦即传说中的千里马。没有这样的贤能，当然谈不到"导夫先路"。

罗振玉热心于殷墟甲骨收藏之时，他正在学部做官自称"愚戆"，且为着自费刊印古物史料而陷入"灶几不黔"的困境，他当然不会以"骐骥"自况。只是，在甲骨文字的研究方面，他之所以成为"导夫先路"的人物，首先是由于他在辛亥东渡前后刊布《殷虚书契》及其在考释方面取得的杰出成就。正是在此基础上，由罗门"嘉乐三秀"之一的唐兰提出了"甲骨四堂"之说，[①] 并为中外学术界公认。作为"四堂"之一的彦堂董作宾于《甲骨学六十年》中回顾说，这是"切实持平之论，非夸张阿好之谈"；但他同时强调，甲骨学得有今日，蔚为"当世的显学"，实出诸国内外众多学者之共同努力，"集千狐之腋以成裘，决不是少数人所应该自己矜伐的"。[②]

不过，为窥知由雪堂罗振玉"导夫先路"的甲骨学何以能成"极一时之

---

① 见唐兰《天壤阁甲骨文存并考释序》。按，《天壤阁甲骨文存并考释》，北京辅仁大学 1939 年石印本。唐氏此序落款为"民国二十八年（1939）三月十九日"。

② 董作宾：《甲骨学六十年》，刘梦溪主编：《中国现代学术经典》之《董作宾卷》，第 150 页，河北教育出版社 1996 年版。按，董氏曾于 1950 年作《甲骨学五十年》；此谓"六十年"，殆指 1899—1959 年。

盛"的"显学"，我觉得仍有必要略举他的后继之"堂"：

观堂继以考史，这就是与罗氏联袂东渡，在日本京都晨夕与共"五度岁"的王国维。他所撰《殷卜辞中所见先公先王考》及《续考》，问世于 1917 年，从这一年起，曾为传说中的商代历史，成了有卜辞的物证可稽之信史。他以此著及相关的著作而被尊为中国"新史学的开山"。

彦堂区其时代，这就是殷墟开发由前期"私人挖售"转为后期"公家发掘"的 1928 年，率先奔赴安阳小屯调查考察，并主持了第一次科学发掘的董作宾。他所撰的《甲骨文断代研究例》，问世于 1933 年，提出了"研究甲骨文字一个新的方案"，即对殷代二百多年，"自盘庚以至帝辛"，首次拟定了"五期分法和十项断代标准"。①

鼎堂发其辞例，这就是在 20 世纪二三十年代亡命日本，运用甲骨文字以研究中国古代社会的郭沫若。他所撰《甲骨文字研究》，问世于 1931 年，《释五十》《释祖妣》《释干支》等脍炙人口的篇章，胥出此著。"嘉乐三秀"中的另一位罗门弟子商承祚，曾誉之为"更像一颗颗明珠照亮读者的心，引导读者去思索去研究"。②

事实上，"三堂"的成就与贡献，莫不以先导者雪堂的研究为基础，为出发点。那么，罗氏在其号"雪堂"之前从事的卜辞研究，包括殷墟甲骨之收集、刊布，是否如今人所言"横空出世"，翩然空降呢？

当然非也！

然而，我们又不能不承认最初撰文论说甲骨文字发现之历史，准确表述"光绪二十又五年，岁在己亥，实为洹阳出龟之年"，③ 并揭橥其发现者、著录者、考释者，不是别人，正是罗振玉。他在《殷商贞卜文字考》序中写道：

> 光绪己亥，予闻河南之汤阴，发见古龟甲兽骨，其上皆有刻辞，为福山王文敏所得，恨不得遽见也。翌年，拳匪起京师，文敏殉国难，所藏悉归丹徒刘氏。

---

① 吴浩坤、潘悠：《中国甲骨学史》，第 140 页，上海人民出版社 2006 年版。
② 商承祚：《缅怀郭沫若同志》，原刊《中华文史论丛》第八辑，1978 年。
③ 《殷虚书契前编序》，按，此序作于 1912 年，落款"壬子十二月二十六日，上虞罗振玉序于日本寓居之永慕园"。

罗氏所述"岁在己亥"，即 1899 年，这一年，被定为沉埋地下三千余年的殷墟卜辞发现之年。而这位"发见古龟甲兽骨，其上皆有刻辞"的王文敏，就是翌年（1900 年）"庚子之变"中以国子监祭酒而任了"团练大臣""殉国难"的王懿荣。① 概言之，王懿荣于 1899 年发现甲骨文的看法，"基本上是学术界的共识"。② 而这个共识，即肇始于雪堂罗氏。

当然，罗氏之论亦非托空而来。他是据前此刘鹗所说"龟板己亥岁出土"而作的历史判断。所以，他接着写道：

甲骨文发现者王懿荣

> 又翌年，始传至江南，予一见诧为奇宝，怂恿刘君亟拓墨，为选千纸付印，并为制序。顾行箧无藏书，第就《周礼》《史记》所载，略加考证而已。

刘鹗《铁云藏龟》书影

所述"丹徒刘氏"，即刘鹗。而刘君乃王懿荣的门生，③"庚子之变"前，曾寓王家，应该说，他是亲炙了收购甲骨文字的王氏风貌。罗氏所述"又翌年"传至江南，当为壬寅（1902 年），刘鹗"全眷由北京回沪"，而与儿女亲家罗氏对门而居，则在庚子三年后之癸卯，即 1903 年。正是在这一年，在罗振玉协同下，刘氏从其"所藏约过五千片"的甲骨文字拓本中遴选千纸付石印，并作序断"己亥岁出土"之龟板刻辞，为"殷人刀笔文字"。此即继第一位收藏甲骨

---

① 王懿荣（1845—1900），山东福山（今属烟台市）人，字正儒（又作濂生），谥文敏，光绪进士，授编修，金石学家，有《王文敏公遗集》。

② 宋镇豪、刘源：《甲骨学殷商史研究》，第 24 页，福建人民出版社 2006 年版。

③ 刘蕙孙：《铁云先生年谱长编》，第 101 页，齐鲁书社 1982 年版。

文字的学者王懿荣之后，公认的第一部著录甲骨文字的专书《铁云藏龟》。[①]

不过，罗振玉虽"怂恿"了刘氏将"藏龟"成书，但碍于当时的条件，对此"奇宝"所"略考"者，仅序中所称"古卜筮之制"。于是，他又写道：

> 亡友孙仲容徵君（诒让），亦考究其文字，以手稿见寄，惜亦未能洞析奥隐。[②]

此即孙诒让据《铁云藏龟》所撰《契文举例》。其书凡二卷，被称为第一部考释甲骨文字的专著，写成于 1904 年，但直到孙氏去世（1908 年）近十年后，才由王国维发现其稿本，并交罗氏付刊问世。[③]

然而，甲骨文发现之初，最大之疑端在其出土地究为何方。

刘鹗自序《铁云藏龟》，落笔第一句："龟板己亥岁出土，在河南汤阴县属之古牖里城。"不言而喻，这是受了古董商的诡言欺骗。

罗振玉"导夫先路"，既以王、刘、孙三家为始基又能超越之，其首要的一着，殆能本其实证精神，对所传"汤阴发见古龟甲兽骨"之"闻"，予以认真查访、切实辨别。他说：

孙诒让遗像

> 古器物出土之地，于考古至有关系，前人多忽之，良以古物多得之都市，估人展转贩鬻，致售者亦不知所自出，其尤黠者或讳言之，如龟甲兽骨，潍县范姓估人始得之，亡友刘君铁云问所自出，则诡言得之汤阴。予访之数年，始知实出洹滨。使不知所自出，则殷虚所

---

① 《铁云藏龟》，刘鹗抱残守缺斋石印本，卷首弁有三序，序者依次为罗振玉、吴昌绶、刘鹗。

② 《〈殷商贞卜文字考〉序》。按，此序作于 1910 年，落款为"宣统二年，岁在庚戌仲夏，上虞罗振玉记"。

③ 孙诒让：《契文举例》，《吉石盦丛书》，1917 年石印本。

在，末由断定矣。①

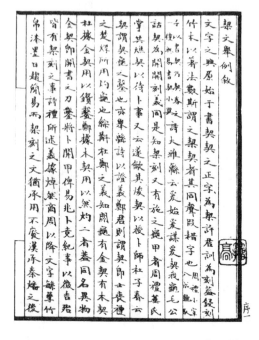

《契文举例》书影及原序

这番话，是他在1915年亲往甲骨出土地安阳小屯考察所记，堪称"告吾国之考古学者"的至理名文。而对于古董商之诓骗，则直到晚年追忆在沪偕同刘鹗编刊《铁云藏龟》，他还旧事重提，云：

> 且估人讳言出土之地，谓出卫辉。及予官京师，其时甲骨大出，都中人士无知其可贵者，予乃竭吾力以购之。意出土地必不在卫辉，再三访询，始知实在安阳之小屯。②

请注意"都中人士"，京城里那些达官贵人，谁人会知晓曾被误作"龙骨"而在中药铺出售的甲骨文字之可贵？所以，罗振玉就竭其有限的俸银，尽力收购，虽然山川效灵，宝物"泄秘"，而辗转贩卖的古董商则竭力隐瞒，秘而不

---

① 罗振玉：《五十日梦痕录》，《罗振玉学术论著集》第十一集。
② 罗振玉：《集蓼编》。

宣。从十七八岁在淮安求觅碑版金石开始，罗振玉见识的古董商贩可谓多矣。那些诡言甲骨出土地的造假伎俩，岂能骗得了他？然而，觅宝匪易。他是"访之数年"，"再三访询"，始知"实出洹滨"，或曰"实在安阳之小屯"。那么究竟"始知"于何时？笔者仍移录原文，以证其言：

> 光绪戊申，予既访知贞卜文字出土之地，为洹滨之小屯。是语实得之山佐估人范□。①

光绪戊申，即1908年，而这位"范□"，就是现已成了甲骨发现史上"耳熟能详"的将最初十二片有字甲骨售于王懿荣的山东潍县古董商范维卿。至于是否像有的"问卜"中所说，由于这位"姓范的古董商人酒后失言"，这才使罗氏得知了小屯这个"重要地名"。② 因迄今未见罗振玉当年与范估"请客吃饭"的"在场记载"，故只能算是后世文士的"大胆畅想"了。

洹水上的殷墟——安阳小屯村北地

但无论怎么说，罗振玉在向范姓古董商购得甲骨的同时，终于询知了其藏身的风水宝地。事实上，甲骨之早期收藏者，如王襄、孟定生、端方、沈曾植，以及曾与罗氏同官学部的徐坊等人，都是从范维卿手里购得的。所以，我们也应给这位往返于安阳与京津间兜售甲骨的范氏一个历史公道：不管出于"酒后"还是茶余，他道破"洹滨小屯"之秘，与其说是"失言"，毋宁谓之尚未失商人天良的"真话"。而终于使"诡言"变真，访知其地，其功端在罗氏！

据此，我们可以给甲骨文早期发现史，列表如下：

---

① 罗振玉：《〈殷虚古器物图录〉序》，《雪堂校刊群书叙录》卷上，《罗振玉学术论著集》第九集。按，此序作于1916年，落款"丙辰四月"，原刊本有"书于海外寓居之殷礼在斯堂"。

② 参见余秋雨《问卜中华》，《新华文摘》2007年第四期。

甲骨文字之发现者与著录表

事项	姓名及著作	时间
第一位发现甲骨文字的学者	王懿荣	1899 年
第一部著录甲骨文字的专著	刘鹗《铁云藏龟》	1903 年
第一部考释甲骨文字的著作	孙诒让《契文举例》	1904 年
第一位访知安阳小屯的学者	罗振玉	1908 年

综上所述，按照鼎堂郭氏之论，"殷墟的发现是新史学的开端，王国维的业绩是新史学的开山"的论述，我们应当接着作以下申论：

正是罗振玉，探明了安阳小屯为甲骨文出土地；

又是罗振玉，考定了"安阳所出龟甲兽骨刻辞者，实为殷商王室之遗迹，大卜之所掌"。[①]

是故，罗振玉实乃中国现代"新史学的开端"之揭幕人。

我们怎能不铭记这位先导者的艰辛跋涉！

治甲骨文之嚆矢

当然，如果按照甲骨学"十年一段"的区分，[②] 罗振玉早在第一个十年（1899—1909 年）即已投入了甲骨文的收藏、刊布、考察等带有开创性的学术活动。但他的"导夫先路"的研究和考释甲骨文的论著，则是撰于第二个十年（1910—1919 年）的开头。

这就是问世于宣统二年（1910 年）夏的《殷商贞卜文字考》。他在该书序

---

① 罗振玉辛亥本《殷虚书契前编序》，原刊《国学丛刊》辛亥正月第一册（期）。

② 胡厚宣：《五十年甲骨学论著目》，第 15 页，中华书局 1952 年版。按，胡氏将五十年甲骨学分为"十年一段"，依次为：1899—1909 年、1910—1919 年、1920—1929 年、1930—1939 年、1940—1949 年。第一个十年中所列"主要的甲骨学者"为王懿荣、刘鹗、孙诒让，以及被他称为"欧美搜集和研究甲骨文字的第一人"方法敛；第二个十年中，"增加了罗振玉、王国维"，以及"日本搜集研究甲骨文字的第一人"林泰辅。

言中，除了论说甲骨文发现初期，即第一个十年中前述王、刘、孙等几位被称
为"主要的甲骨学者"之外，还概述了该书写作缘起及其成书略历，云：

> 去岁东友林学士泰辅，始为详考，揭之《史学》杂志，且远道邮
> 示，援据赅博，足补予向序之疏漏，顾尚有怀疑不能决者。予乃以退
> 食余暇，尽发所藏拓墨，又从估人之来自中州者，博观龟甲兽骨数千
> 枚，选其尤殊者七百，并询知发见之地，乃在安阳县西五里之小屯，
> 而非汤阴，其地为武乙之墟。又于刻辞中得殷帝王名谥十余，乃恍然
> 悟此卜辞者，实为殷室王朝之遗物。其文字虽简略，然可正史家之违
> 失，考小学之源流，求古代之卜法。爰本是三者，以三阅月之力，为
> 考一卷，凡林君之所未达，至是乃一一剖析明白，乃亟写寄林君，且
> 以诒当世考古之士。

林泰辅"远道邮示"，"始为详考"之文，题为《清国河南汤阴县发现之龟
甲兽骨》；同时还有富冈谦藏《古羑里城出土龟甲兽骨之说明》。① 由此二文的
标题，就清楚地表明，斯时包括林泰辅在内的日本学者，虽然对《铁云藏龟》
所载甲骨文字已经由疑而信，并开始收购甲骨，然对其真实之出土地，还一无
所知。

尤不可不提的是，林氏始考龟甲兽骨刻辞，并不惜远道将其文寄给罗振
玉。恰当罗氏于宣统元年（1909 年）五六月间，为筹办农科大学而二次东渡扶
桑，并记述他"与彼邦吉金文字会员见于上野公园莺亭"，其中提及"河井君
来约，午后至三井听泉家看《文馆词林》"，② 所记"河井君"，即河井仙郎
（字荃庐）；③ "三井家"，即日本财阀三井源右卫门，雇用河井收购中国字画和
文物，是日本早期的甲骨收藏家。但罗氏虽记有古书画、古器物，却只字未道
及其甲骨收藏，不免有憾。

① 林泰辅与富冈谦藏所作二文，原刊日本明治四十二年（1909 年）《史学》杂志。
② 罗振玉：《扶桑再游记》，《罗振玉学术论著集》第十一集。
③ 河井仙郎（1871—1945），字荃庐，日本京都人，工篆刻，西泠印社名誉社员，被称为"海派大师吴昌硕唯一的日籍弟子"；受雇于日本财阀三井源右卫门，为之收藏了数以千计的龟板甲骨，获"河井大龟"之称。

不过，需说明的是，罗振玉在序中所述"估人之来自中州者""博观龟甲兽骨数千枚"，表明他在写作前，已见识了数以千计的龟板兽骨实物；写作时，又尽发了他本人收藏的甲骨拓本。可以说，罗氏是彼时拥有殷墟卜辞最充分的学者，析疑解蔽，舍我其谁？所以，当此考付梓时，他又加写后记，云：

> 予之考证贞卜文字，盖始于今年二月，牵于人事，或作或辍，已自念言：古物之出，不先不后，而适当我之生，且沈薶三千年，键予之巾箧者，亦且十年。每一展观，辄有损毁；倘再数十百年，恐千百不复存一。用是惕然自励，乃以长夏屏绝人事，闭户兼旬，草稿甫就，不亟审定，急付写官。

这就是说，此考从宣统二年（1910 年）春二月，至六月盛暑，写了近半年才脱稿。在这篇落款六月二十四日（1910 年 7 月 30 日）的后记结尾，他还特意申明：

> 当世之君子，倘有以我为今之扬子云者，书此谢之！[1]

王国维在辛亥东渡后所作《咏史》诗中，曾有"咄咄扬之云，今为人所怜"之句，说的是撰《剧秦美新》，热捧王莽"新朝"的扬雄之失节。而罗氏谓"以我为今之扬子云"，则别有所指，盖以蒋黼集杜甫诗句作春联，曰："傍人错拟扬雄宅，异代应教庾信居。"[2] 说的是 1908 年前后，蒋初入学部借住罗家，并拟之为"扬雄宅"；而罗氏"书此"既在谢蒋，更由于扬雄"欲求文章成名于后世"而"放（仿）依"《仓颉》，作《训纂》。[3] 罗氏之考殷商卜辞，绝非追名逐利，乃是艰辛的学术研究；更不是效仿已有的旧作，乃是开前人未有的学术新途。

罗振玉的《殷商贞卜文字考》，凡一卷，四章。其要旨盖有三端：曰正史家之违失，曰考小学之源流，曰求古代之卜法。

---

① 《殷商贞卜文字考》，罗氏玉简斋宣统二年（1909 年）石印本，《罗振玉学术论著集》第一集。

② 刘蕙孙：《我所了解的王静安先生》，《追忆王国维》（增订本），第 460 页，三联书店 2009 年版。

③ 参见《杨雄传》论赞，《汉书》卷八十七。

恰如罗振玉序中所揭，他在"询知发见地乃在安阳县西五里，而非汤阴"的基础上，通过对自成汤受命以降，四百九十六年间都城屡徙，有所谓"前八后五"之记载的考证，获得两大成果：

一是，考定安阳小屯，"其地为武乙之墟"，殷之都城；

二是，考得殷帝王名谥十余，"乃恍然悟卜辞者，实为殷室王朝之遗物"。

今世学者犹以"一个王朝的背影"，称道殷墟以"最高得票数"被评选为"中国 20 世纪 100 项考古大发现"，并于 2006 年被正式列入世界文化遗产名录。[①] 作为罗氏弟子的商承祚在 20 世纪 30 年代初所撰甲骨文讲稿中，既公允评述孙诒让《契文举例》"所考虽多不足据，然开山之功亦不朽"之同时，又客观地论说罗氏《殷商贞卜文字考》要旨，指出其"可为治殷文之嚆矢"。[②] 一为"开山"，一为"嚆矢"，以此称誉孙、罗先后两书，是恰当的。唯孙氏之书，当时仅有手稿，并未面世；而罗氏此书不惟在日本激起了甚大的反响，而且也吸引了西方汉学界的注意。例如，远在法国的沙畹即于翌年（1911 年）撰了关」前一年在北京出版的罗振玉的《殷商贞卜文字考》一书的评论，首次向西方学术界介绍了该书的内容和作者。[③]

综上所述，我们完全有理由认为，罗振玉自谓"于此学略得门径"的这部《殷商贞卜文字考》，实为第一部问世并赢得了世界声誉的甲骨文研究论著，亦为"导夫先路"的雪堂罗氏，创建近代甲骨学所做的早期贡献之一。

不朽的名作

继之，罗振玉推出了《殷虚书契前编》。[④]

---

① 唐际根：《殷墟：一个王朝的背影》，第 3 页，科学出版社 2009 年版。

② 商承祚：《甲骨文字研究》，天津古籍出版社 2008 年版。按，商氏自题："此书为民国二十一年（1932 年）在北平师范等大学任教时所写。"

③ 沙畹：《中国远古时代的甲骨占卜术》，载《亚洲学刊》1911 年十七卷，转引自李济《安阳》，第 24 页，商务印书馆 2010 年版。

④ 癸丑（1913 年）上虞罗氏珂罗版影印。

《殷虚书契前编》凡四册，八卷。据统计，全书收录甲骨拓本二千二百二十九片，实为殷墟开发前期，亦即"私人挖售期"二十八年（1899—1927年）[1]之前二十年内刊布的最重要的甲骨文著录专书。

罗振玉在辛亥序中自谓《殷虚书契前编》二十卷，略加类次，则首人名，次地名、岁名、数名，又次则文之可读者、字之可识者，而以字之未可释及书体之特殊者殿焉。商承祚归综八卷、类次，约略分五种，即贞祭、干支、田狩、出入、卜年。[2] 这是对罗氏以一岁之力，成《殷虚书契前编》八卷的概述。王国维寓居京都期间所撰学术札记中，曾称道"罗叔言参事东渡以后，刊行秘籍极多，而以《殷虚书契》与《鸣沙石室佚书》二书为最，而《流沙坠简》次之"，并且录入了罗氏落款壬子十二月二十六日（1913年2月1日），作于永慕园的《殷虚书契前编序》全文。[3]

由是可知，《殷虚书契前编》应该是罗振玉辛亥东渡，移居风景幽胜的东山之麓"二度岁"之际付梓的第一部著作。他曾兴致勃勃地致书"海上寓公"缪荃孙，云：

> 玉近已将《殷虚书契前编》编为八卷，计四百八十余叶，用玻璃板印百部，每部成本至二十六元，可谓奇昂。然印刷则至精，明年夏初当成后编，计六卷，力不能再用玻璃板矣。

此信落款"二十四日"，疑即书于序言写成前两日。其书印成，罗氏在致缪氏书札中，又言及"拙著《殷虚书契前编》，兹托东友圆山君便携一部寄上。此书定价三十元，九扣计二十七元"；"《殷虚书契》售出一部，至谢。其余求包好交舍弟携来。此书但印百部，无力再版，将来不虑不售罄也。"[4]

---

① 董作宾《甲骨学六十年》将殷墟的开发，分为前后两期：一、私人挖售期二十八年，从光绪二十五年起到民国十七年春季（1899—1928年春），为前期；二、公家发掘期二十二年，从民国十七年秋季到民国二十六年春季中央研究院殷墟发掘团发掘（1928年秋—1937年春），为后期。参见《中国现代学术经典·董作宾卷》，第158页，河北教育出版社1996年版。

② 商承祚：《甲骨文字研究》第22页，天津古籍出版社2008年版。

③ 《王国维全集》卷三《二牖轩随录》。

④ 以上三札，分别见《艺风堂友朋书札》罗振玉之二十、十六、十九，《中华文史论丛》增刊，1980年10月。

　　这可算是罗振玉通过书信，自行做新书发布推介吧！

　　当然，罗振玉作为经验丰富的出版家，深知其书仅印百部，要说"奇昂"，据当时刘廷琛来信所报青岛及京津等地物价，"大约十口之家，月须百元，从节亦须八十元"。[1] 从读者来说，若以足价三十元购其一书，约等于四口之家全月的生活费；再若以米价折算，刘蕙孙回忆说，当时大米二元一石（一百五十斤），每售出一部，扣除成本二十六元，可回收四元，即相等于二石大米，但以"九扣"（折）计价，仅可得一元。所以，从出版方面来说，投入二千六百元的巨额成本，精印百部之书，全部售出其可盈利亦仅百元耳。

　　如此印书，究竟为谁辛苦，为谁忙？看来，唯与罗氏"与共晨夕"的王国维能知其苦心："先生独以学术为性命，以此古器古籍为性命！"[2]

　　其实，真正投入了"性命"的论著，尤其是学术方面的，哪会有数以千万计的版税滚滚而来？当然也无须开会"发布"，邀人"研讨"。罗振玉的这部"奇昂"的"拙著"问世之前，1911 年初公布的内藤湖南等所撰《京都大学教授赴清国学术考察报告》中，就有专节文字，指出"近二三年来，殷龟卜文字在日本也为许多人知晓，但见到实物的人还几乎没有"，披露了罗振玉"还将有《殷虚书契前后编》就要出版"，"这书一旦面世，其意义自不待言"。[3] 罗氏乃于辛亥（1911 年）正月，为《殷虚书契前编》影印刊入《国学丛刊》，撰序回叙他于庚戌（1910 年）夏，"考安阳所出龟甲兽骨刻辞"之重大意义，在于"为殷王室之遗迹，太卜之所掌，窃以为此殷代国史之一斑，其可贵重，等于《尚书》《春秋》，乃亟为《殷商贞卜文字考》，以章显之，并手拓其遗文"。同时坦然自陈，斯时所见甲与骨才数十，巾箱所储才七八百枚。他"好之既笃，不能自已"，乃请人"大索于洹水之阳"，云：

　　　　先后所见，乃达二万枚，汰其赝作，得尤异者三千余。于是，范君恒斋（兆昌）、家弟子敬（振常）助予拓墨，几案充斥，积尘在襟，残腊岁朝，毡墨不离左右，匝岁始毕。因略加类次，为《殷虚书契前

---

　　① 刘廷琛：《致罗振玉》，房学惠《同心之言》八，《白云追思集》。
　　② 王国维：《观堂集林》卷二十三《堂校刊群书叙录序》，《王国维遗书》第四册。
　　③ 参见《京都大学教授赴清国学术考察报告》之四《上古文学研究》甲《殷龟卜文字》，钱婉约、宋炎辑译《日本学人中国访书记》，第 11—12 页，中华书局 2006 年版。

编》二十卷（中略），其说解，则别写为《后编》。噫！予之致力于此，盖逾年，由选别，而考证，而拓墨，而编次，昕夕孜孜，至忘寝食。侪辈每笑其痴绝，予亦未尝不自哂也。然于斯学，第辟其涂径，至于阐明，未逮十一。斯编既出，所冀当世鸿达，有以启予，此则予所日望者矣。①

如此"痴绝"于斯学的罗振玉，在他的"京邸龟堂"选辑而成"辛亥编《殷虚书契》"。他自号"商遗"，又以此为基础充实遴选，在永慕园之"殷礼在斯堂"编定《殷虚书契》八卷，并且作序回顾光绪己亥"洹阳出龟之年"，彼时他年方三十有四。翌年，见刘鹗出示甲骨文字拓本，始有了以考释"自任"之意，云：

> 刻辞中文字，与古文或异，固汉以来小学家，若张、杜、杨、许诸儒所不得见者也。今山川效灵，三千年而一泄其秘，且适当我之生，则所以谋流传而悠远者，其我之责也夫！于是尽墨刘氏所藏千余为编印之（即《铁云藏龟》），而未遑考索其文字。盖彼时年力壮盛，谓岁月方久长，又所学未遂，且三千年之奇迹，当与海内方闻硕学共论定之。意斯书既出，必有博识如束广微者，为之考释阐明之，固非曾曾小子所敢任也。顾先后数年间，仅孙仲容徵君（诒让）作札记，此外无闻焉。仲容固深于《仓》《雅》《周官》之学者，然其札记，则未能阐发宏旨。予至是始有自任意。

"自任"就是历史责任，就是使命意识。在此意识的驱动下，他撰成《殷商贞卜文字考》之后，有了新的感悟，云：

> 于是始恍然宝物之幸存者有尽，又骨甲古脆，文字易灭。今出世逾十年，世人尚未知贵重，不汲汲搜求，则出土之日，即渐灭之期。矧所见未博，考释亦讵可自信。由此观之，则搜求之视考释，为尤急

---

① 《贞松老人外集》卷一《辛亥编殷虚书契序》，《罗振玉学术论著集》第十集（下）。

矣。因遣山左及厂肆估人至中州，瘁吾力以搆之。一岁所获，殆逾万。意不自歉，复命家弟子敬（振常）、妇弟范恒斋（兆昌）至洹阳采掘之，所得则又再倍焉。寒夜拥炉，手加氈墨，拟先编墨本为《殷虚书契前编》，考释为《后编》，并谋投刻去官，买地洹阳，终我天年，以竟此志。乃逾年冬而国难作，避地浮海，将辛苦累蓄之三千骨与甲者，郑重载入行笈，而展转运输及税吏检察损坏者，十已有五六，幸其尤殊者，墨本尚存，乃以一岁之力，编为《前编》八卷，付工精印。其未及施墨者，异日当辑为《续编》，而《后编》亦将次写定。[①]

所谓"汲汲搜求"，实乃斯时急务的另一重要意识：抢救！

当然，按照现代著作规范，罗振玉编撰《殷虚书契前编》，亦非尽善。前编八卷所录甲骨拓本，绝大多数为罗氏所自藏，但也有从上述日本河井荃庐所出示的甲骨拓本中"选择若干片"，编入了其书中，却始终"秘而未宣"（郭沫若语）。此虽"小德出入"，但也引来了某些非议。[②] 所谓盛名之下，谤亦随之。能不诫之哉！

然而，这丝毫无损于罗氏从其搜得的几万片甲骨拓本中"亲自精选"的这部著作的学术价值。开启了中国现代考古学，并且参与领导了殷墟科学发掘的李济，推尊《殷虚书契前编》为"不朽的名作"；[③] 同时称道罗氏在甲骨文字发现以后所做种种贡献，乃以"争分夺秒，努力不倦"[④]八字赅之，很中肯。

[备考] 实地考察安阳小屯第一书：《洹洛访古记》

从宣统三年二月十七日（1911 年 3 月 17 日）到四月初一日（4 月 29 日），罗振常、范兆昌二人"必如兄旨"，来到安阳小屯实地"采掘"一个半月，以

---

① 据癸丑（1913 年）罗氏珂罗版影印本《殷虚书契前编序》，后辑为《雪堂校刊群书叙录》首篇，刊入《罗振玉学术论著集》第九集，文字有所增删，其最著有二：一、"孙仲容徵君（诒让）作札记"，"札记"增补为《契文举例》；二、"复命家弟子敬（振常）、妇弟范恒斋（兆昌）至洹阳采掘之"，删改为"复遣人至洹阳采掘之"。特予注明。

② 金祖同：《龟卜二十五片跋》。

③④ 李济：《安阳》，第 27、29 页，商务印书馆 2010 年版。

甲骨为主，兼采古器物（后编入《殷虚古器物图录》），由罗振常逐日为记，撰成《洹洛访古记》。这应该是实地考察安阳小屯，并详记龟甲骨购售实况之第一部著作。[1]

罗振常记曰：契文有龟甲、兽骨之别。龟当时虽皆整甲，出土则片片散开，都成散块。又记曰：及《殷商贞卜文字考》出，洹阳龟甲之名遂喧腾于世界，而为珍重古物之一，日本学者亦多求之。又记范君（兆昌）之言曰："向惟山东估人（即范维卿、赵执斋）收此，客冬京估亦来争购，价乃大昂。""客冬"者，殆即罗氏辛亥正月序中所称"残腊岁朝"。庚戌（1910 年）之冬，他就派妻弟范兆昌先行至安阳试"采掘"了！而记中关于"此地埋藏龟骨，前三十余年已发现，不自今日始"，以及"其出骨最多之十余亩，为朱姓产"等数段文字，已成为甲骨文字发现史之经典记述，不赘。

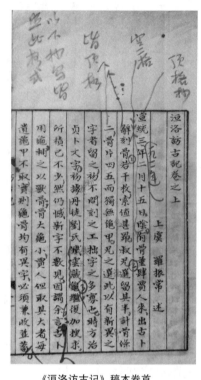

《洹洛访古记》稿本卷首

那么，此番在小屯，采得甲骨有几多？罗氏《殷虚书契前编》壬子序谓"所得则又再倍焉"。据罗振常三月十七日，即在小屯从事收购一月所记，云：

> 昨钩稽账目，龟甲兽骨两次运京者，大小共得一万二千五百余块，可云大观。

记其收购最多之一日（三月十三日），云：

① 罗振常《洹洛访古记》二卷，丙子（1936 年）十一月蟫隐庐印行，此为原刊本；其校点排印本，河南人民出版社 1987 年出版。按，罗振常（1875—1942），字子敬（一作子经），号心井，晚号邈园，罗振玉胞弟，王国维东文学社同窗。辛亥东渡回国后，寓居上海，开设蟫隐庐书店，从事古籍搜辑刊印；著有《史可法别传》及辑注《史阁部遗集》合为《史可法集》，《善本书所见录》，《洹洛访古记》；另有诗词《徵声集》。

早起，检昨日所得，大小相错。分别之，则大、中者二百五十五块，小者一千零三十块，为到此收买最多之日。

又强调收购中注意真伪，如三月二十七日所记城中骨董肆案上匣中"陈列龟骨，皆伪品，无一真者"，云：

> 其店主尚殷殷劝购，不知余等之"曾经沧海"。恒轩范兆昌言：城内有前某广父之子，专刻伪墓志，又伪刻骨。甲片无字者甚多，则取真者摹刻，字假骨真，虽比小屯儿童所刻为精整，然终难乱真，一见可辨。

罗振常抵安阳后，除了收购甲骨之外，另一要务就是为其兄探访购置建屋之地。例如，三月初八日记罗振玉来函，云：

> 是日得京函，叔兄（罗振玉）因闻恒轩言殷墟情状，欲于此卜宅，俾将来退隐于此，从事考古，嘱探其地可售否，此事殊不易为。

然而，尽管"殊不易为"，远在京城遥控指挥的"叔兄"还是一再来函"论购地事"，"急盼购地消息"。最后，虽"购地事寝"，却可证"痴绝"于殷商贞卜文字的罗振玉，斯时发愿"投刻去官，买地洹阳，终我天年，以竟此志"，不是空言虚语，不是"作秀"，而是实心真愿。

甲骨学蔚然大观

继《殷虚书契前编》，罗振玉推出了《殷虚书契考释》。

《殷虚书契考释》撰成于甲寅之冬。罗振玉自序落款为"甲寅十二月十八日"，即1915年2月1日。当付梓时，他曾自题一律：

海溢桑枯灵骨见，

鳞来凤去我生非。

射牲畴复贞牢礼，（卜辞中多卜牢数。）

去国依然梦画衣。（卜辞中有"𠃬"字，象画衣也。）

并世考文谁史许，

当年抱器感箕微。

摩挲法物穷钻仰，

学易曾闻屡绝韦。[1]

罗振玉自状《殷虚书契前编》八卷选辑成书（1913 年），"须鬓日改"，年齿四十有七。此题诗以"学易曾闻屡绝韦"结尾，则是取孔子"五十以学《易》"（《论语·述而》），喻《殷虚书契考释》成于五十之年，并借"韦编三绝"[2]典故，自道其成书之艰辛不易。

尤其是，罗振玉鉴于"频年考究殷虚遗文，而足迹亦未尝至洹曲"，乃于该书问世的乙卯（1915 年）春二月返国作"鲁卫之行"。他携着这部新著之书谒曲阜，赴安阳，进行殷墟实地考察。且看他自日本京都出发，记云：

二十五日辰刻，登春日丸，巳刻开行。舟中校补《殷虚书契考释·卜辞篇》。[3]

他兴致甚高，挥毫题铭，云：

龟虽寿，三千岁。永不朽，在文字。

自署"刖翁铭藏龟之椟，乙卯二月廿五日春日丸中书"。[4]

---

① 《贞松老人外集》卷四《撰〈殷虚书契考释〉成漫题》（甲寅），《罗振玉学术论著集》第十集（下）。

② 《史记·孔子世家》："孔子晚而喜《易》……读《易》韦编三绝。"

③ 罗振玉：《五十日梦痕录》，《罗振玉学术论著集》第十一集。

④ 罗振玉：《藏龟之椟铭》，《雪堂剩墨》，《罗振玉学术论著集》第十二集。

之前，罗振玉曾借昔人之言自抒胸臆，云："金石虽寿，或转借楮墨以永之。"① 而今，沉埋地下三千余年的龟板刻辞，将经由他的采掘、收藏、著录、考释而传之不朽，这是多么令人痴迷，又是多么骄人的名山事业啊！

罗振玉如此之珍重其书，当然绝非无因。他回顾平生著述，道：

> 及在海东，乃撰《殷虚书契考释》，日写定千余言，一月而竟，忠悫为手写付印。并将文字之不可识者为《待问编》，并手拓所藏甲骨文字编为《殷虚书契》，后又为续编，于是此学乃粲然可观。予平生著书百余种，总二百数十卷，要以此书最有裨于考古。②

按照罗氏所述，兹将其百余种著作内之殷墟甲骨书系，依年录举如下：

《殷商贞卜文字考》一卷（1910 年）；

《殷虚书契》八卷（按，即前编，凡四册）（1912 年）；

《殷虚书契菁华》一卷（1914 年）；

《殷虚书契考释》三卷（一册）（1915 年），又增订本三卷（二册）（1927 年）；

《铁云藏龟之余》一卷（1915 年）；

《殷虚书契后编》二卷（一册）（1916 年）；

《殷虚书契待问编》一卷（1916 年）；

《殷虚古器物图录》一卷（1916 年）；

《殷虚书契续编》六卷（六册）（1933 年）。

罗氏辛亥东渡前收藏甲骨约三万余片，经手自拓墨，遴选于上述著录中之甲骨拓本，汇录如下：

《殷虚书契》八卷，收录甲骨拓本二千二百二十九片；

《殷虚书契菁华》，收录甲骨拓片六十八片（其中有武丁时期大牛胛骨四版，大字涂朱）；

《殷虚书契后编》，收录甲骨拓本一千一百零四片；

《铁云藏龟之余》，收录甲骨拓本四十片。

---

① 罗振玉：《芒洛冢墓遗文序》，《罗堂校刊群书叙录》卷上，《罗振玉学术论著集》第九集。

② 罗振玉：《集蓼编》。

如前所述，罗氏《殷虚书契前编》曾选入日本河井氏所藏甲骨拓本"若干片"。其实，罗振玉寓居日本期间，其"旧藏甲骨还卖给日本人"，数量达五千七百四十五片；[1] 归国以后，1927 年还赠给瑞典斯德哥尔摩远东古物博物馆甲骨二十六片。[2] 所谓"百计搆求，十余年间，复得墨本约三千纸"，[3] 编成于 20 世纪 30 年代的《殷虚书契续编》，乃罗氏晚年之所为。

于是，《殷虚书契》八卷精印问世，罗振玉于序末感叹："茫茫斯世，知谁复有读吾书者?"并且自剖心志，述其拓墨编录，操觚考释之心路历程，云：

> 《书契前编》八卷，书既出，群苦其不可读也。越二岁，予乃发愤为之考释，私意区宇之大，圆颅方趾之众，必将有嗣予而阐明之者，乃久而阒然，复意并世之士，或不乐为此寂寞之学；当有会最殷虚文字以续我书者，久亦阒然无所闻也。一若发潜阐幽，为区区一人之责者，至是予乃益自厉，曰：天不出神物于我生之前、我生之后，是天以畀予也! 举世不顾之而以委之予，此人之召我也! 天与之，人与之，敢不勉夫? 爰以乙卯仲春，渡海涉洹，吊武乙氏之故虚，履发掘之遗迹，恍然如见殷大史藏书之故府。归而发箧，尽出所藏骨甲数万，遴选前编中文字所未备者，复得千余品，手施毡墨，百日而竣。方谋所以流传之，家人闻而匿笑曰："往以印书故，灶几不黔，今行见釜鱼矣。"予乃一笑而罢，然固未尝恝置也。[4]

是故，彦堂董氏反观曾经如是"寂寞之学"，指出："甲骨学能建立起来，得有今日，实出于罗氏一人之力。"[5] 罗振玉回顾自壬子（1912 年）到甲寅

---

[1]　其中，售与京都大学人文科学研究所 3599 片、天理参考馆 809 片、东京国立博物馆 225 片、东京大学考古研究室 113 片、富冈谦藏 800 片。参见宋镇豪、刘源《甲骨学殷商史研究》，第 40 页，福建人民出版社 2006 年版。

[2]　李学勤、齐文心、〔英〕艾兰：《〈瑞典斯德哥尔摩远东古物博物馆藏甲骨文字〉前言》（1999 年），转引自宋镇豪、刘源《甲骨学殷商史研究》，福建人民出版社 2006 年版。

[3]　罗振玉：《殷虚书契续编序》。按，此编收录甲骨拓本 2016 片，自谓"丹徒刘氏（鹗）、天津王氏（襄）、北京大学、四明马氏（衡）所藏，其什之一"。据统计，入罗书者，四家共 1591 片。

[4]　罗振玉：《殷虚书契后编序》。按，此序落款"岁次丙辰上巳（1916 年），永丰乡人罗振玉书于殷礼在斯堂"。

[5]　董作宾：《甲骨学六十年》，《董作宾卷》，第 185 页，河北教育出版版 1996 年版。

《殷虚书契考释》书影

（1914 年），由甲骨文字之著录而为之考释，云：

> 予既编印《殷虚书契》欲继是而为考释，人事乖午，因循不克就者，岁将再周，感庄生吾生有涯之言，乃发愤键户者四十余日，遂成《考释》六万余言。①

这就是由王国维"手写付石印"，以罗氏永慕园之名刊行的甲寅（按，实已及 1915 年 1—2 月）本《殷虚书契考释》（亦称初版本）。后经罗氏精心校订、增补，重行抄写，于丁卯（1927 年）二月东方学会石印者，即《增订殷虚书契考释》。② 以此增订本与初版本相较，纲目并未变动，但字条大为增加，尤其是

---

① 《殷虚书契考释序》，《雪堂校刊群书叙录》，《罗振玉学术论著集》第九集。
② 《增订殷虚书契考释》，今辑入《罗振玉学术论著集》第一集；其稿本乃仁和沈举清（罗振常连襟）书写。参见刘蕙孙《关于〈殷虚书契考释〉成书经过的回忆》附一罗继祖补正三则之二，《追忆王国维》，第 474—475 页，三联书店 2009 年版。

补入了《殷虚书契考释》成书以后选刊《殷虚书契后编》中的诸多卜辞。据统计，增补最多者为第六篇《卜辞》，由初版所录完整可读的卜辞释文七百十七条，增至一千零七条，即增入五百条。[①]

《殷虚书契考释》由初版本校补而为增订本，实可视为罗振玉在甲骨文考释上的自我完善。鼎堂郭氏以罗氏为"近世考古学的一位先驱者"，说到"甲骨出土后，其搜集、保存、传播之功，罗氏当居第一，而考释之功也深赖罗氏"，尤推崇"后增订本改为三卷"的《殷虚书契考释》，"则使甲骨文字之学蔚然成一巨观"，指出："谈甲骨者固不能不权舆于此，即谈中国古学者亦不能不权舆于此。"[②] 彦堂董氏则列举《殷虚书契考释》初版本与增订本之考定成果，列表如下：[③]

《殷虚书契考释》初版本与增订本考定成果对照表

分类	初版本	增订本
帝王	22	23
地名	193	230
先妣	14	16
文字	485	570
人名	78	90

所以，应当说，经罗氏手自校补增订的《殷虚书契考释》一书，代表了甲骨文研究与考释之前期的最高学术水平，是罗氏将"殷礼在斯"之卜辞推向世界，使甲骨之学得以确立并由"寂"而"显"的一项标志性工程。

然而，《殷虚书契考释》之增订，亦非完美无缺。例如，罗氏弟子商承祚回顾"十六年增订本"（即1927年重刊之石印本），曰："每字之下删去书名及页数，未善也。"陈梦家撰《殷虚卜辞综述》，既推尊"增订本"于初版十二年之后问世，乃"罗氏在甲骨学上最后的总集"，又具体指明其所删之所以"未善也"，云：

① 参见罗琨《读〈殷虚书契考释〉初版本》，《白云追思录》。
② 郭沫若：《中国古代社会研究》，《郭沫若全集·历史编》卷一，第193页，人民出版社1982年版。
③ 董作宾：《甲骨学六十年》，《董作宾卷》，第187页，河北教育出版社1996年版。按，表中先妣数，据罗琨查检，"12个商王的18个法定配偶"，亦即应为"18"。

把初印本每字或每条卜辞下注出的书名、页数、片数删去了，很不便于复查与援用。①

由此，又可窥著书立说，或增或删，即使像罗氏这样的大师，盖欲尽善之不易。

罗振玉甲骨文考释成就举要

[之一] 考定小屯殷墟，审释殷帝王名号

那么，罗振玉又是怎样写成《殷虚书契考释》的呢？他自序著书情状，云：

> 予爰始操翰，讫于观成，或一日而辨数文，或数夕而通半义。譬如冥行长夜，乍睹晨曦，既得微行，又蹈荆棘。积思若痗，雷霆不闻，操觚在手，寝馈或废。

如果说，罗振玉对殷墟甲骨之发掘、搜集、流传，是"争分夺秒"地抢救；那么，他在"殷太卜之所掌"的卜辞考释方面，则是"不舍昼夜"，做到了"听夕孜孜"。他以"冥行长夜"自喻其探赜索隐、辨文释辞的功夫。由此，不妨追溯他的二位亡友刘鹗与孙诒让在甲骨文字考释方面曾作的努力。

先说刘鹗。在他的壬寅（1902 年）日记里，已有了释读"龟文"的记述。例如，十月初五日，"昨晚刷龟文释得数字，甚喜"；初七日，"夜作说龟数

---

① 陈梦家：《殷虚卜辞综述》，第 60 页，科学出版社 1956 年版。

则"；十三日，"圈《说文古籀》，悟龟文二字"，等等。① 而翌年（1903 年）问世的《铁云藏龟》刘氏自序，声称他"以钟鼎体势，推求龟板之文"；由他认出的祖乙、祖辛、祖丁、母庚，考定龟板文"以天干为名，实为殷人之确据"。② 然而，这种"推求"毕竟只是尝试。刘氏自言"龟板可识者，干支而已"，但在"干支的二十二个字中，还有子丑之子、己午之己，不能认识"。③

再说孙诒让。孙氏"治古文大篆之学四十年，所见彝器款识逾二千种"，"每憾未获见真商时文字"，故"睹兹奇迹，爱玩不已"。④ 取《铁云藏龟》撰《契文举例》，乃成书二卷，凡十目，上卷八目：日月、贞卜、卜事、鬼神、卜人、官氏、方国、典礼。下卷两目：文字、杂例。这部被认为是开了甲骨文考释之先河的著作，所考释之字，共一百八十五个。然作者虽精研金文，惟于殷墟甲骨，未接触实物，所见"龟板文"亦仅限《铁云藏龟》一书，故误释错认之字"触目皆是"。尤其是由于不识"王"字，故不知卜辞为殷代王室之物，当然也就不可能辨识卜辞中之商王名号。尽管如此，王国维于丙辰（1916 年）归国的当年，从上海蟫隐庐书店获见此书稿本，当即以五元购得，并致书罗振玉说，"其所释之字虽多误，考证亦不尽然。大辂椎轮，此为其始"，并指出"其用心亦勤"，例如，"𠂤"释为"贞"，"始于仲老（孙诒让），林博士（林泰辅）与之暗合耳"。⑤ 罗振玉在得信后，迅即将孙氏的这部曾分别抄寄端方、刘鹗及其本人的遗稿石印出版。⑥ 应该说，这是对先于他辨字通义、撰成专著的亡友之最好的告慰了。

由此，我们回头再看王国维论述殷墟甲骨文字之"发见"，推举罗撰《殷商贞卜文字考》《殷虚书契考释》《殷虚书契待问编》等，强调"审释文字，自以罗氏为第一。其考定小屯之为故殷虚及审释殷帝王名号，皆由罗氏发之"。⑦

《殷虚书契考释》初版本八章，不分卷。增订本凡三卷八章，依次为卷上

① 《刘鹗日记·壬寅日记》，《刘鹗及老残游记资料》，四川人民出版社 1985 年版。
② 刘鹗：《铁云藏龟》自序。
③ 董作宾：《甲骨学六十年》，《董作宾卷》，第 151 页，河北教育出版社 1996 年版。
④ 孙诒让：《契文举例序》，据罗氏 1917 年吉石盦丛书本。
⑤ 王国维：《致罗振玉》，《罗振玉王国维往来书信》，第 209 页，东方出版社 2000 年版。
⑥ 据《契文举例》校点记，孙氏于 1904 年成书后，曾以稿本寄罗振玉、刘鹗、端方。1916 王国维在上海所获，原是寄端方的一本。参见罗琨《甲骨文解谜》，第 23 页，长江文艺出版社 2002 年版。
⑦ 王国维：《最近二三十年中国新发见之学问》，《静庵文集续编》，《王国维遗书》第五册。

四章：一、都邑；二、帝王；三、人名；四、地名。

卷中一章：五、文字。

卷下三章：六、卜辞；七、礼制；八、卜法。

再核计篇幅，中卷文字章，占全书 46.7%；下卷卜辞章，占全书 30.9%，亦即文字、卜辞两章，占全书篇幅之 77% 强。

当然，论重要性，首在殷都邑之考定，云：

《殷虚书契待问编》书影

> 商自成汤至于殷（盘）庚，凡五迁都。武乙立，复去亳徙河北，其地当洹水之阴，今安阳县西五里之小屯，即其虚矣。方以为河亶甲城者，是也。

这样，全书以揭示"武乙氏之故虚"开卷，实即为甲骨出土地做了最终的定位。

第二章"帝王"，云：

> 《史记·殷本纪》载成汤以来至于帝辛，凡三十传，今见于卜辞者二十有三。

在甲骨文研究史上，考定小屯为殷墟与审释殷帝王名号，"确乎是罗氏考释文字以外的贡献"（陈梦家语）。他在初版本帝王章中"对照《殷本纪》找到二十二个商王庙号"（正确释出二十一个），为后来的商代世系研究，包括王国维考订《殷本纪》世系，奠下了基础。[1]

第三章"人名"，得九十（初版本七十八），是中"称妣"者八。第四章"地名"，见于卜辞者凡二百三十（初版本一百九十三），综其类十有七，内有：至于、往于、步于、入于、狩于、田于、舟于、从某伐某、征某，等等。而"其称王在某者九十有五"。据罗氏查考，卜辞中地名见于金文者，仅两例：一

---

[1]　罗琨：《〈读殷虚书契考释〉初版本》，《白云追思录》。

为《小子谢鼎》之"🐾"，又一为《己酉方彝》之"召"。

罗振玉甚感遗憾的是，以上各类地名，"多不能定为后世何地"；其后的东周列国地名，虽颇有与之类同者，然以其文不足徵而"未敢臆断"。这就留下了永不可知的历史之谜；而地名中的那些古字，也就成为永不可识的"死字"。

［之二］溯金文，窥书契，正许书之违失

然而，《殷虚书契考释》之学术成就，更凝集于第五、六两章，即文字与卜辞。

在自序中，罗振玉敞开心扉，述其甘苦，盖有"三难"，归结起来，就是文献短缺、卜辞简质、文字任意，咋办？他说：

> 今欲祛此三难，勉希一得，乃先考索文字以为之阶，由许书以溯
> 金文，由金文以窥书契。穷其蕃变，渐得指归。

罗氏"祛难"，换用今天的话，就是攻坚克难。《殷虚书契考释》是在《殷商贞卜文字考》的基础上写定的。陈梦家以该《殷虚书契考释》书参比《殷商贞卜文字考》，谓：唯六、七章是新写的。[1] 罗氏"循是考求典制，稽证旧闻"，启途径，开肩镝，综其考释之功，首在正违失、明文字。

罗氏笔端之"许书"，殆即东汉许慎《说文解字》。[2] 在他看来，"古文之真，因许书而获存"。然而，绝非等同于"字字皆真"。他的亲家刘鹗，可谓绝顶聪明之人，论治河、著小说，莫不堪称第一流，但面对殷墟卜辞，却不由败下阵来，他说："以六书之旨推求钟鼎，多不合；再以钟鼎体势，推求龟板之文，又多不合，盖去上古愈远，文字愈难推求耳。"[3] 刘氏感叹的"六书之旨"，

---

① 陈梦家：《殷虚卜辞综述》，第 58 页，科学出版社 1956 年版。

② 许慎，字叔重，东汉明帝至桓帝年间人，曾做过汶长与太尉南阁祭酒，故又称其为汶长或南阁祭酒。许氏依据古文经和《史籀篇》《仓颉篇》，征引先秦两汉之文献典籍，撰《说文解字》，成书于永元十二年（100 年），凡十四篇（加叙，为十五篇），收字九千三百五十三个（有重文一千一百六十三个）。其所作解说计十三万三千四百四十一字，全书分为五百四十部。并在叙中提出了"六书"理论，即指事、象形、形声、会意、转注、假借，成为以形、声、义统一研究文字的指导原则。

③ 刘鹗：《铁云藏龟》自序。

盖即许书要义。而罗氏之"祛难"，恰在于将许书与钟鼎（金文）、契文（卜辞），贯通了起来，并且能不迷信许书，在"推求"中破解许书之失。例如：

> 卜辞有 𣍯 字，许书在口部。卜辞中又有 𣍯𣍰𣍯 等字，虽不能确知为何字，然均从 𣏌，则无疑也。意当时从 𣏌 之字殆不止此。则 𣏌 部之后当立 𣏌 部。此许书分部之失。

> 又许书角部有觲字，注：从羊、牛、角。土部有埻，注：从觲，省声。今卜辞有 𦍋 字，虽不可识，然实合羊牛二文为一字。觲、埻两字从之。许解觲为从羊、牛、角，不知 𦍋 自为字也。（𦍋，疑即 羴 字）此亦许书之违失，当据卜辞正之者。[①]

仅就《殷商贞卜文字考》一书言之，其第二篇《正名》几占全书十之六，殆就卜辞中文字以考许书，而其纠正许书违失，又分二端：

一曰：出擒之违失。例如：

> 一下出古文弌，二下出古文弍，三下出古文弎。段君注言：一、二、三之为古文明矣，何以更出弌、弍、弎？盖所谓即古文而异者，当谓古文奇字。今考之卜辞及古金文，皆作一、二、三，从无作弌、弍、弎者。

> 五下出古文 ✕，今卜辞作 𠄤，不作 ✕。

> 甲下出古文 𫝀，今卜辞甲作 ✚，金文亦然，知许书甲之古文原作 ✚。

> 癸下出籀文 𤯌，今卡辞作 𤰞，金文亦然，无作 𤯌 者。

> 子下出古文 𢀍，籀文 𢀳，今卜辞干支之子或作 𩠐，或作 𢀍，其常用子女字作 𡿧，无作 𢀍 者。

---

① 罗振玉：《殷商贞卜文字考》二《正名》。

二曰：篆文之违失。例如：

福，（许书）注：备也，从示，畐声。今卜辞中福字作 🔡，从 🔡，
乃象酒尊，盖以酒祀神邀福也。福从酉，从示，乃会意，非形声。

逆，迎也。从辵，屰声。今卜辞逆作 🔡，又作 🔡，并从 🔡，象人
自外入，辵以迎之。逆作父丁尊作 🔡，与卜辞同而略变，秦刻作 🔡，
🔡 下误增一画，许书又由 🔡 为 🔡，误益甚矣。

彘，注：豕也，从互，从二匕，矢声。今卜辞彘作 🔡，象豕
著矢形。

许书之彘象头足，而以天为声，于谊不可解，且古训皆谓彘即
豕，何以一物两名，谊同而形迥判？兹观卜辞豕、彘两字，并象豕
形，但有著矢不著矢之殊。意者豕为家畜，彘为野豕，彘必射而后可
获，故于豕变著矢以别之钦。

以上，仅举数例。罗振玉通过《殷墟书契考释·文字》，盘点所考甲骨文
字，结论是："其与许书篆文合者十三四，且有合于许书之或体者焉，有合于
今隶者焉。顾与许书所出之古籀则不合者十八九，其仅合者又与籀文合者多，
而与古文合者寡。以是知大篆者，盖因商周文字之旧；小篆者，又因大篆之
旧，非大篆创于史籀。小篆创于相斯也。"[1] 嗣后，胡厚宣直率地指出："由于
甲骨文的发现，使我们晓得，《说文》一书，至少有十分之二三，应该加以
订正。"[2]

［之三］明文字，求真意，审释文字为第一

事实是，这项"订正"工作，由罗振玉据甲骨文字率先进行。他把正违

---

① 相斯，秦丞相李斯，所撰《苍颉》与车府令赵高之《爰历》、太史令胡母敬之《博学》，合而统称
《苍颉篇》，共五十五章，三千三百字，是为小篆之范本。
② 胡厚宣：《五十年甲骨发现的总结》，转引自吴浩坤、潘悠《中国甲骨学史》，第194页，上海人民出
版社2006年版。

失、识文字，称之为"明文字"。在《殷虚书契考释》中"认识而加以解说的字"，究竟有多少？

1915 年，《殷虚书契考释》初版本考释之字，计四百八十五字；

翌年，辑录不可识之字为《殷虚书契待问编》（一卷），计一千零三字；

1927 年，《殷虚书契考释》增订本，从《殷虚书契待问编》中选出八十五字加以考释。可识之字增为五百七十字，不识之字减为九百一十八字。

合计可识与不识之字为一千四百八十八字。①

这就是经彦堂董氏统计，而得到学术界认同的罗氏考释甲骨文字之成果。近人又据董氏统计，撮举嗣后几种考释之书中识与不识的字数，谨列表如下：

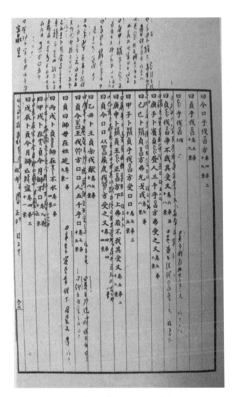

《殷虚书契考释》修订稿之一

四种甲骨文字著作中已识与待问字数表②

编著者	书名	释字（或已识字）	待问	共收字数	出版时间
商承祚	殷虚文字类编	789	786	1575	1923 年
王襄	簠室殷契类纂	873	1994	2867	1929 年
朱芳圃	甲骨学文字编	956			1933 年
孙海波	甲骨文编	1006	1112	2118	1934 年

应当补充的是，于省吾 1978 年回顾已发现的甲骨文字，其不重复者总数约四千五百字，其中，已被确认的字不到三分之一。③ 尤可证罗氏审释文字

---

① 董作宾·《甲骨学六十年》，《董作宾卷》，第 151 页，河北教育出版社 1996 年版。

② 本表参以吴浩坤、潘悠《中国甲骨学史》（第 58 页，上海人民出版社 2006 年版），合董氏统计数列制。

③ 于省吾：《甲骨文字释林序》，《甲骨文字释林》，第 1 页，商务印书馆 2010 年版。

"为第一"之功，不会因时间的推移而淡去。

我们回头再看罗振玉《殷虚书契考释》自序，所谓"或一日而辨数字，或数夕而通半义"，可以想见，他当年就是这样一个字一个字，下了死功夫琢磨出来的。如果检核他所审释的五百余字，所谓古文"繁简任意"，其"异文"或"变体"之多，则迥出今人之想象。被罗氏录入书中的异文，一字写法在五六种至十种以上者，多不胜数。其中"羊"之一字，异文多达三十种，罗氏考析云：

羊字变体最多，然皆象形。其作 者，象牵之以索也。索在后不在前者，羊行每居人先也。作 者，侧视形。作 者，亦象带索从侧视之状也。

迄今所见的甲骨文字中，变体最多者盖当推"羊"字。商承祚考其变体之多至四十许，于罗氏所列三十异文外，又补录变体，如：

。

按，商氏考云："或绘羊头，或自后视，或由侧观，或牵之以索，然一望即知其为羊也，并录举金文以证之。"① 不复赘述。

这主要是文字形体方面。作为学问家，罗振玉在审释甲骨文字的过程中，感受至深者，应该在如何恰当处置被一代又一代古文字学者视为金科玉律的许慎《说文解字》。"今之学者，但据许书以求古文之真"，他是不赞同的；但这决不意味着可以轻慢其书，他提醒道："然今日得以考求古文之真，固非由许书以上溯古金文，由古金文以上窥卜辞。"这是对"五经无双许叔重"之书的辩证认识，是很对的。他的这个"溯""窥"之论，已成甲骨文考释的规范而得到了学界的推尊。

不过，我以为有必要申述的是，如同王国维早年论述诗词文学，"唯真是求"；而罗氏"上窥卜辞"，则由形而及义，主要在字义方面，"考求古文之真"。为明其说，不妨略举字例：

---

① 商承祚：《甲骨文字研究》下篇《文字》，天津古籍出版社 2008 年版。

贞，《说文》贞，卜问也。从卜贝以为贽，一曰鼎，省声，京房所说。又，鼎注：古文以贞为鼎，籀文以鼎为贞。今卜辞中凡某日卜某事，皆曰贞，其字多作 ，与 字相似而不同。或作鼎，则正与许君以鼎为贞之说合，知确为贞字矣。古经注贞皆训正，惟许书有卜问之训，古谊古说赖许书而仅存者，此其一也。

沬， ，《说文解字》：沬，洗面也。从水，未声。古文作 。此象人散发就皿洒面之状。《鲁伯愈父匜》作 ，亦象人就皿水擢发形，许书作沬，乃后起之字。今隶作頮，从卄，与卜辞从 同意，尚存古文遗意矣。吴中丞曰：许书页部有 字，注：昧前也，读若昧，疑亦古文。

许云：沐，擢发也。疑古沬、沐为一字。

谨按，吴中丞即吴大澂。商承祚释沬，亦引上述金文《鲁伯盘》"吴中丞曰"（《说文古籀补沬注》），肯定"吴说是也"，并认为，古文"沬"字乃初形，金文已变误，小篆頮为其省，今隶又作頮，"微此几不知其本字矣"。[①]

还有"米""康"二字之释，亦饶有趣味：

米， ，象米粒琐碎纵横之状。古金文从米之字皆如此作。许书作米形，稍失矣。

康， ， ， ，《说文解字》：糠，谷皮也，或省作康。此字与许书或体略同。谷皮非米，以 象其碎屑之形，故或作 ，或作 、或作 ，无定形。康侯鼎作 ，伊敦作 ，同此。今隶作康，尚得古文遗意矣。

为何说"今隶作'康'"，尚得古文遗意？殆即由隶书而传承的"康"字，

① 商承祚：《甲骨文字研究》下篇《文字》，第 121 页，天津古籍出版社 2008 年版。

保存了古文真意："康"乃由"米"而来；反之，无"米"哪来"康"？大家知道，王国维盛赞《琵琶记》"独铸伟词"，曾专录了《喫糠》一节，[①] 其中唱词有"谷中膜，米上皮，这便是糠""糠和米，本是相依倚，被簸扬作两处飞"，而一贵一贱，"满城争唱蔡中郎"，亦由是起焉。当然，我们也注意到，鼎堂郭氏在他的《释支干》名作中，特别提及"从庚之字有康字"，认为"罗氏犹沿许书之说，以庚下之点作为象谷皮碎屑之形，此恐未必然"；并取"康"字古训安乐，训和静，以为"此康字必以和乐为其本义"，从而指认"康犹彭"，"借乐器以为表示"。[②] 不免有想象过甚之嫌，而愈释离本义愈远矣。愚意以为，"康"之精神层面上的"和乐"义义，实乃建立于糠米相倚的富足物质基础之上。根据 20 世纪 70 年代河姆渡遗址出土的稻谷，我国栽培稻年代约七千年。[③] "大道之行也，天下为公。"我们从沉埋地底三千多年的甲骨卜辞之"康"字，乃得上窥上古先民追求生活富足，以有米为"小康"之真意。这无论由戏剧文学，还是考古发掘，皆足以证之。

［之四］通读卜辞，揭开殷代国史第一人

综上诸端，罗振玉的卜辞研究，"乃先考索文字，以为之阶"；由此而引领后继者达成这样一个共识："契学多端，要以识字为其先务。"（于省吾《殷契骈枝》序）即使"青铜甲骨余事耳"，研究卜辞"志在探讨中国社会之起源"如鼎堂郭氏，亦深省"识字乃一切探讨之第一步"（《甲骨文字研究》序言）。

为何"凡研究甲骨文字者，必先识其字"（商承祚）？罗振玉在《殷虚书契考释·卜辞》章，开宗明义曰：

> 文字既明，卜辞乃可得而读。

---

① 王国维：《宋元戏曲考》十五《元南戏之文章》，《王国维戏曲论文集》，第 132 页，中国戏剧出版社 1957 年版。

② 郭沫若：《甲骨文字研究》，第 171 页，科学出版社 1962 年版。按，郭释"康"曰："庚下之点撇，盖犹彭之作𢼔，若𢼔，云云。"

③ 林华东：《河姆渡文化初探》，第 153 页，浙江人民出版社 1992 年版。

然而，恰如罗氏所说，"商人文辞颇简，方寸之文或纪数事"；且字多假借，"有能得其读不能得其谊者"。所以，董作宾作为"亲身领略"了甲骨文考释"个中的甘苦"的研究家，专就篇章的通读，写了这样一席话：

20 世纪 30 年代，董作宾在安阳殷墟发掘现场

> 大体上能够把一段卜辞用今楷写出来，使人可以通读，也应该说自罗振玉的《殷虚书契考释》始。孙诒让的《契文举例》，也未尝不是写出全辞，但是当时认错的字太多，仍是不能读通的。
>
> 例如卜辞："癸子卜大贝它父囗。"
>
> 现当释为："癸巳卜，大贞：'旬无祸？'"
>
> 孙氏虽已能识"贝"就是"贞"，却无注解说"它父囗"之义。①

所以，罗振玉实为甲骨文字发现之后，由明文字而能通读卜辞的第一人。他本着"第录文之完具可读者，其断缺不可属读者不复入"的原则，依贞卜事类，于《殷虚书契考释》初版本所录完整可读之卜辞凡八类，七百零七条；增订本增添"杂卜"，经我核对其所录条目，为九类一千二百零四条，列表如下：

《殷虚书契考释》初版本及增订本所录完整可读卜辞数目表②

条目	增订本	初版本
卜祭	538	304
卜告	32	15
卜享	6	4
卜出入者	177	123
卜田渔	197	128

---

① 董作宾：《甲骨学六十年》，《董作宾卷》，第 193 页，河北教育出版社 1996 年版。

② 董作宾统计增订本 1260 条（其中卜享 64、田渔 196、征伐 61，余相同）；罗琨统计初版本 717 条，增订本 1207 条（《读〈殷虚书契考释〉初版本》）；李济统计初版本 707 条，增订本 1094 条（《安阳》）。

条目	增订本	初版本
卜征伐	61	35
卜年	34	21
卜风雨	112	77
杂卜	47	
合计	1204	707

不过，上表所列九大类目，卜祭类条目占十之四强；而言祭名，则颇多"谊不可知"，或"谊未详"者，祭类中尤多，例如：

> 言肜月者五，皆以先一日卜者。肜月之谊未详。
>
> 言⧯日者二十有八。⧯日亦祭名，谊虽不可知，而屡见于古金文。
>
> 言⧈者十有七。⧈亦祭名，谊不可知矣。
>
> 言⧊者十有七，⧊亦祭名，其谊未详。
>
> 言⧆者四，⧆亦祭名，谊不可知，以字形考之，为荐牲首之癸矣。
>
> 言⧇者三，⧇亦祭名，谊不可知。
>
> 言叙者八，叙亦祭名，谊未详。

实则，叙，罗氏于《殷虚书契考释·文字》章曾释其字，云：

> 叙，⧪，⧫，⧬，⧭，从手持木于示前，古者卜用燋火，其木从荆。此字似有卜问之谊。

嗣后，于省吾撰《释叙》，引罗氏之释而考其义，以为"叙字均应读为塞，指报塞鬼神之赐福言之"。[①] 罗氏感叹"能得其读不能得其谊"的祭名，经审释文字终于考得其义，这个祈鬼神赐福的"塞祭"，应该要算是最显之证了。

当然，"谊不可知"的卜辞条目尚多。例如，"卯"，罗氏于《殷虚书契考

---

① 于省吾：《甲骨文字释林·释叙》，商务印书馆 2010 年版。

释·文字》十二支，仅列字形，无说解；于《卜辞》谓"卯谊不可知"，并举"卯于大乙六牢"（《书契后编》），云："卜辞中有字可识而谊不可知，如此类者不少。知古训之亡于周秦以后者多矣。"郭沫若考释干支，特就"卯于十二辰之外"的"用牲之法"，征引罗考之同时，复引"王氏曰"卜辞屡言"卯几牢"，云：

> 二氏于此用牲之名，言之颇详。然于义终不可确知。[①]

看来，考释甲骨文字，识字固难，通义难而尤难。罗氏所谓"数夕而通半义"，有的周秦以后已亡义训的古文，如上举"卯义"，纵然是经"甲骨四堂"中之罗、王、郭"三堂会审"，其义犹未能确知耳。

但是，我们今天通观《殷虚书契考释》（增订本）全书，可知罗振玉以他所释五百余甲骨文字，读出了数以千计的卜辞条文，成为揭开了"殷代国史之一斑"的第一人；而卜辞之贵重，"等于《尚书》《春秋》"，则在尔后的甲骨文字与殷商历史研究中得以确证。

---

① 郭沫若：《甲骨文字研究·释支干》（按，所引《戬释》，即王国维《戬寿堂殷虚文字考释》），科学出版社 1962 年版。

身后安知起风波

然而，罗振玉如此孜孜以求于卜辞考释，为发创甲骨之学而倾其财力与精力，知己者能有几人？他在致王国维丙辰归国之初的书札中，曾如是诉说十年研究，撰成《殷虚书契考释》之苦衷，云：

> 回忆此事研究，先后垂十年，积铢累锱，遂有今日。当今之世，舍公而外，尚无能贯彻此书者。譬犹以数分钟观博物馆，徒讶其陈列之众，竟无人肯以长久之时日，一一细览之者。不知异世有潜心搜讨如公与弟者否？弟窃谓考古之学，十余年来，无如此之好资料，无如此之关系重大，无如此之书痴为之始终研究。今有之，而世人尚罕知贵重，可哀也。但此次考证，既竭吾才，尚求公再加讨索，以竟此事。弟不过辟丛蚕，通途术而已。今世士竟弟之业者，舍公外无第二人，幸屏他业，以期早日成就，何如？①

当然，后来的事实证明，"无如此之书痴为之始终研究"的甲骨学，发展

---

① 罗振玉：《致王国维》，《罗振玉王国维往来书信》，第82页，东方出版社2000年版。

很快，成了显学。罗、王后继有人，"为之始终研究"的才杰辈出。然而，在罗振玉为之"通途术"的卜辞研究之整体推进中，"书痴"骤然变成了"无知"者。他本人从事研究，"潜心搜讨"先后垂十年，"竭吾才"撰成的《殷虚书契考释》一书，竟被指为非其所撰了！

这究竟是怎么回事？发难者为傅斯年。他为董作宾《殷历谱》撰序，论说彦堂缘何致"盛业"而述及"王国维君之考订殷先公先王，与其《殷墟文字（按，应为'书契'）考释》之一书"，注云：

> 此书题罗振玉撰，实王氏之作，罗以五百元酬之，王更作一序，称之上天，实自负也。罗氏老贼于《南北史》《两唐书》甚习，故考订碑志每有见地。若夫古文字学，固懵然无知。王氏卒后，古器大出，罗竟搁笔，其偶辑矢令尊，不逮初学，于是形态毕露矣，亦可笑也。①

时为 1945 年 2 月，距日寇于第二次世界大战中无条件投降，适为半载。

那时，傅斯年是一位学术领军人物，且以敢言的"大炮"著称。蔡元培1928 年就任中央研究院院长，即命傅斯年筹建该院历史语言研究所并任所长。上任伊始，他就派遣李济、董作宾等前往河南安阳，进行甲骨文字的科学发掘，并就该所发掘安阳殷墟之经过，撰文"敬告"关心文化学术事业之"河南人士及他地人士"。② 应该说，他虽非卜辞研究家，但对于甲骨学之创建，是有所贡献的。而他的这则一笔抹杀罗氏学业，彻底否定尊下罗氏甲骨学之基的《殷虚书契考释》著作权的注文，则不啻为一颗"学术原子弹"，激起了一场学术风波。余波所漾，差不多半个世纪。1997 年，纪念王国维诞辰 120 周年，在清华大学举办的学术研讨会上，承王汎森先生携来其所著《王国维与傅斯年》论文，附录了《辑抄傅斯年藏书中对王国维著作所作眉批》之"有关罗振玉

---

① 傅斯年：《殷历谱序》，中央研究院历史语言研究所民国三十四年（1945 年）石印本。

② 傅斯年《1896—1950》，字孟真，山东聊城人，历史语言学家，于 1928 年应中央研究院院长蔡元培之聘，筹办历史语言研究所，并任所长。他的这篇"敬告"，撰于安阳殷墟发掘启动后的 1930 年 1 月。他在《史学方法导论》中，重申《殷虚书契考释》一书，原是王国维作的，不是罗振玉的。参见《史学方法导论》，第 5 页，中国人民大学出版社 2004 年版。

者"，使我得以了解傅氏上述斥罗"买稿"传言之所由来。

当然，傅氏在其学术性的论著中，甩出"老贼"之类辱言詈辞，殊属失当；但最不妥的，则还在其将《殷虚书契考释》归于"王国维君"名下，端出了所谓罗氏以"五百元酬王氏之作"，亦即"罗买王稿"这样纯系子虚乌有的传言。

对此，首先做出回应的是金祖同。他为自己所编的《龟卜百二十五片》（以下简称《龟卜》）一书作跋，直言不讳地指出：

> 罗氏之于甲骨彝器之学，所谓彪炳人间，耀人耳目。而外间复有盛言罗氏文字尽出王静庵先生捉刀者，乃未闻其门弟子有为之申论者，殊可深怪。我闻之吴兴徐圣翁，谓王氏为罗氏捉刀为一极不可能之事，以文字论，罗亦胜于王也。圣翁与雪堂交数十载，此言当非虚耳。

时为1947年8月。金君在当时情势下能不跟风，不逐波，敢于站出来为罗氏鸣不平，这是很不容易的。他所说的"圣翁"，是对文史学家徐鸿宝（字森玉）之敬称。以下介绍的陈梦家的甲骨学名著《殷虚卜辞综述》书名，即出此老之手。徐鸿宝是罗氏任学部视学官视察过的山西大学堂毕业生，对罗至为敬重，自属情理之中。所当注意者，是金君跋文中同时还引用了"沫若师"之言，云：

> 且事有不可因人而废者。罗氏振玉之于甲骨彝器之学，其功实不可没，而甲骨彝器之学，亦早已超脱于罗氏之樊篱矣。①

至此，我们不妨借用说书人的套话"花开一枝，话分两头"，先略表金祖同其人其事。金氏祖孙三代，皆有名于世。祖父尔珍，与吴昌硕、任伯年义结金兰，以书画金石名重艺林。父颂清（字兴祥），早岁结交罗、王，曾与罗振玉胞弟罗振常在沪创设旧书店（1914年），旋一分为二，罗办蟫隐庐书店，专

---

① 金祖同：《龟卜百二十五片》，民国二十七年（1948年）上海温知书店影印本。

营古籍；金则为中国书店，兼营古今图书，鲁迅、郭沫若等文化名人乃其常客。而民国以后出生的金祖同（1914—1955），幼承家学，堪称早慧神童，十余岁即与章太炎论辩殷墟甲骨。1936年夏，他受刘体智之托，携其所藏甲骨拓片二十册东渡日本，师从郭沫若，专事甲骨文研究，并协助郭氏从刘藏甲骨拓片中择取一千五百九十五片纂成《殷契萃编》。郭氏既感善斋刘氏"搜集椎拓之力"，复称道祖同协助编书，"长于拓墨"，"其志之专，其艺之精，实所罕见"（《殷契遗珠序》）。其《龟卜》一书，即从日本三井源右卫门所藏甲骨中遴选一百二十五片拓墨编成，首次披露罗氏曾选取三井所藏甲骨拓本辑入《殷虚书契前编》。在金君个人经历上尤有传奇色彩者，乃是1937年"七七事变"爆发，他密助并随同郭沫若秘密回国，参加抗日救亡运动，嗣以"殷尘"笔名撰成《鼎堂归国实录》（即《郭沫若归国秘记》）[①]。他在《龟卜》跋文中说："归国后，沫若师以奔走国是，东西南北，无有宁处，予则仍供职孔德图书馆，未废所学。"较之后世以攀缘政要为阶梯，以钻营谋官为"专志"的人，金君这种"不废所学"，矢志于学问的精神，该有多么可贵，又多么难得啊！

由是，再转述鼎堂郭氏虽"奔走国是"，实未忘情于斯学。金祖同于1939年纂成《殷契遗珠》，卷首弁有二序：一是在国民党抗日中枢重庆的郭沫若序，褒扬"祖同素嗜甲骨文字之学，搜讨唯勤，时有弋获"，作于是年4月；一是在伪满辽东的罗振玉序，回溯"殷墟遗文之出洹滨，今且四十年矣"，当时"世人未知其可重"，且"有斥为伪造者"，称道金祖同书中"遗珠"，正是"往岁所求之不可得者"，落款署己卯（1939年）秋。[②]而这位斥甲骨为伪造的昌言者，盖即金祖同以"甲骨文之非伪"而与之力辩的章太炎。

这里，有必要指出，章太炎《国故论衡·理惑论》，既以"吉金著录，宁皆赝器"，进而指斥云："近有捃得龟甲者，文如鸟虫，又与葬器小异。其人盖欺世豫贾之徒，国土可鬻，何有文字？"复抨击曰："得者非贞信之人，而群相

---

① 《郭沫若归国秘记》，言行社民国三十四年（1945年）9月出版，卷首弁有郭氏手书《归国志感》（用鲁迅韵）。按，郭沫若《再谈郁达夫》谓：助秘密回国者，有钱瘦铁与金祖同。1978年6月19日日本《朝日新闻》以《郭沫若逃出日本，六十年朋友谈秘史》为题，载文披露助郭出逃日本者，尚有其在日本第一高等学校预科读书时相识之朋友——一位名叫刘明电的老华侨。参见王继权、童炜钢编《郭沫若年谱》（上），第326页，江苏人民出版社1983年版。

② 金祖同编：《殷契遗珠》，孔德图书馆丛书第一种，上海中法文化出版委员会，民国二十八年（1939年）影印。

1990 年作者拜谒北京郭沫若故居工作室

信以为法物，不其僎欤？"应当注意，《国故论衡》编入《章氏丛书》在 1912 年，而包括《理惑论》在内的《国故论衡》一书之编定在 1910 年，所攻讦的"国土可鬻"者，殆指《铁云藏龟》的著录者，一年前流死于新疆的刘鹗。而所谓"非贞信之人"，则是指当年撰《殷商贞卜文字考》的罗振玉，此时罗在北京"备官学部"，章则在日本创建"光复会"讲国故学。这原是历史老账，可以不提；问题是直到章氏临终（1936 年）前，犹坚持己见，"于甲骨文拒之如恐不及"。金祖同乃将章氏先后写给他的拒斥甲骨文字"力言其伪，并责其罪于上虞罗氏"的四通书信，及其本人所撰"可证甲骨文之非伪"的文稿，辑为《甲骨文辨证》，[①] 时为 1941 年。金君曾说："其年（1940 年）六月，闻罗氏卒于辽东，悼惜者久之。"然则，编刊于罗氏去世翌年的《甲骨文辨证》一书，不就蕴含了对这位开甲骨学"途术"的大师的悼惜之意？金君还特请郭沫若、马叙伦为之作序，批驳章氏攻讦甲骨文的舛谬之论。他所引郭沫若肯定"罗氏振玉之于甲骨彝器之学，其功实不可没"的一席话，正是出诸郭氏为《甲骨文

---

① 金祖同：《甲骨文辨证》，1941 年影印本，一册，上下集，上集为郭沫若、马叙伦序，章太炎致金祖同手书四通；下集为金祖同"历年研讨所得，可证甲骨文之非伪"的文稿及跋。以上引号中文字，均出自跋文。

辨证》所撰驳斥章氏之谬的序言。然而，我们不能不遗憾地说，这可能是郭沫若对他曾经给予了高度评价的在卜辞研究上"导夫先路"的罗氏之最后一次正面肯定。

当然，郭沫若毕竟是以罗、王二家之学为起点来从事中国古代社会研究，故不会像傅斯年那样做突发性的"炮轰"。但是，我们也不必为贤者讳。他在傅氏发"炮"前一年（1944 年）所作对古代研究的"自我批判"中，对罗氏的学术评价就已大幅度缩水。例如讲甲骨文字研究，褒王而不及罗；对金文研究，则有这样的表述：

**1990 年作者与郭沫若小女儿
郭平英合影**

> 近五十年来研究这项学问的人才辈出，如吴大澂、孙诒让、王国维，都是很有贡献的。

罗振玉竟杳然失踪了！

那么，能否说郭氏全然无视罗振玉其人其学呢？也不是。例如，他述及殷周之际的货币，有一种铜制的伪制品，古董家称之为"蚁鼻钱"，乃征引"罗振玉说"，并做了肯定，云：

> 据我所见到的实物，他这个断定是正确的。①

诸如此类，罗氏之学术存在，差不多仅剩了"骨董家"。再隔一年，1946 年 10 月，郭沫若为纪念鲁迅逝世十周年，发表了他的名文《鲁迅与王国维》。

---

① 郭沫若：《古代研究的自我批判》，《十批判书》，《郭沫若全集·历史编》卷二，第 8、9 页，人民出版社 1984 年版。

恰如他的弟子金祖同所说，"且理更有趋于两极端者矣"，郭氏在盛赞王氏学术贡献的同时，却将金君期期以为"谓王氏为罗氏捉刀为一极不可能之事"，演义成了一桩周知的学术"秘辛"。郭沫若说：

> 王对于罗似乎始终是感恩怀德的。他为了要报答他，竟不惜地把自己的精心研究都奉献了给罗，而使罗坐享盛名。例如《殷虚书契考释》一书，实际上是王的著作，而署的却是罗振玉的名字。这本来是学界周知的秘密。单只这一事也足见罗之卑劣无耻，而王是怎样的克己无私，报人以德了。[①]

翌年（1947年），郭氏回顾他流亡日本的那段学术生涯，谈到他读了《殷虚书契考释》，"那书的一首一尾都有他（指王国维）做的序，不仅内容充实，前所未有，而文笔美畅，声光灿然，真正是令人神往"；并进而就《殷虚书契考释》初版（1915年）"是王国维手写影印"而质疑发问，将子虚乌有的所谓"罗买王稿"传言予以坐实，说：

> 当我读到这初版的时候，我不禁起了这样的怀疑：这样的有条理、极合科学律令的书，会是罗振玉的著作吗？它的真正的作者不可能就是王国维吗？罗振玉自己曾经写过一本小册子《殷商贞卜文字考》（1910年），相隔仅五年，而两书之间是丝毫也找不出条贯性来的。这个怀疑不久我便证实了，原来是罗振玉花了三百元，买了王国维的著作权并著作者的名誉。[②]

借用有的学者之"九天""九地"说，这倒真颇有将《殷虚书契考释》一书捧之于"九天"，却将其"真正的作者"罗氏按入于"九地"之意味。反差如此之显且大，岂非成了王国维早年论说"屈子文学"（郭氏曾倾心研究并写剧本）所说的"欧穆亚"（Humour，今译幽默），一种自相矛盾的嘲讽？

---

① 郭沫若：《历史人物》，第216—217页，人民文学出版社1979年版。
② 郭沫若：《我是中国人》，《沫若自传》（下卷），第585页，求真出版社2010年版。

当然，我这样说，绝无减损对在 20 世纪 50 年代"百花齐放"中被《新观察》以诗画配热赞的"无人不知，无人不晓"的郭老之敬意，且正是在这一年（1956 年），陈梦家《殷虚卜辞综述》问世，而"放"出了罗氏《殷虚书契考释》手稿！同时我们也不会忘记郭氏当年在国民党当局重金悬赏通缉追杀中"避居海外，抑其磊落之壮志，而从事于枯寂之古学"（唐兰语）的巨大学术贡献，所谓"大夫去楚，香草美人，公子囚秦，《说难》《孤愤》"，郭氏在"我实其厄"的流亡中"爰将金玉，自励坚贞"。罗氏《殷虚书契考释·文字》内不是有"贞"字条么？盖"贞"者，"鼎"也。郭氏攻究金甲文字而自号鼎堂，实寓屈子"虽九死犹未悔"的坚贞之意，而在学术上的"挑战意识"，更促使他奋起"向胡适挑战"，确乎令人神往！然而，如果在学术方法上挑战其"小心求证"，那就会"大胆"有余而"小心"不足，不惟在卜辞的考释方面或有"颖悟"出格，并且影响到"知人论世"，致使他对罗氏《殷虚书契考释》一书之著作权的怀疑，在事实上只是一种错觉，而他的所谓"证实"，乃是由虚假的罗氏花钱买稿传闻而来，这是应引以为戒的学术教训。

手稿现世

事实胜于雄辩。罗振玉《殷虚书契考释》手稿现身，恰如罗氏外孙刘蕙孙欣然撰文所说："铁证如山，并非罗振玉买王国维的稿子，而是罗作王抄，已无疑问。"[①]

不过，陈梦家亲见罗振玉《殷虚书契考释》手稿，并在他的《殷虚卜辞综述》中详为考辨，乃在"双百方针"出台的 1956 年，所以我赞赏他此举是在"鸣放"中亮出了这部具有珍贵学术价值的手稿。如果再进而言之，那就是：前于他的金祖同可称为站出来为《殷虚书契考释》著者罗氏鸣不平的第一人；

---

① 刘蕙孙：《关于〈殷虚书契考释〉成书经过的回忆》，《追忆王国维》（增订本），第 473 页，三联书店2009 年版。

陈君则应是以手稿为证，澄清此书确系罗作真相的实际启动者。对此，罗继祖在罗氏年谱中已有所述，但在时隔二十年后，编选《王国维之死》（1999年）所列《殷虚书契》"出王代撰说"一节文字中虽举了陈梦家大名，却无其论说，仅在所录商承祚的谈话中，旁及其事，他说：

> 有一天，途遇陈梦家，他悄悄地同我说："《殷虚书契考释》的稿本被我买到了，完全是罗的手笔，上有王的签注，印本即根据此稿写定的，您有空，请到我家看看。"①

事发北京街头。两位研究甲骨文字的学者相遇，悄然耳语，倒颇添了几分神秘。那么，陈君是何时何处买到了罗氏稿本？

> 1951年我得到《考释》的原稿本，都是罗氏手写，其中书头常常注有某条应移应增改之处，并有罗氏致王氏便笺请其补入某条者，称之为"礼堂先生"。②

这里，我想本着"正名"之义，先略述彼时罗、王相互称谓。有的书中介绍《殷虚书契考释》原稿，说约有二十处贴有罗氏致王氏的便笺，写有请补入某条，称"观堂先生"，下署"弟雪堂"；而《殷虚卜辞综述》称之为"礼堂先生"，这就对不上号了。

谨按，罗氏号"雪堂"，见于《雪山图跋》："爰名吾斋曰雪堂，以识欣幸。"（《南宗衣钵跋尾》）惟未署时日。而其著述自署"雪堂"，盖始见于1915年秋九月《赫连泉馆古印存序》，时在《殷虚书契考释》问世之后。王国维致罗氏书札中初见"雪堂先生"，乃在1916年6月；王氏之号"观堂"首见于致罗氏书札，则在他丙辰（1916年）归国之后，云：

---

① 商承祚：《关于王国维先生之死》，转引自罗继祖主编《王国维之死》，第113—114页，广东教育出版社1999年版。

② 陈梦家：《殷虚卜辞综述》，第58页，科学出版社1956年版。按，此书后有中华书局1988年再版本。

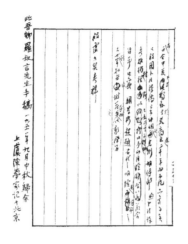

《殷虚书契考释》手稿之一

公如作书时，祈为书"永观堂"三字小额，以后拟自号"观堂"，此三字尚大雅。[①]

时为 1918 年 3 月 15 日。在此之前，罗振玉致王氏书札，称"静庵""礼堂""人间"；自此之后，则称"观堂先生"矣。

然则，《殷虚书契考释》一书原稿所贴罗氏便笺之对王称谓，应以陈君亲见之"礼堂先生"为准。至于称"观堂"，下署"雪堂"，可以断言绝不可能出现于初印本原稿。如有，亦当为罗氏于 1918 年以后校改书稿时补入。

罗、王彼时称谓既决，复述罗氏手稿怎会辗转为陈梦家"得之"？"得"者，购买也。陈君欣幸之意，溢于言表。而刘蕙孙毕竟系罗振玉外孙，欲知其内情真相，还得求教于嫡孙罗继祖，他为刘表兄的上述回忆撰写补正，云：

《考释》手稿是新中国成立后四先叔卖与陈梦家先生，而不是陈在市上买回来。[②]

---

① 王国维：《致罗振玉》，《罗振玉王国维往来书信》，第 356 页，东方出版社 2000 年版。

② 罗继祖：《关于〈殷虚书契考释〉成书经过的回忆》补正三则之三，《追忆王国维》（增订本），三联书店 2009 年版。

《殷虚卜辞综述》书影

这位"四先叔"，即罗氏四子福葆（字君羽）。刘在回忆中说他是罗家子弟中唯一在伪满洲国做行政官员（伪满"宫内府秘书官"）的，其他都是搞学术的。这是实情。趁此，我想加个与他卖稿不无关联的小插曲。近人有文称，国学大师罗振玉第四子罗福葆本人也通古文字学、金石学及版本学，与胡道静一样，"关注并倾力于研究《事林广记》"，并说他于 1954 年 8 月在北京大学图书馆以每页七百元的价格，晒印了该馆所藏此书节钞本共二十七页，花去两万四千九百元。[①] 实则，那是旧币。现行人民币于 1955 年 3 月 1 日起颁行，以新换旧，为一万元兑一元，七百元相当于人民币七分。要不然，以罗福葆斯时的处境（因伪满官职曾被判刑），哪来数万元"晒印"钞本？这是应予说明的币制之变。但由此可以推想罗福葆确实通晓国学，懂得罗氏《殷虚书契考释》手稿之贵重，但他何以肯将所藏其父倾毕生心血所撰经典之作的原稿卖与陈梦家？须知，陈买此书稿的 1951 年，尚未实行"薪给制"，而是处于从"供给制"向"包干制"转型阶段，公职人员又哪有多少余钱买书？我之所以要算这样一笔经济账，意在表明，罗福葆将手稿卖给陈梦家，实在并不着眼于钱，而是看重其人——陈君乃精通彝器甲骨之学的诗人、学者。[②] 近年有的文章将"诗人陈梦家搞考古"与"沈从文改行研究文物"，同列为"1949 年以后失去了自由写作"的范例，这是不知历史，尤其是对学术史缺乏了解所致的妄议。实则，就像陈梦家自己所说，"在 1932 年起从事甲骨研究"，并且作为西南联大中文系教授，于 1944 年赴美国芝加哥大学讲授中国古文字学；1947 年赴英国、法国、丹麦、荷兰、瑞典等国搜集流散于欧

---

① 参见肖伊绯《发现元至顺本〈事林广记〉第五卷》，《中华读书报》2011 年 6 月 15 日。

② 陈梦家（1911—1966），笔名陈漫哉，浙江上虞人，原为新月派诗人，1934 年燕京大学研究院研究生，从容庚习古文字学，系中国科学院考古研究所研究员。

洲的中国铜器资料，同年回国以后，进行铜器断代工作与全面研究卜辞，1949年着手写了《甲骨断代学》四篇。概言之，陈梦家乃是 20 世纪 30 年代起以知名诗人而"自主改行"从事青铜甲骨研究的著名学者，在某种程度上，堪称与郭沫若同一类型。20 世纪 50 年代初，陈梦家是中国科学院考古研究所研究员，兼该所学术委员会委员，故由他出面公布罗氏《殷虚书契考释》一书原稿，辨明其作者归属，其效力就远非搞学术的"罗家子弟"自己捧着稿本来申辩所能及。

真可谓斯人无声胜有声。

果然，陈梦家在《殷虚卜辞综述》书中，还将《殷虚书契考释》与《殷商贞卜文字考》做了比较：

> 《考释》在写定以前已有了准备，手稿本实际上是《考释》的纲目与初草，此时加以详细的诠释而已。初印本的《考释》不分卷，共为八章：(1) 都邑，(2) 帝王，(3) 人名，(4) 地名，(5) 文字，(6) 卜辞，(7) 礼制，(8) 卜法。(1)(8) 两章大致根据删订本的《贞卜》，(2)—(5) 根据《贞卜》手稿本，(6)(7) 是从新写的。《贞卜》中本有"卜辞"一节，已完全改制，并加扩充。此书编作于 1915 年，曾由王国维手写付石印，因此王氏《后序》说："颇得窥知大体，扬榷回目。"①

看似琐碎，实乃至要。盖由手稿辨明二书之间的"条贯性"，从而破解了郭沫若曾有的怀疑。

不唯如此，陈梦家还指出："罗氏对文字的考释，先后往往更易其说。"并且列举了罗氏"撰作的书稿"为证：

(1) 贞卜　《殷商贞卜文字考》一卷　1910 年石印

(2) 贞卜删订本　未印行

(3) 贞卜手稿本　《殷商贞卜文字》卷上，未发行，据手稿

---

① 陈梦家：《殷虚卜辞综述》，第 58 页，科学出版社 1956 年版。

（4）初印本考释　《殷虚书契考释》一卷，王国维写印，1915年

（5）待问　《殷虚书契待问编》石印，1916年

（6）增订本考释　《殷虚书契考释》三卷石印，1927年

（7）增批本待问　罗、王手批《待问编》据手批本

他认为，"以上七种其实只是一种的增易"。但作为综述近代甲骨文发现历史的严谨学者，陈梦家所见的尚不止于《殷虚书契考释》手稿这一"证"。他还亲见了《殷商贞卜文字考》问世之后，《殷虚书契考释》写作之前，罗氏考释甲骨文字，"更易其说"的《贞卜》手稿、"未发行"的《贞卜》稿本，并且披露了《贞卜》手稿本和《贞卜》删订本大致是同时所作，约作于1912—1914年之间；还列举了前者，即未发行的《殷商贞卜文字》卷上分为名篇、物篇、事篇的篇目，并且将此未发行稿本中的文字与《殷虚书契考释》初刊本所收的字数加以比较，鉴别其正误得失，他指出：

> 除了名篇中的人名、地名、纪月不计外，共有473字。这个数字，不下于初印本《考释》卷中所收的字数，但较之《贞卜》正名章所举的字例，已大为增加。不但字数，而且在实质上较之《贞卜》，也有了很大的进步。《贞卜》中有显然错误的字例，至此亦稍有改正，如初期的午字误为子字，如婞字误为妾字。在473字中，有64字到《考释》中皆被删除或不列入形声义可知之类，其中如畺、众、目、口、勺等字都是正确的，删去是不当的。他的吉、昌混淆，王、立混淆，以亘为以，谢和瘳的误释，凡此错误和孙诒让同，这可能罗氏早年看到孙氏手稿，在有意无意之间受到了影响。

刘蕙孙曾回忆说："郭老只是不了解情况，并不是先有成见。"他如果也得见罗氏《殷虚书契考释》手稿，还会怀疑"这样的有条理极合乎科学律令的书"，会是罗振玉的著作吗？陈梦家以上考辨，应该说是本着尊重客观事实的学术态度，对郭老之怀疑或误会，是最有说服力的消解。

试析"罗作王抄"

穿越时空，岁月一百又数载。回望当年，风雪山城特地寒。罗振玉于严冬腊月，键户发愤撰《殷虚书契考释》；又在樱花如雪遍山冈的阳春之季，王国维为之"手写付石印"，一部"三代以后言古文字者未尝有"之书，出世了！

陈梦家检核罗氏手稿，品读了 1915 年春罗氏"成书六万余言"的初版《殷虚书契考释》，并注意到了书中所引"王氏之说"：或为创见，如释"西""昱"等字；或为补充，如释"王"字；或引申其义，如释"风""罢"等。

陈梦家明确指出：

> 《考释》的纲领和分类次第，与罗氏以前诸作，实相一致，不过有所改善而已。在编作中，二人对细目的商榷则确乎是常有的，由稿本与初刊本相校，王氏在校写时对于行文字句的小小更易是常有的，但并未作重大的增删。[①]

陈梦家的这番记述，如话家常，为我们留下了一段美好的学术记忆、一抹温馨的学术情谊。

然则，按照陈梦家所记，我们乃确知罗撰《殷虚书契考释》，"曾由王国维手写付石印"，[②] 并且有理由为刘蕙孙所谓"罗作王抄"复原真相。"作"者，罗氏"编作"之简称；"抄"者，王氏"校写"之谓也。但是，此一时也，彼一时也。在突出罗"作"的同时，对王"抄"不免引发了某些"矫枉过正"的偏颇，以至出现了新的失实。为此，有必要就"罗作王抄"相关之事，予以辨正。

---

① 陈梦家：《殷虚卜辞综述》，第 58 页，科学出版社 1956 年版。

② 语出罗氏《集蓼编》，原话为"忠悫为手写付印"。

［之一］为何要请王国维手写《殷虚书契考释》?

如果说顾炎武"开雕《音学五书》于淮上，张力臣（弨）任校写之役"，并且虚心请张为其书稿订正，那么王国维为罗氏《殷虚书契考释》"承写官之乏"，就罗氏这方面来说，是否因身居日本，找不到"写字人"，故只能请王屈就其事?

据我与亲炙罗、王在日本生活风貌的罗守巽闲话中可知，实情并非尽然。事实是，罗氏辛亥冬抵日后，汇寄川资请其胞弟罗振常携眷东渡，除了"避乱"之外，同时亦有学术方面的需要。因为，他箧中所携大批殷墟甲骨及其他古器物，皆他从安阳小屯所购，且他于鉴别书籍古物之外，亦长于拓墨。守巽老人说，父亲（罗振常）带着全家"乘三口丸来，搭春日丸归，总共计十八阅月"，即壬子（1912年）二月至癸丑（1913年）八月，恰当罗氏的不朽之作《殷虚书契前编》八卷编印问世（1913年春）之后。接着，罗氏经过充分准备，动手撰《殷虚书契考释》，而罗振常楷书甚工，要讲誊抄书稿，足以当之，但他却决计返沪开书铺谋生，罗也"无意挽留"。这是何故? 其因盖在罗振常自言的"不耐考据深湛之学"。而罗氏所需者，亦非仅抄写，更在可以共商学问之人，故尽管其弟接触甲骨卜辞早在王氏之前，但还是任其先行回国了。

我补述这样一段以往从未有人注意的佚事，就是要借以补证王国维"为商遗先生书《殷墟考释》竟"而作后序中的自白：

> 余从先生游久，时时得闻绪论。比草此书，又承写官之乏，颇得窥知大体，扬榷细目。

这就明明白白告诉我们，在《殷虚书契考释》成书过程中，从"大体"到"细目"，罗、王两位在学问上亲密无间，共商互讨，殆非《音学五书》在淮上开雕时的顾、张可比。但如果将罗氏所以"属观堂手写者"，仅归为"实以其书端正适合写付石印"，并借以作罗、王书写优劣之比，称"以书法论"，观堂之书"不能望雪堂背项"。如此舍弃学术情谊，而褒罗贬王，实属离题太远，至为失当。

［之二］王国维研治金石甲骨之学，始于何时？

对此，陈梦家《殷虚卜辞综述》回顾罗振玉《殷虚书契考释》时称"此书编作于 1915 年"，并说：

> 王氏之从事占文字学，始于是年，一方面因整理罗氏金文拓本而作金文著录表，一方面因校写考释而作卜辞的研究。

他进而又说：

> 直到此年，王氏于校写之际，乃因讨论而自作精深的研究。

当然，陈梦家先生所说"编作"之年，殆指其书脱稿付梓于 1915 年 2 月。[①] 而王国维"整理罗氏金文拓本"，在甲寅（1914 年）五月；为罗氏《殷虚书契考释》承"写官"，则在甲寅之冬，亦即罗"编作"，与王"校写"同步进行。若追溯王氏关注金石古文字学之起始，则远在此前。例如，近年刊布的王国维父亲乃誉公日记，光绪三十一年乙巳十二月十二日（1906 年 1 月 6 日）记云：

> 静出毛公鼎拓本，计二百余文，唯未释文，难读。

这时，王国维在江苏师范学堂任教。他从苏州返海宁度假，携带了当年刊印的《静庵文集》，并出示他所得毛公鼎拓本，乃誉公欣喜不已，除将文集分赠友人，连夜看阅之外，翌日早起即"临毛公鼎"。值得一提的是，十四日（1 月 8 日）访友，记云：

---

① 罗振玉《殷虚书契考释》的自序，落款"甲寅十二月十八日"；王国维"书竟"《殷虚书契考释》撰后序，落款"甲寅冬十二月祀灶日（廿三日）"。罗、王二序，时间依次为 1915 年 2 月 1 日、6 日。

入其家阅看新从维扬买赠得刘世珩刊《金石》大本（四册）、《金石契》（张芑堂，亦刘重刻，六册），翻阅大略，俟借读。[①]

《金石》大本，盖即《金石图说（金石经眼录）》，褚峻摹图，牛运震补说，成书于乾隆六年（1741年），收录自周至汉金石碑刻四十七种，凡六十图，贵池刘世珩聚学轩光绪二十一年（1895年）刻；《金石契》，张燕昌（字芑堂）撰，收录金石八十一种，光绪二十二年（1896年）刘世珩聚学轩据乾隆四十三年（1778年）刻本重印。

列举以上二事，可证王国维能于丙辰（1916年）归国之初，写出《毛公鼎考释序》那样的名文，又能于"手写"《殷虚书契考释》前的1914年春夏间受罗氏之托，撰成《国朝金文著录表》《宋代金文著录表》，开启金文之编目的创新之作，殆非偶然。而其卜辞研究，诚如罗氏所述，"由许书以溯金文，由金文以窥书契"，王氏既有金文之"功底"与"家底"，故能使金、甲二者"窥"而通之。例如，陈梦家所举"昱"字之释，罗氏《殷虚书契考释》先引段注《说文》，曰：

> 《说文解字》：昱，明日也。从日，立声。段先生曰：昱字古多假借，翌字为之。《释言》曰：翌，明也。是也。凡经、传、子、史"翌日"皆"昱日"之假借。其作翼者，误也。

复引王氏"昱"字之释，曰：

> 卜辞诸"昱"字变状至多，初不能定为何字。王君国维因盂鼎"粤若昱乙酉"之"昱"作 𣆞，谓卜辞中"癸酉卜，贞"，𣆞 日乙亥之 𣆞 日亦是昱日。予遍推之他辞，无不相合。知王君之说信也。

由罗氏征信之释"昱"，盖可确证：一、陈梦家所论，罗氏"编作"《殷虚书契考释》之1914年冬，王氏业已着手对卜辞作精深的研究，论而有据，无可

[①] 《王乃誉日记》第四册，第2051、2053页，中华书局2014年影印本。

置疑。刘蕙孙回忆说"当时他（王国维）尚未研究甲骨文"，应属意气之谈，不实之言，不可采信。

二、赵万里《年谱》载癸丑（1913年）年王氏"圈点《三礼》"，同时"圈读段茂堂《说文解字注》"，此即王氏自谓"今年发温经之兴"。[①]"温"者，"温故而知新"之谓也。有的书中竟然以此推定王国维"至1913年才读段玉裁《说文解字注》"。果真如此吗？

答曰：非是。

实情是，当此之时，罗、王都在"发温经之兴"。罗振玉曾致信沈曾植，自称在日本"闭户温经而外，拟专肆力于古文字"。[②]早在此前，王国维对段注《说文解字》业已了然于胸，写来如数家珍。这不是凭空臆断，而是有书为证。其书盖即近世学界公认之第一部考证中国书册制度的名著《简牍检署考》，撰于壬子开岁，约当1912年阴历正二月间，实乃王氏东渡以后，偕同罗振玉寓居日本京都，共研文史考证之学写出之第一书，推出之第一大重量级学术成果。全书征引《十三经注疏》《史记》《汉书》《后汉书》《隋书》《唐书》《通典》，以及《楚辞》《山海经》《穆天子传》等典籍，凡六十余种，其中引录最多的典籍之一，即段注《说文解字》。据粗略统计，所引说解之字，有"简""牒""典""咒""夫""符""箓""算""册""契""槧""檄""牍""篇""答""检""挟""帖""玺"等十八字；引述许氏《说文解字序》（即许慎《说文解字叙》），论说扬雄采《仓颉》以作《训纂篇》。尤可注意者，则为引述《说文》六："檄，二尺书。"段玉裁注据《韵会》所引《说文系传》，以及《后汉书·光武纪注》所引《说文》，改为"尺二书"。王氏乃于其《简牍检署考》中力辩段注之非，云：

> 然宋本《说文系传》实作"二尺书"。又《史记索隐》于张仪、韩信二传中两引《说文》，《艺文类聚》（五十八）、《太平御览》（五百九十七）、玄应《一切经音义》（十）所引《说文》，与颜师古《汉

① 王国维：《致缪荃孙》，《王国维全集·书信》，第37页，中华书局1984年版。
② 《罗振玉与沈曾植书函》之六，上海图书馆历史文献研究所编《历史文献》第十九辑，第161页，上海古籍出版社2015年版。

书·申屠嘉传》《急就篇注》，均作"二尺"，不作"尺二"，段改非是。①

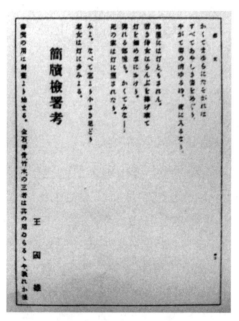

《简牍检署考》日文版书影
[铃木虎雄译为日文，发表于日本《艺文》杂志（1912年第4、5、6号）]

如同为罗氏辩诬，这里同样用得上"事实胜于雄辩"这句话。简而言之，就是王氏《简牍检署考》乃建立于坚实的古文字学的基础之上；而罗、王心目中的大儒沈曾植，更在沪读后赞曰："即此戋戋小册，亦岂今世学者所能为！"②之所以会有至1913年才读段玉裁《说文解字注》这样意在抑王以扬罗的误断，显然是由于未读王氏之书的缘故。当然，"不知者不为过"。惟论学者亦须知"圈读"与"才读"，虽仅一字之差，相距曷止万里耶？如果罗振玉果真如傅斯年所诋"若夫古文字学，固懵然无知"，王国维能于"才读"《说文》的1913年之前写出此书，并力辩段注之"非"吗？其为罗氏《殷虚书契考释》所撰前后

---

① 《王国维全集》卷二《简牍检署考》，第490页。按，引文并参阅了胡平生、马月华《简牍检署考校注》，上海古籍出版社2004年版。

② 罗振玉：《五十日梦痕录》，《罗振玉学术论著集》第十一集。

二序，当然也绝非 1913 年才读《说文》的"急就篇"，更遑论"昱"字及为罗氏所引其他诸字之释。对此，有的学者在 1956 年继陈梦家之后撰文，称王氏"不独对《说文》一书，早已烂熟于胸，旁及《尔雅》《方言》和古代韵书，也都有极精湛的研究"，是比较符合实事求是精神的确切之谈。

[之三] 王氏"手写付石印"之初版本，与罗氏手稿本，异同如何？

对此，曾有研究者为彰显罗氏撰《殷虚书契考释》勇猛精进，指授观堂如何"清写"，而"校勘"两稿，宣称：其异同（按，应为异处）四百余处，其中半数以上为个别文字加工，其次订正笔误，查核引文，增删语句，幅度稍大者十余处，且有"多处明显失误及妄改"。结论是，"观堂之于原稿，不过今之出版社责任编辑之所为耳"。

这里，称"所为耳"。"耳"者，"而已"也。语虽轻慢，事却匪易，在下居陋室，尢缘得见稿本，个中情状，无从置喙。唯曾为文史编辑若干年，略知人称"为人作嫁衣"之编辑况味，故特录举罗氏"编作"《殷虚书契考释》一书时，遣仆人送交"王老爷"礼堂先生书札（实即便笺），以见王氏昔日"编辑"之一斑。

先看罗氏阅王国维校写《殷虚书契考释》书稿后之回复，移录如下：

> 《考释》篆书，昨乙夜填讫（按，王氏手写《殷虚书契考释》书中之篆书、甲骨文字，均由罗氏自己填写）。全稿刬迄，仅二二误字，弟已改正。拙稿草率已极，而先生精细无比，正成反比例也。[①]

以罗氏书札证之，王氏校写稿"仅二三误字"，明明白白，何来"多处失误"，且系"妄改"？

那么，王氏校写过程中，是否像现今责任编辑那样，有过"编改"（或曰"改订"）？且仍以罗氏书札为证，移录如下：

[①] 罗振玉：《致王国维》，《罗振玉王国维往来书信》，第 18 页，东方出版社 2000 年版。

拙序昨夕改订数处，尚有未惬而未能改得者。兹先将已改者写奉，仍祈斧正。其未改得者，一并乞斧削矣。

"不逾廿篇"，改"仅存五篇"。

"又或十语之中"，"十"改"数"。

"纪录多违"，"纪录"改"众说"。

"悉本殷商"，"悉本"改"本诸"。

"子碑殊形"，"形"改"用"。

"未能偻数"，"能"改"遑"。

"既得流行"，"得"改"辟"或"启"，乞酌。

"雷霆不闻"，"雷霆"改"过声"。

"操觚在手"，"在手"改"未辍"。

"寝馈或辍"，改"晨钟已动"。

其未惬而未改定者如下：

"壁经晚出"二句，"□□□异"句，"记之颇晰"句，此外有未安处，均祈教正。[1]

以罗氏书札对照弁于增订本卷首之罗序，书札结尾"祈教正"的"未惬""未改定"三句，均未再见于序，可证悉被王氏删削；而罗氏"写奉"其所改十句，由王氏"编"入稿本者，依次为：

一、仅存五篇，从罗改；

二、"十"改"数"，从罗改；

三、"纪录"改"众说"，从罗改；

四、"悉本"改"本诸"，王氏另改为"多本"；

五、"子碑（按，'碑'应为彝，疑系《罗振玉王国维往来书信》中误录）殊形"，"形"改"用"，从罗改；

六、"既得流（按，'流'应为微，疑系《罗振玉王国维往来书信》中误录）行"，"得"改"辟"或"启"，经王酌，未改；

七、"能"改"遑"，从罗改；

---

[1] 罗振玉：《致王国维》，《罗振玉王国维往来书信》，第18页，东方出版社2000年版。

八、"雷霆"句，未改；

九、"操觚"句，未改；

十、"寝馈或辍"改"晨钟已动"，王氏未采纳"晨钟已动"，而另改为"寝馈或废"。

以上十句，从罗改者，五句；未改者，三句；由王另改者，二句。

另有"碑""流"二字，罗氏书札手稿不当如是，故加按存疑。

这表明，罗、王二氏，一个是呕心沥血，一个是字斟句酌。罗对王，并非"指授"；王对罗，亦非"照抄"。遥想"罗作王抄"《殷虚书契考释》之时，可谓重现了《诗经》所咏"如切如磋，如琢如磨"之乐！

于是，罗氏"发愤键户四十余日，遂成《考释》六万余言"的这部名著自序，经王氏校改，"手写付石印"，就有了我们曾引录的一段名文呈现于吾侪案头：

> 予爰始操翰，讫于观成，或一日而辨数字，或数夕而解半义。譬如冥行长夜，乍睹晨曦，既得微行，又蹈荆棘，积思若晦，雷霆不闻；操觚在手，寝馈或废。①

彦堂董氏读而赞之曰："真能写出他当时考释文字之难，工力之勤和潜心研究的精神。个中的甘苦，非亲身领略，不会懂得。"②

然则，由王国维手写罗氏此序，反观王氏本人所撰"一首一尾"二序，鼎堂郭氏赞曰："内容充实，前所未有，而文笔畅美，声光灿然。"洵非捧上九天的过誉。罗继祖曾为上述罗氏致王国维商改《殷虚书契考释》序文之书信加写按语，称罗氏此序"成于1915年2月1日"，又谓"据此札，见公之虚衷"，甚是。然而，反过来说，王氏若非曾主编《教育世界》及其他书刊之编辑家，又若非曾撰《人间词话》《元剧之文章》的文论家，而仅为一平庸之"文抄公"，任罗"指授"，"照抄不误"，这段文字将会按罗氏"此札"，改成这样：

---

① 《增订殷虚书契考释》罗振玉序，《罗振玉学术论著集》第一集。
② 董作宾：《甲骨学六十年》，《董作宾卷》，第151页，河北教育出版社1996年版。

积思若晦，过声不闻；操瓠未辍，晨钟已动。

"过声""晨钟"，可能确为罗氏操翰时实状。然而文忌直，果真这般行文，虽亦能"写出他当时考释之难"，却断难如此令人读之击节赞赏，脍炙人口；而"既得微行"句，如果按《罗振玉王国维往来书信》所录改成"流行"，那就更不像话了！

尤其是"子碑殊形"句，王氏校写罗序此句为"子彝殊用"，故判为从罗改，并可断罗氏手稿不当出现这等低级的讹误，而王氏在校写中对贞卜文字，亦已入堂奥矣。

还可视为罗、王学术情谊之美谈的是，《殷虚书契考释》石印样本出炉，罗振玉难抑激动之心，顿即致信王国维云：

拙作荷大笔，精雅绝伦，私意远在林吉人书《渔洋精华录》《尧峰集》上，乃先生尚撝谦，何耶？明日当选印稍精者一册（加印），亲奉上。①

罗振玉说"先生尚撝谦"，盖指王氏后序结尾自比张力臣而又云"作书拙劣，何敢方力臣"。实情是，王国维一生既不以书名家，更无意以书法去与罗氏较长论短。然而，文如其人，书亦如其人，王氏"大笔"如此端秀凝重，他的"精雅绝伦"的书写，"声光灿然"的序言，两相匹配，足以为罗氏《殷虚书契考释》增光添彩，传之不朽！

与王国维之学问切磋

罗振玉"键户"四十余日撰《殷虚书契考释》的时候，甲骨文字的研究还

---

① 罗振玉：《致王国维》，《罗振玉王国维往来书信》，第 19 页，东方出版社 2000 年版。按，林吉人，清代书法家，尤精小楷，曾为王士禛书《渔洋精华录》，为汪琬书《尧峰集》。

属于一门"寂寞之学"。所以，他在序中自谦"以兹下学之资，免几上达之业"，"探赜索隐，疑蕴尚多"。他深感卜辞之考释绝非凭其一人一书能尽其事、毕其功，"他山攻错，跂予望之"，殷切地"俟诸后贤""继是有作"。

当时，罗振玉眼中最看重、心中最期待来"攻错"的后贤是谁呢？就是王国维。陈梦家讲到王氏校写《殷虚书契考释》及罗、王学术交谊时曾说：

> （罗氏）《考释·都邑》一章引用《今本竹书纪年》，和王氏的看法大相违背。王氏后来作《戬释》（按，《戬寿堂所藏殷虚文字考释》）时，对于罗氏所考定的文字并不完全接受，有另作新释的，有加补充的，有引而不加可否的。他所作《最近二三十年中中国新发见之学问》的夹注中曾说《贞卜》《考释》《待问编》"诸书详考笔画，审慎阙疑，虽间亦有附会，而十之七八确凿可信"。此种坚持真理、独立研究的精神，是值得推崇的。[①]

所谓"攻错"，需要的就是这种坚持真理、独立研究的精神。然而，我们也应如实地说，与罗氏及其他后贤相比，王氏终其一生是"三无"：无一片甲骨收藏，无一纸甲骨拓本，无一幅甲骨文字的书法。他就是这么诚朴、本色，不欺世，不哗众；而他的研究，则是借助了罗氏大云书库的大批藏书，以及数以千计的古器物铭识拓本与实物收藏，以构建其新的学术殿堂。罗振玉对王氏继往开来的学业、独立不倚的研究，则是诚意支持，倾心相助。

如前所述，王国维"为商遗先生书《殷墟考释》竟"撰后序，曾自比张力臣，说："我朝三百年之小学，开之者顾先生，而成之者先生也。顾先生'音学'书成[②]，山阳张力臣为之校写，余今者亦得写先生书。"应该说，王国维推尊罗氏《殷虚书契考释》"不在顾书下"，乃出于至诚。然而，"今日之亭林"，谁能当之？曾被王国维赞为"论才君自轻侪辈"的罗振玉的过人之处，恰在于他能藏拙尊贤，发现人才。《殷虚书契考释》问世，终于使此学粲然可观，为他赢得了莫大的声誉；他却在王国维丙辰归国以后的书信中，以"学逾亭林"

---

① 陈梦家：《殷虚卜辞综述》，第58页，科学出版社1956年版。

② "音学"书，即顾炎武《音学五书》。按，"五书"者，依次为《音论》《诗本音》《易音》《唐韵正》《古音表》。

激励之，云：

> 抑弟尚有厚望于先生者，则在国朝三百年之学术不绝如线，环顾海内外，能继往哲开来学者，舍公而谁？此不但弟以此望先生，亦先生所当以此自任者，若能如前此海外四年余，则再十年后，公之成就必逾于亭林、戴（戴震）、段（段玉裁），此固非弟之私言也！[①]

罗振玉认为："方今海内学者以弟所知，公以外，无第二人可与公抗者！"[②]而王国维也确乎不负罗氏所望，归国一年，"继是有作"，撰成了甲骨文字研究的不朽名著《殷卜辞中所见先公先王考》及《续考》。罗振玉说，"下午邮局送到大稿"，当晚"灯下读一过，忻快无似"，并即致信王氏，云：

> 披览来编，沉疴若失。忆自卜辞初出洹阴，弟一见以为奇宝，而考释之事，未敢自任，研究十年，始稍稍能贯通，往者写定，尚未能自慊。固知继我有作者，必在先生，不谓捷悟遂至此也。[③]

紧接着，王国维写出了"轰动全学界的大论文"（郭沫若语）——《殷周制度论》。书稿甫成，即书告罗氏："此文于考据之中，寓经世之意，可几亭林先生。"[④]而罗振玉复书则称道："大著发明礼意，定是不朽之作。"并进而论及"我朝三百年学术，衍自亭林、梨洲，今则阁下"，"今日之亭林，先生勉之，亦无可让也"。[⑤]

当然，一代有一代之学术。前修莫竟，后贤继之，代表了中国古文字学高峰的罗、王二家之学，实际上集中体现于罗氏之《殷虚书契考释》及王氏继之而作的"二考"。而"王作罗助"，则又体现在学术上切磋互动。例如，王亥之名，王国维于《殷卜辞中所见先公先王考自序》述其由来，云：

> 上虞罗叔言参事撰《殷虚书契考释》，始于卜辞中发见王亥之名，

① ② ③　罗振玉：《致王国维》，《罗振玉王国维往来书信》，第33、98、254页，东方出版社2000年版。

④　王国维：《致罗振玉》，《罗振玉王国维往来书信》，第290页，东方出版社2000年版。

⑤　罗振玉：《致王国维》，《罗振玉王国维往来书信》，第382页，东方出版社2000年版。

嗣余读《山海经》《竹书纪年》，乃知王亥为殷之先公，并与《世本作篇》之胲，《帝系篇》之核，《楚辞·天问》之该，《吕氏春秋》之王冰，《史记·殷本纪》及《三代世表》之振，《汉书·古今人表》之垓，实系一人。尝以此语参事，及日本内藤博士（虎次郎），参事复博搜甲骨中之纪王亥事者得七八条，载之《殷虚书契后编》；博士亦采余说旁加考证，作《王亥》一篇，载诸《艺文杂志》。

应当说明，彼时内藤湖南与罗、王过从甚密。罗氏始于卜辞中"发见王亥之名"，王国维读《山海经》《竹书纪年》"乃知王亥为殷之先公"，并且在丙辰归国之前，无所保留地讲了他的这个最新发现。罗氏因此又倾其所藏，从甲骨中搜得七八条记王亥之卜辞。所当注意的倒是内藤其人，他听了王氏讲述，抢

王国维致罗振玉论"王亥事"一节

先"作《王亥》一篇"，所以王国维说他是"采余说旁加考证"，实乃将王氏发现据为己有。对于这位曾多次前来中国"访书"而掠得无数珍贵学术资源的日本学者而言，这算得了啥？然而，这种抢先发表他人学术成果的行为，任何时候都是错误的。

不唯如此。王国维还在自序中述其"观卜辞中数十见之田字"，而考知"田即上甲微"。罗振玉则在接读王氏"大稿"后的复书中说："上甲之释，无可疑者。"并参比金石刻辞，补作考释。数日后，他就上甲之释的新发现，又作书"飞报"王氏，云：

> 前书与公论囧即上甲二字合书，想公必谓然。今日补拓以前未选入之龟甲兽骨，得一骨上有▣字，则竟作上囧，为之狂喜。已而检《书契后编》，见卷下第四十二叶上甲字已有作▣者（英人明义士所摹《殷虚卜辞》第二十九叶并一百十八叶亦两见▣字）。又为之失笑。不独弟忽之，公亦忽之。何耶？卜辞上字多作二，下字作︿。下字无所嫌，二作二者，所以别于数名之二也。此▣字两见皆作二，又上帝字作二帝，其为上字无疑。囧为▣字之省，亦无可疑，不仅可为弟前说之证，亦足证尊说之精确。至今隶甲字全与田同，但长其直画，想公于此益信今隶源流之古矣。（第二札）

王国维乃将罗氏先后两书，全文附录于《殷卜辞中所见先公先王考》后，并作跋，云：

> 丁巳二月，参事阅余考卜辞中先公先王，索稿甚亟，既写定，即以草稿寄之。复书两通，为余证成上甲二字之释。第一札作于闰二月之望（1917 年 4 月 6 日），第二札则二十日也（4 月 11 日），余适以展墓反浙，至沪读此二书，开缄狂喜，亟录附于后。越七日。[①]

---

① 王国维：《观堂集林》卷九《殷卜辞中所见先公先王考》，中华书局 1959 年版。按，观堂附录于文后之罗氏二札与今刊罗氏书信，文字略有删改，参见《罗振玉王国维往来书信》，第 254—255、256—257 页，东方出版社 2000 年版。

现在我们知道，上甲乃是卜辞中第一位以日命名的先王，而卜辞中的亥，则为上甲之父，是商人祭祀的一位高祖，亦称王。^① 王国维在整整一个世纪前考殷先公先王，揭开了这个历史秘密，而罗氏则助其考王亥，证上甲。这个突出的范例，显示了并世齐名的罗、王二家，在学术上既非没有罗即没有王，当然也不是没有王，罗还是罗，而是诚意合作，协力攻关。这才是最为宝贵的啊！

罗、王二家之学的由来及内涵

综上所述，所谓罗、王二家之学，就是在这样的互动中形成的。耐人寻味的是，鲜明地揭示罗、王二家之学术业绩，指出"在中国的文化史上实际做了一番整理工夫的要算是以清代遗臣自任的罗振玉，特别是在前两年跳水死了的王国维"，倒并非整理国故的老夫子，而是抒发了至今犹脍炙人口的"凤凰涅槃""浴火重生"之时代强音的新诗人、后为"甲骨四堂"之一的郭沫若。兹将郭沫若对罗、王二氏学术特点与贡献的论述，再录如下：

> 王国维，研究学问的方法是近代式的，思想感情是封建式的。两个时代在他身上激起了一个剧烈的阶级斗争，结果是封建社会把他的身体夺去了。
>
> 然而他遗留给我们的是他知识的产品，那好像一座璀巍的楼阁，在几千年来的旧学的城垒上，灿燃放出了一段异样的光辉。
>
> 罗振玉的功劳即在为我们提供了无数的真实的史料。他的殷代甲骨的搜集、保藏、流传、考释，实是中国近三十年来文化史上所应大书特书的一项事件。还有他关于金石器物、古籍佚书之搜罗颁布，其

---

① 参见邹晓丽、李彤、冯丽萍等著《甲骨文字学述要》，第 174—175 页，岳麓书社 1999 年版。

内容之丰富，甄别之谨严，成绩之浩瀚，方法之崭新，在他的智力之外，我想怕也要莫大的财力才能办到的。

大抵在目前欲论中国的古学，欲清算中国的古代社会，我们是不能不以罗、王二家之业绩为其出发点了。①

时为 1929 年，中国现代学术史上合论罗、王，并称二家，盖肇端于此。即使以最挑剔的眼光视之，除了"莫大的财力"一语，与罗氏本人自述"以印书故，灶几不黔"或略有出入，然郭氏对罗、王学术业绩的论述之全面、精确、透彻，至今无出其右者。

郭沫若不惟论述罗、王业绩，而且以二家的学术成果，尤其是用罗氏的《殷虚书契考释》来佐证其论述的"殷代——中国历史之开幕期"。例如，关于商代已有文字，郭氏乃取"龟甲骨板上镂刻着的贞卜文字"为证，说：

但那文字百分之八十以上是象形图画，而且写法不一不定，于字的构成或倒书或横书，或左或右，或正或反，或数字合书，或一字析书。而文的构成上抑或横行或直行，横行抑或左读或右读，简直是五花八门。②

这不正是罗氏于《殷虚书契考释·自序》中所称卜辞考释"三难"中之第三难，"古文因物赋形，繁简任意。一字异文，每至数十，书写之法，时有凌猎。或数语之中，倒写者一二，两字之名，合书者七八"，这样"体例未定，易生炫惑"吗？非常有意思的是，罗氏继《殷虚书契考释》之后，校写《殷虚书契待问编》而致信王国维，更有"离奇"发现，云：

殷虚文字写法之复离奇任便，有非思虑之可到者。以前所知，若合二字为一，或析一字若二，或倒书诸例耳。今乃知尚有合三字为一而书之者。《后编》卷六第三十四页有𢒉字，初不能识，后详谛之，知

---

① ② 郭沫若：《中国古代社会研究》，《郭沫若全集·历史编》卷一，第 7—8、18—19 页，人民出版社 1982 年版。

为"辛亥贞"三字，辛正而亥倒，二字并列，而下横书贞字。古文所以难识，其写法之离奇，亦其一端矣。[①]

郭氏学术立脚地在古代社会研究，他说"那时的文字还在形成途中"；[②] 而罗氏则纯出诸审释文字，意在为他考释卜辞"祛难"。循此回观自刘鹗以迄于"甲骨四堂"，相继审释甲骨文字之成果：

刘鹗，1903 年《铁云藏龟·自序》，第一次作甲骨文字审释的尝试，识对三十四字。[③]

孙诒让，1904 年《契文举例》，其所认对的，或者审识与罗氏后来的考释水平相当者，凡一百八十五字。

罗振玉，1910 年《殷商贞卜文字考》，可识之字共四百七十三字；1915 年《殷虚书契考释》初版本，审释四百七十五字；1927 年《殷虚书契考释》增订本，审释之字共五百七十一字。[④]

需加补述的，是郭沫若既推尊"甲骨自出土后，其搜集保存传播之功，罗氏当居第一，而考释之功，亦深赖罗氏"；而对于"与罗氏雁行者"的王国维的考释之功，主要着眼于殷代社会之考证，指出王氏《殷卜辞中所见先公先王考》及《续考》问世，"卜辞的时代性得以确定，殷代的史实性亦得以确定，大约中国的历史时期便是由殷代开幕了"。称赞中国之旧学，"自有罗、王二氏考释甲骨之业而另辟一新纪元"，"大抵甲骨文字之学以罗、王二氏为二大宗师"。[⑤] 仅就审释文字一项言之，"甲骨四堂"自以"导夫先路"之雪堂罗振玉为首，而以"发其辞例"的鼎堂郭氏殿后。据传能识二三十种文字的陈寅恪，以不通甲骨文字而在中国文字这门复杂的学问面前也不能不"稍逊风骚"；而

---

① 罗振玉：《致王国维》，《罗振玉王国维往来书信》，第 101 页，东方出版社 2000 年版。

② 郭沫若于 1954 年新版《中国古代社会研究》，为其"五花八门"作补注说："卜辞文例，经过更仔细的研究，基本上是直行，由左而右。其或横行，限于骨面。文序或由右而左，或先下后上者乃变例，然均有一定的规律，并不凌乱。"谨一并移录于此。

③ 据陈梦家检核，刘鹗所认四十多字中，有三十四字是对的，其中包括十九个干支字和两个数字。参见《殷虚卜辞综述》，第 55 页，科学出版社 1956 年版。

④ 《殷虚书契考释》增订本审释字数亦作五百七十字，盖以增订本较初版本计增八十七字，其中"商"字重复，故实际增八十六字。

⑤ 郭沫若：《中国古代社会研究》，《郭沫若全集·历史编》卷一，第 193—195 页，人民出版社 1982 年版。

懂得青铜甲骨的郭氏认识一万字（汉字），"能写出所有的字来"。[①] 近人谓罗氏论有清一代学术有"三绝"：段玉裁之《说文》，李善兰之数学，杨守敬之《水经》。余谓自晚清以迄于民国，若论识字水平，盖有"三最"：

认识甲骨文字最多的人：罗振玉；

认识语种最多的人：陈寅恪；

认识汉字最多的人：郭沫若。

然而，这决不意味着可以有丝毫轻视"继以考史"的观堂王氏审释文字之功。王国维作为中国新史学的开山人，其考史一目之根基的确立，与其以纸上史料与卜辞相印证的二重证据法，莫不立足于他对贞卜文字之"捷悟"与"毫发无憾"的考释，故他所述"书契文字之学自孙比部而罗参事而余，所得发明者不过十之二三"，虽出撝谦，但包括了他自己"所得发明"上之劳绩。拙撰王氏年谱曾列举其"二考一论"问世后所作《释由》上下篇等，"所释凡十四字"，而"无不以狮子搏兔用全力为之"，[②] 其中就有被罗氏录入《殷虚书契考释》的《释昱》《释旬》。试观《释旬》，起句曰："卜辞有 𠁁 𠁁 诸字，亦不下数百见。"结语曰："后世不识，乃读若'包'。殊不知'勹'乃'旬'之初字。"[③] 此释文长不足二百言。罗氏在日本接读其释，顿即复书曰："𠁁 字之释，大可快，与闻中兴消息正相等。"[④] 什么"中兴"？张勋"复辟"耳。盖罗氏此札作于 1917 年 7 月 4 日，而"辫帅"张勋宣告拥逊帝溥仪"复辟"在 7 月 1 日，故有此荒谬不伦之比拟，然可知罗氏对此一字之释何等推赏！

唯此之故，陈梦家《殷虚卜辞综述》中说王国维审释文字之"特殊的贡献"，即在孙、罗所释是比较容易审释的字，有了一般的《说文》、金文的修养，是可能释出来的；而王氏所释虽仅"寥寥十余字"，皆孙氏不及，胜出罗氏，且着眼于殷商礼制，而非仅为诠释文字而诠释。其所释之字，若"王"，若"旬"，若"土（社）"，可以说每破译一字，就揭开了殷商社会之一大奥秘。《殷虚卜辞综述》对罗、王之学内涵作了如下界定：

① 〔俄〕伊利亚·爱伦堡著，冯南江、秦顺新译：《人·岁月·生活》第三册，第 424 页，海南出版社 1999 年版。

② 陈鸿祥：《王国维年谱》，第 216 页，齐鲁书社 1991 年版。

③ 王国维：《释旬》，《观堂集林》卷六，中华书局 1959 年版。

④ 罗振玉：《致王国维》，《罗振玉王国维往来书信》，第 266 页，东方出版社 2000 年版。

（1）熟习古代典籍；

（2）并承受有清一代考据小学音韵等治学工具；

（3）以此整理地下的新材料；

（4）结合古地理的研究；

（5）以二重证据治史学、经学；

（6）完成史料之整理与历史记载之修正的任务。[①]

应该说，这是依循郭沫若对罗、王二家之业绩的论述，又考量了罗、王释文考史之实际成就，是可资后学者效法（而非空泛）的切用务实之论。

如何看待二家之学

对于罗、王二家之学，首先应当珍视。这是我们的国宝。

愚见以为，自 1930 年《中国古代社会研究》问世，各家评论可谓多矣。然对郭氏之论纵有臧否，唯于其据以为研究出发点的罗、王二家之学，未闻异议。尤为引人汗月的，则是毕业于清华学堂而正留学美国的"素痴"（张荫麟），率先对"初非国学专家"却于"遭亡中涉手尘篇"的郭氏，"致一个同情的读者的敬礼"。他为这部"示例了研究古史的一条大道"的专著所作书评，可能是第一篇以卜辞及金文，揭出"郭书中关于中国古代之最新颖的

郭沫若

① 陈梦家：《殷虚卜辞综述》，第 51 页，科学出版社 1956 年版。

论点竟是最不易成立的论点"，[①] 亦即以郭氏所征引的罗、王二氏之说，反证郭书立论之自相矛盾。这对郭氏推尊的罗、王之学，岂不是最有力的褒扬？

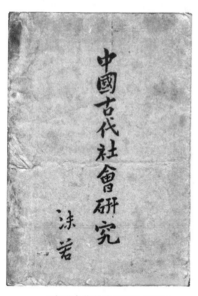

《中国古代社会研究》书影

值得一提的是，及于晚近，唐德刚热捧胡适，力贬郭沫若，尤对当年郭氏竟然胆敢挑战胡适，大为愤然。郭氏当年认为，世界文化史关于中国方面的记载，"正还是一片白纸"，因而甲骨文字的发现"如拨开云雾见青天"，确乎将甲骨之学与罗、王之研究赞上了"九天"。唐君则于半个世纪之后，来了个针锋相对，曰：自赫胥黎以来一百年的世界科学发展，在我们祖国几乎是一张白纸。这就一笔抹煞了殷墟甲骨文字这样重大的学术新发现，并且不惜彻底摒弃中国学者必须坚守的文化自信之底线，来求证以"但开风气"自诩的"启蒙大师"胡适是"批不倒"的，故还得"大胆"地请他"老人家"来"继续称霸"。[②] 其实唐君滔滔捧胡之词，只需用王国维早岁专攻"西洋学术"时所写五言古诗《偶成》中"东家与西舍，假得紫罗襦"二语，足可破之。胡适当年借得的"紫罗襦"，不就是被他本人概括为"大胆的假设，小心的求证"的杜威"实用主义"吗？这早已成了哲学上的明日黄花，当然也谈不上批倒批不倒的问题嘛！然则，"他山攻错"。郭氏"开宗立派"之书及其对中国古代社会之研究，我们尽可攻之，唯其所论罗、王二家业绩，及所探究的青铜甲骨之学，我敢说绝对攻不倒，当然也否定不了，因为此乃我中国独有之绝学，对推进东西方文化交流与历史文明之互鉴，做出了无可取代的贡献。现在，我们如果丢了这个根本，而去为罗氏争什么空前绝后之"巅峰"，近现代学术史上"最为老师"之类名分，那岂非舍其本而逐其末？

其次，珍视二家之学，尤须尊重罗、王的学术合作，这是前提。

① 张荫麟：《评郭沫若〈中国古代社会研究〉》，原刊《大公报·文学副刊》1932 年 1 月 4 日，《素痴集》，第 223 页，百花文艺出版社 2005 年版。

② 唐德刚：《胡适杂忆》第 124 页，华东师范大学出版社 1999 年版。

罗、王联袂东渡，扶桑共研文史，长期以来被学术界传为佳话美谈，怎能想象二位大师之间有情谊而无合作？欲知真相，且看罗氏自述：

> 辛亥之变，君复与余航海居日本。自是始尽弃前学，专治经史，日读注疏尽数卷，又旁治古文字声韵之学。甲寅，君与余共释《流沙坠简》。余考殷虚文字，亦颇采君说。[①]

这是罗振玉署名为"王国维一生的学业结晶"《观堂集林》所作序中的话。应当注意，此序乃王撰罗"改定"，确系二位大师的"共同语言"。它清楚地表明，他俩的深情厚谊主要体现于学术合作，这种合作不止于"共释《流沙坠简》"，罗氏"考殷虚文字，亦颇采君说"，合作是诚挚的。

罗、王合作，不惟在王国维"居东四年"，且于其丙辰归国之后，王氏有《丙辰日记》，起自丙辰元旦（1916年2月3日）在罗振玉永慕园"与韫公贺岁"，迄于返沪后的三月朔（4月3日）王氏"写定《殷礼征文》"，所记仅两月，却真切地记下了两位大师之间的学术情谊。尤其是临别前"王氏与蕴公约，同记所历，异日相见可互阅之"，[②] 故罗氏亦有《丙辰日记》，[③] 可证他俩在学术上的亲密合作。饶富学术意趣的是，罗氏增订本《殷虚书契考释》第二章《帝王》，考《史记·殷本纪》载成汤至于帝辛凡三十传，"今见于卜辞者二十有三"之第一帝"大乙"，云：

> 《史记》作天乙（《书》释文同），《索隐》引谯周说"天亦帝也"。殷人尊汤，故曰"天乙"。按，天与大形近易讹，故"大戊"卜辞中亦作"天戊"。以大丁、大甲诸名例之，知作大者是。谯周为曲说矣。
>
> 　又按，卜辞中书人名，或直行书之，或旁行书之，或合二字为一字书之，又或正书，或反书；其旁行书者，又或左读，或右读，书法至不一，故一人之名必举其书法变异者原式写于释文之下，其小异同

---

① 罗振玉：《观堂集林序》。按，据王国维《致蒋汝藻》（1923年6月10日），此序实为王氏代撰，而由罗氏改定数语。

②③ 王国维《丙辰日记》正月初二日；罗氏《丙辰日记》，仅见陈梦家《殷虚卜辞综述》所录三条，迄今未见全帙。据罗继祖回忆，日记存于罗福葆之手，"文革"中悉被毁。

者不复举。

可以说，这是雪堂《殷虚书契考释》一书中最为晓畅可颂的一节文字，也是其审释卜辞最为神采飞扬的得意之笔。其"又按"曾被鼎堂郭氏摘引，作为中国历史之开幕期殷代"文字还在形成途中"之实例，已如前述。而观堂晚岁向清华诸生讲授《古史新证》，特立《大乙—唐》专节，以镈钟铭文，参证卜辞，考定"唐即汤，卜辞之唐必汤之本字"。① 罗氏乃于增订本中录入王氏之考，并加按语云：

> 王说是也。唐殆即太乙之谥……古唐、汤、荡相通，义皆训大。

于是，大乙"亦曰唐"，卜辞之释与商史之证，打成了一片。王谓罗说"是也"，罗称王说"是也"。如此默契互动、克难释疑，难道还不足证两位大师学术合作乃垂范后学之楷模吗？

为此，谨再将罗氏《增订殷虚书契考释》所采王氏之说，共计二十一条目，录举如下：

卷上，第二章《帝王》凡六条，即唐、土、季、王亥、王恒、上甲；

卷中，第五章《文字》，凡十一条，即旬、邦、西、祐、王、凤、罤、罘、羉、毓、昱；

卷下，第七章《礼制》，凡四条，即衣，先公先王皆特祭而不祧，先妣亦特祭，其外祭可考者曰社。

对此，陈梦家说，罗氏《殷虚书契考释》初印本中，仅文字诠释部分引述王氏之说，经查核，罗氏于初印本引录"吾友王徵君（国维）之说凡六，依次为：西、王、凤、罤、裘、昱"；又说，到了增订本卷中文字部分更多引述之外，卷上、卷下亦多有引述，"王氏对于历史和文字考证的基本贡献，大部分收容在此"。② 参比王国维"收容"了其本人"历史和文字考证"之成果的《古史新证》，陈君之说信而有征。

---

① 王国维：《古史新证》，第30页，清华大学出版社1994年版。
② 陈梦家：《殷虚卜辞综述》，第60页，科学出版社1956年版。

　　所以，我们要说，珍视二家之学，前提是尊重两位大师生前的学术合作。以罗振玉本人的手稿辨明《殷虚书契考释》乃罗氏著作，以廓清所谓"出王代撰""罗买王稿"之类误传讹谈，这是学界之责，不能含糊。若因此而来个一百八十度拐弯，完全或者根本否定罗、王之学术合作，以至讳言"合作协力"，一笔抹掉罗"考殷虚文字，亦颇采君说"，这岂非与阿Q式的"因为讳说癞，连灯、烛都讳了"一样可笑？

　　再次，珍视二家之学，不可抑此扬彼，这是传承罗、王二家之业绩的基本学术共识。

　　罗振玉与王国维咸属"逊清遗老"，又皆为学术大师，尤其是攻究甲骨文字，揭开殷商历史奥秘，协力共写了近现代学术史的光辉篇章。当然，也不必讳言后来出现了"两亲家失和"，以致罗、王"断交"这样的不幸变故（详后）。但这无损于罗、王在学术研究上相互借重、互动共赢；而在学术成就上，则有各自的贡献、各自的特色，谁也取代不了谁，不可混淆，且也混淆不了！

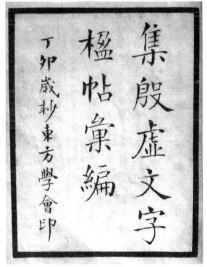

《集殷虚文字楹帖汇编》书影

　　再就罗、王二大师之才艺言之，王氏之学内，有中外驰名的戏曲史与词话之作；而罗氏之学，尤重在金石、古器物，还包括了他的书法艺术（尤其是甲骨文书法）。我案头有一册《集殷虚文字楹帖汇编》，系罗氏于辛酉（1921年）二月间"取殷契文字可识者集为偶语，三日夕得百联"，数年后乃与王季烈

（君九）、章钰（式之）、高德馨（远香）四家四百余联合为一集。卷首弁有罗序，特诫"读者幸毋以为文雅之娱"，[①] 亦即切莫"附庸风雅"；而实情是，甲骨文书法、甲骨文楹联等，经罗氏倡导而蔚然成绝艺矣。

所以，我们对于罗、王二家之业绩，或攻究其学，或探研其艺，亟宜拓展视野。对于为罗氏"辩诬"之事，亦宜实事求是，不可另趋极端。诸如，所谓"对郭老有微词"，实乃借罗攻郭，对王则由抑而诋，有的学者公然扬言：王国维"如果他活到六十、七十，可能也会随同罗振玉到伪满洲国去"，"分任宫廷要职"云云。这岂非明目张胆地硬要拉王陪绑？如此率意诳言，既诬蔑前人，亦贻误后学，倒真正符合了《世说新语》中那句叹词："咄咄怪事！"

---

① 罗振玉：《集殷虚文字楹帖汇编》，丁卯（1927 年）东方学会刊本。

改元"洪宪"之丑剧

　　罗、王偕同攻研青铜、甲骨，共创二家之学，并且相约各以日记"同记所历"的丙辰（1916 年）之春，国内发生了袁世凯称帝的大闹剧。

　　风云变，人心乱。在北京紧锣密鼓筹办"登极大典"的袁世凯，终于按捺不住他久蓄的"赭袍龙凤"之心，悍然发电，"通知民国五年改为洪宪元年"，[①]亦即从 1916 年 1 月 1 日起，他要坐龙廷，做"洪宪皇帝"了。

　　然而，身败名裂，千夫所指。袁氏当然不是要实施"君主立宪"，"洪"（弘）扬"宪政"，而是有了民国大总统权位犹嫌不足。他究竟图啥？罗振玉一语道破，曰："袁氏假共和以窃国，阴欲窃帝号以自娱。"

　　当然，罗氏"自娱"之说，亦非杜撰，盖出蔡锷等痛诋"袁为不道，窃号自娱"之护国誓词，并申讨袁四义，要点为：

　　（一）同人职责，唯在讨袁；

　　（二）地无分南北，省无论甲乙，同此领土，同是国民，唯当量材程功，通力合作；

---

　　① 《军务厅通知民国五年改为洪宪元年电》（1916 年 1 月 1 日），中国第二历史档案馆、云南省档案馆编《护国运动》，第 123 页，江苏古籍出版社 1988 年版。

（三）讨袁救国，心理大同；

（四）五大民族，同此共和，袁氏得罪民国，已成五族公敌。[①]

这份由护国军第一、二、三军总司令蔡锷、李烈钧、唐继尧领衔的誓词，发布于袁氏宣布"洪宪"之当日——1916 年 1 月 1 日。各省响应，举国共讨，袁氏惊恐万状，不得不在如潮涌般的讨袁声浪中，于 3 月 22 日宣布撤销帝制，给他那八十一天的皇帝梦画上句号。一台丑剧收场，落下千古笑柄。在岑春煊、梁启超等人联名要求袁氏"退职"的通电中，引述了蔡锷的话："再醮之妇，更求归本宗，纵不恐夫绝于礼，且亦难以为情！"[②] 然则，罗振玉笑言袁氏"及称帝不成，愤而死"，还应于"愤"前加一"耻"字。袁氏确如"求归本宗"的"再醮之妇"，回头乞求恢复"总统之号"，可谓无耻之尤！求而不成，乃于 6 月 6 日病死北京，结束了他招致全民唾骂的一生。

罗振玉虽远在国外，却十分关注国内的时局。袁死次日，他即致书王国维，"晨阅报纸，知袁已伏冥诛"，并且认为，"此为千金一刻之时机"。[③] 什么"千金一刻"？就是趁此权力真空，"复辟"正当其时。

然而，事与愿违。黎元洪上台当总统，竟然"决定袁逆用国葬"，[④] 这使罗氏气恼万分。当他阅报"知元凶行将国葬须款百万"，不由怒责"死后尚病民如此，非寸磔不足泄敷天之愤矣"！[⑤]

于是，袁死"虽快人心，然后来之事，仍如长夜"。[⑥] 柯劭忞却从北京来信询问：何时可归国？对此，罗振玉是这样说的：

> 柯蓼园学士乃邮书，招予返国，谓元凶已伏天诛，辽东皂帽曷归来乎？予复书，言郇坞虽倾，李、郭尚在，非其时也。[⑦]

① 参见《唐继尧、蔡锷等向全国同胞申明护国宗旨誓词》（1916 年 1 月 1 日），《护国运动》，第 199 页，江苏古籍出版社 1988 年版。

② 《岑春煊、梁启超要求袁世凯退职通电》（1916 年 5 月 4 日），《护国运动》，第 729 页，江苏古籍出版社 1988 年版。

③④⑤ 罗振玉：《致王国维》，《罗振玉王国维往来书信》，第 97、100、108 页，东方出版社 2000 年版。

⑥ 王国维：《致罗振玉》，《罗振玉王国维往来书信》，第 102 页，东方出版社 2000 年版。

⑦ 罗振玉：《集蓼编》。按，"辽东皂帽"，盖以东汉末年隐居辽东讲学之管宁比拟寓居日本京都之罗氏，乃柯氏致罗书信中语。

郿坞，东汉末年董卓筑以积谷藏宝之城堡，史称"高与长安城埒"，董败坞毁，罗氏借以喻袁死。李、郭，即董卓所部校尉李傕、郭汜，董被诛杀后聚众作乱，相互争斗，生灵涂炭，[①] 罗氏乃借指袁死后国内乱局。他期待着可以归国的时机。

不欲见民国字样

就在这样的心绪中，罗振玉为他五十一岁时所摄照片，题写了《自赞》（简称"五一《自赞》"），曰：

> 汝何人斯，汝生于义熙之季，抑丁乎秦烬之余？是曾窥中秘之储，披二酉之书。拾坠简于流沙，得佚礼于殷虚。长安居而索米，桑海变而乘桴。抱遗编而永慕，郁孤怀而莫摅。噫！我知之矣：汝殆非今之人，而忍死于今之世者乎！
> 丙辰六月，永丰乡人书于海东寓居。[②]

赞中"长安"，借指国都北京，而"索米""乘桴"，则自述其"备官学部"与辛亥东渡二大经历。"窥""披""拾""得"四字，殆即厥后工国维所概括近世学问上之四大新发见：内阁大库之元明以来书籍档册（"窥中秘之储"），敦煌千佛洞之六朝及唐人写本书卷（"披二酉之书"[③]），敦煌塞上及西域各处之汉晋木简（"拾坠简于流沙"），殷墟甲骨文字（"得佚礼于殷虚"）。[④] 在这个"自来未有能比"的"大发见时代"，罗振玉可谓突立涛头。每项发见，都有他

① 参见《三国志》卷六《魏书·董卓传》附李傕、郭汜传。
② 据手迹迻录。按，原作无题，录入《贞松老人外集》卷三，题《五十一岁小像自赞》，文字稍有异："曾窥中秘"之"窥"，作"闚"；"桑海变"之"桑"，作"沧"；"噫！我知之矣"，作"吁，嗟乎"。
③ 典出《太平御览》卷四十九《荆州记》："小酉山上石穴中有书千卷。"按，今湘南沅陵县西北有大酉、小酉二山，罗氏所称"二酉之书"，殆以小酉山石穴比敦煌石室。
④ 参见王国维《近二三十年中国新发见之学问》，《静安文集续编》，《王国维遗书》第五册。

不可磨灭的贡献。

罗振玉《自赞》手迹

业已于丙辰正月归国的王国维，在罗氏生日前夕致信夸他的"小像印本甚佳"，"自赞尤妙在末数语"；[1] 而罗氏则在回信中说："自赞言之无义，将意而已。"[2]实则，"义"在"赞"中，此乃自谦。那么，他所"将"之"意"又何在呢？可见诸其"抱遗编而永慕"的序跋，例如，癸丑（1913 年）七月撰《唐三家碑录序》，云：

> 今者神州沦于群盗，苍生丧其覆育，安得彼苍笃生方召，并得维城之彦如诸贤者，廓清勘定，以弼成我宣光之治。此又海外羁臣为斯录之微意也已。

罗振玉笔底之"盗起武昌"，当然指辛亥革命；然则，他所谓"今者神州沦于群盗"，对照历史真实，这"今者"究为"今夕何夕"？曰：恰当 1913 年 7

---

[1][2] 《罗振玉王国维往来书信》，第 125、127 页，东方出版社 2000 年版。

月二次革命爆发之时。然而，孙中山领导之"二次革命时未选月，革命军就全军尽没"；[1] 而罗氏却于此时此际，竟然以"海外羁臣"之名，借录唐三家碑之序，扬言要"廓清勘定，以弼成我宣光之治"，这岂非在为"群盗"之首的袁世凯击败"孙党"之争战中大获全胜，并加紧其称帝步伐擂鼓助威么？

显然，罗氏不会认同此意。于是，紧接着于"元凶伏天诛"之后，罗振玉在为其考释石鼓文所撰序中，写出了这样一段文字：

> 追维吉日、车攻之盛烈，益伤苌楚、苕华之身世，草间忍死，忽已数年，竢河之清，未知何日？[2]

看来，罗振玉是在为他期盼中的张勋"复辟"（1917 年 7 月）预擂战鼓了。

然而，"竢河之清"不过是罗氏于其草堂中摆弄"吉金"所"郙"（依）之一梦而已。与一年前的袁氏称帝相比，"复辟"的"吉日"仅有七天；"辫帅"迋京"车攻"，乃成群丑跳梁的又一闹剧。王国维则鉴于"复辟"告败而将他早年的《人间词》选编为《苕华词》，既用以酬答在"复辟"中被授了"学部尚书"且被罗氏尊为"今世鲁灵光"的沈曾植，亦借此宣示了"河清无日"之绝望。

当然，这些都是后话。彼时，罗振玉《自赞》既以袁死为"千金一刻"的"复辟"机遇；然而，赞中以"义熙之季"比拟权奸跋扈的袁氏乱世，代袁而起的"黎邱新政"亦绝非期盼中的"河清"之时，故罗氏自谓其赞"将意而已"，可谓无可奈何！

那么，王国维为何要称道其赞"妙在末数语"呢？这是因为，当斯时也，罗、王二位，一个是"殷礼在斯"的"商遗先生"，一个是"善说殷礼"的"礼堂先生"。身居吉田山麓永慕园的罗氏，"至盼"着王国维从上海"来此消夏"，他说：

> 若能于绿阴如幄中坐盘石，追凉风，谈二千年以上事，赏奇析

---

① 唐德刚：《袁氏当国》，第 85 页，广西师范大学出版社 2004 年版。

② 罗振玉：《石鼓文考释序》，《罗振玉学术论著集》第九集。按，《吉日》《车攻》《苌楚》（《隰有苌楚》）、《苕华》（《苕之华》），皆《诗经》篇名。

疑，作半月之谈，岂不乐哉！①

显然，罗振玉以"汝殆非今之人，而忍死于今之世者乎"，为其《自赞》作结，虽体现了他"不忍坐视宗社之变"，以至"不欲见民国字样"②的遗老襟怀，但作为学者，他的心志仍在学问。而王国维此时正沉浸于"二千年以上"的殷商史事之中，解殷太卜所掌之文字，考殷先公先王之礼制，所以罗振玉要邀请他再来永慕园"赏奇析疑"谈学问；王国维则应邀于年底赴京都罗宅度岁，登宸翰楼遥望神州故土，感慨中手书《世说新语》一则抒怀③……

成书如此之多

江河不废水长流，遗编新著传后人。

罗振玉以一腔遗老"孤怀"，自称在日本"忍死余生，殊方遁迹，抱器徘徊，辛苦著录"。④不过，他对于"携孥浮海"之后，海东"偷生视息之余"的著录成果，却并不掩饰其窃喜之意。例如，他为《永慕园丛书》拟印第二集，书告业已归国的王国维，云：

> 届计在海外四年，但有印书一事，差强人意，若在国内，不能有此。公也非经此流离，不能如此日，成书如此之多也。⑤

这是大实话。罗、王二家之学，尤其是罗氏之学，不正是"经此流离"得创，以成书之多而立的么？

当然，上述"海外四年"，仅指王氏丙辰（1916年）归国之前。直到罗振

---

① ② 罗振玉：《致王国维》，《罗振玉王国维往来书信》，第 86、135 页，东方出版社 2000 年版。
③ 陈鸿祥：《王国维全传》，第 432 页，人民出版社 2007 年版。
④ 罗振玉：《梦郼草堂吉金图序》，《罗振玉学术论著集》第九集。
⑤ 罗振玉：《致王国维》，《罗振玉王国维往来书信》，第 91 页，东方出版社 2000 年版。

玉己未（1919 年）暮春归国，他在日本"差强人意"的"印书一事"，究竟印了多少书？兹据罗氏亲自编定之《雪堂校刊群书叙录》，将他本人"辛苦著录"之书，按年开列如下：

壬子（1912 年），二种：《殷虚书契前编》《簠室所藏玺印》及续集。[①]

癸丑（1913 年），三种：《鸣沙石室佚书》《齐鲁封泥集存》[②]《唐三家碑录》。

甲寅（1914 年），十三种：《殷虚书契考释》（按，序于甲寅十二月，1915年 2 月刊印）、《殷虚书契菁华》《流沙坠简》《高昌麴氏系谱》《瓜沙曹氏系谱》《秦金石刻辞》《唐风楼秦汉瓦当文字》《四朝钞币图录》《蒿里遗珍》《西陲石刻录》《西陲石刻后录》《芒洛冢墓遗文》《昭陵碑录》。

乙卯（1915 年），十八种：《铁云藏龟之余》《赫连泉馆古印存》《历代符牌录》《恒农冢墓遗文》《芒洛冢墓遗文续编》《襄阳冢墓遗文》《广陵冢墓遗文》《吴中冢墓遗文》《石屋洞造像题名》《龙泓洞造像题名》《汉晋石刻墨影》《重订汉石存目》《重订魏晋石存目》《洛阳存古阁藏石目》《海外贞珉录》《三韩冢墓遗文》《续汇刻书目》《五十日梦痕录》。

丙辰（1916 年），十五种：《殷虚书契后编》《殷虚书契待问编》《殷虚古器物图录》《高昌壁画菁华》《墨林星凤》《石鼓文考释》《赫连泉馆古印存》及续存、《隋唐以来官印集存》《历代符牌后录》《古器物范图录》《金泥石屑》《古明器图录》《古镜图录》《邺下冢墓遗文》《南宗衣钵》。

丁巳（1917 年），六种：《梦郼草堂吉金图》《恒农专录》《芒洛冢墓遗文续补》《六朝墓志菁华》《两浙佚金石集存》《殷文存》。[③]

戊午（1918 年），六种：《梦郼草堂吉金图续编》《王子安集佚文》《昭代经师手简》《昭代经师手简二编》《二十家仕女画存》《金石萃编未刻藁》。

己未（1919 年），二种：《徐俟斋先生年谱》《万年少先生年谱》。

应当指出的是，罗振玉校刊之书，多至数百种，他将"其殊尤者"叙录集为一书。我为之做了个统计，全书共录入序跋书目一百七十四种。以上列举

---

① 此书未入《雪堂校刊群书叙录》，其正集序于辛亥闰六月，续集序于壬子暮春，一并归入壬子年。

② 《齐鲁封泥集存》，1913 年罗氏永慕园刊本，署罗振玉辑；1934 年墨缘堂刊本，署罗振玉、王国维同辑，编入 2010 年版《王国维全集》第三卷。

③ 《殷文存》未入《雪堂校刊群书叙录》。

者，凡六十五种，多为《雪堂校刊群书叙录》上卷所载罗氏自己所著所辑之书。王国维乃于戊午（1918年）夏日，罗氏集成此书之时为之作序，亟赞"先生独以学术为性命，以此古器、古籍为性命所寄之躯体"，褒扬罗氏在日本"旅食八年，印书之费，以钜万计"；特别是，"殷虚甲骨与敦煌古简佚书先后印行"，那可真正是"国家与群力之所不能为者，竟以一流人之力成之"！①

雪堂校刊群书，驰誉学界。罗氏"旅食八年"，"校刊"与"自创"相映，印书之功与著作之业互辉。为便于读者窥知罗氏居东八年之著录概况，谨以下图示之：

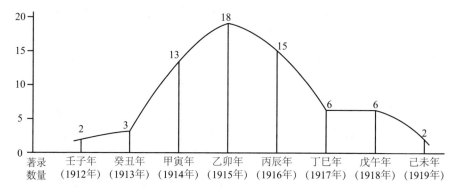

如上图所示，甲寅、乙卯、丙辰三年，不啻为罗氏在日本著作生活之"井喷期"，实亦为其学术生涯之巅峰期。从年龄上来看，这正是方逾"不惑"，迈向"知天命"的壮盛之年，是学术上趋于成熟，而创造力最为炽盛之时。继以"考史"的王国维，应该要比罗更专注于学问，他丙辰归国之后问世的金甲文字方面的名著，亦多撰成于这个年龄，尤可证这是最富创造力、最能出大著述、成大学问的黄金时段。

---

① 王国维：《雪堂校刊群书叙录序》，《罗振玉学术论著集》第九集。

"春蚓秋蛇"与"五百馈王"

罗氏之"学术井喷"，事实上也关联着王国维的著述生活。例如，有的书中特别撮举王氏在 1914 年的学术活动，略谓：

春，与罗氏合撰《流沙坠简》。正月，粗具梗概；二月，草成《屯戍丛残考释》，次第校录；五月写定。

六至九月，作《国朝金文著表》六卷，又作《国学丛刊序》。

十月，为罗氏《历代符牌图录》《蒿里遗珍》《四朝钞币图录》等书抄录序目考释，以付印。

岁木，抄录罗氏《殷虚书契考释》并作前、后序。

所记大致是实，唯代罗作《国学丛刊序》，应在本年五月。是月，尚有一大学术项目：撰《宋代金文著录表》一卷成，并为序。[①]

王氏的上述学术活动，恰可验证守巽老人记忆中"穿上白淡青的两折围长衫"的观堂，每天"晨必由近路到永慕园，与罗氏共研文史"。[②] 这"共研"中，就有着为罗氏抄录（实乃校写）、作序等。然而，若遽以"扬罗抑王"，示意抄写罗氏《殷虚书契考释》之书的"王国维尚未进行甲骨文研究"，就未免抑之失据。若再借以论证"王氏是不可能再挤出时间去作《殷虚书契考释》"，这样独断式的逻辑推理，就更失当了。

何故？这只要比照一下本年内罗氏推出的著录、辑校并为之作序的书目，即有《流沙坠简》《小学术数方技书》《简牍遗文》《西陲石刻录》《芒洛冢墓遗文》《昭陵碑录》[③]《高昌麴氏系谱》《瓜沙曹氏系谱》《西陲石刻后录》《日本橘氏敦煌将来藏经目录》[④]《秦金石刻辞》《唐风楼秦汉瓦当文字》《四朝钞币图

---

① 王国维：《宋代金文著录表》，序末署"甲寅五月"，《观堂集林》卷六，《王国维遗书》第六册。
② 罗守巽：《我所知的王观堂及其一家》，据手稿。
③ 罗振玉《昭陵碑录》辑录并序于光绪戊申（1908 年）九月。
④ 此以日本橘瑞超出示之经卷编目，罗振玉先为之印行，故未入罗氏著录书目内。

录》《蒿里遗珍》《殷虚书契菁华》，共达十二种之多，但这并不影响他有时间"操瓠"撰《殷虚书契考释》。而自正月至夏秋，王国维著录之书仅及罗氏一个零头（四种），却说他"不可能挤出时间"，其真实用意无非为着证明他本年内"尚未研究甲骨文字"，故只能干点替罗"抄写"之类的活儿。显然，这是有失公道的。

关于罗、王怎样考订撰写《流沙坠简》，容后详述。这里应予说明的是，王国维于本年（甲寅）之冬的十、十一、十二整三个月时间，可以说是"寝馈或废"、倾其全力，先后为罗氏抄录了《历代符牌图录》《蒿里遗珍》《四朝钞币图录》《殷虚书契考释》等四部书稿；尤其是《殷虚书契考释》一书之手写，绝非仅仅是因为"观堂之书不过明白清楚而已"。对此，作为当事者的罗振玉，一直是带着感念，以至歉疚的心情来回顾的。例如，他在致王国维书信中讲到自己的书稿字迹，云：

> 《殷虚古器物图录序》呈正，能补印入拙文上卷最佳。满纸春蚓
> 秋蛇，非公不能识也。

颇为有趣的是，罗继祖还于此书札后专为之加按，云：

> 札中末句"春蚓秋蛇"乃公自谓，其书实在令人难辨。近日有人
> 以所得公书札两纸复本见寄，嘱为誊真，云质之都中宿学，皆不能
> 通读。

看来，微罗氏"读书孙"继祖先生，安知其书之难辨乎！[①]
这"春蚓秋蛇"，应该是罗氏借东坡诗句，[②] 自嘲其书稿字迹潦草莫可辨识。而欲"誊真"其书稿，识字之外，尤要者当然更在通其书之内容，恰如罗氏在致王另一书札中所云：

---

① 罗振玉：《致王国维》，《罗振玉王国维往来书信》，第 98 页，东方出版社 2000 年版。
② "春蚓秋蛇"，典出《晋书·王羲之传》。苏轼有诗云："蜂腰鹤膝嘲希逸，春蚓秋蛇病子云。"（《和流杯石上草书小诗》）

顷《书契待问编》装样已来，亟奉寄一部。此书舍公外，殆无第
二人能读之者。①

这样来看罗振玉当年在日本所撰之《殷虚书契考释》，既要辨识其"春蚓
秋蛇"之字迹，又要读懂其所考"殷太卜所掌"之卜辞，更要为之作序，且为
之补考若干甲骨卜辞，这就无怪罗氏要感叹：遍观海内，"舍公外，殆无第二
人"。在如此"多乎哉，不多也"的景况下，罗振玉支付王氏酬金，究有几许？

罗继祖《永丰乡人行年录（罗振玉年谱）》说，自 1913 年起，罗氏"乃以
编校之事委之，月致饩二百元"。刘蕙孙《关于〈殷虚书契考释〉成书经过的
回忆》中说："当时罗请王抄书给他二百元，同去日本的亲友也都很吃惊。"

以上，是罗继祖确认之"正论"；而继祖先生列为"驳正"者，则有前述
傅、郭之说。

傅斯年称：此书（即《殷虚书契考释》）"实王氏之作，罗以五百元酬之"。

郭沫若称："原来是罗振玉花了三百元，买了王国维的著作。"

君子坦荡荡。我们既驳正了"罗买王稿"或"王代罗撰"之类讹传不实之
论，就不必"口不言钱"，讳谈"阿堵物"。郭氏"三百元"买稿之误会，由何
而来已无从查证；而傅氏"五百元酬王"之说，则言明得之于陈寅恪，并在
《观堂集林》卷十四《殷虚书契考释序》作眉批，云：

罗以五百元馈王（王为陈寅恪言之）。②

"馈"者，赠也，礼也。鄙意以为，以陈寅恪与王国维在清华园交往之密
切，彼此可谓无话不谈，无所隐讳，故陈氏所说钱款应非虚言，而是真话。准
此，若将罗、刘、郭、傅四家之说贯通起来，可将王氏抄毕书稿，并于"甲寅
冬十二月祀灶日"撰成《殷虚书契考释后序》，罗振玉酬谢其"过大年"之红
包，列成如是细账：

月薪（即"月致饩"）二百元，

---

① 罗振玉：《致王国维》，《罗振玉王国维往来书信》，第 124 页，东方出版社 2000 年版。
② 《傅斯年藏书中对王国维著作所作眉批》，录自王汎森《王国维与傅斯年》附录，打印稿。

全书六万余言抄写费二百元，

前、后二序润笔（稿酬）一百元。

合计五百元，适为"王为陈寅恪言之"之数；而郭言三百元者，盖抄写费加稿酬耳。

这样来看，刘蕙孙谓之"令人吃惊"的"抄写竟要二百元"，实在倒不必大惊小怪。或者说，罗振玉确是出手不吝，既支付了酬金，又尽可能帮助了观堂一家近十口人的生活开支。王氏在京都"五度岁"，怎么"度年关"？我曾述其概况：

辛壬之交，初抵日本，他"叩尽囊底"（即北京带来的余款），也就过了；

壬子岁暮，1912—1913年之交，他撰成《宋元戏曲考》，"润笔每千字三元，共五万余字，不过得二百元"，实际上是卖稿度了年关；

甲寅之冬，1914—1915年之交，他为"罗氏《殷虚书契考释》手写付石印"，罗氏另行付给酬金（即上述校写费二百元及二序润笔一百元），帮他过了年，并安定了年后生活。[①]

但是，就王国维这方面来看，他既感罗氏生活上帮助之恩，更着眼于他俩共同致力并视之为性命的学术事业。我这么说，并非妄作解人，而是有王氏赞罗"学问上之活动"的书信为证。他说：

> 前年《殷虚书契考释》成时，前印公写照，维本拟题诗四首，仅成一首，故未题。其诗云："不关意气尚青春，风雨相看各怆神。南沈北柯俱老病，先生华发鬓边新。"……公年力俱尚未艾，此数年中学问上之活动总可以继续二十年。试思此十年中之成绩以度后之二十年，其所得当更何如！[②]

这时，罗氏年方逾五十，而王氏将届四十不惑，皆在壮盛之年。在我看来，罗、王二位之学术业绩，或者说"二家之学"，就是在这样真诚合作、相互策励中成就的。

---

① 陈鸿祥：《王国维全传》，第417—418页，人民出版社2007年版。
② 王国维：《致罗振玉》，《罗振玉王国维往来书信》，第223页，东方出版社2000年版。

西陲古简

在罗振玉"遁迹殊方，辛苦著录"的书目中，有一部《流沙坠简》是他同王国维合撰的。

何谓"流沙"？顾名思义，就是至今仍给我们带来沙尘暴的西北大沙漠。"坠"者，落也，"坠简"即遗落于沙漠中的木牍竹简，以及幸存的纸片、帛书之属。对此，王国维在该书问世之初致缪荃孙书札中，曾述其史学价值，云：

> 岁首与蕴公同考释流沙坠简，并自行写定，殆尽三四月之力为之。此事关系汉代史事极大，并现存之汉碑数十通，亦不足以比之。东人不知，乃惜其中少古书。岂知纪史籍不纪之事，更比古书为可贵乎！考释虽草草具稿，自谓于地理上裨益最多，其余关乎制度名物者，亦颇有创获。使竹汀先生辈操觚，恐亦不过如是。①

显然，这是一项重大的学术发现。所说"岁首"，即王国维写定《殷虚书

---

① 王国维：《致缪荃孙》，《艺风堂友朋书札》（下），王国维之八，《中华文史论丛》增刊，1980 年 10 月。

契考释》，并为之作序的"甲寅正月之晦"（1914 年 2 月 24 日）。他以"关系汉代史事极大"之一语，十分精辟地揭示了罗振玉与他共同考释之意义所在。

《流沙坠简》王序说，"癸丑岁暮，始于罗叔言先生处读斯坦因博士所得之汉晋简牍及沙畹博士考释之书"，罗氏"乃属国维分任考订"。而"爰弁简端，用诏来学"的罗振玉序，实为《流沙坠简》全书的总序，表明了罗氏乃是合撰《流沙坠简》之组织者与主导者。序言开头，概述了他协同王国维考订之缘起，略谓：

> 光绪戊申（1908 年），予闻斯坦因博士访古于我西陲，得汉晋简册载归英伦，神物去国，恻焉疚怀。越二年，乡人有自欧洲归者，为言往在法都，亲见沙畹博士方为考释，云且版行，则又为之色喜，企望成书，有如望岁。[①]

罗振玉在"五一《自赞》"中，不是有"拾坠简于流沙"之赞词吗？很遗憾，罗氏终其一生，未能涉足"流沙"；其所"赞"之"拾"者，盖即"访古于我西陲"的斯坦因。王国维对斯坦因及其所"拾"，曾做扼要介绍，移录如下：

> 汉人木简，宋徽宗时已于陕西发现之。靖康之祸，为金人索之而去。当光绪中叶，英印度政府所派遣之匈牙利人斯坦因博士（M. Aurel Stein）访古于和阗（Khotan），于尼雅河下流废址，得魏晋间人所书木简数十枚。嗣于光绪季年，先后于罗布淖尔东北故城得晋初人书木简百余枚，于敦煌汉长城故址得两汉人所书木简数百枚，皆经法人沙畹教授（Ed. Chavannes）考释，其第一次所得印于斯氏《和阗故迹》（*Sand-buried Ruins of Khotan*）中，第二次所得别为专书，于癸丑、甲寅间出版，此项木简中有古书历日方书，而其大半皆屯戍簿录，于史地二学关系极大。癸丑冬日，沙畹教授寄其校订未印成之本于罗叔言参事，罗氏与余重加考订，并斯氏在和阗所得者景印行世，

---

① 罗振玉：《流沙坠简序》，《雪堂校刊群书叙录》卷上，《罗振玉学术论著集》第九集。

所谓《流沙坠简》是也。①

这里，我想先略述斯坦因②先后四次窜入我新疆、甘肃，以探险为名窃取文物的活动，依次为：

第一次，光绪二十六年至二十七年（1900—1901 年）；

第二次，光绪三十二年全三十四年（1906—1908 年）；

第三次，民国二年至五年（1913—1916 年）；

第四次，民国十九年（1930 年）。

据记载，其第一次在塔里木盆地，于和阗附近沙碛中掘得壁画及简牍，以及各种文字之佛经残卷，编有《和阗沙埋废迹记》《古代和阗考》；第二次于塔里木盆地至甘肃敦煌及敦煌西北部长城遗址，掘得简牍极多，次年（1907 年）五月，首次从敦煌千佛洞石室中取得石室藏书及古代艺术品，满载而归，并编有《西域图考》《千佛洞记》《沙漠契丹废址记》；第三次则由帕米尔高原转道新疆，复得简牍及大批敦煌石室藏书，编有《亚洲腹地考古记》；第四次来中国欲谋再举，为我国政府所阻而止。③

参比以上记载，王国维所述斯坦因光绪中叶"访古于和阗"及光绪季年先后于罗布淖尔古城、敦煌汉长城故址得汉晋木简，殆即其第一、第二次访古活动。王氏以《中亚西亚探险谈》为题，译出了藤田丰八从法国寄来的 1909 年 9 月英国《地理协会杂志》所载斯坦因讲述其第二次在新疆、甘肃之活动经历的报告，并附译了《赫亭博士来函》。"赫亭博士"盖即于 1900 年发现楼兰古城④之瑞典地理学家斯文赫定（Sven Hedin），函中讲述了沙漠中发现楼兰故址，称"漠中万物皆作浅黄色，积沙似古城，古城似积沙"。这可能是最早向中国学术界讲述楼兰古城的译文。罗振玉复于其所辑《敦煌石室遗书》附刊了王氏译

---

① 王国维：《近二三十年中国新发见之学问》，《静庵文集续编》，《王国维遗书》第五册。

② 斯坦因（1862—1943），出生于匈牙利布达佩斯，后入英国籍，主攻东方语言学与考古学，通梵语、波斯语，被誉为考古学家、艺术史家、地理学家、探险家，是国际敦煌学奠基者之一。

③ 参见顾颉刚《当代中国史学》，第 64—65 页，上海古籍出版社 2002 年版。按，斯坦因第四次窜入新疆，雇人在于阗、若羌一带进行盗掘活动，为中国政府所阻而被迫停止。

④ 楼兰古城，汉魏西晋时古城遗址，位于新疆若羌罗布泊西北，1900 年被发现，现为全国重点文物保护单位。

文，时为宣统元年腊月（1910 年 1—2 月间）。[①]

那么，被今世学人姜亮夫斥为"帝国主义强盗"的斯坦因的三次访古，究竟从中国盗走了多少宝物？姜氏乃王国维讲学清华研究院时的首届毕业生，著名的敦煌学家，他怀着极为痛切的心情说，"斯坦因是第一个劫走敦煌宝藏的人"，其劫去之经卷全部藏于不列颠博物馆，全数当不下七千卷；又说，另一件非常重要的文书，名震世界的汉简，其发现者也正是斯坦因。1908 年，斯坦因从新疆向敦煌行进之时，进入玉门关后，于古长城遗址斜坡上的垃圾堆里，"仅仅一方哩的地上，得到有字的木简三百以上"！[②]

然而，"拾坠简于流沙"的斯坦因却不通汉语，不识中文。他只能求助于精通中国古文字学，以翻译《史记》著称的法国汉学家沙畹，[③] 将其第二次"中亚探险"所得之汉晋简牍，交由沙畹考释。罗振玉所述"越二年"即 1910 年，有乡人"在法都（巴黎）亲见沙畹博士方为考释"，指的就是沙畹对斯坦因所得近千件简牍进行考证及注释。那么，被罗振玉"姑隐其名"的这位"自欧洲归"的"乡人"，又是谁呢？实即其时为总揽商务印书馆编译之张元济。盖张氏于本年 9 月 16 日抵达巴黎，9 月 24 日在伯希和陪同下参观法国国家图书馆，观看该馆所藏敦煌文献。尤可注意者，是"先生在法期间，拜访沙畹"，[④] 使他得以亲见沙畹正在从事的"汉晋简册"之考释，并且将"版行"的信息传递给了时为学部参事官的老友罗振玉。

---

① 罗振玉称：宣统元年（1909 年）冬十一月，藤田丰八邮寄英国《地理协会杂志》所载《斯坦因氏游历中亚细亚演说》。据此推知王译斯坦因"演说"，当在 1910 年 1 月间。参见《贞松老人外集》卷一《流沙访古记序》，《罗振玉学术论著集》第十集（下）。

② 以上讲述斯坦因敦煌盗宝及发现汉简，参见姜亮夫《敦煌学概论》，第 159、167 页，北京出版社 2004 年版。

③ 沙畹（1865—1918），被尊为"欧洲汉学泰斗"，世界上最早整理研究敦煌与新疆文物的学者之一，法国敦煌学的先驱，精通中国碑帖、古文字学，以毕生精力从事《史记》翻译与注释，成为他在史学上之最大贡献。

④ 张人凤、柳和城编：《张元济年谱长编》，第 303 页，上海交通大学出版社 2011 年版。

《流沙坠简》

罗振玉闻风而动。他怀着强烈的发现意识与抢救意识，得知沙畹正在将斯坦因窃取的汉晋简牍进行整理考释，不由欣喜万分，急切地"企望成书"，就仿佛老农盼着田地里的稻谷早日登场一样。于是，他在辛亥（1911 年）东渡以后，即致书沙畹，"求为写影"，并且很快就接到了沙畹的复信，说考释已经付印，不久即可成书。

当时，沙畹所在的巴黎乃是欧洲的汉学中心，而作为伯希和老师与斯坦因挚友的沙畹，则堪称此中心之"祭酒"。沙畹能毫不怠慢，热情回应罗氏所求，当然亦非偶然，实乃起始于这位研习中国古文字学的"法儒"，对彼时尚属"寂寞孤冷之学"的甲骨文字的关切。罗振玉在致沈曾植的书札中，曾如是写道：

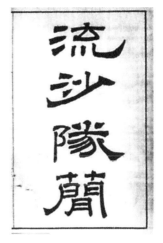

《流沙坠简》书影

> 白玉为此学，除长者一再奖励外，则法儒沙畹博士曾节译拙著《贞卜文字考》，谓为空前之学，寥寥天壤间，中外各一人耳。①

另外，我们还不可不提的是王国维，他寓居日本京都后所撰第一部著作《简牍检署考》，草成于壬子（1912 年）春，于当年"秋朔日第四次写定"，补撰后记云：

---

① 《罗振玉与沈曾植书函》之一七，许全胜整理，上海图书馆历史文献研究所编《历史文献》第十九辑，上海古籍出版社 2015 年版。

此稿日本铃木学士虎雄译为日文，登诸壬子年《艺文》杂志者乃未改定之本，夏间复增补若干条定为此稿。岁暮闻法国沙畹教授方研究斯坦因所得古牍，复写一本遗之。[①]

这就是说，王国维不仅译出了斯坦因自述其"拾坠简于流沙"的演说，还将他自撰的被今世学者誉为中国简牍学奠基之作的该书改定稿，于壬子（1912年）岁暮抄寄沙畹。

所以，按照罗振玉所述，"望之又逾年，沙君乃亟寄其手校之本以至"，亦即癸丑（1913年）岁暮，罗氏接到从法国寄来之斯坦因所得汉晋简牍及沙畹考释之书的校样，应该认为此乃东西方学者的一次成功的学术对接与饶富情谊的学术交流。

沙畹考释并编定的这部书稿，简称《斯坦因所获中国简牍考释》。[②] 据统计，全书共收录汉晋简牍九百九十一片，分为三编：

第一编，第一片至七百零九片，系敦煌西北古长城废址所得；

第二编，第七百二十一片至九百五十片，系蒲昌海北楼兰废址所得（其中九百四十片至九百五十片系斯坦因第一次考察时在尼雅所得）；

第三编，第九百五十一片至九百七十四片，系在和阗东北玛咱托拉一地所得；第九百八十一至九百八十三片则为拔拉滑史德一地遗物。[③]

罗振玉接得沙畹寄赠的此书"手校之本"，乃偕同王国维怀着"世人亟欲先睹是简"的急切心情，迅即研读起来，并决意重新加以遴选编排，校订考释。

这是一项重大的学术工程，也是罗、王协力攻关，合作著书，取得卓越学术成就的范例。其书总名曰《流沙坠简》，从沙畹所录九百九十一片的书中，选取五百八十八片，分为三类（卷）：

第一类（卷），《小学术数方技书》；

---

① 据中国国家图书馆所藏王氏手稿，参见胡平生《简牍检署考导言》，又见《王国维全集》卷二。

② 沙畹编撰：《斯坦因所获中国简牍考释》（*Les Documents Chinois Decouverts Par Aurel Stein Dans les Sables Du Turkestan Oriental*，亦译为《奥莱尔·斯坦因在中亚沙漠中所获汉文文书考释》），1913年牛津大学出版社出版。

③ 顾颉刚：《当代中国史学》，第68页，上海古籍出版社2002年版。

第二类（卷），《屯戍丛残》；

第三类（卷），《简牍遗文》。

罗振玉于全书卷首所弁总序中，概述简牍遗文之内容、价值。全书"分端考订，析为三类"，由罗氏自任第一、第三类（卷）之校订考释，实即有关"不瓠"之证、字体别构，与夫名物、艺事诸端；而由王国维分任校订考释之第二类（卷），即玉门之方位、烽燧之次第等，这是《流沙坠简》全书的重中之重。

《流沙坠简》成书于何时？王国维说"尽三四月之力为之"，亦即罗、王分工合作，自癸丑（1913 年）年底迄于甲寅（1914 年）四月，付印于 1914 年夏初，以《永慕园丛书》问世。

为通览《流沙坠简》全书，谨先将王国维校订、考释之第二类（卷）《屯戍丛残》，概述如次。

《屯戍丛残考释》，卷首有一篇被鲁迅誉之为"那才可以算一种研究国学"[①]的著名长序，内容分为六目，即：（1）簿书，（2）烽燧，（3）戍役，（4）廪给，（5）器物，（6）杂事，并附王氏排类之《屯戍丛残图版》。

王国维说《屯戍丛残考释》属稿于癸丑岁杪，迄甲寅正月而就，二月间得读斯坦因《考古纪行》之书，乃就斯氏所记汉简出土之地，补写了跋，并于甲寅三月撰《流沙坠简补遗考释》一卷，附《流沙坠简补遗图版》，收录了斯氏《古代和阗考》第二册中所载尼雅木简；另有附录，为日本西本愿寺主大谷光瑞所派遣之橘瑞超于罗布淖尔所得简纸，皆西域长史李柏书稿，又据斯坦因《考古纪行》书中附图，绘制了《烽燧图表》。

越二年，即丙辰（1916 年）二月，《流沙坠简》编入上海《广仓学宭丛书》，王国维再撰《流沙坠简考释补正》一卷，附于书后。

再看罗振玉自任之《流沙坠简》第一卷《小学术数方技书考释》，[②]卷首序解题云：

　　　往闻伯希和君言：斯坦因博士所得古简中有字书、历书、占书、

---

① 鲁迅：《鲁迅全集》卷二《不懂的音译》，第 120 页，人民文学出版社 1981 年版。

② 罗振玉撰《流沙坠简》之《小学术数方技书考释》《简牍遗文考释》，《罗振玉学术论著集》第二集（上）。

医方，意其中或尚多古佚书。乃今译检诸简，则仅得《苍颉》《急就》《力牧》、历谱、算术、阴阳书、相马经、兽医方诸书而已。始悟屯戍所用，得此已足，故不复有他籍也。凡此诸书，不出班《志》（按，即班固《汉书·艺文志》）小学、术数、方技三类中，因颜之曰《小学术数方技书》。其目为：

（一）小学类：

1.《苍颉》

2.《急就篇》

（二）术数类：

1.《力牧篇》

罗氏考云：《力牧》，古书或作《力墨》。

2. 历谱：（1）元康三年历谱，（2）神爵三年历谱，（3）五凤元年八月历谱，（4）永光五年历谱，（5）永元六年历谱，（6）永兴元年历谱。

3. 九九术

4. 吉凶宜忌

5. 占书

6. 相马法

（三）方技类

医方：（1）治久咳，（2）治伤寒马，（3）治马膏方，（4）治马伤水方。

颇可注意的是，罗振玉于本章小学类的考释中，对古字书《苍颉篇》《急就篇》作了甚为详尽的说解，而其要端，实皆首发于两年前（1912年）王国维所撰《简牍检署考》。由罗、王对"觚之形制"之考，尤可证二家之学，"你中有我，我中有你"，且在王氏所作考证中，已经注意到了"殷人龟卜文字"。所以，紧接于其后罗振玉撰《殷虚书契考释》而"颇采王氏之说"，乃在情理之中。

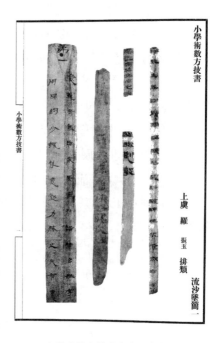

《小学术数方技书考释》书影

那么，罗振玉自任之第三卷《简牍遗文考释》，有何精彩之处？曰：在书牍体式与书体之变迁的考释。如卷首序所云：

> 古简文字最难识。其时最先者上承篆书，下接章草，一也；边徼急就之书，颇多讹略，二也；断烂之余，不能求其义理，三也。诸简皆然，而书牍为尤甚。此编所录，合简纸计之，都八十有八，而完整者不过二三；其可考见事实者亦少，然借以知书体之变迁，窥简牍之体式，其裨益亦甚钜。

此卷所录八十八件，盖可区分为四类：

1. 木简：三十七件，依次为第一至三十五，第七十一、八十一；
2. 纸片：四十七件，依次为第三十八至七十、七十二至八十、八十二至八十六；
3. 帛书：两件，依次为三十六、三十七；
4. 结尾八十七、八十八，断残，不详。

罗氏于木简一下，加按语云：

> 右简前称"伏地再拜"，当时书式如此。卷中诸牍，言"伏地再拜者"，并此而五。以书体观之，皆在西汉季年及东汉初叶也。

于木简三十五下，加按语云：

> 右八简隶书至精。其所致问之人，曰王，曰大王，曰小大子，曰且末夫人，曰夫人春君，曰春君；其致问之物，曰琅玕，曰玫瑰，曰黄琅玕。斯君（斯坦因）谓：此简出土之地当为精绝国。王君（王国维）谓：且末夫人，当是且末之女，女于精绝者，如齐姜宋子之类。其说均至确。

于帛书三十六、三十七下，加按语云：

古二书，写于缣上。按，汉时书记大抵用木，所谓尺牍，皆是也。唯《汉书·高帝纪》："书帛射城上。"《苏武传》："天子射上林得雁，足有系帛书。"古诗："呼儿烹鲤鱼，中有尺素书。"则简牍之外，亦兼用帛作书。今此编汉人书记二十余通，皆用简牍，其用帛书者，唯此而已。此二书时代，尚在西汉之末。《汉书·孙宝传》："宝从京兆尹左迁敦煌鱼泽障侯。"是西汉时有鱼泽侯一官，王君（王国维）以为宜禾都尉属之侯官，其说是也。若东汉以后，则无鱼泽侯，而但有鱼泽尉（见《屯戍丛残·簿书类》第六十一简，乃永平十八年事）。王君以此鱼泽尉为障基尉之属，其下不得有侯官、侯丞，说亦至确。今此书有"鱼泽侯守丞王子方"语，则非东汉后物矣。书中成乐在前汉为定襄郡属县，广衍为西河郡属县，此二书殆自成乐致敦煌者也。书中"适衣进食"，与第六简"近衣进御酒食"语略同，殆汉人书简中习用语，亦犹后人之言加餐耶。

于纸片六十七下，加按语云：

诸简牍中，唯此及下第七十五书，与《屯戍丛残·簿书类》三十二至三十五四简为草书，与秘阁所载晋以来尺牍书体相同。此外，皆章草。否则，亦存章草及隶书遗意。其章草书具年月者，则和《屯戍丛残·廪给类》第十一简有建武三十一年字，第二十简有永平十一年字。然则，前人谓章草始于章帝者，殆不然矣。又神爵四年简（《屯戍丛残·烽燧类》第二十）与二爨碑颇相近，为今楷之滥觞；至永和二年简（《屯戍丛残·簿书类》二十三）则楷七而隶三矣。魏景元四年简（《屯戍丛残·杂事类》第五十六）则全为楷书。此卷魏晋以后诸书，楷法亦大备。昔人疑锺太傅诸帖为传杬失真，或赝作者，以此卷证之，确知其不然也。此有关于书体之沿革，故附著之。

罗氏精于书法，其论说书体之沿革，卓识灼见，殆非常人可及，故备录之。

敦煌石室之劫

　　《流沙坠简》于 1914 年春夏间问世之后，罗振玉原定的学术活动是与王国维相约赴欧洲访学。这时，罗氏心谊已久的沙畹还准备与英、德学者一道向他发出邀请。但是，"未几而巴尔干大战起，乃中止"。[①] 当此之时，"莽莽神州入战图"，中国战乱频仍，而世界实在也很不安宁。所说"巴尔干大战"，即第一次世界大战，爆发于 1914 年 6 月 28 日，到 1918 年 11 月结束，历时四年又三个月，先后有三十余国参战，[②] 其主要的交战国，则正是罗振玉欲至的英、法与德国；而介绍罗氏与沙畹、斯坦因通信的伯希和，则"欧战事起，从军达达尼斯海峡"（王国维语），亲自投身一战，确是位颇具传奇色彩的人物。他既怀着"劫夺的野心"紧步斯坦因之后赶往敦煌夺宝，又在夺宝之后前来北京向"嗜古多藏"的罗振玉等人出示其"所得"，进而与中国学界"广结良缘"。近人因而将蔡元培、罗振玉、王国维、董康、张元济、陈垣、陈寅恪、李济、傅斯年等中国学者自 1909—1934 年，不同时段里写给伯希和的书信，以原件影印汇辑成书，这是很有意义的。卷首有编著者长序，讲述了伯氏是如何与中国结缘及其发迹的经历，追溯了他之所以能超越被称为"第一个进入藏经洞"的斯坦因之优势时说：

　　　　唯一的优势，就是伯希和本人精通在这个区域可能会遭遇到的蒙古语、阿拉伯语、波斯语、藏语、梵语和汉语……

　　　　凭着语言学家的职业敏感，伯希和迅速将探险目标锁定为敦煌，并取道乌鲁木齐直接向敦煌进发。但到达时，敦煌已经在考古学的意义上首先被斯坦因"挖掘"了。对伯希和来说，幸运的是，斯坦因团

---

　　① 　罗振玉：《集蓼编》。
　　② 　参见管敬儒《第一次世界大战的爆发》，《外国历史大事集》近代部分第四分册，第 67—68 页，重庆出版社 1986 年版。

队薄弱的汉文文献识别能力，使最有价值的汉文遗书仍然静待洞中。1908 年 4 月，伯希和在昏暗的灯光下，以后来被传颂的"日览三千"的"极速"，在藏经洞中工作三个星期，从数万件遗书中，捡出数千件，并对其中的大多数做了记录和分类。又以与斯坦因同样的方式，从看守敦煌藏经洞的王道士手中购得遗书和二百多幅唐代绘画等文物，打包运回巴黎。①

应当说明的是，伯希和被称为语言天才，② 精通法语以外的十三种语言，尤其擅长中文，能讲一口流利的北京官话，令初次与他会晤的罗振玉、王国维等人大为惊讶。凭着他独特的语言优势，虽然以与斯坦因同样的方式，向守洞者王道士施展"银元宝贿购"手段劫取宝物，但所获大有不同。斯坦因不通中文，只能借助其在新疆雇请的蒋师爷（真名叫蒋孝琬）做"导劫"，所劫并非都是精品；而伯希和进得窟中，所选取与劫掠的皆为藏经洞之精华，其中有关道教的经卷几乎被他一人全部盗走！王国维继译介斯坦因中亚探险谈之后，又以《近日东方古言语学及史学上之发明与其结论》为题，译介了伯希和应聘任教法兰西学院中亚细亚语史学教授之职（即中亚历史考古学讲座）的就职演说，并在译后记中介绍其人其学，说他"于亚洲诸国古今语，无不深造"，"所获之中国古籍，吾友上虞罗参事既印行其大半，世当无不知"。③ 此篇译于己未孟秋，即 1919 年秋七月。这时，距罗氏偕同他在京初晤伯希和已有十年之久了。回眸往事，罗振玉曾有如是记述：

> 宣统纪元，法国大学教授伯希和博士赁宅于京师苏州胡同。将启行返国，所得敦煌鸣沙石室古卷轴已先运归，尚有在行箧者，博士托

① 祖艳馥、〔西〕达西娅·维埃荷-罗斯编著：《史与物·序言》，《史与物（中国学者与法国汉学家论学书札辑注）》，商务印书馆 2015 年版。按，以下简称《史与物》。

② 保罗·伯希和（1878—1945），出生于巴黎，毕业于巴黎大学，旋入法国汉学中心习汉语，专攻东方各国语言历史，尤致力于中国学研究，于 1911 年被法兰西学院聘请，主讲中亚历史考古学讲座，负责主编欧洲主要汉学杂志《通报》。1939 年，被聘为中国中央研究院历史语言研究所研究员。他的《伯希和敦煌石窟笔记》《敦煌千佛洞》《伯希和西域探险记》《郑和下西洋》等著作，先后被译成中文出版。

③ 《观堂译稿》（上），《王国维遗书》第十四册。

其友为介，欲见予，乃以中秋晨驱车往。[①]

　　事实上，伯希和窃掠我敦煌文物，携残卷数束过京，惊动了当时的官场、学界，尤其是文化教育方面的在京官员。据恽毓鼎当年八月二十一日（1909年10月4日）日记，"酉刻赴六国饭店公宴法兰西人伯希和（字履中）"，并记"书衡、授经大集知名嗜古之士二十余人，宴伯希和以志奇遇，余亦与焉"。既惊叹地说："伯习华语专治中国古学。席间纵论版本，辨析真赝，即在吾辈犹推博洽，况欧族耶？"更感慨敦煌石室遗书历经千余年，"风雨兵火所未毁，道俗樵苏所未伤，山灵护存，幸而发现。地方官吏绅衿，曾无一人过问，乃举而付诸法兰西人之手，重洋万里，辇归巴黎，岂非至可恨可伤之事"。[②]所记两位集宴者，实即时任学部编译图书局副局长王仁俊，以及任职于法部而热衷于辑刊古籍的董康（授经）。参宴者主要为学部官员，如宝熙（学部侍郎）、刘廷琛（京师大学堂总监）、柯劭忞（经科监督）、江瀚（学部参事官）、徐坊（国子监丞）、蒋黼（学部二等咨议官）等。据称，席间诸人庆贺"如许遗文失而复得"，要求伯希和"归后择精要之本照出大小一如原式，寄还中国"；伯氏则表示，"今卷子虽为法国政府所得有，然学问为天地公器，其希望摄影誊写者，自可照办"，云云。敦煌石室遗文乃是中国所有之秘藏，然经伯希和骗购[③]，竟成了"法国政府所得有"，这就是帝国主义列强的强盗逻辑！

　　当天，罗振玉因故未能赴宴。[④]在他访晤伯希和时，见到伯氏出示的唐人写本及石刻，"诧为奇宝，乃与商影照十余种"。伯氏又告知他敦煌石室尚有卷轴约八千轴，以佛经为多，很可能被他人尽取无遗，为何不早日购回北京？罗振玉乃建议学部致电陕甘总督毛庆蕃，托其代为学部购致。

　　应当指出，购回敦煌经卷以及解送学部，这在当时不是一件小事，引起了

----

①　罗振玉：《集蓼编》。

②　参见恽毓鼎《澄斋日记》（二），第453—454页，浙江古籍出版社2004年版。

③　据相关记载，1907年5月，斯坦因以四锭马蹄银（相当于200两白银），首次从莫高窟攫取完整的文书3000卷，其他单页和残卷约6000多篇，绘画500幅，计24箱经卷文献和5箱绘画刺绣等艺术品。1908年2月，伯希和从藏经洞内"选取"最有价值的文书6000余种（2000余卷），以及200多幅唐代绘画、幡幢、纺织品、木制品等器物，共装了10辆大车，所付代价为500两银子。

④　有的记载称罗振玉"因病未赴宴"。据上引罗氏自述，"中秋晨驱车往"见伯希和，则罗、伯会晤，商洽敦煌文物影照，当在9月28日，即"公宴"前一周。

学界极大关注。例如，汪康年在其晚年所撰笔记卷七《雅言录》中，曾记其事，略云：

> 敦煌鸣沙山石室秘藏，既多为英人（斯坦因）及法人伯希和所取，然所遗尚多，学部中人乃请其长官电甘肃致之。委员某运至京，初有六千卷，至京先住苏州胡同吴宅，检出佳者百卷，次日始将所余五千九百卷送部，弃碎片一箱云。闻委员即李木斋之甥。此事木斋与同志数人为之，取得即共分之云。[①]

汪氏笔记中之"学部中人"，其实就是他的老友罗振玉。而"木斋"就是曾为出使日本国大臣的藏书家李盛铎，"木斋之甥"者，则为担任接受和押解的新疆巡抚何某之子，又是李氏女婿的何彦威（震彝），翁婿联手，伙同刘廷琛，串通甘肃派出的押解"委员"（差官）傅某等人，将运入京师的敦煌文物截留，遴选其中精品私分。这就难怪罗振玉回叙此事，愤慨不已，说："比既运京师，复经盗窃。"（《鸣沙石室佚书》序）；嗣后，陈垣将敦煌卷子汇编成书，名曰《敦煌劫余录》，意为外国人劫后，朝廷大员再劫，确是"劫中有劫"，令人扼腕![②]

如上所述，敦煌石室经卷究竟有多少？据近人记述，大致可分而为三，一是第一个盗宝者斯坦因先后数次劫往英国的经卷，现全部藏于不列颠博物馆，全数当不下七千卷；另有敦煌壁画幡幢之属，绝大部分存于印度新德里中亚古物博物馆（New Delhi Central Asia Antiquities Museum）。

二是紧随其后的伯希和掠运巴黎的中文写本一千五百多卷，藏入法国国家图书馆，而其所劫得之绘画等则另庋藏于巴黎集美（Musée Guimet，主要为佛画、佛像）及罗浮宫（Musée du Louvre，主要为版画、绣帛、工艺品、绘画之类）两博物馆。

三是，经罗振玉建议，由学部购致解京的经卷计六千卷，移藏部属京师图书馆，至民国十八年（1929 年）移交北平图书馆，经整理编目，共九千八百七

---

① 汪康年：《汪穰卿笔记》，第 189 页，上海书店出版社 1997 年版。
② 罗继祖：《庭闻忆略：回忆祖父罗振玉的一生》，第 43 页，吉林文史出版社 1987 年版。

十一号。^①

校刊敦煌群书

敦煌石窟遗书，毫无疑问是继殷墟甲骨文字之
后，20 世纪中国考古之又一重大新发现。

站在此项新发现之新学问最前沿的，依然是罗
振玉及其学术同道王国维。

发表于 1909 年上海《东方杂志》的《敦煌石室
书目及发见之原始》，是罗振玉所撰，应该也是中国
的第一篇敦煌学著作。^② 卷首序六：

《东方杂志》书影

　　敦煌石室，在敦煌县东南三十里三危山之
下。前临小川，有三寺曰上寺、中寺、下寺，
上中两寺皆道观，下寺乃僧刹也。寺之左近，
有石室数百，唐人谓之莫高窟，俗名千佛洞，
各洞中皆有壁画，上截为佛像，下截为造像人画像，并记其人之姓氏
籍里，惟一洞中藏书满中，乃西夏兵革时所藏，壁外加以像饰，故不
能知其为藏书之所，逮光绪庚□扫治石洞，凿壁而书见，由是稍稍流
落人间。

这里所述"光绪庚□"，即光绪二十五年庚子（1900 年）。两年后出任甘肃
学政的叶昌炽曾追记其事，云：

---

①　姜亮夫：《敦煌学概论》，第 159—161 页，北京出版社 2004 年版。

②　罗振玉：《敦煌石室书目及发见之原始》，原刊《东方杂志》第六卷第十号，1909 年 11 月 7 日。

敦煌县千佛洞，即古之莫高窟也。洞扉封以一丸泥，十余年前，土壁倾陷，豁然开朗，始显于世。中藏碑版经像甚夥。楚北汪栗庵太令宗翰以名进士作宰此邦，助余搜讨，先后寄贻宋乾德六年水月观音画像，写经卷子本、梵叶本各二，笔墨古拙，确为唐经生体，与东瀛海舶本无异。[①]

叶氏所称"十余年前"，即指庚子（1900年）四月，守洞者姓王名元箓的道士，在扫洞时无意中发现了这个藏满经卷的石洞！

罗序接着概述丁未（1907年）冬，伯希和游历迪化（今乌鲁木齐），长庚将军赠以"石室书一卷"。伯氏因而识得其宝，"亟诣其处"，亦即窜入敦煌石窟掠劫经卷与盗运法国的情状，云：

（伯氏）购得十余箱，然仅居石室中全书三分之一。所有四部各书及经卷之精好者，则均囊括而去矣。大半寄回法国，尚余数束未携归。昨往观，将所见及已寄回之书目，略记于左。

时隔一百余年之后，我们重读罗氏这篇序文，不能不特别留意于"昨往观"一语。这就是说，他是在1909年中秋访晤伯希和，从苏州胡同驱车返回宣内象来街寓所之翌日（9月29日），即怀着"欣喜欲狂"的心情，奋笔撰此石室藏经书目及其发现之由来。但是，这毕竟属"急就章"，为着让学界有较详且确的了解，紧接着他重录了上述书目并加考语，撰成《莫高窟石室秘录》[②]，凡书卷、雕本、石刻、经像、壁画、古器物及余记七篇。罗振玉曾一再感叹，甲骨之学寂寞枯冷，而敦煌经卷则出"洞"即"热"。留下了"辛劬"成果的，除了"耿耿此心，与伯君归帆俱西"的罗振玉之外，一位是参与公宴伯氏的王

---

① 叶昌炽：《石语》卷一，第24页，辽宁教育出版社1998年版。按，《石语》初撰于庚子（1900年），改定于宣统元年己酉（1909年）。

② 罗振玉：《莫高窟石室秘录》，原刊《东方杂志》第六卷第十一号（1909年12月7日）、第十二号（1910年1月6日）。

仁俊，自述"齎油素，握铅椠，怀饼就钞者四日"余，撰成《敦煌石室真迹录》。[1] 另一位参与公宴的蒋黼，他不仅前往伯希和住处"移录"，而且协助罗氏就有关经卷加以考订，例如，罗氏《莫高窟石室秘录·书卷》所录《寺历》三卷之《金光明寺故索法律邈真赞（并序）》下"于时文德二年岁次己酉六月二十五日记"，罗氏加考证语云：

> 蒋君伯斧考唐僖宗光启四年二月，改元文德。三月，帝崩，昭宗即位，改明年为龙纪，故文德无二年。敦煌僻远，信使鲜通，故新君登极岁余，而民间尚未知之也。

寥寥数语，堪为准确把握并解读敦煌石室书卷之范例。

上述《莫高窟石室秘录》发表的同时，罗振玉与董康联名致信"归帆"己西的伯希和，希望他信守在北京"所承诺的，返回巴黎时，将为我们展示您的藏品影照件，费用由我们支付"；同时告知伯氏，在寄给他的书单中，有"我们将在北京请人制作的影照件"，"是经过我们仔细甄选的"，[2] 实即罗振玉、蒋黼合编，由董康诵芬室刊印之《敦煌石室遗书》。其中有蒋黼所辑《沙州文录》二十一种，乃由伯氏在北京出示的敦煌卷子中选录的碑、牒、赞、记等中选取。但是，也有必要说明，除了以上诸人的"辛劬"之外，并无实在的"学术共同体"。例如，1917 年一战结束前夕，罗振玉曾在得悉伯希和被委派至北京，就任法国使馆陆军武官次官的消息后所写书信中，既为之祝"捷"，又难掩"沧桑之感"，其中写道：

> 前（指 1909 年）在北京与阁下相见诸人，惟王君国维同弟到日本，今在上海；徐君坊今为师傅（徐坊时在小朝廷内任溥仪师傅）；若蒋君黼、王君仁俊，则已谢世；此外诸人，则与弟志趣不同，亦遂

---

① 王仁俊：《敦煌石室真迹录》，宣统元年（1909 年）国粹堂石印。按，王仁俊（1866—1913），字杆郑，号籀许，江苏吴县人，光绪十八年（1892 年）进士，时任学部编译图书局副局长。该书分甲乙丙丁戊五卷（附一卷），被誉为国内第一部敦煌文献资料集。

② 《罗振玉董康致伯希和信》（1909 年 12 月 22 日），《史与物》，第 86 页，商务印书馆 2015 年版。

不通消息矣。①

当然，伯希和也不忘故交。他自称王国维的老朋友，并在为王氏自沉而写的悼念文章中追忆前情，说：

> 1908年到1909年我客居北京之时，曾带去几卷精美的敦煌遗书，并由此结识了罗振玉和他身边的一群学问家，有蒋黼、董康以及王国维。

伯希和还提及了"同上海的缪荃孙、叶昌炽"等的私人接触。② 但与"敦煌遗书"之搜辑、研究无关。真正保持敦煌学"志趣"的，实仅罗、王二位；尤其是罗氏，辛亥东渡之前，他"编录先后所见"，考订选辑为敦煌《佚籍丛残》刊入《国学丛刊》（1911年），其中包括唐写本《隶古定尚书》《论语郑氏注》《慧超往五天竺国传》《西州图经》《沙州图经》《老子化胡经》《景教三威蒙度赞》《修文殿御览》等二十种。辛亥东渡以后，从1913年4月罗氏收到伯希和寄来"敦煌影片"的复信中，我们可以得知他曾托时任京都大学东洋史讲座的滨田耕作赴欧留学之机，给沙畹、伯希和、斯坦因诸人带去自己新刊的著作，并请伯氏"补照敦煌各书目录"，允诺连同伯氏"前次（寄来）影片"，"当于一二年内陆续以玻璃板印行"。③ 一年之后，罗振玉致信伯君，告以"代影照敦煌各卷，近始着手考订"，还在信末开列了"仍求代照"的书名，其中有《陈子昂集》《唐韵》《切韵》等。④ 于癸丑（1913年）六月望日、十七日、二十日，他接连撰了《敦煌本春秋后国语略出残卷跋》《敦煌本春秋后语秦语残卷跋》《敦煌本春秋后语魏语残卷跋》。⑤ 所跋诸残卷，皆藏法国国家图书馆，而罗氏所藏《春秋后秦语》第一（伯希和所得敦煌书目中有《孟说秦语》中第二，故以此为第一），则为"石室藏书由敦煌解送学部时为人所盗鬻"，罗氏见

---

① 《罗振玉致伯希和信》（1917年6月11日），《史与物》，第108页，商务印书馆2015年版。

② 伯希和：《王国维》，《追忆王国维》（增订本），第362页，三联书店2009年版。

③④ 《罗振玉致伯希和信》，1913年4月21日、1914年5月19日，《史与物》，第92、96—97页，商务印书馆2015年版。

⑤ 罗振玉：《雪堂校刊群书叙录（下）》，《罗振玉学术论著集》第九卷。按，此三跋，初刊《鸣沙石室佚书》，统名为《春秋后国语跋》。

而"诧为瑰宝"，乃于宣统庚戌（1910 年）以重价购得于北京书摊；而在《敦煌本春秋后语魏语残卷跋》中，罗氏感叹"此书绝于人世者垂七八百年"，既出于"穷荒万里之外"，复成了伯希和之"遗珠"，并于跋后补记云：

> 英京（伦敦）藏《敦煌书目》有《春秋后秦语》下，则《秦语》果分三卷。又有《春秋后语注》，存《楚》第八，《燕》第十，则此书卷第可考者，卷一、二、三为《秦语》，五为《赵》，六为《韩》，七为《魏》，八为《楚》，十为《燕》，所不可知者卷四及卷九耳。

可见孔衍《春秋后国语》书卷，[①] 就这样劫而又劫，残之又残，多么令人痛心！那么，《玉台新咏》[②] 既被伯希和携归，何故又要反过来致信向他"奉闻"呢？罗振玉考曰：

> 敦煌唐写本《玉台新咏》，起张华《情诗》第五篇，讫《王明君辞》，五十一行，前后尚有残字七行，不见书题，而诸诗皆在《玉台新咏》卷二之末，知即《新咏》矣。[③]

这是说，二五〇三号卷子有诗名而无书题，经罗氏查考，始知其为《玉台新咏》，并且以传世之"今本与比勘，异同甚多"，因而感叹，"惜石室版遗，仅此五十余行"。然虽为残卷，那仍是字字珠玑！

经过自夏至秋的校理，罗振玉将先后三载（1910—1912 年）所得伯希和"次第邮致"的法国国家图书馆藏敦煌古写本"影片"，选辑为《鸣沙石室佚书》，以珂罗板影印。王国维曾为之撰学术札记，述其由来，云：

[①] 孔衍（268—320），字舒元，鲁国人，晋明帝时广陵太守，以《战国策》所书未尽善，乃引太史公所记，参其异同，撰《春秋时国语》及《春秋后语》二书，今存世者唯《春秋后语》，即《春秋后国语》。《晋书·儒林传》有传。

[②]《玉台新咏》十卷，梁·徐陵（507—583）编，是继《诗经》《楚辞》后，中国最古之诗歌总集，有清康熙年间徐兆笔笺注本。

[③] 罗振玉：《唐写本〈玉台新咏〉跋》，《鸣沙石室佚书》，又见《雪堂校刊群书叙录》（下），《罗振玉学术论著集》第九集。

敦煌千佛洞石室之古写本书，其中梵文、波罗继文、回鹘文、吐蕃文之书，大半为斯坦因携去。法人伯希和博士继至，乃悉取汉文书籍之佳者以归。所留者尚六七千卷，大抵释典也，亦时时流出，游宦西陲者，往往得之。时罗叔言参事在学部建议，以为此书宜归京师图书馆。

王氏札记中披露了"近年京师市上所流传之写本经卷"，皆出于解送至京时被"干没其一部"，且"又割裂以售，或添署年号、书人姓名"，其流传在外者不下数百卷。罗振玉除了从市上购得《春秋后语·秦语》残卷、《太公家教》一卷之外，又从京师图书馆之敦煌经卷中，百计求得《摩尼教经》（一卷）副本，印于《国学丛刊》中，伯希和译为法文（指罗氏《唐残本摩尼教经》跋）并列原文，载于《通报》中。还记有伯希和留滞北京时（1909 年），罗振玉等所影照刊行之敦煌古写本篇目，以及伯希和归国之后，"前后寄来影片几及千枚"，列举佚书篇目，赞之曰："皆千余年未见之秘册也。"并于徐陵《玉台新咏》一卷下记云：

> 虽大半残缺，与宋以后刊本大有异同，罗君拟尽用玻璃板精印，并加考订，已成其半。数百年来争重宋元刊本，今日得见六朝、唐人写本，又得读种种佚书，不可谓非艺林一大快事也。

王氏还记及罗振玉"移书伯君，属照《陈子昂集》《唐历日》及唐刊《切韵》《唐韵》等"，"汇成全书，盖敦煌所出四部书之菁华，略尽于是矣"。[①] 可证罗氏 1914 年 5 月致伯希和书信，实与王国维共同商定；而校刊敦煌石室遗书既为"艺林一大快事"，求得敦煌石室所出"四部书之菁华"，以"汇成全书"，这当然更是罗、王共同的学术宏愿。

---

① 王国维：《王国维全集》卷三《东山杂记》，原刊《顺天时报》1913 年 7 月 12 日至 1914 年 5 月 5 日。

古本《秦妇吟》

是的，敦煌石室之书，儒、释、道三家，经、史、子、集四部，应有尽有，是伟大的学术宝典。王国维后来就任清华国学研究院导师，还经常告诉向他问学的诸生，注意查看敦煌卷子里所有的东西，[①] 之前还曾撰文介绍敦煌唐写本书中的通俗诗及通俗小说，特别是被斯坦因劫往伦敦的韦庄《秦妇吟》。他据孙光宪《北梦琐言》所记《秦妇吟》中"内库烧为锦绣灰，天街踏尽公卿骨"二句，确证其为韦诗，不无怅然地写道：

> 当时敦煌写有数本，此藏于英伦者如此。巴黎国民图书馆书目有《秦妇吟》一卷，右补阙韦庄撰。既有书名及撰人姓名，当较此为完好。他日当访求之也。[②]

何处"访求"？按照王国维的说法，这首晚唐诗中最长又"才气俊发"的诗，"千百年后，乃于荒微中发见"；纵然"写有数本"，却尽为外人掠去。故紧接于此文之后四月，他不得不致信伯希和，婉言请他将"必较伦敦本为完善"的"巴黎本"，"影照见寄"，[③] 时为 1920 年 8 月。四年之后，我们又由王氏致伯君书信中，见到了"去岁曾承先生录寄韦庄《秦妇吟》全诗"，[④] "去岁"者，1924 年耳。

发现于我敦煌石室之秘籍，竟然要仰仗外人来"录寄"，这件事情本身不就是一个"学术吊诡"吗？

所以，我们要请君且莫道"汉学"与"国学"，谁与谁"相遇"，还是先听一听当年面见伯希和的罗振玉自述：

---

① 姜亮夫：《敦煌学概论》，第 4 页，北京出版社 2004 年。
② 王国维：《敦煌发见唐朝之通俗诗及通俗小说》，《东方杂志》第十卷第八号，1920 年 4 月 25 日。
③④ 《王国维致伯希和信》，《史与物》，第 146、151 页，商务印书馆 2015 年版。

> 有生以来，洹阳古契、西陲古简与流沙卷轴三者，皆与我并世而出，故以流传之责自任。[①]

这里，他仅道"三者"之"出"而讳避了后二者"出"而遭"劫"。故他虽以"流传之责自任"，实则学术自主权操于我手者，厥唯"洹阳古契"，即甲骨文字。再就学术造诣与贡献而言，罗、王之学，第一位的是研究考释先于敦煌文书被发现的甲骨文字。有的海外论者，为了夸耀黑发碧眼的伯希和劫掠敦煌文物之"功"，说他途经北京"出示行箧所携"，触动和激发了"甲骨文发现之旅"，就不免是海外奇谈了！

我这样不惮其烦，复述其事，意在表明罗氏以"流传之责自任"的后二者，即西陲之简牍书卷与敦煌石室书卷，都不得不求助于外人影照，这虽然也是一种中西学术互动，但实属无可奈何之举。在避居日本京都期间，陆续以玻璃板印行之敦煌书卷，依次有：《鸣沙石室佚书》十八种（1913年），《鸣沙石室佚书续编》四种，《鸣沙石室古籍丛残》三十卷（种）（1917年）。

继之所刊者有：《贞松堂藏西陲秘籍丛残》，凡三集三十九种；《敦煌零拾》七种；《敦煌石室碎金》十六种；《敦煌石室遗书》三种。以上诸书，皆罗氏归国之后，寓居天津期间校写跋文。[②] 而甲子年（1924年）问世且被罗氏标以"零拾"的"敦煌七种"（皆通俗诗文）之第一种，殆即王国维所访求之韦庄《秦妇吟》，罗氏作跋记其来历，云：

> 往岁，日本狩野博士（直喜）游欧洲，于巴黎图书馆传录敦煌本，而首尾不完。闻英伦亦有一本，吾友王静安徵君，邮请法国伯希和博士传写足本，癸亥岁末，博士乃手书见寄。卷尾有"天复五年乙丑岁十二月张龟写"款，复以贞明五年（919年）己卯岁四月安友盛

---

① 《求恕斋友朋书札》（中）罗振玉九十通之七，上海图书馆历史文献研究所编《历史文献》第十七辑，第165页，上海古籍出版社2013年版。

② 《贞松堂藏西陲秘籍丛残》三集，影印于1939年，而集中诸篇跋文，多撰于甲子（1924年）秋冬；《敦煌零拾》《敦煌石室遗书》三种，皆刊于1924年；而《敦煌石室碎金》影印于1925年，诸篇跋文多撰于壬戌（1922年）、癸亥（1923年）。

写本校其异同。此篇再传中土，博士力也。①

这就是说，曾经失传千余年的中国古典诗歌名篇《秦妇吟》，由此而得现真身。罗氏因而感念以"手书见寄"的"博士（伯希和）力"。我们当然更不会忘怀罗、王二大师为使之"再传中土"而数年不懈的访求之功。

在现代中国学术史上，"著录石室藏书的，以罗振玉为最多"。② 这是实事求是的公允之论，同时也是对竭心尽力"以流传之责自任"的罗氏敦煌学业绩的应有肯定。

［备考］《秦妇吟》真伪：罗福颐函答"唐公问"

当然，木秀风摧，名高谤随。罗振玉校刊敦煌石室之书成就卓著，但也有人提出了造假的嫌疑。仍以韦庄《秦妇吟》为例。王国维对英伦博物馆所藏、狩野博七所录《秦妇吟》在内的手抄本中那些"全然想不起应当读什么的"字，③ 逐字予以辨识，考定其"尚存九百六十余字"。④ 旋据伯希和邮至之"手录巴黎所藏天复五年张龟写本"，"复以伦敦别藏梁贞明五年安友盛写本校之"，云：

> 二本并首尾完具，凡千三百八十六字。⑤

这就是现已成了"信诗"载入了中国文学史的韦庄《秦妇吟》。然而，当这首《秦妇吟》被作为《敦煌零拾》刊出时，可能因为是手书，是传录，而非

---

① 罗振玉：《〈秦妇吟〉跋》（落款署"甲子谷日"），《松翁近稿》，《罗振玉学术论著集》第十集（上）。
② 顾颉刚：《当代中国史学》，第71页，上海古籍出版社2002年版。
③ 狩野直喜称其在伦敦博物馆手录《秦妇吟》，"没有参考的书籍，也没有精读原文的时间，碰到文字不分明的，便模仿形体写了下来"。参见刘江《京都学派》，第57页，中华书局2009年版。
④ 王国维：《唐写本韦庄〈秦妇吟〉跋》（署甲子二月），《观堂集林》卷二十一，中华书局1959年版。
⑤ 王国维：《唐写本韦庄〈秦妇吟〉又跋》。按，王氏于初刊《观堂集林》（二十卷）本《唐写本韦庄〈秦妇吟〉残诗跋》后所加眉批云："甲子正月，伯希和教授写示二足本：一、巴黎国家图书馆藏，题'右补阙韦庄撰'，末署'天复五年乙丑岁十二月十五日燉煌郡金光明寺学士张龟写'；一、伦敦博物馆藏，末署'贞明五年己卯岁四月十一日燉煌郡金光明寺学仕郎安友盛写讫'。全诗共一千三百八十六字，乃中和三年（883年）春作。《王国维全集》第八卷，《观堂集林》卷十七校勘记（六）。

按原写本影照，故被疑为罗氏伪造。直至20世纪80年代初，唐圭璋教授发兴欲重校《秦妇吟》，其真伪（唐信其真）如何？委托我通过罗守巽老人向罗氏诸子中唯一健在的罗福颐先生问询，并很快得其回复，谨将原信部分移录如下：

> 巽姊如晤：
>
> 　　得立秋日来函悉。唐公属陈君问的事，弟可代答。按，法人伯希和取去之敦煌文件事，只是清末（宣统二年间）在北京遇到伯希（和），他出手边带的零件（如柳公权《金刚经》拓本等）示先人（罗振玉），先人惊为奇宝，乞照像留下照片，后来中华有印本。此时先人又与伯约说，此为中国物，请将整理出的代照一份寄北京，伯氏首肯，所以到宣统三年左右（1912—1913年），我们在日本，伯希和才寄来些照片，先人即影行《鸣沙石室佚书》《鸣沙石室古籍丛残》等，今日尚可在图书馆中见到，如有假的，可以指出。《敦煌零拾》（及《石室碎金》）中的，是石室佚书古籍丛残中的残余，只有《秦妇吟》是后来法人伯氏寄到旅顺去的（应为寄到北京），是抄本，并未见原物照片也。哪件是罗某人所造，可以指出，不能一概全说是假的，太抽象了！从前沈阳才解放，后方人（当指1945年8月15日寇投降后，自重庆派来的国民党政府人员）到了，听到一笑话：阎文儒（中共所派人员）接收沈阳博物馆时，他说在后方（当指重庆）时，有人将我们（民国二十八年印）新珂罗版印的《贞松堂藏西陲秘籍丛残》六册带到后方去的，乃后方人一看就说这全是假的，罗某人教他孙子写的。其中敦煌文件全是在天津时收购来的，后方人从未见过印的这样好，字迹这样清楚，就说是假的。其实此六册中序文、目录、签条，全是罗某人孙子写的，是不错。后方专家如此糊图（涂），宜乎国外人攘夺去了。此六册图书馆还有可以查考，唐公所说，可能就是这六册了。

此信落款时间为1981年8月9日，距今三十余载，倏忽如在眼前。因为是姐弟通信，故虽答"唐公（圭璋）之问"，却完全是话家常的口吻，无虚言套语，十分亲切诚恳。现在重读此信，颇有值得我们回味之处。第一是真假问题。福颐老人说，罗某人所印石室之书如有假，可以指出，亦即并不回避、讳言敦煌文书中有假，但不能一概全说假的。这岂非"太抽象"了么？我以为，福颐老人作为过来人，又是见证人，这是讲实话。而被他戏称为"佚书丛残中之丛残"的《秦妇吟》，虽未见原物照片，但确为法人伯希和寄来之抄本，现有王国维致伯希和先后二书札，更可证其绝非罗氏造假。

第二是福颐老人回述宣统初年（1909年），罗振玉在北京初会伯希和，知其已将大批敦煌文书寄回巴黎，乃明确指出："此为中国物，务请将整理出的代照一份寄北京。"表示了一位中国学者维护本国文物的严正立场，也是对敦煌被劫文物的抢救。而在罗氏的抢救行动中，包括信中说到的在天津收购之敦煌文书，实即罗氏致王国维书信所说购得何氏所盗敦煌残卷四十，内有《庄子·田子方篇》《老子天应经》《大乘起信论释》及《广释》二卷（唐人撰）、《春秋后语》少许、《百行草》残卷；又说，内有《刘子》《老子》二千余言，共六截，而非一卷，但无重复；有历日，有蒙学书，有晕命卜筮书，有户籍，有苻秦时写经，等等。[1]这位何氏，盖即前揭截留押解来京之敦煌文书的新疆巡抚之子何彦威，其时何已去世，故购得何家人出售之上述敦煌残卷，并经罗氏考订、作跋，次第列入《敦煌石室遗书》三种，[2]以及《敦煌石室碎金》《贞松堂藏西陲秘籍丛残》诸书中。

第三，还不可忽视的是福颐老人所说《贞松堂藏西陲秘籍丛残》六册中序文、目录等"全是罗某人孙子写的"。实则，应将"孙子"倒过来，曰"子孙"，而且主要是罗氏诸子，可以谓之罗氏教子治西陲敦煌之学。而最杰出者，则是其三子罗福苌，罗氏《敦煌零拾》中之《季布歌》，《敦煌石室碎金》中之《敦煌录》，皆福苌生前抄录；特别是其不列颠博物馆、法国国家图书馆藏敦煌书目的遗稿，是早期敦煌学的重要研究文献。

以流传之责自任，为救宝而竭力尽心。谨录福颐老人此信，聊表我对罗、王，以及在敦煌学上卓有建树却英年早逝的福苌先生之敬意。

---

[1]　罗振玉：《致王国维》（1922年3月21日、22日），《罗振玉王国维往来书信》，第525、526页，东方出版社2000年版。

[2]　《敦煌石室遗书》三种为《南华真经·田子方品》残卷、《老子义》残卷、《老子天应经》一卷，盖皆为何氏所盗残卷而为罗氏在天津购得。

传古宏愿

罗振玉夙抱传古之志。 他曾自述东渡日本以后的传古宏愿，兹移录如下：

金石文字之著录，以三代礼器及寰宇石刻为大端，至其支流，若古圭璧，若玺印，若泉布，其在先世，亦莫不有专书以记述之。至我朝而金石之学益昌，乃推衍而至于专甓、瓦当、封泥、权衡度量之类，亦各为专书，以补前人之阙，意亦既美备矣。而私衷犹以为未尽，居恒欲取海内贞石墨本，依文体类次之。

其大要若颂，若序，若记，若神道碑，若墓表，若墓志，若造像记，若刻经记，若题名，若诗词，分类辑录，罗列众本，精意校写，名之曰《寰宇石刻文编》。

其于古礼器及庶物铭识，则断代为书，若殷，若周，若秦，若两汉，若新莽，若三国，至于六朝，各为一集，名之曰《集古遗文》。

又将为依物分类之书，若贞卜文字，若古匋文，若古兵，若符牌，若古器物范，若钞币，若范金释老氏象，若古明器，若泉布、专甓、瓦当、玺印、封泥、镜鉴之晚出者，各以类别，总名之曰《集古图录》。

其不能赅于断代、分类二录中之小品，则仿前人《金石契》诸书之例，别为一编以会最之。[1]

罗继祖称道他的祖父"具大愿力""以传古为职志"。[2] 罗振玉辛亥东渡日本，最大的学术业绩在著书与刊书，谨依其所述《寰宇石刻文编》《贞松堂集古遗文》《集古图录》三大类，录举如下：

第一类有芒洛、恒农、邺下、襄阳、广陵、吴中、三韩《冢墓遗文》，石屋洞、龙泓洞《造象题名》，《西陲石刻录》与后录，《蒿里遗珍》，《唐三家碑录》；

第二类有《殷虚书契前编》《殷虚书契后编》《殷虚书契考释》《铁云藏龟之余》《殷虚书契待问编》《殷文存》《秦金石刻》《石鼓文考释》《汉晋石刻墨影》《恒农专录》《楚州专录》；

第三类有《殷虚古器物图录》《唐风楼秦汉瓦当文字》《历代符牌图录》与后录、《赫连泉馆古印存》《隋唐以来古官印集存》《梦郼草堂吉金图》《雪堂所藏古器物图录》《占镜图》《地券征存》；

出于三类之外的，尚有《金泥石屑》《高昌麹氏系谱》《瓜沙曹氏系谱》《续汇刻书目》《海外贞珉录》《高昌壁画菁华》《墨林星凤》《六朝墓志菁英》《两浙佚金佚石集》《南宗依钵跋尾》等。

"大愿力"这句话，原是佛典中用语，是虔诚，也是奉献。

不过，对于以学术为性命的罗振玉而言，上述三类之分，确实体现了 19 世纪后半纪（尤其是末叶），所谓"山川效灵""地不爱宝"，大批古物出土，使北宋以来以铜器与石刻为主的金石学的范围，实际上已经发展为古器物学；许多附录于金石范围内的古物，如镜鉴、符牌、货币、印玺、玉器、陶俑、陶器、砖瓦等，均被分门别类加以专门的搜集与研究。但是，仅有上述诸种，还只能说"古器物的研究仅止停留在骨董或古物学的阶段上"。[3] 所以，王国维为罗氏编集校刊群书叙录作序，亟赞"近世学术之盛，不得不归诸刊书者之功"，特别指出罗氏刊书的功绩之所在，云：

① 罗振玉：《金泥石屑序》，《雪堂校刊群书叙录》卷上，《罗振玉学术论著集》第九集。
② 罗继祖：《庭闻忆略：回忆祖父罗振玉的一生》，第 59 页，吉林文史出版社 1987 年版。
③ 陈梦家：《殷虚卜辞综述》，第 2 页，科学出版社 1956 年版。

先生之书，其有功于学术最大者，曰《殷虚书契前后编》，曰《流沙坠简》，曰《鸣沙石室古佚书》及《鸣沙石室古籍丛残》。

这就包括了罗氏以"流传之责自任"而刊印的敦煌石室之书，突显了以甲骨文字领首的近代中国最大之新发现。王国维在序中同时也记述了他所见证的罗氏在海外如何艰辛刊书，云：

辛亥以后，流寓海外，鬻长物以自给，而殷虚甲骨与敦煌古简佚书先后印行。国家与群力之所不能为者，竟以一流人之力成之。他所印书籍，亦略称是。旅食八年，印书之资，以钜万计。家无旬月之蓄，而先生安之。自编次、校写、选工、监役，下至装潢之款式，纸墨之料量，诸凌杂烦辱之事，为古学人所不屑为者，而先生亲之。举力之所及，而惟传古之是务。①

在王氏的上述褒扬中，强调罗振玉东渡以后达成了"国家与群力之所不能为"的校刊群书之功，这是很中肯的。

郁华阁金文拓本

当然，罗振玉以传古为职志的刊书业绩，基于他的金石古器物收藏，尤其是金文方面。他一身而为大学者兼大收藏家，涉及了古器物的方方面面，但其最辉煌的收藏业绩，除了殷墟甲骨，就是商周彝器。为此，谨将他在东渡日本后头几年写给沈曾植书信中自述的"温经""集古"一席话，移录如下：

---

① 王国维：《观堂集林》卷二十三《雪堂校刊群书叙录序》，中华书局 1959 年版。

> 玉碌碌如昔，温经而外，编为集古遗文，约分为五编：一、殷虚书契，二、殷商吉金文字，三、周两京文字，四、古陶文字，五、古玺文字。廿年手集古金、古陶拓本为四十大册，惟恐所遗尚多，乃去冬得郁华阁拓本，则敝藏墨本约倍于意园……①

这封书信未署年月，但提出了一个值得关注的学术时间，"去冬得郁华阁拓本"，"去冬"指何年之冬？

非常庆幸的是，王国维致缪荃孙的书信中，自述正在写作《金文著录表》，称赞罗氏（蕴公）肆力于金文拓本之收藏，亦特笔提及了郁华阁金文，云：

> 近二三月内，作《金文著录表》，宋代一卷已成。国朝四卷正在具草。又就蕴公所有拓本著录者尚有十之四五，蕴公即拟以次印行，亦即归入表内。近时收藏金文拓本之富，无过于盛伯羲之郁华阁金文。而蕴公二十年所搜罗，固已过之。前年盛氏拓本亦归其所有，故其全数除复出外，尚有千数百器，虽世间古物不止于此，然大略可得十之六七。故此次所作表，谓之金文之全目录，亦略近之。②

这封书信落款"闰月廿五日"，甲寅闰五月，即 1914 年 7 月 17 日。罗振玉本人在为刊印《殷虚书契前编》八卷而致缪荃孙的书信中，恰好写到了他得"盛氏拓本"之事，云：

> 金石之学至今日而极备，然衰歇即在目前。碑版得长者（缪氏）著录，土拟专力于古金文字及龟卜陶玺泉布，为集古遗文。平生搜罗此种拓本四五千通，昨得郁华阁金文拓本，始知才当敝藏四分之一，可知搜辑之难，编辑流传为刻不可缓之事。③

---

① 《罗振玉与沈曾植书函》之六，上海图书馆历史文献研究所编《历史文献》第十九辑，第 161 页，上海古籍出版社 2015 年版。

② 王国维：《致缪荃孙》，《艺风堂友朋书札》（下），王国维之八，《中华文史论丛》增刊，1980 年 10 月。

③ 罗振玉：《致缪荃孙》，《艺风堂友朋书札》（下），罗振玉之二十，《中华文史论丛》增刊，1980 年 10 月。

这封书信至关紧要。其落款无年月，唯罗氏《殷虚书契前编》序于壬子十二月二十六日，而此信结尾有"天寒诸祈为道珍重"语，末署"二十四"，盖当写于是岁十二月二十四，即1913年1月30日。由此可知罗氏所称"昨得郁华阁金文拓本"之时间，实为本月二十三日（1月29日）；亦可证王国维书信中称"前年盛氏拓本"归罗所有之确切有据。

必须指出，罗氏之"昨得"，并非偶然。他本人说：

> 时丁桑海之变，士大夫所藏乃大出，北则盛伯希（煴）祭酒意园所藏，端忠敏公匋斋所蓄，陈寿卿京卿簠斋所储，南则吴、陆诸家故物，及铁云藏器质于人者，往往充斥肆廛，予先后共得数十品，曩之所失，乃得复偿。[①]

这里所说"数十品"，殆指青铜器实物，而盛氏郁华阁金文拓本，也正是在"桑海之变"的古器物"大出"中，被罗振玉购得。于是，他书告沈氏"廿年手集"四十大册，与致缪氏书札中所称"平生搜罗此种拓本四五千通"，盖皆指"昨得郁华阁金文拓本"前之收藏。

那么，这位号称"郁华阁"的意园主人，又是何许人物？原来，他就是清宗室盛昱，字伯羲（？—1899），光绪二年（1876年）进士，授编修，曾充日讲起居注官半载，以敢言被推为"謇谔"。他还做了四年（1884—1888年）"大学校长"（国子监祭酒），并且能"究心教士之法，大治学舍"，"惩游惰、奖朴学，士习为之一变"。他后来"引疾归"，最后十年左右时间"家居有清誉，承学之士以得接言论风采为幸"。[②] 显然，罗振玉作为"承学之士"而能在日本购得郁华阁金文拓本，非惟颇足引以为荣，且大大丰富了他的收藏。

那么，罗振玉所得郁华阁金文拓本究有多少？前述罗氏致缪荃孙书札既自道"平生收罗此种拓本四五千通，昨得郁华阁金文拓本，始知才当敝藏四分之一"，其数当在一千余通。王国维则称罗、盛二家所藏，"富过于阮、吴诸

---

① 罗振玉：《梦郼草堂吉金图序》，《雪堂校刊群书叙录》卷上，《罗振玉学术论著集》第九集。
② 参见《清史稿》卷四百四十四《宗室盛昱传》。

家"。① 盖"阮"指阮元《积古斋钟鼎彝器款识》（十卷），共收录五百五十一器，其中商周青铜器四百四十六、秦五、汉晋一百；吴即吴式芬《攈古录金文》（九卷），共收录商周青铜器铭文拓本一千三百三十四通。尤不可忽略的是，罗氏"昨得郁华阁金文"的时间，如前所述乃为1913年1月29日，恰当他这"憔悴孤臣"浮海东渡，壬子（1912年）辞岁的前夕，他倾力斥资将流散到海外的数以千计的郁华阁藏品抢救了回来！

名至实归的金石学家

当然，学问不能速成，集古亦非一朝一夕之事。罗振玉壬子（1912年）岁终在海外得郁华阁金文之前，就有了"廿年手集古金、古陶拓本四十八册"的业绩。若再追溯其"手集"起始时间，恰当他所编第一部金石拓本专著《淮阴金石仅存录》刊行之壬辰年（1892年）；② 而这部在淮安编成的著作，距他自述"予年十有七岁，始蓄金石墨本"，③ 则又十载矣。

罗振玉在学部曾为其初编《唐风楼金石文字跋尾》，实即他的第一部金石学专著作序，云：

> 玉年十有六岁，初治金石学，先后十余年。三十以后（指1896年自淮安至上海创立农学社、办《农学报》），奔走四方，稍稍辍业，然结习未忘……比来郎署浮湛，岁寒多暇，将旧日题记……写出百余则，为《金石文字跋尾》。④

---

① 《国朝金文著录表序》，《王国维全集》第四卷。
② 罗振玉《淮阴金石仅存录》一卷，自序落款"光绪甲申（1884年）六月"，于壬辰年（1892年）刊入《小方壶斋丛书》（清河毛锡祺〔寿堂〕编），罗继祖《永丰乡人行年录（罗振玉年谱）》称是书"辛卯（1891年）所辑也"，殆指其附录、补遗，特此注明。
③ 罗振玉：《〈西陲石刻录〉序》，据《雪堂丛刻》本。
④ 罗振玉：《贞松老人外集》卷一《唐风楼金石文字跋尾》，《罗振玉学术论著集》第十集（下）。

此序撰于光绪丁未，即 1907 年，罗氏入清学部之翌年。同年秋，他还曾为所藏墓志目录作跋，称"玉年十有七岁，始治金石学，三十以前蓄古今石刻拓本才千余通"。①

值得注意的是，经过所谓辛亥"国变"，东渡扶桑八年，到了他归国翌年（1920 年），自称"平生志事，百无一成，安能俯首下心，更治此老博士业"，于是，他将往岁考订之文编定为四卷，并重序其书，云：

> 倘异日者，此数卷书得流传人间，后世或将以我为金石学家，予且无辞以谢之。噫！②

"无辞以谢之"者，不可推让也。如果以罗氏与同时代而又稍年长的学者相比，金石拓本收藏之富唯缪荃孙，其《艺风堂金石文字目》，号称收录金石拓本一万零八百余种；③ 但如罗氏所说，"碑版得长者著录"，其书所录主要是碑版。对彝器款识之研读则唯孙诒让，题其居室曰"籀庼斋"，自谓"治古文大篆之学四十年，所见彝器款识逾二千种"。④ 而罗氏后来居上，收藏金石、古器之浩博，既非艺风可比；由钟鼎款识而上窥殷墟卜辞，亦每胜于籀庼。

试以伯晨鼎考释为例。伯晨鼎系清道光年间曹载奎藏器（见曹氏《怀米山房吉金图》），是王国维《国朝金文著录表》所录铭文在百字以上的诸鼎之一。⑤ 罗振玉特举此鼎百字铭文中之"彤弓彤矢"为释，指出：

> 孙释 𢎨 𢎨 为"彤弓彤矢"，至确不易。惟云"偶省其文"，识"彡"于"弓""矢"之旁，则不然。盖未知彡即彤之本字，彤为后起字也。殷虚所出龟卜文，"彤日"之"彤"作"彡"，或省其画作"彡""彡"，或变而为"三""彡"。此作"彡"者，又"三"之省。古文往往随意增损笔画，其左右向亦无定。此鼎之"𢎨"即"彤"

---

① 罗振玉：《贞松老人外集》卷三《唐风楼藏墓志目录》，《罗振玉学术论著集》第十集（下）。
② 罗振玉：《雪堂金石文字跋尾序》，《雪堂校刊群书叙录》卷上，《罗振玉学术论著集》第九集。
③ 缪荃孙：《〈艺风堂金石文字目〉序》。按，此书编刊于光绪戊戌（1898 年），凡八册，十八卷。
④ 孙诒让：《〈契文举例〉序》，罗氏《吉石庵丛书》本（1917 年）。
⑤ 王国维：《国朝金文著录表》卷一，《王国维全集》第四卷。

"弓"二字合文，"🝔"即"彤""矢"二字合文。予藏古矢族，其文曰"🝔"，此文亦作"🝔"，亦"彤""矢"二字合文，殆记此族为彤弓之矢也。《书》之《彤日》，"彤"字从月，不见许书。以卜文考之，知彤日本字亦作"彡"，与彤矢之"彡"为一字。后人以彤矢用丹饰，遂加丹旁。彤日为祭名，遂加月旁耳。[1]

这就是说，孙氏释"彤弓彤矢"虽"至确不易"，但知其然，而未能解其所以然。罗氏乃参以殷墟卜辞，考定"🝔"即"彤""弓"二字合文，"🝔"即"彤""矢"二字合文。我们完全有理由认为，无论从彝器拓本收藏之丰、鉴识之精，还是从金文考释造诣之深湛，罗氏之被定位为金石学家，[2]那均是真正的名至而实归。

金文著录表

当然，以上录举的，仅是罗振玉平生所撰数以百计的金石文字跋尾中之一篇。在他看来，金石之学，自宋代至于清乾嘉，"皆选因时代，至今方为结果，则已届歇绝之时"。所以，他于辛亥东渡之后，怀抱了"综括旧学，启迪新知"[3]的意愿，在动手编刊《梦郼草堂吉金图》《秦金石刻辞》诸书的同时，更以古金文无目录，力促王国维撰《宋代金文著录表》《国朝金文著录表》，尤其是"国朝"一表，如王氏序中所说：

> 光绪间，宗室伯羲祭酒（盛伯羲）广搜墨本，拟续阮、吴诸家之书，时郁华阁金文拓本之富，称海内第一，然仅排比拓本，未及成书

---

[1]　罗振玉：《伯晨鼎跋》，《辽居稿》，《罗振玉学术论著集》第十集（上）。
[2]　参见《辞海》"罗振玉"条。按，自 1979 年版，以迄于 2010 年新版，罗氏均被定为金石学家。
[3]　《罗振玉与沈曾植书函》之一六，上海图书馆历史文献研究所编《历史文献》第十九辑，第 167 页，上海古籍出版社 2015 年版。

也。稍后，罗叔言参事亦从事于此，其所搜集又较祭酒为多。辛亥国变后，祭酒遗书散出，所谓郁华阁金文者，亦归参事。合两家之藏，其富过于阮、吴诸家远甚。汰其重复，犹得二千通，可谓盛矣。国维东渡后，从参事治古文字之学，因得尽览所藏拓本。参事嘱分别其已著录者与未著录者，而将以次编类印行；又令通诸家之书，列为一表。自甲寅孟夏讫于仲秋，经涉五月，乃始毕事。①

《国朝金文著录表》凡六卷，前五卷为三代器，末卷为秦汉以后器，表分器名、著录、字数、杂记四项。据王国维总计，凡三代器三千四百七十有一，列国先秦器九十有八，汉器六百十有六，三国至宋金器百有十，共计四千二百九十有五；除宋拓及疑伪器外，得三千九百八十有三器。王氏去世数年之后，罗福颐奉父命对原书进行校补增订，更名为《三代秦汉金文著录表》，凡八卷、补遗一卷，于辛未（1931 年）秋石印出版。卷首有罗序，称："公原书著录四千二百余器，今增为五千七百余，又改正旧表重出者百数十器，方之甲寅定本，增四之一矣。"

编制《国朝金文著录表》，就当时来说，毫无疑问是一项前所未有的学术大工程。按照王国维在自序中记述，"盛夏酷暑，墨本堆积，或一器而数名，或一文而数器，其间比勘一器，往往检书至十余种，阅拓本至若干册，穷日之力，仅能尽数十器而已"。直到他归国以后，辛酉（1921 年）年间在上海为《雪堂藏器拓本》作跋，既推赞罗氏所藏诸器皆"精审"，又追忆前情说："此册中诸器皆为余曾所摩挲者，其文字亦颇有所发明。"② 盖"发明"者，对诸器铭文之考辨审释耳。

事实上，收藏与考释，二者相辅相成。罗振玉之所以能"劝编"金文目录，恰如王国维所说，是因为他既有二十年所搜罗的家底，更有"盛氏拓本亦归其所有"，因而具备了"合二家之藏"无人能匹之实力。在王国维所撰金文著录表问世以后，罗氏仍加紧他的收藏。例如，继壬子得郁华阁金文拓本之后，他编成了《癸丑以来所集金石文字》，并于丁巳（1917 年）四月寄上海装

---

① 《王国维全集》卷四《国朝金文著录表序》。
② 转引自唐友波《王国维跋〈雪堂藏器拓本〉读后》，据王亮先生所赠复印本。

讫。[1] 他还致信王国维，自述其收藏苦心，云：

> 弟之藏金，似可装一册。弟墨拓至懒，虽《吉金图》已印行，而墨本人间或难得。现谋令儿辈拓三代器百种各十分，明岁携津沽鬻之，每分拟收墨赀卅五元，一俾谋稍稍流传，一鼓励小儿辈努力，此款即给彼等。此于传古，或有裨也。[2]

谨按，此信当写于罗氏自日本归国前之 1918 年底；所称"《吉金图》已印行"，殆指《梦郼草堂吉金图》三卷，丁巳十月付刊，共收录一百五十四器；续编一卷，戊午（1918 年）八月付刊，收录六十八器。而所谓"拓三代器百种"，即指《梦郼草堂吉金图》正、续编四卷所收录之商周青铜器。罗氏于《梦郼草堂吉金图》序末，曾如是感叹：

《梦郼草堂吉金图》书影

> 殊方遁迹，抱器徘徊，辛苦著录，意园、匋斋所藏且不能保，此编所载，异日将何所归？[3]

"意园"即宗室盛昱，"匋斋"即官至直隶总督的端方。他们的收藏均不能保，其因盖在于后继无人。罗氏则既要"课儿子辈拓墨，编为《梦郼草堂吉金图》"，又要用"三代器拓本"所售得之款为"奖金"，以"鼓励儿辈努力"，所为何事？一言以蔽之：俾传古有人啊！

---

① 转引自唐友波《王国维跋〈雪堂藏器拓本〉读后》，据王亮先生所赠复印本。
② 罗振玉：《致王国维》，《罗振玉王国维往来书信》，第 428 页，东方出版社 2000 年版。
③ 罗振玉：《梦郼草堂吉金图序》，《雪堂校刊群书叙录》卷上，《罗振玉学术论著集》第九集。

《古金文通释》之构想

再说王国维当年编制《国朝金文著录表》，紧接着就提出了"继是当何作"的问题，实际上就是对入编表内之金文拓本，主要是商周青铜器铭文，如何加以考释。对此，罗振玉显然亦早有考虑，并提出了他的《古金文通释》构想，云：

> 前人考古彝器文字者，咸就一器为之考释，无会合传世古器文字，分类考释之者。今宜为《古金文通释》，可约分四类，曰邦国，曰官氏，曰礼制，曰文字。试略举其凡。如古器所记国名，"燕"作"匽"、作"郾"，郑作"奠"，"芮"作"内"，"祝"作"铸"，"滕"作"塍"，"薛"作"胯"，"莒"作"筥"，"苏"作"穌"、作"蘇"，"邾"作"鼄"，"邶"作"北"，与《左》《国》诸书不同。又如官名"司空"之作"司工"，女性之"任"，本字作"妊"，"隗"本字作"媿"，"己"本字作"妃"。又金文所载射礼，足考证戴记。文字之繇变、通假、正俗，多可订正许祭酒书。如是之类，姑略举可以隅反。

罗氏所构想的四类之分中之第一类"邦国"，适与梁启超讲授历史研究法"搜集史料之法"所举证之（甲）项——搜录春秋以前古国名相吻合。罗氏注意到了古金文中所记国名与《左》《国》诸书不同，而梁氏则通过搜录包括《左》《国》诸书所载，考见春秋以前三百国，其中，得之于金文款识之古国名达九十余，约占三分之一。[1]

还可注意的是第三类"礼制"。罗氏"略举其凡"，提及了"金文所载射

---

① 梁启超：《中国历史研究法》第五章《史料之搜集与鉴别》，《饮冰室合集》之《专集》七十三，第64页。

礼，足考证戴记"。"戴记"者，今本《礼记》四十九篇，亦称"小戴礼"。这是一个经学考证题，其载"射礼"之金文，殆即罗氏藏器中之静敦铭。其文凡九十言，移录如下：

佳六月初吉，王在莽京。丁卯，王令静辞射学宫。小子、众服、众小臣、众夷仆学射雩。八月初吉庚寅，王以吴宋、吕到卿數盍自邦周射于大池。静学无罘。王锡静鬃剌，静敢拜稽首，对鼎天子不显休用作文母外姞尊敦，子子孙孙，其万季用。

罗氏断此敦铭"盖记王大射事"，并为之撰了洋洋千数百言之跋文，认为"此敦所记，可补《礼经》之阙，可正《戴记》之误，古金文之有功于经典，顾不伟哉"！这也应该是他之所以要提议通释古金文之心志所在了。

两部金文巨编

不过，在我看来，罗振玉堪称考古学中至美之事的，则莫过于他当年为古金文二字而不惜以五百金购一古彝器。时在 1917 年 9 月，王国维在沪接到罗氏自日本寄来的樆伯彝拓本，说："此器想完全无缺，其价必在五百金以上。"并为之考析器中"樆""獻"二字所从之"虘"，疑即"虞"字，"樆"即"由櫨"之"櫨"，"獻"即"獻"字，并"以文例言之，当为器名"。[1] 嗣后，罗氏称此器"麣白彝"，并作跋，称"此彝近年出土，前人未著录"。并录其铭文"凡五十有二言"，说"凵弓"之"弓"不可识，卜辞中恒有之，然未尝见之他器也。[2] 王国维则称此器为"献簋"，跋云：

---

① 王国维：《致罗振玉》，《罗振玉王国维往来书信》，第 293—294 页，东方出版社 2000 年版。按，罗、王书信中"樆"均作"虘"，兹据罗氏跋文，校正之。

② 罗振玉：《雪堂金石文字跋尾》卷一《麣白彝跋》，《罗振玉学术论著集》第九集。

甲骨文中云"⊔彡"者数百见，"彡"字不可识，亦不见于彝器中，独此器有"⊔彡"二字。器在燕市已残破，幸文字未损，雪堂以五百金购之，实为此二字也。[①]

"燕市"购器，殆指罗振玉1917年春夏间从日本回国，为北方赈灾事赴京津，从北京市肆购得此物。罗振玉曾在致王氏书札中，有"天下书痴唯我辈"之叹。[②] 这当然绝非作秀。他致力于青铜彝器之收藏，潜心于金甲文字之考释，为"⊔彡"二字而不惜以五百金（当时通行之五百银圆）高价购此已"残破"之器，其痴若何？看来，亦唯王氏能理会了！

罗振玉曾先后辑集《唐风楼金石文字跋尾》（1907年）、《雪堂金石文字跋尾》（1920年），加以嗣后散见于诸集中之古金文跋尾，据笔者粗略统计，其先后所跋之商周以迄于秦汉，钟、鼎、簠、簋、敦、彝等古器不下二十余种、一百二十余篇。其中多数为其本人收藏，亦有应邀代为鉴定作跋者，诸如"由内库搜出，少府诸臣不能定真赝"而"邀振玉审定"之《散氏盘跋》及又跋；宝熙"得之都肆，属为考释"的"仅一字曰'祇'"之《竞彝跋》等。正是有着这样见多识广、鉴定器物、辨识铭文的深厚学养，乃能提出前述《古金文通释》之构想。

那么，王氏对《古金文通释》之议，反响如何？罗振玉曾如是追述：

> 公闻而欣然。方拟从事，乃遽应欧人之请返沪江。公既归，遗书曰：《金文通释》之作，沈乙庵尚书闻之，亟盼其成。然沪上集书甚难，各家著录，不易会合，与曩在大云书库中左右采获，难易不啻霄壤。某意不如先将尊藏墨本，无论诸家著录与否，亟会为一书。以后为《通释》，即此一编求之，不烦他索，成书较易矣。[③]

---

① 王国维：《献簋跋》，转引自唐友波《王国维跋〈雪堂藏器拓本〉读后》，据王亮先生所赠复印本。
② 罗振玉：《致王国维》，《罗振玉王国维往来书信》，第67页，东方出版社2000年版。
③ 罗振玉的《古金文通释》之议与王氏来书，具载《三代吉金文存序》，《后丁戊稿》，《罗振玉学术论著集》第十集（下）。

王国维丙辰归国，未能成就《古金文通释》之作。罗振玉"至韪公言"，采纳了王氏将所藏墨本"会为一书"之提议，并且在"课儿辈拓墨编吉金图"的基础上，先后纂成了《贞松堂集古遗文》与《三代吉金文存》两部巨编。据统计，《贞松堂集古遗文》凡十六卷，收录三代一千二百七十三器，秦汉以降（至元）二百五十二器，总计一千五百二十五器；《补遗》及《续编》各三卷，分别收录三百三十八器、三百四十五器。三书合计共收二千二百零八器。其书问世于1931年，实则1914年夏秋间王国维撰《国朝金文著录表》所列书目中即已披露："罗叔言参事拟将所藏拓本前人未著录者悉印入《集古遗文》中，数年之间，期竣此事。"①

再看《三代吉金文存》。全书凡二十卷，收录三代青铜器拓本四千八百三十五件，按器形区为二十六类，传世之商周青铜器铭文大致具入书中，可谓集大成之作。此书虽编印问世于罗氏自称的"马齿已七十"之年（1936年），实亦"集自早岁"。我们从罗氏在日本致沈曾植的书信中谈金石之学，即可看到，《齐鲁封泥集成》甫问世（1913年），他就发

《三代吉金文存》书影

愿："明年若不馁死，当编《陶文存》《殷商吉金文存》印之。"② 所以，到了晚岁成书之时，他既要"慨念四十年辛苦所搜集，良朋所属望，今我不作，来者其谁"，又不能不感叹虽完成了编集《三代吉金文存》的夙愿，"而尚书（沈曾植）与忠悫（王国维）则已不及观成"，怎能不使他倍增凄感？

不过，无论是《贞松堂集古遗文》，还是《三代吉金文存》，罗振玉能在桑榆晚景中编著不辍，推出这样两部皇皇巨编，其传古之志固然令人钦仰，但毕竟不可与壮岁著书相提并论了。恰如罗继祖所述，《三代吉金文存》原本集自早年，晚乃成编，景摹传世，已不遑亲自董理，概付之梓叔（罗福颐）打理。这当系实情。特别是追述《贞松堂集古遗文》一书之纂辑时，他说：

　　① 《王国维全集》卷四《国朝金文著录表略例》。
　　② 《罗振玉与沈曾植书函》之一六，上海图书馆历史文献研究所编《历史文献》第十九辑，第 167 页，上海古籍出版社 2015 年版。

《遗文》成于民十九庚午（1930 年），《补遗》成于民廿辛未
（1931 年），《续编》成于民廿二癸酉（1933 年），编钞审释之事，一
以委之儿曹。乡人人事旁午，往返长春旅顺间，岁辄三五，稿具，略
一披阅，稍加改窜，即付写官。故审释文字，不能如海东时之绵密，
有未复检前说，而漫以入录，致相龃龉，使人阅之，不敢信出于一人
之手者。杨树达曾取以与《考释》比勘，辄生疑阻。

这里所说"疑阻"，殆指杨氏《积微居金文说》揭举《贞松堂集古遗文》
及《补遗》中所载铭文，罗氏或"不知"（如"𡏋"字，不知释"寮"），或
"不能"（如能释甲骨文之"𣿬"，而不能释金文之"𣿬"），或"无所言"（如
"𤢺"，无释，甲骨文有此字，释为"狱"），凡此之类，"竟与《殷虚书契考
释》之说全不相应"。这就再度引发了罗氏之书，尤其是以"审释文字为第一"
的《殷虚书契考释》，是否为罗氏本人所撰的质疑。由是，罗继祖先生于《永
丰乡人行年录（罗振玉年谱）》中特附杨氏所揭诸端，并写了以下结语：

> 杨氏揭出是也。惟缘此遂证成《考释》出于王手，未免轻信流
> 言。又谓罗氏早年所著书，皆出王手，则更属无稽。杨氏不悉内情，
> 以致出此。然三人市虎，不容不辨。乡人尝议王氏《金石萃编》，端
> 氏《陶斋金石录》《藏石记》，出门人幕客手，故多讹误，而己亦不免
> 躬蹈之，盖晚年精力苦不给矣。①

所谓"市之无虎，三人言而成虎"，② 这是古代成语，道出了流言之可怕。
然杨氏所揭却并非流言，乃属"是也"的有据之谈。故虽不可不辨，但不得谓
诬。这也是应该说明的。

---

① 罗继祖：《永丰乡人行年录（罗振玉年谱）》附录一《永丰乡人逸事》，江苏人民出版社 1980 年版。
② 语出《战国策·魏策二》，原文："夫市之无虎，然而三人言而成虎。"

金石缘中的学术悲情

然而，罗继祖之辩，仅有“晚年苦精力不给”一语，并举其祖父曾议端方《金石录》《藏石记》（应为《藏专记》）之舛谬。[①] 实则，以收藏金石著称的端方其人，最为罗氏看重者，亦唯此二书。

先说金石。罗振玉自述，“光绪壬寅（1902 年），予始见浭阳端忠敏公于武昌官寺，公时新得吴愙斋中丞（吴大澂）所藏石权，出以见示”，这是“传世秦器”，端方见罗“摩挲不忍去手”，乃“手题石权拓本以赠，且允尽拓十一权以馈予”。[②] 罗氏与斯时方任湖北巡抚的端方初会于巡抚衙门，堪称“金石之缘”。尤有味者，是罗氏记述他与端方的“白下之会”，谨移录如下：

> 光绪丁未（1907 年），予在京师，厂估有自中州携断专归者，存分书残字二，字方二寸许，古劲如《元氏封龙山碑》。诘其所自出，曰出灵宝县。诘以所出几许，曰百余。诘以此百余者今安所归，曰归浭阳端制府矣。
>
> 明年夏，予视学南中，道出白下（南京），就制府索观之。公导予至一水榭，指小庑下曰：“此累累者皆是也。”时日已向夕，聚蚊成雷，秉烛摩挲，汗下如雨，不恤也。因戏语公曰：“此殆长沙之百甓欤？”公大笑。[③]

一个是两江总督，一个是学部视学官，那总督府（今南京“总统府”）内的水榭小庑，在一百多年前竟为总督大人收藏墓砖之处。端方与罗振玉在“聚

---

① 端方：《陶斋藏石记》（1910 年上海商务印书馆石印本），凡四十四卷，附《藏专记》一卷，罗氏所议者殆即此。

② 罗振玉：《秦金石刻辞序》，《雪堂校刊群书叙录》卷上，《罗振玉学术论著集》第九集。

③ 罗振玉：《恒农冢墓遗文序》，《雪堂校刊群书叙录》卷上，《罗振玉学术论著集》第九集。

蚁成雷"中秉烛而观，其"戏语"与"大笑"，完全消弭了彼此的官阶品级之差。两位共同的"嗜古多藏"之乐，跃然纸上。

然而，端方虽热衷于收藏，却终非学者，故难脱张之洞谈笑中的"三假"之嫌、"谬附风雅"之讥。① 试观其钟鼎彝器，罗振玉既赞叹端氏收藏之富，亦不讳言其藏器之伪。②《匋斋吉金录》及《续录》跋中，罗振玉列举端方"鉴别之疏"的同时，更揭其"称名之误"有三，曰：器名之误、时代之误、释文字之误。他还言及"编订之疏"，并述其缘由，云：

> 盖公之此书，成于门客之手，时公王事鞅掌，未遑商榷，致有此失。③

端方"成于门客之手"的另一书《匋斋藏砖记》，按照罗振玉以所撰《恒农砖录》而"取校"其书，"文字讹失，尤不可备举"，云：

> 至张式砖之"弌"乃"武"字，误以为式。诸砖"死在此下"，古死、尸通用，误以"死"为"垔"之省，则不知而作，又不仅校录之疏矣。其舛讹至此，贻误来学，实匪浅尠，且砖之存亡，今未可知。④

这样回观罗、端的"金石之缘"，罗氏如此看重端方之收藏，又如此猛揭《匋斋吉金录》"鉴别之疏"与"称名之误"，痛陈《匋斋藏砖记》之"不知而作""贻误来学"，不是颇足反证作为学者的罗振玉，毕竟迥异于"谬附风雅"的端方吗？若再反观前述杨氏揭罗，虽有"不知""不能""无所言"这样前后"不敢信出一人之手"的破绽，但未见有一字一例如端氏《匋斋吉金录》《匋斋藏砖记》那样的疏误、纰缪。所以，追究其因，我们亦当本史家之忠实，实话

① 张之洞笑议端方之言，复引如下："学问之道无穷，谈何容易，彼不过搜罗假碑版、假字画、假铜器，谬附风雅，此乌足以言学耶。"参见刘禺生《世载堂杂忆》，第 58 页，中华书局 1960 年版。
② 据罗氏跋文统计，端方《匋斋吉金录》八卷，《续录》二卷，计三代礼器二百有四，秦器四十一，汉以后器百二十八，古兵四十三，佛像三十一，总得四百四十有七器，而赝器亦得四十六，约当全器十之一；赝器中，三代礼器五，汉以后器十有二，古兵十有七，造像十有二。
③ 罗振玉：《匋斋吉金录续录跋》，《云窗漫稿》，《罗振玉学术论著集》第九集。
④ 罗振玉：《恒农砖录序》，《雪堂校刊群书叙录》卷上，《罗振玉学术论著集》第九集。

实说，那就是：罗氏虽欲弋获于学海，却致身复辟，沉浮政海，而无暇于学事；熊掌与鱼，何能兼得？若要说他晚年"精力苦不给"，实缘于其人事旁午，奔忙折腾于溥仪及其"伪满建国"之事，还哪里顾得上"炳烛余光"，像当年考释殷墟卜辞那样，"操觚在手，寝馈或废"呢！

这才应该是晚年罗氏之所以自蹈误区，颇具凄感的学术悲情。

［备考］早年金文考释中之科学追求

所以，我们也不能因为罗氏晚年学术上的某些疏失而否定其早年的业绩。若专就审释文字言之，通观罗氏著述，从早年《碑别字》到晚岁《金石文字跋尾》，碑版、石鼓、青铜、甲骨，会通许书，辨文释字，实乃其迄今犹罕有其匹的强项。为此，我想为之补举一证以见其学。《中国古代科学之发达可征于古金文字说》，[①] 这应该是提出"宜为《金文通释》"的罗振玉公开发表之第一篇金文考释之作。其要旨，就是"征之古金文字"，以考见中国"科学之发达实远在三千年以前"，并且于文末强调，"中西学说，彼此同符，证据确凿，似非傅会"。罗振玉所录举之古金文字，有"日""旦""月""雨""原""木""菽""禾""麦""牛""羊""心""思"，凡十三字，皆由形析义，以证古代科学。如谓："⊙从○，象日形"，以"中有点者"为日中"黑子"，并据以推测"至精之测天器"（今天文家"至精之远镜"），早在三千年以前的中国"似已有"。这虽有西学为证，但不免有强为之说之嫌。故嗣后考释卜辞之日作 ⊖ ⊡ ⊡ ⊕ 诸形，他特别指出"日体正圆"，卜辞中多角或正方诸形，"非日象如此，由刀笔能为方不能为圆故也"，[②] 就较为平实可信。这应是罗氏以卜辞之考，正其金文之说了。

当然，我们更应看到，罗氏当年"征之古金文"而契合近代学理之说，如谓："金文米，上从Ｖ，象菽初出两荚之形；一象地，小象细根。今植物学家言，豆之细根最多，能吸收土中窒素。"这是以古金文，证近代植物学，甚确。

---

① 罗振玉：《中国古代科学之发达可徵于古金文字说》，《教育世界》第一百二十二号，丙午三月下旬（1906年4月）。

② 罗振玉：《增订殷虚书契考释》卷中《文字》，《罗振玉学术论著集》第一集。

盖"豆之细根"，实即豆科植物之根瘤；"土中窒素"，实即根瘤菌（Rhizobiun）。罗振玉还说："此理古人已知之，故于朿，特别着其细根难披之状。"这位"古人"，当然首先要数罗氏自称丁酉（1897 年）始学稼，"遍读农家言"而"尤喜《齐民要术》"的著者贾思勰了。[①]

还有令人感兴味的，是罗氏对"心""思"二字之考，提出古人造字（罗氏谓之"造书契"）之妙。先看"心"字，云：

> ⊌　象心之形。今生理学家考人心上部有左右耳，下部有左右室。今⊌字上半正象左右耳，下半正象心室，中间加丨者，分左右室也。据此观之，知古人明于生理，深知内藏之形状矣。

近人举"甲骨文心字作♡，正像人心脏的轮廓形"，[②] 这与罗氏当年所考相一致。再看"思"字，云：

> ❀　从囟，从心。今生理学家言：人之知识，悉根于脑。人有所思考，则心房之血，上从脑部。今思字从囟从心，是古人已知智出于脑，可见非西人阐明矣。

《说文》："思，睿也。"段玉裁注："会意，非形声。"然其所"会"何"意"？盖囟者，脑也。[③] 罗振玉会通近代科学，答以"智出于脑"，所说很对。今人讲"国学"谈古文字，誉扬古人造字之巧妙，特举"思"字为首例，却无人知其出典，当然更不会有人揭出"从心从囟"（而非从"田"！）之❀，乃出于距今一百一十余年前的国学大师罗振玉，在其北京寓舍俑庐内摹写之"古金文囟字"！

---

① 罗振玉：《北宋天圣本齐民要术残本跋》，《雪堂校刊群书叙录》卷下，《罗振玉学术论著集》第九集。
② 于省吾：《释心》，《甲骨文字释林》，商务印书馆 2010 年版。
③ 《说文解字》："囟，头会脑盖也，象形。"段注："囟，其字象小儿脑不合也。"

欧战告终决计回国

罗振玉在日本刊书传古，业绩卓著。上述《贞松堂集古遗文》《三代吉金文存》，虽问世于他归国以后的晚岁，而在日本学界早已有了"叔言金石之学，为当代第一"的赞誉。

当然，在京都郊外、东山之麓的永慕园里，收藏了难以计数的书籍古器物的"我们的朋友罗振玉"，[①] 同日本学者如此情深谊厚，故一旦传出他将要归国，这就使得"东方友人闻之，多方维絷"，"京阪诸公"还提出要为他在吉田山"筑精舍""谋致月饩"。[②] 尤以京都大学教授内藤湖南、狩野直喜，以及西村时彦、原田大观等大阪的名流学者殷厚的挽留之情，令罗振玉终生不忘，但这都阻不住他的归国之念。

实则，罗振玉早在戊午（1918 年）开岁发春之际就已致信王国维陈其归意，内云：

---

　　① 〔日〕内藤湖南著，钱婉约译，《中国史通论》（下），第 577 页，社会科学文献出版社 2004 年版。

　　② 罗振玉：《集蓼编》。按，据罗氏致王国维书信，所谓"筑精舍"，就是"欲于吉田小公园中筑以俱乐部，以娱远人"；"致月饩"，即"以年金二千四百元请充大学讲师"（"以此为名，不必实到学校"），而所以有此举，则是鉴于京都大学诸公对王氏丙辰归国未能送行"颇歉然"，"故今于弟为补牢之计"。

弟之涉海，忽已六年，首尾则八年矣。初到此间，尚可闭门造术，并略料理生计，今既久处，知此邦之人犹吾大夫，乃有去志。及德俄战局将告终，此间乃有累卵之势。我国今为乱邦……于是去志益切。……于谒陵之时，于梁格庄觅一墓地，为异日葬身之所。人生不能无末日，若长此时局，不能归首淮安，尚得葬身先帝寝宫之旁，可以无憾。①

罗振玉所说"去志"，即离日返国，而以"葬身先帝寝宫之旁"，示其愚忠立场。嗣后，他又致信王氏，申述其归国后的"大志愿"：一是买地清帝陵墓所在的梁格庄，二是筑慈晖堂祀祖妣与妣，三是筹备义田修灵岩涧上徐俟斋祠。②但均未实现。当时，为了实施其归计，他一面嘱王国维"勿遽宣布"，"未尝为第二人言"，一面"请密探"居处，以便先携内子、小女（即王氏将过门之儿媳）及幼儿幼孙辈"在沪小住"。③王国维乃为之在哈同路南民厚里觅屋问询，以为还是在"英法租界西偏，觅一小洋房，较为合宜"。④只是罗氏全眷抵沪后实际居住地为长乐里，并未在此租住。

但是，罗振玉彼时更为关注的不是住房，而是时局趋向。他所谓"德俄战局将告终"，指当时尚在交战中的第一次世界大战，他简称之为"欧战"。这在他与王氏商议归计的书札中时有道及，例如：

鄙人对德之再攻巴黎，深以为不久将失机，今果败衄，千算固不能无一失也。⑤

此信署"七月朔"，即 1918 年 8 月 7 日。查证一战战史，当年 7 月，在美军与英法联军等协约国军的强大攻势下，已成强弩之末的德军"再攻巴黎"而惨遭失败，成为德军节节败退的转折，11 月 11 日，德国与协约国签署停战协定，结束了持续四年零三个月的"欧战"。罗振玉在信中说："祝捷之举，此间亦然。"看来，"和议"（即停战）消息传来，曾经"兵大出"的参战国日本亦

①②③⑤　罗振玉：《致王国维》，《罗振玉王国维往来书信》，第 352、432、395、402 页，东方出版社 2000 年版。

④　王国维：《致罗振玉》，《罗振玉王国维往来书信》，第 399 页，东方出版社 2000 年版。

大为庆祝。然而，令罗氏忧虑的不是"捷"，而是"疫"：

> 今日报纸披露，欧洲战争死者之数为三千万，病疫死者六百万，
> 此有史以来所未尝有也。①

斯时的日本，实亦陷入了疫情蔓延的恐惧之中，罗振玉说：

> 东邦疫气，以东京为最烈，神户次之，京都又次之，然京都学校
> 亦停校，其猖獗可知。②

罗振玉为之"谈疫色变"的这个"疫气"，叫做"西班牙流感"。史载，从
1918 年 3 月美国大兵带着病毒赴欧参战开始传播，直至停战以后的 1919 年 5
月疫情下降，在一年多时间内蔓延全欧洲，席卷美、亚、非各大洲，死亡人数
以千万计。这就无怪乎罗氏回顾当年不无余悸地说："欧战告终，疫疠大作，
家人无不感染。"他本人则以"病胃，复不瘥，乃慨然动归欤之念"。③ 所以，
尽管京都、大阪的日本友人"闻弟将行，百方攀留"，但均被罗振玉"婉
谢"了。

上海嫁女与会晤伯希和

眼看新的一年就要到了，为了避免"年末邮政迟滞"，罗振玉将归国日期
提前函告王国维，确定"全眷返回，总在明年四五月间也"。④其归国行程是，
"先沪后津"，⑤并且已经着手整理行装，陆续寄津。

罗振玉所说"明年"，即民国八年己未（1919 年），所以我们称之为"己未

---

①②④⑤　罗振玉：《致王国维》，《罗振玉王国维往来书信》，第 425、422、435、438 页，东方出版社
2000 年版。

③　罗振玉：《集蓼编》。

归国"。罗振玉动念归国，既已作了在天津安家的准备。那么，为何又要"先沪"呢？这就关乎他的宝贝小女儿的婚事了，且看罗氏自述：

> 予自海东归国，岁在己未春末。先至沪，遣嫁王氏女。

更述其抵天津后安家之事：

> 预于津沽赁楼三楹，以贮由海东运归之书卷长物。请姊夫何益三孝廉住津接收，并请吾友王君九学部（王季烈）代觅宅，以栖眷属。①

罗氏所称"遣嫁王氏女"，就是护送他的三女儿孝纯抵沪，与王国维长子潜明完婚。为此，他致信王氏，"喜期不远，心甚着急"，并表示要先行赴沪，为"小女嫁衣首饰事，且与公商酌一切"。② 无奈，女儿、儿媳等家人先后得了感冒，他也就只能"临喜期再到沪"。③ 由书信中我们可以看到，罗氏"十三由神户启行，十六日准到沪"。④ 他"携全眷"抵沪时间，当为农历三月十六日（1919年4月16日）。果然，我们从刊布的刘承干己未年信稿中，读到其三月廿一日（1914年4月21日）致罗振玉书信，信云：

> 陈石遗学部（陈衍）文章跌宕，名士风流，与公同僚，谅系旧识，近因剞劂《通志》（《浙江通志》），留驻申江。廿三日在敝寓特备粗肴，奉乞公与石遗先生一叙，坐无杂宾，均系凤好，敬希勿却为荷。⑤

这在某种程度上，不是可以视为给罗氏归国接风洗尘，而请曾与罗氏为清学部同僚的陈衍作陪吗？至于罗、王二家的喜期究为何日，鉴于当年的喜帖、

---

① 罗振玉：《集蓼编》。
②③④ 罗振玉：《致王国维》，《罗振玉王国维往来书信》，第449、451、452页，东方出版社2000年版。
⑤ 刘承干：《求恕斋函稿·致罗振玉》己未年信稿之三，上海图书馆历史文献研究所编《历史文献》第十九辑，第198页，上海古籍出版社2015年版。

婚启已难觅得，故现在我们只能由罗、王二亲家之互通书札中揣测其在沪举办婚礼的时间当在农历四月。其后，我从郑孝胥己未日记中得到了确证，记云：

> 四月十九日（1919 年 5 月 18 日），与（陈）叔伊同过罗叔蕴，贺其嫁女，其婿乃王国维之子也。叔蕴赠《徐俟斋先生年谱》。①

这位前来向罗氏贺喜的叔伊先生，不正是数日前刘承干邀宴的陈衍吗？罗继祖曾回忆说："祖父回国在上海逗留，主要为遣嫁三姑母。"又说："三姑母结婚，虽然不铺张，一般社会上应有的过节还是有的。我跟着看热闹，算是又开了一次眼界。"②看来，罗氏三女儿出嫁，虽未大操大办，但办得还是相当热闹的，郑、陈这样的知名人士当天均登门贺嫁，以表达友情。

值得补记的，还有罗振玉初抵上海时即与伯希和会晤，他曾有记述：

> 伯希和博士所得石室遗书，藏之巴黎博物馆，整理亦未完。其已写定者，一千五百余种。欧洲战役，博士鞅掌兵间，与战事相终始。己未四月，予与博士邂逅于沪江寓楼。劫后重逢，相得益欢。畅谈两时许，户外大雨如注，如弗闻也。时博士将归法京，再任大学教授，重整理敦煌古籍。深盼其早日集事，先睹为快也。③

记中"沪江寓楼"，当为伯氏过沪之寓所。"己未四月"，究为何日耶？罗氏秉承他所敬仰的顾炎武《日知录》的学术传统，勤于做札记，亦善写笔记，每于简约文字中留鲜活之细节描写，与伯氏相会"畅谈两时许"，以至"户外大雨如注"，"如弗闻也"，即其显例。谨检核郑氏当月日记，记有"四月初十日（5 月 9 日），夜，雷雨""十一日（5 月 10 日），雷雨"，④推想其会晤时间，恰当罗氏嫁女前七八天，即四月初十日或十一日。而这"雷雨"，实为最著名

①④　《郑孝胥日记》（四），第 1783、1782 页，中华书局 1993 年版。按，陈衍（1856—1937），字叔伊，号石遗，曾为清学部主事，晚清宋诗派诗人，与陈三立、郑孝胥齐名，著有《石遗诗话》《石遗室诗》。

②　罗继祖：《涉世琐记》之《歊浦惊朝》，《海角濡樽集》，第 164—165 页，《长春文史资料》1993 年第一辑。

③　罗振玉：《凝清室日札》十五则之二《法京所藏敦煌古籍》，《雪堂剩墨》，《罗振玉学术论著集》第十二集。

的大上海写实长篇小说《子夜》反复呈现之"天堂般五月"里的"房屋也似乎岌岌震动"的"闪电，响雷，豪雨"。[1] 伯希和能讲一口流利华语，不必"舌人"翻译，故户外之"豪雨"无论怎么"吼"，也不影响彼此交谈。

看来，罗、伯邂近沪上，既是一次巧遇，也是一席佳话。正是在此次畅谈之后，罗氏命其三子福苌抄录伯希和编订之敦煌书目；而王国维则兴致盎然地转译了京都大学教授榊亮三郎所译伯希和就任法兰西学院中亚西亚语史学教授时（1911 年）所作的就职演说，[2] 王国维在译后记中特别讲到了伯希和与罗氏的上海之会及其"欧战"中"鞅掌兵间"之经历，云：

> 欧洲战事起，博士从军达达尼斯海峡，既而复有事西伯利亚，今春凯还过沪，遇参事剧谈，凡我辈所著新印之书，无不能举其名及其大略者。军旅之中其笃学如此。呜呼！博士之所以成就其学业者，岂偶然哉！

所谓"从军达达尼斯海峡"，盖指伯希和在第一次世界大战中应召入伍，亲历了达达尼尔之战。史载，1915 年 2 月 19 日，英法联合舰队出动四十艘战舰，向达达尼尔海防工事猛烈炮击，发起了达达尼尔战役，但在德军组织的大规模反击下惨败，英法联军最后损失三分之一的兵力而被迫撤离达达尼尔。[3] 罗氏追思十年前（1909 年）在北京与伯希和初次会晤而以此番邂近为"劫后重逢"，看来既是为伯希和当年在达达尼尔炮火中死里逃生庆幸，又有他本人所称"辛亥国变""忍死余生"之感喟，可谓一语双关矣。

---

[1] 茅盾：《子夜》，第 394、187 页，人民文学出版社 1978 年版。

[2] 〔法〕伯希和著，王国维译：《近日东方古言语学及史学上之发明与其结论》，《观堂译稿》，《王国维遗书》第十四册。

[3] 管敬绪：《第一次世界大战的爆发》，《外国历史大事集》现代部分第四分册，第 78 页，重庆出版社 1986 年版。

五四激流中再浮海

当然，我们也注意到《郑孝胥日记》中以下记述：

> 四月廿七日（5月26日），罗叔蕴来，言将赴日本。[①]

很明显，此乃罗振玉对郑氏曾来"贺嫁"之回拜，同时也是告别。由是，表明罗氏"届喜期"赴沪，办完女儿"嫁事"后再返日本。现行罗、王往来书札中有罗氏致"静公亲家"，落款署"初四日"一札，书信标为"6月1日"，很对。兹将原札移录如下：

> 连日快晤，甚慰。昨舟行忽改早一点钟，致劳公远送，不获握别为歉。舟行安稳，舱口风甚大，凉爽如秋，而无簸荡之苦，故旅人颇安适，不知沪上亦凉爽否？
>
> 返东除售屋，别无多事，大约月内定可抵申。小女嫁后，身体如常，荷公及嫂夫人挚爱，以弱女畜之。其小夫妇亦和好，此心可以放下矣。……
>
> 此次行资，估计三千元，然以已用之费计之，或且五千元。如何如何。[②]

可以看出，罗氏此信紧接于郑氏所记其"言将赴日"四天之后，是在赴日的船上写的，而他此时最为牵挂的依然是他那刚成了"王氏女"的宝贝小女儿孝纯。此信既为两亲家唠家常，也讲了他往返日本所需各种费用，真是家家有

[①] 《郑孝胥日记》（四），第1784页，中华书局1993年版。

[②] 罗振玉：《致王国维》，《罗振玉王国维往来书信》，第455页，东方出版社2000年版。

本难念的经。

当然，我们更注意到，罗振玉虽置身于"学"，却是个心不离"政"之人。他自称此番"返东除售屋，别无多事"，实则牵挂之事甚多，而最要者还是政局政事：

> 连日阅报，沪上因北京捕学生百余人，致罢市，扰乱可想。尊处未至不便否？
>
> 弟到此以后，尚未出门拜客，书籍什物，已十运八九，书籍已了，铜器、陶器今日运出，未运者砖石、零书、家具、书画耳。琐事约月内当可了，惟恐送别会纷纷为可厌耳。博文主人（原田大观）言：榊原、犬养、滑川诸人，须自东京来，合以京都、大阪，必有数次，奈何奈何。[①]

此札落款署"初九夕"（1919 年 6 月 6 日），实乃罗振玉此次东返抵达京都后致王国维第一书。越二日（6 月 8 日），罗振玉复致信王氏，云：

> 此次返国（指重返日本），不能与此间日人留别，然必因此大为生事，必有送别会之举，甚以为苦。如何如何。在此仅见榊博士一人，余皆未见，不能知政局如何。乙老（沈曾植）处有近闻否？三五日后，当访内藤诸君，诸君想必来见也。沪市开否？闻警队尽出，或不至大扰乱耶？[②]

罗振玉在以上书信的结尾，均有"仍盼惠书""尚盼来书"等嘱语，他是多么急等着王氏复书告知国内尤其是上海的政情啊！例如他因"到此将十日，尚未到手教"而急切地再度致书王国维，询问"沪上罢市，米盐尚不知不便否"，并在信中告知他在京都之见闻，云：

> 诸博士仍未见面。湖南有文刊报纸上，斥中国已亡国。不知中国

---

①② 罗振玉：《致王国维》，《罗振玉王国维往来书信》，第 455 页，东方出版社 2000 年版。

之亡，亡于辛亥之无君，不在今日之排日货也。[①]

此信落款署"十五日"（1919 年 6 月 12 日）。罗振玉东返逾十日，仅见前述曾译伯希和就职演说的榊博士（亮三郎）。他欲访的"内藤诸君"，则皆尚未见。其因何在？恰好王国维自沪来信，告知"此间罢市已逾七日，今日有开市之说"，并就罗氏关心的"沪市开否""米盐便否"诸情，作了较为详尽的回复，认为"此次故有国际竞争，有政争，最可怕之社会运动恐亦有之"。[②] 信末还加了一句："哈校停课，然近日心绪恶劣，毫无所为。"落款署"十五日上午"（1919 年 6 月 12 日），正是罗氏急盼其复书之同一日。

综上所述，罗振玉是在五四激流中再返日本，他书信中所说"北京捕学生"，即继五四游行之后，北京学生散发《罢课宣言》，举行总罢课，并且组成讲演团，上街进行爱国主义宣传，劝说市民购买国货，抵制日货，显示了五四爱国运动的主旋律即反日救亡。王国维信中所说"此七日中的罢市"，即为 6 月 5 日开始的上海工人罢工、商界罢市、学生罢课，所谓"哈校停课"，就是学潮波及"哈同花园"，由他兼任教授的仓圣明智大学亦告停课。而在与罗、王交讠乚的日本学人中，尤为关注中国学生及民众反日救亡运动的，则是京都大学教授内藤虎次郎。罗氏对内藤公然撰文"斥中国已亡国"颇为义愤，固然基于其所谓"无君即无国"之遗老情怀；而内藤之所以发中国"已亡"之论，则完全基于"今日之排日"，他是站在维护日本侵华利益的立场上发声，是对北京学生界五四宣言中揭露和声讨日本在巴黎和会上意欲取代德国、并吞青岛、独占"管理山东一切权利"的罪恶图谋之反诬。内藤的诬华之论，乃是对中国五四爱国运动的一派谰言！

---

① 罗振玉：《致王国维》，《罗振玉王国维往来书信》，第 456 页，东方出版社 2000 年版。
② 王国维：《致罗振玉》，《罗振玉王国维往来书信》，第 456 页，东方出版社 2000 年版。

圆山饯别

尽管国内时局可畏，但并不影响罗振玉的归国行期。他致信王国维，云：

> 弟日来各物粗毕，后日即运行装到神（神户）。大后日送别会，东京以犬养、三浦为领首，京都以荒木大学总长领首，大阪则上野本山领首。此次众意甚殷殷，不能不周旋之。在此八年，离别时尚不致生恶感，可谓幸事矣。雨山今日来此，惜别之情甚挚，默坐少时而去……
>
> 日来笔墨甚忙，加以督儿辈检点什物，有山阴道上之势。三数日来收润笔三百元，稍可津贴行资。①

此信落款署"廿一夕"，即 1919 年 6 月 18 日。儿辈即陪同罗氏东返的福成、福葆，兄弟俩还参加了"大后日"（1919 年 6 月 21 日）的送别会。据罗氏追忆，当天"两京、神、阪耆旧数十人，公饯于圆山公园"。②"耆旧"者，则指来自东京、京都、神户、大阪的年高资深之旧交老友，且多至数十人。唯追忆中指名之"旧"，仅有业已亡故的富冈谦藏之父、年垂九十的富冈百炼（铁斋）；而上述书信中则道出了领首送别者实名：犬养、三浦、荒木、上野，以及"惜别之情甚挚"的雨山，即日本学者长尾甲。余者尚多，不妨分数端略述如下：

一是年高德昭之学界耆宿，如参与公饯年岁最长的富冈百炼（铁斋）。他

---

① 罗振玉：《致王国维》，《罗振玉王国维往来书信》，第 457—458 页，东方出版社 2000 年版。
② 罗振玉：《集蓼编》。按，据近年刊布的圆山送别宴合影，前排居中就座者罗振玉，左侧犬养毅，右侧富冈铁斋，后排站立者有福成、福葆。赵晨：《罗振玉与圆山送别会上的日本文化名流》，《文史淮安》2016 年第 1 期。

是日本名画家，三年前所刊《乙卯寿苏录》^① 卷首《苏公肖照》，署"铁斋外史"，即其摹写。紧接于"寿苏"之后，丙辰（1916 年）正月，罗振玉以所藏六朝以降之山水画按期摹印，遴选为《南宗衣钵》并逐一跋尾，印行后致信王国维，告以"铁斋之赞"及其激起之反响，云：

> 《南宗衣钵跋尾》此间大受欢迎……铁斋翁读之两日，谓人曰：此书所论，不能易一字。又谓：定荆浩、索成、北苑之无款画，确切不可易。而政党如犬养诸人亦大惊异矣。故博文主人欣然来，请迅印第二册。^②

孰料，乙卯"寿苏"之后，其子富冈谦藏（君撝）不寿而亡。老富冈则感念与罗氏交谊，当送别之际，乃以九十高龄"扶鸠来饯"。^③

1919 年，罗振玉与日本友人临别合影
（左起：长尾甲、犬养毅、罗振玉、富冈铁斋、内藤湖南）

① 《乙卯寿苏录》，1916 年日刊本。按，此次"寿苏宴"，举办于乙卯十二月十九日（1916 年 1 月 13 日），京都圆山春云楼，发起者有富冈谦藏（君撝）、长尾甲（雨山）。

② 罗振玉：《致王国维》，《罗振玉王国维往来书信》，第 106 页，东方出版社 2000 年版。按，罗氏《南宗衣钵跋尾》，自序于丙辰正月，又有长尾甲序，落款为"大正五年丙辰五月"。又按，铁斋赞罗论"不可易"，盖指其自序取南宗古今名迹，约分四期，即六朝暨五代为上古，宋元为中古，明为近古，（清）嘉（庆）、道（光）以前为今代；"确切不可易"之"北苑之无款画"，即跋尾卷一，六朝之《无款〈山园古木图〉》，及卷二宋代之《无款云山小卷》，皆定为北苑之作。"北苑"者，五代南唐画家董源（? —约 962），字叔达，曾任北苑副使，故亦称"董北苑"。

③ 罗振玉：《集蓼编》。

二是资深厉学之藏书世家。首先是"圆山寿苏"即录载其名的神田香岩，罗振玉跋《日本唐写本古文尚书周书残卷》，曾记彼此相交，云：

> 今年夏，京都神田香岩翁忽扣关，挟所藏唐写本《古文尚书》至，启匣观之，则正是《泰誓》以下五篇，为之惊喜欲狂。①

罗氏于"惊喜"中盛赞"神田翁耆年厉学，藏善本至富"。跋尾署"甲寅六月二十五日"（1914 年 8 月 12 日），则"今年夏"者，殆即甲寅六月。神田以耄耋之年，冒盛暑炎夏来敲罗氏宸翰楼之门，出其秘藏之古籍。这是多么难能的学术厚谊！无巧不成书的是，其孙神田喜一郎为王国维逝世所撰追忆，言及他初见王氏时的情状，云：

> 大正四年（1915 年）三月左右，当时我祖父请罗叔言先生与内藤湖南先生为家藏《隶古定尚书》作跋，这本书影印出来以后，我遵祖父之命，携几部影印本拜访了当时侨居洛东净土寺的罗叔言先生，正巧王静安先生也在那儿，这是我初次见到先生。当时先生交给我用山田圣华房的木活字排印的《壬癸集》，要送给我祖父。②

其时，神田喜一郎（1899—1981）还是位十六七岁的"三高"（京都第三高等学校）学生，其祖父即罗氏笔下"耆年厉学"的"神田翁"。由是，可知由罗氏作跋的神田藏唐写本《古文尚书》残卷，印成于翌年（1915）春三月；王氏赠送之日本圣华房聚珍本《壬癸集》（初版于 1913 年），亦当印成于此时。这样，富冈父子及神田祖孙与罗、王的交谊，堪称中日学者交往中代代相传的佳话。

三是营销与影印汉籍之书店老板。其最著名的如由京都迁至东京，以营销

---

①　罗振玉：《日本唐写本古文尚书周书残卷跋》，《雪堂校刊群书叙录》卷下，《罗振玉学术论著集》第九集。

②　〔日〕神田喜一郎：《忆王静安师》，《追忆王国维》（增订本），第 319 页，三联书店 2009 年版。

汉籍著称之文求堂书店老板田中庆太郎。[①] 罗振玉扶桑再游（即 1909 年赴日考察）及辛亥（1911 年）东渡，均可见田中参与接待的身影。罗氏归国钱别，自不当缺位。但与罗氏"居东八载，校刊群书"关系更密切者，我以为尚有一位不可不提及的书店大佬——博文堂书店主人原田大观。正是这位"博文主人"，第一个专程赶至京都向罗氏通报将有榊原（号铁砚）、犬养（毅）、滑川（号澹如）诸人从东京前来送行，足见他与罗氏绝非泛泛之交。罗振玉曾说，他的《南宗衣钵跋尾》刊行后，在日本大受欢迎，促使"博文主人来请迅印第二册"，又可见罗氏精印之书，悉出博文，何以故？原来，博文堂是专营玻璃版影印青铜、甲骨、玺印等古代文物，即所谓珂罗版古籍之特色书店。例如，罗振玉在日本印行之《殷虚书契前编》《殷虚书契后编》《殷虚书契菁华》，皆珂罗版影印；《流沙坠简》书中所附王氏"排类"之《屯戍丛残图版》，及前此之《齐鲁封泥集成》（1913 年），亦皆以玻璃版影印；还有以珂罗版影印的敦煌石室之书，如《鸣沙石室遗书》正续编、《鸣沙石室古籍丛残》，以及《雪堂校刊群书叙录》卷下诸种古籍。然则，博文主人乃以玻璃版精印古籍与罗氏结成了厚谊。

四是开创汉学京都学派之"诸博士"。他们之中包括先后就任日本京都大学教授之桑原骘藏（东洋史学）、新城新藏（东洋天文学史）、羽田亨（东洋史学）、滨田耕作（东洋考古学）等。但就罗、王二家寓居日本期间的交往言之，其学术关系最密切者，则有狩野直喜（字子温，号君山）、内藤虎次郎（字炳卿，号湖南）、小川琢治、铃木虎雄（字子文，号豹轩），还有去世于罗氏归国之前的富冈谦藏。尤其是被称为"京都学派领袖"的内藤、狩野，内藤与罗氏交谊最密，而狩野则与"纯粹学者"王氏更亲近。是故，郭沫若曾举王国维《送日本狩野博士游欧洲》"君山博士今儒宗，亭亭崛立东海东"之句，说："可见作者对于狩野相当器重。"又举其《海上送日本内藤博士》（此系王氏丙辰归国后在上海为内藤湖南来中国游历抵沪时所作送别诗）"多君前后相邪许，太丘沦鼎一朝举"之句，说："这更足以看出王氏的自负和对于内藤评价的分

---

① 田中庆太郎（1880—1951），号救堂，毕业于东京外国语大学中国语学科，承袭祖业开办书店，多次赴中国觅购古籍、文物。其文求堂书店于 1901 年自京都迁至东京，成为东京首家且规模最大之专营中国古籍、书画的书店。

寸。"① 应该说，这是实情。不过，恰如罗振玉追述，在辛亥东渡初抵日本时，"诸博士至神户相迓"；在圆山"送别宴"后，"诸博士复送予至神户登舟"，②而"诸博士"中的领首者内藤、狩野，与罗、王前后相贯的学术情谊，尤为可贵。

圆山送别，中坐执扇者为罗振玉

参与送别的日本军政要员

当然，圆山饯别既为公饯，参与者就少不了位势显赫的军政要员。以罗振玉致王国维书信中所说送别者来看，东京的犬养、三浦，京都的荒木，大阪的上野本山等，均非等闲之辈。其中，荒木名寅三郎，系京都大学校长，实为罗氏寓居地的学界最高长官，故他以"大学总长"的身份，"领首"来为前清学部参事官暨京师大学堂农科大学校长的罗氏送行，表示了日本当局对他的礼敬。

---

① 郭沫若：《我是中国人》，《沫若自传》（下卷），第 585 页，求真出版社 2010 年版。
② 罗振玉：《集蓼编》。

这里要稍加补述的，首先是来自东京的领首者三浦，他在送别会前三天就赶到了京都。罗振玉颇为感动地说：

> 三浦衰病，七十老翁，一岁中不一入都市，乃亦不远千里而来。①

那么，这位不远千里而来的衰病老翁，究为何许人也？他与罗振玉又有何等交谊？现在我们所见的，是罗氏为《宋椠本三藏取经诗话》所作跋文，云：

> 此日本三浦将军所藏，予借付景印。②

原来，三浦名梧楼，③之所以尊称他"三浦将军"，盖以其曾任日本明治维新后的兵部权大丞、旅团司令长官等职，军阶为陆军中将。罗振玉虽仅影印其所藏《唐三藏取经诗话》一书，却甚重其人。例如，他在张勋乙巳（1917年）"复辟"前致信王国维谈及"北洋武人颇有欲借此打荡一切"的国内时局，曾附寄报道三浦活动的日文剪报，译文如下：

> 《三浦子访问首相》：三浦梧楼子三日（1917年3月3日）午后三时，乘人力车至寺内首相永田町官邸拜访首相，就政局进行长时间会谈。（据东京电讯）④

由此报道，可见日本报纸对三浦之敬重及其政治地位之非同一般。尊之为"三浦子"者，以其曾为明治年间贵族院子爵议员之故。而在罗氏书跋中，例如跋《古写本玉篇》称"田中伯光显藏"，盖"伯"即伯爵耳。

这样，在罗振玉眼里，这位武士出身的陆军中将，以其枢密顾问官身份而

---

① 罗振玉：《致王国维》，《罗振玉王国维往来书信》，第458页，东方出版社2000年版。
② 罗振玉：《宋椠本三藏取经诗话跋》，《雪堂校刊群书叙录》卷下，《罗振玉学术论著集》第九集。
③ 三浦梧楼（1846—1926），号观树，日本明治至大正年间之职业军人、陆军中将，历任明治维新后之兵部权大丞，东京镇台、广岛镇台司令长官，西南战争时第三旅团司令长官。他又是政治家、外交官，曾任贵族院子爵议员（一等子爵）、朝鲜国特命全权公使，明治四十三年（1910年）任枢密顾问官等职，著有《三浦将军回忆录》《三浦将军纵横谈》等。
④ 罗振玉：《致王国维》，《罗振玉王国维往来书信》，第244页，东方出版社2000年版。

能乘人力车径入首相府拜访寺内首相，长谈政局，显现了其从明治维新以至于大正年间，对日本政局发挥着经久不衰的影响力。由此"耆旧数十"的送别会，还传递了这样一个学术信息：指责罗振玉在日本校刊群书仅为了赚钱，未免出于不明就里的不实之言。故罗继祖曾因"有人妄传祖父印书发财"而鸣不平，力辩其"印书并没有赚钱"。[1] 但是，若谓罗氏以印书为平台、路径，在寓居日本期间由群书之校刊而拓展人脉、广交军政各方，则是千真万确。尤其是罗氏先后"借影"藏书多出世家，何止一位三浦将军？为校刊《唐三藏取经诗话》，他又借得别本——《宋椠本三藏取经记残本》，并为跋云：

> 日本三浦将军所藏《唐三藏取经诗话》巾箱本，予既命工写影，颇惜其有佚叶。闻德富氏成篑堂文库中尚有别本，乃移书求观。书往不逾旬，苏峰翁果寄所藏本至，亟取以校巾箱本，称名虽异，而实是一书。[2]

这就要转述罗振玉尊称其为"苏峰翁"的德富苏峰了。此公不惟如此快速（不逾旬）将其珍藏秘本寄罗氏影印，且其成篑堂文库供罗氏"借付景印"之书，尚有《宋椠本庐山记》《复宋椠本赵注孟子》诸善本古籍。早在1909年春夏间，罗振玉奉学部命扶桑再游，以考察农学与教育而访书交友，即已记及其人，云：

> （六月）十一日（星期二），晨，《国民新闻》记者野上丰一郎君来访，笔谈久许。《国民新闻》社长德富苏峰（猪一郎），彼国文豪也。[3]

看来，这位野上记者乃是受其社长德富苏峰的委派来访，而罗氏则誉苏峰为"文豪"。数日之后，罗振玉又记道：

---

① 罗继祖：《庭闻忆略：回忆祖父罗振玉的一生》，第61页，吉林文史出版社1987年版。

② 罗振玉：《宋椠本三藏取经记跋》，《宋椠本庐山记跋》，《雪堂校刊群书叙录》卷下，《罗振玉学术论著集》第九集。

③ 罗振玉：《扶桑再游记》，《罗振玉学术论著集》第十一集。

十九日（星期三），河井君来谈并赠拓本二种，殷拳可感，因与之同访德富苏峰（猪一郎），苏峰赠书二种、扇一。①

这应该是罗振玉初访德富苏峰，并观其成篑堂文库藏书，从而开始了他们的学术交谊。嗣后，罗氏曾为"苏翁""禹域之行"过沪"访书"，致信在上海的藏书家刘承干（翰怡），郑重推介时任东京《国民新闻》社长德富苏峰"为东邦文章、政治之雄"，说他的"成篑堂文库藏书至富。弟前所印宋本《庐山记》等皆苏翁文库中物也"。② 然而，此公之所以超乎寻常，不同于一般报人、学者，完全在政治方面。他本名猪一郎，出身于大地主之家。在文学方面，他有位兄弟德富芦花，确有值得称道的文名。③ 而他则比罗氏受任学部参事官还要早十年（1897 年）就当上了日本内务省钦定参事官，他也与罗氏一样嗜古多藏，并且精于鉴定。他的成篑堂文库不惟存有诸多古代钞本、宋元椠本等珍贵藏书，而且还出版了丛书。④ 非常遗憾的是，这位以其家乡熊本县苏阿山之顶峰而取名的"苏峰翁"，其志不在学问，而在政治；不是"传古"，而是做官。罗振玉称道他是日本的文章、政治之雄，什么文章？从甲午战争爆发，他狂叫"日清战争是日本国运消长的一个契机"而抛出《大日本膨胀论》；昭和年间，他以狂热的"文学报国""言论报国"之"功"而被授予"文化勋章"（1943 年），这就是他的文章！最后，他以八十二岁高龄而被锁定于"甲级战犯"的

---

① 罗振玉：《扶桑再游记》，《罗振玉学术论著集》第十一集。
② 罗振玉：《致刘承干》九十通之十一，《求恕斋友朋手札》（中），上海图书馆历史文献研究所编《历史文献》第十七辑，上海古籍出版社 2013 年版。按，此札未署年、月，约当作于 1918 年，罗氏归国前。
③ 德富芦花（1868—1927），本名健次郎，以长篇小说《不如归》成名。他挺身而出，为日本"大逆事件"（1911 年）中被杀害的幸德秋水（《共产党宣言》日译者，马克思主义在日本的首次传播者）等十二名进步人士进行抗争。他为幸德秋水等人辩护的演讲词及写给天皇的公开信，至今仍陈列于群马县德富芦花纪念文学馆。
④ 成篑堂文库，系德富苏峰所设书库，兼营出版，曾刊行《成篑堂善本书目》《成篑堂古文图书目录》等。

历史耻辱柱上。①

送别宴上的政治对话

不过也应指出，罗振玉追忆圆山公钱，最要的一笔乃是记述他与犬养毅的政治对话。

犬养毅②驰誉日本政坛，曾任文部大臣（1898 年）。他是孙中山的好友，与中国政界高层及学界人士均有交往。王国维主编《教育世界》终刊号（1908 年 1 月）所刊《孔子祭》，报道"中国在横滨大同学校并其在留之中国人举行孔子二千四百五十八年生诞祭，兼举行大同学校十周年纪念中日两国人纪念会"，在日本来宾中即有犬养毅；而罗振玉自道其《南宗衣钵跋尾》在日本大受欢迎，也列举了"政党如犬养诸人亦大惊异"，可证罗氏与犬养毅彼此心仪已久。特别是在 1917 年 6 月，张勋"复辟"前后，远在日本的罗振玉致信王国维，要他转告乙老（沈曾植），"犬养木堂有简驻北京消息，尚未发表"，"犬养有中国公使之说，此事望密告乙老"。③可见罗氏不惟密切关注着国内政局（主要是"复辟"之成败），且十分注意"尚未发表"的犬养毅可能来华出任公使的日本政情信息。如此，以日本众议院议员身份领衔此次圆山公钱的犬养毅，要在宴席上请罗氏谈政治，就毫不奇怪了。

罗振玉追忆了席间他与犬养毅的对答：

---

① 德富苏峰（1863—1957），本名猪一郎，日本熊本县人，出身于大地主之家。他于甲午战争（1894 年）爆发后撰《大日本膨胀论》，并利用其掌控的《国民新闻》等舆论工具，为日本军国主义策动侵华战争奔走呼号，先后当上了内务省参事官、贵族院议员等，被授予"帝国学士院恩赐赏"（1923 年）；特别是在日本昭和时代的"大东亚战争"中，出任"日本文学报国会"会长、"大日本言论报国会"会长，被授予"文化勋章"（1943 年）；1945 年日本投降后，同盟国占领军总司令部将德富苏峰列为"A 级战犯"嫌疑人，被拘禁于自宅。参见王述坤《侵略扩张的吹鼓手——德富苏峰》，《日本名人奇闻异事》，第 431 页，上海人民出版社 2008 年版。

② 犬养毅（1855—1932），号木堂，日本政治家，1882 年加入大隈重信创立之立宪改进党；1890 年当选众议院议员，曾任邮政大臣、文部大臣；1931 年就任总理大臣。

③ 罗振玉：《致王国维》，《罗振玉王国维往来书信》，第 263、267 页，东方出版社 2000 年版。

方东邦耆旧饯予时，酒阑，犬养君询予曰：公居此邦，平日但言学术，不及政治。今垂别，破例一言可乎？

予应之，曰：辱承下问，敢不以对？东西之国，思想迥异，而互有得失。东方以养民为政本，均安为要归，而疏于对外；西方则通商、练兵，长驾远驭，而疏于安内。今欧战告终，赤化遽兴，此平日不谋均安之效也。此祸或且延及东方，愿贵邦柄政诸君幸早留意。

犬养君曰：此虽当虑，但东方素无此等思想，似不至波及。

予曰：欧洲开化迟，今日所谓新思想，在中国则已成过去。不但曾有此思想，且实行试验，盖试而不能行，故久废也。即如今日苏俄所倡产业国有及无阶级政治，中国固已早行之，而早灭矣。

犬养君闻之愕然，请其征。

予曰：井田之制，非产业国有乎？阡陌开，而井田废矣。《孟子》言"貉之为国，无君臣上下百官有司"，非无阶级政治乎？此等政治仅见《孟子》书中，不见他载籍。盖至孟子时，废且久矣。窃谓今日为国，不谋均安而骛富强，则苏俄其前车也。

犬养君乃掀髯首肯。[①]

罗振玉说犬养"掀髯首肯"，并非夸饰。罗氏在沪办《农学报》的1898年，犬养毅已是文部大臣，斯时确乎银髯垂胸。这样一位久历政界的长者，何故如此"首肯"罗氏之谈？这里的关键词是"貉"。古称四夷、八蛮、九貉、五戎、六狄（《周礼·职方氏》），盖以"貉"蔑称居于北方之少数民族。而罗氏所引孟子原话应为：

夫貉，五谷不生，惟黍生之。无城郭、宫室、宗庙、祭祀之礼，无诸侯币帛饔飧，无百官有司……今居中国，去人伦，无君子，如之何其可也？朱熹集注："无君臣、祭祀、交际之礼，是去人伦；无百

---

① 罗振玉：《集蓼编》。

官有司，是无君子。"①

这样看来，罗氏是以对《孟子》之"貉"的解说影射被他称为"无阶级政治"之苏俄。若要讲影射史学，罗氏堪称祖师焉。

行前卖房刊古籍

罗振玉归国诸事，实际上在圆山饯别之前，业已料理停当。其中最要之事，便是所谓鬻宅印书，出售他在京都的住宅永慕园，以充印书经费。他自述隐衷，云：

> 予在京都，既影印西陲古卷轴。欲继是影印东邦所藏卷子本各书，顾仅成数种，即告归。乃捐净土寺町寓宅，于京都文科大学售之，以充继续印书之费，且为居东之纪念，以托内藤、狩野两博士。②

彼时，尚无基金名目，也不会有捐赠之类仪式，为着操办售宅捐款京都文科大学以供印书，他致信内藤、狩野两教授，托为代理。原信如下：

> 湖南、子温先生有道：连得拜教，快何可言。惟离索之感在眉睫间，为可憾耳。
>
> 兹有请者：弟去国以来，万念灰冷，惟传古之志尚未尽衰。频年略刊古籍，力不逮意，十才一二而已。平昔尝叹敝国黎莼斋先生在贵国刻《古逸丛书》，但收宋元椠而不及唐钞，至为可憾。窃不自量，欲身任之，而匆匆归国，此愿莫偿。念有寓居可售，以充印书之资，

---

① 《孟子·告子（下）》，朱熹《四书章句集注》，第346页，中华书局1983年版。

② 罗振玉：《集蓼编》。

欲鬻宅得款捐入贵国文科大学，即以此资烦诸先生印唐钞古籍；而戒行有期，鬻宅一事非旦夕可就，拟即将此宅奉烦两先生代觅受主，所得之价悉数捐入贵大学充印书之用。书成，除颁送各国图书馆外，售价所入，以为持续之用。区区之志，惟诸君赞成之。宅契令小儿面呈，弟行后并乞赐接收，无任感荷！①

此信落款署"五月二十日"，即 1919 年 6 月 18 日，恰当罗氏五月廿一日书告壬国维"大后日送别会"前一天。在此"笔墨甚忙"的"三数日"内，因汹涌京沪的排日运动而仍未见面的内藤、狩野两博士，终于珊珊然先后脚挤到了"山阴道上"，叩开了罗氏待鬻的永慕园之门。这便是书信落笔所道"连得拜教"，盖"拜教"者，犹言屈尊来访，聆听教诲；而诸多肺腑隐衷，还得"以纸笔代喉舌"，尤其是鬻宅印书之事，确如他本人所说，"非旦夕可成"，均须有人操作，兹举其主要环节：

环节之一：捐售 {
1. 沟通校方接收
2. 商洽售宅事宜
}

环节之二：印书 {
1. 选定拟印书目
2. 安排古籍印制
}

环节之三：发售 {
1. 寄赠：中国、日本及其他各国图书（博物）馆
2. 销售：日、中及其他国家（地区）的图书营销处
}

环节之四：经费滚动 {
1. 书款回收
2. 续印经费打理
}

遵父命向内藤、狩野"面呈"宅契的"小儿"，就是罗福苌。原来，罗振玉己未春夏归国前，曾携眷在离京都不远的西代度岁。福苌因胸生"肿物"，经木村介绍，请须磨疗养院长鹤崎诊治，②故未随同归国。而罗振玉此番自沪"抵东"，等候着福苌自西代回"都寓"（即京都寓所）相聚，当在五月中旬。此前的五六天内，罗氏未出门拜客，除了忙于书籍、文物的托运事宜之外，还因为他要"拜客"，与日人交谈，就由罗福苌给他做翻译。

---

① 据上海图书馆编《中国丛书综录》所载《京都大学文学部影印唐钞本丛书》首册卷首转录。
② 罗振玉：《致王国维》，《罗振玉王国维往来书信》，第 439 页，东方出版社 2000 年版。

趁此，我还要略述以通多种东西方语言文字见称的罗氏三子福苌。[1] 日本学者颇欣赏福苌风仪，谓为"眉清目秀的美男子"。[2] 然而，唯其才华超卓，迥出世俗，其父罗氏责其"生性与人不同，偏僻自用"；"心醉西人所谓文明有加无已"，包括"效其师德人"登山、游泳、运动健体，等等。[3]

罗振玉"行后乞赐接收"房契的内藤、狩野，确实不负所托，在他归国后的第三年，由京都大学文学部影印出版了《唐钞本丛书》（亦名《影印旧钞本丛书》）第一集。谨将卷首狩野直喜所撰前记，全文移录如下：

> 明治辛亥，清廷板荡，干戈抢攘。我友罗君叔言携眷东渡，筑室京都东山下，闲居无事，乃得大展力于学。其所述作，足以传后世。君又憾往年黎莼斋刻《古逸丛书》[4]，概收宋元椠而不及唐钞本，挂漏犹多，借得古刹、世家之藏，景印《尚书》《史记》《文选》数种，其嘉惠学者，功不在莼斋下也。大正己未，君将回国，悲其业中废，托炳卿博士（内藤湖南）暨余鬻其田宅，举所获捐于京都大学充印书资，大学因有景印古书之举。此其第一集也。兹记缘起，且附载君书于后，以见其高义亮节，卓越时俗，而稽古乐善之志，穷而不少衰，尤可敬重云。

落款署"大正辛酉三月（1921 年 4 月），京都帝国大学教授狩野直喜记"。看来，内藤、狩野合力促成校方"景印古书之举"，而由狩野实际操作。

那么，以罗振玉鬻宅之资，京都大学影印了哪些古书呢？罗振玉自述他所托印的《旧钞本丛书》，"予归国后，成书数种。今又十余年，闻将有续印者，想两博士必始终竟予之志也"。[5] 然则，其影印出版，从 1921 年第一集延续至

---

① 罗氏发妻生二子：长福成，次福同（八日而殇）。福苌乃其续配丁氏头生子。

② 神田喜一郎：《忆王静安师》，《追忆王国维》（增订本），第 319 页，三联书店 2009 年版。

③ 罗振玉：《致王国维》，《罗振玉王国维往来书信》，第 445 页，东方出版社 2000 年版。

④ 黎庶昌（1837—1897），字莼斋，贵州遵义人，早年为曾国藩幕属，与张裕钊、吴汝纶、薛福成并称"曾门四弟子"，后出使英、法、德、日；清光绪年间，就任出使日本大臣，肆力搜辑佚散于日本之古籍，刻为《古逸丛书》，凡二十六种，多宋椠古书，如宋本《尔雅》《谷梁传》等，并有搜访辑校者杨守敬题解、撰跋。

⑤ 罗振玉：《集蓼编》。

内藤、罗氏相继谢世之1934—1940年，历时近二十载。应予大书一笔的，则是《影印旧钞本丛书》十集，其三、四、五、六、七、八、九集为《文选集注》，占十分之七；并且由罗氏跋文中可以得知，这"珍如璆璧"的《文选集注》残本，就是从保存金泽文库所藏善本书的古刹称名寺中流出的。[①]

这里，有必要略述《文选》其书。古称"《文选》烂，秀才半"，可见这部由梁昭明太子萧统编纂的文学总集，在历代读书人心目中居有何等重要的地位。而今我们讲"国学"，如果不读，以至不知《文选》为何书，那岂非成了空头国学家！按照罗振玉在上述跋文中所说，《文选》昭明原本为三十卷，李善注本析一卷为二，成六十卷；[②] 而金泽文库所藏无撰人姓名之《文选集注》又析李善注本一卷为二，成一百二十卷。然而，罗氏致藤田、狩野书中，称其怀"传古之志"，"频年略刊古籍，力不逮意，十才一二而已"。他的这个"十才一二"，如何量化？若以其戊午年（1918年）在日本所刊古写本《文选集注》残本十六卷计算，则为一百二十卷之百分之十三点三，恰合其力有不逮的"十才一二"之意；而《影印旧钞本丛书》中收录之《文选集注》凡二十四卷，占一百二十卷之百分之二十八点二。细析之，则所收录该书全卷者，有八、九、五十六、五十九下、六十三、六十六、六十八、七十三上、八十五、九十三、九十四中、九十四下、百二下、百十三上、百十三下，凡十五卷，占一百二十卷之百分之十二点五。

这不是尤见其"珍如璆璧"吗？

所以，我们完全有理由说，罗振玉临别日本而托售其永慕园住宅，得款之百分之七十，被集中用到了访求刊行这部《文选集注》；而综览影印之十集丛书，其收藏者，文库有金泽文库、东洋文库，古刹有奈良兴福寺、东京和畤及大佛寺，藏家则有伯爵、公爵、男爵，以及包括富冈、小川、德富、上野等人在内的十数家之多。可以这样说，罗氏归国时由犬养、三浦等政要、耆旧为其送别而公饯造势，这对于他成此影印古籍之举，是有帮助的。

---

① 罗振玉：《日本古写本文选集注残卷跋》，《雪堂校刊群书叙录》卷下，《罗振玉学术论著集》第九集。按，金泽文库始建于1275年，乃日本镰仓时代北条时实在武藏国金泽庄（今神奈川县）创建之藏书设施，故名。北条氏灭亡后，其藏书即保存于当地称名寺内。

② 今通行之《文选》李善注本，上、中、下三册，六十卷，系影印重刻宋淳熙本。

建造新居

罗振玉告别了日本友人，返沪携眷赴天津。抵津翌日，他就给登船送行的亲家王国维写信致谢：

> 濒行，劳到船久待，万分不安。行人平稳，昨遂抵津。金园地僻而宽朗，惟道路不佳，雨时不能出门。避世之人，却无所嫌也。已为公留一室，不 [知] 何时能来作一月之聚耶？[①]

这应该是罗振玉到了天津后发出的第一封信。信末附有"亲家太太安否，至念"，及"伯深贤坦及小女均念念"等语。他逗留上海期间，曾看望了亲家，并约请王国维前往天津作客。当然，也少不了对他昵称为"贤坦"的女婿潜明（伯深），以及他的宝贝女儿有所诫勉。彼时，小两口儿尚在新婚蜜月中哩！

值得一提的是，此信后"继祖按"云："此札乃抵天津以后书。"甚确。又云："金园乃天津墙子外金家花园，在英租界集贤村，为金浚宣别业。金系沽上甲族，官民部，民国后不仕，与公本不相识也。"说得也很对。唯罗氏原札

---

① 罗振玉：《致王国维》，《罗振玉王国维往来书信》，第 453—454 页，东方出版社 2000 年版。

落款"十八日"而未署月份,揆其行程,当为阴历六月十八日(7月15日)。①

天津,别称津门、津沽,系历史文化名城,北京的门户。它既是海防重地,又是华北最大的商埠。自1861年开租界后,外国建筑荟萃,特别是作为晚清直隶暨北洋大臣驻所,津门成了政学各界人物的居处。罗振玉归国之初借居的金家花园,即为其一。当时,英租界在墙子河岸边,罗氏居址为天津英租界墙子外张庄东金家花园。

那么,罗振玉又是怎样入住这个墙子外金园的呢?他回忆说:

> 予自海东归国……天津金浚宣民部(钺)闻之,慨然以英租界集贤村别业二十余间相假。予与金君未谋面,闻其于海桑后闭户谢客,读书养志,迥异时流。及至津,遂订交焉。②

罗振玉自早年在沪创业,到此番归国居京津,"订交"友人可谓多矣,其中不可绕开者有"三金",即在先之金兴祥(仲清)、继后之金梁(息侯),而眼前以整座二十余间别墅相借之金浚宣,名钺,所谓"沽上甲族",是说他出身于天津的世家大族,故毫无小家子气。"慨然"者,无偿出借,不受租金。而罗振玉之所以看重金君"迥异时流",则尤在其曾供职前清民部,入民国而闭户读书,不复为官。看来,这位"思归"于大宅门以"读书养志"的金先生,颇欲效法"晚节更乐放逸,笃好林薮"的古人。然胸怀"补天浴日"大志的"罗三太爷",③岂能遁迹于这"地僻而宽朗"的金园别业?他说:"予至津后,即至梁格庄展谒德宗山陵,且谋购地卜宅。"他原想在光绪帝陵墓所在地梁格庄购地建宅,做个忠实的守陵人,虽然"以故不能遂初志",但他归国以后除了继续其刊书"传占"之外,更要为效忠清室而奔忙,是昭然若揭的。

这样,对彼时的罗振玉而言,无非是暂借金园以栖身,是所谓"避世之人"的权宜之举。他在入住该园的同时,就筹划着购地盖房,特别是地处墙子河边的这个金家别墅地势低洼,"道路不佳","雨时不能出门";入住不久,周边大举填土筑路,更给他带来了甚大烦恼,致使他"须预筹转徙之计","明年

① 《罗振玉王国维往来书信》断为四月十八日,而标以"5月17日",误差适为两月,应予校正。
② 罗振玉:《集蓼编》。
③ 罗振玉早岁在淮安,人称"三先生"(家中兄弟排行第三),辛亥以后,被尊为"三太爷"。

仍须移徙"。① 实则，促使罗振玉迁新居，更紧要的还是读书做学问：

> 弟近以房屋苦隘，以移居不远，藏书杂乱，阅览甚不便，大约非
> 移居后不能从容阅览……如何如何。②

为了"从容阅览"，罗氏新宅正加紧督造，并且预计"建屋事大约八月底可粗毕"，终于到 1920 年 11 月初，迁居新宅。

罗振玉平生有一大嗜好，就是每到一处都要盖房子，他曾先后四次购地建宅：

第一次，甲辰年（1904 年）在上海爱文义路，三楼三底，迎养其父罗树勋。

第二次，乙巳（1905 年）在苏州近靠江苏师范学堂，五楼五底，外加平房十几间，因江苏教育会"逐客事"未入住。

第三次，壬子（1912 年）在日本京都之永慕园（亦称宸翰楼），亦即罗氏专程返东鬻宅印书的寓居。

罗振玉名之为嘉乐里的新居，在天津法租界秋山街一号，这是罗氏第四次建宅，规模超过了前三次：主楼（两侧为厢房），附两所三楼三底之出租房。

移居先运书，安家首在书籍器物之收藏。罗继祖回忆，主楼是四合式，两侧为厢房。此宅落成，乃将分藏于"集贤"（即金园）与"今是园"（即罗氏将归国时预赁之"楼三楹"）两处的书籍搬到了一处。究竟有多少收藏？且看其记述：

> 两厢上下都装上书架，摆满了书，正楼一面的楼下是祖父母的寝室，楼上摆书；另一面楼上是祖先楼，也摆了书，上下东西两厢也都成了书库，因屋大宽敞，书还能摆得开。另外古器甲骨和碑刻书画都不少，祖父也一一做了各式各样的柜子和架子贮藏起来。到这时，我才知道我们家的收藏这么丰富，一般亲戚人家是见不到的，特别是书

---

①② 罗振玉：《致王国维》，《罗振玉王国维往来书信》，第 482、505—506 页，东方出版社 2000 年版。

最多。有人嘲笑说，你家不赌钱，所以不怕输（书）。①

己未归国之时，如此大批量的书籍、文物，罗振玉又是怎样从京都永慕园装运抵津？他于丁巳三月归国前从事检点书箱，并书告王国维说：

> 尽六日之力，装新书四十箱，大约新书尚有三十箱，旧书尚未动手，大约百四五十箱，大约本月可装百箱，下月底各书当可装毕矣。

在他的监督和指导下，由儿子、女婿，加上仆人，将书籍装箱，又说：

> 弟亲手装书画七箱，尚有八九箱。余物尚未动手，移居恐在五月间，移毕恐在六月末也。②

这样看来，罗振玉所称"移居"，殆指书籍、文物之迁运；而他在沪嫁女之后再返日本，除售屋外，实乃为着督运。如他致王国维书信中所说，抵京都六七天内，"书籍什物，已十运八九，书籍已了，铜器、陶器今日（1919 年 6 月 6 日）运出，未运者砖石、零书、家具、书画耳"。③

这就是被誉为"古来难比之大收藏家"的罗振玉落户天津，搬进嘉乐里之新旧图书及书画文物的装运过程。

京旗生计维持会

罗振玉从集贤村徙居嘉乐里，集贤村仅是过渡，到了嘉乐里才展开了他津门十年交集各方的活动。

---

① 罗继祖：《涉世琐记》之《嘉乐谈往》，《海角濡樽集》，第 176 页，《长春文史资料》1993 年第一辑。
②③ 罗振玉：《致王国维》，《罗振玉王国维往来书信》，第 452、455 页，东方出版社 2000 年版。

嘉乐里罗宅挂着两块牌子：

一块是"贻安堂经籍铺"，亦即贻安堂书店，由毕业于日本早稻田大学却闲居在家的长子罗福成（君美）经理。罗振玉归国检点书籍，不是有新书四十箱，大约"尚有三十箱"吗？这"新书"，就是罗氏在日本刊印，今由贻安堂发售之书，大多是珂罗版影印之甲骨、金文以及敦煌写本等考古类书籍。按照罗继祖所说，就是利用西偏几间楼房，楼上存书，楼下挂牌开门市，只卖自家印的书（当然也包括抵津后刊印之书），不卖古书及其他书。[①]

再一块是"京旗生计维持会"。此牌挂于嘉乐里主楼正门，罗振玉亲自掌会。于是，挂牌售书之外，罗宅更成为令人瞩目的慈善会所。

那么，何为"京旗"？盖清室入关，定都北京，凡被编入八旗的军民人等，统称旗人；所谓"京旗"，顾名思义就是居住在北京的旗人。然则，罗振玉非满非旗，缘何于宅第正门陡然竖起了"京旗"招牌？他曾有这样一番说辞：

> 予去国八年，及返津沽，见民生凋弊，京旗人民死亡枕藉，无顾恤者。庚申（1920 年）秋，柯蓼园学士（柯凤孙）至津，与予商拟鸠款二三千元办冬赈，俾缓须臾之死。予意此亦姑救一时，所裨至微，不如宽筹款项，创一京旗生计维持会。[②]

事实上，罗振玉之从事赈恤，不自"京旗"始。早在从日本归国之前，他就有"引拯灾为己任"的念头，[③] 在日本阅报，"知徐州又苦水"（指 1917 年秋发生的水灾），"吾民苦痛，至于如此"，他"发愿以所藏售以助振，从书画始"。他还"拟作书助振"，"以卖字之款充慈善事业之用"，[④]并且坐言起行，随即在京都、大阪售其所藏书画，自谓"精华失去不少"；[⑤]甚至连他"爱之如护头目"的"精品若王右丞《江山雪霁》卷之类，亦不复矜惜"，终于售得日币

---

① 罗继祖《庭闻忆略：回忆祖父罗振玉的一生》中说，书店称名"书铺"是有来历的，就是沿用南宋临安陈解元睦亲坊书籍铺之名，而改"书"为"经"。又说，唯一的寄售处是北京富晋社。按，其寄售处，尚有上海中国书店、蟫隐庐书店，日本东京田中文求堂等。

② 罗振玉：《集蓼编》。

③④⑤ 罗振玉：《致王国维》，《罗振玉王国维往来书信》，第 313、306—307、314 页，东方出版社 2000 年版。

二万元。沈曾植为之赠诗，赞曰："罗君章有唐年雪，挥手能疗天下饥。"[1] 盖所谓"唐年雪"者，殆即被誉为"南宗之祖"的唐代王维（右丞）之真迹《雪霁图》耳。

值得注意的是，罗振玉不惟在日本出售书画筹善款，并且将所藏碑帖寄回上海，托金诵清代售捐赈，云：

> 吾国水灾日广，民生凋弊，弟虽世外余生，念之痛切，欲略加振恤，而力不副心。此帖若得售出，尚祈将此六千四百元者皆悉数由公径送振局（写雪堂退士，不必写弟名也），虽戋戋者不及苦海之一滴，亦略尽寸心而已。[2]

在罗氏众多名号中，这"雪堂退士"，或许仅此一见吧。罗振玉既以"一穷措大，能以长物活灾黎"自慰，又专派了长婿刘季英前往"水灾日广"的河北灾区查灾施赈。翌年戊午（1918年）之春，他决意亲赴京津近郊赈灾，王国维曾写信劝阻，说"季英调查振款，尚有七八分实到灾民"；如亲自去办赈，又要"入是非之场，且不免有人欲相羁縻"，故劝他等半载以后返京津，作观书访碑之"雅游"。[3] 但罗振玉无所忌惮，十分执著。阳春三月，他扶病返国，在长子罗福成陪伴下，偕同上海红十字会会员，亲自"散放保定之清苑、莱水二县春赈"。[4]

所以，如果要写晚清以迄于民国头一二十年的中国赈灾史，不可忘却了以"海外孤臣"自况的罗振玉；而"顾恤"立会以"生计维持"名之，无非是要将临时性的"办赈"常态化、正规化，诸如每届寒冬腊月设冬赈施粥。现今我们只能从影视作品里见到雇了群众演员扮演的啼饥号寒的灾民，伸长了乌黑的双手托举盆钵围着大铁锅抢喝施粥的镜头，但当时这应该是出现于嘉乐里罗宅大门前的实景。还有在京城设贞苦堂恤孤嫠，也很值得注意。这里，且将罗振

---

① 罗振玉：《集蓼编》。

② 罗振玉：《致金颂清书札》之二十，上海图书馆历史文献研究所编《历史文献》第十七辑，第138—139页，上海古籍出版社2013年版。

③ 王国维：《致罗振玉》，《罗振玉王国维往来书信》，第350页，东方出版社2000年版。

④ 罗振玉：《集蓼编》。

玉为京旗生计而奔走京沪之际，写给在上海的金诵清转致王国维的信，录举如下：

> 由申返津，三次入都，昨甫返寓，疲顿已极。……急振约明春方能放了，现方放西陵急振，明正方能放东陵。此刻已放款四万余、衣万余袭矣。三次入都，除筹急振外，议设贞苦堂（宗支为第一堂）一所、纺织传习所一所及同仁文课于京师，设博爱第一工厂于天津，并于津沽觅地，试迁试垦。日内正筹办天津工厂，年内即开办也。[①]

时在 1920 年冬十月。东陵、西陵系清帝陵园所在地，自属京旗聚居之处。何故开设贞苦堂？罗振玉曾致信金诵清，述其所见"悲惨之状有非意想所及者"，云：

> 连日所见，贵族有肃王之堂弟（若排印时不必称肃王，但称某王可也），又某侯爵夫妇、某佐领等人，皆身居大屋，而全家无一丝半菽，宅中门扉窗棂均摧以代薪，家人之老者始有麻布米袋缚系上身，下体置牛薰中或废纸中，人皆蜷缩如猬，奄然一息。贵族如此，其他可知。又发见老妇年八十余，死已逾旬，孝子亦六十余，守尸痛哭，巡警为之募化，才得铜子六十余枚，生者得以苟延，死者仍不能敛袭中，给以二元，始得埋葬。……散衣时有少女身有一敝单衣，下体遮以草荐，遂亦不复给衣。弟问阁学，阁学言若如此亦给之，则再得万袭亦不足。弟目击此状，泪下不能遏止。……京师庄严之地，乃竟化为罗刹之场，哀哉人斯，弟不忍复闻见。[②]

至于筹议在北京办纺织传习所、天津创博爱工厂等举措，乃是罗氏实施其

---

① 罗振玉：《致金诵清书札》之二十四，上海图书馆历史文献研究所编《历史文献》第十七辑，第 141 页，上海古籍出版社 2013 年版。

② 罗振玉：《致金诵清书札》之三十四，上海图书馆历史文献研究所编《历史文献》第十七辑，第 146 页。

早年在上海提出的"创工艺院"的赈济理念。① 当时在上海开办中国书店的金诵清，帮助罗氏经售书画文物募集赈款之外，还将罗氏上述书信排印为"穷民哀吁"的《捐启》印发上海各界人士，以扩大"劝募"。罗氏对在上海开创万国红十字会的盛宣怀遗孀尤为推重，② 说如能募得盛太夫人"十万之款可活人无数"。③

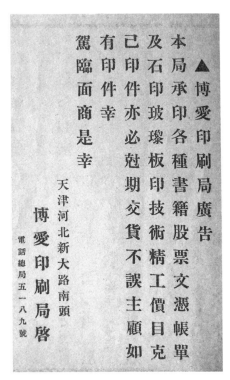

罗氏天津博爱工厂与贻安堂经籍铺

那么，罗振玉奔忙"哀吁"，所得赈款有多少？ 首先是身体力行，检出自己所藏书画、金石数百品，借北京江西会馆设"雪堂京旗义赈即卖会"，开张三天，颇具名人效应，他十分高兴地说："此次展览成绩尚佳，售价二万元有

---

① 参见罗振玉《变通私赈说帖》，梁启超（求自强斋主人）编《皇朝经济文编》卷一百二十八（1902 年）。

②③ 罗振玉：《致金诵清书札》之二十九、四十二，上海图书馆历史文献研究所编《历史文献》第十七辑，第 143、150 页。按，盛太夫人，即盛宣怀遗孀庄德华。盛氏 1916 年去世后，以遗产之半捐入"愚斋义庄"，作为用于慈善赈济的基金。

奇。"于是，以一万元充京旗生计维持会基金，八千元捐京旗急赈，再拨二千元赈豫灾。[①]

其次是在上海"募义金"。由金诵清大力协同帮助，赢得了盛氏遗孀等所办仁济堂及其他善堂拨款捐助，用罗振玉当时的话来说，"各处有热心毅力者诸君倡导此事，北京有文阁学（文廷式）、金息侯（金梁）之智勇，沪上则有公（金诵清）与积翁（徐乃昌）之热忱、盛夫人之乐善"，[②] 先后"劝募"所得，达十三万余元！

善款如何用？除了上述在京放急赈之外，罗振玉于1921年春将议倡的天津博爱工厂正式开办了起来。他先租屋，再自建房，并委四子罗福葆任经理，在天津、河北盖了新厂房，分设织布、织带、织巾、织帘、制添、布沙纸等科，请熟练师傅传授技艺，"后生徒再毕业，乃罢诸科，专设印刷科"，[③] 这也就是他所称"博爱印刷第一工厂"了。

这时，旗人出身的金梁倡议维持京旗生计须由办银行入手，使善款生息，方能长久维持。罗振玉赞其议，并由金梁操控，从义金中提出五万元，再加招募商股，在北京开设了东华银行。金梁曾在奉天（沈阳）张作霖大帅府充任家庭教师，教过张学良兄弟读书，后由张大帅保荐充任北洋政府农商部次长，[④] 罗振玉一直与他保持着密切的关系。1924年"甲子之变"，溥仪被冯军逐出宫禁，罗振玉在所谓"遭遇奇变""有死无二"的忧愤中立遗嘱，自估其遗产价值，云：

> 我所藏书籍善本（普通书籍不在内）、金石拓本、古器物、书画，廉价估计约价八九十万圆，即再加贬值亦值五六十万圆，兹折中定价为五十万圆，最好有好义之士悉数买去；若不得售主，即辟一"雪堂藏品展览即卖会"。

---

① 罗振玉：《致王国维》，《罗振玉王国维往来书信》，第506页，东方出版社2000年版。
② 罗振玉：《致金诵清书札》之三十七，上海图书馆历史文献研究所编《历史文献》第十七辑，第148—149页，上海古籍出版社2013年版。
③ 罗振玉：《集蓼编》。
④ 金梁（1881—1965），字息侯，号瓜圃老人、东华旧史等，满洲正白旗人，世为杭州八旗驻防，光绪甲辰（1904年）进士，授编修，历任京师大学堂提调、内城警察厅知事、民政部参议、奉天旗务处总办、新民府知府等；而所谓"少府"，指其被溥仪封为"内务府大臣"。

看来，罗振玉对于他前此在京举办"成绩尚佳"之"义赈即卖会"是相当满意的，故晓谕儿辈照此办理。他还就他本人与金梁及"京旗生计维持会"相关款项，做如下安排：

> 偿欠款，其中以金息侯老伯经手的一万圆为最要，这是京旗生计维持会公款，暂借了购大库史料之用，须速偿还；
>
> 我入垫付京旗会建筑维持费数千圆，就作为捐款，不必取回；
>
> 各物售余之价（指罗氏投入京津各厂及善堂等不动产之估价）一万圆，维持京旗生计维持会印刷科，其余悉充善举之用。

除了以上款项，罗氏又特嘱诸儿，云：

> 京旗生计维持会有善举款五万圆存东华银行，汝等可将我遗命，务请金老伯，保护牛息，俾得永久维持，则我九泉之下，亦感良朋之惠。[①]

须知，金梁以其"东华旧史"之号，名银行曰"东华"；罗氏实乃借立遗嘱给"良朋"以友情提醒：此银行系经本人赞助，提取了五万圆"善举款"创设的"公行"，绝不可在我身后化公为私，吞没善款。

罗宅迎来升相国

罗振玉入住嘉乐里新居以后，旧友新知交集日众，其中最密切的一位便是

---

① 罗振玉：《贞松老人外集》卷三《甲子岁谕儿辈》，据原刊本。

他所尊称的"蒙古升吉甫相国"升允。[1]

升允是遗老中的领军人物，曾居青岛，却"贫不能自存"。咋办？就由同在那儿做寓公的劳乃宣分头致信"故交为谋饔飧"，实即请散居于京、津、沪等地的遗老们捐钱"赞助"。罗振玉当仁不让，"岁馈银币千元"。到了1922年，相继被德国、日本强占的青岛收回我国，恰在这样的情势之下，罗振玉慨然将升公"迎至天津，割嘉乐里楼三楹以居之，岁馈如故"。[2]

于是，升、罗二家就成了同处一院的邻居。又因升允汉姓为罗，故罗氏在致王国维等友人书信中，有时亦戏称之为"本家"。

但是，更为关键的是，罗、升"初非素谂"，怎会变成了知交？罗振玉自述他与升允交往之由来，云：

> 光宣之间，予备官京师。于时革命之说大昌，朝议筹备立宪改官制，各省设谘议局以谋补救，而世论益猖獗。中外大吏钳口结舌，无敢出一言匡救之者，独陕甘总督升公以阻挠新政罢官。心焉异之，然无由识其人也。[3]

这可以称之为罗、升交结之前奏曲。到了所谓"辛亥国变"，罗振玉"避地海东"，寓居京都的第三年，升允也到了日本，侨居东京，并先行致书罗氏表示"愿订交"，拉开了他俩交结的序幕。

兹据罗振玉本人所记，将升允致书罗氏，以迄于罗迎升至津，数年间之轨迹，简述如下：

乙卯（1915年）：

升允在日本东京，向居于京都永慕园的罗振玉"邮所为诗文，遗书愿订交"。罗氏早就对升允不怕罢官，反对"立宪"而"心焉异之"，至此"益惊异"，乃在接升允诗文后，即赶赴东京，"谒公于所居深田氏中野别墅，一见如

---

① 升允（1858—1931），字吉甫，号素庵、素存，蒙古镶蓝旗人，举人出身，官至闽浙总督、陕甘总督；反对"立宪"，被革职（1909年）；1911年武昌起义爆发，重被启用，任陕西巡抚，总理陕西军事；反对清帝退位，策动"勤王复辟"；张勋"复辟"，被授"大学士"，故又被尊为"素相"。

② 罗振玉：《集蓼编》。

③ 罗振玉：《升文忠公津门疏稿序》，《后丁戊稿》，《罗振玉学术论著集》第十集（下）。按，以下引文，凡出此序者，不复加注。

旧交"。

升允"位至兼圻"（封疆大员），而先行向实官五品的学部参事罗振玉投书"订交"，确是"折节下交"。然则，其中介者为谁？就是彼时广交中国学者之日本文求堂书店主人田中庆太郎。而升允来到日本，恰如罗氏所说，"东人遇公有加礼，商人某别墅馆之"，[①] 盖即森田银行之中野别墅。斯时也，但见他"衣服不完，而志气弥厉"。[②]

中野别墅相见，升允谈了他于"辛亥之变"时被清廷启用，"奉旨署陕抚，督办军务"的历程，"畅谈凡三日夕而别"。临别，升允紧握罗手，说了这样一番肺腑之言：

> 异邦邂逅，吾道不孤。公年方逾壮，仆尚未甚衰。一息尚存，移
> 山填海，此志不渝，与公共勉之矣。

别后不久，升允即赴京都回访罗振玉。罗继祖回忆说，他那时三四岁，一天永慕园宴客，不知何等贵人，心以为异，忽听家人说："升大帅来了！"他从门缝里偷窥，这位升大帅很能喝酒，喝得满脸通红。此后升允每来必与祖父互致衷曲，成了"岁寒之交"。[③] 此即罗氏所述"由是，有所谋辄相见"，为了共商"复辟"大计，两人不时往返于日本的两京之间。

丙辰（1916 年）：

升允返国，寓青岛。

罗氏未记升允返国的具体时日，而郑孝胥丙辰四月初七日（5 月 8 日）日记则记有"升吉甫已至青岛"，[④] 并呕赞升允彼时活动，云：

> 升吉甫逃窜亡命，奔日年余，而日人举国重其忠义，称其道德，
> 今乃借其政府之力，归图复辟。孰谓中国无人！是亦少解袁世凯之

---

① 罗振玉：《素庵相国七十寿序》，《丙寅稿》，《罗振玉学术论著集》第十集（上）。按，以下引录此文，简称《寿序》。

② 罗振玉：《集蓼编》。

③ 罗继祖：《庭闻忆略：回忆祖父罗振玉的一生》，第 71 页，吉林文史出版社 1987 年版。

④ 《郑孝胥日记》（三），第 1609 页，中华书局 1993 年版。

秽矣。①

这就更证实了罗氏所记升允在日本受到的礼遇。升允此时归国，就是为了"图复辟"。所谓"借其政府之力"，盖以袁氏称帝，德、英、法诸国咸予支持，唯日本反对；而升允则既欲借日本之力，更要趁举国上下声讨袁氏称帝之大势，以逞其"复辟大清"之图谋。罗氏曾对升允自辛亥（1911年）至壬子（1912年）之战阵经历，有所记述，略谓：

> 辛亥秋，武昌变作。九月朔，西安应之。……十月，奉命署理陕西巡抚，督办军务，乃亟征旧部，即日誓师。大小数十战，先后克长武、永寿、邠州、醴泉、咸阳，均身先士卒，躬犯炮火。壬子三月，方攻乾州，而逊位诏达行间，诸将请解甲。公愤甚，欲仰药以殉。

真是写来有声有色，字字落地。"愤甚"的升允乃在诸将及幕僚劝慰下，不得已前往青海，居西宁"以待时"。孰料，袁世凯竟派员上门，"卑礼厚币致聘问"，升允一面严拒，一面托词游观藏教佛寺，终于待来了史称"二次革命"的癸丑（1913年）讨袁之役。且看罗氏记述升允于岁暮严寒中从西宁起行，云：

> 不识道，迹驼马粪以行。朔风裂肌，或终日不得食。夕张行帐，亲拾驼马粪以炊。自西宁至库伦凡百有一日，以癸丑三月抵库伦。

真是如临其境，句句真切。被认为养尊处优的封建官僚，竟如是之忍得饥耐得苦。这不正是令罗振玉惊叹的"弥厉"之"志气"，在驱动、在策励吗？

那么，升允抵库伦所谋之"大计"是啥？罗振玉概述其所为，称："草讨袁世凯檄，声其罪以号召忠义。"② 实则，由孙中山策动，史称"二次革命"的讨袁之役，于1913年7月12日在江西湖口炮台打响第一枪之前，上海的《民

---

① 《郑孝胥日记》（三），第1611页，中华书局1993年版。
② 以上记述，具见《寿序》。

立报》已于 6 月 23 日、24 日、25 日，连续三天依次刊载了"大清钦命督办军务前陕甘总督升允檄告天下"的三道檄文。^① 显然，升允是要趁"二次革命"的内乱之时，既"诛"孙文、黄兴等一众革命党人，又"讨"袁世凯假共和之名以盗天下之罪，其所图谋，就是要"复辟"宣统。

这当然是痴心妄想。

罗振玉己未（1919 年）归国，穿梭于天津、青岛之间，升允业已在张勋"复辟"时被封为"大学士"，劳乃宣则被授了"尚书"。此时的辜鸿铭亦跻身青岛遗老群中，并参与"复辟"而被"擢"为"左丞"。罗氏还为其《读易草堂文集》作序，复为之撰传，夸其"先觉"，赞其"操守"。^② 真是遗老同调，惺惺相惜。罗振玉说，他居天津后，不能像归国前在日本时那样"静谧"了。旧交新识，往来不绝。那时寓居天津的前清官员，比如因杀害秋瑾而激起公愤，被逼辞官的张曾敭，^③ 临终犹上疏"忧君国"，溥仪手书"清风亮节"以褒之；辛亥革命时发誓"惟拼一死"，与驻守南京的铁良、张勋一道对抗新军的张人俊，^④ 则常为亡清流涕，被溥仪谥以"文贞"，此二"老"就是罗氏来人津后结识的。

至于往来于罗振玉嘉乐里的"朋友圈"，也扩大了起来，举其著名者，如康有为、梁启超、吴郁生、顾臧、江瀚、李准、陈毅（诒重）、傅增湘、徐勤、徐良父子、张元济、刘承干等，其中有遗老，也有北洋政府官员。罗氏则于交接中"中立不倚，泾渭非常分明"。^⑤ 而罗氏的泾渭之分，实乃以升允为标杆，引遗老为"同志"。唯此之故，在他自称"侨寓津沽"之初，相继刊印了他归国前夕所撰，彰显两位明末遗老生平业绩的《万年少先生年谱》与《徐俟斋先生年谱》，其目的就是要"风示当世"。^⑥ 20 世纪 40 年代初，《中和月刊》曾揭载了罗氏所赞叹的以"风操文彩著"的万氏书画；^⑦ 80 年代初，著名词学家唐

---

① 参见《郑孝胥日记》（三），第 1468、1470、1471 页，中华书局 1993 年版。

② 罗振玉：《外务部左丞辜君传》，《辽居乙稿》，《罗振玉学术论著集》第十集（上）。

③ 张曾敭（1852—1921），字小帆，河北南皮人，同治进士，1905 年出任浙江巡抚，1907 年下令杀害秋瑾，遭社会舆论强烈谴责，不得己辞官归里。

④ 张人俊（1846—1928），字丁里，河北丰润人，张佩纶之侄，以进士授翰林院编修，官至两江总督，1911 年 12 月在江浙联军进攻南京时出逃。

⑤ 罗继祖：《涉世琐记·嘉乐谈往》，《海角濡樽集》，第 184 页，《长春文史资料》1993 年第一辑。

⑥ 罗振玉：《徐俟斋先生年谱序》，《罗振玉学术论著集》第八集（下）。

⑦ 徐一士：《一士谭荟·万寿祺》，中华书局 2007 年版。

《邂渚倡和词集》书影

圭璋又托我借影《万年少先生年谱》中所记"先生邂迹斜江五里之邂村，与同志作"的《邂渚倡和词集》。① 而罗氏则在以"忠愤""余艺"自比万年少的同时，更要用徐俟斋"志弥贞、遇弥若、学弥醇"之"三弥"，托举"志气弥厉"的升允。须知就在罗氏撰谱赞徐"先后数十年不挫不辱，其行谊可感天地而泣鬼神"的当年（1918年）春夏间，升大帅还从青岛给罗振玉"寄诗数十篇"，罗氏称道"其佳者颇近亭林，中有预作绝命词数章"。② 王国维则在上海获得了其诗集《度陇吟》一卷，并"传钞一本"，交罗福葆返日本时带去藏之大云书库。③

尤其是升允寓居天津后，罗振玉经"与诸老流连，始知器识果断，推素公第一"，又称"同志中，弟最服者，素老一人而已"。

不过，话得说回来，罗振玉推升允"第一"，并不意味着他褒赞的遗老唯"素老一人"。例如，曾为他题写"宸翰楼"的梁鼎芬，就是他交往甚密的另一位知己，本着《诗经》"将伯"之义，④ 罗振玉为"顾恤"其身后而筹款捐助。又如曾为学部侍郎的于式枚，是罗振玉最为感念的一位"老长官"，他抱憾于

---

① 《邂渚倡和词集》，岁己未（1919年）腊月上海蟫隐庐铸版印行。按，《邂渚唱和集》亦作《邂渚词》，一卷，有采桑子、浣溪沙（有忆）、减字木兰花（望远）、蝶恋花（过西郫大士庵）、双调望江南（秋怅）、南乡子、渔家傲（邂渚即事）、浪淘沙（荷花）、蝶恋花（京口）、思帝乡（独感）、苏幕遮（病中风雨）、满江红（渔秋感怀），凡十二调，每调三首（署内景、于范、调御，唯满江红为内景、调御二首），共计二十五首。另附《拾遗》望江南（湖上同胡彦远联句，即席与胡彦远、陈平远赋如意牡丹二阕）、西江月（再同胡彦远湖上联句），凡二调四首（阙）。罗振常庚申（1920年）识语云"右词见胡介（按，即胡彦远）《旅堂集》"，并疑"所谓于范、调御者，即其人否也"，"当续考"。卷末跋则谓："惜唱和诸人，不传姓字，而心伴力敌，异曲同工。谓为三人作可，谓为一人作亦无不可，固不必深求也。"欤署己未（1919年）穷冬，"上高里人识于沪滨之知止堂"。谨一并补录之，以备读者查考焉。
② 罗振玉：《致王国维》，《罗振玉王国维往来书信》，第388页，东方出版社2000年版。
③ 王国维：《致罗振玉》，《罗振玉王国维往来书信》，第389页，东方出版社2000年版。按，札后继祖按称"升公《度陇吟》未见"，看来他的诗集未及入藏罗氏大云书库而佚散了。
④ 《诗经·小雅·正月》："载输尔载，将伯助予。"所谓"将伯之助，义不敢忘"，殆出于此。

氏卒后竟"无人为之递遗折"，乃为之奔走上奏，呈请溥仪赏以"文和"之谥。[①]

宣统皇帝的婚礼

腊尽春至，爆竹迎新。进入1922年，从小朝廷内传出特大喜讯：众遗老犹尊之为"今上"的逊帝溥仪，年届十七岁（实龄十六岁），他要"大婚"了！远在上海，有"傻公子"之称的刘承干，五月初四日（5月30日）就投书天津嘉乐里，十分急切地向罗振玉探询溥仪婚典，说："今上大婚虽未筮日，凡在臣民，理宜报效。"[②]

当然，溥仪结婚乃"朝廷大典"，罗振玉岂敢怠慢？他迅即给刘氏回书，说，"大婚非九月即十月"，"公提倡大婚献金事，已将高义游扬于京津同志，同志均为感动"，亟赞"于此名教式微之时，草野尚有忠臣之义"。[③]

罗振玉给予支持、鼓动，刘承干更在沪拟写印发了《大婚报效公启》，邀集溥侗（西园）、刘世珩（聚卿）、狄葆贤（楚青）、章梫（一山）、徐乃昌（积馀），以及郑孝胥等"海上名公"遗老征求意见，商议如何"贡献"。[④] 章梫说："商民愿出资者欲皇室酬以封典、匾额、福寿之类。"郑孝胥颇显持重，提出异议，认为这样做，"与赈捐无异，易遭物议，非皇室之美"。但刘承干坚持要将"劝募"进行到底。问题是，对"报效"，或曰"贡献"者，如何给予奖励？为了便于进行"劝募"，他紧接着于六月十八日（8月10日）再次致信罗振玉提

---

① 于式枚（1853—1915），字晦若，广西贺县人，历任邮传部、礼部、学部侍郎，京师大学堂总教习等职，辛亥革命后图谋"复辟"，反袁称帝。1915年死于自沪返昆山舟中。1918年经罗振玉与王季烈联名，并由学部侍郎宝熙领衔具奏，溥仪追赏于式枚"文和"之谥。

② 刘承干.《致罗振玉》之《壬戌函稿》五，上海图书馆历史文献研究所编《历史文献》第十九辑，上海古籍出版社2015年版。按，刘承干（1882—1963），字贞一，号翰怡，浙江乌程人，近现代著名藏书家，纂有《嘉业堂藏书志》，刻《吴兴丛书》等。

③ 罗振玉：《致刘承干》九十通之四十一，上海图书馆历史文献研究所编《历史文献》第十七辑，第181—182页，上海古籍出版社2013年版。

④ 《郑孝胥日记》（四），第1921页，中华书局1993年版。

出如"实官不便邀恩"，那就"加给职衔"，并探问是否已与聘三太史见面商议此事。为此，他强调"南北两方""协力进行"，请罗振玉"不惮烦劳，时以函告，庶几如磁引针，同归一路"。① 果然，罗振玉如刘所请，很快复信通报了他进京"与沈盦宫保细商，大约原有三四品者（报效千元以上）可赏头品，原有五品官者可赏二品，五品以下赏御书，若已有头二品者亦赏御书。此刻虽未能确定，总之必有奖励"。② 刘承干接信，欢欣鼓舞，"劝募"信心倍增，说："倘能于报效巨资者由皇上廷赐以特别奖励，如宫衔、尚侍衔、黄马褂等，则人情更为踊跃。"③

如此，"大婚报效"成了赤裸裸的"卖官买官"。然而，"皇上"早已是"下岗"了的明日黄花。实官固然无存，职衔不亦属画饼吗？这与其说是可悲，毋宁说太可笑了！

接着，罗振玉通报"大婚已诹定十月十三日（12月1日）"，请刘承干"转告诸老"，并敦促"集款《公启》务宜早发，迟恐不及"。④ 刘承干预购了进京车票，书告罗氏，"所集款项除自贡外，约得三万六千之谱"，声称"虽太仓一稀，未足补朝廷于万一，然亦似宜早日呈奏，以伸贺忱"，决定于"廿八日（11月16日）乘上午九点三十分特别快车直抵京师"。⑤

不过，也有必要指出，号称"宣统大婚，全国自命遗老者，具婚礼计千余份"，⑥ 数额达百万元的婚典"进奉"，岂但"非皇家之美"，就连遗老者自己，实亦出于打肿了脸充胖子的无奈，哪谈得上"凝聚"了"政治忠诚之心"？且看几位"铁杆遗老"献金数额："执事"即罗振玉，勉强"达标"，一千元；沈曾植、朱祖谋，各五百元；献以巨金者，为"奉新"即张勋二万元，"庸庵尚

① 刘承干：《致罗振玉》之《壬戌函稿》七十八，上海图书馆历史文献研究所编《历史文献》第十九辑，上海古籍出版社 2015 年版。

② 罗振玉：《致刘承干》九十通之四十四，上海图书馆历史文献研究所编《历史文献》第十七辑，上海古籍出版社 2013 年版。

③ 刘承干：《致罗振玉》之《壬戌函稿》一一，上海图书馆历史文献研究所编《历史文献》第十九辑，上海古籍出版社 2015 年版。

④ 罗振玉：《致刘承干》九十通之四十六，上海图书馆历史文献研究所编《历史文献》第十七辑，上海古籍出版社 2013 年版。

⑤ 刘承干：《致罗振玉》之《壬戌函稿》一四，上海图书馆历史文献研究所编《历史文献》第十九辑，上海古籍出版社 2015 年版。

⑥ 刘禺生：《世载堂杂忆》，第 276 页，中华书局 1997 年版。

书"即陈夔龙五千元；而刘承干作为"草野忠臣"代表，"自贡"五千元，算是跻入"大伽"之列了。

于是，刘承干在赴京"觐贺""大婚典礼"返沪后，接获了十一月二十日（1923年1月6日）由内务府发下的"回赏"，计得"金声玉色"匾额、"福寿"字二方、物品二件。他欣喜万状，书告罗振玉"圣恩优渥，此后益难报称矣"，并叨念着"阁下效忠皇室，亦必渥荷殊恩"。[1] 那么，"报效"千元的罗振玉，得了啥"回赏"？曰"贞心古松"四字匾额，及"福寿"字二方。这"殊恩"，果使罗氏不惟以"贞松"二字为号，且将溥仪照片挂在书房里，见了亲近的人就讲溥仪如何"天亶聪明"。[2]

当然，罗振玉在溥仪"大婚"之后，除了得赐"御笔"匾额之外，他梦寐以求之"皇恩"，则是他所说的"乃蒙召见于养心殿东暖阁，奏对颇久，温谕周至"。[3]

然而，溥仪后来回忆此次"召见"，却说："一个三品官，本来是和我接近不上的，在我婚后，由于升允的推荐，也由于他的考古学的名气。"溥仪又加以"诠释"说：

> 罗振玉在复辟活动方面的名气比他在学术上的名气，更受到我的注意。[4]

不过，无论从哪方面说，罗氏名气在外，毋庸置疑。而他之所以受"皇上"的"注意"，应该说确乎离不开"升允的推荐"。还在溥仪"大婚"之前，罗振玉就致信王国维，说："此次大礼，气象甚佳，素已入贺，乃出自上意。"并予补注曰：

> 上极敬惮素。[5]

---

[1]　刘承干：《致罗振玉》之《壬戌年函稿》一·六，上海图书馆历史文献研究所编《历史文献》第十九辑，上海古籍出版社2015年版。

[2]　罗继祖：《涉世琐记》之《嘉乐谈往》，《海角濡樽集》，第183页，《长春文史资料》1993年第一辑。

[3]　罗振玉：《集蓼编》。

[4]　溥仪：《我的前半生》（全本），第144—145页。

[5]　罗振玉：《致王国维》，《罗振玉王国维往来书信》，第551页，东方出版社2000年版。

请注意这个"极"字。升允受到溥仪"敬惮"，显然是由于他在辛亥"变起"前后"十余载患难"的特殊经历，及其在遗老群中之威望和影响。故在"大婚"前一天，他就被溥仪召见，除"温谕褒许""赐朝马"之外，[①] 更给了他"随时奏事"的"圣旨"。而罗振玉喜不自禁的乃是经升允面奏引荐，他不惟"蒙召见慰勉"，溥仪还很给面子，"令得言事"，亦即得以享受与升允同等的"随时奏事"的"政治待遇"。

这怎能不令他"益感圣知"呢！

骑马紫禁城

且说罗振玉谓之"气象甚佳"的"大婚礼成"之后，经升允"关垂"引荐，王国维被溥仪"召"入"南书房行走"，[②] 并获"朝马"之赏。颇具戏剧意味的是，一年之后，罗振玉本人也被"克隆"了王国维的任命，只是颠倒了个顺序：先"骑马"，后"入房"。按其自述，就是"甲子夏五月，着在紫禁城骑马，八月又奉入值南书房"。[③] 谨列升、王、罗获"骑马"之"恩"的时间：

升允：壬戌十月十二日（1922年12月1日）；

王国维：癸亥十二月初二日（1924年1月7日）；

罗振玉：甲子五月（1924年6月）。

于是，罗氏原先所期升、王"两贤合并"，至此而为升、罗、王三"马"并驾齐驱了！

升允系头品疆吏，受溥仪"召见"而"赐"此"马"，犹称之为"异数，非臣所堪"；王国维乃于接"旨"谢恩后致信罗氏，告以他与杨钟羲、景方昶

---

① 所谓"朝马"，即"紫禁城骑马"之简称。

② 溥仪于"大婚礼成"的翌年三月初一日（1923年4月16日），下旨"杨钟羲、景方昶、温肃、王国维，均著在南书房行走"。

③ 罗振玉：《集蓼编》。

"同拜朝马之赏",并追叙此"马"来历,惊呼:"若以承平时制度言之,在杨、景已为特恩,若维则特之又特矣。报称之艰,公将何以教之?"①罗振玉续之受此"恩命",乃于嘉乐里书斋挥笔撰其叩谢"入值南斋"之恩的折子。欲知当年遗老如何恭仰所谓的"圣上",谨录其折原文:

> 为叩谢天恩恭折仰祈圣鉴事:臣伏读宣统十六年八月初四日(1924年9月2日)谕旨:"罗振玉着在南书房行走,钦此。"恩泽自天,悚惶无地。伏念臣昔年就列,愧无效于涓埃;中岁遯荒,徒有怀于魏阙。旋归甸服(指天津),得近京师。圣节(溥仪生日)随班,快遂瞻云之愿;延英引对,更叨就日之荣。久辱圣主之殊知,已极儒生之奇遇,又蒙恩旨命直南斋。伏念侍从之臣,实兼论思之职。臣章句之学非有本源,迂拙之资罕知通变,深虞梼昧,孤负圣知,每怀周任陈力之言,惧违子夏致身之训。臣惟有恪勤供职,精白矢心,以仰答高厚鸿慈于万一,所有微臣感激下忱,谨具折叩谢大恩。伏乞皇上圣鉴。

揆以罗氏斯时之心态,"中岁遯荒"一语,应属实情、真话。盖"遯"者,逃也。这是要借古语"遯于荒野",自比其辛亥东渡,避居日本京都,那才叫天高皇帝远,谁也管不着!而今真要"进宫"做皇上"侍从",就像溥仪描述的罗振玉到宫里来的状貌,说"他是袍褂齐全","说话行路慢条斯理,节奏缓慢"。凡此之类,乃是"侍从之臣"扭曲了的"迂拙之资",哪里是"精力绝人""雷厉风行"的真实的罗振玉!

实则,罗振玉之所以被溥仪"召入"内宫,确出于其"考古"的名气,任务就是偕同袁励准、王国维鉴定内府古彝器。他白天进宫检点古物,夜晚归宿王国维家,内务府未为他"请食俸",而是食宿自理。时间"逾月",亦即从八月中下旬,到"十月而值宫门之变",冯军"逼宫"将溥仪逐出了紫禁城。前后一个月出头,两个月不到,如此而已。溥仪说罗振玉"入职南斋",由王国维替他"当值",显系不实之词。

---

① 王国维:《致罗振玉》,《罗振玉王国维往来书信》,第603页,东方出版社2000年版。

与蔡元培论古器物学

罗振玉移居天津嘉乐里以后，学问方面的事情也是不少的。谨择要记之，首先是那篇《与友人论古器物学书》，很著名，也很重要。

欲知此书端绪，就得问明"友人"为谁。罗氏姑隐其名而弘其论，云：

> 承询古器物学条目及其修治之法，以振兴斯学为己任，甚盛，甚盛。①

这位"以振兴斯学为己任"的友人，就是闻名遐迩的蔡元培。他那时是北京大学校长。所谓"欲邀乡人往授考古学，且以治考古学为问，乡人坚谢之而作答书数千言"，殆即此《与友人论古器物学书》。②

当然，蔡元培不是考古学家，并不研究古器物学。他于1917年1月4日到北京大学就任校长，并发表演说，提出大学的性质，就是"研究高深学问"。随之，"囊括大典，网罗众家"，"思想自由，兼容并包"。这些办学箴言名论，

---

① 罗振玉：《与友人论古器物学书》，《云窗漫稿》，《罗振玉学术论著集》第九集。
② 此篇初刊名《古器物学研究议》，编入《云窗漫稿》易名为《与友人论古器物学书》。参见罗继祖《永丰乡人行年录（罗振玉年谱）》，第78页，江苏人民出版社1980年版。

誉播四方，至今仍被学界津津乐道。本着他在翌年（1918年）9月北京大学开学式演说中提出的"大学为纯粹研究学问之机关"，"学者当有研究学问之兴趣"的宗旨，决定"增设各门研究所"，特别是国学门研究所，其中包括考古学研究室，实可视为尔后创办清华国学研究院的先导。1922年1月，中国第一个从事"高深学术"教学与研究的专门机构——"北京大学研究所国学门"宣告成立，可敬的蔡校长还兴致勃勃亲任了研究所国学门委员会委员长哩![①]

那么，罗振玉上述答书作于何时？寻踪觅迹，北京大学派员上罗氏家门欲邀"授考古学"，应有三次：

第一次，1920年7月初，马衡来津邀请。罗氏曾书告王国维，"顷与马叔翁晚饮"，马传达"大学之意，欲延从者入都讲授，托弟劝驾至诚恳"。[②] 把这番话"翻译"出来，就是马衡（字叔平）来天津拜访，当时罗振玉归国未久，尚居于集贤里金园，夜晚在家与马衡边饮边谈。看来，罗氏当面向马衡辞谢了北大"入都讲授"的邀请，但仍传达了其"至诚恳"的"劝驾"之意，即邀请其时尚在上海的王国维北上任教。

第二次，1921年冬，蔡元培偕马衡面邀。罗氏在致王国维书信中说："去冬法国博士院属弟为考古学通信员，因此北京大学又理前约，弟谢之再三，乃允以不受职位，不责到校，当以局外人而尽指导之任，蔡、马并当面许诺。"这里所说"去冬"，即1921年冬；"又理前约"，盖指马衡上年来津邀请。此次则是蔡校长亲自出面（当在北京），故罗氏虽未"坚谢"，但提出双"不"前提下予以"指导"，并得到了蔡、马的许诺。

第三次，1922年3月，送聘书上门。罗氏在上述致王国维书信中接着说："乃昨忽有聘书至，仍立考古学导师之名，于是却其聘书。盖有聘书，则将来必有薪金，非我志也。"[③]

这是因为北京大学属于"国立"，"我志"就是"不食民国俸禄"的遗老之志。基于同一"我志"，王国维虽然受任了北大研究所国学门导师，但毅然退回了送上门的薪金。

如上所述，罗振玉这篇长达数千言，概述"修古器物学之大略"的答书，

①　陈平原：《老北大的故事》，第87—89页，江苏文艺出版社1998年版。
②③　罗振玉：《致王国维》，《罗振玉王国维往来书信》，第501、525页，东方出版社2000年版。

应该撰成于 1922 年 1 月北京大学研究所国学门正式成立之时。

当然，我们不应忘记，罗振玉早年（1895 年）在淮安拟开办中西书院而致书的越中友人中就有蔡元培，并且记下了蔡氏学行：

> 蔡君崔庼，名元培，精于公羊学，住大江桥东笔飞巷内。蔡君现赴粤东，七月间返绍。明年春入都。①

谨查行状，蔡元培（1868—1940），字鹤庼，出生于浙江省绍兴府山阴县城内笔飞弄，是原籍上虞的罗振玉之绍兴府同乡。盖蔡氏于 1892 年春考中进士，被点了翰林院庶吉士。信中所说"现赴粤东"者，指蔡氏于 1893 年 7 月，应友人邀请去广州小住；"明年春入都"者，指 1894 年春赴北京，授职翰林院编修。② 恰如前述，罗振玉之所以敬服蔡氏，就在于他中进士，点翰林，却弃官不做干革命。③ 由于彼此交久谊深，故罗振玉虽未应邀就任考古学导师，但为蔡氏所询古器物学条目及其修治之法，送上了这份"今定之古器物学"的答书，可以说凝聚了他"冠岁即好蓄古器物，积四十年"④ 之学养的精华，并且在他"备官京师"，任职学部期间搜集考订之《古器物识小录》，以及"避地海东"，寓居日本期间所编《雪堂所藏古器物图说》⑤ 之基础上，得以为他定名的该学科界定了"古器物能包括金石学，金石学固不能包括古器物"的内涵。

答书对北京大学研究所国学门之建立颇为欣慰，指出："方今地不爱宝，古器日出，此斯学发达之时也。"纵览古近，古器物类别约十五目：一曰礼器，二曰乐器，三曰车器马饰（按，答书未列之四、五、六目，或即包纳于古车马之饰中的鸾、旂、镳等），七曰符契玺印，八曰服御诸器，九曰明器，十曰古玉，十一曰古陶，十二曰瓦当专甓，十三曰古器模范，十四曰图画刻石，十五曰梵像。

古器物流传之事，约为四目：一曰鉴定，二曰传拓，三曰模造，四

---

① 罗振玉：《笔记丛残汇刊·陆庵杂记》，《罗雪堂合集》第十函，西泠印社出版社 2005 年版。
② 参见高平叔编著《蔡元培年谱》，第 5—6 页，中华书局 1980 年版。
③ 罗继祖：《庭闻忆略：回忆祖父罗振玉的一生》，第 104 页，吉林文史出版社 1987 年版。
④ 罗振玉：《雪堂所藏古器物目录序》，《东方学会丛书初集》（1924 年）。
⑤ 《古器物识小录》刊行于辛未（1931 年），《雪堂所藏古器物图说》刊行于癸酉（1933 年）；而其撰写时间，据罗振玉自序，一在辛亥之前，一在寓居日本之时。

曰撰述。

罗振玉至宏的收藏，大致体现于上述古器物十五目之中；而其尤伟的传古之功，则于传拓、模造之外，更在鉴定与撰述。还应补述的是，蔡元培之所以委托马衡出面邀请罗、王，则又因此三人者皆好金石古器之学，是有同嗜的旧交好友。马衡时任北大研究所国学门金石学教授，且与罗氏有师生之谊。[①] 由学术上言之，自号凡将斋主人的马衡，从 20 世纪 30 年代中就任故宫博物院院长，直到新中国成立以后，为古器物之保存与流传，矢志不移，尽瘁毕生。

嘉业堂金石之书

罗振玉入住嘉乐里新宅之后，为刘承干编嘉业堂所藏金石之书，并代为作序，堪称南北二"嘉"相辉，学界美谈。

20 世纪 80 年代中，罗氏长侄女婿周子美教授曾以其新刊嘉业堂书目寄赠，在这部"南金和宝，珠光熠熠"，令我这后学晚辈"宛若置身嬛嬛福地"的"钞校本书目"之金石类中，见有如下书目稿本：

> 《汉武梁祠画象考》六卷《附图》一卷，清瞿中溶著，旧抄稿本七册，徐紫珊旧藏。
>
> 《闽中金石志》十四卷，清冯登府辑，稿本十册；又一部，同上，六册。
>
> 《海东金石苑》，清刘喜海著，稿本，六册。[②]

---

① 马衡（1881—1955），字叔平，号凡将斋主人，浙江鄞县人。早年肄业于罗振玉任监督（校长）之上海南洋公学东文分校，并曾东渡日本留学。以攻金石学名世，著有《甲骨》《中国金石学概要》《凡将斋金石丛稿》《石鼓为秦石刻考》等。

② 参见周子美编《嘉业堂钞校本目录·天一阁藏书经见录》，第 41—42 页，引语出胡道静《总序》，华东师范大学出版社 1986 年版。

罗振玉为之校刊的，就是上述三种金石类稿本。"岁除元旦，为翰怡校《海东金石》，讹夺舛错，出人意外。"这是他在嘉乐里新居第一个新年"人日"（正月初七日，1921年2月14日），致亲家王国维信中写的。可谓从年尾忙到年头，大年初一还在伏案劳作，校阅刘承干（翰怡）收藏的《海东金石苑》，并不无调侃地说："现请一子爵、一二品荫生为写官，从事缮写。原书八卷，拟为撰续编二卷、附录一卷，今年夏间当可告成也。"① 原来，这部《海东金石苑》及《闽中金石志》《汉武梁祠画象考》，皆为刘氏委印之书，② 是罗振玉为正在开办的博爱工厂印刷厂（科）承接的印书业务，而所请二位"写官"，应该就是"京旗生计维持会"以工代赈的施济对象。

就像操办《雪堂校刊群书》一样，罗振玉对于刘氏嘉业堂刊行上述诸书，可谓殚精竭虑，不辞辛劳。首先是预期"夏间当可告成"之《海东金石苑》，他书告刘承干，说，全书已"写成十二卷，刻成十卷，尚余四卷，弟已校写二卷，末二卷挥汗从事……六月准告成，秋后全书必一律刊成"。③ 刘承干在接到罗氏承印的此书样本后，复书罗氏，赞叹不已，"所谓一经品题，洛阳纸贵，声价顿增十倍矣，用恳续寄百部到申"。旋又书告罗氏，此书刊行后，"海内同人索观麇集，大有山阴道上不遑应急之势"，"《海东金石苑》快睹争先，纷纷索赠，笥中已垂罄矣"。④

何谓"一经品题"？盖"题"者，序也，就是为刘氏委印诸书代撰序言。我们从罗氏生前编刊的论著集中，仅见《汉武梁祠画象考序》，题注"代"，⑤ 究竟代谁而作？刘承干是也！实则，罗振玉在致刘氏《海东金石苑》"秋末准可告成"的书信中，即告知"全书成时为公拟一序，当录稿奉政也"；旋即书告刘氏，"《金石苑》序二篇已僭拟，付手民书写，原稿乞政"。⑥ 所说"序二篇"者，其一为《嘉业堂金石丛书》之《海东金石苑》刘承干序，略谓：金石

---

① 罗振玉：《致王国维》，《罗振玉王国维往来书信》，第511页，东方出版社2000年版。

②③ 参见刘承干《求恕斋友朋书札（中）》，罗振玉九十通之六十三，上海图书馆历史文献研究所编《历史文献》第十七辑，第181页，上海古籍出版社2013年版。

④ 参见刘承干《求恕斋函稿·致罗振玉》之《甲子年信稿》三、四、五，上海图书馆历史文献研究所编《历史文献》第十九辑，第224—225页，上海古籍出版社2015年版。

⑤ 此序见《车尘稿》，《罗振玉学术论著集》第十集。

⑥ 刘承干《求恕斋友朋书札（中）》，罗振玉九十通之四十一、四十四，《历史文献》，第182、183页，上海古籍出版社2013年版。

诸书，其搜海外金石辑为专书者，则自刘燕庭方伯（刘喜海，字燕庭）《海东金石苑》始。顾其书当时未及刊行，咸丰庚申，都门之变，稿本复毁于兵燹，幸吴中潘文勤公（潘祖荫）传录其跋尾一卷，及全书前四卷，于是鲍子年（鲍康）太守以同治癸未先刊其跋尾，光绪辛巳吾衢张松坪（张德容）太守复刻前四卷。其既佚之后四卷，意人间不复有副本矣。乃数年前，忽于书估手得刘氏初稿本卷二至卷八；嗣得京师友人书，言于厂肆曾见此书卷一，亟移书购之，于是延津之剑，离而复合，付梓之念乃益坚。上虞罗叔言参事闻之，邮书借观，且曰张刻讹舛触目，非以原碑校写，不可遽以付梓。爰以墨本与稿本互勘，果如参事所云。

实则，这是借刘氏口吻，详述罗振玉自己对此"讹夺舛错，出人意外"之稿本所做的校订。序中记其校勘情状，云：

> 爰以一岁之力，为之校录，凡讹字衍文，夺漏错讹，一一为之厘订。前四卷有刊本，将厘正字数附记各碑之末；后四卷讹舛与前同，以无刻本，故不复记注厘正字数。刘氏原书凡八卷，为碑八十有二，跋尾八十，然中有有目无文者，又有文字而墨本已佚，无从校正者，间从友人藏本借校，其并假借不可得者，则别为附录，总计校订者得六十三碑，入附录者七碑。又从叔言参事所藏叶氏录中得八碑，为方伯（刘喜海）著录所未及，以无墨本可校勘，亦列之附录中，于是此书乃完善可授梓。

此为"序二篇"之一。其二则为《海东金石苑·补遗》刘承干序，亦罗氏代撰，略谓：校订燕庭方伯《海东金石苑》，卷第一仍其旧；颇欲俟原书校毕，搜录晚出者，别为补遗，顾其事有大不易者，并述罗氏"百计搜求"其书，及移录、校刊。云：

> 去岁，上虞罗叔言参事薄游沪江，语以兹事，参事欣然曰："曩谋赓续方伯书，积有岁时，行箧所储晚出三韩古刻，由汉逮明，得七十有二通，其太半为朝鲜故王李氏博物馆所藏，少半则日本公私家所蓄，均未易致墨本者，得彼邦博士及有力者之助，百计搜求，仅乃得

之者也，并访购三韩史籍之可资考证者，今公既校刻方伯书，愿悉以所储奉贷。"予闻而惊讶，痌瘝之求，偿于一旦，喜可知也。及参事邮致所藏，乃复以半岁之力，一一移录，并考证史籍，为之跋尾，成书六卷，与方伯原书合并刊之。于是海东古刻先后所集，合以附录，总得百五十通，虽不敢云海外琳琅毕萃于是，然亦略备矣。

以上二序，载于刘氏希古楼《嘉业堂金石丛书》本《海东金石苑》，款署"壬戌（1922 年）六月，吴兴刘承干书于嘉业堂"，距罗振玉辛酉（1921 年）开岁"人日"书告王氏"岁除元旦"校阅刘氏《海东金石苑》书稿，适为一年又半载。盖即以一岁之力校订原书八卷，附录二卷；又以半岁之力移录其所藏为补遗六卷。原书八卷，收录古代朝鲜汉文金石八十二种，题跋八十则；补遗六卷，收录自汉至明三韩古刻七十二种。所谓"一经品题，洛阳纸贵"，该书由罗氏协同校录、补遗并代为作序，遂成刘氏校刊的嘉业堂金石类传世名著。

继之，罗振玉复为刘氏"委印"《闽中金石志》，书告其发现并代撰序言，云：

至《闽中金石记（志）》，尊藏本无作者姓名，弟在厂肆见一钞本，乃六舟飞白题籖，每卷署冯登府名，始知此书为冯作。又恐无徵不信，遂以重价收买之（有便当寄阅）。此次刻版已补冯名，弟允为公作一序，并作《武祠画象考》序。[1]

刘承干兴奋不已，复书云：

《武梁祠画象考》《闽中金石志》次第工竣，惠我实多，恒在襟抱。蒙述代撰弁语，早经挥洒成篇，吾公金石名家，本本源源，烂熟胸中，不费吹灰成此杰构。[2]

① 刘承干：《求恕斋友朋手札（中）》，罗振玉九十通之六十七，上海图书馆历史文献研究所编《历史文献》第十七辑，第 193 页，上海古籍出版社 2013 年版。

② 刘承干：《求恕斋函稿·致罗振玉》之《丙寅年信稿》五，上海图书馆历史文献研究所编《历史文献》第十九辑，第 233 页，上海古籍出版社 2015 年版。

刘札作于丙寅八月二十一日（1926 年 9 月 27 日）。今所见刘氏希古楼刊《闽中金石志》①刘承干序，款署丙寅（1926 年）九月；刘氏嘉业堂《希古楼金石丛书》本《汉武梁祠画象考》②刘承干序，款署丙寅仲冬。然则，此二序，乃罗振玉书告刘氏"允"作后，次第写就；而罗氏亦不因自己是"金石名家"，故"不费吹灰"，草率成文。试观其所撰《汉武梁祠画象考》序，论述"古昔图画最先施之屋壁，后乃移之缣素"，固非浅学所能道；更倾其审释金甲文字之功夫，既赞赏瞿书"图中事实"考之"尤为精密"者（如《韩王聂政图》），又对瞿氏"说图中物象不免疏舛"者（如伏戏手持矩、神农与祝诵之冠、闵之父之车，以及附图四十中之"四人发弩""古规形象"等），莫不一一正其所误，补其失考。这就绝非"不费吹灰"，若无深厚之古器物学功力、精准之考古眼光，曷能"成此杰构"欤！

这样，自 1921 年迄于 1926 年，罗振玉亲自操办了刘氏委印之嘉业堂金石书三种，并相继代撰序言，仅就图书编辑出版言之，不惟在其以金石名家，编校金石之书，而足以使诸书增光添彩，其一丝不拘，严谨编校，亦堪足称道。如果说对《汉武梁祠画象考》主要在正其"说图中物象"之疏舛，那么为《海东金石苑》原书八卷之"讹字衍文，夺漏错连"，先后花了一年时间，"一一为之厘订"，即使后世专业编辑，如此恪尽其职"为人作嫁衣者"，能有几人？当然，尤为可贵者，更在于罗氏"访购三韩史籍"，将自所收藏之"海东（朝鲜）古刻"奉赠刘氏，辑成《海东金石苑补遗》；进而为"徵信实"，乃献出其重价收买之《闽中金石记》原书，如罗氏代撰之刘承干序所述：

> 往岁于沪江得《闽中金石记》稿本十四卷，不著撰人姓名，吾友上虞罗叔言参事移书借观，言闽中金石著录既无专书，此虽不免小疏失，亦宜刊而传之，因付梓人。已而参事于都门亦得稿本，与予藏本无异，而卷首有撰人姓名，乃冯柳东先生（冯登府），时杀青未半，

---

① 《闽中金石志》，清·冯登府撰，十四卷，著录福建（尤以福州为多）出土或遗存之金石文字。
② 《汉武梁祠画象考》，清·瞿中溶撰，六卷，图一卷。按，武梁祠画像，在山东嘉祥县，以汉代武梁祠堂得名。卷首有瞿中溶（木夫）道光五年（1825 年）原序，谓前人"爱其文字而录之，于图象多忽，未为深考"，故"十年来恒以此图置之案头，展现审谛，为书六卷，摘择四十图，别为一卷附后"，云云。

因据以补入……①

这就在事实上为人"贴本作嫁衣"了！

上述罗振玉为刘氏嘉业堂编书且自献其珍藏，不图索取之事例，实为近现代编辑出版史传佳话、添华彩；而其所体现之学术乃天下公器的精神，尤足以炯诫后世霸占公有学术资源（包括名家遗稿佚著），以为奇货可居、牟取私利、图谋暴发等类不齿之行。昔鲁迅翁尝谓："世道浇漓，人心不古。"书之，能不为罗、刘刊书传古之业发由衷之赞叹欤！

罗振玉次子之死

不过，攻究金石之学，包括编校刘氏金石图书，在罗振玉看来，那是学究式的"老博士业"，并说他1921年接手校理刘氏《海东金石苑》，"仅岁余元旦，由旦达夜，未执它事，其它则无一日宁居"。为此，他还致信亲家王国维，以未能亲赴上海恭贺二世兄吉席（即王仲闻婚礼）而表示歉意。罗继祖先生曾于此款署"十二日夕"（1921年3月21日）的札后加按，谓：可证陈鸿祥《王国维年谱》以高明（仲闻）婚期"系于明年（按，1922年）之失"。甚是。② 但我更注意到，罗氏之所以有"无一日宁居"之叹，实乃同国事家事有关。

先看国事。罗振玉原是个非常关心时局的人，夏秋间，他遥望举国天灾人祸，不由感慨：

> 迩日各省水害区域至广，南中产米之区，若均付之巨浸，则秋后将有偕亡之叹。南北之争，构兵绵数省，生民大厄，殆从今岁始。欲赤化之不流行，其可得乎？③

---

① 刘氏希古楼刊《闽中金石记》（1922年），刘承干序。按，此序实为罗振玉撰。
②③ 罗振玉：《致王国维》，《罗振玉王国维往来书信》，第513、516—517页，东方出版社2000年版。

罗振玉夫妇与罗振常及儿孙辈合影

罗振玉的这番话，写于款署"六月晦"（1921 年 8 月 3 日）的致王氏书信中。然而，言乎天灾，所谓"哀鸿嗷嗷，惨不忍睹"，岁岁皆然；"南北之争"，各路军阀战火四起，连年不断，上年 7 月直皖之战爆发，罗氏还曾就"直皖交恶，北地人心颇皇皇"之战局予以分析，指出"皖不敌直"，直奉联手，"南轩突围而出，何异虎兕出柙"。① "南轩"者，意欲打进关内，掌控北京政府之奉系军阀张作霖耳。罗氏置身京畿，对于"构兵绵数省"的时局，不惟关注，且有相当迅捷的信息来源，作出明晰的评判。既然如此，他又怎会惊呼"生民大厄，殆从今岁始"？其点睛之笔，殆落于"赤化"二字。是年，中国共产党成立。所谓盘古开天辟地到于今，中国历史之新纪元，现代中国革命之新篇章，确乎从"今岁"1921 年始。新版中共党史描述"在社会上没有引起多大注意"的本年 7 月 23 日之夜，在上海开幕的党的成立大会（即中共"一大"），极为客观地说："好像什么事也没有发生。"② 亦即当时根本无人知晓。然则，罗氏何以能从"赤化之流行"上，如此精确地推测出这个开天辟地的历史大事件之发生？

这或许是个永难析解的历史之谜了。

---

① 罗振玉：《致王国维》，《罗振玉王国维往来书信》，第 502 页，东方出版社 2000 年版。

② 中共中央党史研究室：《中国共产党历史》第一卷上册，第 85、88 页，中共党史出版社 2002 年版。

再说家事。斯时，天津嘉乐里罗家大院，那可真是嫁娶圆满，儿孙满堂，安谧祥和，其乐融融。

然而，值此开新纪的"今岁"，1921年夏秋间，那位堪称绝世英才的罗氏之子罗福苌，久病不愈，病势趋重转危，终致不治，寂然走了！

罗振玉回顾说，在"欧战告终，疫疠大作"中染病的"次儿福苌，转为肋膜炎"，"转地疗养，亦无效"。[①] 那疗养之地，就是京都附近的须磨町西代疗养院。罗氏携眷先行回国，仍留在那儿治疗的福苌岂仅医治"无效"，且染上了"心病"——与一位叫染川的日本护士有了感情纠葛。直到福苌小两口返抵上海之初，罗氏致信王国维说："小儿诸承照拂，至为感谢。渠之任性妄为，一日不去，此病一日不能脱离。"[②] 进而对亲家直言："渠赋性乖谬，近又惑于染川，致病不易愈。顷但有揭破此事，明白告戒，有效与否，尚未可知。求祸求福，在彼自取而已。"[③] 王国维乃复信予以宽释："君楚近于染川事，既做不到，亦即似淡忘。"并告知福苌："偶为维检出佛经中事项。若能于他方面兴味渐渐鼓动，则此方自淡，病愈当不难矣。"[④] 罗氏闻之，心绪颇有"由阴转晴"之况，他说："阿苌近闻稍近人情，幸不知能从此遂出魔障否?"并"至感"亲家之"启导"。

于是，罗福苌一方面延医治疗未愈的肋膜炎及胸前脓肿，另一方面受到"他方面兴味"的鼓动，除了投入学术著译之外，并有了走亲访友的社交活动。例如，在沪将与罗振常（子经）缔结姻亲的郑孝胥，曾有如是记述：

> 罗子经及其侄君楚（叔蕴之子）偕甘肃薛君奉宣来访；薛乃安晓峰之门人，持升吉甫及罗叔蕴书，居君楚寓中。[⑤]

这则日记记述时间为己未十月朔（1919年11月22日），系罗福苌在沪行踪之第一手实录。罗氏于圆山公饯后返国而命福苌留京都料理"鹙宅印书"一事，知其返沪当在己未六月中下旬（7月中下旬）。有的记载称罗福苌抵沪之

① 罗振玉：《集蓼编》。
②③ 罗振玉：《致王国维》，《罗振玉王国维往来书信》，第459、461页，东方出版社2000年版。
④ 王国维：《致罗振玉》，《罗振玉王国维往来书信》，第466页，东方出版社2000年版。
⑤ 《郑孝胥日记》（四），第1895页，中华书局1993年版。

初，"居积治里育才公学处"，那可能由于王国维三子，潜明、高明、贞明，均就读于该校之故。迨至八月下旬，潜明考取海关，高明（仲闻）则被学校开除，他绝无可能再留居该处；然则，甘肃来客"居君楚寓中"，可证其寓处绝不在该校。罗庄曾有所记，略云：

> 予幼与君楚三弟从严亲受学，均邀激赏。后南北分辙，聚首时少。岁己未，弟归自海东，养疴沪上，共僦一廛，朝夕谈讌，极欢时复拈弄笔墨，以为娱乐，此册即当时书贻三妹者也。①

所记"此册"，即罗福苌（君楚）手抄唐诗遗册。岁月似水，年华犹存。20世纪80年代，罗庄三姐妹中之二妹仲安老人，曾向我出示其珍藏的君楚从弟楷书唐诗扇面，当为斯时"拈弄笔墨"时所书。而准确解读君楚居沪情况，关键在"共僦一廛"句，若遽指为"迁来同一街，相处同一屋之内"，则误矣。盖此句之关键词，又在一"僦"字。"僦"者，租也，赁也；"廛"，谓平民居住之处。质实地讲，就是上海"石库门房子"，亦即按照罗、王通信中所商议，为了鼓动其"他方"（兴趣）以淡忘"此方"（染川），罗振常特地租了这么个闹猛的平民居处，让侄子福苌迁来养病。如罗庄所记：

> 群居之日，弟以授三妹译文，故饔飧恒失其时，每盘餐既具，而讲授未终，必不为辍，促之惟漫应，比其皇然就座，则羹炙冰矣。弟妇病之，积有违言，慈亲不怿。

何谓"群居"？就是罗福苌夫妇与罗振常全家合住一处，更有罗庄三姐妹陪同吟诗谈学，到了乐而忘食的程度。什么"染川之事"，想来也该"浑抛却"了吧！

罗庄于开头所述之"严亲"与此处之"慈亲"，用俗话来讲，就是罗振常老两口；"弟妇"即罗福苌妻，姓汪，系罗振玉胞妹之女，七岁父母双亡，寄养罗家，故与罗庄等实为一起长大的小姐妹；"积有违言"，不免有点儿任性发

---

① 罗庄：《书君楚从弟手钞唐诗遗册后》，《初日楼遗稿》，壬午（1942年）孟冬，上虞罗氏印行。

脾气，惹得叔母张氏不高兴啦！

为便于读者了解，谨将罗氏子女名讳、年岁，简列如下：

罗振玉五子
- 原配范氏所生
  - 福成，字君美（1885—1960）
  - 福同（1890年秋九月生），八日而殇
- 续配丁氏所生
  - 福苌，字君楚（1896—1921）
  - 福葆，字君羽（1898—1968）
  - 福颐，字子期（1905—1981）

罗振常配张筠，所生三女①
- 庄，字孟康（1893—1941）
- 静，字仲安（1898—1998）②
- 慧，字守巽（约1902—1989）

这样"谈谑极欢"中，罗庄兴发，填《金缕曲》为赠，题注"君楚从弟归自东瀛，病起摄影，为题此阕"：

> 我与君同气（成句），忆儿时，受书一室，咿唔相继。未久分驰南北辙，十载暌违两地。忽尘海，沧桑变易。乱后天涯重聚首，已彬彬各习成人礼。欣共话，幼年事。
>
> 高才绝学谁能似？更淹通译鞮象寄，旁行文字。病起丰神看略减，始信清如秋水。愿此后，益增福祉。异日壮游探远域，遂乘风破浪宗生志。凭一语，祝吾弟。③

诵其曲，不由令人想起日后梁启超挽观堂"自沉"联中有"奇字译鞮，创通龟契"一句。而君楚"淹通"者，包括西夏文。作为"三妹"的守巽老人晚年回忆说，《初日楼稿》方出，观堂指其《赠君楚弟》谓："收句有力，不似闺阁手笔。"④ 所指即此《金缕曲》，而曲中收句"凭一语"，透露罗福苌出洋留

---

① 罗振常尚有一子，讳福嘉，字君鱼（1904—1924），罗庄《初日楼遗稿》有《君鱼弟小传》，附《君鱼遗文》（甲子，孟康录存）。

② 继祖先生"戊寅岁末"书告："得郑氏姑母讣，以百岁归真，真吾家之庆。"（摘自罗继祖1998年12月21日致笔者函）"郑氏姑母"即仲安老人，于1998年12月百岁仙逝。

③ 罗庄：《初日楼稿》，《初日楼正续稿》二卷，罗氏丁卯（1927年）刊本。按，《初日楼稿》铸版印行于辛酉（1921年）孟秋。

④ 罗守巽：《我所知的王观堂及其一家》，据手稿。

学，壮游远域之意向；"祝吾弟"，展示其学贯中西、一往无前之宏才远志。此即观堂之所赏，笔力之所凝耳。

确实，罗福苌有异禀。这除了本人聪颖的资质，还由于他有一位享誉中外的学术大师的父亲，为他提供特有的学术资源，以及延"洋老师"行"一对一"教学等。这都是寻常学子无法企及的。兹将罗福苌之学程，简列如下：

1901 年前，在淮安，由叔父遨园公（振常）开蒙。

1907—1911 年，在上海，在苏州，雪堂公自课之外，从日本教习藤田丰八学日语（兼习英文）。

1907—1911 年，在北京，从法国教师学法语。

1912—1918 年，在日本京都，从德国教师学德语，又从日本榊博士（亮三郎）学梵语。

期间，罗福苌还以俄国学者赠予雪堂公之字书《番汉合时掌中珠》，[①] 与长兄罗福成"分灯共读"，攻究西夏文，并于戊午（1918 年）十月病中以西夏文改订《西夏国书略说》，作序云：

> 西夏国书，前人见之不能释读，吾辈见《掌中珠》便得线索，其书体变化繁多，观细处不易识别。但识一字，何等之喜悦！日夜习读，六年间增益至此。[②]

罗氏兄弟俩在日本京都寓中攻坚克难达六年之久，实为我国最早创通西夏文的学者。

罗福苌己未（1919 年）夏秋间归国，在上海扶病攻读英文、俄文，并为哈同仓圣明智大学开授梵文课。

罗福苌遗照

---

① 《番汉合时掌中珠》，1908 年俄国大佐柯兹洛夫于蒙古南部喀喇科多某废塔中发现。罗注曰："乾祐二十一年刊，汉语及西夏国语对译，字书也。共三十八叶。西夏人骨勒茂才撰，首有序，用以教国人汉语汉字者。"据罗氏《雪堂剩墨》杂著五种《凝清日札》之七《俄人黑水访古所得记》，《罗振玉学术论著集》第十二集（下）。

② 王旭荣：《罗福苌生平及其学术述论》，第 81 页，台北文史哲出版社 2015 年版。

准上所述，在罗氏诸子中，长子罗福成受完备之学校教育（毕业于日本早稻田大学）；而三子罗福苌则贯通中西文，是近现代掌握语种最多的学者之一，且其攻习外文，有一大特点，盖在学以致用。这是其父雪堂公创办东文学社所厉行之学风，亦其与"教授之教授"陈寅恪广识外文（包括古异族文字）旨趣绝异之处。他一不为包装自己，二不为卖弄于人，之所以攻读英、德、法、俄、日语及梵文、西夏文，纯然为着协同雪堂，与斯坦因、伯希和、狩野直喜等学者进行学术交流，沟通东西方学术，研究发现自我国西北边陲的古物及敦煌经卷。一言以蔽之，出于学术研究之需要。谨将罗氏《永丰乡人杂著续编》所附罗福苌《芬陀利室遗著目录》，移录如下：

> 《梦轩琐记》（三卷，据传言，为古梵学序录）
>
> 《梵文典》（原注：未成）
>
> 《摩尼教残经注》（原注：沙畹、伯希和注、译法文）
>
> 《高昌壁画菁华附记》（原注：译德文）
>
> 《宋史西夏传集注》（原注：未成）
>
> 《西夏国书略说》（在日本时刊行，后印入《待时轩丛书》）
>
> 《西南裔古志传行记辑存》（原注：二十四种）
>
> 《大唐西域记伽蓝名目表》
>
> 《慧琳一切经音义引用书目》
>
> 《古写经尾题录存》
>
> 《伦敦博物馆所藏敦煌书目》
>
> 《巴黎博物馆所藏敦煌书目》（此两种有《北京图书馆馆刊》本）[1]

晚近刊布之罗氏壬戌（1922年）七月所撰《凝清日札》，又详录罗福苌所编次的斯坦因贮于伦敦博物馆之西陲文物，题《英伦所藏敦煌古籍》；伯希和藏于巴黎博物馆之石室遗书，题《法京所藏敦煌古籍》。[2]

---

① 罗继祖：《涉世琐记》之《集贤息影》，《海角濡樽集》，第172页，《长春文史资料》1993年第一辑。

② 罗振玉：《雪堂剩墨》，《罗振玉学术论著集》第十二集。

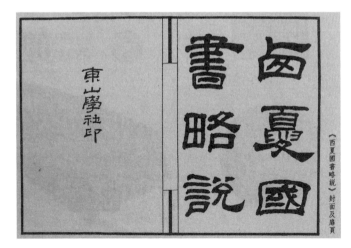

《番汉合时掌中珠》书影　　　　　　　　　　　　《西夏国书略说》书影

罗振玉所列以上书目，皆弁有"亡儿"字样。罗福苌是在他惊呼"赤化"流行之开新纪的"今岁"（1921 年）七月底，自沪返津。罗氏乃于八月二十二日（1921 年 9 月 23 日）书告王国维："小儿返津一月，用药提脓，创部渐愈。"[①] 孰料，不数日，竟发生了"小儿误服洗疮药，甚危险"的治疗事故。[②]罗庄在沪得讯，复填《金缕曲》为赠，题注"得君楚弟书，知其病重，寄此宽之"：

> 投我书盈幅，怎依然，幽忧憔悴，为君怅触。早自清才天赋与，因甚却悭浓福。转逊彼，纷纷庸碌。别有伤心怀抱，那更堪二竖相追逐。天遇子，一何酷！
>
> 年来况谢杯中缘，尽牢骚全无可解，只余歌哭。世事悠悠原似梦，何苦低回往复。但一志，寄情卷轴。品重珪璋休自弃，愿屏除念虑调寒燠。慎莫负，女婆祝。

在繁花似锦的词牌中，《金缕曲》属长调，创自苏轼以"乳燕飞"起句之《贺新郎》。其词以激越苍凉见称，亦不乏幽咽抒情之作。罗庄擅长调，其词集中包括题刘承干《崇陵补树图》，凡六见《金缕曲》。

---

①②　罗振玉：《致王国维》，《罗振玉王国维往来书信》，第 518、520 页，东方出版社 2000 年版。

尽牢骚，惟歌哭。罗氏老兄弟俩，以书香传后，分别造就了罗福苌与罗庄这样的学界英才、词坛女杰，且皆才华绝世，却又未能尽才，实在令人扼腕长叹！罗庄才学，且待以下章节中再叙。只说"寄此"以宽其弟的这首《金缕曲》，之所以"给力"，依然在"收句"。"女媭"，出自《离骚》，旧释为屈原之姊。罗庄乃以女媭自况，说，来书怎会满纸（盈幅）忧虑，如此憔悴？弟之高才绝学，谁人能比？不可自弃，屏却念虑，好生调养自己，千万莫辜负了为姐前此曲中所"祝"，要乘风破浪，遂初心啊！

显然，这"不似闺阁手笔"之曲，旨在激意气、厉壮志，绝无涕泣之意。当然，也不必讳言，罗庄以女性特有的细腻感情、敏锐直觉，何能不察君楚与其姑表妹婚姻的琴瑟不谐，以及其与那位日本女护士之难以了却的"孽债"？词曰"世事悠悠原似梦"，看来，君楚虽攻梵学、谙佛典，犹未能于尘世欲念的困厄中突围。那"能除一切苦，真实不虚"的涅槃解脱之道，又在哪儿呢？观堂昔年评"红"说"梦"责"叔氏之说"，而今君楚"低回往复"，幽咽病榻，困于男女之情，其咎又该归诸谁？

辛酉九月二十九日（1921 年 10 月 29 日），罗福苌病逝于天津嘉乐里罗宅。[1]

罗福苌英年早逝，毫无疑义是中国近现代学术上的一大损失，尤其在观堂所揭橥五大新发见之学问之二，敦煌塞上及西域各地之简牍；之三，敦煌千佛洞之六朝唐人所书卷轴；之五，中国境内之古外族遗文，这三大新学问方面。翌年出版于上海的《亚洲学术杂志》相继刊载了沈曾植撰《罗君楚墓碣》、王国维撰《罗君楚传》，以及罗福苌遗像、遗著（《西夏国书略说》）。经马衡征集，北京大学《国学季刊》创刊号（1922 年）揭载了罗福苌遗稿《伦敦博物馆敦煌书目》《巴黎图书馆敦煌书目》，[2] 以及雪堂所撰《亡儿福苌遗著三种序》。而其西夏文及敦煌经卷研究遗著，直到十年之后，由国立北平图书馆馆刊《西夏文专号》刊布。[3]

---

① 据王国维《罗君楚妻汪孺人墓碑铭》，章钰补记：君楚生于光绪丙申五月七日（1896 年 6 月 17 日），卒于辛酉九月二十九日（1912 年 10 月 29 日）。

② 此目下半部分，续载于十年后出版之《国学季刊》三卷四期。

③ 该馆馆刊第四卷第三号《西夏文专号》所载福苌遗著六种，依次为《俄人黑水访古所得记》《西夏赎经记》《大方广佛华严经卷一释文》《妙法莲华经弘传序释文》《妙法莲华经序释文》《宋史夏国传》（五卷未完稿）。

罗福苌英年早逝，罗振玉以痛彻肺腑的失子至情，亲撰挽联，曰：

> 误汝是聪明，廿六载鞠子恩勤，才换遗书数卷；
> 伤心归冥漠，卅余月沈疴痛楚，也应夙孽都消。[1]

罗继祖忆述，并被学者引录之"误汝是聪明"的罗氏五字箴言，殆出于此。

不过，我还要为挽词中早已化成了烟尘的"夙孽"二字絮叨数语。此"孽"就是指前述"染川事"。这实在颇可以使人联想到罗福苌去世数年后（1925 年），上海《东方杂志》连载的鼎堂郭氏借一位叫菊子的日本女护士之四十一通情书，写成留日学生婚恋悲剧的小说《落叶》。[2] 如果也来个换位思考，西代之染川，不就是痴情的菊子姑娘吗？

福苌之丧，罗振玉"万事灰冷，惟传古之志，尚未尽衰"。[3] 然而，他在"一病三年余"的爱子盖棺之后，又忧心起病榻上的儿媳，"已有肺病"，且在福苌病危之际，"又剪臂肉以疗"，[4]终于挨至来年新正二日（1922 年 1 月 29 日）长逝，"平生仅廿四年"。[5]不可不提的是，罗振玉为这位"其志深可悲悯"的儿媳之"妇德"，请得了逊帝溥仪所赏"至情奇行"四字额，又请王国维"椽笔表扬"撰墓碣，虽足以告慰死者，却又令人回想起他七岁时质疑塾师之诗：

> 先祖匪人，胡宁忍予？
> 母也天只，不谅人只！[6]

在我看来，诗义所凝，端在一"忍"字，一"谅"字。罗振玉作为一位历

---

① 罗守巽手抄《伯父叔言公挽从兄君楚联》。按，此为守巽老人临终前留下之抄本《杂记》，卷首有"翰墨缘"三字，盖罗氏晚岁"墨缘堂"书铺，或即取意于此。又，挽联起句"误汝是聪明"，盖出苏轼《洗儿》，原诗为："人皆养子望聪明，我被聪明误一生。惟愿孩儿愚且鲁，无灾无难到公卿。"（《唐宋八大家全集》之《苏轼集》第二十九卷）

② 此篇见《郭沫若全集·文学编》。

③④⑤ 罗振玉：《致王国维》，《罗振玉王国维往来书信》，第 521、520、522 页，东方出版社 2000 年版。

⑥ 参见《松翁剩稿》卷二《欹枕录·李岷江师》，《罗振玉学术论著集》第七集。按，所引"先祖"句，出自《诗经·小雅·四月》；"母也"句，出自《诗经·鄘风·柏舟》。

史老人，昔年的"也应凤孽都消"之挽词内，固然包含了对儿子为之殉命的那段感情纠葛之谅解；而儿媳（又是外甥女）"剪臂肉以疗"，以身殉夫之不幸，又岂能忍心耶！

雪堂之悲恸，不正是我们所应反思的吗？

东方学会之成立

东方学会是一个文化学术社团，发创于 1923 年 7、8 月间。《郑孝胥日记》当年 8 月 10 日记云：

> 东方学会列发起者二十人，曰：王秉恩、柯绍忞、陈三立、辜汤生、叶尔恺、郑孝胥、朱祖谋、陶葆廉、李孺、章钰、宝熙、王季烈、张美翊、徐乃昌、陈曾矩、陈毅、金梁、刘承干、王国维、罗振玉。必西京之狩野、内藤以大七游日事告知罗叔蕴，故有此响应之举。其所拟简章凡十条。

而郑氏在此前一天（8 月 9 日）即有记云：

> 罗子经送来《东方学会简章》。[1]

罗继祖述及罗振常（子经）送学会简章事，说"郑不知其来龙去脉，妄加猜测"，并于郑记名单后加"按"，云：

> 此事如在一年前（1922 年），公举发起人必以沈曾植为首，现推王秉恩，则以王乃张南皮旧属，提调广雅书局于学术有劳绩，郑孝胥

---

[1] 《郑孝胥日记》（四），第 1959 页，中华书局 1993 年版。

则以不称臣于民国而尊之，于学术实无与。其他则大半为沪津之熟人牵连加入，而傅增湘、董康则以出仕民国而去之，张元济虽未仕民国，然已弃官就商，故皆去之，而金梁殆以又为溥仪所用而幸入耳。[①]

所谓"妄加猜测"，即郑孝胥将罗氏发起成立东方学会与其子郑垂（大七）"游日事"挂钩，且称此为"响应之举"，其"妄"莫此为甚了！

当然，最关键的是，列入学会发起者二十人名单，可以肯定那是由罗振玉手拟并载入了"赞成名册"（或曰"赞成名簿"）之中。按照罗氏早年发创《农学报》及东文学社的惯例，他本人姓名署于最后，而由资望卓著者领衔，以示借重。故罗继祖说，如沈曾植尚健在，必公举其领首，"现推王秉恩"，是否因其"乃张南皮旧属"，曾"提调广雅书局"？盖王"提调广雅"，远在张之洞1889年自两广调任鄂督之前，是真正俱往矣的前朝旧事了。惟此老"于学术有劳绩"，属实。王国维丙辰（1916年）归国，除拜谒"乙老"（沈曾植）之外，再就是"往访王雪老"，[②] 嗣后，曾以"晚学"多次与之通函，称道"长者见闻最博"，"长者于经、小学书搜罗最备"。[③] 罗振玉之推举是时年近八旬的王秉恩领衔东方学会发起人，除了他是年长者之外，看来亦与他在古籍的收藏、辑校方面的劳绩密切相关（且此老擅长书法，与罗氏有同嗜焉）。署名发起者前列的其他人物，若陈三立、辜汤生、朱祖谋，皆名重文界、学界，在国内外均有影响。其"于学术实无与"而列名者，若叶尔恺、李孺，皆曾为提学使，是罗氏"官学部"时的老友或旧识；若陶葆廉，曾代理浙江大学堂总理，1921年前后，正在浙江从事治水及救灾，适与罗氏关注南北方水灾赈济相合。至于居沪"闲散人员"如张美翊，则属于熟人牵连加入了。

为何要发起成立东方学会？罗振玉自述：

> 欧战以后，欧美各国争研究东方学术。法国大学院乃公举予为东方通讯员。回顾我国，则异学争鸣，斯文将坠。乃鸠合南北同志，创东方学会，会中拟设四部：一印刷局，以传布古籍；二图书馆，以收

① 罗继祖：《鲁诗堂谈往录》，第12页，上海书店出版社2001年版。
② 王秉恩（1845—1928），字雪澄，四川华阳人，曾任广东布政使、贵州按察使。
③ 王国维：《致王秉恩》，《王国维书信日记》，第565、566页，浙江教育出版社2015年版。

集古籍；三博物馆，以搜集古器；四通信部，与国内外学者通音问，相切磋。[①]

罗氏之所述，实源于王国维呈溥仪之疏奏，其论曰：

> 欧战以后，彼土有识之士乃转而崇拜东方之学术，非徒研究之，又信奉之。数年以来，欧洲诸大学议设东方学讲座者，以数十计，德人之奉孔子、老子说者，至各成一团体。盖与民休息之术，莫尚于黄老；而长治久安之道，莫备于周孔。在我国为经验之良方，在彼尤为对证之新药，是西人固已憬然于彼政学之流弊而思所以变计矣。[②]

王国维这篇疏论，撰于1923年6、7月间。实在也是由中国最权威的学者从最严格的学术意义上提出了"东方学"这一学名，并赋予了明确的义界。盖"东方之学术"，包括"与民休息"的黄老之术与"长治久安"的周孔之道。这也是罗振玉之所以要在此时发起成立东方学会，倡导东方学的宗旨之所在。

还须注意，罗振玉发创东方学会之际，恰当民国当局欲与清室争夺故宫宝藏之时。当年6月底，罗氏致信王国维，"学会事，一切偏劳"，亟盼他"能早日邀诸君署名赞成册中"。[③] 斯时，王国维奉召入溥仪小朝廷，充"南书房行走"才一个多月；数日后（7月2日），罗振玉又致信王氏，提出"刻下学会进行之事，在立董事会，弟意推凤老为董事长，而推尉与今西作董事"。[④] "推凤老为董事长"，"凤老"即柯劭忞（字凤荪）[⑤]，他与徐世昌是同科进士，也是罗振玉在学部时的同僚。在学术上，他以所著《新元史》赢得巨大的声誉，被日本授予博士衔。所谓"南沈北柯"，他与沈曾植分别在上海、北京，是遗老群中执牛耳的人物，推他做东方学会董事长，可谓不二人选。再加"推尉与今西作董事"，"尉"即德国汉学家尉礼贤，时为德国大使馆顾问；"今西"即日本

[①] 罗振玉：《集蓼编》。

[②] 王国维：《敬陈管见疏》，见罗振玉辑《津门疏稿》附录。按，此疏即罗振玉所称之《论政学疏》（又名《谨陈中西政学异同疏》）。

[③④] 罗振玉：《致王国维》，《罗振玉王国维往来书信》，第571、573页，东方出版社2000年版。

[⑤] 柯劭忞（1850—1933），字凤荪，号蓼园，清光绪进士、翰林院庶吉士，与罗、王同入学部，署右参议左丞，派充京师大学堂经科监督；入民国后（1914年）被聘为《清史稿》总纂，兼清史馆代理馆长。

汉学家今西龙。这样，学会就由中外学者合力来办了。当时，王国维的《观堂集林》刚印成，曾手拟了一份分赠名单，除了"内廷同事"，外籍学者为今西龙（日人）、尉礼贤（德人）、伊凤阁（俄人）。是故，罗氏特托王国维代表他会晤并邀请此二人任学会董事。

经与王国维及其他"南北同志"反复商洽，到 7 月下旬，罗振玉拟定了"学会赞成名簿"及"学会章程"。章程凡十条，谨录前四条如下：

第一条　本会以研究东方三千年来之文化，约以哲学、历史、文艺、美术四类为宗旨。

第二条　本会先于北京、天津立总会，以后再推行于各省为分会。

第三条　本会所行之职务如左六项：

一、设图书馆、博物馆以集图书、博物。

二、设演讲部以贯学术。

三、设印书局以流通古今书籍，并本会学术杂志。

四、设招待部以招待东西各国之学者，以沟通学术。

五、通行部。

六、设发掘部以发掘古□今古名迹、废墟遗地，以资考古。

第四条　本会于北京选择合宜之地建筑学会所，于天津建会所及藏书楼、博物馆。未成以前先设筹备处，以筹备本会事务。①

上述各条，最值得注意的是东方学会"先于北京、天津立总会"，实际上是先于罗氏所居之天津嘉乐里创设总会，并且明确学会藏书楼、博物馆建于天津。

东方学会章程出台，罗振玉加紧奔忙。当年 9、10 月间，他致信王国维说："今西如返京，祈示知。弟尚须入都开董事会。"又说："剑峰博士又有书来，学会事渠极赞成，允加入。西京诸博士亦有赞助之说，乃博文主人所言也。""剑峰博士"即罗振玉老友藤田丰八；"西京诸博士"，则包括狩野直喜、内藤湖南等京都大学教授。他们或者允以加入学会，或者给予学会捐助。实际上，

①　转引自王若《新发现罗振玉〈东方学会简（章）〉》手稿跋，《中华读书报》2010 年 6 月 4 日。

罗氏依然承袭了他早年在上海创办农学会的策略：学无分中西，故其所拟简章第七条会员不限国籍，允许外籍人士入会；争取各方捐助，包括海外人士出手资助。但也不可因此说罗氏发起和组织了国际性民间学术团体，事实是，即使在国内，所谓"南北同志"亦仅限于遗老。

不过，罗振玉发创东方学会，一定程度表现了他传古而不囿于古，尤其在敦煌学及汉晋简牍研究等领域，能与"二京"，即西京（日本京都）及"法京"（法国巴黎）的汉学家相对接。例如，他曾书告王国维董康"环历欧美"归国之学术见闻，云：

> 董言法国东方学院者，闻举弟董事，英法诸儒均欲弟一至彼邦，以践战前之约，若学会事有端倪，尚欲努力一行，但物力恐不及，如何如何。[①]

时在1923年8、9月间，董康传述了法国东方学院"举弟董事"，即推举罗振玉为法国东方学院董事，可证罗氏自述"法国大学院举予为东方通信员"，应该在他发起成立东方学会的这一年。所述"英法诸儒"，则包括法国之伯希和、英国之斯坦因，他听了董康传递的学术信息，亟望借东方学会成立这个契机，"努力一行"，赴欧与伯希和等老朋友会晤。而董康、傅增湘之未能列名东方学会发起人，非可归因于出仕民国，而可能是因为他俩皆未跻身遗老之列，忙于各自的差事，故无暇在罗氏的"学会赞成人名簿"上署名。

翌年11月，发生了"冯军逼宫"的"甲子之变"，情势陡变，罗振玉创东方学会，会中"拟设四部"的计划遂成一纸空文，而唯有"借博爱工厂印刷处，由予捐资印书数十种"，并颜其名曰《东方学会丛刊》。这应该就是罗氏发起成立东方学会的传世成果了。[②]

---

① 罗振玉：《致王国维》，《罗振玉王国维往来书信》，第592页，东方出版社2000年版。
② 罗氏以"聚珍版"所印书目如下：（1）古写本《贞观政要》卷五六残卷，附佚篇一卷；（2）古写《帝范》《臣范》各二卷，附校记一卷；（3）重校订《纪元编》三卷；（4）《食医心鉴》一卷；（5）《四夷馆考》二卷；（6）《蒿里遗文目录》十卷、补一卷；（7）《雪堂藏古器物目》一卷；（8）《江邨书画目》一卷；（9）《三补唐折冲府考补》一卷；（10）《敦煌石室碎金》一卷；（11）《话雨楼碑帖目录》一卷；（12）《粤西得碑记》一卷；（13）北宋元丰写本《乾象新书》卷三、卷四；（14）《魏宗室传注》六卷、附表一卷；（15）《集古官印考》十七卷；（16）《纪元以来闰朔考》六卷；（17）《史料丛刊初编》二十一种；（18）《高邮王氏遗书》二十卷。

"密疏陈奏" 与小朝廷内讧

罗振玉在天津发创东方学会，只是他自称"旋归甸服，得近京师"，以学术联络南北遗老，运动"复辟"的一个插曲。他的主要活动则在于如何沟通溥

左起：罗振玉、王国维、绍英、陈宝琛，右二朱益藩，右四郑孝胥

仪左右，"密疏陈奏"，此即溥仪在《我的前半生》中用了"特别是罗振玉"点其大名，说他伙同升允"左一个条陈，右一个密奏，陈说复兴大计"。而罗振玉则将升允从青岛迁至天津嘉乐里罗氏新宅以后，领衔呈递溥仪的疏奏，汇集为《津门疏稿》，并为之作序，云：

> 逮壬戌（1922年），公移居天津，主予家者七年，由是得与公朝夕相见。当大婚礼成后，公与予以入贺，得蒙召见，令得言事，公乃益感圣知。津沽固密迩京师，因之得闻官禁事。内纷外侮，日益迫切，公忧之甚，每有所闻，辄密疏陈奏，以图补益，故七年中，疏凡十二上；或公自起草，或遣予代作；或一人具疏，或联名以闻。当道为之侧目，致以公与予为"朋党"，公弗顾也。今距公之殁七年矣，偶检巾笥，旧稿具在，因写为一卷，颜之曰《津门疏稿》。以公先是任甘督时《论新政疏》附焉。亡友王忠悫公（王国维）受知于公，为公门人，其任南斋时二疏并附录卷末。一以志公眷眷君国，一以志当日之声应气求，如公所谓"吾道不孤"者，俾传之方来，不至泯灭，此则予之责也。[①]

兹将罗氏"写为一卷"，"七年（按，应为五年）中疏凡十二上"之《津门疏稿》篇目及上疏时间，列举如下：

1. 《敬陈管见疏》（附：随片二），壬戌（1922年）闰五月。
2. 《遵旨陈言疏》，壬戌（1922年）十一月。
3. 《谣言繁兴请静以制动疏》，癸亥（1923年）六月。
4. 《密献刍言疏》，癸亥（1923年）七月。
5. 《请保护储藏疏》，癸亥（1923年）七月。
6. 《事机危迫疏》，癸亥（1923年）八月。
7. 《再陈管见疏》，甲子（1924年）。
8. 《谣言沸腾请加考察疏》，甲子（1924年）。

---

① 罗振玉：《升文忠公津门疏稿序》，《罗振玉学术论著集》第十集（下）。按，据抄本，序中"得蒙召见，令得言事"，应为"蒙召见慰勉，并令得言事"；"故七年中，疏凡十二上"，"七年"应为"五年"；"今距公之殁七年矣"，应为"今公之殁，已七年矣"。

9.《请养圣心疏》，甲子（1924年）七月。

10.《请安圣虑以俟天心疏》（附片一），甲子（1924年）八月。

11.《请养圣功疏》，乙丑（1925年）十一月。

12.《闻开讲筵谨陈管见疏》，丙寅（1926年）三月。附《论新政疏》（升允，1909年），王忠悫公《敬陈管见疏》（王国维，1923年8、9月间），《劾大臣不明事理疏》（王国维，1924年4、5月间）。

应当补书一笔的是，这部书稿，连同罗振玉在伪满期间的《辽海焚余稿》抄本，曾被北京大学教授魏建功购得，合为《升罗悖语》。魏氏既虑原本被灭迹，"不得昭炯戒，发憬语"，乃筹资"谋印二百部，以布天下"，并以"天行山鬼"之名写识语，"庶有董狐，振直笔焉"。①

那么，《津门疏稿》之要点何在？首先是胡吹狂赞少年溥仪，为其"复兴"大清壮胆打气。例如，罗振玉夸赞溥仪"天亶聪明"，必为"中兴圣主"，实即《津门疏稿》首篇"闻乘舆将有出洋游历之举，不胜骇异"，而"敬陈"劝阻之词所称"臣窃料天亶聪明，决不出此"。溥仪不是发誓将于"大婚"后"亲手恢复我的祖业"么？《津门疏稿》更肉麻吹捧，云：

> 天下闻知我皇上英断如此，其孰不乐为致死！天祚大清，庶有反正之一日也。昔少康缵禹绩，光武绍汉统，并在一二十年以后。今民国虐用其民，亿兆皆思清室，衣冠不改，汉腊犹存，是其明证，又何必亟亟于借外援乎！

还有不可不注意的是，癸亥、甲子两年，"疏凡十二上"中占其八，如此密集，所为何事？罗振玉谓之"内纷外侮"（或曰"外海内讧"）。盖"内纷"者，小朝廷内出现了新旧两派之争，密奏行事"卤莽"的郑孝胥受"不次之擢"却"急遽张皇，致滋纷扰"，故请"天亶聪明"的皇上"毋轻信其言"；"外侮"者，即所谓谣言"繁兴""沸腾"，造成"时机危迫"的舆论压力，迫

① 参见《升罗悖语识语》，《魏建功文集》第五卷，第534—535页，江苏教育出版社2001年版。按，魏建功（1901—1980），字天行，别号山鬼，江苏省如皋人，语言文字学家、教育家。辑印《升罗悖语二种》（一、《津门疏稿》，升允；二、《辽海焚余稿》，罗振玉），署"亡清伪满史料"，中华民国三十七年（1948年）秋斥资颁布。

使小朝廷自行移宫（迁移颐和园）、撤号（皇帝尊号）、废优（优待清室之条件）。故疏请溥仪应"静以制动"，待机"恢复"，认为辛亥之变，逊帝"不过交卸政柄而已，帝号自若也"。民国虽立而"天下尚有故主之思者，实系于我皇上一人之身"。而今总统已遁矣（按，指直奉之战后，徐世昌被迫辞去总统之职），阁员亦散，"民国之亡，翘足可待"，这可是真正"反正"之大好机会！升、罗密奏中妄称，对溥仪之所望，"远迈唐太宗，而上追三代中兴之令主"，由此而掉转笔头云：

> 昨见南书房行走臣王国维有条陈时事一折，与臣所怀大致相类，因劝之上达天听。王国维为臣所荐举，臣诚不知远嫌，然宋儒程颐有言：避嫌者，内不足也。臣辄取以为解。

这就是被陈宝琛"阻勿上"的王国维《论政学疏》（原题《敬陈管见疏》）。[①] 以"果敢"见称的升允"不知远嫌"，表明了他即使被指为"朋党"而"弗顾也"的拼劲。升、罗进而上疏"请加考察"，参劾清产"不得端倪"、办事"不得要领"的郑孝胥，同时又严责怂恿溥仪"出洋留学"，干预"进退大臣等事"（指举荐郑孝胥）的英文教习庄士敦，郑、庄二人，"莫若并此去之"。强调"天下人心尚得维系至今者，以皇上尊号犹在"，"在民国为革命一事未尝完成，而在我则为基础"，"民国时有复辟之谣者，即足见其忧惶之隐"。所以，溥仪绝不可离宫出洋，皇帝尊号绝不可撤，因为，此乃"复辟"之基础，并密嘱溥仪，"此折所陈，关系重要"；由升、罗"密商"而令王国维缮写代呈外，"未敢以语他人，求皇上勿宣示左右"。据罗振玉（四月）初二日（1924 年 5 月 5 日）致王氏书称，素相（升允）"主仍用弟稿"，"仍即夕缮，明晨入奏"，"奏尾已将公（王国维）语加入"。[②] 是可确证，这篇疏稿不惟体现了升允"吾道不孤"，且将王国维拉入"声应气术"的升、罗"联盟"，而成了"朋党"。

---

① 王国维：《论政学疏》，参见陈鸿祥《王国维全传》，第 505—506 页，人民出版社 2007 年版。

② 罗振玉：《致王国维》，《罗振玉王国维往来书信》，第 620 页，东方出版社 2000 年版。

与郑孝胥之恩怨由来

郑孝胥书赠罗庄之季妹（罗守巽）条幅

至此，我想有必要略说小朝廷"内纷"中的罗振玉与郑孝胥。溥仪说他俩是"一对冤家"。愚见以为，此话未可当"圣旨"，应是又对又不对。我们试观《郑孝胥日记》，他除了与罗振常频繁往来，并记有宴请"罗庄三姊妹"。1922年5月14日，"为十四纳币于罗氏，乃子经之次女"；同月21日，"十点半，使十四往罗宅亲迎"。① 郑孝胥亲自操办了侄儿"十四"的婚事。所娶罗振常（子经）次女，即罗静，字仲安。姻缘美满。我曾于20世纪80年代赴沪拜谒，赞叹这位名门出身又是中共党员的老人，在罗氏诸侄女中，是真正的福寿双全。

长话短说。罗、郑不惟"旧交"，且在溥仪"大婚"后相继被"召"入宫中，又结了秦晋之好，是一对亲家（而非冤家），故在郑氏日记中，不乏罗氏自津至沪，彼此拜访交谈，且在岁氏返津后，时有书信往还。例如，1922年7月25日，"得罗叔蕴书"，次日"复罗叔蕴书"；② 1923年8月30日，"得罗叔蕴书"，次日，"复罗叔蕴书"。③ 这样的交谈、书信往来，持续到郑孝胥被溥仪"极致倾倒"，命其迅即"北上"。④ 罗振玉乃闻讯致书郑氏，谨录如下：

---

①②③④　参见《郑孝胥日记》（四），第1906—1907、1916、1961、1977页，中华书局1993年版。

沪上一别，荏苒两年。近闻应诏入都，圣上之倚畀既殷，公亦以整理（整顿内务府）自任。明良遇合，此其时矣。惟弟有鳃鳃过虑者，请略陈之：从来内务府为神秘之地，堂奥深邃，不许外人窥伺，且自世相（世续）拜职以后，事事因循畏葸，数年以来，积习更深，故圣上毅然欲加厘正。私意宜先陈明今日之事，外侮内忧，必须兼顾，先和内，乃能御外，务须不

罗振常次女罗仲安

动声色，密察积弊之所在，然后乃能徐图补救，固非急遽所能程功，第一不可使同僚疑畏，致生枝节。譬如治病，欲疗沈疴，先须内顾元气，然后攻疾，若痛下针砭，则非徒无益；又譬之庖丁解牛，先明其关节所在，自能迎刃而解，若未明肯綮，刀斧遽施，必致刃残锋钝，转致无可措手。公，利刃也，幸善用之。刍荛之献，公以为何如。

这封信绝非如溥仪所说"钩心斗角"，而应为"推心置腹"，其中所陈"厘正"（即整顿）方略，至少可称"友情提醒"吧！

孰料，郑孝胥既被溥仪引为"腹心"，乃于"宣统十六年正月二十八日（1924年3月3日）钦奉谕旨：特派郑孝胥为总理内务府大臣，畀以全权，以资整顿"。[①] 这样，郑孝胥跃上了"首席内府大臣"的位置，得以"掌管印钥""头品顶戴"，他哪会去聆受"聪衔"具在己下的罗氏亲家的"提醒"？可谓恃宠弄权，以"快刀斩乱麻"的办法，行其整顿之事，什么"减政""清产"，闹腾得小朝廷不得安生。罗振玉则以亲家的身份，再致一书，略云：

前次寄京一函，未蒙惠复，初谓为王事贤劳，未遑裁答，不疑所言之凿枘也。及前月晤面，始知公仍主"快刀斩乱麻"办法，谓弟所言为"畏首畏尾"，弟遂不敢再以鄙见渎听。今竟谣谤四起，内部顿

---

① 《郑孝胥日记》（四），第1987页，中华书局1993年版。

分门户，息侯（金梁）疏劾螺江（陈宝琛），有人又劝息侯，而外侮益纷纭，谓皇室欲售卖历代储藏国宝，静庵虽作书辨之，可预期其无效也。从前弟亦知临事过虑，固近于畏葸，然若一意孤行，必致决裂。今鄙人之言乃不幸而中矣。为今日计，幸以往事为戒，早图补救，以息纷扰，不可再抱薪以救燔，前者刍荛之言，不蒙采纳，以三十年旧交，重以婚姻之故，不得已遂以药石之言进矣。公其茹之乎，吐之乎！

这封信不留情面，揭了小朝廷"内部顿分门户"，新旧两派内讧的盖子。新派以郑孝胥为"首席"，而曾被罗氏赞其"才大心细"的金梁，则成了辅佐郑孝胥的"内务府大臣"，并且甫受命即具名疏劾旧派"首席师傅"陈宝琛。于是，由"卤莽"的郑孝胥与外号"大胆"的金梁组成"敢于任事"的"新进大臣"，但数月以来"未闻尺寸之展布"，且引来一片反对。故升、罗谓此二人掌权后"贻误大局"，更甚于前此"因循苟且，迹涉营私"的"内府执事诸臣"。

如此"危迫"，郑孝胥还能在"首席"之位上"总理"下去么？溥仪说，郑孝胥"干了三个月"，就败下阵来；金梁则不足两月，即"请开缺"。且看《郑孝胥日记》：

（1924年5月5日）上（溥仪）召见，谕云："洵、涛言：……惟罢郑孝胥……庶可少安。"郑孝胥乞退，上不许，曰："宁为玉碎，不为瓦全……"[1]

（1924年6月25日）奏请开缺，即日奉上谕："著开去总理内务府大臣之缺，仍在懋勤殿行走。"[2]

还应注意的是，罗振玉第二信提到"皇室欲售卖历代储藏国宝"，而静庵"作书辨之"，其书始即王国维《致沈兼士、马衡》。此书作于何时？仍看郑氏所记：

---

[1][2] 《郑孝胥日记》（四），第1997、2005页，中华书局1993年版。

（1924 年 4 月 21 日）（溥仪）召见，示报纸登吴锡宝辩护皇室私产之语。[①]

（5 月 9 日）摄政王（溥仪之父载沣）入宫，邀陈（宝琛）、朱（益藩）二傅至上书房谈保存古物事，惟希望彼不相逼而已。[②]

（5 月 23 日）将于礼拜三约内务府会议，使余速诣赵次山（赵尔巽）设法，或请即降旨令赵主持古物办法。余曰："且听其如何相逼，而后应之。"[③]

这里，关键词是"相逼"。郑氏所记"保存古物事"，不正是北京大学考古学会《保存大宫山古迹宣言》吗？并可证宣言发表于郑氏所说"且听其如何"之后。斯时在北大考古学会参与发起该宣言的顾颉刚，因痛惜王国维"自沉"，而联想到了"三年前"所发的这个"反对清室出卖产业，丧失国宝"的宣言。[④]盖"三年前"者，恰为 1924 年端午节之前。

但更令人关注的，是罗振玉甲子（1924 年）五月进京"拜紫禁城骑马"之后，疏劾郑孝胥"洛阳之行"。据罗继祖《永丰乡人行年录（罗振玉年谱）》所记，郑将赴洛，罗问其此行之旨。郑答以"觇察吴佩孚倾向并对彼有所陈说"。罗告：民国军阀倾向无定，反复无常，拥兵擅威，一旦有事，土崩瓦解。皇室宜保威重，不可与何方接近；皇室近臣宜辍此行，以昭慎重。郑却说"此行实迫于上命，不得不往"，执意赴洛与吴会晤，声称"一见即行，绝不久留"。实情是，"在洛淹留颇久，亦非一见即行"。吴佩孚誓师征奉，郑且以皇室代表列席，"意甚自得"，返京后夸示同僚。罗振玉"益深骇异"，乃举历史上藩国之臣贯高、赵午，"为主复仇，犹不使主知，事成归主，事败独身坐"；丁巳（1917 年）"复辟"，人人皆知谋出张勋，故虽败而皇室仍畅达不惊；"若当日张勋亦如郑孝胥妄称上意，安得有今日哉！"[⑤]

上述罗氏"据实密陈"，可以《郑孝胥日记》证之。甲子四月初三日（1924 年 5 月 6 日），郑氏记云：

①②③　《郑孝胥日记》（四），第 1995、1998、2001 页，中华书局 1993 年版。

④　顾颉刚：《悼王静安先生》，原刊《文学周报》第五卷一、二期合刊，1927 年 8 月 7 日。

⑤　罗继祖：《永丰乡人行年录（罗振玉年谱）》，第 87 页，江苏人民出版社 1980 年版。

> 作与吴佩孚书，付快信。……入内，召见于储秀宫，上言：可赴
> 洛阳一见吴佩孚。

然则，郑答罗此行"迫于上命"，是实；其咎盖在直言"上命"，而夸口
"若不得已则不能不冒险出之"，岂非公然卖主逞勇吗？郑又自谓"濡滞至今"，
盖"今"者，即其赴洛时间，距溥仪储秀宫"召见"已延迟至四个月之后。观
其日记，郑氏于八月十三日（1924 年 9 月 11 日），"登陇海车"抵洛阳，吴佩
孚派汽车"迎至其公署会晤"；并于返京前一日，即八月十六日（9 月 14 日）
应邀参加了吴"集将佐告诫出军事宜"。① 此即史称第二次直奉战争的直军征奉
誓师大会。而罗振玉之所以斥其"大臣举止失常，恐误大局"，实鉴于"辽沈
诸将（奉系张作霖），迩年对朝廷尚属恭谨，倘知郑孝胥列誓师之席"，岂能罢
休？云：

> 臣与郑孝胥交垂三十年，又申之以婚姻，虽知其志大才疏，似断
> 不至荒悖至此。殆因迩来皇上命以总理内务府，数月以来，一无成绩
> 可言，且因四库书（《四库全书》）事措置乖方，致引起民国种种干
> 涉，殆不免内疚于心，急欲立奇功以自湔雪，遂不觉颠倒惶惑，极其
> 所至，恐将更险于是者。……

罗振玉此折，"密陈"于第二次直奉之战业已打响的 1924 年 9、10 月间。
这时，他已奉命"入值南斋"，做了"南书房行走"；而郑孝胥则已被罢"总
理内务府"之职，却犹"行走"懋勤殿。彼此悖向而"行"，结怨愈深矣。

---

① 以上所引，参见《郑孝胥日记》（四），第 1998、2014—2015 页，中华书局 1993 年版。

清帝出宫与侍从之臣

寒风骤起，黄埃落叶。一身大兵装束的冯玉祥将军，率部开进了已现深秋景象的北京城。他发布"主和、停战、班师回驻燕京"的《检阅使告示》，时间是 1924 年 10 月 23 日；同日，冯氏领衔通电全国，决定联合所属各军，"组织中华国民军，根本改造国家"。[①] 施即囚禁了贿选总统曹锟，由原教育总长黄郛出组"摄政内阁"，代行大总统职权，史称"北京政变"。

冯玉祥趁直奉军阀混战之机，推翻了吴佩孚等直系军阀掌控的北京政权，乃慨然叹曰：现今世人莫不以留辫子为可耻，留溥仪在故宫，就等于给中华民国留着一条辫子。所以，他毅然决定剪除这条辫子，将溥仪驱逐出宫，并派北京警卫司令鹿钟麟执行此项任务。这就是罗振玉所称之"冯军逼宫""甲子之变"，并说他得知溥仪被逐出宫，乃"抚膺长恸，神明顿失"，时为 1924 年 11月 5 日（甲子年十月初九日）。我们姑谓之令众"遗老"如丧考妣、为之号啕的"剪辫行动"吧。

但是，我们返观当年场景，如果把幽曹锟的"北京政变"作为历史的正剧，那么紧随其后之逐溥仪的"冯军逼宫"，就应该要算是一出喜剧了。

当然，在罗振玉笔下，"冯军鹿钟麟部入宫，逼改优待条件，闻之神魂飞越"。[②] 用俗话说，简直被吓破了胆。但我们却要赞叹，鹿司令作为高级军事将领来演此"逼宫戏"，可谓出神入化，干净利落。据鹿氏追忆，11 月 5 日上午 9时，他率军警各二十人从警卫司令部乘车出发，突入故宫，出示黄郛签发的"大总统指令"及《修正清室优待条件》，限溥仪在两小时内"废去帝号，迁出故宫"。而吓得出面接待的两位"内务府大臣"，绍英（掌管印钥）浑身颤抖，

---

① 通电由陆军检阅使、第一师师长冯玉祥领衔。中华民国国民军全军共十五万余人，冯玉祥为国民军总司令兼第一军军长，胡景翼（原陕西陆军第一师师长）为副司令兼第二军军长，孙岳（原大名镇守使、陆军第十五混成旅旅长）为副司令兼第三军军长。

② 罗振玉：《集蓼编》。

荣源（溥仪岳父）抱头躲藏的所谓"暴力"，就是炮架景山，兵临城下；鹿司令并且掏出"预藏怀里的两枚空心炸弹"，告以限时若不出宫，将拉响炸弹，同归于尽！①

再看金梁当天的日记，云：

> 午下四钟，警厅友言，始知有兵围大内，迫上出宫之举……至神武门，闻驾已赴北府矣……访冯军友人，托问确信，据云决无危险。又托友问张总监，电话亦云无危险。②

这时，金梁已与郑孝胥一起被罢了"内务府大臣"之职，但他仍是个"通天"人物。所记"上""驾"，均指溥仪。"北府"即溥仪生父载沣所居醇亲王府，这是清室方面；民国方面，则冯军、警察厅均有其"内线"关系，"张总监"即协助鹿钟麟执行此项"剪辫行动"之北京警察总监张璧。由于事关故宫文物，故当冯军"逼宫"时，还特聘了"社会名流"李石曾（煜瀛）参加。"驾"赴"北府"，是说溥仪表示接受废帝号、出宫禁，并在《修正清室优待条件》③ 文本上签字后，于当天下午 4 时 10 分，偕同其后、妃及亲属人等，乘坐汽车出宫直驶醇亲王府。溥仪下车后与鹿钟麟握手交谈，于是有了饶富喜剧性的镜头：

鹿："溥仪，今后你还称皇帝吗？还是以平民自居呢？"

溥："我既已授受《修正清室优待条件》，当然废去帝号，愿意作一个中华民国平民。"

张璧在旁凑趣插言："你既是一个中华民国平民，就有当选大总统的资格。"④

如此这般，还颇有点儿幽默呢。

---

① 鹿钟麟：《驱逐溥仪出宫始末》，《天津文史资料选辑》第四辑，天津人民出版社 1979 年版。按，以下所引此文，均出选辑，不另注。

② 金梁：《遇变口记》，《文史资料选辑》第十三辑，中国文史出版社 1960 年版。按，以下所引此记，均出选辑，不另注。

③ 《修正清室优待条件》凡五条，最根本的是第一条："大清宣统皇帝即日起永远废除皇帝尊号，与中华民国国民在法律上享有同等一切之权利。"

④ 参见鹿钟麟《驱逐溥仪出宫始末》。

当然，冯军"逼宫"，毕竟是个历史事件。溥仪被逐出宫及《修正清室优待条件》公布之时，恰当孙中山北上。他对此明确表示满意，并且鼓励"溥仪先生年富识赡"，应"肆力学问，以闳其造就"。溥仪若果真听从告诫，又怎会跌入伪满皇帝之罪渊……

这都是后话。

却说当时，无论是"冯军友人"，还是"警厅友言"，对溥仪出宫莫不告以"无危险"（或"决无危险"），但罗振玉却闻"逼宫状"，竟然为之"发指眦裂"！事发当天，他在天津经日本司令部司令官介绍，紧急面见寓居天津正待出山的段祺瑞，[①] 请求其于翌日（11月6日）以"倾闻皇宫锁闭，清帝迫移"发表谈话，并致电质问冯玉祥。罗氏并且夸耀此乃其奔走"陈说大义，令发电止暴动"的结果。

随即，罗振玉经日本司令部购得车票，自天津搭乘由各国使馆掌管的"国际列车"赶往北京，潜入北府"展觐"，得"上慰勉周挚，为之泣下"。是啊，他咋能不"泣"？"皇上"逐出了宫，他引为"殊遇"的"紫禁城骑马"，还能到哪儿去"骑"呢？然而，"南书房"虽不复存在，他这"行走"并未去"投御河自沉"，而是与"懋勤殿行走"的郑孝胥走到了一道，会聚于"北府"。11月26日，罗、郑同被溥仪"召见"，郑挥笔起草《赐张作霖诏》，罗当即抄写发出，声称："奉军入京，人心大定。威望所及，群邪敛迹。"[②] 他们是那样庆幸段祺瑞"当了执政，与张作霖合伙主宰北京政府"。当时，鹿钟麟派守"行朝"（即北府）的卫兵尚未撤离。经罗振玉与陈宝琛密商，决定借庄士敦汽车"迎上微行"。11月29日，溥仪乘汽车出北府，先至德国医院，后至日本使馆。郑孝胥记曰："于是大风暴作，黄沙蔽天，数步外不见。"乃改乘马车，过长安街迅驱日使馆。[③] 看来，溥仪确是借着风霾大作、官道中不辨行人的沙尘暴天气，躲过了沿途军警耳目，得以"安稳出险"。这时，那位年届耄耋犹在"行走"的"凤老"柯劭忞，还为"皇上"算了一卦，道是"筮《易》安吉"！

是夜，风暴过去，尘埃落定，星斗满天。

罗振玉透露，当溥仪在德国医院小憩待行时，日本驻华公使芳泽谦吉乃通电

① 1924年12月14日"摄政内阁"宣布解散，段祺瑞正式出任执政。
② 参见《郑孝胥日记》（四），第2029页，中华书局1993年版。
③ 参见《郑孝胥日记》（四），第2030页，中华书局1993年版。

其国政府，并以电话报驻京各国使馆；公使夫人亲自洒扫楼馆，迎候"圣驾"光临，并命书记官池部政次日常照料。① 罗氏颇为此而沾沾自喜，溥仪却在后来的自悔中说，他跨进日本使馆的那天起，从此而"钻进了日本人的口袋里"。②

溥仪既潜入日使馆，在罗振玉看来，算是"脱险"了。翌晨，他就前来晋谒，递呈了他代溥仪预拟的通告民国政府及各国公使的"谕旨"，诬诋冯军，声称："摄政内阁"派鹿钟麟以重兵突入禁城，封闭宫殿，守以军队，段执政电斥其非，国论为之激昂，友邦为之骇异；近日过激传单布满都市，报章揭载李煜瀛、张继与段执政问答之言，称法国对路易等事，③ 尤深骇诧。罗振玉并且补记了他面奏溥仪时的一席对话，略谓：

> 振玉进言：以前逼宫，暴力胁迫。其时，安危之机，间不容发，故不得不权宜应之。清室优待条件，曾经通知各国，有国际条约性质，非片面可任意取销。以前在民军势力之中，不能声辩。今已脱危地，若不行声明，似已默认。宜由皇上降旨，宣告中外。上曰：现左右重臣，各执一端。有主自销位号，谢绝优待者；有自认与段祺瑞交厚，能令回复优待者；且有谓趁移宫卜宅，可追索民国积欠者；议论纷杂，均不可行。如宣言，将何以为词？玉对以"但言优待条件不能由片面取销，暴力逼迫不能承认可矣"。时预拟此稿在袖中，因呈览，上以为措词至允，乃饬内务府移送段祺瑞，并行知各使馆。于是，请自辞优待、解尊号者结舌，而谓与段交厚者潜襆被南归，欲追积欠者亦自知不能程效。纷纭之说，始归静默矣。

这"襆被南归"之人，就是郑孝胥。对此，金梁曾有如是记述：

> 闻升吉帅（升允，当时寓天津罗宅）来京请安。初，某与郑大闹意

---

① 罗振玉：《集蓼编》。

② 溥仪：《我的前半生》（全本）卷首《中国人的骄傲》，第1页。

③ 郑孝胥11月29日记云，昨报载李煜瀛见段祺瑞争皇室事，李忿言："法国杀路易十四，英国杀君主事尤数见。外交干涉，必无可虑。"张继出告人曰："非斩草除根，不了此事。"《平民自治歌》有曰："留宣统，真怪异。唯一污点尚未去。"参见《郑孝胥日记》（四），第2030页，中华书局1993年版。

见。某乃召升来，挟以为重。升见上而某之说行，郑遂决然去矣。①

金梁所称之"某"，殆指罗振玉。嗣后，罗继祖"庭忆"中斥金梁为"骗子"，责其人"很无聊"，"朋党"之说即出其"遇变"记。究其实，盖耿耿于此段文字耳。

当然，尤当注意的是，金梁这番话写于罗氏赴日使馆，向溥仪"进言"的五天之后，即12月5日。当天，郑孝胥决计出京；翌晨，坐火车返沪。② 金梁乃为被"排挤"出京的郑孝胥鸣不平，并向溥仪上书，"疏请追留郑孝胥"，"孝胥有毅力而无私心，可托大事"。郑、金确然抱团成"党"，而罗氏谓之"请自辞优待，解尊号者"，所指正是那位"疏请"溥仪"出洋"（留学英国）的金梁。不过，他倒也并未"结舌"，而是自辩说，我金某何尝"阻争优待"？不过主张不可由"皇上"自争，应"由众代争"罢了。不惟如此，他还疏请溥仪"授郑孝胥全权，力争优待"哩。③

然而，金梁究非罗氏对手，且因被指责为"自请撤帝号"的作祟者而成了众矢之的。故在郑孝胥出京之后的那段时光里，"随侍入使馆"的罗振玉，就成了最有影响力的"重臣"。而在日使馆内，罗氏更亟赞负责"照料"溥仪，并与他"推诚相接"的书记官池部，说其人"有风力，能断事，乃推诚结纳"。两人经常在一起密商"上行止"，因而"契益深"，以至在一年之后，池部升任南昌总领事不久病亡，溥仪"恤其遗孤"，罗振玉"为位哭之"，感念其"患难中竭诚相助"。④

溥仪在日使馆内差不多三个月，终于在乙丑二月朔，即1925年2月23日夜，由这位池部书记官伙同日军警"护卫"着出前门登车赴天津。溥仪的这个"自动出京"，既得段祺瑞"默认"，又有日本公使芳泽"许诺"。两天后，京沪报纸发表了溥仪已于初一日夜乘车赴津的报道，路透社电讯称："从者二人，仅携一篑，寓大和旅馆，不日将移居己屋。"⑤ 这"从者二人"，即罗振玉自述

---

① 金梁：《遇变日记》。
② 《郑孝胥日记》（四），第2032页，中华书局1993年版。
③ 金梁：《遇变日记》。
④ 罗振玉：《集蓼编》。
⑤ 《郑孝胥日记》（四），第2042页，中华书局1993年版。

"予与儿子福葆随从"。罗氏父子于当晚 8 时登车离京，"乙夜，遂安抵津站"。翌日，溥仪的眷属，即后妃婉容、文绣等人，乃由池部夫妇陪伴着离京抵津，随后移住被称为"张园"的前清提督张彪别墅。

溥仪和婉容在天津张园

自此，被逐出了紫禁城的溥仪"小朝廷"，转而为"驻跸"张园的"行在"；溥仪本人，则开始了他所说"完全成日本帝国主义的'药笼中物'"的"天津时代"。[①]

<h2 style="text-align:center">对抗"善后"之顽劣</h2>

如上所述，溥仪之所以能"安抵津站"，完全由于京津日本使领馆及其所派警察为之"保驾护航"。溥仪回顾当年，曾说他乔装改扮，秘密离京那个夜晚，由池部偕同日警"护卫"着他来到北京东车站，先上了一辆三等日本军

---

① 参见溥仪《我的前半生》（灰皮本），第 173 页，群众出版社 2011 年版。

车，尔后转上另一辆二等车。令他吃惊的是，进入这节车厢，"不料罗振玉和他儿子罗福葆早已在这里坐着呢"。所以，尽管溥仪自谓其离京，是"我和罗与芳泽商洽的结果"，但他的实际行止，包括出行随从人员，完全置于日方的安排与掌控之中。而罗振玉的一系列举动，包括主动勾连驻天津的日军司令部，主动劝请段祺瑞发电申斥冯军等，均表明了他的"能干"，并因而使他在溥仪心中，竟得到"与郑孝胥相等的地位"。不过，若遽以为郑在这个时段里，"竟没有什么特殊的表现"，那就错了。其实，罗振玉虽独蒙"圣眷"，郑孝胥则在上海悠然"韬晦"，根本不会"气得够呛"，而是静待时机出山。果然，溥仪甫抵津（2月25日），其子郑禹即发急电："前晚到津，安。盼父速来，解决一切。行期电示。"盖"安"者，溥仪得日方"护卫"，平安进了日租界之大和旅馆；"解决一切"，则是转达了溥仪与日方急待着郑孝胥来津担"大任"。而郑之复电仅三字："明晚行。"① 他急购火车票，于2月28日晚抵津；3月1日"晨，赴行在"，与升允同时被业已移入张园的溥仪"召对""赐膳"。② 凡此，皆可证溥仪"大为倾倒"的郑孝胥，依然是他心目中最为"难得的忠臣"。金梁感叹什么"君子争宠，小人争利"，仿佛郑孝胥被"排挤"了出去，实情当然不是这样。

那么，罗振玉在溥仪心目中，其无人可与争锋的特长是啥？如前所述：鉴古。在这方面，郑孝胥竟然也要舞文弄墨，鉴题《散氏盘拓本》之真伪，可谓班门弄斧、贻笑大方；而其借总管内务府欲将"《四库全书》运沪"交商务印书馆影印，更引来民国政府干涉制止，舆论哗然，指控他以上海商务印书馆"董事"而入溥仪小朝廷，完全是为着骗取《四库全书》！③

罗振玉则完全不同。他在考古方面驰名中外，鉴古更是"巨眼"（王国维之父乃誉公日记中语）。故溥仪要"召"罗振玉为"南书房行走"，并且接受陈宝琛的建议，请他留在宫内"检查审定内府古彝器"。而溥仪在被逐出宫后给罗振玉的第一道"谕旨"，便是指派他充任"清室善后委员"。这个清室善后委员会，由当时的国务院组织成立，以李石曾（煜瀛）为委员长，委员十四人：鹿钟麟、张璧、范源濂、汪精卫（易培基代表）、蔡元培、沈兼士、俞同奎、

---

① ② 《郑孝胥日记》（四），第2042、2043页，中华书局1993年版。
③ 王国维：《劾大臣不明事理疏》，参见陈鸿祥《王国维全传》，第501页，人民出版社2007年版。

陈垣、葛文浚、绍英、载润、耆龄、宝熙、罗振玉。按照"摄政内阁"以大总统名义发布的命令，应由"清室近支人员"参加，"协同清理公产、私产"。[①]以上十四名委员，绍英以下五人为清室，占委员三分之一强；而在五人中，"清室近支"有四人，亦即唯罗振玉一人以古物鉴定专家代表清室参与"善后"。他如能发挥"正能量"，积极投入故宫文物的点查，对尔后故宫博物院的成立，该有多好！

　　然而，非常遗憾，清室方面指派委员乃是虚应。溥仪及其左右一伙，对抗"善后"，公然声称："修改条件，不能认为有效，则清室善后委员会碍难承认。"[②] 清室善后委员会仍予礼待，发出了延聘清室五大臣为委员的聘书，诚邀他们参加会议，参与点查，而绍英、载润、耆龄、宝熙、罗振玉五人则拒绝接受，悍然退回了五件聘书。罗振玉不同于被称为"如此颟顸"的绍英、载润等人，他之所以"谬执成见""坚持其顽固立场"，纯然出诸其本人对故宫"三百年宝藏"所执的一己之谬见。特别是他沾沾自喜、引为良策的"吾谋"（"移宝藏"）。为此，他伙同升允曾三次向溥仪卜书，提议于东交民巷使馆"保护线内"，由皇室自立博物馆、图书馆，以"移庋宝物"，"庶得外人保护之力"，而将冯军驱逐溥仪出宫，诬为"三百年之宝藏，荡然无存"。应当明确指出，罗振玉所谓"使馆界""保护线"，便是八国联军侵占北京，胁迫清廷签订《辛丑条约》，规定"大清国家允定各使馆境界"，并独由使馆管理。[③] 于是，"使馆界"成了"国中之国"，中国人不得在界内住用。如果升、罗与时为德国使馆顾问礼贤商议的"移宝藏"于"使馆界"之"吾谋"实现，果真以各帝国主义列强来"募款"帮助清室建起"两馆"，那岂非成了"取彼谮人，投畀豺虎"，[④]哪里还会有今天的故宫博物院？

　　我们回述这段往事，就是要以史为证，更加令人信服地表明，冯军断然采取"剪辫行动"，驱逐溥仪出宫，这是正义行动。成立清室善后委员会后，严格遵守《点查清宫物件规则》，进行点查工作，于 1925 年 10 月 10 日正式举行

---

　　① 参见鹿钟麟《驱逐溥仪出宫始末》。

　　② 1924 年 12 月 25 日清室"内务府"致民国政府内务部函，转引自鹿钟麟《驱逐溥仪出宫始末》。

　　③ 按照《议和大纲》十二款之第七款规定，"中国人概不准在界内居住"，并划定"使馆界线"，"中国国家应允诸国分应自主，常留兵队分保使馆"。

　　④ 《诗经·小雅·巷伯》。

故宫博物院开院典礼。故宫宝藏，由此得以回归国家，为民所有，世世代代，永葆其珍。参加点查并长期担任故宫博物院院长的马衡，[①] 更非"不逞之徒"，他为保护故宫宝藏做出了巨大贡献。

六十岁生日

罗振玉"乙丑扈跸"，在如蜩如螗的 1925 年夏天，迎来了他的六十岁生日。

罗振玉六十岁像

与在日本时只能对着自己的五十一岁小像"郁孤怀而莫摅"不同，如今，"皇上"的"行在"就在身旁，可以说是在天子脚下过生日了。故最令罗振玉感激涕零的，实在也莫过于"乙丑六十，荷亲洒宸翰"了。

六月二十八日（8 月 17 日），罗振玉六十初度，溥仪赐寿，赏了他"岁寒松柏"的四字匾额。"亲洒"者，"皇上"亲书也。罗振玉说，当天，他去"行在"谢恩，溥仪对他说："汝今年六十，我久知之，惟访月日，诸人均无回应，幸陈老师以电话见告，始知。"这就使罗振玉尤感"膺此异数，惶恐莫当"。但事后得知，他夸口"视代笔有霄壤之别"的溥仪"亲洒"，"实仍出朱益藩师傅代书"。[②] 君臣相互蒙骗，倒是真正成了"笑柄"。

尽管如此，"著书天为开环秘，扈圣身能任险艰"，此为以"电话见告"罗氏生日的弢老（陈宝琛）赠联；"抱阙守残，斯文不坠；决疑定计，王室聿

① 故宫博物院首任院长易培基，任职于 1925 年 10 月 10 日至 1933 年 7 月 22 日；第二任院长马衡，任职于 1933 年 7 月 22 日至 1952 年 5 月 22 日。

② 参见罗振玉《致王国维》"继祖按"，《罗振玉王国维往来书信》，第 645 页，东方出版社 2000 年版。

安"，则为罗氏平生最为拜服的"素相"（升允）赠联。罗振玉在"愧不敢当"的同时，倍增知音之感；而在赋诗为寿的王国维、杨钟羲等十余人的贺寿诗中，写得最为情真意切的，是王国维"卅载云龙会合常，半年濡响更难忘"的《罗雪堂参事六十寿诗》。还有远在上海的刘承干，他以"月之廿八日为执事六旬双寿之辰"而致信罗振玉，贺其"黻佩齐辉，芝兰列峙，称觞家巷，诚一时之盛事"，并于六月十六日（8月5日）将他亲撰之"忠款茝画"之寿诗及寿幛交托自沪赴津贺寿的罗振常"携奉"。[①] 对此，罗庄曾有记述：

> 乙丑（1924年）六月，侍大人至津门祝伯父六十寿。伯父素慈爱余，讶其瘦，因留小住，至翌春乃归。[②]

八月五日（9月22日），刘承干为"赐题嘉业楼楹帖"，致信罗振玉申谢。[③] 由此，我们可以得知，罗庄陪伴其父赴津的时间当在六月二十日（8月9日）前后，而子经先生先期归沪约为八月初，她被"慈爱"的伯父留津"小住"达半年之久。她自述：

> 余自辛酉（1921年）年成诗词稿一卷，后此遂少所作。甲子（1925年）季春，鱼弟兰摧，为有生来未经之奇痛，则更文通才尽，君苗砚焚。余体素健，至是当食而哽，遂罹胃疾。[④]

罗庄胞弟福嘉，字君鱼，"兰摧"盖指君鱼病殁于甲子（1924年）三月，年仅二十一岁。[⑤] "文通才尽"，文通即梁代诗人江淹。这是借"江郎才尽"的成语，自道其《初日楼稿》刊印后，就很少有诗词新作；而"君苗焚砚"，则是化用陆机与陆云兄弟倾慕彼此才学的典故。[⑥] 罗庄素来身健无病，敦料因痛失爱弟君鱼，悲恸过度，得了严重的胃病，就自感才思穷尽，以至要焚砚辍

---

①③　刘承干《求恕斋函稿·致罗振玉》之《乙丑年信稿》七、八，上海图书馆历史文献研究所编《历史文献》第十九辑，第229页，上海古籍出版社2015年版。

②④　罗庄：《初日楼续稿跋》，《初日楼正续稿》（二卷），丁卯季夏，罗氏刊本。

⑤　参见罗庄《君鱼弟小传》，《初日楼遗稿》。

⑥　《晋书·陆机传》："弟云尝与书曰：'君苗见兄文，辄欲烧其笔砚。'"

笔。眼见熟吟"人比黄花瘦"的侄女遭际"甲子家变"之后，瘦得判若两人，怎能不令身为伯父的罗振玉惊讶？尤其是，罗庄幼而聪慧，深得祖母范氏欢心；长而读书明大义，故罗振玉对她挚爱有加，高看一眼。罗继祖后来追忆说，姑母来津为祖父六十寿庆称祝时，他年方十三岁，每天私塾放学，他都要来姑母住所，深得"提耳摩顶之爱"；至为钦仰他的这位姑母"读书殆禀宿慧，文词斐然，一蹴而成"，故对其所作诗词，"虽不尽解，亦强读之"。①

罗庄在天津嘉乐里伯父宅中将养身体，吟诗填词，新作中就有除夕度岁，"侍伯父母大人坐贞松堂夜话"所赋《满江红》词：

> 饮罢屠苏，侍杖履，起消酒力。闲指点，签牙轴玉，琳琅四壁。松柏岁寒知汉腊，鼎彝器古尊周室。问围炉，翦烛话沧桑，今何夕。
>
> 思往事，追陈迹；空块垒，填胸臆。便移山挥日，只余太息！矫首南天鸿绝响，惊心北阙驼生棘。算挂来，墙角尚多情，当年历。
>
> （用遯渚词意）

词云"签牙轴玉"，"签牙"指藏书，"轴玉"谓书画，寥寥八字，将罗继祖所述嘉乐新居两厢上下摆满了书，客厅墙上挂满了字画，摆设则一色鼎彝碑刻、造像陶俑，这样一种古色古香的学术气象，概括无遗。罗庄于词末自注"用遯渚词意"，盖"遯渚"，借指明末抗清志士万寿祺（年少）。罗氏《万年少先生年谱》记云：南明弘光元年（清顺治二年）八月，义师兵溃，先生"遯迹斜江五里之遯村，与同志作《遯渚唱和词》"。罗庄所"用"，盖指《遯渚唱和集》殿后之作《满江红·渔秋感怀》，② 其"意"则在为伯父六十寿庆，彰显"辛苦一生尘土外，飘零千里山河半"之历程，而凝集于"松柏岁寒知汉腊"。罗氏既颜其斋曰"贞松堂"，又得逊帝所赐"岁寒松柏"匾，并欲请王国维大

---

① 罗继祖：《周姑母家传》，《初日楼遗稿·附编》。

② 《遯渚唱和集·满江红》原词："遯渚渔师，家住芙蓉汀畔。商飙起，怪鸟冲沙，鳄鱼攻箭。篛笠不惊人自远，风波如许秋将澹。棹归来，逆浪打船头，推篷看。日月变，江湖暗。网罟换，鱼虾乱。叹鬓毛如许，西风吹断。辛苦一生尘土外，飘零千里山河半。望海南，如髻涌潮云，无人见。"和词："汉寝唐封，看岁岁，莺花如市。暂西风，白眼暮云，遮住冷落。秋罗妃子泪飘零，夜月将军树□□。忆当年，举爵旧南冠，今何处。烽火动，悲笳聚。千里外，人长戍。（原阙九字）昔日曾闻金谷苑，于今不见乌衣路。问江潮，何事不归来，东流去。"

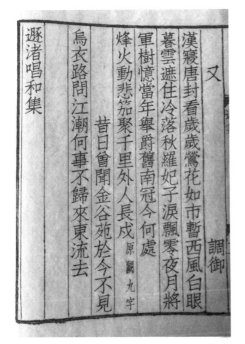

《满江红·渔秋感怀》

笔撰《贞松堂记》。罗庄化用罗氏在日本首次度岁所吟诗句"浮海苦存汉家腊"（《壬子岁除》），及王国维和诗"风雪山城特地寒，可但先生知汉腊"，以昭其效忠清室，矢志复辟之"贞心"。是故，下阕"矫首南天""惊心北阙"，既隐喻了"日月变，江湘暗"的南明史事，更内蕴了罗氏自述"甲子奇变""扈驾出都"之艰险壮勇。然则，观堂赞赏罗庄不似闺秀之"如许笔力"，复现于此词，并获伯父贞松老人之认可嘉许。特别是罗庄丁"我生卅载逢今夕"填词摅怀，显然亦有感于观堂书赠雪堂"卅载云龙会合常，半年濡呴更难忘""事到艰危誓致身，云雷屯处见经纶"之贺寿诗。

［备考］罗庄之词学造诣及其手录六十一首名家词

罗庄在天津嘉乐里伯父家中度过了她的三十岁生日，① 并撰有《三十生日

---

① 罗庄生于光绪乙未十二月二十七日（1896 年 2 月 10 日）。

集陶》诗：

> 少无适俗韵，委怀在琴书。
> 闲居三十载，不乐复何如！

罗庄自津返沪，三十一岁出嫁，由刘承干作媒，夫婿周子美，曾执教于上海圣约翰大学，后为华东师范大学教授。周君时年三十四岁（系续娶），正为刘氏嘉业楼书库掌钥编纂藏书目录。[①] 罗庄婚事乃是奉"父母之命"，定婚前曾"函津征求同意"，[②] 就是致信在天津的伯父罗振玉征求意见。由此，我们可以说，罗庄是带着伯父雪堂对她终身大事的拳拳之心南归的，并且在伯父的"垂注"下择婿、定婚、议嫁。

罗庄将在津养疴及归后一年的诗词，连同此前所作，编为《初日楼续稿》。如果说《初日楼稿》之词凝集了她的少女才思，那么《初日楼续稿》则尽展了她的才女情怀。加上她身后由周子美作序之《初日楼遗稿》中的诗词（被称为《初日楼再续稿》），邈园公追怀长女诗文写作乃无师自通，"下笔即斐然成章"，他评价说：

> 尤工于长短句，上者直追冯、欧，近代造诣及此者能有几人？……汝果能北面于当代宗工，借其揄扬，则又可抗衡漱玉，凌驾断肠，睥睨一世矣。[③]

罗庄以填词为一种享受、一种愉悦，自谓"兴到笔随，若有神助"。"当代宗工"，盖指王国维、况周颐，均激赏其词，果真拜师入室，那她的词学成就，又岂可限量！罗庄还借前人的话说，填词非难，协律为难；又说，予虽习长短

---

① 继祖先生于"丁丑十月十日"书告："周子美姑丈则已届百四高龄，见之《光明日报》。"摘自罗继祖1997年10月10日致笔者函。

② 刘承干：《求恕斋函稿·致罗振玉》之《丙寅信稿》六、七，上海图书馆历史文献研究所编《历史文献》第十九辑，第234页，上海古籍出版社2015年版。

③ 罗振常：《祭长女庄文》。按，此文所述词人，依次为冯延巳、欧阳修、李清照（漱玉）、李煜（断肠）。盖"断肠"者，朱淑真，被誉为"才色清丽、罕有比者"的宋代女诗人，有《断肠诗》十卷，《断肠词》一卷，而以词著称。参见谢无量编《中国妇女文学史》，中华书局1931年版。

句，但率意成吟，于五音六律清浊之分，曾未窥其涯涘。为着帮助"季妹欲学词，苦究其奥"，罗庄乃以"古名家之作音调流美者"，手录于《初日楼稿》书眉，"以资摹拟"。"季妹"即罗守巽。守巽老人晚年以此珍藏六十余载之稿本赐赠，使我这晚辈后学因而有幸得窥其真迹，赏其墨韵。录词起首于李璟《山花子》（即《摊破浣溪沙》，原录无著者，下同），而以李清照《武陵春》殿后，蝇头小楷，珠笔句读。录毕，赋《南乡子》：

> 矮纸写斜行，几度沈吟费品量。按谱寻声浑未晓。宫商，协律谁堪比乐章。

> 节短重音长，但取歌残韵绕梁。留待好天明月夜。参详，尽把新声换旧腔。

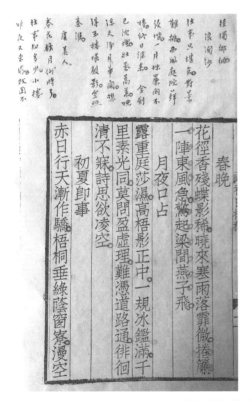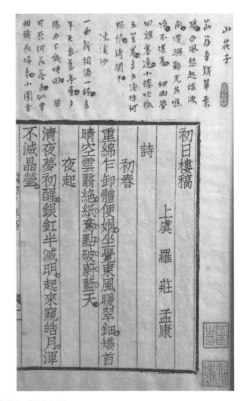

罗庄书于《初日楼稿》书眉之词

罗庄作为"近代造诣，几人能及"的词家，手书于名家词后的跋文，[①] 虽仅二三百言，却深切地道出了她学词之艰辛、填词之甘苦，非惟以所录之词"寻味而玩索"，且可为初学者"寻声""协律"觅"蹊径"，更激奋着后起词家"新声换旧腔"。用昔日王国维的话来说，就是要敢于"度越前人"。而所谓"抗衡""凌驾"，不正是我们今天所追求的诗词文学"高峰"么？是故，罗庄的六十一首名家词录及其跋文，在我看来，足为今世攻读词学之人的基本教材之一。

还应一提的是，罗庄跋文落款署"乙丑五月十一日"（1925年7月1日），适与本节开头所述她偕同父亲遯园公，于"乙丑六月"赴津为伯父祝寿的时间相对应。返沪一年之后，遯园公以"闺帏弄墨，选之不必过苛"，许其选编《初日楼续稿》，并由静、慧二妹协同校字，于丁卯季夏，即1927年7月，取《初日楼稿》合刊为《初日楼正续稿》二卷。罗振玉为之手书书名，署"贞松老人"。守巽老人在将此稿本赠予笔者时曾说本拟请王国维作序，孰料王氏遽然而逝，她不由喟然长叹："是姊无幸运也！"

---

① 罗庄手录六十一首名家词跋，刊于《初日楼遗稿》，改题《为季妹录古词于〈初日楼稿〉书眉并记一则》，文字亦有所删改，特此注明。

王国维长子之死

事实上，罗振玉六十寿庆一亇之后，他与王国维"交垂三十年"的友情破裂，或者说从 1926 年秋冬以后，两亲家就中断了往来。罗庄的诗词，又何能请观堂作序呢！

事发于王国维长子王潜明之死。借用福颐老人的话：由"丧明之痛"，导致了罗、王交恶。

就王国维这方面来说，他当然关爱迎娶了自己挚友掌上明珠的儿子婚后生活以及儿子、儿媳未来的幸福，所以他在致罗氏亲家的信中有道：

> 小儿考取海关后，今日往接洽一切，但须再验身体，并觅两家铺保……此儿心地非不灵敏，而执一亦甚，惟于事务尚能努力，此次于学潮虽不甚与闻，然近与其同学办一义务小学，事务皆由其处理，为此无益之事，甚属可笑。此次得一职业，便身有所归来，甚为幸事。但愿此后循分而进，即其一生幸福，较我辈为多矣。①

---

① 王国维：《致罗振玉》，《罗振玉王国维往来书信》，第 476 页，东方出版社 2000 年版。

这里有必要补述一笔，就是王国维丙辰（1916 年）年初归国，潜明即考入育才公学。翌年（1917 年）春节刚过，改考青年会学校，因数学程度不足，拟考四年级而列取三年级，故仍入育才公学，并且"超升二级，明年（1918 年）夏间即可卒业此校"。① 所以，王东明曾就当年的"学潮"追忆说：

> 英国籍老师听说是姓王的学生领导的，正好二哥是学生会副会长，兄弟三人都被开除了。自此大哥考入海关，二哥考邮政，三哥考入铁路，但三哥年纪太小，被父亲逼令入沪江大学附中继续正规教育。②

实则，二哥高明（仲闻）、三哥贞明在学潮中被育才公学开除而分别考邮政、铁路，皆属实。大哥潜明则"不甚与闻"学潮，故不在被开除之列；并且他的报考海关，"已由学堂介绍"，而在此之前，"其香港大学高等考试已通过"。③ 也就是说，王潜明在与罗孝纯结婚的 1919 年夏，他早已肄业于育才公学，并考取了香港大学。结婚意味着成家立业，他主动放弃了赴港读书，改考外语要求极高、录取率极低的为一般学子望而却步的海关，并且在初试、复试中均获顺利通过。足见他在校成绩是较好的，也可证王国维在信中所说的"此儿心地非不灵敏""于事务尚能努力"等赞语，并非漫自夸口。

不过就王潜明自己而言，他岂仅"心地非不灵敏"，绝非只图混碗饭吃的碌碌之辈。王国维颇以他操办"义务小学"为"可笑"，但我们未尝不可认为他在努力"事务"的同时，兼有热心公益的济世之心。据近年资料披露，正是在就读育才公学期间，王潜明、王高明两兄弟与同学数人，创设了"嘤鸣诗社"，并结集有《嘤鸣社诗稿》。④ 卷首有一篇序，落款"己未（1919 年）孟秋，王鸿业伯山氏自序"。王潜明字伯深，盖"伯山"与"伯深"，以"山"易"深"，吴语读音相近。在"每一两周作诗一次，评定甲乙"的诗社集会中（王庆山追忆），王潜明别号"挹翠山人"，王高明（仲闻）别号"沧海散人"。而在诗社"凡十人"的"同人"别号中，有"山"字者，唯王潜明一人耳。由

---

①③　王国维：《致罗振玉》，《罗振玉王国维往来书信》，第 234、470 页，东方出版社 2000 年版。

②　《国学大师王国维之长女王东明女士百岁自述》之《父兄见背》，据王亮寄赠打印稿。

④　王庆山口述、张晓阳文：《我的父亲王仲闻》，《名人传记》2013 年第 12 期。

《嘤鸣社诗稿》卷首序①

是，参比罗继祖晚岁回忆，尤可得其证：

> 我与潜明姑丈自幼相习，后在津寓同居数岁，偶以史事相质，话言在忆。知其虽服务海关，然平日游心文史，与侪辈讲习，有笔名二，曰挹翠，曰在山。②

这里所说"侪辈讲习"，指王潜明序称"同人其勉力为之哉"的诗社，而其诗作所署之"挹翠山人"或"伯山"，实皆由"在山"化出。直至王潜明去世，王国维说到其"遗款"储存可用"王在记"，不正是化用了其"在山"之号么？

然则，此序殆出王潜明之手，而从"伯山"之"伯"知其排行第一，此仅

---

①　该序稿末有"咸丰元年岁次己未冬月"字样，查《中国历史年表》，咸丰元年（1851 年）岁在辛亥。此处应是笔误。

②　罗继祖：《"文革"后的海宁王氏后人》，《文汇读书周报》2000 年 10 月 7 日。

年龄居长。当此之时，王潜明应该是诗社诸子中唯一通过香港大学高等考试的学长。所以，由他来领头为结社三年（1916—1919）、汇为十二卷的《嘤鸣社诗稿》作序，当系"同人"公举。若再看其序文，虽率性而作，却很认真；虽不卖弄才学，但颇见"游心文史"之功底。饶有兴味的是，"岁次己未（1919年）"，王潜明所写《元旦怀人》诗，落笔就是君楚：

> 春风一别又经年，怅惘海东别绪牵。
> 想得维摩新愈后，有儿倚膝总欣然。

> 小园积雪冷难堪，苦忆当年彻夜谈。
> 好是归来三月里，杏花春雨话江南。

是时，罗福苌（君楚）尚在日本养病，而王潜明就要迎娶他的胞妹（孝纯），故笔底"别绪"一词尤为牵人。"春风一别"，说的是王潜明随父丙辰归国，依依惜别。"小园积雪"，乃言辛亥东渡，在罗氏新建之永慕园度岁，"风雪山城特地寒"（王国维《壬子除夕》），罗、王二位长者浅斟低吟、赋诗唱和；而年少的他俩则不顾"雪冷难堪"，作"彻夜谈"，相处多么投缘！看来，知子莫若父。观堂之言潜明"执一亦甚"，雪堂之责福苌"赋性乖谬"，责言之中盖皆有着彼此对两位爱子"迥出寻常"的个性与聪明之喜与忧！

到了上述序文款署"己未孟秋"，王潜明尚在"燕尔新婚"之欢乐中，我们试观他与曼华的那帧合影，小两口的甜情蜜意，真是难以言表。在他的己未诗作中，有一首《秋闺》：

> 悲秋无奈掩重门，云鬓欹斜见泪痕。
> 更有无情深夜雨，一珠一滴一销魂。

真是"花发须教急雨催"。以"雨"传情，亦诗家惯用语；而《西厢记》极欢之"露滴牡丹开"，更尽蕴于结句"销魂"之三"一"矣。

然而，夫妻恩爱岂在朝朝暮暮，王潜明于1919年10月初在上海考入海关，11月底即调至天津，称"调口"。他于十月初六日（1919年11月27日）抵津书报平安，王国维复信嘱云：

> 今为阳历月初（12 月 1 日），想已至关办事，午饭想关中亦有厨
> 役可包，不烦外购食也。①

王潜明、罗孝纯伉俪

罗振玉闻"伯深至津海关甚慰"，并致信亲家，谓"即可主弟家，公可放心也"。11 月27 日傍晚爱婿"特别快车来也"，②罗氏更是欣喜万分，当晚即书告亲家"伯深住此甚便"。③京津既为"胡天"，当然要比江南更冷，这令在沪的曼华十分牵挂，罗振玉乃致信亲家："小女书来，乞告以平安……伯深皮袍已买料做好，告渠知之。"④王国维则特为天寒穿衣，致信潜明责之："闻汝在津皮袍内只穿夹袄，即棉袄亦木上身。罗宅劝汝加衣，汝皆不听，不独人家好意不可孤负，即此天气在三十度以下（华氏度），岂竟不知冷暖耶。望速穿，不可违拗。"⑤

罗宅对他如此关爱，他却由"连朝风雪冷难堪"而"不胜惆怅忆江南"。尤其是首次在津度岁，他情不自禁地写了《除夕杂感》：

> 爆竹声中岁又除，天涯羁旅兴何如？
> 男儿不作飞腾志，辜负胸中万卷书。
>
> ——之一
>
> 别后思量倍可怜，梦回酒醒觉惨然。
> 如何万户团圆夜，卿住江南我住燕。

①⑤　王国维：《致王潜明》，《王国维书信日记》，第 500、502 页，浙江教育出版社 2015 年版。
②③④　罗振玉：《致王国维》，《罗振玉王国维往来书信》，第 481、482、483 页，东方出版社 2000 年版。

——之四

去年今夕苦吟诗，自笑吟诗枉费辞。

今夕如何蹈覆辙，苦吟又到漏残时。

——之七

其实，王潜明自哂"去年今夕"所吟之"从戎去""十万兵"（1918 年《除夕》），今夕苦吟之"飞腾志""万卷书"，不正是老杜所诵"同学少年都不赖"的那种少年意气（但绝非"遗少气"）么？而在万户团圆的除夕夜，王潜明所发"卿住江南我住燕"之"思量"，则颇可证小两口婚后恩义之笃。如果要讲王潜明的"嘤鸣"之作有啥可读之处，应是有真意，不做作（尤不故作斯文），真实的心态、真实的思绪尽现于笔底。这是其诗虽非"跳出"，却自有其本真的价值之所在。

不过，王潜明也不必"惨然"。庚申（1920 年）新年刚过，他就接到了父亲的来信，告知媳妇（孝纯）将于二月间"归宁"，并嘱"至津后自住汝岳处，若欲稍久留津，则别居自不相宜"。[①] 二月初八日（1920 年 3 月 27 日），"媳妇与三少奶奶（君楚妻汪氏）同坐新铭船赴津"。[②] 小两口住在罗宅，翌年冬（1921 年 11 月），喜得千金令嘉，王国维在上海为长孙女弥月分送红蛋，其乐何如！

眼看在海关工作已逾三年，王潜明决意迁出罗宅，"独支门户"，乃于壬辰（1922 年）秋冬间携妻女在天津"特别二区"租屋另住。直到数年之后的 1925 年夏初，调至上海海关。[③] 这时，王国维已经就任清华研究院导师。他在致潜明、高明的书信中说："大媳妇云，七月中与汝母同至上海。"并嘱在沪租屋，"最好同在一里，照应较便也"。[④] 不久，王潜明在罗振常所居的大通路租了寓所，大媳妇罗孝纯亦自津至沪，一家人团聚了。

然而，这竟成了小两口恩爱的最后日子。

1926 年 9 月 26 日，王潜明在他的大通路寓所溘然长逝，年仅二十七岁。

---

①② 王国维：《致王潜明》，《王国维书信日记》，第 505、506 页，浙江教育出版社 2015 年版。

③ 据王国维乙丑四月十三日（1925 年 5 月 5 日）《致王潜明》信云："汝十八九赴沪。"推知其调至上海海关的时间当在四月下旬。

④ 王国维：《致王潜明王高明》，《王国维书信日记》，第 557 页，浙江教育出版社 2015 年版。

罗女之"大归"与不幸

王潜明由津返沪一年后病故，实在颇足以令人联想到五年前罗福苌在沪"自动"赴津，不足三个月而殇。他俩病情完全不同，死因亦各自有异。罗福苌"卅余月沉疴痛楚"，病起日本京都，病情时好时坏，历经三年半之久（1918年夏秋至1921年11月），直到临终前犹"不知其为何病"，实乃"精神上事医生不能知，亦不能治也"。① 照现在的话，就是婚外恋的心病。故他的"伤心归冥漠"，无异于四十余月痛楚之解脱。而王潜明之病，自夏至秋，不足三个月。他与结婚已逾八年的罗孝纯，非惟"其间恩义未尝不笃"，从前述诗中"销魂"之爱、思"卿"之情，盖可知小两口在一起的浓情蜜意。他何忍撒手尘寰，舍爱妻！

然而，更留下了惨痛之忆的是王潜明与罗福苌，这郎舅俩的卒年，王潜明二十七岁，罗福苌二十五岁，是如此相近。潜明之病，"中西二医并有误"，由"肠病不可食干"转而"断食旬余"而卒；福苌则"误服洗疮药"，由"甚危险"至"生机绝矣"，亦仅二十余日。如果医疗、护理得当，何至于"归冥"？借用一位前贤的挽语："圣若仲尼无解于鲤，贤如颜子反不如跖。"② 这恰如王国维所感喟的"运数如此，无可说也"。③

当然，死者长已矣。人死不能复生，重要的是生者，这就是王国维所说的"哀死宁生"。罗福苌噩耗传来，他"知君楚之变，甚为惊悼"，顿即给王潜明写信，嘱其转交，"实无法可以慰藉之也"。④ 五年之后，变故突降王国维自己头上，他又有何言"可以慰藉之"呢？而且两位逝者皆厄于英年，留下了更年少的遗孀，该怎么办？罗福苌病卒，未及百日，其妻汪氏亦亡，年二十五（实龄二十四岁），且无子嗣（生一女，数日而夭）；而王潜明遗孀罗孝纯，亦仅二

---

① ③　王国维：《致王潜明》，《王国维书信日记》，第526、617页，浙江教育出版社2015年版。

②　《海宁费景韩先生挽雪弟联》，转引自罗守巽《杂抄》。

④　王国维：《致王潜明》，《王国维书信日记》，第530页，浙江教育出版社2015年版。

十四岁（实龄二十三岁），所生二女：令嘉、令臧，于上年相继夭亡。罗、王两位"未亡人"遭际竟如此相近！曾为罗福苌割肉疗病的汪氏，经罗氏奔忙，为之"请"得了逊帝所赏"至情奇行"的四字之褒；王国维在为罗福苌作传的同时，应罗振玉之请，还专撰了《罗君楚妻汪孺人墓碣铭》，以寄哀思。而今，死者是王国维最爱的长子，年少守寡者乃是罗振玉至"孝"且"纯"的掌上明珠，两亲家之间，如何相慰？非常不幸的是，在观堂"呆郁郁"，逢相识即告以长子死矣的悲痛中，罗氏乃自津抵沪，悄然携女"大归"了！[①] 王国维则在办完儿子潜明的丧事后，"执手惊呼惨别颜"，[②] 他告别在沪亲友，返京后即致信罗振玉：

> 维以不德，天降鞠凶，遂有上月之变。于维为家子，于公为爱婿。哀死宁生，父母之心彼此所同。不图中间乃生误会，然此误会久之自释。故维初十日（九月初十日，即 1926 年 10 月 16 日）晚过津，亦遂不复相诣，留为异日相见之地，言之惘惘。（以下有关王潜明遗款共三千元，请罗振玉"为之全权处理"，从略。）

数日之后，由于罗孝纯"于其遗款如此拒绝"，王国维乃不得已再致信罗振玉：

> 若云退让，则正让所不当让。以当受者而不受，又何以处不当受者？是蔑视他人人格也。蔑视他人人格，于自己人格亦复有损。总之，此事于情理皆说不过去，求公再以大义谕之。

我在 20 世纪 80 年代初，通过守巽老人得读以上书札，及罗福颐撰于 1953 年的遗稿《记观堂先生手札二通》。[③] 记中说，由此二书札，"知时观堂丈新遭丧明之痛，因让其遗产而有所争执"，"当争执之初，两方均不示弱"。但若设

---

① 罗守巽：《我所知的王观堂及其一家》，据手稿。
② 张尔田：《挽诗》，《王忠悫公哀挽录》，天津罗氏贻安堂 1927 年刊本。
③ 以上二札及罗福颐《记观堂先生手札二通》，初刊《文教资料》1982 年第一期；观堂二札，今载《罗振玉王国维往来书信》，第 659、660 页，东方出版社 2000 年版。

身处地反观此时二老情绪，导致"金石之交几绝"，还在罗振玉对王国维人格之说的反击，可谓到了急不择言的地步：

> 弟公交垂三十年，方公在沪上，混豫章于凡材之中，弟独重公才秀，亦曾有一日披荆去棘之劳。此卅年中，大半所至必偕，论学无间，而根本实有不同之点。圣人之道，贵乎中庸，然在圣人已叹为不可能，故非偏于彼，即偏于此。弟为人偏于博爱，近墨，公偏于自爱，近杨。此不能讳者也。①

就这样，罗振玉自诩"博爱"，贬王"近杨"，并且在自矜对王有识拔之功的同时，事实上将共创了罗、王二家之学辉煌业绩的学术情谊一笔勾销。

当然，对于王国维致罗氏书信中所说"不图中间乃生误会"，我们不必妄加猜议，但有一点是很清楚的，就是事关罗女孝纯。罗振玉在上述致王国维的书信中强调女儿"卒遭大故""异常伤心"，犹"能体亲心"，而要"嘉其知义守信"。其实，作为"舅姑"（即公婆）的王国维夫妇，又何尝不爱这位大媳妇？罗孝纯嫁入王门，罗振玉在致王氏书信中曾说："荷公及嫂夫人挚爱，以弱女畜之。"换用江南乡语，就是把媳妇当女儿一样"宝贝"。举例来说，王潜明调天津海关后，罗孝纯亦自沪赴津，王国维即书告潜明，继母潘夫人给罗宅及媳妇寄带了小食品：

> 汝母言，此次寄刘处（罗氏长婿刘季英）带津之物，有甘蔗一节、麻糕廿小包、酢菜一包、饼干两罐送罗宅，义文明饼廿四个、瓜子两罐与汝妇，想已收到。②

此札款署三月二十三日（1920 年 5 月 11 日）。五月十八日（7 月 3 日）书信中又提到寄带夏令用品：

---

① 罗振玉：《致王国维》，《罗振玉王国维往来书信》，第 662 页，东方出版社 2000 年版。
② 王国维：《致王潜明》，《王国维书信日记》，第 508 页，浙江教育出版社 2015 年版。

> 孙二（罗宅男仆）不日返津，带有麻纱一段、肥皂廿块，系汝母
> 赠罗宅；又洋纱一段、花露水两瓶给媳妇，想不误也。[①]

然而，"福兮祸所伏"。做了王家长媳的罗女，既密切了罗、王两家的关系，又导致了两位亲家交恶。按照王东明老人回忆，大哥王潜明病逝，本已给父亲很深的打击，罗振玉自津至沪帮助料理丧事，原有助于二位老人相互沟通，哪知他"不声不响偷偷把大嫂带回娘家"。所以，说到"大哥的爱侣"、命运坎坷的大嫂的遭际，老人如是写道：

> 大哥过世时，大嫂才二十四岁，可以说心智尚未十分成熟，在顿
> 失依靠的时候，既无儿女可守，那么最可信赖的，当然是父母。像大
> 嫂这样遭逢不幸者，多数人都会选择返回父母跟前之一途。

这是一位历经百年沧桑的长者，深知"顿失依靠"的女性在过去年代之不幸而发的同情与理解。接着，说到"大嫂当初是否本有归宁之意，或因误会而临时动意随父而去"，他写道：

> 大嫂又是罗氏的掌上明珠，以两家关系之深、情谊之厚，先父母
> 绝对不会不尊重大嫂的意见。

所以，王东明老人指出："所谓大归，只是罗家的说法，我们王家并无此说，兄弟姊妹仍视孝纯为我们的大嫂，是家中的一员。"[②] 对此，笔者曾与王庆山先生有过数次随谈。王庆山乃观堂二子、著名词学家王仲闻（高明）幼子，聆听他追叙这位大伯母往事，可以说完全排除了前辈的嫌隙、误会。他笑言，大伯母很喜欢我，自己生活都维持不了，却提出要把我过继给她，我父母怎好同意呢！

但更严重的，还是生活问题。王庆山说，20世纪50年代初，父亲（王仲

---

① 王国维：《致王潜明》，《王国维书信日记》，第511页，浙江教育出版社2015年版。
② 王东明：《王国维家事》，第55页，安徽人民出版社2013年版。

闻）是邮电部秘书处副处长，且系"保留工资"，收入是比较高的。每月都要给我大伯母生活费，先是发薪后由大伯母雇乘黄包车到我家来自取（由我母亲出面交钱）。后来父亲说，这样每次往返的车费太多了。所以，在我上初中后，就改由我骑自行车送钱上门。为防止途中把钱弄丢了，母亲还将钱装在我内衣口袋里，用线缝上，到了伯母那里再拆线取钱。记得1955年，现行的人民币颁行，我父亲处级工资每月一百多元，发薪后都要取出十元，由我骑了自行车送到伯母手里。那时，十元一月，足以维持个人中等水平的生活了！尤令王庆山铭记不忘的是，在他骑车去大伯母住处送钱时，母亲必定要叮嘱：到了那里，千万别坐在你伯母床上。为啥？王庆山笑着说，大伯母是罗氏掌上明珠、罗家大小姐，自幼爱干净，有洁癖呀！那时，我家住城西，大伯母住在景山东街的四合院厢房内（记得是罗福葆家），一个狭长的小房间，就摆着张床，也没啥椅子、板凳（当然更无沙发）可坐，所以，每次钱送到，也就不多逗留了。不幸的是，1957年父亲被打成"右派"，被开除公职砸了"铁饭碗"。王庆山不由长叹了口气，自此之后，就改由我上海的六叔王登明接手给我大伯母寄送生活费了……①

岁月沧桑，这就是罗、王二位亲家及其子孙的亲情与友情，难道还有什么比这更值得珍惜的吗？

"遗折"与遗著

罗、王二亲家中断往来有半年多了，1927年端午节前夕（6月3日），天津嘉乐里罗宅接报：王家老爷在京去世了，是投湖，是轻生……

当天，罗家由长子福成（君美）赶赴北京清华园王寓。罗振玉则在天津为亲家后事奔忙。从当时正在给溥仪"进讲"的郑孝胥日记中，我们可以看到如是记载：

---

① 《王庆山随谈记》，摘自陈鸿祥《八十日记》，2017年4月3日补记。

王国维

（1927年6月5日）诣行在，罗振玉来，为王国维递遗折，奉旨：予谥忠悫，赏银二千元，派溥忻致祭。见王静安遗嘱。清华学校诸生罢课一日。[①]

罗振玉递呈的王国维"遗折"文字如下：

臣王国维跪奏，为报国有心，回天无力，敬陈将死之言，仰祈圣鉴事：窃臣猥以凡劣，遇蒙圣恩。经甲子奇变，不能建一谋、画一策，以纾皇上之忧危，虚生至今，可耻可丑。迩者赤化将成，神州荒翳。当苍生倒悬之日，正拨乱反正之机。而自揣才力庸愚，断不能有所匡佐；而二十年来，士气消沉，历更事变，竟无一死节之人，臣所深痛，一洒此耻，此则臣之所能，谨于本日自湛清池。伏愿我皇上日思辛亥、丁巳、甲子之耻，潜心圣学，力戒宴安……请奋乾断，去危即安。并愿行在诸臣，以宋明南渡为殷鉴。破彼此之见，弃小嫌而尊大义，一德同心，以拱宸极，则臣虽死之日，犹生之年。迫切上陈，伏乞圣鉴。谨奏。宣统十九年五月初三日。[②]

溥仪接此"遗折"，"览奉陨涕"，当即发了一道谥王国维"忠悫"的"上谕"，其文如下：

谕南书房行走、五品衔王国维：学问博通，躬行廉谨，由诸生经朕特加擢拔，供职南斋。因值播迁，留京讲学，尚不时来津召对，依恋出于至诚。遽览遗章，竟自沉渊而逝，孤忠耿耿，深恻朕怀。著加恩予谥忠悫，派贝子溥忻即日前往奠醊，赏给陀罗经被，并赏银贰千

---

① 《郑孝胥日记》（四），第2146—2147页，中华书局1993年版。

② 录自秦经国《逊清皇室轶事》。按，此据1985年《紫禁城丛书》本，参校同书2014年《密闻》本，文字有所勘正，特此说明。

圆治丧，由留京办事处发给，以示朕悯惜贞臣之至意。钦此。①

　　溥仪回忆说，当时，罗振玉给张园（即"行在"）送来了密封的所谓王国维的"遗折"。但是，这个呈现了"孤忠耿耿"的遗折却是假的，编造者正是要和死者"九泉相见"的罗振玉。溥仪说，这个假造遗折的秘密，是郑孝胥通过花钱收买罗宅仆役探知的。他也是直到罗振玉死后才知道底细，后来还看到了"遗折"原件，"字写得很工整"，显然不是王国维的手笔！②

　　当然，以上只是溥仪的一面之词。那么，被指为造假者的罗振玉，他认这笔账吗？

　　五月二十日（6月19日）下午二时，罗振玉广邀名流学者，在天津日租界的日本公园为王国维设灵公祭，借以彰显"忠悫"之"完大节"及其"振古未有"的"恩遇之隆"。他当众致祭，有言曰：

> 公既死，有遗嘱，有封奏。遗嘱腾于万口，封奏予固不得见，然公之心事，予固可忆，逆而知之也。

　　这篇祭文，题《祭王忠悫公文》，曾刊载于当时的报纸。两年之后，他自编文集，以上一段文字改为：

> 公死有遗嘱，有封奏。遗嘱腾于万口，封奏他人不得见。然公之心，予可逆知之也。③

　　所谓"封奏"，亦即上述溥仪回忆中所说的"密封的遗折"。盖其关键，端在"密封"二字，表示唯"皇上"能拆阅，就连递呈者罗振玉亦不知其所"奏"内容。所以，他要在致祭时说"予固不得见"，断然否定了造假嫌疑。编入文集，则改为"他人不得见"，看来是进行了一番字斟句酌。盖"他人"者，除"予"之外的其他人，其口吻似有了松动，可谓煞费苦心。

① 录自《王忠悫公哀挽录》，罗氏天津贻安堂 1927 年刊本。
② 溥仪：《我的前半生》（全本），第 146 页。
③ 《祭王忠悫公文》，《丁戊稿》，《罗振玉学术论著集》第十集（上）。按，原祭文载《哀挽录》。

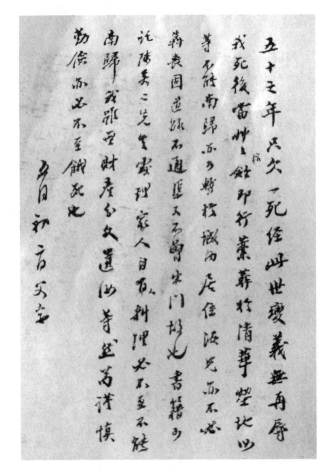

王国维临终遗书（1927 年 6 月 1 日书于清华园寓所）

　　长话短说。罗振玉至死未认溥仪所说的造假。直到 20 世纪 80 年代初，他的长孙罗继祖为之撰年谱，才对溥仪的"揭底"公开做出回应："静安无遗折，殆不欲为身后乞恩计，乡人乃为代作，窃比古人尸谏，冀幸一悟。"① 为帮助今天的读者了解王国维自沉的真相，谨再将罗振玉所谓"腾于万口"的王氏遗书移录如下：

　　　　五十之年，只欠一死。经此世变，义无再辱。我死后，当草草棺

------

① 罗继祖：《永丰乡人行年录（罗振玉年谱）》，第 98 页，江苏人民出版社 1980 年版。

敛，即行藁葬于清华茔地。汝等不能南归，亦可暂于城内居住。汝兄亦不必奔丧，因道路不通，渠又不曾出门故也。书籍可托陈、吴二先生处理。家人自有人料理，必不至不能南归。我虽无财产分文遗汝等，然苟谨慎勤俭，亦必不至饿死也。

五月初二日，父字。

顺便提一笔，此遗嘱款署"五月初二日"，即投湖前一天，而罗氏所递之"遗折"，却署"五月初三日"，即投湖当天。按照溥仪所说，"一个要自杀的人能找到代缮绝命书的人"，会有"这样的怪事"吗？其实，稍有常识的人，看了王国维投湖时间的报道，怎会相信他能于初三日当天写遗折，还交到业已断交且在天津的罗振玉之手？所谓"不欲为身后乞恩计"，乃是罗氏在祭文中声称的"甲子以来三死而未死"的自我表白：

> 两年以来，世事益亟，中怀纡结益甚，乃清理未了各事，拟将中怀所欲言者尽言而死，乃公竟先我死矣。公死，恩遇之隆，振古未有。予若继公而死，悠悠之口，或且谓予希冀恩泽。自是以后，但有谢绝人事，饰巾待尽而已……

所谓"两年以来"，殆指1926年开始的国民革命军誓师北伐，到王国维投湖之时，北伐军会师郑州，挺进黄河以北。罗振玉这种以"复辟"声名远扬的遗老对此惶恐不已，萌发"尽言而死"之心并不足为怪，也不能说是虚伪。问题是，"公竟先我死矣"，我这"待尽"者就可以代作遗折吗？对此，罗继祖这样陈述事情原委，我转录如下：

> 王国维身后向溥仪递遗折，非其自撰。此事久挂人口，首先提出乃溥仪之《我的前半生》……观堂自沉之年，予已十四岁，早知记事。此折实雪堂公代撰，盖公逆知观堂心事，故下笔适如观堂所欲言。写折人，据予今日回忆，有两人，一为君羽叔，一为关弼良师

（同寅），似所用为羽叔者，以羽叔书近似观堂，但犹未能混过溥仪
之眼。①

坦然承认"遗折"乃雪堂公代撰，我是赞赏的。"君羽叔"即罗氏四子罗
福葆（字君羽）。由此，落实了溥仪所疑"字写得那么工整"的"代缮"之人。
所谓观堂自沉，雪堂大悔，此乃实情。罗振玉陷入了他自述的"我负静安，静
安不负我"②的沉重自责之中。所以，我们不惟要历史地看待他代递"遗折"，
还应设身处地想他何故要代撰"遗折"。愚见以为，罗振玉是要以王国维之死
为契机，重新面对有着三十年"金石之交"的挚友和亲家；但如果再将罗为王
代作"遗折"窃比古人尸谏，进而论定"王先生之死是殉清，是尸谏"，③那就
难以令人赞同，也无从获得学界的认可了。

至于王国维遗书中提到的"经此世变，义无再辱"之"辱"，学界众说不
一。王东明老人讲到大哥病逝，给父亲很大的打击，罗氏携女"大归"，父亲
怒道："难道我连媳妇都养不起？"特别是罗氏将汇去罗家的大哥抚恤金及其生
病时大嫂变卖首饰的钱全部退回，致使父亲气得从书房里抱出往年罗氏信件，
大把大把地点火烧毁。④所以，王庆山先生同我随谈时，讲到祖父王国维遗嘱
中的"义无再辱"，他说，父亲王仲闻认为这个"辱"，实乃与罗振玉不告而
别，带女回家，接着又"往复"写信，退回王潜明恤金，如此完全不顾亲情、
友情的举动相关。当然，罗振玉在事后自感对亲家之死负有责任，故有所追
悔。所以，王仲闻生前又告诫子女说，雪堂表示了"我负静安，静安不负我"，
事情已很清楚，历史已经过去。⑤

再看罗振玉当年对王国维丧事的办理，可谓尽心尽责。吴宓 1927 年 6 月 6
日日记中说：

> 四时，罗振玉先生来。在西院十八号王静安先生宅中，邀宓及陈

---

①　罗继祖主编，王同策、王庆祥助编：《王国维之死》，第 338 页，广东教育出版社 1999 年版。

②　龙峨精灵（刘蕙孙化名）：《观堂别传》，《人间世》第三十九期，1935 年 11 月 5 日。

③　罗继祖：《〈观堂书札〉再跋》，《王国维之死》，第 307 页，广东教育出版社 1999 年版。

④　王东明：《王国维家事》，第 40 页，安徽人民出版社 2013 年版。

⑤　《王庆山随谈录》，陈鸿祥《八十日记》。

诰授奉政大夫赏食五品俸
赐进士出身义撰文赏食三品俸戴
赐进士出身□□□赏食二品俸

南书房行走　紫禁城骑马
南书房行走　赏穿带膆貂褂
南书房行走　赏穿带膆貂褂　金治□
南书房行走

特谥忠悫王公墓志铭
前江南江宁府知府翰林院编

有博学院侍讲宛平□□君字静安□天子曰□□并篆盖□□□丁卯五月三
年七月十七日己酉诸子道遂之命天子曰丹王公楷书益□把丙辰三月近年大□本□□其□贞□侧□□远祖义蒙为文以莫酸其幽□公讳□治□□公讳丁卯五月三
沈颐和园之昆明湖自□变航海居□本丙午入学部以能读图书馆编译□□词馆协备□□□□
自辛亥海宇变航海居日本丙午入学部以能读图书馆编译都□词馆协备博士太原□□诗□□学宣录□□□□
有浙江海宁州人先世有隐德父乃封宋公讳□清康元年□书名公讳远祖义为文以□□□□□□□□□□□
纳兰园兴地之长又居古文字专治经史□读图书馆编译奉□管冠□训博士太原溢□□伯文子渡遂安□□□
辛夷国兴地之长□上云长海居日本丙午入学专治经史大出本□□□□□□□□□□□□□□□□□□
勘金石与地之上云尚学当古文字释物羼流少出本□□其殷灵文字六字窗编学术考其说□□□□□□□□□
未有甲寅与沈云罗振植丛考释物羼物□□振以时玉考其殷灵文理董之□□□□□□□□□□□□□
诸作为□沈又曾古文字考古释物□□□时玉考其殷灵文字六字窗编学术考□□□□□□□□□□□□□
民作为编录撰著所以乃益富把丁丙辰□本□□□□□□□□□□□□□□□□□□□□□□□
制之源蒙藏文字楷录撰著所治天下□月用大轮中所见先王先公窗编对音考及繁列萝制度论□□□□□□□□
立制之源蒙藏文字楷每竟其治天下癸亥三月近年大轮中蒙古无料于先命在之变懐依恋公欲言□□□□□□
研究渊洲蒙藏文字楷每上留泉学清华学院募学士升学蒙古无史料先王先公窗编又欲□□依恋公欲再辱
品俸渊洲紫禁城骑马俞乞天津俞乞泉学清华学校研究院安危不可知当事甲子十月九日蒙□变懐依恋议无再辱
年春端□驾章天津俞乞上留泉学清华学研究院安危不可知当事者尔行朝蒙之变懐□□依必死之
每欲看存陈请口呐苦不达比年战祸频仍时局安危不可知当事者尔行朝蒙之□台对懐依恋必死之□赏食
可欲默不忍愤激异常时密书遗属藏衣带中略言五十之年只欠一死经此世变义无再辱□□当尔知此世变义无再辱
其遗章邮罗氏津寓代为呈遍遂效此水之节距生于光绪三年十月二十九日年五十有一

日本早稻田大学藏王国维墓志拓片局部

寅恪往见。即同往，先由其义子顾君陪侍。次罗先生出见，须发俱白，似极精明而长于办事者。谈王静安先生身后事，约半时许，即归。寅恪邀至其宅中晚饭。罗振玉先生坐马车来回拜，略谈即去。①

从学术上来看，罗振玉除了帮助经纪丧事外，最重要的举措是编刊王国维遗著。他曾致信陈乃乾，说：

> 迩来与其门徒商量善后为其嗣续谋生计，则遗著刊行，亦可补助。故已议定，其遗著不论已刊、未刊或他人代刊者，一律将版权收归其家人。现已由小儿首先捐助印资，将流沙访古记及人间词、静庵三十以前诗为观堂外集，清真遗事、戏曲考原、古剧脚色考为外集二编，印成以后，即将印本归诸其家，售印度日。②

王国维身后的第一部全集《海宁王忠悫公遗书》，凡四集，四十三种，一百二十二卷，附外集四卷，就是经罗氏统一运筹的，具体是由王氏弟子赵万里在京整理遗稿，罗振玉之子福葆、福颐及昔日学生关伯益校理，罗办天津博爱工厂印制。1927 年秋至 1928 年春，以天津贻安堂名义分集刊行。我们且不说其如何"捐助印资"，就算有了出版经费，如果不是罗氏这样的学术大师暨出版大家亲躬其事，要将王国维这样学贯中西的大师遗著，在不到一年的时间内精印问世，那是难以做到的。

罗振玉曾用"交垂三十年，其学行卓然，为海内大师"③这样的三句话来总括他缘何编刊王国维遗著，应该说，这实在是罗氏寓居天津嘉乐里期间从事的最后，也是最重要的一项学术活动了。

---

① 《吴宓日记》第三册（1925—1927），第 350 页，三联书店 1998 年版。
②③ 罗振玉：《集蓼编》。

迁居旅顺

屈指算来，罗振玉从日本归来有十个年头了。他虽在为王国维致祭的祭文中宣称近年"衰病日加"，但哪会真的"谢绝人事""饰巾待尽"，他是"貌随年改"而不减"维纲常于一线"的"至仁大勇"，并且决意开启新的人生征程：闯关东！

当然，罗振玉不是啼饥号寒的灾民，也不是落魄归隐的书生，而是胸怀"补天"之图的大清之臣，他迁辽海、筑室旅顺有所期。

罗振玉的动迁之念起于何时？据罗继祖追忆，戊辰（1928 年）之秋，决计迁居；并称正当卖津宅、筑旅寓之际，九月初六日（1928 年 10 月 18 日）"溥仪忽降一道手谕，由溥杰传到"。"手谕"如下：

> 数月未暇见卿，深以为念。前闻卿赴旅顺，慨助谢米诺夫以巨款，忠义奋发，力图进取。谚云"言之匪艰，行之维艰"，卿实先行而后言者也。溯自甲子以降，卿苦心孤诣，备历艰辛，时值厄运，忠贞愈坚，毁家纾难，诚为仅见。自陵变发生，卿复报效巨金为众人倡，时规卿远者大者。朕受列祖列宗付托之重，遭兹奇变，若不立志恢复，解民倒悬，不惟为祖宗之不肖子孙，更何以对列圣忧勤惕厉勤

政爱民之至意，是直为天下罪人也。今刘承干、叶尔恺等慨捐多金，报效陵工，复上封奏一纸，言词恳至，忠贞炳然，读竟益增感愧。惟居津数载，荒学自逸，长此以往，不惟危机四伏，抑且内疚神明，尚得为人乎？今当矢志图强，冀雪大恨，事之成否，非所计也。惟来日方长，端赖良佐，是愿毋离左右，常资规益。即著仍留津供职，其报效诸员，均著先宣朕意嘉慰，俟后再行酬赏。近日忧郁过甚，肝气结胸，惭写数笺，聊表朕意，稍暇再为面谈。即著溥杰持谕传知。戊辰九月初六日。[1]

罗振玉在《集蓼编》中曾提到"戊辰（1928年）冬鬻津沽寓居，别卜地于旅顺"，"以孟冬再求退，上手谕数百言，慰留甚至"。所说"手谕数百言"，殆即指此。

不过，回观溥仪与罗振玉"君臣"间的那段往事，我们更关注的还是"谕"中重笔称道之二事。头一事是"慨助谢米诺夫巨款"，究竟此人"助"了多少？溥仪没有说，罗振玉也没有说。但既称"巨"，其数额当以万计，特别是将罗振玉"慨助"之事，提到"忠义奋发，力图进取""忠贞愈艰，毁家纾难"这样一个高度，可见在溥仪心目中事非等闲。被助的谢米诺夫乃是1945年8月8日苏联对日宣战，进军东北，在大连将其捕获处死的原沙俄的一个将军。此人于俄国十月革命胜利后率部逃往远东，被苏联红军击溃，遂以残部窜入中国满蒙边境一带，成为一股打家劫舍、为害极大的匪徒；而谢本人则自中国东北往来于京、津、沪，还招摇于东京及香港等地。罗振玉就是经升允、善耆的介绍，在天津结识了谢。谢则又经罗、升引荐，成了溥仪的"客卿"，对溥仪俯首称臣，夸口"反赤复国"，骗取了大量珠宝钱财；又因为谢吹嘘列强对他如何支持，迎合了在溥仪身边倡言"三共论"的郑孝胥，[2] 郑于是鼓动溥仪给予"召见"，将原先仅与罗氏有所交结的谢米诺夫这个"关系"抢到了他

---

[1] 录自罗继祖《涉世琐记》之《嘉乐谈往》，《海角濡樽集》，第193—194页，《长春文史资料》1993年第一辑。按，罗继祖谓此信系"王庆祥从溥仪档案里检到给我看，补写进《溥仪居津轶话》里（原刊《长春文史资料》，1988年第五辑）"。

[2] 所谓"三共"，即"大清亡于共和，共和将亡于共产，共产则必然亡于共管"。见溥仪《我的前半生》（全本），第178—179页。

的手里，并进而竭力将其与张宗昌撮合。谢则声称要在满蒙组织"万国反赤义勇团"，取东三省"迎銮登极"，并由张、谢订立了所谓的《中俄讨赤军事协定》。① 这就大大超出了罗振玉之预期。

再说溥仪"谕"中称道之第二事，"慨捐多金，报效陵工"，说的虽是刘承干、叶尔恺，实则也关联着罗振玉。这就是溥仪为之痛心疾首的"遭兹奇变"——1928 年 7 月上旬，孙殿英率部在河北省遵化县盗掘乾隆之裕陵、慈禧之东陵，制造了举国轰动的盗陵窃宝案。溥仪称此为"东陵事件"，并在天津张园"行在"设了灵堂，摆了乾隆、慈禧的灵位，每天举行祭奠，还手绘了《杀孙图》，发誓"不报此仇，便不是爱新觉罗的子孙"。② 与此同时，溥仪下"旨"筹议东陵善后办法，命溥侗、恒煦、铁良、袁大化、郑孝胥、袁励准、温肃、罗振玉、萧丙炎、万绳栻、商衍瀛等"各抒所见，分别具奏"。而各地遗老则竭力募集重修陵墓经费，谨以刘承干致罗振玉书札为证：

> 陵工报效各款，群策群力，仅得一万四千五百元，然以柏皋提学奔走之力居多，奈遗臣观望者半，畏葸者半，转瞬两月，无可蹉跎，只得就此结束。曾与柏老联名具折，渠已托令亲赍折至津，并专函达左右矣。兹由交通银行汇津银币一万四千五百元，即请詧收。随折附贡区区之数，明知无补涓埃，而忠爱之忱具是，于此亦可知东南之人心物力矣。③

刘氏此札款署"九月初二日"（1928 年 10 月 14 日），即前述溥仪"降"罗"于谕"之前四日。札中所尊之"柏老"，乃是曾出任云南提学使的叶尔恺（曾为陕西学政）。④ 由是可知，溥仪所赞的"多金"，实数为一万四千五百元。"奔

---

① 由张宗昌、谢米诺夫签订之《中俄讨赤军事协定》凡七条，参见秦国经《逊清皇室秘闻》，第 239—241 页，故宫出版社 2014 年版。

② 溥仪·《我的前半生》（全本），第 166 页。

③ 刘承干：《求恕斋函稿·戊辰年信稿》之《致罗振玉》四，上海图书馆历史文献研究所编《历史文献》第十九辑，第 239 页，上海古籍出版社 2015 年版。

④ 叶尔恺（1864—约 1936），字柏皋，浙江仁和人，光绪己丑（1889 年）进士，辛亥革命后寓居上海，以遗老自居。

走之力居多"的柏皋提学叶尔恺，在沪时与罗振玉胞弟罗振常过从甚密，① 刘、叶的"联名具折"就是交罗振常带至天津张园递呈的；而"奔走"所得"陵工款"，则由刘氏汇寄罗振玉收转。可见，所谓溥仪"忽降"一道"手谕"，看似突然，实乃事出有因。

溥仪对罗振玉既然如此"推心置腹"，引为"良佐"，要求他"仍留津供职"，"毋离左右"，而罗振玉却毅然选择于十月"鬻津屋"，其原因何在？按照罗继祖剖析其东迁的动机，除了借以摆脱京旗生计维持会，及由此会所致的种种事务的担子之外，出售天津嘉乐里住宅所得资金既可在旅顺筑新宅，余款更足以"偿债"。而其最大之"债"，据以上所述，我们可为之概而为二：一曰"慨助谢米诺夫之巨款"，二曰"山陵之变，进呈修复银两"（获"御赐""言泉文律"额）。溥仪给罗振玉的"手谕"中有"忠贞愈坚，毁家纾难"之赞，殆由此而来。

当然，导致如此"忠贞愈坚"的罗振玉不得不向溥仪面奏"在津无以报称，以后仍当勉竭驽骀"，愤然"求退"的根本原因，罗继祖说是"长期在津靠边站，既受闷气，又感觉乏味"。② 然而，谁人有如此能耐，让他"靠边站"？由于溥仪在天津"行在"偏听偏信，与郑孝胥、陈宝琛、胡嗣瑗结成了"小集团"。这个郑、陈、胡集团"将张园弄成死水一潭，外言不得入"。靠了边的罗振玉，"见主人一面都不容易"。③尤其在溥仪重新启用郑孝胥、引入胡嗣瑗后，郑、胡既"把罗弄得难于招架"，罗则"恶胡有过于郑"。④ 至于罗振玉缘何被排挤出局，且看时为溥仪"皇后"婉容师傅的陈曾寿之"在场"记述：

> 上（溥仪）在宫中及居日使馆时，最信任者唯罗。由日使馆走
> 津，从行者罗一人耳。及至津，因罗经办租张园事，觉其弊，始疑

---

① 罗守巽老人告余：早年负笈苏州，受学于塾师宣雨苍先生，盖因叶尔恺先生与雨苍师相识，旋经叶向先君邀园公（罗振常）推荐介绍。

②③ 罗继祖：《庭闻忆略：回忆祖父罗振玉的一生》，第102、88页，吉林文史出版社1987年版。胡嗣瑗（1869—1945），字晴初，贵州开州人，光绪癸卯（1903年）进士，翰林院编修，曾任天津北洋法政学堂总办。此人做过冯国璋的秘书长，又在张勋"复辟"时被封为"内阁中丞"。

④ 罗继祖：《庭闻忆略：回忆祖父罗振玉的一生》，第116页，吉林文史出版社1987年版。

之。郑与罗素不洽，胡乃连郑以倾罗。^①

原来，溥仪初到天津，曾委罗振玉"帮办留京善后事宜兼办天津临时交办事件"，成了名副其实的"不管部长"，足见信任之深。溥仪出资万元，租借"行在"驻地张园，乃交由罗振玉会同广东籍进士朱汝珍（聘三）共同经手办理。俗谓"一人为私，二人为公"，纵然有人向溥仪进谗言，实不难互证清白。^②罗振玉被溥仪"疑之"而疏远，显系郑、胡借端联手倒罗所致。特别是到了罗振玉自感"在津无以报称"的 1928 年，他一直引为靠山的升允已到了衰病日加、气息奄奄之时，罗振玉就在这样的排挤倾轧中离津出关迁旅顺。

讲论清代学术

请允许我借用文学写作的倒叙法，先述现被列为大连市文物保护单位的罗振玉旧居，其说明词曰："位于旅顺口区洞庭街一巷 1、3、12 号，由两栋二层欧式建筑的居住楼（按，主楼为三层）和附近大云书库组成，时称'罗公馆'。它是我国近代著名学者罗振玉晚年寓所和收藏研究的地方。"^③

这个至今犹不失其气派的寓舍，便是罗振玉当年"卜地旅顺，以卖宅之资"所建的新居。那时，旅顺是日本侵占的殖民地。罗宅筑于将军山上之扶桑町，倚山面海，远离市区，尘嚣不到；而滨海山上遍植樱花、松柏等，且有近代的居住、交通设施，可谓兼具城市、山林之美。^④罗振玉自述，"遂以岁暮携

---

① 陈曾寿、陈曾植（按，应为曾矩）：《局外局中人记》，《文史资料选辑》第十九辑，中国文史出版社 1989 年版。

② 张园主人张彪将该园临时抵押于粤商，故溥仪要请同为粤人的朱汝珍出面经办；租金万元，张彪与粤商各得一半，原甚清楚。所谓张只得五千元，朱诡言八千，故"要再催付三千之数"，"上知后大为不满"，罗"因此大受影响"云云，均出自一位遗老书信。《清末民初烟云录·逃将张彪》（四川人民出版社 1984 年版），转引于罗继祖《涉世琐记·嘉乐谈往》，《海角濡樽集》，第 191 页，《长春文史资料》1993 年第一辑。

③ 王星航主编：《大连文物要览》，第 93 页，大连出版社 2009 年版。

④ 陈邦直：《罗振玉传》之《将军山上之贞松堂》，《罗振玉传记汇编》，香港大东图书公司 1978 年版。按，以下所引该传，均出《罗振玉传记汇编》，不另注。

孥赴新居"，可知其迁居时间在戊辰年底，即 1929 年 1、2 月间。老人的侄女罗守巽，曾以"曩居旅顺将军山，层楼面海，入夜惊涛拍岸，极视听之娱"为题，赋诗曰："何必层楼依海岸，此心万丈有思潮。"① 这样的天然环境，对于年届六十四五岁的罗振玉来说，实在是个养身暨读书做学问的好去处。他那大批的书籍、文物怎么安放？罗家原是住惯了宽宅大院，迁居后顿感"寓居颇隘"。他曾另外租房放置藏书，但"阅览殊不便"。于是，就在居住楼后再赁地二亩，增建"书楼三楹，旁附二小室"，这就是现在所称的"俄式藏书楼"，而罗氏则仍沿用了寓居日本时的"大云书库"之名。

时值 1931 年春夏之交，罗振玉迁居旅顺之第三年，他称之为"辽居"。回顾迁居前在天津"靠边站"，他曾经觉得"人事益乖，衰迟增感，浩然复有乘桴之志"，亦即想再次东渡日本，而居辽之后，冬去春来，观景山巅，他不由欣然命笔，抒发其孜孜不倦、著书不辍之情怀：

> 辽东山海雄秀，暮春三月，草木华滋。此土人士，载酒看花，殆无虚日。而我生靡乐，寤寐永叹，山静日长，摊书自遣而已。②

罗振玉嗜读陆游诗，早年曾自号"陆庵"。至此复取前贤"老而学，如秉烛夜行"之意，戏效陆游"老学庵"而以"如见老学庵中灯火"自况其著述生涯。其重大的学术工程，如卷帙浩瀚的金文巨编《贞松堂集古遗文》与《三代吉金文存》（1936 年）均在此寓居中编成。而欲了解罗振玉居辽头三年的文化学术活动，我们不可不略叙他的两次讲学。

罗振玉之第一次讲学，在庚午（1930 年）夏。旅大中日文化协会邀讲东方考古学，他于考古外讲述有清一代学术，并辑成《本朝学术源流概略》，③ 凡五章，如下：

---

① 罗守巽：《丹枫精舍诗文稿》，1987 年自刊本。
② 罗振玉：《辽居稿·自序》，《罗振玉学术论著集》第十集（上）。
③ 据陈邦直《罗振玉传》之"讲授清代学术及论语"节，罗氏自序称："今年春，海东友人松崎君柔甫邀余讲学，请有之上公（疑指荣源）及顿庐学部（王季烈）为之介……以二君怂惠，乃勉应以讲《本朝学术源流概略》。"《罗振玉学术论著集》第十集（上）。按，罗氏所称"东友松崎"，即松崎鹤雄（1867—1949），字柔甫，时在满铁大连图书馆任司书，日本熊本县人，1908 年来华曾师从叶德辉、王闿运，从事收集中国古籍珍本的工作。

第一章　古今学术之变迁

约分六端：古人之所谓学，三代政教合一，儒教勃兴，周秦间诸子学说，两汉至隋唐间儒学兴废，宋元明之学术。

第二章　本朝学术之渊源

分述为：圣学圣制，开著作馆，搜缉遗书，校刊经籍，颁布群书，举行特科，奖励宿学，振兴书院，内府搜集古器。

第三章　本朝学术流派

一、经学，二、史学，三、子，四、集。

第四章　本朝学者之研究方法

约举六端：一曰徵经，二曰释词，三曰释例，四曰审音，五曰类考，六曰攗佚。

约为六目：一天文历象，二地理，三典制，四氏族姓名，五宫室舆服，六考工。

第五章　本朝学术之得失

得与失相半。所谓得者：一曰师承有自，二曰研究有法，三曰取材宏富。

所谓失者：一曰详训诂而略义例，二曰舍训诂而讲微言大义，三曰疑古信今。

讲论清代学术，在罗振玉《本朝学术源流概略》之前问世者，有梁启超《清代学术概论》（1920 年）与《中国近二百年学术史》（1929 年），[①] 之后问世者，则有钱穆《中国近三百年学术史》（1937 年）。而罗氏之欲撰的这样一部概略，还在梁公挥写其概论之前。1918 年 1 月，在罗振玉动念从日本归国前夕，曾为之致书王国维，称"此不朽之业，亦我辈不能辞之职分"，并概述其体例与宗旨，云：

近念本朝学术史，宜早日为之，不可或缓。此书体例与欧美学术

---

① 梁启超：《中国近三百年学术史》，上海民智书局 1929 年初版。

史不必相同。弟意本朝学术乃国家提倡之力居其什九，而乡里孤学独创于下者其什一。此书之作，宜以圣制及敕撰诸书首列之。因国朝历算、天文、乐律、各国语诸学，皆圣祖开之，而敕撰诸与《四库全书》之编辑，直合唐宋明三代所为而一之，为前代未有之盛。然词科之设，为国初学术兴起之根元。至于乾嘉学术之盛，则两朱、阮、毕诸人提倡之功。皖中学术，虽倡于二三布衣，然东原之入词馆，声价愈增，见闻益广，则仍不能不归功于上之提倡。故曰国家提倡之力什之九，成乎乡里孤学者什之一。想先生以为然也。此盖其大体。其间源流派别，亦自分明。使今日我辈不为之，异日恐将如日本之作我国文学史者，无一道着语矣。①

可以这样说，清代学术史既是专史又是断代史，在罗氏《本朝学术源流概略》第一章所述"中国学术越三千年之久"的递变中，居于继往开来的重要位置，故梁启超继概论清代学术之后，复以"中国近三百年学术"名其书，开宗明义，"是要说明清朝一代学术变迁之大势及其在文化上所贡献的分量和价值"。罗振玉特以"本朝"名其书，又是为什么？因为他是怀着强烈的"中兴"迷梦来讲论清入关近三百年以来的中国学术，他的上述"近念"之核心就是"本朝学术乃国家提倡之力"，清代学术之所以呈"前代未有之盛"，"不能不归功于上之提倡"。他将此理念贯注于《本朝学术源流概略》，在第二章《本朝学术之渊源》中，表列自清世祖顺治，以迄于德宗光绪，历朝皇帝御制钦定之"关学术者"分经、史、子、集四部，凡二百零四部，二万六千六百余卷；其最巨者，就是高宗乾隆朝所修《钦定四库全书》，此中外咸知，不必赘述。

然而，被当时学者自命为"朴学"的清代学术，即"清学"之成就与特色，端在考证学，而罗振玉自己就是一位考证学的大师，所以《本朝学术源流概略》第五章《本朝学术之得失》中论其"得"，就不能不以"师承有自"作为第一"得"，云：

本朝学术固由于国家倡导，而考其师承，则导源于顾处士炎武。

---

① 罗振玉：《致王国维》，《罗振玉王国维往来书信》，第335页，东方出版社2000年版。

这就十分清楚，清代学术之盛、考证学之开山，正是源自顾炎武，是由这样"二三布衣""独创于下"，而不是皇帝的"圣学圣制"。所以，罗氏这部书之于清代学术"在文化上所贡献的分量和价值"，主要体现在三、四两章依次论述之"学术流派"与"研究方法"。末章所论"三失"之三曰"疑古信今"，云：

> 自西学东渐，学术乃歧为二。其实近日欧洲新说，皆为中国古代过去之陈迹。……在中国早已扞格不行，久归淘汰，在欧则为斩新之学说。

可谓无独有偶，钱穆于其后数年问世的《中国近三百年学术史》之自序中，不无感慨地说：

> 今日者，清社虽屋，厉阶未去，言政则一以西国为准绳，不问其与我国情政俗相洽否也。扞格而难通，则激而主"全盘西化"，以尽变故常为快。①

一曰"扞格不行"，一曰"扞格难通"，罗氏发之于前，钱君论诸其后，罗、钱二公，可谓借学以言政之知音也。

讲授《论语》

紧接着，罗振玉应邀于金州文庙明伦堂讲授《论语》，自谓："月二集，讲

---

① 钱穆：《中国近三百年学术史》自序，商务印书馆 1997 年版。

《论语》大旨，三阅月，得讲义十一首。"[1] 也就是选讲了《论语》十一章。如果说第一次讲《论语》首章"学而"，那么其后每次所讲适为二章，辑成《金州讲习会论语讲义》，依次为：

一、"子曰：学而时习之"章

（按，此为《论语》首篇《学而》之首章。）

二、"有子曰：其为人也孝弟"章

（按，此为《学而》之二章。）

三、"子曰：父在，观其志"章

（按，此为《学而》之十一章。）

四、"子曰：不仁者不可以久处约"章

（按，此为《论语》第四篇《里仁》之二章。）

五、"子曰：述而不作"章

（按，此为《论语》第七篇《述而》之首章。）

六、"曾子曰："士不可以不弘毅"

（按，此为《论语》第八篇《泰伯》之七章。）

七、"子曰：后生可畏"章

（按，此为《论语》第九篇《子罕》之二十二章。）

八、"子曰：三军可夺帅也"

（按，此为《子罕》之二十五章。）

九、"子曰：知者不惑"章

（按，此为《子罕》之二十八章。）

十、"孔子曰：君子有三畏"章

（按，此为《论语》第十六篇《季氏》之八章。）

十一、"子曰：性相近也"章

（按，此为《论语》第十七篇《阳货》之二章起句。）

罗振玉而立之前，在淮安充塾师，人称"罗三先生"。他讲授《论语》可

---

[1]　罗振玉：《金州讲习会论语讲义》自序，《罗振玉学术论著集》第十一集。

谓驾轻就熟，并于《教育世界》创办之初，即刊出了他所撰的《论语讲义》。①
如果说他"演古今学术概略"时融入了他自己的"传古"志业，那么到了晚岁
重新开讲《论语》，其大旨就是要"绎修、齐、治、平"之理念于讲义中了。
经查对《论语》原书可知，他所标之"章"，盖取诸朱熹《四书章句集注》，讲
授则非尽依集注而自出机杼。在我看来，这是其讲义的学术价值之精华所在。
试以首章《学而》为例，《论语》原文：

> 子曰："学而时习之，不亦说乎？有朋自远方来，不亦乐乎？人
> 不知而不愠，不亦君子乎？"

罗振玉于讲义中开宗明义揭其大旨，曰："此章乃圣人示人以为学之准。"
强调"人之求学，所以修身行善，非仅博闻诵说已也"。并据以释"学而时习
之"词义，云：

> 时，是也。所学在是，所行即在是。习者，闻斯行之，盖未能安
> 行而勉行之，如人之学步然。习指行说，非指知说。曾子"三省"末
> 云："传不习乎？"亦谓吾人学之于师者，是否身体而力行之，与此章
> "学而时习之"义正合。盖古之学者为己，今之学者为人。为己者以
> 学淑身，为人者以学为禽犊也。君子儒、小人儒之分在此。果能"学
> 而时习"，则师不虚授，我不徒学，反求诸心，能不怡悦乎？

这里所说君子儒、小人儒之分，出自荀了《劝学》，原文为：

> 古人之学者为己，今人之学者为人。君子之学也以美其身，小人
> 之学也以为禽犊。

前人注"禽犊"为"馈献之物"，② 实即王国维早年借以喻诗词衰落的"羔

---

① 罗振玉：《〈论语〉讲义》一、二，刊于《教育世界》第六、七号，光绪辛丑六月下旬、七月上旬
（1901 年 8 月）。

② 《荀子·劝学篇》杨倞注，转引自王先谦《荀子集解》，《诸子集成》（二），中华书局 1954 年版。

雁之具"。^① 就是将"学"当成宠物一样，徒然玩弄而已。这样的小人之学，同"以学淑身"（即"美其身"）的君子之学，必然正相反对。如果我们再以罗氏所要求的"师不虚授，我不徒学"反观后世附庸风雅，以"国学"装潢门面者，难道不应当"三省"其与"入乎耳，著乎心"的君子之学反差不啻霄壤吗？

不惟如此。罗振玉进而由"同道为朋"释"有朋自远方来"，指出："独学无友，则孤陋寡闻"，学问之事，始于淑身，终于淑世，以友辅仁，声应气求，岂非至可乐之事？据我看，罗氏于此节倡导"己立立人，己达达人"，即不可只顾自己出人头地，光求个人飞黄腾达，更要紧的是应以助人为乐。这才是真正的淑世。

还不止于此。罗振玉复由"人而知我"释"人不知而不愠"，他强调"以先知觉后知，以先觉觉后觉，乃道之幸，非我之幸"，就算人不我知，于我何失？不因是而愠，不亦君子乎？据我看，罗氏于此节突出"学以淑身，本非徇干誉"，通俗地讲，就是不可追名逐利，莫要沽名钓誉。尤其是为官的衮衮诸公，应为君子儒，而断不可做小人儒。为君子儒，就应以淑身为淑世之本，本固而后叶茂，清廉自律洁身自好，埋头实干为百姓做好事，不求哗众取宠、招摇过市。这难道不是真正的"道之幸"吗？于是，罗振玉为此章作结云：

> 综观此章，第一节示学以淑身，不仅求知而在力行。第二节示学固以淑身，亦所以淑世。第三节示兼善固可乐，而独善亦无所损。彼以不知于人为耻者，乃为人之学，是之谓小人儒，而非君子儒也。圣人示人为学之方，即此一章，已详且至矣。

应当注意，罗振玉讲授为学之义，唯在"力行"。君子当以"不知于人"为荣。那种"以不知于人为耻者"，乃小人儒，而非君子儒。说得多透彻，多中肯啊！近人据钱穆《论语新解》，以"孔门学规"为题撰《论语》首章"学而时习之"新解，实则无一语出罗氏所示之"准"，亦无一字越罗氏所示之"方"，其未道著者，唯在一"行"字耳，尤其是"力行"。此乃罗授《论语》

---

① 王国维：《文学小言》十七则之十三，《静庵文集续编》，《王国维遗书》第五册。

之着力点，亦即其核心价值之所在。所谓钱氏"火眼金睛"，将"时"的理解"一网打尽"云云，则由"誉"而近"谀"矣。钱穆说"时"有三义，曰年岁，曰季节，曰晨夕，胥出《说文》段注而予以通俗化，亦即以年岁、季节、晨夕解"学而时习之"之"时"，注重于"学"，这对于我们今天讲授"国学"，也是必要的。

当然，也有必要说明，罗振玉讲授古今学术，皆有其一以贯之的理念，此即"古人为学，不出伦常日用，本易知易行"。这是因为，"其早岁致力实用之学"，一生事业始于"讲习农学、治水、教育"。① 因为注重于行，事必亲力亲为，故所授《论语》大旨，又有一特色焉，曰：励志。如：

"子曰：述而不作"章，"示人以守先待后，思不出位之志也"；

"曾子曰：士不可以不弘毅"章，"明士之责任，以勉天下后世之为士者"；

"子曰：后生可畏"章，"诏人即时勉学"；

"子曰：三军可夺帅也"章，"学者为学，以立志为第一"；

"子曰：知者不惑"章，"示人以成德之事"；

"孔子曰：君子有三畏"章，"欲人勉为君子，勿为小人也。"

将上举诸章集而示之，就是守先待后，以明士之责任；即时勉学，以立志为第一；示人以成德，勉人为君子（而勿为小人）。

为演示罗振玉当年于明伦堂讲授《论语》之风采，试以"后生可畏"章为例，原文曰：

> 子曰："后生可畏，焉知来者之不如今也？四十、五十而无闻焉，斯亦不足畏也已。"

罗振玉以"此章乃圣人诏人即时勉学"，阐述"既以可畏期之，复以不足畏警之"的"即时勉学"要旨，云：

> 上之学也，犹农夫之耕也。春耕、夏耘、秋收，此农之时也。幼学壮行，此士之时也。农失其时，则谷不登；士失其时，则学不成。

---

① 参见陈邦直《罗振玉传》之《罗先生之面面观》。

以农喻学，这是讲"即时"。罗氏告诫承学之士，宜有以自勉。接着讲如何"勉学"，云：

> 勉之如何？一曰立志，二曰惜时。

古人十五岁入大学，所以孔子自述生平，就有"吾十有五而志于学，三十而立，四十而不惑，五十而知天命"这样一番话。圣人尚且如此，何况我等常人。所以，为士者必须抱守先待后之志，果能勇往直前，择善执着，由博学、明辨、审问、慎思而至笃行；由格物、致知而至诚、正、修、齐，积二三十年之岁月，未有不学而有成者。这是后生之所以可畏。

唯此之故，还须惜时。罗氏进而向大家讲了古书中一句常用语——"光阴如水"，他说：

> 光阴如水，往而不复反，故禹惜寸阴，陶侃惜分阴。① 尝谓：人生不外过去、未来、现在三界。此三界限，固非均匀齐等也。所谓现在者，谓之仅一秒钟可耳。过此一秒，即为过去。未至一秒，即为未来。现在一秒光阴应当如何爱惜，昔陆桴亭先生《思辨录》② 记一事曰："卧病初起，静坐调息，见日光斜入帐中，如二指许。因以息候之，凡再呼吸而日光尽矣。因念逝者之速，人安可一息不读书，一息不进德？"循省此言，令人悚然汗下。故时过而后学，则勤苦而难成。倘因循坐误，此圣人所以有四十、五十无闻，不足畏之叹也。

罗振玉说"尝谓"，就是曾经与人谈议。其人为谁？应该就是与他共创了罗、王二家之学的王国维。王氏书赠罗振玉《题友人三十小像》二律之第一律，起句"劝君惜取镜中姿，三十光阴隙里驰"，盖"惜取"者，"惜阴"之谓也；"隙里驰"之"隙"者，秒也。诗中所咏，即为罗说"现在者，谓之仅一

---

① 语出《晋书·陶侃传》："大禹圣人，乃惜寸阴；至于众人，当惜分阴。"
② 陆世仪，字桴亭，所撰《思辨录》记师友问答及平生闻见，旨在阐扬程朱理学。

秒钟可耳。过此一秒，即为过去"。王国维论学"三境界"，早已脍炙人口；而罗氏所述过去、现在、未来之人生"三界"，[1] 愚见以为，堪称勉学箴言。

罗振玉既以"不足畏"为警策，而以"可畏"励"后生"，故他在天津就有了扶掖"嘉乐三秀"的佳话，兹撮举亲历其事的偻翁（罗福颐）所记：

> 广东容君希伯（容庚），以所作《金文编》稿为贽来谒先人（罗振玉），初不相识也。先人见其稿大为嘉许，怂其付印。《金文编》第一次印本，由予家（罗氏天津博爱工厂）出版。
>
> 唐立厂（唐兰），与吾家初亦不相识，当其在无锡国学专修馆时，函先人自荐，并谈文字训诂之学，先生读其手稿，认为是青年而有志于学者……于是立厂以家塾老师（经罗振玉引荐，充时居天津的周学熙家庭教师）而升至教授（经罗介绍，识清华王国维、北大马衡，乃入北大执教）。
>
> 商锡永（商承祚），经其伯父云汀（罗福颐岳父商衍瀛），拜先人为师，授以《殷虚书契考释》兼治金文，并教以拓铜器铭文，商作《殷虚书契类编》，先人颔之；复为之介绍王国维、马衡，因得与容君（容庚）先后入北京大学国学门修业，后均成名教授。[2]

罗振玉题赠侄女罗守巽匾额

---

① 罗振玉的"三界"说，化用了佛典《心经》"三世诸佛"，盖"三世"者，过去、现在、未来之谓也。
② 罗福颐：《偻翁昔梦录》，《学林漫录》第十六集，中华书局 2007 年版。

当然，这仅是就学术的角度言之，罗振玉讲授《论语》"后生可畏"，不惟有他自己卓越的学术成就作为"勉学"之榜样，更有他所奖掖的诸多杰出学者作为本章结语"切望于我可畏之后生"的范例。

还不可不提的是，老人对青年后生德行要求极为严切。罗守巽"回溯青年时（1926年），在津门相依伯父母"，说："雪堂公痛予性不纯，每晚抽暇为讲《四子书》（即《四书》），终年而毕；复训曰：为人之道尽于此，是书除治国而外，无非伦常日用。凡人当修身慎行，学问其次也。"① 并为"季明侄女"（罗守巽）手书"困学楼"匾额，盖用以勉学励志也。

---

① 罗守巽：《跋先君遯园公著忠正公史可法别传》，《丹枫精舍诗文稿》，1987 年自刊本。

谋划"迎驾莅东"

1931年"九一八"事变爆发，罗振玉正在讲授"性相近也"的《论语》课，戛然而止。

欲知其详，让我们回到罗振玉从天津来到东北的原点。他之离津，固然由于"靠边站的况味不好受"，亦即受溥仪左右排挤倾轧等人事方面的原因，但何故罗振玉要执意迁居旅顺？罗继祖追忆当年情况时说：

> 家里人谁也不敢说什么，唯命是听。惟有我觉得搬到那个完全属于日本统治殖民地方不大好。[1]

应该承认，罗振玉生前，倒并未回避他"避地辽东又三年"之真正动机，他说：

> 衰年望治之心日迫，私意关内麻乱，无从下手，惟东三省尚未甚糜烂，莫如吁恳我皇上先拯救满蒙三千万有众，然后再以三省之力戡

---

① 罗继祖：《涉世琐记》之《嘉乐谈往》，《海角濡樽集》，第194页，《长春文史资料》1993第一辑。

定关内。①

原来，"出关"完全是为了入关，而且是要"戡定关内"！

罗振玉有诗云："局天蹐地一迂儒，超海移山意气粗。"（《辽海吟·迂儒》）日本既以武力解决满蒙问题为"最高国策"，其侵占满蒙的野心，早已昭然若揭；②而罗振玉则发出了"我皇上先拯救满蒙三千万有众"的"吁恳"，其声其气与日本之侵华图谋，何其合拍！尤其是当1931年农历辛未的新年到来之时，他"衰年望治，情见乎辞"，诗兴大发，作《元旦口占》云：

> 二十年来国步频，握蛇骑虎阅艰屯。
>
> 低回苦忆承平日，迟莫俄惊天地春。
>
> 尚有故人同汉腊，且斟柏酒诵皇仁。
>
> 但期早勒湘江石，皂帽何妨老海滨。

落笔就是"二十年来"，起始于他所谓的1911年"辛亥国变"；而"皂帽"之称，则是追思1916年袁世凯称帝不成而死，柯劭忞乃以"元凶已伏天诛，辽东皂帽盍归来乎"招他速从日本归国。"辽东皂帽"，本指东汉末年，有一位叫管宁③的儒者，避乱辽东，布衣皂帽，聚徒讲学。时隔二十年，罗振玉到了金州讲学，这才带了调侃的口吻，吟诗领受了这顶"辽东皂帽"。

然而，他既以"拯救满蒙三千万有众"为己任，当然不惮于戴了"皂帽"去"海滨"。如何"拯救"？他亦早有谋划，云：

> 惟此事非得东三省当道有势力、明大义者，不能相与有成。乃以辛未（1931年）春赴吉林，与熙君格民（洽）密商之。熙君凤具匡复之志，一见相契合，勉以珍重待时。

---

① 罗振玉：《集蓼编》。

② 易显石、张德良、李鸿钧等：《"九一八"事变史》，第102、41页，辽宁人民出版社1981年版。

③ 管宁（158—241），字幼安，三国时魏北海人，魏文帝时拜为大中大夫，明帝时拜为光禄勋，皆未就。《三国志·魏志》有传。

我们切不可忽略了"待时"二字。罗振玉到了旅顺，期盼已久，云：

> 又以东三省与日本关系甚深，非得友邦谅解，不克有成。故居辽
> 以后，颇与日本关东司令官相往还，力陈欲谋东亚之和平，非中日协
> 力，从东三省下手不可；欲维东三省，非请我皇上临御不能洽民望。
> 友邦当道闻之，颇动听。

罗振玉的"从东三省下手"，"非得友邦谅解，不克有成"，这个"有成"
之时，终于被他"待"到了，他说：

> 及是年秋，奉天兵事起，乃六次渡辽与熙君及友邦军部协商，遂
> 决迎驾莅东之计。复诣天津行在，面奏请旨，得俞允。[①]

何谓"六次渡辽"？辽，就是辽河，我国东北地区南部最大河流。罗振玉
自述，他的"渡辽"起于"奉天兵事"（即"九一八"事变），并讲了他与熙洽
及关东军会商"迎驾莅东之计"。罗继祖在他的《庭闻忆略（回忆祖父罗振玉
的一生）》中说，六次渡辽，我已记不清是怎样的六次了，只记得第一次可能
是到沈阳会见东北旧将领汤玉麟。[②] 会见后，祖父说汤无大志，不足与谋。熙
洽则是由宝瑞臣（熙）介绍见面的，他们都是清朝宗室，与罗十分投缘。[③]

确实，罗振玉首先会见的便是他谓之"宿将"的汤玉麟，时在辛未之春，
"九一八"事变发生之前。他与熙洽再次相见，并受熙洽之托向溥仪进呈奏折，
"谈了兴复大计"等，那才是"渡辽"以后的事情。谨将罗振玉所述，转录
如下：

> 逮柳条沟事变作，则去与公（熙洽）相见尚未逾年，亟携儿子
> （罗福葆）于戎马纵横中再访公，理前约，且以成谋告公，果奋袂而

---

① 罗振玉：《集蓼编》。
② 汤玉麟（1871—1937），字阁臣，辽宁朝阳人，时任热河省政府主席、东北政务委员会委员。1933
年日军侵占热河，汤不战而弃承德，逃至天津为寓公，被国民政府通缉。翌年，宣布抗日。
③ 参见罗继祖《庭闻忆略：回忆祖父罗振玉的一生》，第110页，吉林文史出版社1987年版。

起，首率诸将树立宏业。于是，世莫不知新邦之建立，公其首功也。①

这段文字写得很隐晦，故略予说明。第一，所谓"柳条沟"，即前述日本自爆铁路的发生地。据查考，该地一直叫柳条湖，没叫过别的名字，而所谓"柳条沟"实乃事发翌日，即 9 月 19 日日本东京朝日新闻社所发第一封电讯稿错称所致。②

第二，所谓"前约"与"成谋"，均系暗语。罗振玉与熙洽初会吉林，密商"匡复"大计。而"成谋"就是罗振玉告知熙洽，他已与日本关东军商妥"迎驾莅东"，将溥仪"请"到东北。果然，熙洽当即给溥仪写了奏折，这就是 9 月 30 日溥仪在天津"朝见"罗振玉时，罗递呈的所谓"我的远支宗室"熙洽写给他的信。熙洽在信中说，他期待了二十年的机会，今天终于来到。请溥仪不失时机，立即回到"祖宗发祥地"主持大计；只要溥仪一回到沈阳，吉林首先宣布"复辟"。③

那么，在东北军中"饮醇近妇"，名声臭烘烘的熙洽，何故而有如此底气，敢于"奋袂而起"，夸口"率先复辟"？

熙洽，字格民，满洲正蓝旗人。此人 1911 年毕业于日本陆军士官学校骑兵科，"九一八"事变发生时任吉林东北边防军副司令长官公署参谋长、吉林省政府委员。一个很重要的情节，就是此时恰当张作相回锦州奔父丧，吉林省政务、军务悉由熙洽代理，这就使他有权让日军进占吉林，而日军师团长多门正是熙洽留学日本时的教官。不过，罗继祖说祖父对熙洽"恭维备至，写诗赠他"，却并非"后来"，乃是紧随于"柳条沟事变"而"作"。且看罗振玉《赠熙格民军使》诗：

> 九宇分崩日，黄图再造年。
> 邠歧垂泽远，雷雨起龙潜。
> 丕烈承先圣，维城有后贤。

---

① 罗振玉：《〈冷杜诗集〉序》。按，此篇原刊《贞松老人外集》卷一，《罗振玉学术论著集》第十集（下）所录《外集》卷一，删除。

② 易显石、张德良、李鸿钧等：《"九一八"事变史》，第 135—136 页，辽宁人民出版社 1981 年版。

③ 参见溥仪《我的前半生》（全本），第 196 页。

艰难勤翊戴，指顾尽凌烟。

盖"崩"者，爆也。罗振玉将日军自爆南满铁路的 9 月 18 日称为"九宇分崩日"，而将整个东北百万平方公里国土陷于日寇铁蹄下的 1931 年称作"黄图再造年"。这样的"恭维"，这样的"赠诗"，究竟要承何"先圣"，做何"后贤"？应该不言而喻。

当然，罗振玉对熙洽如此青睐，除了怀有共同的"匡复之志"，其人与张景惠、袁金铠等辈相比，有着两大优势：一曰"宗室"的家世，二曰"留日"的出身。这是熙洽的"政治资源"，柳条湖事件发生后第二天，9 月 19 日日军偷袭我长春南岭、二道沟驻军，9 月 20 日熙洽致张作相电报中，一面"紧急传令，避免冲突"，命令我东北军不予抵抗，一面又"总以免去战祸、导入交涉正轨为要著"，设法与日军"接洽阻止"。但电报中也有指责日军"挑衅暴举，至堪发指"，"应速转致日军，立停杀人放火行为"等还算得上是中国人的话。[①]然而，仅隔一天，到 9 月 21 日，熙洽骤然变身，一面"约请"多门师团长前来"和平交涉"吉林省"中日事件"，一面更派人"陪同"多门师团长率日军进入吉林省城。熙洽由东北边防军的一位参谋长，变而成了听命于日军的"军使"。他带着他的日本关东军师团长多门老师，"不费一枪一弹"（溥仪语）侵占了吉林省。

应该说，熙洽"变身"如此之快速，是与罗振玉闻"变作"而"亟携儿子戎马纵横中再访公"密切相关。且看罗氏《一月中四赴盛京纪事》诗：

王迹基东土，山川拱旧京。
威棱思列圣，翊戴想群英。
岁晚惭栖隐，途危屡远征。
纵横戎马地，义重此身轻。

诗题"纪事"，为我们解读罗振玉"六渡辽"提供了第一手的史实依据。

[①]　《熙洽致张作相电稿》（1921 年 9 月 20 日），《吉林文史资料选辑》第二辑，吉林人民出版社 1981 年版。

这首纪事与前引赠熙洽之作，虽属"美刺投赠"（王国维语），但确系纪实，且均为五律，连贯读之，可知熙洽致电张作相，报告"日军自皓（9月19日）五时许攻击我二道沟军营，傅营长（傅冠军）受重伤，嗣后亡故"之日（9月20日），恰当罗振玉携儿子到访之时。据罗振玉传记，罗福葆精通日本语言文字，伪满"'建国'时期，随先生奔走各地，充为通译"。[①] 这"奔走各地"，首先就是"九一八"事变时的"渡辽"。尤当注意的是，罗振玉之"纵横戎马地"，"义重此身轻"，这是取"连横合纵"之意，内以联手握有兵权的宗室熙洽，外以说合侵占东北三省的日本关东军头目。罗氏先入熙洽"戎马中"，促其"首率诸将树立宏业"，就任伪吉林省长官公署长官，成为东北通电投日之第一人；旋即来"戎马地"，即沈阳关东军驻地。

应当指出的是，早在"九一八"事变发生之前，罗振玉自述已"颇与日本关东军司令官相往还"，并请求溥仪"给以便宜行事"的"手谕"，以便"活动东北各方面"，[②] 显然这与他"活动"关东军密切相关。不过，那时关东军司令部就在旅顺，可随时往还；"九一八"翌日（9月19日）迁到了沈阳，于是就有了罗氏所谓的"渡辽"之举。我们可据以推定其首次"渡辽"日程：

土肥原

9月21日，罗振玉至长春会晤熙洽，传达他与日本关东军商洽之"成谋"，促成了熙洽"奋袂而起"。

9月22日，熙洽以"军使"身份，偕同罗振玉返抵沈阳，在日本关东军司令部商谈。按"成谋"谋划"建国"事宜。此即上述二诗中的"翊戴想群英"与"艰难勤翊戴"之所指。

何谓"翊戴"？"翊"，本意翅膀，引申为辅佐。"翊戴"即在日本关东军"仗义协助"下，拥戴溥仪去东北"复位"。9月30日，溥仪由日本驻屯军司令部通译官吉田忠太郎引到海光寺日本兵营，与罗振玉及板垣征四郎的代表上

---

① 陈邦直：《罗振玉传》之《先生之治家及其后代》。
② 参见《郑孝胥日记》（四），第2343页，中华书局1993年版。

角利一会见①；同日，罗振玉在天津与溥仪"君臣相会"；翌日（10月1日），就有了"报言：东三省将奉宣统为帝"；又隔日（10月3日），金梁在奉天宣称"一切完备，惟候乘舆临幸"。按照溥仪记述，东北全境"光复"指日可待，三千万"子民"全都盼我回去。罗振玉向他禀报时，说得"兴高采烈，满脸红光，全身颤动，眼珠子几乎都要从眼眶子里跳出来了"。② 这应是实情，而非溥仪的"刻毒""诋毁"。"庾信文章老更成，凌云笔健意纵横。"罗振玉不顾"途危"，一月四"渡辽"，"纵横戎马"，赋诗述怀，不正是要展示其"威棱思列圣""指顾尽凌烟"的襟怀吗？

参与伪满"建国"

罗振玉第五次、第六次"渡辽"，已是"迎驾莅东"之后的事情了。

据郑孝胥所记，1931年11月10日晨6时，溥仪易服出静园"行在"，8时登日本军用船"比治山丸"；11日夜，在大沽口外转登日本商轮"淡路丸"，溥仪称之为"白河偷渡"；13日上午9时，抵辽宁营口码头。溥仪感叹说，到了码头，并未见到什么东北民众列队"迎驾"，全是板垣派来的日本人，为首的叫甘粕正彦。溥仪由郑孝胥、郑垂父子随从，转乘火车来到了离营口约百里的汤冈子，住进了豪华的对翠阁温泉旅馆，并与前来迎接他的罗振玉、商衍瀛、佟济煦会见。罗振玉向溥仪禀告，他正在和关东军商洽"复辟建国"的事。溥仪自述，他自此陷入了由板垣派来的上角、甘粕领头的关东军的"封锁"之中。当问到罗振玉去了哪里，甘粕等人回答说，到沈阳找板垣大佐，"讨论'新国家'的问题，讨论出一致的意见，就请'宣统帝'的"。

如此这般，溥仪在对翠阁等了三个月。日本当然绝不会让溥仪去做"宣统帝"。等来的乃是令溥仪"宛如雷击"的在东北建立一个"共和国"的消息，

这就是在本庄繁命令下，张景惠以东北行政委员会名义"表决"的日本关东军交付的伪满"建国"决议。

这三个月中，罗振玉在干啥？他赋诗摅怀，题曰《五次渡辽》：

> 敝裘席帽走风尘，敢以衰庸恕此身。
> 大野雪飞增曙色，辽河冰合少行人。
> 虚名乃下黄巾拜，暮齿还逢醉尉嗔。①
> 他日尧衢歌击壤，老来办作市廛民。

罗振玉六次"渡辽"，前仅言"四赴盛京"，至此始标"渡辽"，且写明辽河。盖其前四渡为着"到沈阳找板垣大佐"，讨论"新国家"已现"曙色"，并且"奔走奉天、吉林，始成拥戴之局"。② 诗中"醉尉"取典《史记·李将军传》"李广至霸陵，尉醉呵止"，借指戒备森严的奉天日本关东军司令部。罗振玉由"皂帽讲学"变为"敝裘席帽"，穿起厚实的东北皮衣皮帽，在冰封雪飘的北国"纵横戎马"。什么"虚名""暮齿"？此时此际，罗振玉俨然成了东汉灵帝年间会同曹操剿灭黄巾的皇甫嵩。他又哪来的"衰庸"？"非常之谋，不施以有常之势，则图大功，岂庸才所致！"他是多么踌躇满志，以图创建"翊戴"溥仪"复位"之大功呵。

然则，罗振玉第五次"渡辽"在何时？罗氏诗文并未明言日程。我们由"辽河冰合"一语，推知其时间当在农历十月中旬以后，试参以是时与罗氏频繁会商的郑孝胥之日记：

> 十月初九日（11 月 18 日）　甘粕自奉天来，云附近马贼甚多，上宜移居旅顺。
>
> 初十日（11 月 19 日）　八时许至旅顺（郑孝胥父子随溥仪迁至旅顺）。十一时入住大和旅馆。甘粕复赴奉天。
>
> 十七日（11 月 26 日）　罗叔蕴自奉天回，言熙洽进三万元，以

---

① 自注："此皆事实。"
② 陈曾寿、陈曾植（矩）：《局外局中人记》，《文史资料选辑》第十九辑，中国文史出版社 1989 年版。

上命犒关东军二万元。其帅辞曰："皇帝用费未充，不敢受。"遂递
来呈。

十八日（11 月 27 日）　叔蕴代甘粕求书册页。

十九日（11 月 28 日）　皇后（婉容）附长山丸至大连，陈曾寿、
润良从。……川岛芳子及吉田之妻皆同来，日军某大佐护送。

廿二日（12 月 1 日）　罗叔蕴往商借肃府为行在。

溥仪在《我的前半生》中说，他在对翠阁温泉旅馆等待了一个星期，被板
垣下令"请"到旅顺，先住大和旅馆，后移入肃亲王府，[①] 那里便做了他的
"行在"。而这段时间，恰为郑孝胥所记 11 月 26 日罗振玉"自奉天回"之前后，
可证罗氏"五次渡辽"当在此时。而将溥仪及"皇后"等一干人众请至旅顺
"保护"起来，应该是罗振玉参与，经日本关东军司令部会商决定的。他还在
这里与熙洽会商，以溥仪之命犒劳关东军，但遭到拒绝。此时，甘粕则成为往
返于溥仪与板垣之间的传令者，我们可由"代甘粕求书"一事知罗振玉与其交
好之状。罗氏有诗《赠日本甘粕大尉》：[②]

只手除奸慝，英名振海东。
一心期报国，仓卒得抒忠。
面目冰霜厉，肝肠铁石同。
朱弦真劲直，攻错到衰翁。

甘粕其人，[③] 即使用"恶贯满盈"形容尚不足以尽之。溥仪写到由板垣派
来监视他的甘粕正彦，说他原是个宪兵大尉，曾被送到法国学美术和音乐，几
年后回到日本，被派到关东军特务机关，"九一八"事变柳条湖铁道爆炸就是
他的一件"杰作"。罗振玉赠诗，却是落笔狂赞他"只手除奸慝"！溥仪说此人

---

① 肃亲王府，即肃亲王善耆府邸（在今旅顺新华大街 9 号），坐北朝南的俄式二层楼房，系善耆 1912
年来旅顺后建造。

② 此诗原刊《贞松老人外集》卷四，《罗振玉学术论著集》第十集（下）所录《外集》卷四，删除。

③ 甘粕正彦（1891—1945），日本名古屋陆军幼年军校出身，是东条英机的同学。1930 年被派到满洲，
任"满洲国总务部次长"，被称为"满洲国无冠帝王"。1945 年 8 月 19 日，苏军开进长春，甘粕服毒自杀。

在日本"大有名气"，罗振玉则用了"振海东"来传其"英名"，这又是怎么回事？原来1923年日本关东大地震时，日本军部趁震灾之乱杀害日本进步人士。其中最令人发指的是，甘粕时为陆军大尉的宪兵分队长，一心想当陆军大将，求功心切，残忍地将被宪兵追捕的大杉荣①及其夫人伊藤野枝掐死，同时将正在大杉荣家串门玩耍的年仅六岁的侄儿橘宗一刚掐死，随即将三具尸体丢入枯井。溥仪谓之表面"彬彬有礼的戴细边眼镜的人"，却如此残忍、如此冷血；而力主不杀生，连活鱼都不准进厨房的罗振玉，竟赋诗狂赞其"冰霜厉""铁石同"的"报国""抒忠"。罗氏如此一往情深地为以杀人为乐的日寇张目，这不是恰犯了佛典《十重戒》第一"杀戒"之"教人杀"②吗?!

还有诗中所谓"攻错"，当然不是指金石鉴赏、卜辞考释，而是事关伪满如何"建国"，溥仪怎样"复位"。但是，无论是被判处了绞刑的战犯板垣、土肥原，还是其他关东军头目，他们哪个不是"冰霜"之厉，"铁石"肝肠，哪会同你这位金石学"老博士""攻"什么"新国"之"错"？果然，罗振玉第六次"渡辽"，调子变了。且看：

> 持节河西使窦融，轺车又走朔风中。
> 敢言蓄艾三年久，尚少为山一篑功。
> 蠢蠢含生诸劫换，恂恂孤抱几人同。
> 绳床睡稳村醪足，输与茆檐曝背翁。

此诗以东汉初年归附刘秀、掌河西五郡大将军事的窦融起兴。若说这是要比拟"翊戴"溥仪、奔走"建国"的熙洽，那么诗之收尾"曝背翁"所指何人？古谓"百姓煦牛而耕，暴背而耘"，"曝背翁"者，即庄稼汉、泥腿子，这里是指辽宁农家出身、后被称为"豆腐匠总理"的张景惠。试参以《郑孝胥日记》：

十二月初五日（1932年1月12日） 罗君羽（罗福葆）电话云：

---

① 大杉荣（1885—1923），无政府主义者，曾参加社会主义运动的日本进步人士。其侄橘宗一刚，美国国籍，被害后美国外交当局曾发抗议。

② 参见《梵网经》卷下《十重戒》第一"杀戒"。

自奉天归，将来访。即偕君九（王季烈）、小七（郑孝胥次子郑禹）
往视之。叔蕴邀登楼，言至洮南，见张海鹏，其人甚诚恳……胜于熙
洽。黑龙江尚未定，张景惠至而即去，马占山犹观望，丁超不服熙
洽，甘粕将逐之。奉天臧式毅稍有条理，而阚朝玺、齐恩铭皆张党。
如此，则自洮南外三省皆有危机潜伏，不可不慎。[1]

　　农历腊月初旬应该是罗振玉第六次"渡辽"之实际时间。他在北国最严寒
时的朔风中奔走，可谓精神抖擞；返回旅顺将军山住宅，他就急不可待地与郑
孝胥会面了。看来"新国"之建，已进入"倒计时"。但"底牌"仍操诸日本
关东军头目板垣等人手里。罗振玉由奉天关东军司令部，径直来到了率部配合
日军进攻黑龙江的原东北洮辽镇守使张海鹏驻地洮南。他简直是拼了老命，深
入为日军侵占东三省而战的戎马"第一线"，察看军情，研判时局。何谓"持
节""轺车"？"节"者，符节也，犹后世公干所持证明其身份之介绍信；"轺
车"者，军车也。是时，溥仪处于日军严密监护之中，其"节"其"车"，胥
出关东军司令部；而罗振玉自知一介秀才本带过兵，故只能仍由熙洽充"军
使"，他则随同乘坐了军车出入"戎马地"，倒也不失威风。"至而即去"的张
景惠于1931年元旦发布黑龙江省"独立宣言"，罗振玉与之洮南会晤时，恰当
其匆匆回去就任黑龙江"省长"之日（1月7日）。罗振玉五渡、六渡，其"超
越常人"的"奔走'建国'之种种事迹"，虽"自属忠君爱国"，[2] 却根本不知
日本关东军的"建国方案"业已交由张景惠贯彻实施，并且采取"舍罗就郑"
之策。陈曾寿记云：

　　上（溥仪）之由津至旅（顺）也，郑、罗相为狼狈。初与日人接
洽者由罗，后日人以郑更易与，乃舍罗就郑。满洲国成立，郑为总
理，罗日思取而代之。[3]

　　何为"更易与"？"与"者，听话，驯从；"更"者，绝对，不二。颇具戏

---

①　《郑孝胥日记》（四），第 2359 页，中华书局 1993 年版。

②　陈邦直：《罗振玉传》之《罗先生之面面观》。

③　陈曾寿、陈曾植（矩）：《局外局中人记》，《文史资料选辑》第十九辑，中国文史出版社 1989 年版。

剧性的是，溥仪为保"宣统"帝号，命郑氏父子与罗振玉带了他所拟"十二条"赴奉天（沈阳）与关东军交涉。仍录陈曾寿所记：

> 此次郑氏父子充代表赴奉，系日军部邀请。上加派雪堂（罗振玉），到奉后，苏厂（郑孝胥）出席，上所命传之语，一字不提。言："皇上的事，由我包办，无所不可。"郑垂向板垣言："皇上是一张白纸，由你们军部爱怎么样画均可。"①

时为2月22日。23日，"板垣来觐"，他奉关东军司令官本庄之命，在溥仪所居肃府正式宣示伪满"国号""国都"，并取出已拟定之所谓《满蒙人民宣言书》《执政即位宣言》文本。24日，由日本关东军司令部内定为"满洲国国务总理"的郑孝胥来"行在"，向仍坚持要当皇帝的溥仪传板垣的话："如果不接受军部的要求，将以对待敌人的手段待之！"溥仪闻言，"腿一软，跌在了沙发上"。② 罗振玉于无可奈何中赋诗自罪，云：

> 臣罪当诛死亦宜，思量便欲谢秦医。
> 敢言捧日心无贰，妄冀回天事转歧。
> 自分残生投远裔，乃承温谕感沦肌。
> 殊恩异数何由报，数遍鱼更泪满颐。③

3月8日下午3时，溥仪从汤岗子乘火车抵达长春。然后在"执政府"（清道尹府旧房子）举行了"执政典礼"（当为3月9日），当场在本庄递交之伪满"总理""部长"等任命公文上签字。谨将溥仪亲自开列之伪满大汉奸及其职务名单，移录如下：

---

① 陈曾寿、陈曾植（矩）：《局外局中人记》，《文史资料选辑》第十九辑，中国文史出版社1989年版。按，据溥仪称，他加派罗振玉，还从随身所带珍宝玉器中挑了几样交罗送板垣，"作讨好的礼物"，郑、罗抵奉到了关东军司令部，由郑"包办"一切。
② 李文达主编：《人龙人——溥仪画传》之《沈阳事变》，群众出版社1988年版。
③ 诗题《辛未季冬以时事拂逆忧愬致疾，圣上不加严谴，转命驾临视，殊恩异数，感激悚惶，赋此恭记》。

国务总理郑孝胥，民政部总长臧式毅，外交部总长谢介石，军政部总长张景惠，财政部总长熙洽，实业部总长张燕卿，交通部总长丁鉴修，司法部总长冯涵清，文教部总长郑孝胥（兼），奉天省长臧式毅（兼），吉林省长熙洽（兼），黑龙江省长程志远（兼），立法院院长赵欣伯，监察院院长于冲汉，最高法院院长林棨，最高检查厅厅长李槃，参议府议长张景惠（兼），参议府副议长汤玉麟，参议府参议张海鹏、袁金铠、罗振玉、贵福，执政府秘书处处长胡嗣瑗，执政府秘书处秘书万绳栻、商衍瀛、罗福葆、许宝衡、林廷琛，内务处处长宝熙，内务官特任张燕卿、金璧东、王季烈、佟济煦、王大忠、商衍瀛，警备处处长佟济煦，侍从武官长张海鹏，国务院秘书官郑垂，国务院秘书官郑禹。[①]

这就是郑孝胥"与张燕卿（张之洞次子）密谈"，由日本关东军确定的"论功行赏"的伪满洲国官员名单。[②]

罗振玉则由忧而疾，在愤懑中辞了"参议"。

担任"监察院院长"前后

罗振玉因为急火攻心病倒了，并且再次"欲谢绝医药，以待命尽"。直到1933 年 6 月就任伪监察院院长，罗振玉在一段时间内乃以"白衣侍从"身份，奉命常在溥仪左右，"未敢远离"，跟着"执政"去了长春。[③]

由此，我们有必要循着罗振玉就任"监察院院长"前后的行踪，来追寻他与伪满"建国"及受任伪职相关的密谋与举动。

---

① 溥仪：《我的前半生》（全本），第 243 页，群众出版社 2007 年版。
② 参见《郑孝胥日记》（五），第 2367 页，中华书局 1993 年版。
③ 参见罗继祖《涉世琐记·扶桑养晦》，《海角濡樽集》，第 198 页，《长春文史资料》1993 年第一辑。

［之一］"密筹"伪满挽日酋

伪满"建国"，罗振玉是涕泪交加出席了溥仪的"就职典礼"，有诗为证：

> 再列朝班泣涕涟，贞元旧侣总华颠。
>
> 余生甫觏偏安日，回首弥伤逊政年。
>
> 镐邑遗黎重向化，神州封豕尚依然。
>
> 吾皇勇智由天锡，一怒行看奠八斑。

诗题曰："满洲建国，我皇上以耆旧坚请，不忍峻拒，允以旧君暂领执政，以三月三日受政（溥仪'受政'之典礼为 3 月 9 日，即农历之二月三日）。旧臣别为一班朝贺，莫不感伤流涕，有呜咽失声者。敬赋一律，以记其事。"

此诗为罗氏"附壬申（1933 年）以后诗"十五首之第一首。其附诗当起于溥仪就任伪满"执政"之 3 月 9 日，迄于诗集跋尾之乙亥（1935 年）五月，凡十三题十五首，自谓"存此方寸之所怀"，以抒其"百转千回"之意耳。何以有如此纠结难解之"意"？盖有罗氏自述为证，云：

> 戊辰（1928 年）寓旅顺，友邦关东军司令官畑大将以禹域之乱不已，将危及大东，询予以已乱之策，予对以当两国相提携，先罢共和，复明辟，乃可由满洲以复关内。畑是之，方谋进行，而畑遽逝。嗣高山中将过旅顺，询予如畑大将，予即以答畑者答之，高山君问措手之方，予对以当阴联三省当道有势力者，并荐熙君格民（熙洽），高山君忻然归以语参谋本部。寻贵志中将来，密筹一切。及柳沟事发（即"九一八"事变），板垣参谋遂邀予与熙君定约，于是遂有壬申（1932 年）之满洲建国。予既与熙君定议，并如夙约拟通电，过奉天以示板垣，板垣请开参谋会议以决之。议既决，乃奉迎我皇上于津沽。比上莅辽，而政体忽中变。予为震骇，而上亦谓辛亥以共和误国，不忍更以害关内者害丰镐遗民，坚谢之，而郑苏堪（郑孝胥）少府则谓当委蛇以应机，不可固持前约，于是乃定新国政体，先为执

政，而后改帝制。

这应该是罗振玉与关东军司令部谋划建立伪满洲国的"自我揭秘"。由此可知：第一，罗振玉居旅顺后，所谓"友邦关东军"司令官到任，"都亲到家拜望"，虽同他在日本的名气有关，但一个前清的文官，就算是大学者，能得日本大将级武官拜望，显然绝非仅由于名气，而是出于彼此的政治图谋；而提出与日本"相提携"，由"满洲以复关内"的引狼入室之"复辟"图谋，则起始于罗氏居辽之初向关东军司令官畑大将献策。

第二，所谓"拟通电"。罗振玉自称他"既与熙君定策"，并"商之友邦军部，亦表示同意"，实即由他首自拟定，宣示中外之伪满"建国宣言"，故被他全文录入《集蓼编》，作为他自述生平志业的压卷之文、垫棺之作。其主旨端在"中国廿年来民生涂炭，皆由帝制改共和"，"故欲挽横流，非恢复帝制不可"。正是在他与熙洽被板垣双双"邀"至奉天关东军司令部，并以他所拟的这份通电经关东军参谋会议"决之"以后，这才有了"迎我皇上于津沽"。是故，1931 年 11 月 10 日溥仪潜往旅顺之前，天津报纸即以《土肥原到津》的大标题，报道"迎溥仪赴沈做皇帝"；[①] 而溥仪到了旅顺后，"始知此次土肥原之来（津），系叔言（罗振玉）诸人所托，并非专出日军之意"，[②] 则在一定程度上表明，土肥原到天津"迎"溥仪确实包含着罗振玉诸人（尤其是熙洽）之"所托"。

第三，所谓"政体忽中变"。溥仪来到旅顺，满心盘算着"复位"的时间，想象着"登极"的盛况。孰料，"板垣见上，言拟建满蒙共和国，请上为总统"。[③]这对于溥仪，无异于"一盆冷水兜头浇"！而 11 月 13 日前来汤岗子"迎驾"的罗振玉，则是"竹篮打水一场空"，唯有对着他预拟的通电"震骇"，发出了"敢言蓄艾三年久，尚少为山一篑功"（《六次渡辽》）的感叹。于是，"当委蛇以应机"的郑孝胥取代了"固持前约"的罗振玉，他替溥仪包办一切，与板垣设下圈套，极力"劝"溥仪"将就"伪满"执政"，以此为他自己谋得了"总理"之位。原本在伪满"建国时代"拥有"六渡"大功的罗振玉，"因

①　《新天津报》1931 年 11 月 4 日。

②③　陈曾寿、陈曾植（矩）：《局外局中人记》，《文史资料选辑》第十九辑，中国文史出版社 1989年版。

此倒减轻了自己'汉奸'头衔的罪责，未必不同于'塞翁失马'，使外人看出郑、罗虽同样是溥仪当傀儡的抬轿人，但毕竟有点不同"。① 不过，想到为谋划伪满"新国"而与关东军沟通，罗振玉曾有诗《挽日本畑大将》：

> 一昨山斋荣戟临，如何遽报大星沉。
> 名藏太室功无匹，身画凌烟世共钦。
> 百战威声惊异域，九重哀诏鉴丹忱。
> 鲰生苦恨论交晚，薤露吟成泪满巾。②

自叹"小小书生"（鲰生），却硬要与关东军"大大头目"（大星）攀缘，他对日酋如此情深义重，"恨"相交太晚！然则，罗氏"硬把日本军阀与日本学者等类齐观，进而又勾结日本军阀，建立伪满洲国，诚错加错也"。③ 说"错"，说"过分"了吗？非也！

［之二］"职司风纪"任"院长"

郑孝胥自称"本是一极舒服人，每日卖字有千元之入"。④ 他原先"最怕罗振玉把溥仪垄断"了起来，抢夺他的"首揆"之位。伪满"建国"，他成了"一人之下"的"总理"，当然不会再怕罗抢"位"，并且在他主持的第二次"国务会议"上，"奉令一道"：宣布"罗振玉辞参议官"，"准其辞职"！⑤

不过，罗振玉虽"辞参议府参议"，却甚看重溥仪就任"执政"宣布伪官之翌日，即3月11日为其辞职呈文所下"著如所请，开去参议之职"的指令：

> 所望毋秘尔旨，不我遐弃，司农讲学，仍时奉以周旋；弘景高居，常不间乎咨度，其为裨益，岂独在予。此令！

---

① 罗继祖：《庭闻忆略：回忆祖父罗振玉的一生》，第129页，吉林文史出版社1987年版。
② 此诗原载《贞松老人外集》卷四，《罗振玉学术论著集》第十集（下）所录《外集》卷四，删除。
③ 谢国桢：《永丰乡人行年录（罗振玉年谱）》序言，江苏人民出版社1980年。
④ 参见陈曾寿、陈曾植（矩）《局外局中人记》，《文史资料选辑》第十九辑，中国文史出版社1989年版。
⑤ 《院录》第一册壬申（1932年）三月，《郑孝胥日记》（五），第2713页，中华书局1993年版。

不管这个指令由谁人代拟，但既出溥仪，罗振玉自当奉为"圣旨"，并在"此令"下写有跋文，云：

> 满洲建国以前，予曾奏明出处为士夫大节，必须明义利之辨，在政府亦应提倡廉退，抑止奔竞，臣愿身为之倡。建国以后，求许臣退隐，皇上韪之，故恳辞参议，当荷俯允，感激圣知，匪言可喻。乃国务院政府官报第一期载任免辞令，有"大同元年三月十日参议罗振玉另有任用，罗振玉应免本职，此令"。上阅之甚诧，以诘国务总理，言府中并无此令，饬迅速查复，而国务院并无答复，但于第三号公报末载"第一号……罗振玉另有任用……此令，系属手民误排，应即取销，特此声明"。又第一号载"十四日特设临时振务处，派罗振玉为振务督办，此令"。此亦出自国务院，非上意，故予不辞亦不就。国务院亦置不问。

这可算是伪满开张闹出的一场"辞职风波"吧！而"任免令"竟然以"手民误排"为由任意取销，足证伪满之"国务院"不过是摆设，"本极舒服"的郑孝胥做了"纸尾宰相"，不由自主地不舒服了起来，因为真正的"总理"乃是以"总务长官"名义管"总理"，能在"国务会议"上"咆哮""出不逊语"的"不学安人"驹井德三。[①]

当然，罗振玉未尝不知：不惟郑孝胥不是真正的"总理"，溥仪亦仅为名义上的"执政"，真正的"执政"乃是"三位一体"的日本关东军司令。但这绝不意味着他不爱这个伪满"新国"，更非不问"国事"，即以"督办赈务"为例，郑孝胥《院录》有记：

> （1932年）四月廿一日，星期四　国务会议第十五次。罗振玉办黑龙江急赈，已筹定四十五万元，求先拨开办经费……[②]

---

①② 参见《郑孝胥日记》（五），第2406、2723页，中华书局1993年版。

罗振玉还先后进呈了所谓的《建国管见》十条、《拟颁政纲十二则》，包括所谓恤民生、正风俗、清吏治、作人才、理财用、开利源、尚节俭、兴文化、熄邪说、弭盗贼、整武备、睦邦交，等等。这应该是"衰年望治"的罗振玉，回到他的旅顺"隐居之庐"内殚精竭虑谋献之"治国要策"；而上了"总理"之位的郑孝胥，却正口沫横飞地宣讲其"王道"学说，故对罗氏所呈"管见"或"政纲"，莫不以"多言"二字"废置不用"。然而，罗氏"不辞劳瘁，忍耐苦寒"的"奔走于建国大业"之功，岂能"废置"？于是，接着就有了"监察院院长"的任用。

关于罗振玉受任"监察院院长"之时间及经过，[①]《郑孝胥日记》有较为具体的记述：

> 癸酉（1933年）五月廿七日（6月19日）至国务院。小矶参谋长来，言孙其昌为黑龙江省长、罗振玉为监察院长事。
>
> 闰五月初四日（6月26日），国务会议第二十八次，诣行在陈奏。以罗振玉为监察院长。
>
> 初九日（7月1日），罗叔言来，商出任监察院长事。
>
> 十一日（7月3日），国务会议第三十次，诣行在陈奏，并奏罗振玉愿任监察院长。
>
> 十二日（7月4日），参议府会议，求出席说明监察院事。[②]

由是，可知罗振玉任"监察院院长"，乃由日本关东军司令部提名，经两次"国务会议"、一次"参议府会议"，并由罗、郑多次面商，奏明罗"愿任"，最后由溥仪颁发"执政令"确认：

> 现已特任罗振玉为监察院院长，监察官品川主计即毋庸代理院长职务，此令。

---

① 《日伪统治东北时期大事记专辑》记有："1932年11月12日，罗振玉任为监察院长。"这是将伪满首任"监察院院长"于冲汉之死期，误成了罗氏受任之日。特予注明。

② 参见《郑孝胥日记》（五），第2466、2467、2468、2469页，中华书局1993年版。

落款署"执政"溥仪（请注意：所盖为"执政之印"，而非皇帝玉玺），"国务总理"郑孝胥，"大同二年"七月五日（1933 年 7 月 5 日）。

罗振玉在接到"委任状"及溥仪"不许（辞）且趣视事"之"传谕"后，难抑感奋之情，此可见于其致三侄女罗守巽的书札中，该札云：

> 我近奉命任监察院长，苦辞不蒙见许，但有一时任乏，至能行所志与否？未可知也。①

这其实是为自己获任伪满高官，向亲属"报喜"。他还特别就"满洲建国以来，标榜王道为治国之经"，发表了就职宣言，强调"本院为察吏而设，必正己乃能正人"，并且依据宣言所示"现今监察院之制，实仿往昔之都察院，虽职掌有繁简之殊，而绳愆，纠枉，激浊扬清，厥旨无二"之意，撰《历代监察制度因革说》，以明"本院职掌"。他还本着"上体'执政'澄清吏治之盛心，奉公守法，蔚为国桢"之旨，相继发布了所谓的《再申告本院僚属文》《敬告内外百僚文》，②诫勉僚友"本院为风宪之地"；针对"多大言，少成事"的"郑总理大臣"（孝胥）之"王道讲演"，③指出"王道非托空言"，亟赞溥仪"受政以来疴瘝斯民，宵衣旰食"；妄称东北三千万有众"感元首救民之盛德"，"一致热烈拥戴我'圣上'为永久统治'满洲国皇帝'"。所以他虽被郑孝胥抢占了"首揆"之位，但既为宣统旧臣，就义不容辞地要领头"职司风纪，渴望新猷"了。

［之三］"登极大典"露峥嵘

溥仪就任伪满"执政"的预定期限是一年。他一心等待着再做皇帝，而追

---

① 《谕三侄女守巽八通》之六，《永丰乡人家书》，《罗雪堂合集》第七函，西泠印社出版社 2005 年版。

② 参见罗继祖《庭闻忆略：回忆祖父罗振玉的一生》，第 117—1419 页，吉林文史出版社 1987 年版。按，该书引录之宣言及二文，均出罗氏《辽海焚余稿》，不另注。

③ 郑孝胥"'建国'二年来之演说词及其他有关'工道'政治之理论，业经公布者"，由彭寿（述先）、程清（季明）搜集汇编为《郑总理大臣王道讲演集》。卷首《编辑大意》称："欢迎翻译英、德、法、俄等外国文字。以期普及于世界。"实则，此等为日寇侵略狂吠的滥调之书，除非依仗权位掏"公款"，有谁人"翻译"欤！

罗振玉（中立者）、郑孝胥（左三）同众伪满官员合影

随他来东北的遗老旧臣，则无一不想着做大官。然而，何时实行帝制？所谓时机，就是听命于关东军。终于，1933 年 12 月 18 日，新任关东军司令官兼"驻满全权大使"菱刈隆，亲临"国务院"，下达"请"溥仪"即帝位"的指令。郑孝胥对此记云：

> 菱刈大使来访，言满洲宜为帝国，请执政以明年三月朔即帝位，百官劝进，上尊号曰大满洲国皇帝。仍谒执政，征同意。[①]

伪满的真正"执政"菱刈一声令下，郑孝胥迅即"召集各部长、各省长，参议府、监察院、宪法委员会诸人，宣言以西历明年三月一日执政即皇帝位"，设立"登极大典筹备委员会"，郑孝胥为委员长，罗振玉等人为委员，并由郑、罗、宝（熙）、胡（嗣瑗）"奉旨"各拟"年号"，郑、罗"劝进"等。

---

① 《郑孝胥日记》（五），第 2498 页，中华书局 1993 年版。

1934 年 3 月 1 日，即所谓"康德元年正月十六日"，溥仪第三次"登极"做皇帝，不过不是大清皇帝，而是"满洲帝国皇帝"，年号不复为"宣统"，而叫"康德"。3 月 1 日"登极"之日，溥仪穿起龙袍，凌晨三点半起"驾"前往长春郊外一个叫杏花村的土坛上行祭天古礼，陪祀者四人：郑孝胥、张景惠、罗振玉、沈瑞麟。8 时开祭，11 时还宫，溥仪换穿了关东军指定的"元帅装"，于 12 时行"登极礼"。郑孝胥记云：

伪满"康德皇帝"溥仪

> 上宣诏书讫，总理大臣率百官奉贺表。总理诵表，三呼"皇帝万岁"，廷中和之，进表受诏下殿。

罗振玉以"监察院院长"身份所奉《登极贺表》，除了赞颂溥仪"圣明"、梦呓"中兴"之外，更有直表其政治立场的"衷言"，云：

> 白山海水，劝进者一日咸来；赤眉黄巾，梗化者二年胥尽。

什么"二年胥尽"？按照日本关东军指令搬演的此出"登极"闹剧，固然令人不齿；而"赤眉黄巾"，则是对奋勇抗击日寇侵略的东北抗日武装之诬称。且看《大事记》所载溥仪"登极"前后，1934 年 2、3 月之东北抗日队伍发展情况：

> 2 月 14 日，东北抗日义勇军李发荣副司令率部于五牌河袭击日寇。
>
> 16 日，在周保中领导下联合各抗日队伍，在宁安县东南乡建立反日同盟军办事处。周保中任办事处主任。
>
> 20 日，在中共密山县委领导下，于哈达河成立密山赤色游击队。

26日，抗日救国军吴义城部攻占汪清县罗子沟。

3月10日，在依兰县土龙山地方因日军收缴农民地照，当地农民及谢文东自卫团袭击了日寇第十师团，击毙联队长陆军大佐饭塚朝吉等三十余名，获日寇武器弹药不少。此即有名的"土龙事件"。

19日，谢文东率自卫团与当地农民在土龙山附近与日寇广赖师团激战，击毙日寇北川大佐等二十一名、伪日军五十三名。

29日，抗日游击队在延边地区八道沟一带袭击日伪警察队，击毙巡警大塚武等数名日寇……①

显然，所谓"劝进者一日咸来"，那是直至晚岁犹以"仇亭老民"自我标榜的罗振玉取宠"友邦"的欺人之谈；而"梗化者二年胥尽"，则是罗氏誓与东北抗日民众为仇的"梗"而不"化"的自欺之言。罗氏在这样的自欺欺人中"欣逢登极大典"，并且要通过贺表露峥嵘，该表收尾云：

> 臣等备员辇下，幸睹升中，如闻周室之斯干，窃比尧廷之屈轶，拟进浯溪之颂，冀磨崖勒石而不刊；俨登鄗上之坛，与附翼攀鳞而并列。臣等无任欢忭鼓舞之至，谨奉表恭进以闻。②

罗振玉算是在有生之年，亲与了他梦寐以求的"皇帝告天"之"登极"典礼。虽然，这一切皆在寒光森然的"友邦"关东军指挥刀下进行……

---

① 《日伪统治东北时期大事记专辑》，《吉林文史资料》第三辑，吉林人民出版社1981年版。
② 此表原刊《贞松老人外集》卷三，《罗振玉学术论著集》第十集（下）所录《外集》卷三，删除。

《阳关》古曲为谁奏

［之一］　"藏拙"保"晚节"

　　罗振玉就任"监察院院长"，实在可说是日本关东军对他积极奔走伪满"建国"的犒赏；同时也是他六次"渡辽"，对溥仪"敢言捧日心无贰"而获官职之"巅峰"。对此，他自己并不隐讳，曾赋"嬴叟年七十，嬴劣固无比。六极得其三，忧与贫弱是"的《嬴叟吟》。题注"乙亥"，即 1935 年。当年六月，罗振玉七十初度，溥仪赏了他"朴学忠谟"的匾额，"乡学渊源追晦木，朝端风谊抗寒松"的楹联，以及寿佛、文绮、如意，他写了《七十赐寿，恭纪二律》。而这首《嬴叟吟》，依我看最关键的有两句，一句叫"垂老得膴仕"，一句叫"晚节讵可委"。盖"膴"者，厚也，盛也；"委"，正面讲是确实，反义则是推卸。这两句诗译成白话，就是自己就那么点微小的劳绩，到了老年，竟得如此高官厚禄，也该知足了；有生之年，唯有牢记"圣训"保"晚节"。所以，诗中又有"老氏戒趾""寡欲保所存"之句。罗振玉如此苦吟不已，当然不惟为着老年"养生"，自我"保健"。原来，就在溥仪为他"七十赐寿"前不久，当年 5 月 20 日，大肆宣讲"王道"、张扬权势的郑孝胥，被日本关东军下令解除"总埋"之职，改由张景惠任"总理"。溥仪曾说，伪满"建国"抢"首揆"椅子的，不仅有罗振玉，还有张景惠、臧式毅、熙洽等人，熙洽就几次派人送钱给溥仪，共有十几万元，求授他"总理"之职，溥仪未予允诺。而对于为谋取"内阁首揆"，不惜向日本军方保证"负责说服'宣统帝'接受元首称号"[①] 的郑孝胥父子，溥仪恨之切齿，痛斥"此人心粗胆大，有进无退，如何能做'总理'。只想自己做官，除打电报叫儿子孙子外无他事。郑垂荒谬

---

　　① 　参见溥仪《我的前半生》(全本)，第 218 页。

已极，简直非人类"。^① 然而，但只想自己做官的郑孝胥，既要仰承日本军方鼻息"署纸尾"，又不甘心只做"纸尾宰相"，以致"偶然不满"得与实际上的"总理"驹井德三发生冲突，终于被日本军方免职。很明显，无论是罗振玉，还是他所说的"内外百僚"，莫不过着在关东军刀尖上舔血的日子，还有何"晚节"可言？就罗振玉而言，游弋政海久矣。到了投身伪满，以他伪满"建国"时代之活跃，硬要为他撇清，说他淡泊名利、从无当大官的念头，固非事实；但所谓的"新国家"开张，他仅获"参议府参议"之职，还排名第三，故不再去与郑孝胥争"总理"，唯有等着"瞧好看"了！最后，"总理"之位归于张景惠，^② 而"有进无退"的郑孝胥，还有那位被溥仪斥为"简直非人类"的郑垂，父子俩就连被日方"弃之如敝屣"的"微躯"，最后都未能保住。^③ 罗振玉当然更要吟诗向"友邦"军方表明：自己不过是忧、贫、弱的"羸叟"，还会与谁争什么权位。什么"晚节讵可委"，无非是要以他惯有的"藏拙"，保个体面的全身而终罢了。

［之二］ "剧秦美新"《阳关》曲

罗振玉以"冰渊临履日兢兢"的"心身"就任"监察院院长"以后，须常住"新京"长春。再怎么"廉退"，总不能让"副国级"老爷子随同做"执政府秘书"的四子罗福葆一道住出租屋吧？

于是，罗家再次购地筑宅。这应该是罗振玉此生最后一次建新屋了，其址在长春东顺治路。那时在他家兼做家庭教师的一位亲戚回忆说，这里乃是伪满高级官僚的专用地，路两边建的都是西式小洋楼。但已到了"乘化"归真之年的罗振玉，他讲究要接"地气"，建平房，所以只有罗宅是两扇中国式黑大门。

---

① 参见陈曾寿、陈曾植（矩）《局外局中人记》，《文史资料选辑》第十九辑，中国文史出版社 1989 年版。

② 据知情者称，当时欲为"总理"者，有熙洽、袁金铠、臧式毅，因听说"总理"人选已定，大家"就推叙五（张景惠别号）为'东北政务会议委员长'，负责筹办一切"。参见王子衡《九一八事变前后日寇和汉奸在东北的阴谋活动》，《文史资料选辑》第十七辑，中国文史出版社 1961 年版。

③ 郑孝胥死于 1938 年 3 月 28 日，其子郑垂早他五年死于 1933 年 2 月 14 日，郑孝胥作诗哀之，有"吾年七十四，汝才四十七""一生近好勇，才气太横轶"等语（《哭郑》三首之一）。二郑之死，据传皆为日本关东军鸩杀。自称"舒服人"，而做了大汉奸，下场如斯，不亦哀哉！

他家对面就是伪国务总理郑孝胥的西式住宅。[1] 罗振玉还借他这座"纯为满洲原来之色彩"的新筑寓庐，宣讲了一通伪满"建国""王道乐土"的大道理，说："中国近数十年来，天灾人祸，生民涂炭，四海之内，莫非疮痍，满洲蒙今上仁德，实现王道乐土，吾辈能安居乐业，已属万幸，但求度此平安岁月，如愿已足，又岂敢一意为私人谋生活上之舒适耶！"[2] 这大概就是他这位"嬴叟"诗吟之"矧念生民艰，弥懔素餐耻"所指吧。

罗振玉夫妇与侄女罗守巽（后排左一）合影

应该说，罗振玉从"四十通朝籍"，备管学部由学海而入政海，虽非政治家，却十分注重于"讲政治"。"九一八"事变之后的东北，日寇横行。我们从身处其中的罗守巽老人当年的诗稿中，犹可读到：

> 干戈触目客心惊，更听悲笳泪欲倾。
> 飘泊此生应已定，莫将穷达问君平。

———————————

　①　沈信夫：《罗振玉晚年二三事》。按，原文为"中国式的红大门"，罗继祖纠正为"黑大门"，今从之。参见罗继祖《鲁诗堂谈往录》，第 62 页，上海书店出版社 2001 年版。

　②　陈邦直：《罗振玉传》之《顺治路私邸中之生活》。

诗题曰："癸丑（应为癸酉，即 1933 年）孟冬，就役沈阳图书馆，由伯兄君美（罗福成）偕往。及抵沈阳，不料稍整齐之客食，悉驻兵。彷徨道左，几无投宿之处，深感离家之苦。"[①]

以上所说"悉驻兵"，即指被罗氏尊为"王师"的日本侵略军。他们在这"王道乐土"上却"是比军阀统治时代对人民犯下的罪恶更超过千百倍"！[②] 对此，身居"院长"高位，出入有日本派配专车的罗振玉能否感知？他的筑宅"安居"，弘扬"今上仁德"的一番话，已做了清楚的回答：没有！他应邀为"实业部部长"张燕卿编印伪满"时宪书"（即年历）作序，则是"白纸黑字"，写得更透彻：

> 东北守土吏荒淫不道，草菅其民，复构怨邻邦，致有辛未之师。元恶既除，邻邦将帅咨于有众，爰建新国，谋所以君斯土者。三千万有众佥谓：吾辽为大清肇基之地，且我宣统皇帝……不忍拂父老诚意，俯允暂领执政，改元大同……
>
> 今满洲以旧邦新造，百度草创，我元后当焦烂之余，抚孑遗之众，首法春之仁，一以宽大为治行，且整纲纪张四维；一风俗以收秋之成，而完其化育之功。此三千万有众所馨香跂足者也。又闻之天无私覆，地无私载，日月无私照，今我三千万有众幸如婴儿之得慈母矣。[③]

谨参证历史：盖"元凶既除"者，称道日寇制造"皇姑屯事件"，"大帅"张作霖被炸身亡；"东北守土吏"复"构怨邻邦"者，诬指"少帅"张学良"东北易帜"，激怒了日本；"辛未之师"者，颂赞 1931 年（辛未）日寇策动侵占我东北之"九一八"事变；"邻邦将帅"者，谀扬谋划制造了上述事件及事变之日本关东军大小头目。

然而，更值得注意的是，罗振玉笔下之"咨于有众，爰建新国"。其实，

---

① 罗守巽：《丹枫精舍诗文稿》，1987 年自刊本。

② 罗继祖：《庭闻忆略：回忆祖父罗振玉的一生》，第 130 页，吉林文史出版社 1987 年版。

③ 罗振玉：《时宪书序》。按，此文原载《贞松老人外集》卷一，《罗振玉学术论著集》第十集（下）所录《外集》卷一，删除。

罗氏所宣扬的，正是当年日本关东军头目本庄繁"指挥七大汉奸举行建立伪国会议以后，为了欺骗世界，制造民意，把建立伪国说成是东北人民的要求"，并且出动大小汉奸，"举行促进建立伪国运动代表大会"。会后"敲锣打鼓，游行示威，大街小巷贴满了标语传单"，如"打倒张家父子的家天下""建设安居乐业的天堂""欢迎吊民伐罪的日本王师"等。[①] 如此丧心病狂的卖国行径，却被罗振玉说成是日本军方"咨于有众"建"新国"。笔者曾为王国维辛亥东渡以后写的《咏史》诗作注，其第五首"咄咄扬子云，今为人所怜"，咏的是汉代扬雄向篡汉的王莽献媚，撰《剧秦美新》之文，成为文人失节之代名词。[②] 而罗振玉竟然"以行遁余年，尚得复逢汉腊"，为"今满洲以旧邦新造"而大歌大颂，不惜笔墨写出了"东北三千万有众幸如婴儿之得慈母"，实即将关东军比为"慈母"！其"美新"程度，较之扬雄，岂止超过千百倍？若这还不叫助纣为虐，那又该换用何等新词来评价呢？如果说，罗振玉对做了傀儡的溥仪是鞍前马后竭力"抬轿子"，那么他对凌驾于溥仪之上的"友邦"关东军头目就是不遗余力倾情"吹喇叭"了。除了上述赋诗挽已死的关东军"大星"之外，不妨再录举其《送荏刘大使还朝》：

> 勋劳太室久书名，烈烈桓桓世共惊。
> 际此在原同急难，方忻伐木赋嘤鸣。
> 祖筵忍听阳关曲，沧海难回使者旌。
> 欲写别怀无好语，临歧万感一时生。[③]

这里，我还要借用罗继祖的一句话："祖父口口声声骂东北军阀，军阀不是不该骂。"[④] 但却遗落了另一句更重要的话：罗振玉声声句句赞日军将士，唯独从未见其有一文一字骂日本侵略者。这是为什么？

实则，无论是前述"名藏太室功无匹"之畑大将，还是这位"勋劳太室久

---

①　王子衡：《九一八前后日寇和汉奸在东北的阴谋活动》，《文史资料选辑》第十七辑，中国文史出版社1961年版。

②　参见陈鸿祥《王国维全传》，第360页，人民出版社2007年版。

③　此诗原载《贞松老人外集》卷四，《罗振玉学术论著集》第十集（下）所录《外集》卷四，删除。

④　罗继祖：《庭闻忆略：回忆祖父罗振玉的一生》，第130页，吉林文史出版社1987年版。

书名"之菱刈隆，什么"百战威声惊异域"，什么"烈烈桓桓世共惊"，罗振玉所颂赞的，不正是怀着鲸吞中国之侵略野心，以"开拓万里波涛，布国威于四方"为基本国策的日本军国主义之侵略罪行么？那位畑大将于"九一八"事变之前（1930 年）死了，而同为大将接任关东军司令官的菱刈隆，[①] 则在 1931 年5 月，即"九一八"事变前夕，就鼓吹"唯满蒙之地，与帝国之国防及帝国之生存，具有很深的特殊关系"，"对满蒙问题作根本性的解决，实乃完成帝国崇高使命之第一步"，[②] 他以此为板垣征四郎等军国主义分子策动"九一八"事变制造舆论基础。

机缘凑巧的是，1933 年 7 月 5 日，罗振玉任伪满"监察院院长"。同年同月 28 日，菱刈隆被日本政府任命为关东军司令官兼"驻满全权大使"、关东厅长官。宣布伪满国号改为"满洲帝国"，溥仪"执政"期满、"登极"伪满"皇帝"等，均由菱刈隆下达命令。迄于 1934 年 12 月 10 日，菱刈隆调任日本军事参议官，由南次郎接替其在伪满所任"三位一体"的职务，近两年时间内，菱刈隆乃是伪满"新国"的实际统治者，伪满"改制"的决策者；而罗振玉则既是溥仪"登极"大典筹备委员，又是以伪满"改制"为"东方'由乱而治'"的"剥复之机"之积极造势者，这就无怪他要为菱刈隆之调回日本，"欲写别怀""临歧万感"了。由诗中之"祖筵忍听阳关曲"，我们可以想见，当这位"大使"调离之际，他们举办了多么盛大而隆重的送别宴会。然而，"嘤其鸣矣，求其友生"。遥想十数年前，王氏兄弟与同学结诗社名"嘤鸣"，那是多么令人神往的"友生"！而今，罗振玉以垂暮之年，去为三千万东北同胞之仇敌赋什么"嘤鸣"之诗，奏什么《阳关》古曲，那是真正的认贼作父，错上加错了！

［之三］ "柏台"已寂唯"弹棉"

当然，罗振玉在"监察院院长"任上，"高厚苦难酬，顾影惭冠鹯"。仅就

---

① 菱刈隆（1871—1952），日本鹿儿岛人，1929 年晋升陆军大将，1930 年任关东军司令官、军事参议官；1933 年 7 月为第十一任关东军司令官兼"驻满全权大使"、军事参议官。

② 〔日〕《现代史料》七，第 145 页，转引自易显石等《"九一八"事变史》，第 88 页，辽宁人民出版社1981 年版。

为官而言，应该说他是颇能在其位谋其事，尽心、尽职、尽责。斯时也，伪满之所谓"国务院""参议府""监察院"三足鼎立。罗振玉深感身居"新国"之"副国级"的高位，头戴"令触不直"① 的"监察官帽"（而非冬烘的"皂帽"），可不能溺职啊！

特别是溥仪由"大同执政"变身为"康德皇帝"，罗振玉乃以"邦基日渐巩固，民生日渐安谧"的赞词，深化其"美新"；同时，发誓要"如武侯尽瘁鞠躬"，拔高包括他本人在内的"我新邦群彦"形象。他要以"痛革奢靡淫佚之风"为己任。于是，继发所谓的《再申告本院僚属》与《敬告内外百僚文》之后，他首先是上疏自请"罢黜不职自微臣始"，制止特任官拿取非法劳金。② 这是罗氏上任以后的第一件"纠风"之事。第二件事是上疏劾"大臣违法溺职疏"，罢"立法院院长"赵欣伯。由"监察部部长"品川主计面呈弹劾意见书及事实，称该立法院院长赵欣伯当"建国"之初，膺受重任，乃不能洁己奉公，整躬率属，竟将该院秘书厅为私权所在，紊乱国家定制，干犯至尊任官大权，乾没职官俸给，种种违法不合，已由本部监察明白，证据确凿，若不究治，无以肃纲纪而戒将来。仗着品川主计的弹劾，终于罢了赵欣伯之职。罗振玉则直至"乞休"以后，犹念念不忘给了他"帮忙"的这位日本"监察部部长"，并赋《弹棉十四韵寄品川主计》彰扬之，移录如下：

> 弹奸如弹棉，愈弹棉愈起。
> 今日公与卿，往者衣或裈。
> 我意执邦宪，所责先首揆。
> 不合舍秉钧，翻自群寮始。
> 大义与名分，实为邦之纪。
> 首出紊朝纲，纠弹乌可已。
> 表枉期影直，那复有此理。
> 鼎足苟先折，云何饬簠簋。
> 我昔持此言，公似不谓尔。

① 廌，《说文》释曰："兽也。似山牛，一角。古者决讼，令触不直。"

② 据罗振玉在疏奏后补跋称，每月由"总务次长"阪谷将全数交"总理"秘书官郑垂，由"总理"具领受证，然后分给所谓的各部院长及次长。

> 今日更语公，倘已契吾旨。
>
> 嗟予抱此怀，先后阅三祀。
>
> 霜简竟无功，毋亦弹棉似。
>
> 濡豪赋此篇，腼颜志吾耻。
>
> 柏台今寂寞，从此废冠豸。①

　　题注"戊寅"，即 1938 年，此时罗振玉业已"乞休"回到了旅顺寓所。应该说，上述揭参非法"劳金"案，与弹劾大臣"违法溺职"案，前者迳揭"责任全在总理"（郑孝胥），后者则直劾"立法院院长"（赵欣伯）违法，在一定程度上堪称伪满大僚政争黑幕之"曝光"。末句"柏台今寂寞，从此废冠豸"，盖"柏台"即古御史台，借指伪监察院；"冠豸"即獬豸冠，为古代法官所戴，借喻伪监察官。罗振玉这位"院长""既获准退休"，其"院"随之关门。他在"寂寞"中运用了俚俗的"弹棉"寄怀，"冠豸"被废虽让他发出无可奈何的叹息，但曾协助他共"弹"的品川其人，在他看来不失为关东军所派人员中"够朋友"的"芳草"。② 这也可算是罗氏四年伪监察院院长任内的最大欣慰了。

------

① 此诗原载《贞松老人外集》卷四，《罗振玉学术论著集》第十集（下）所录《外集》卷四，存。

② 罗继祖于回忆中述及"祖父在职"的"建白"，表彰品川为"十步之内"的"芳草"。按，"十步芳草"，古成语。刘尚《说苑》："十步之泽，必有香草；十室之邑，必有忠士。"又《隋书·炀帝纪》（上）："十步之内，必有芳草；四海之中，岂无奇秀。"

辞官感"圣恩"

1937 年 5 月，罗振玉退休返旅顺寓居。我们从其伪满时期行状中，可见如是记载：

> ［丁丑，1937 年］　五月，乞休得俞允。特赐前官礼遇，退寓旅顺。有《乞休（原题作"归田"）得请，恭纪圣恩兼简朝右诸公》二律，及《还山口占》四绝句。自是遂杜门习静，惟以著述自娱，每春秋佳日，必诣京（指"新京"长春）恭请圣安，及与朋友话旧，留一二月归，岁以为常。[①]

罗继祖《永丰乡人行年录（罗振玉年谱）》曾引录罗氏"辞官获准"，赋《还山口占》四绝句之三："小筑书楼已六年，雕虫岁岁守青毡。传家素业今三世，此事差堪慰目前。"作为传承罗氏学业的"学三代"，罗继祖特重此诗，[②]显然是为着弱化罗氏的伪满高官"礼遇"，使其自谓的"自是杜门习静"的

---

① 陈邦直：《罗振玉传》附《年谱》。
② 参见罗继祖《永丰乡人行年录（罗振玉年谱）》，第 115 页，江苏人民出版社 1980 年版。

旅顺口罗振玉故居（"罗公馆"）

"还山"生活低调化。

罗振玉既然是带着"圣恩"辞官，纵然本着古人"衣绣夜行"之义，也难掩"璀璨"的光环。谨录其《归田》二律如下：

恩深弥感乞身难，得遂初衣敢自宽。
垂老无裨天下事，归来幸饱腐儒餐。
且扶衰病酬明主，犹梦趋朝著鹬冠。
魏阙江湖原不隔，白头永矢寸心丹。

璀璨奎章照坐隅，珍羞络绎饫天厨。
常怀霄壤虚生耻，敢诩朝廷礼遇殊。
抚字黔黎安畎亩，扫除烽燧靖寰区。
老臣此愿何时遂？坐待群公展壮图。

原来，罗振玉"拜"伪监察院院长以后，他曾三次上疏求退，即甲戌（1934 年）就任"现职"一年，"衰病乞解现职"；乙亥（1935 年）"衰病增剧"，"恳恩休致"；同年"为衰病日增"，"再恳辞现职"，但均未"获准"，这就使他"恩深弥感乞身难"，故首律要以"白头永矢寸心丹"表其效忠"皇上"。次律"璀璨奎章照坐隅"，盖谓溥仪历次赏赐给他的手书匾额，从"贞心古松"（溥仪大婚献金）、"岁寒松柏"（1925 年六十生辰）、"言泉文律"（进呈修复东陵银两）、"研精绵帙"（1930 年检理内宫器物），直至 1935 年七十生辰得赏"朴学忠谟"额。"奎章"之外，历次所赏食品有汤圆、暑药、月饼、腊八粥、野鸡、江鱼、馎饦、蜜橘、苹果、炒面、西洋茶点等，这应该就是"珍羞络绎饫天厨"了。罗振玉说，他向来以官高不为、虚生浪死为耻，而今所以"敢炫朝廷礼遇殊"，就因为尚有所愿未遂。其愿安在？一曰"抚字黔黎安畎亩"，也就是要安抚东北民众做日寇的顺民；一曰"扫除烽燧靖寰区"，即扑灭东北境内的抗日烽火。他赋诗发"老臣此愿"，"坐待"着在朝诸公"展宏图"，就是要实现伪满"新国"民顺境安之宏愿。然而，伪满之"帝"溥仪既为傀儡，"帝"下众"臣"皆日本掌控，更有何"图"可展？所以，早在伪满"建国"之初，他就给当时的日本关东军司令官兼"驻满全权大使"（即伪满的实际统治者）武藤信义上书献策，稽古道今，狂赞自去岁"满洲事变"（"九一八"事变）以来，日本赞助"新国"之建立，力谋东亚之"和平"的"伟烈丰功"，并对"尚有极宜注意者"，述其"管见"称：宰治天下，不外畏威、怀德二者。畏威者，以力服人，如以武力戡乱，收效于一时是也；怀德者，以德感人，奠人心于永久是也。他还"以东方历史征之"，说，古代周武王诛殷纣以后，即发钜桥之粟，释箕子之囚，式商容之闾，封比干之墓，归马放牛，示天下不复用兵。盖兵者，圣人不得已而用之，如猛烈之药，以之治病，病退即不可复用。今贵国兴兵除暴，战胜攻取，民固已知畏矣。继是当收拾人心，图长久之治安为急务矣。他更借用"良药苦口利于病，忠言逆耳利于行"，极为肉麻地申言唯仁人能受尽言，故不避"愚戆"，劝告穷凶极恶的关东军头目[①]"不复用兵"！然而，怀着鲸吞中国之侵略野心的日本军国主义者，哪会领受他的这些"逆耳忠言"？果然，在罗振玉"辞官"两月之后的 1937 年 7 月 7 日，日本挑起了全面侵华战争的卢沟桥事变。对此，罗振玉持何态度？忆及于此，罗继祖不由怅然，说，祖父已在老病中，犹痴望"升平"，并且把日军看成"仁义之师"，家人也不敢以所闻禀告。[②] 这应该是实情。

　　不过，欲究其实，罗振玉以侵华日军为"仁义之师"早在"七七"之前。现在，我们回眸中国人民艰苦卓绝的抗日战争，以"九一八"沈阳事变为起

---

①　罗振玉为之上书献"忠言"的武藤"大使"，于 1933 年 7 月 27 日病死长春，被授男爵勋位。

②　罗继祖：《庭闻忆略：回忆祖父罗振玉的一生》，第 170 页，吉林文史出版社 1987 年版。

始，历时十四年（1931—1945）；而"七七"卢沟桥事变，则为全国全民族抗战揭开序幕。罗振玉赋诗颂赞侵华日军，肇始于其"九一八"后六次"渡辽"，而凝注于其五言排律《东方有一士》，其诗题虽出陶诗，[①] 而立意则在标榜罗氏乃绝对忠实于日本及伪满的"东方一士"（而非"中国一民"！）；诗中有"丰镐王气在，日月重光莹"，盖以日军侵占我东三省，建立伪满洲国为"日月重光"；"翘首傒王师，何日指幽并"，亟赞挑起"九一八"事变之关东军"兴兵除暴，战胜攻取"，是"仁义"的"王师"！还须注意，罗氏此诗写于1934年，而在上年的"长城抗战"（1933年3月）中率先唱响了"大刀向鬼子们的头上砍去"的我燕赵（古亦称"幽并"）慷慨抗日之地，在罗氏笔底竟然成了"翘首"等待着"鬼子兵"到来的"王道乐土"！如此礼赞"王师"，正是基于其"靖寰区"的"宏愿"。为虎作伥，莫此为甚！

长侄女从战火中来

当然，罗振玉并不讳言，他"自移寓辽东，见闻日隘"。除了学问方面，还有民情之见、时局之闻皆有所囿，尤其是在他以逾七旬老人退休"山居"之后。日本以灭亡中国为根本国策，发兵大举侵华，我神州大地战火遍地。我们从他"拨闷朝来但赋诗"中，虽亦偶见"莺花正三月，烽火望南天"（《辽海续吟·送鲁山侍郎南归》）之句，但他对日寇惨无人道的侵略暴行，完全隔膜。直至1938年春，亲历了"八一三"淞沪战火的长侄女罗庄（孟康）自上海前来旅顺探亲，这才算有了"南天"的战火悲摧，显于其笔底：

> 千艰百苦兵中来，握手悲喜颜为开。
> 三月音书断鱼雁，万家劫烧成污莱。

---

① 陶潜《拟古》九首之六，起句曰："东方有一士，被服常不完。"罗诗则以"东方有一士，乃以忧患生"起兴。

流离那计全性命，仓皇矧复携童孩。

夜阑秉烛疑梦寐，为言往事余悲摧。

罗振玉此诗题为《孟康佺女由南浔避兵大唐兜，三月不得消息。比冒险赴沪，幸得生全。远来视予，赋赠之》。

罗庄和诗，题为《被兵脱险渡辽省伯父母敬步伯父原韵》：

春风送我辽东来，阳和嘘拂沈郁开。

方寸俄如拔荆棘，此身讵异登蓬莱。

量松种竹随杖履，分梨得枣犹童孩。

慈恩高厚那得报，深宵伏枕翻心摧。[①]

可以想见，"春风送我辽东来"，罗庄初入面海背山的将军山上之罗氏鲁诗堂，当在"暮春三月，草木华滋"之时。但见樱花盛放的海滨，"此十人十，载酒看花"，[②] 怎能不令她有忽如"登蓬莱"的飘忽之感？然而，"深宵伏枕翻心摧"。她又怎能忘忽了"首爆于卢沟桥"的战火蔓延各地，"七月八日（1937年8月13日）九时沪上亦开火"！租界、外滩，莫不在轰炸中"陈尸狼藉，血肉纷飞"。罗庄则逃往外子周子美老家浙江南浔，避难于一个叫大唐兜的村庄，并撰《丁丑浔溪避兵记》，记下了浔镇陷落，"外军"（日寇）烧杀劫掠之暴行。而在九月十六日（1937年10月19日）日军侵占浔镇所抢杀之无辜平民中，即有周子美的两位堂姊婿。又记日军从浔镇外出至四乡劫掠，凡"有抗拒及奔跑必遭枪杀"。罗庄还记有因病闭户躲在内屋的惊险一幕：

顿闻门外语声嘈杂，宛如昔年之居西京（京都）。且闻捉鸡声、追豚声、狂笑声，不久而寂。盖见此村荒凉，又去而之别村也。

罗庄原是做了万一被日兵抓获则投水自尽的精神准备，而"此村荒凉"，

---

① 罗振玉此诗，载《辽海续吟》。罗庄和诗并附罗氏原诗，及以下所引《丁丑浔溪避兵记》，具载《初日楼遗稿》。

② 摘引罗振玉《辽居稿》序中文句。

总算救了她一命！试观此记与其《海东杂记》所记"昔年（1912 年）居西京"所见"风俗淳美""田夫野老接人恭谨有礼"的情状，形成了多么强烈的对比！

很快到了寒冬腊月。罗庄在周子美陪伴下离开大唐兜，途经乌镇借宿于刘承干（翰怡）开设之"质库"（当铺古称），受到热情招待。过了新年初一，自南浔辗转返沪，罗庄特记有"雇舟至青浦，途中若干里不见一人，并鸡犬无之，惟浮尸甚多"，尤其是旁靠我军与日寇激战的上海近郊，但见：

> 抵朱家角，则气船舱位已满，只得高踞船顶，初九启椗，初十晨曦甫上，人云距沪已不远，则岸旁错落皆兵士尸体，服装完整，冬寒不坏，状如偃卧，惟上有严霜蔽之，其白如雪。所谓"无定河边骨"者，非耶？呜呼，惨矣！

罗庄所引者，是晚唐诗人陈陶《陇西行》（之二）中的名句，原诗如下：

> 誓扫匈奴不顾身，五千貂锦丧胡尘。
> 可怜无定河边骨，犹是春闺梦里人。

以古喻今，多么悲壮、多么惨烈！笔者生当抗战之年，家居沪郊南翔乡间。"八一三"淞沪激战，张治中将军之前敌指挥部即设于斯镇。战事吃紧，母亲雇人挑着襁褓中的我逃难到了较为偏僻的西乡，恰为罗庄途经的青浦朱家角。后来听老母讲述返回途中所见大河小浜皆浮尸，适如罗庄所记（其中有许多是被砍杀的无头尸，则未记及）；而"岸旁错落皆兵士尸体"，罗庄特以"服装完整"，表示了他们乃是我英勇杀敌、誓扫日寇的抗日将士。面对这无数为国捐躯的无名英烈，如果还要以"王师"去礼赞敌寇，将置自身于何地？所谓"重君轻国，一念之所误"，说的是"敦重名节"的伪满"尚书府大臣"袁金铠，此人曾严词反对袁世凯称帝，却"独重于溥仪称伪号"。自命清室遗老的郑孝胥、罗振玉，"亦无不如是"。[1] 这个"重君轻国"之说，直白言之，就是不管你在伪满干了啥，统由"末代皇帝"溥仪罩着；要讲"背叛祖国"，那也

---

[1] 金毓黻：《袁金铠别传》，《吉林文史资料》第四辑，第 262 页，吉林人民出版社 1983 年版。

得去跟溥仪算账。实则，国之不存，君又安在？这无非是要以"重君"之名，既自释其背叛祖国之负罪感，又遮蔽其借伪满"新国"媚日求荣的当年劣迹。于情于理，皆说不通，是谬妄之言、欺人之谈。我们何能再任其谬种流传耶！

为花园口黄河决堤赋诗

且说罗庄来到旅顺之际，乃日本侵略者灭亡中国的气焰正盛之时，罗振玉继而有《闻关内近事感赋》，诗云：

> 聚铁又闻成大错，条山敷水愿难酬。
> 厉阶为梗将难止，民瘼方深不小休。
> 在昔曾传天倚杵，而今安有地埋忧。
> 怀襄底绩思神禹，终冀滔天得顺流。

罗继祖曾摘取诗中"在昔曾传天倚杵，而今安有地埋忧"，及《辽海续吟》中其他几首诗作的诗句，说罗振玉晚年完全陷入了"回忆和忏悔"的痛苦之中。愚见以为，这未免望文生义，完全解错了！

试以这首《感赋》为例。忧固有之，悔则绝无。诗以"聚铁"起兴，乃取意于罗氏庚子（1900年）八月奉张之洞电召赴鄂，途经南京所赋《白门感事》诗："野人但祝休兵早，铸戟长耕陇上田。"[①] 盖"聚铁"犹言"铸戟"，就是弭兵，就是罢战。罗振玉遥望南天战火，不由回忆起了庚子之变八国联军攻入北京，而长江以南幸有"东南互保"，算是保住了太平景象。在他看来，而今就连号称"国都"的南京亦已被"王师"（日军）攻占，岂料非但未能达成休兵，反而战火愈燃愈烈！

这就是其首联起句"又闻"之"大错"所在。次句"条山敷水"，则取意

---

① 关于《白门感事》之说解，参见本书第九章《赴鄂途中"祝休兵"》一节。

于王国维辛丑（1901 年）《杂感》诗之"驰怀敷水条山里，托意开元武德间"；而王氏之感怀，又出诸罗、王共同爱诵的陆游剑南诗："颇闻王旅徂征兵，敷水条山兴已狂。"[①] 盖"旅"者，师也。说的是陆游得知南宋行将出师北伐，使他这八十老汉欣喜若狂，直感山也欢来水也笑！这不正是其绝笔之作"王师北定中原日"之愿景么？不过，应当注意的是，王国维赋辛丑《杂感》"驰怀""托意"，乃针对彼时之"辛丑变法"（1901 年），举国若狂的"中兴"妄想而发。而今，罗氏之"愿"，则是要先迎溥仪称帝"满洲国"，而后仗"友军"（或曰"王师"）相助，再入主关内，"中兴"大清。

那么，罗振玉之所忧安在？除了担心侄女罗庄身历的"南天"抗战烽火波及伪满，影响"圣上（溥仪）为永久统治满洲国皇帝"之外，他实在是恨自己的这个由"王师"发兵，"仗义帮助"溥仪"复兴"全国之愿难以实现。颔联"厉阶为梗"，从词义上说，"厉"即是恶。昔日，王国维作《颐和园词》，曾以"今来劣受厉人怜"，痛诋以"优待皇室八条"逼清帝逊位的袁世凯。而今，罗振玉所斥之"厉阶"，语出《诗经》"谁生厉阶，至今为梗"（《大雅·桑柔》），训为"祸端"，落实到人，就是为卢沟桥事变而发表"庐山谈话"之蒋介石。罗振玉在诗中以"民瘵方深"指斥蒋氏宣布"战端一开"，那就"地无分南北，人无分老幼，皆有抗战守土之责"的号召。所谓"民瘵"出自《诗经》"邦靡有定，士民其瘵"（《大雅·瞻卬》）。"瘵"者，病也。罗氏以全民奋起抗日为"民瘵"，其自身之"瘵"，看来倒是真正深入膏肓了。实则，早在致武藤"大使"的书信中，罗振玉就声称："中国二十年乱事日亟，实启之于孙文，成之于袁世凯，行之于蒋介石。"疾呼：今贵国若与以援助而"谋三国之亲善"，是"种黄稗而求嘉谷，养鸮鵰而为鸾麟也"！

必须严正指出，罗振玉称中、日及伪满为"三国"，这本身就是自外于祖国人民彻头彻尾的助敌叛国之论。而所谓"收拾北支时局"，即日本图谋侵占华北，建立第二个伪满洲国。可断罗氏此信写于武藤信义病死前夕，此时蒋介石抛出"攘外必先安内"，逼令奋起长城抗战的我军将士停止抗日，掉转枪口"剿共"打内战，严令"言抗日者，杀无赦"！而罗振玉所称当时日本政局之

---

① 陆游：《睡起已亭午终日凉甚有感》，《剑南诗稿》卷五十八。按，关于王氏辛丑《杂感》及其所引陆游诗之析解，参见拙著《王国维传（新版）》，团结出版社 2019 年版第四章第一、二节。

"有力者"，盖指叫嚣"用武力征服东亚"的日本陆相荒木贞夫（此人亦即内藤湖南为罗氏倡印《清实录》而争取的支持者）。罗氏给日酋写信历数"蒋介石病民之罪"，誓不与蒋氏"共戴天"等，究其实，乃是唯恐日本军政当局掉头援助蒋介石，而抛却了溥仪这个傀儡。所以，他"年垂七十，于世无求"，"心所谓危"者，就在于：

> 满洲新国，北邻暴俄，南与中国尤密迩，虎狼在侧，焉能保一日之安？满洲不安，于贵国利害何如？于东亚和平何如？此亦不待智者而可决者也。

这不正是他的"地埋忧"之忧心所在么？若谓这样一位与日寇沆瀣一气，将中国及苏俄并称"虎狼"的"东方一士"，竟然因"壬申与役"（1932 年），参与"满洲新国"的"建国"而忏悔终老，你能信吗？

然而，这里也用得上不可因人废言这句老话。我们不可不注意的是，罗振玉这首闻关内"近事"有感而赋之诗的末韵："怀襄底绩思神禹，终冀滔天得顺流。"其所感究为何事？"怀襄"，出《尚书·尧典》："滔滔洪水方割，荡荡怀山襄陵。""怀"训"抱"，"襄"训"上"，译成白话，就是洪水滔天，把高高的山陵都淹没了。于此，罗振玉端出了他所感的"近事"之"底"：1938 年 6 月 9 日，国民党军炸开郑州东北花园口黄河大堤。这当然是国民党军政最高当局蒋介石下令炸的。花园口大堤炸开，洪水滔天。而反观当时抗战之局，此举之目的，在阻滞日军夺取郑州，进攻武汉，却导致了河南、皖北、苏北四十余县的大片土地被淹，形成了连年灾荒的黄泛区，给广大人民带来了深重的灾难。

我们还记得，刘鹗《老残游记》写黄河"大汛到啊"，滔滔黄水"一天长一尺多"，十来天时间水淹"一两丈高"；而今炸堤决口，滔滔黄水就非"大汛到啊"可比。不是"一天长一尺多"，而是瞬间激浪冲天，多少生灵葬身鱼腹！这个花园口炸堤事件，不是什么秘闻，抚今追昔，令人感慨万端！我以为此时此际，罗氏发"神禹"之思，确可视为道出了其悲怜苍生之襟怀。

所以，我们还可以说，这首立足于反对中国抗战，又颇为花园口黄河炸堤感慨的"近事"诗中，显现了在伪满与故国之间首鼠两端的雪堂老人之真实心态。仅就此言之，谓他在桑榆晚景中，对自己投身伪满，"半壁苟安，殊乖初愿"，"兵戈扰攘，亲戚流离，松楸荒芜，铜驼荆棘"，而"悲天悯人，辄潸然泪下"，[1] 故不无忏悔之意，差近情理。

授杜诗之愚忠

在此期间，罗振玉除了赋诗摅怀，还用"授读"的方式，选录他心仪的古代诗人之诗，首先是杜诗，卷首有他写的序，略谓：

> 予往岁遍览历代名作，悬先圣论诗之旨，求之二千余年间，于晋得陶令，于唐得工部，于宋得渭南，而白傅新乐府，亦深得风人之旨，曾拟集录四家，合为一集。顾以陶文毅公集注陶诗，尽美且善，无烦更录，爰先手录杜集，约之又约，得百余篇，付长孙继祖集录前人评注，编为一卷，颜之曰《杜诗授读》，将以传之家塾，贻我后人；至白、陆两集，即拟赓续成之。[2]

王国维早年撰《文学小言》，曾有"三代以下之诗人，无过于屈子、渊明、子美、子瞻"的"四子"之论。[3] 王氏从诗词文学之宏观上，推崇者四人：屈原、陶潜、杜甫、苏轼。罗氏则由诗的角度，赞赏者亦四人：陶潜（陶令）、杜甫（工部）、陆游（渭南）、白居易（白傅）。趁此，我们不妨就诗学方面，略述罗、王对以上诸家之鉴赏。首先是皆喜陆。"差喜平生同一癖，宵深爱诵剑南诗。"王国维早岁曾有题罗氏《三十小像》诗，可谓尽道两位老友自少至壮对陆诗的同一之癖。又同赏苏轼。王国维将苏、屈、陶、杜并列为四大"天才者"，而罗氏此序述"少陵崛起"，誉之为"玉振金声、集大成"之诗圣，还

---

① 王季烈：《罗恭敏公家传》，《罗振玉传记汇编》，香港大东图书公司 1978 年版。
② 《杜诗授读序》，《后丁戊稿》，《罗振玉学术著集》第十集（下）。
③ 王国维：《文学小言》十七则之六，《静庵文集续编》，《王国维遗书》第五册。

特引苏轼"以杜诗比之昌黎之文、鲁公之书"，称之为"莫能易"的不刊之论。我想，这或许缘于东坡既为"唐宋八大家"之一，又是罗氏倾心收藏其手卷遗墨的大书家。至于白居易，罗氏似更偏重于传统，即推赏其"新乐府"，而王国维以《颐和园词》著称艺林，故特着眼于"长庆体"，推重白傅《长恨歌》之壮采。① 罗、王对陶渊明，则"名""节"并重。按照罗氏所述，本拟集录陶、杜、白、陆四家为一集，唯陶诗有"陶文毅公集注"，亦即清嘉道年间陶澍之《陶渊明诗辑注》（并撰《陶桓公年谱》），其辑注既"尽美且善"，故"无烦更录"了。白诗虽未及选录，但提出"新乐府"之名，更以"诗歌合为事而作"著称的白居易，被晚岁罗振玉"杜白"并重，加以推赏，这是有见地的。

《杜诗授读》书影

当然，罗振玉选诗，乃是为了"传之家塾"、授读孙辈，故特重于"诗教"。那时住在罗家的一位亲戚兼家庭教师沈信夫，讲到罗氏如何选录《杜诗授读》，云：

> 先叫家庭教师拟出选目。他对家庭教师说，要以杜甫的麻鞋见天子的忠君思想为中心。以"移官启至尊"的哀而不怨精神和"明朝有封事，敢问夜何如"的负责态度为宗旨，最后要体现出"每依北斗望京华"的耿耿愚忠，显然这就是他的自我写照。②

罗振玉强调，要以"忠君思想为中心"选杜诗，何故而特重"麻鞋见天子"？此乃杜甫原句，出自《述怀一首》：

---

① 参见王国维《人间词话》手定稿六十四则之五八。

② 沈信夫，《罗振玉晚年二二事》，转引自罗继祖《鲁诗堂谈往录》，第61页，上海书店出版社2001年版。按，继祖先生告余："沈信夫乃遯园公（罗振常）连襟之子，现在北京崇文区，为区政协委员、退休教师，工于诗。"并手书沈君《游瘦西湖》："名比西湖瘦，人稀迹静幽。圆萍碍短棹，曲水映层楼。绿荫鱼儿唼，黄昏燕子浮。雨宜晴亦好，久别到扬州。"摘自罗继祖1992年9月18日致笔者函，自署"甘孺八十翁"。

去年潼关破，妻子隔绝久。

今夏草木长，脱身得西走。

麻鞋见天子，衣袖露两肘。

朝廷愍生还，亲故伤老丑。

涕泪授拾遗，流离主恩厚。

……

杜诗号称"诗史"。[①]杜甫的这首五言古诗写到了唐玄宗天宝十四年（755年）爆发的"安史之乱"。"去年破潼关"，即安史之乱，潼关失守（天宝十五年，756年）；今夏"脱身得西走"，即杜甫只身逃出长安，投奔凤翔，"喜达行在所"，见到了刚即位的肃宗皇帝（至德元年，757年），拜左拾遗（八品谏官）。看来，罗振玉是以杜甫从暴乱中脱险，"麻鞋见天子"的这番经历对号入座，衬托他"甲子扈从"，特别是为迎溥仪"莅东"，"敝裘席帽走风尘"，奔波"渡辽"的忠君行动。

"夔府孤城落日斜，每依北斗望京华。"（《秋兴》八首之二）这是杜甫身居四川夔州，想望长安，感慨国事之名作中的点题之句，而罗振玉则以此为体现了老杜"耿耿愚忠"。所以他的《杜诗授读》，完全立足于忠君，被他取名为"授读"的这个选本，于戊寅（1938年）之夏成书，[②]起自五古《游龙门奉先寺》，结于五绝《江南逢李龟年》。序所谓"约之又约，得百余首"。据权威统计，杜诗"现存一千四百四十余首"，[③]罗振玉此书，其入选率约当十分之一稍强。杜诗名篇，若"三吏""三别"，以及杜甫早岁的《望岳》等脍炙人口的篇什，悉在"授读"之中。

---

① 杜甫（712—770），字子美，自谓少陵野老、杜陵布衣，出生于河南巩县，初唐诗人杜审言之孙。有《杜工部集》六十卷，原书已佚；后经辑集为二十三卷，其通行本系清代仇学鳌《杜诗详注》，有诗二十三卷，赋、表等杂著二卷，附年谱、序文、题咏等。

② 《杜诗授读》，署上虞罗振玉录，孙继祖校注，伪满"东方国民文库"刊行。

③ 郭沫若：《李白与杜甫》，第100页，人民文学出版社1971年版。

集放翁诗之心绪

1938年秋，罗振玉又经反复斟酌，从陆游号称"诗万首"的《剑南诗稿》中选录二百余首，为《陆诗授读》，并作序追忆自己六岁入塾受《毛诗》时的情景，他的父亲尧钦公曾取案上浣花、剑南两集，命他去读，说："汝读此，久自得之。"序中他特别记述了十六岁这一年，返里（原籍浙江上虞）应童子试，在随父北归（返淮安）途中"论诗谭艺"的一段往事，云：

> 父执萧山单隶华广文（儒学教官）恩溥附舟至吴门（苏州），日与先大夫（罗父尧钦公）论诗谭艺，先大夫忽问予："往者授杜、陆两集必已熟读，汝往者之疑已涣释否？"予乃以所知对。广文倾听，为之莞尔。先大夫又问："两家诗汝试举最服膺之章句为何？"予对曰："杜诗'致君尧舜上，再使风俗淳'。陆诗'外物不移方是学'，窃慕斯语。"广文瞿然执予手，贺先大夫曰："此子异日成就必远大，不可以儒生限之。寂寞人寰，何幸得此小友，将拭目以俟之矣。"予因以往昔所集陆诗"外物不移方是学""百家屏尽独穷经"二句求广文作楹帖，广文欣然命笔。此予童年所得于庭训与父执所期许者如此。[①]

此次应试，罗振玉以第七名入县学（考中秀才），尧钦公则于归舟中命其在挚友隶华老先生面前说出两家诗中"最服膺之章句"，实在颇有些《红楼梦》中贾政命宝玉当着众长者"试才题对额"的韵致；而罗氏"少年意气正纵横"，恰好以诗文展才学。需加说明的是，罗振玉所称浣花、剑南两集，盖以"剑南"指称陆游诗集，因陆游中年入蜀任夔州通判，后虽"趣召东下，然心固未尝一日

---

① 罗振玉：《贞松老人外集》卷一《陆诗授读序》，《罗振玉学术论著集》第十集（下）。

忘蜀也"，并题其平生所为诗曰《剑南诗稿》;① 而"浣花"② 乃是借以代称杜甫，盖杜甫被贬官流落剑南，依严武（剑南节度使），表为节度参谋检校尚书工部员外郎，居成都浣花溪（里），其诗文集则曰《杜工部集》，两者非可混同。

那么，罗振玉当年所集陆诗之句究出何章？罗继祖《永丰乡人行年录（罗振玉年谱）》，引录了罗氏"乞作楹帖，棣华欣然命笔"的这两句陆诗，说"乡人好读剑南诗，自号陆庵，应在是年前后"，甚确。不过，对于展示了少年罗氏"异日成就必远大"的诗句，若连其出处都懵然不知，那显然是说不过去的。所以，为了让今天的读者明明白白，赏其句又能知其来处，我们无妨学个"宝哥哥偏寻根究底"，补录陆游原诗。

罗氏所集陆诗第一句，原诗题为《朝饥示子聿》，全诗如下：

> 水云深处小茅次，雷动空肠惯恶饥。
> 外物不移方是学，俗人犹爱未为诗。
> 生逢昭代虽虚过，死见先亲幸有辞。
> 八十到头终强项，掀将衣钵付吾儿。
>
> ——《剑南诗稿》卷四十六

第二句，原诗题为《自咏》，全诗如下：

> 满梳晨起发凋零，亭午柴门未彻扃。
> 万事忘来尚忧国，百家屏尽独穷经。
> 楠枯倒壑虽无用，龟老樗床故有灵。
> 梦里骑驴华山去，破云巉绝数峰青。
> （十二月十二夜梦实有此，故识之。）
>
> ——《剑南诗稿》卷四十九

---

① 陆子虞：《剑南诗稿》跋。陆游（1125—1210），字务观，号放翁，越州山阴（今浙江绍兴）人，赐进士出身，中年入蜀，任军中职务，力主抗金屡遭打击，晚归故里。毕生致力于诗歌创作，著述甚丰，有《剑南诗稿》（八十五卷）、《渭南文集》（五十卷）、《老学庵笔记》（十卷）、《南唐书》（十八卷）等。

② 《浣花集》，五代前蜀韦庄诗集（未收入其长诗《秦妇吟》），十卷，有明代毛晋刻本。

这两首诗，毫无疑问应在罗氏《陆诗授读》入选篇目之内，而罗氏标举其少年时代所集陆诗服膺之句，即出此两诗。浅俗一点讲，"外物"就是身外之物，功名利禄，纵然"饥肠雷动"，亦不为所移，那才是做学问啊！"穷经"则专指攻读儒家经典，虽有诸子百家，亦不为所惑。两者相合，既是勉学，更是励志，这不正是他老人家所以要"授读"陆诗的旨趣之所在吗？也可以说，这是"陆庵"老人于"诗教"中巧行"身教"：不仅以他自己的学术成就证实了早年长辈"拭目以俟"对他远大未来之期许，而且要以此激励儿孙辈奋发有为。

罗振玉在"授读"的同时，还赋诗咏陆游则别有寄托了，例如《读渭南诗》：

> 放翁余事作诗人，梦想中原瘁此身。
> 老学庵成祠禄罢，江山半壁太平民。
> （放翁有"生长兵间老太平"句。）

这首七绝，实为罗氏借陆述怀。陆游晚岁退居山阴故里，自咏其斋，诗题即为《老学庵》，并有题注，云：

> 予取师旷"老而学，如秉烛夜行"语，名庵。

谨录陆游原诗如下：

> 穷冬短景苦匆忙，老学庵中日自长。
> 名誉不为心自肯，文辞终与道相妨。
> 吾心本自同天地，俗学何如溺秕糠。
> 已与儿曹相约定，勿为无益费年光。
>
> ——《剑南诗稿》卷三十三

陆游以宝章阁待制的官衔致仕，当他赋诗自咏其庵之时，已是"老翁七十亦何求"（《山行》）了。罗振玉《读渭南诗》中所谓"祠禄"，原是朝廷赐予大臣的"退休（致仕）待遇"。① 然而，到了陆游八十高龄以后，这仅有之"禄"也被罢了，且看其《自咏》（二首之二）：

> 茅舍萧条似宝坊，老人终日对炉香。
> 学荒自笑身空在，禄尽谁知寿更长。
> 陂水蘸隄常滟滟，麦苗覆块已苍苍。
> 经行更有欣然处，四野鉏耰满夕阳。

——《剑南诗稿》卷七十九

看来，"禄尽"之后的陆游，就只有在老学庵里吟诗度日了。其艰困之状，能不令罗振玉感叹？而诗以"太平民"收尾，则是罗氏庆幸其晚年平安退休"归田"，美化日寇统治下的伪满之"太平"景象，故他还特别加注引录陆诗"生长兵间老太平"之句。然此诗句，盖可见于放翁不同之两诗。其一，《纵笔》四首之三：

> 拖得乌藤到处行，看山看水眼犹明。
> 但期少健游潼华，岂必长生似老彭。
> 一纳青鞋吾事了，半瓢绿酒万缘轻。
> 安知不作希夷叟，生长兵间老太平。
> （予生于宣和末，遇虏祸，间关东归，又避地数年。）

——《剑南诗稿》卷四十八

其二，《散步湖隄上时方濬湖水面稍渺瀰矣》：

> 老觉人间万事轻，不妨闲处得闲行。
> 西山鸟没暮云合，南浦隄平春水生。
> 孤操不渝无鹤怨，淡交耐久有鸥盟。

---

① 宋制：大臣辞免官职之后，以管理道教宫观的方式领取俸禄（挂名食禄），以示优抚。"宰相级"的王安石、吕公著等均享受过这一礼遇。陆游归里后曾两获"祠禄"。

先民幸处吾能胜，生长兵间老太平。①

（邵尧夫自谓"生于太平，老于太平，为太平之幸民"。彼岂知幸哉！若予生于乱离，乃老于太平，真可谓幸矣。）

——《剑南诗稿》卷五十

还应当注意，罗氏既为其诗取题"读渭南"，就不会不读陆游自咏之作，其诗题曰《恩封"渭南伯"，唐诗人赵嘏为"渭南尉"，当时谓之"赵渭南"，后来将以予为"陆渭南"乎？戏作长句》，谨录如下：

老向人间久倦游，君恩乞与渭川秋。
虚名定作陈惊坐，好句真惭赵倚楼。
栈豆十年霜病马，烟波万里著游鸥。
就封他日轻装去，应过三峰处处留。

——《剑南诗稿》卷七十五

当然，罗氏诗咏"渭南"，更要者还在破题对"余事作诗人"的放翁"梦想"之怅然感怀。诗云"中原瘁此身"，殆谓陆游《示儿》：

死去元知万事空，但悲不见九州同。
王师北定中原日，家祭无忘告乃翁。

——《剑南诗稿》卷八十五

这是公认的陆游绝笔，实亦为八十五卷"剑南诗"的压卷之作。我们可以这样说，无论著论中国文学史，还是选注历代诗词名篇，这首昭示了放翁"未完的心事和无穷的希望"之"悲壮的七绝"，② 当在必论必选之列。

---

① 罗氏赏赞剑南"生长兵间老太平"之句，盖泝流觅踪，实早见诸东坡集中，其诗曰："生长兵间早脱身，晚为元祐太平人。"（苏轼《送乔仝寄贺君六首并序，且作五绝句以寄贺》之一）而放翁于相近二诗中，复用同一诗句，并不惮其烦加注自赏，辄遭致后人讥陆游诗，"句法稠叠，令人生憎"（《曝书亭集》卷四十二《书剑南集后》），殆非偶然，近人钱锺书更详摘剑南诗中"复句"，以证"心思句法，复出重见，无如渠之多者"。参见钱锺书《谈艺录》（补订本），第 126 页，中华书局 1993 年版。

② 钱锺书《示儿》注，《宋诗选注》，第 192 页，人民文学出版社 1994 年版。

雪裏開花到歲晚 興間耐久就如君倔

欄顛息無人會 三十年前宴海雲放翁也

茶花詩 書齊鳴祥同志白門廿鴉 羅繼祖

罗继祖手书陆游《山茶花诗》条幅

然而，仅就罗振玉的上述"读渭绝句"言之，他实在是明着说出了一半，借陆诗自况其在伪满做了"太平民"，却遮掩了欲说还休的另一半，即放翁"未完的心事和无穷的希望"——"王师北定中原日"。罗继祖忆及《辽海焚余稿》最后附有《惩前毖后密陈管见疏》，"下注戊寅"即1938年，罗氏"密陈八事"为：一、坚持"复辟"；二、借款四五千万以恤兵区遗黎；三、专力抚绥；四、用人维贤；五、抚恤乱民，予以生路；六、崇民信；七、和民志；八、省法令。这八事难道是他做了"退休老人"闲得无聊而在画饼充饥吗？非也！罗继祖说，这"都是就日后万一日本迎请溥仪入关说的"，[1]亦即此乃其"绸缪之计"。由是可知罗氏此时此际选诗或赋诗之"梦想"，乃是"王师北定"——实现日本鲸吞中国的疯狂侵略野心，再迎溥仪"入关做第二次傀儡皇帝"。这样看来，罗氏"授读"陆诗，较之自逞"耿耿愚忠"的"授杜"，要更贴近其晚岁之心所祈、思所谋。序称"予既手录杜诗百余篇以授长孙继祖，更录放翁诗二百余首为《陆游授读》"，则其所录篇数仅及现存陆诗九千三百余首[2]的百分之二三。罗继祖《永丰乡人行年录（罗振玉年谱）》内记有"入秋又续钞陆诗二百余首为《陆诗授读》"；[3]唯在撰成于伪满的《罗振玉传》中，却仅有"选录《杜诗授读》一书"。[4]然则，罗

---

① 罗继祖：《庭闻忆略：回忆祖父罗振玉的一生》，第125页，吉林文史出版社1987年版。
② 游国恩等主编：《中国文学史》（三），第97页，人民文学出版社1982年版。
③ 罗继祖：《永丰乡人行年录（罗振玉年谱）》，第117页，江苏人民出版社1980年版。
④ 参见陈邦直《罗振玉传》。

氏当年所录，或仅有篇目，并未选录成书，渐成有序无书，也就无从确知其实际"授读"的二百余首陆诗了。这当然是一桩憾事。

在"授读"杜、陆二家诗的同时，罗振玉还亲自编选了一本文集，叫做《清文雅正》。从顾炎武以迄于王国维，在浩如烟海的近三百年之清文中，选录二十四家、凡一百零二篇。[①] 特取乾隆即位时授吏部侍郎迁都察院左都御史孙家淦"畀以风纪之重"的疏为"带头篇"，[②] 显然是要将孙家淦引为他这个伪满监察院院长的楷模，更借此讽谏溥仪须远身边的小人而近他这样的"君子"。

传古二三事

罗振玉在天津曾以他的嘉乐里住宅的"门面房"开办了个"贻安堂经籍铺"，迁居旅顺之后又有个印制与销售他所编著或校刊的古籍的书店，叫做墨缘堂。有石印机器和几名印刷、装订工人，罗氏来旅顺后所著书都是自家石印的。墨缘堂地处大连市中心（旧名纪伊町，今为该市中山区鲁迅路），罗氏自印之书，以"墨缘堂书庄"营销，并有墨缘堂编订《贞松堂校刊书目》，凡二百八十二种，其中上卷一百五十二种，下卷九十一种，附外编三十九种。卷末有《新订外埠书庄代售本店书籍条例》，落款署总代售处大连纪伊町五十一番地墨缘堂书庄，先后由福成、福颐经理。由此可知墨缘堂因"管理乏人，生意清淡"而由大连搬至旅顺，[③] 那应该是在 1937 年春罗氏退居旅顺，介绍罗福颐去沈阳伪博物院做"学艺官"之后的事情了。

罗振玉还以汉熹平石经残字中所得"亡于西晋"之鲁诗，名其筑于旅顺将

---

① 所选二十四家及篇数：孙家淦一、王国维一、张尔岐十、方苞二、沈德潜六、袁枚一、钱大昕十九、焦循十一、韦协梦一、夏之蓉一、姚鼐一、陈祖范一、全祖望四、汪中九、朱彝尊十、陈确一、彭升二、顾炎武七、潘耒二、段玉裁一、张惠言一、杭世骏一、鲁九皋一、徐枋一、魏禧一。

② 《清史稿》卷三百零三《孙家淦传》全文录入此疏，文字与罗氏《清文雅正》稍异。

③ 关于墨缘堂创始，及溥仪《我的前半生》"漏洞百出"的"谣言"等，可参见罗继祖《庭闻忆略：回忆祖父罗振玉的一生》，第 106—107 页，吉林文史出版社 1987 年版。

《汉熹平石经残字集录》书影

军山巅之新居的书斋曰鲁诗堂。① 自此，鲁诗堂集录与考释汉石经，成为罗振玉晚年最重要的学术活动之一。所谓汉石经，通俗地讲，就是东汉灵帝（刘宏）熹平年间（172—177），刊刻于石碑上的包括《诗经》在内的儒家经典。按照罗氏考证，历代刊刻石经，肇于汉熹平；《隋书·经籍志》始谓"后汉镌刻七经著于石碑"。② 自己巳七月（1929 年 8 月），至庚午暮春（1930 年 4 月），罗振玉先后写定于鲁诗堂之《汉熹平石经残字集录》凡四集，并依次为序。③ 戊寅（1938 年）中秋，罗氏为《汉熹平石经残字集录》增订本补撰后序，前后适为十年，成书二卷，计七经之文总得五千五百九十三言，诸经校记一百八十言，合以序记残

石，总得六千一百六十三言。④ 他将此十年间所得洛阳汉太学遗址之石经，统名曰"鸿都遗经"，并视此为近世中国一大学术发现；而他的这部熹平石经集录，乃是继王国维《魏石经考》之后，考订汉石经创获最巨、审释最精的研究成果，既是他"平生得意之作"，⑤ 也是他晚岁传古最杰出的业绩。

此外罗振玉就任伪满监察院院长的癸酉（1933 年）之秋，借用旅顺肃亲王善耆府邸，设立"大库旧档整理处"（亦称"库书整理处"），先后编印《明季史料零拾》《国朝史料零拾》（罗福颐编辑、墨缘堂印刷）。在此期间，罗振玉还倡议集资影印《大清历朝实录》，⑥ 这算是他晚年另一项传古业绩。

---

① 《鲁诗堂记》，《辽居稿》，《罗振玉学术论著集》第十集（上）。

② 罗振玉：《汉熹平石经残字集录序》，戊寅年增订本，《贞松老人遗稿乙集》之三。

③ 《汉石经残字集录序》，《辽居稿》，《罗振玉学术论著集》第十集（上）。

④ 《贞松老人遗稿乙集》之三，《汉熹平石经残字集录》。戊寅（1938 年）中秋重订本《后序》，癸未（1943 年）孟春刊本。

⑤ 罗福颐：《汉熹平石经残字集录》戊寅重订本跋，据癸未孟春刊本。

⑥ 伪满本《清实录》由日本大藏出版公司影印出版，共印三百部。罗继祖回忆说，《清实录》原本中与日本有关之词，如甲午战争一段文字内，把"日军"写成"日寇"，有碍"日满亲善"，非删掉不能刊行。祖父将文溯阁《实录》原本调来，亲自检阅，将其中的"倭寇"字样全加挖改后付印。"当时，我就是执笔填写的人。"（据蔡登山《罗振玉与〈清实录〉》，《晶报》多媒体数字版，2013 年 1 月 2 日）

第三十章

猝然长逝

　　罗振玉暮年回到了旅顺将军山寓居。"敢诩朝廷礼遇殊"，他既以伪满"显官""功成身退"，[①] 何必再去逐位争名？对于他的"归田得请"，远在上海的刘承干曾致信恭贺他"洁身引退，颐养林泉"，以"当斯多事之秋，谢太傅为苍生所属望"，明明白白地写出了他是溥仪的"相国级大员"。同时，刘氏在信中还期待他"东山再起，会当有时"。[②] 而所谓"多事之秋"，就是卢沟桥事变之后的全国抗日烽火。罗振玉年逾七旬，更谈何"再起"？不过，在溥仪"俞允"他"乞休"辞去"监察院院长"之前（1936年），尚有表明其"贵为显官"之二事不可不提：一是接替郑孝胥，就任"满日文化协会会长"；二是"敕许佩带日本帝国赠予勋一等瑞宝章"。

　　罗振玉既"洁身引退"，他除了每年的"万寿圣节"（溥仪生日）去伪京"随班朝贺"之外，就是继续着他的著述生涯。他原是"体质不健而精力绝人"，但到了呈报溥仪"乞休"疏，就想"不服老"都不行了，说，"感冒之后肺气益虚，行不数步即喘息不止，医者谆谆戒以不亟加静摄，且成不治"。退休以后，年事日高，衰病日增，医生劝他停止看书写作，但他仍手不释卷，笔耕不辍，说，"书为我之生命，读书写字，即为我之生活休养，倘若一律禁止，则实不能生活，等于死矣"。[③]除了上述授诗选文之外，他最后的著作《石交录》（四卷）与《〈宋本庐山记〉校勘记》，均撰成于临终前（1939年）。所以，在不发病的情况下，他依然精神矍铄，头脑灵敏，临终前一日，犹能起居饮食如常，且从容对客。哪知，入夜"猝感剧烈心痛，呻苦之声彻于户外"，终因医

---

　　①③　参见陈邦直《罗振玉传》之《功成身退》《最后之著述》。

　　②　刘承干：《求恕斋函稿·致罗振玉》之丁丑年信稿之一，上海图书馆历史文献研究所编《历史文献》第十九辑，第243页，上海古籍出版社2015年版。

治不及，诊治结论为"心脏麻痹"，[①] 于1940年5月14日上午11时许，告别了他执着终生的学术事业，与世长辞。[②]

一代大师走了。

效忠清室，追随溥仪，罗振玉被谥以"恭敏"。而两年前去世的郑孝胥，则被谥以"襄勤"。盖"敏"犹"勉"也，同样内蕴了勤勉之意。看来，就谥号的本义而言，当时溥仪对于罗氏忠心事君，尤其是任四年"监察院院长"期间恪尽职守，还是给予了相当的肯定。

罗振玉晚年曾自撰挽联，移录如下：

> 毕生寝馈书丛，历观洹水遗文、西陲坠简、鸿都石刻、柱下秘藏，守缺抱残差自幸；
> 半生沈沦桑海，溯自辛亥乘桴、乙丑扈跸、壬申于役、丁丑乞身，补天浴日竟何成！[③]

上联述学。发端于"书丛"，着眼于"历观"。罗振玉自谓"毕生寝馈书丛"，犹言废寝忘食，置身书海，亦即他的亲家王国维所称"毕生惟以书册为伴"。罗、王两位大师，同一志趣，书册就是生命，就是毕生的精神依托。所谓"守缺抱残"，盖指传古。他的另一位亲家刘鹗名其书室曰"抱残守缺斋"，并有诗"铁公好古如色"自嘲，颜其中国第一部著录甲骨文字的专书曰《铁云藏龟》，自称"铁公"，又以"老残"之号撰"游记"（小说）誉播四海。而罗振玉则以"守缺抱残"，自状其"传古之志"。那么，罗氏"历观"之"物"，有哪些呢？盖有四项焉。为免析解上的歧义，不妨再引用他的原话：

> 光宣以来，海内文物之见人间者，洹滨之殷契，西陲之简轴，大库之史料而外，即以鸿都遗经，关于学术为最钜。

① 参见罗继祖《涉世琐记》，《海角濡樽集》，第201页，《长春文史资料》1993年第一辑。
② 据《罗振玉传》附录《年谱》，1940年5月中旬，复发胸痛旧恙，至13日夜，痛益剧，心脏骤变；延至翌日巳刻，遂易箦。
③ 罗振玉：《贞松老人外集》卷四《自挽联语》，《罗振玉学术论著集》第十集（下）。

以此对照其"历观"：

1."洹滨之殷契"，即"洹水遗文"，通称殷墟甲骨文字，其出土地在今安阳小屯，《史记·项羽本纪》所谓"洹水南，殷虚上"，是罗氏查访考证落实的。

2."西陲之简轴"，王国维概而为二：一曰敦煌塞上及西域各地之简牍，二曰敦煌千佛洞之六朝唐人所书卷轴。而罗氏"历观"中之西陲坠简，则专指第一项，即罗、王合力校订之《流沙坠简》。

3."鸿都遗经"，或曰"鸿都石刻"，即洛阳太学遗址发现之汉熹平石经。罗氏历时十载，撰成《汉熹平石经残字集录》（增订本，二卷）。

4."大库之史料"，王国维所称"素为典籍厅所掌，其所藏书籍居十之三，档案居十之七"，统名内阁大库之书籍档案，罗氏特名之曰"柱下秘藏"。

为何罗氏自撰挽联说"差自幸"？这里仍用罗振玉的原话：

> 尝谓：身世遭逢事事不如古人，而眼福则胜之。白头衰病，藉此以遣有限之残年，亦几忘人间之为何世矣。[1]

罗氏所称"眼福"是紧接于上引"鸿都遗经，关于学术为最钜"之后说的。此前，当大库史料发现之时（1922年），他曾发"四福"之说，云：

> 库籍为明及国朝史料，不啻遇一宝山。自问平生文字之福，远过前人，殷虚文字一也，西陲简册二也，石室遗书三也，大库史料四也。[2]

罗振玉著作等身，而以所"历观"诸项为"远过前人"之"福"。他亲见亲闻了中国三千年来未有之历史大变局中的学术新发现，并且成为他所"观"之殷墟文字、西陲简牍、敦煌书卷等项新学问之引领者与创建者之一。这不仅是罗氏引以为毕生之最大幸事，实在也应是彪炳中国近现代文化学术史而大书

---

① 《汉熹平石经残字集录》，戊寅（1938年）中秋重订本后序。

② 罗振玉：《致王国维》，《罗振玉王国维往来书信》，第530页，东方出版社2000年版。

特书的。

下联言政。以"半生沉沦桑海"为发语，盖辛亥革命推翻帝制，罗振玉诬之为"盗起武汉""桑海之变"。① 所谓"半生沉沦"，盖谓辛亥之时罗氏年当四十五岁，我们以时间为序概其后半生大事，略有四项，依次为1911年11月，偕王国维举家东渡日本（"辛亥乘桴"）；1925年2月，偕儿子福葆扈从溥仪微服出京，抵津后以张园为"行在"（"乙丑扈跸"）；1932年2月，伙同郑孝胥等人参与溥仪就任"执政"之伪满"建国"（"壬申于役"）；1937年5月，告别"交期比金石"的品川主计，辞"监察院院长"，退休回旅顺（"丁丑乞身"）。他是真真切切把自己的后半生奉献给了宣告退位之时（1912年）年方六岁的"大清皇帝"溥仪（1906—1967）之前半生。

罗振玉自撰挽联结语是"补天浴日竟何成"，确含有几分悲叹、几分无奈。"补天浴日"非罗氏自创之句，乃是借用了《宋史》中之成语，殆出赵鼎呈宋高宗疏奏，原文为：

> 顷张浚出使川陕，国势百倍于今，浚有补天浴日之功，陛下有砺山带河之势。君臣相信，古今无二。②

这当然是从尽忠封建王朝说的。换成大白话，就是挽回了败局，拯救了朝廷。罗振玉不就是这样为溥仪效力尽忠的么？末了却无一事能遂其所愿。特别是"壬申于役"，罗振玉与土肥原等日本关东军大小头目定下"迎驾莅东"之计，并预拟了"大清皇室临御旧都，匡复大业"的中外通电。然而功败垂成，日本要建的是"满洲新国"，而绝非"大清复辟"。"敢言捧日心无贰，妄冀回天事转歧。"罗振玉"耿耿孤忠"不二，"复辟"初心如一，伪满"新邦肇造"，他不惟撰文"美新"，更赋诗礼赞"友邦"，可谓"众毁群疑，百折不回"！

还有"丁丑乞身"。有相关二事，不可不提。一是国事。丁丑者，日本发动全面侵华战争之卢沟桥事变爆发的1937年！昔陆游于八十五岁临终之前，盼望着"王师北定中原日"，今罗振玉则以七十五岁临终之前，期待着"王师

---

① 参见《梦郼草堂吉金图序》，《雪堂校刊群书叙录》卷上，《罗振玉学术论著集》第九集。
② 《宋史》卷三百六十《赵鼎传》。

南定中原"，"迎请溥仪入关"。他是真正的身虽退而"补天浴日"的"复辟"之心未退啊！

二是家事。罗振玉虽"洁身引退"，然而仍要于"每春秋佳日"（特别是溥仪"圣诞"）"诣京"（长春）"恭请圣安"及"与朋友话旧"。他的四子罗福葆（君羽），在他"乞身"前一年（1936年）调任"宫内府秘书官"，到了他"引退"旅顺次年（1938年），又"补宫内府内务处长"。对此，罗继祖说在罗氏诸子中，唯四叔（罗福葆）"官运其红""官瘾正旺"。但设身处地去看，罗振玉在退居旅顺之后，由罗福葆在"宫内府"任官职，既便于及时获知溥仪及其左右人等的信息，又可取得日本军方对罗氏这位荣享"殊礼"的离任高官之信任。从某种程度上说，这是以子代父尽责，不啻在做日方的人质。

最后，自诩"老太平"的罗振玉得以全身而终，"永眠道山"，于谢世当年的八月二十八日，安葬于旅顺水师营西沟屯西南山。①

罗振玉去世的第五年，1945年8月15日，日本宣布无条件投降。18日，伪满"皇帝"溥仪退位。20日，伪满洲国宣布解散。苏军相继逮捕了溥仪，以及追随他的张景惠、臧式毅、熙洽等汉奸。②

罗振玉墓遗址

"祸兮福所倚，福兮祸所伏。"中国人民抗日战争的伟大胜利，证明了"在

---

① 今存罗振玉墓遗址，大连市旅顺口区文物管理委员会2014年立碑。

② 参见《日伪统治东北时期大事记专辑》，《吉林文史资料选辑》第三辑，吉林人民出版社1981年版。

中国的失败里面包含着胜利，在日本的胜利里面包含着失败"。[①] 这应该是罗振玉"做梦也想不到的"。

罗振玉没有看到伪满的末日，这使他的亲家、曾是伪满百僚之一的商云汀感叹地说他是"真福气"。看来，祸福相倚，这个历史的辩证法任谁也不能违背。罗氏自称"遭逢事事不如古人"，自我庆幸唯有"历观"甲骨文字、西陲简牍等"眼福"。我们应当自豪地说，多灾多难、英勇不屈的中国人民，所当庆幸的最大之眼福，恰恰是看到了日本投降、伪满末日，溥仪由"龙"最后被改造成了"人"！

还当指出的是，在为罗氏晚年设置的"辩词"中，不是有此一说，叫作"衰年望治"吗？而今，打败日本，驱逐日寇，那才是流血牺牲达十四年之久的我东北同胞，与前仆后继、浴血抗战的全国亿万各族同胞，一道迎来了真正长治有望的胜利！

由此，我们反思历史，综观罗振玉一生之功过成败，可以说他是游弋于学海与政海之间："寝馈书丛"，标志着他的学术业绩辉煌、成就卓著、贡献至巨，不愧为搏击学海的成功者；而"沉沦桑海"，则证明了他的倒退没有出路，"复辟"必遭失败，并且由"复辟"倒退而认敌为友，投身伪满，成了沉浮政海的失足者。

甚哉，近现代学术史上之巨子雪堂！惜哉，逊帝溥仪匾额下之腐儒"贞松"！政学反差，若此之殊，思之能不令人喟然长叹！

2017年6月20日，梅雨季首日草就；老伴偕余著书，劳苦至终，无怨无悔、默默让寿，再过六天，谢世三周年忌日矣。

本年10月2日，着手校改宏波兄送来之校样，扶病操觚，校而复改，迄于12月15日，盖历时两月又半，换用红笔芯十二枝；岁寒新岁，将又届焉。

2018年2月1日至3月6日，"惊蛰"后一日，二校讫。

---

① 毛泽东：《关于正确处理人民内部矛盾的问题》，《毛泽东选集》第五卷，第397页，人民出版社1977年版。

后　记

近现代文化学术史上，罗振玉与王国维并称罗、王二大师。所以，继《王国维全传》之后，我接写了这部罗振玉传，以彰显罗氏所独具的风采与经历。我想，这应该是适当的。

一

本书原稿三十二章，近百万言，经数次校改，定为三十章，七十余万言。起稿于何时，未能悉记，但我记下了开头两章写讫时间：

第一章"出生淮安古城"，六节，约二万五千言，2011 年 5 月 17 日写毕；

第二章"初涉学海"，九节，约三万八千言，2011 年 9 月 2 日写毕。

书稿撰写期间，我曾将"初涉学海"章，更题为"罗振玉之早期学业及其扬声《茶香室笔记》考辨"，奉呈刘梦溪先生，蒙抬爱揭载于其主编之《中国文化》2012 年春季号。这要算是本书问世之前，觊然亮相的初始章节了。

继之，从第一章节录"永丰乡人，淮安乡音""三字对里有学问"二节，以《罗振玉淮安遗事》为题，付刊江苏《雅集》文化丛刊（2013 年 5 月第 2 期）。

从第三章"交结刘鹗"节录"罗三先生与刘二少爷之第一次握手""甲午论战，狂名大著"二节，以《罗振玉与他的亲家刘鹗》为题，付刊江苏《甲骨天地》丛刊（2013 年 6 月）。

我颇感欣慰的，还有《海宁名人》第三辑（2017 年 3 月）以《一场学术风波与罗王二家之学》为题，揭载了本传第十九章。我在 2016 年 5 月 17 日日记中记有"'罗、王二家之学'章改讫，寄稿至海宁"，执行主编王学海先生怀着对罗、王二家之学的钦仰，原稿近三万五千言，乃作"年度特稿"予以全文刊发。

其他各章撰写时间，未遑尽记，唯记有"尾声：一代大师，猝然长逝"脱稿时间：2017年6月20日草成，6月24日改就。这样，从第一章2011年5月17日写讫，到全书草成改就，历时六年零一月又七天。

二

犹忆20世纪80年代初，罗继祖先生为拙著《王国维年谱》作序，称许鄙人"夙嗜观堂之学"，并且"手自抄录"其所著《永丰乡人行年录（罗振玉年谱）》。回头看，那时我"手自抄录"的罗、王相关著述与史料何止此书，例如在我为撰罗氏大传而搜集的一册又一册"手抄本"中，就有罗氏去世翌年（1941年）所刊《贞松老人遗稿·集蓼编》。这应该是我窥探雪堂其人其学之起始。我用吸了蓝黑墨水的英雄金笔边读边抄，至今回诵"予少时不自知其谫劣，抱用世之志""念农为邦本，古人不仕则农，于是有学稼之志"，仍为雪堂老人少时强国富民的壮心，感奋不已。循此，我又查阅并全文抄录了揭载于光绪二十二年（1896年）十一月一日《时务报》，由罗振玉领衔之近代中国创始农学会的第一个历史文献：《务农会公启》。

毫无疑问，史料乃立传之基。罗、王都是学问家，其巍峨的学术殿堂乃由浩瀚的大学问构建。故欲传其人，不能不先晓其学。广搜史料，这是"硬件"，非花笨力气、下硬工夫不可。况且，无论撰王传，还是罗传，皆出我个人所嗜，是业余研究，故一无基金，二无助手，自1980年以来先后搜辑之数以千万言计的史料，全凭一己之力，手工操作，可谓艰辛备尝，又乐在其中焉。而在撰写过程中，偶有弋获，其乐尤甚。试举例言之：作为罗编《农学报》合刊"附册"之《农会题名》，还有被罗氏本人舍弃于《农学丛书》外之《农会博议》，虽非"孤本秘笈"，但在拙传动笔之前，尚未见有人著录，故乍然见之，确实给了我以"新发现"之喜悦，乃予以一字不遗，整本抄录。

至于传中引文，我也要坦诚自曝：历年"手自抄录"之"手抄本"凡十六册，包括殷墟甲骨文字，内阁大库档案史料，罗氏早年笔削《农学报》的诸多报道、告白，为《农学丛书》所撰诸多识语，皆属于集外佚文；还有的文字，如罗氏晚年在伪满所撰而未编入其论著集之《时宪书序》等，均由我积聚的

"手抄本"中引录，就不一一列举了。

三

我在传中多处摘引了罗氏长孙罗继祖写给我的书信，以及他的姑母罗守巽老人的诗文，故有必要补叙我与两位雪堂后人的交往及情谊。

罗继祖（1913—2002），生前是吉林大学教授，历史学家，自幼随祖父罗振玉读书，"得家学真传"。我同罗继祖先生的情谊主要是通信，以"师"尊之。从1981年迄于他去世前的2001年，持续二十年，往返书信数百通。我手头现存的罗继祖先生最早一信，写于1981年3月16日。那时，他辑述的《永丰乡人行年录（罗振玉年谱）》（江苏人民出版社1980年10月版）面世不久，他在给我的信中难抑兴奋，说："奉到手示，欣知拙编《永丰乡人行年录》之得以刊行，尚藉大力促成，无任感荷！"并就我所询各事予以"条复"，其中有《国学丛刊》《农学丛书》《教育世界》和东文学社等相关事项，以及化名"龙峨精灵"的他表兄刘蕙孙家世，等等。给了我至深印象的，还有承他按着来信，以"笑枫同志大著读后，有一些错误或笔误，摘记以便再刊改正"的专题，对我以"笑枫"的笔名所撰《王国维年表》等研究资料中有关罗、王生平学业的某些史实予以指正。例如，《晨风阁丛书》乃番禺沈宗畤（太侔）刻，而非罗刻（罗乃代编）；王国维入南书房行走，出于升允推荐，旧以举主为老师，故王对升称"门生"。而今被我写入本书的罗、王交谊的诸多内容，差不多都历经了从那时以来三十多年的反复搜访与求证。某些有争议的内容，例如对王氏死因，我撰《王国维年谱》另有申述。罗继祖先生则来书说："观堂是否殉清，足下自有卓见，我不欲强令足下就我。"（1988年12月6日来信）实

罗继祖先生在书斋中（1991年，七十九岁）

则，我不赞同"殉清"说，更以"尸谏"说为非，但这并不影响我们在学术上各持所见，求同存异。罗继祖先生还于书信中纵谈学问文章，说他的写作"得力于小时熟读八家文之收益，非年高对文章下过功夫的人不能知。此地惟金景芳，南京惟唐圭璋"；又书告他回忆祖父罗振玉一生的《庭闻忆略》，"已写过半，此书年内亦可望刊发"，并坦言书中因罗氏而写了溥仪，但"我于溥仪无一面，对其所言宫闱秘事一无所知，此事当推王庆祥"（1985年7月28日来信）。他的《枫窗胜语》《观堂书札》诸跋（尤其是长达二万余言的《三跋》）等著述，在发表或出版前均来信告以大略，使我深受教益。除此之外，罗继祖先生辑印八十寿庆之纪念文集《海角濡樽集》、八八米寿之《两启轩韵语》，以及所撰《先室陈夫人行状附别传》等，均蒙赐寄。我手头保存的他最后的书信，是2001年9月24日来书拉家常，告以中断了十余年音闻的亲旧信息：

> 前一些日子，合肥大太姑昌雯从天而降，在此周日。前此霭姑亦自美来过，他们姊妹失和，然而性格不同，各有佳处，总比巽姑宽洪能容物也。尊意以为何如？

他的这位"霭姑"我未见过，只从1986年台北行素堂版《罗振玉年谱》（即《永丰乡人行年录》），见于"罗继祖辑述"下署有"罗昌霭校补"。那么，我在十余年前有过交往的"大太姑"昌雯，该就是大姊了。

四

至此，就得把话"从头说"，谈谈我与继祖先生笔下的"巽姑"（罗守巽老人）的相识与交往。

我结识守巽老人，缘于刘蕙孙介绍，但早已忘了见面时间。翻检当年老人的来信，她于1981年4月18日信末写有这样一段文字：

> 去岁四月十九日，您持蕙孙信，作不速之客枉顾。光阴荏苒，不觉期年，自承教益，使老朽长了不少知识。您贵忙，料无暇回忆此琐事也。又申。

那时，我虽逾"不惑"，但尚属中青年，而老人则已届八旬高龄，但依然思维清晰，言谈明敏，彼此颇有一见如故之感。而我之所以要拜见老人，不惟因其面见过观堂，更在于彼时她是亲历了罗、王辛亥东渡，寓居京都吉田山下那段岁月之仅有的健在者之一（另一位即其二姊罗仲安）。老人此时在宁居于山西路人和街，近靠我所居宁海路"机关大杂院"（罗氏学生又是亲戚的银行家周作民之豪华"金城别墅"，即在宁海路5号），骑自行车不过一刻钟的路程。这样，如果以远在数千里外的罗继祖先生为我探究罗、王之学的"通信老师"，那么罗守巽老人便是我可以"零距离"请教的"知识老人"以及"一对一"问学的良师益友了。

于是，我们交往日密。我也忝列于罗守巽老人的亲友圈，并且得以与老人引为自豪的"四教授"，即罗福颐（福颐老人于1981年11月8日去世）、罗继祖、周子美、刘蕙孙通信请教。老人最亲密的就要数近在上海的二姊罗仲安（名静）了，她在书信中坦陈姊妹情深，云：

> 仲安为巽的同胞姊姊，我们由小脾气不投，虽沪宁相隔伊迩，有三十余年不通闻问。我到（倒）不是闹意见，因自视落魄终身，愧对故人。她景况很好，有三子五女（老人在另一信中说，八子女有七人是毕业于京、沪的大学生），悉在沪、苏工作。现闻我被撞伤（守巽老人于1981年10月14日外出时被一青年骑自行车撞倒，伤及右腿，并致信向我告急），人到暮年，总是关心手足的，非常记挂，安慰备至，说剩你一人，可到她家住，以度颓年。子女同声支持她意见，巽当然感慰。

此信写于1982年1月2日，所说"如剩你一人"，盖以其老伴丁德清已患不治之症，故二姊仲安在写给她的另一信中说："我的女儿同你的女儿一样，他们会照顾你的。"（1982年7月29日来信）我在拜访罗守巽老人时，曾见过丁老，面容清癯，见我这不速之客，一言不发，避进了"灶披间"。

却说当时，我虽非初生牛犊，却颇有"无知者无畏"的猛劲，欲觅王国维《词录》等未刊遗稿，仲安老人乃专函托三妹（罗守巽）转达，谨录如下：

三妹如晤：

昨得挂号信，悉一切。……王姻伯作手稿被抄去事，是六九年二月三日夜三点钟，由徐镇街道户籍警率领多人，抄至次日薄暮，始将所有书捆载而去。因无法定罪，书之外衣服未动。三十年来，时时允发还，乃如挤牙膏一样，每逢如王冶秋在职时曾催还，又舍亲朱东润等人代催，均有小反应。先无清单留下，后来有人说是上层指示的，故无清单。直至前年，秀实为副厂长，单位出面代索还，始将对方留的底子与我看，当即照下，其中列有王姻伯手写《词录》未印过，又《曲录》元本似已印过，三伯父的《金石粹编》稿亦未印过（两朱印的），公家昔年曾出约二千元收买，乃因台湾声言要"反攻大陆"，乃未成交。时至今日，如陈君可设法，姊决不吝酬，其中尚有两包信札、扇面，有王手迹可以为酬，也希望善为传达。辟疆很忙，如需详细叙述，等等当令其写明。因恐妹望信，故先草此。……

姊静手上，一月六日下午。

此信写于 1982 年 1 月 6 日。嗣后，我专程赴沪拜谒罗仲安老人，当面聆教，并捧读了老人出示的《词录》稿本。而今《词录》早已影印出版，唯此手稿如何在"文革"中被抄，恐知者甚鲜；而所说协助"代催"的朱东润教授，乃仲安老人儿女亲家。我还曾为传记写作事，托请周子美前辈荐介，欲拜访请教呢！

我在结识罗守巽老人后，曾尽力推荐出版其所藏的几部书稿，依次为《史可法集》（罗振常校补，上海古籍出版社 1984 年版）、《受兹室诗稿》（单士厘遗稿，湖南文艺出版社 1986 年版）、《洹洛访古游记》（罗振常著，河南人民出版社 1987 年版），借以取得稿费收入，对老人生活有所资助。首先是《史可法集》，我认真审读书稿，提出评价与推荐意见，出版社很快接纳了书稿，并顾念孤老生活，预支稿酬二百元。这在仍处于低工资的当时，可算是一笔相当可观的收入。1984 年此书正式出版时，上海《新民晚报》发了报道，称罗氏校补本为现有《史可法集》"最完备的一种，意义十分重大"。实际上，这正是我写呈出版社的推荐语。守巽老人在写给我的信中说，此书出版，"如非大力（推荐），心血之作就成一本废纸，先君（罗振常）肯定是衔感九泉"；又告以"家姊（罗仲按老人）来信说，翻开《史集》，见先君署名，不觉流泪。这样功德，我们全感激涕零"（1984年冬至前一日，即12月21日致笔者信）。前此，老人还抽出部分稿费酬谢，说："家姊来信，稿费理应与陈君对半分也不过分。"我回以无功不受禄，坚辞拒受。罗继祖先生乃来信感谢"理应受酬而坚不受"的"高谊"。周子美教授更为此致信"巽妹"，称"陈君助人为乐，有侠气"，云云。凡此，我何敢承受，无非是前辈勖勉而已。

随着交往渐密，乃有了"认女"佳话。1984年元旦过后，我探望罗守巽老人，数日后她来信"斗胆提出"："我最希望的是异日能寄居庑下，与大令媛共同研究文化，日久自生情感，我身后可有个人想到此孤独老人。"那时，长女君艳才十四岁初中生。我与内人正发愁如何回谢老人美意，还好，守巽老人说她要就此"写信长春，看反应如何"（1984年1月17日来信）。果然，继祖先生很快从长春来信，示以"不可"，说，"家姑母脾气非常古怪"，昌雯是远房亲族（罗振玉堂弟之女）来帮忙，也弄得不欢而散，可以为戒。所以，"能随时照顾已心感万分，如与同住，日久弄不好反伤感情"（1984年2月29日来信）。事实上，我与内人皆随孩子口吻亲昵地称老人"罗奶奶"（通信则曰"守巽奶奶"），感谢继祖先生直言相告，我们由此更敬重老人，力求不伤和气地保持友好往来。至于守巽老人前此给我的信中屡及之"舍妹昌雯"，与内人同为小学教师，从外貌看不过五十几岁。她逢寒暑假从合肥来宁探望堂姐，与内人则彼此以"张老师"（内人）、"罗老师"相称，十分投缘。可能是1985年暑假，昌雯来宁与老人发生冲突，哭着向内子诉说老人脾气怪异，不近情理。内人待人和善，从不对人说长道短，至此也只能劝和了。就守巽老人言之，对内人"张老师"依恋之情，临终尤甚。弥留之际，仅有我偕内人陪伴床侧。内人俯身喂以亲手熬煮的米汤，先后二小瓷匙，第一匙尚能启唇，下咽；第二匙入口，安详眠矣，面容宛然如生。时为己巳年清明，即公元1989年4月5日之午后2时，卒于寓中，享年八十有八。守巽老人病逝当天下午，我给长春、上海拍发了急电。谨将罗继祖先生复函，补录如下：

> 顷得来电，惊悉家姑母于五日长逝，承电告，至为感谢。老人孤子一身，晚景凄凉，她把自己孤立起来，我们也无法帮助。帮忙反而惹起她老

人家不高兴。身后事，有累足下，所谓"生死不渝"，惟于古人中见之。闻八日开追悼会，想南京还有些人给张罗。我们在远，无人能去，就近恐须由郑姑母派人去主持……眼下诸劳清神，不安之至……追悼会后如何安排，尚请续示。

落款日期为 1989 年 4 月 6 日。信中所询"安排"，殆即老人善后之事。考虑到其为罗氏后人，且系孤老太太，追悼之日，承单位给派了辆面包车。至于老人所遗"身外之物"，就是临终时所居的那套单居室"拆迁房"，以及其他箱柜、首饰等物，均由罗继祖先生信中所称"给张罗"的"还有些人"去议处。内人给我叮嘱：办完追悼，概不参与。俗常一点讲，就是帮人帮到底，送佛送到西。而今，内人亦已谢世四载有余。追怀"生死不渝"的当日，她在"煤基炉"上为"守巽奶奶"熬了半天浓香的米汤却仅喂入二小匙之虔诚，不由使我联想到拙传首章写的"救世为心"的罗母慈行，我是真正眼中饱含热泪……

五

如上所述，大致可窥我与"罗二代""罗三代"的交往与情谊，而亲情之温馨、友情之可贵，洵非一般传记作者之仅限于"做专访"所能体味的。由此，我还要说，因为搜访观堂生平、学业而得以与雪堂后人交结，也是促成我撰此大传之一大学术机缘。

再从学术上来说，我在 20 世纪 90 年代中曾打算写罗、王二家之学的专著，并拟就了书名及章节，但二家合写难以下笔，故决意从我夙嗜的观堂入手，相继写了四部王氏之传。特别是近七十万言的《王国维全传》（2007 年）问世，我非惟没有舒一口气，反而益增紧迫感。我学养有限，备感有生之年、尚能握笔之时，尽己所能，接写罗传，这是我的学术责任。事实上，从罗振玉生前撰自述生平学业的《集蓼编》（1931 年），到半个世纪后由其"读书孙"罗继祖辑述以《永丰乡人行年录》命名之年谱、回忆祖父一生之《庭闻忆略》，及其后续《家乘点滴（十则）》《涉世琐记》诸作，构成了完整严密、外人几难置喙的罗氏"家传体系"，这在近现代学人中可谓绝无仅有。有鉴于此，故我撰传的学术定位是"史传"，而非"家传"，是迄今为止唯一出诸"他者"（而非

"罗后")的罗氏长篇传记。前此罗继祖先生辑谱撰忆,咸以为其祖父"辩诬""雪谤"为主旨,自有其家庭背景下的苦衷,我们自当予以理解;而拙传之所以有别于"家传",盖在于从家族背景外,历史视阈中忠实不欺记其事,客观无私传其人,不欺就是尊重史实写真情,无私就是无所讳饰讲真话。归结起来,就是要严遵史则,秉持直笔,力求写出一部臧否有征、褒贬有据,庶几可称信今传后、无误于人,并且翔实可读的罗氏大传。

六

我撰此大传,如果从搜录史料算起,历时三十余载,离不开各方面友人的倾情帮扶。旧谊新交,令我感佩万分。例如,曾任南通市作协主席的老友张松林先生,为我提供了有关罗、王往来南通,交谊张謇的诸种诗文、史料。供职于复旦大学图书馆的王亮博士系王氏曾孙,以传承观堂之学为职志,新著迭出。我退休陋室,堁户闭塞,在撰写罗传中所得博士帮助之多,真是不胜枚举。诸如:罗氏挚友蒋黼遗稿《浮海日记》;罗氏二子罗福苌生平年谱资料;王潜明、王高明(即王仲闻)兄弟早岁在沪结"嘤鸣诗社"时所写诗稿;而新刊《王乃誉日记》,则更为拙传追述罗、王交谊,增添了前此未见的珍贵第一手史料。

此书得以写成,我更要感谢江苏凤凰文艺出版社总编室主任王宏波编审。王君体谅笔者耄年体衰,从商谈定约到书稿草成,先后近十年,不催不促,温言慰勉如一日,特别是去岁夏秋酷热,今年冬春奇寒,适当书稿付排,校样往返,稿本装了三十余袋,重达数十斤,王君乃骑电动车薄暮下班,亲诣寒寓携取,且未尝喝一口热水。曷言乎清廉?此非一端耶!还有我昔日同事、画家冯郁先生在百忙中为拙传印配图片,高情厚谊,尤在不言中焉。

最后,我还要说,罗氏一生时间跨度长、关涉方面广、波及人物众,绝非"五十之年"的"书斋学者"王国维可以等同,故继王传之后再撰罗传,可以说是一个高难度的尝试,缺憾、疏误、舛讹,定所难免。所以,我在友情感谢的同时,更期盼着此书出版后,学界同仁、各方读者能予以宽洪接纳、批评赐教!

陈鸿祥 2018 年 4 月 16 日，校改全稿，编定目录；7—8 月盛暑蒸热，第三次校改殳薙，全稿抽去两整章、十数节，文字简缩四分之一，几近重写矣。9 月 10 日白露后二日改讫；9 月 29 日至 10 月 4 日，四校再改一过，时金桂飘香，重阳前三天，于南京龙西寓庐之清贫斋。

补　记

　　本书历经五校。2018 年 10 月四校"再改一过"，到 2020 年元旦过后获见五校清样，又跨越了两个年头。余所欣喜者，在此期间得以识荆接任本书责任编辑的查品才先生。查君英年好学，究心文史，盖有同嗜焉，乃于 2019 年秋携其审校的拙书稿清样驾抵寒寓，嗣后复数度登门，商酌书稿校改出版事宜。彼此交渐多而结成学术友好，亦佳话也。

　　诗云："如切如磋，如琢如磨。"（《卫风·淇澳》）余与查君交谈书稿校改，知无不言，无所保留，尽得切磋之乐、琢磨之益。查君丁书稿编审，则尽心尽责，逐字逐句审订，包括核准引文、勘对注释，其所正误改舛，未遑一一枚举；而其认真审校，精编细校，殆足以"心细如发，一丝不苟"当之；其倾力推举书稿，以见知于出版社领导鼎力支持，使这部"渊渊作金石声"的"小众书"终于推向大众，这在而今滔滔然唯利是图，以虚名哗众之文坛学界，尤为难能可贵，余焉得不三致意耶！

　　除此之外，查君对书中图片选配亦花了不少工夫，其中如罗氏题咏俞樾条幅、王国维早年收藏英文版康德《纯粹理性批判》书影，皆蒙代为收集插入书中，谨一并致以由衷的谢忱。

　　2020 年 1 月 25 日，庚子鼠年正月初一，举国动员打赢"新冠"防疫阻击战之首日，八三翁补书于南京龙西寓庐。